U0106569

吉
金
文
库

发现从前的中国

秦汉名物丛考

增订版

上

王子今 著

新星出版社　NEW STAR PRESS

2016年初版序

王子今教授所著《秦汉名物丛考》一书承岳麓书院资助，即将由东方出版社出版。在此之前，发来书稿，嘱我为之写序。一个多月来，犹豫再三，迟迟无法动笔。就我个人的学力和见识，为子今的大作写序，实在是力所不及，难以胜任。惶恐与压力之情比起前几位为其写序的同龄师友来还要严重得多。不过，千钧重托，却之不恭。换个角度想，先读为快，总会有收获和教益，写一篇读后感，亦不失附骥之幸。

中华民族有五千年的文明史。见于文字记载的朝代史如果从夏朝算起，也有四千一百多年。但是对文化古籍的全面整理，只能从孔老夫子算起。在孔子所构建的儒家文化里，重"道"而不重"器"，重思想义理的阐发，轻名物技艺的研究，所谓"形而上者谓之道，形而下者谓之器"。对"器"的研究，对具体专业技术的研究，甚至采取一种鄙视的态度。我常作如是想，宋代以后，中国由于科学技术的落后而导致全面的社会迟滞，其中一个重要原因，可能就是我们的祖先太重空疏义理的阐发而偏废实学的结果。

尽管如此，中华民族的汉文化是世界上唯一从文字到典籍一脉相承而未曾中断的文化。要读懂中国历史，要读懂浩如烟海的古代典籍，对其中名物的研究，是一个绕不过去的坎。郑康成遍注群经，就包括了对其中各种名物的阐释。二十六史中对兵器的记载，对礼器的记载，对舆服的记载，对宫殿城阙的记载等等，也都是偏重大量名物的记载。历代编辑的专书如《尔雅》、《释名》、张华的《博物志》、北魏刘懋的《物祖》、南朝梁人谢昊的《物始》、明人罗颀的《物原》、清人陈元龙的《格致镜原》以及专以名物命名的典籍如宋人蔡卞的《诗学名物解》、方逢辰的《名物蒙求》、明人耿随朝的《名物类考》等，虽就其内容和贡献而言各有高下，但都不失为历代学人关注名物研究的成就。

与人类生存发展相关的各种名物可以万千计。即使当世人也未必能够说清楚我们身边日常所接触的每件物品，其源流、状貌、生成过程和功能作用，都含有大量的专门知识。更何况时越几千年，地跨数万里。加之各种名物种类繁多，内容庞杂，大到宫殿城池，小到一针一线，有些宏观到国家社会，有些则细碎到不被常人注意。但要把它考证清楚，没有广博的知识、深厚的功力和丰富的阅历见闻，则无以胜任。因此，历代名物学家无一不是文史大家和学界泰斗。

近些年来，华夫（张述曾）先生集众人之力，历三年寒暑，编成了《中国古代名物大典》，于1993年出版问世，皇皇八百万字巨著，可谓嘉惠学林，功垂后世。王玉哲先生著有《中国古代物质文化》，开启了一个新的学术方向。尤其是最近孙机先生出版的同名著作，是在他早先《汉代物质文化资料图说》的基础上增订完成的，内容之宏博，功力之深厚，堪称古代名物研究的经典。但是，任何一种名家名著，都不能苛求其解决我们所期望的一切问题，很多领域很多问题，还需要继续研究。王子今教授的《秦汉名物丛考》就是从特定的角度，选择一些常人比较陌生而冷僻的秦汉名物进行系列考证，从内容和形式上都展示出许多新特点和新贡献。

首先，从全书的结构看，近三十万字的著述，没有分章分节，而是以"丛考"的形式出现。我理解这个"丛"，有两重含义，一是根据研究的名物对象一组一组，也就是一丛一丛地安排。全书四十八组（包括两篇附文），读起来眉目清晰，条理井然。同时也照顾到了自己研究的路径和表述的方便。四十八组丛考，既可单独成篇，又可浑然成一。二是每一组内，连类而及，把相关的一系列名物尽量包括进来。比如对"酱"的考证，先根据文献的记载指出，秦汉时期的"酱"，是一种用食盐腌制的肉酱。尔后对与此有关的鱼酱、蟹酱、鱼子酱以及民间食用的豆麦之酱逐一进行考证，指出桓谭《新论》中的"鄙人得鳀酱而美"的"鳀酱"，很可能是一种鱼酱。《北堂书钞·酒食部·醢》中的"鲛鲻之酱"当是一种用乌贼或墨鱼做成的酱。同书的"蟹胥之酱"即是一种蟹酱。《礼记·内则》中的"卵酱"，当是一种鱼子酱。然而，这些鱼肉之酱在秦汉社会可能只局限于富有阶层的消费，而下层民众食用的酱更多的还是用蔬果豆麦制成。书中考证了芥酱、芍药之酱、枸酱、榆荚酱、豆酱之类广大社会民众日常作为调味品的食用之酱。考证名物的同时，还指出江陵凤凰山一六七号汉墓出土木简上的"酱杞一枚"可能为"酱栀一枚"。江陵凤凰山八号汉墓出土竹简上的"肉酱一伤"，可能为"肉酱一觞"，都应是盛装器，对简牍释读上的疑难字提出了自己的看法。全书四十八组之下有二百五十个小题目，将所涉及的二百一十多种（据书后索引统计）具体名物根据其相互关系分隶于四十八组之中。

其次，考证研究的对象大多是近几十年来考古发现的出土文物、建筑遗迹、秦汉简牍、摩崖石刻上出现的颇有争议或尚未解决的名物术语。比如饮食类中的十一组（酱；豉；盐菜、酱菜；酒、醪；清酒；醇酒、白酒；善酒、美酒、厚酒、浓酒；膏饼；豆、黄豆、大豆；枣、棘；乳、马湩、挏马酒）大多出自汉简之中；军装服饰类中的四组（行縢；偪胫；赤帻；马甲）出自汉简的记载和汉墓的兵俑；马匹马具马食类中的五组（天马；木镫；掌蹄；茭；苇、蒲、慈其）出自出土文物和汉简；交通道路类中的五组（阁、阁道、栈阁；石蕢、石道；偏、碥；枲；柙、笼）出自《石门颂》《西狭颂》《郙阁颂》等"三颂"石刻文字中；日常用具类中的三组（蒋席、皮席、荔席；行囊、行橐；鹿车）亦多出自简牍；建筑设施中的四组（复壁；复道；珰、当；封）来自建筑遗迹。胶和胶靬一组亦出自汉简。其他十五组如儿童玩具（鸠车；竹马；泥车、瓦狗。三组）、日常生活用品（甬、筲、筒；角杯、犀角杯；合卺杯；流马方囊。四组）、交通设施（虹梁；浮梁、浮桥；舟船属具。三组）、军事装备（连弩；机、机械。

两组）、海洋生物（人鱼膏；海鱼；大鱼、巨鱼。三组）也都与考古文物有密切关系。对上述各类名物的解释，有些是子今教授的首发；有些则是过去已有解释但不确切或不正确，子今对其进行了纠正；还有的是在过去研究的基础上把认识推进了一步；有些则是提出了意见或假说，需要出土资料的证实。比如对"胶"和"胶䡊"的解释，对"酱""豉"在西北军队中的配给制度，酒类在军队中引起斗殴事件，汉简中记载的"马祺祝"礼俗，对"三颂"中若干名物的解释，都是子今的首发。在纠正以往不准确的认识中，如汉景帝阳陵出土的士卒俑额头有一圈红色带状编织纹痕迹，发掘者称其为束发用的"陌额"，但子今通过对甘谷汉简"赤帻"的研究指出，这应该是"赤帻"而不是"陌额"。长沙东牌楼出土简牍有"蒋十五枚、蘧席一束""皮席一枚"的记载，整理者认为"'蒋'应为'浆'之通假"，但子今认为"'蒋'应为'篨'"，《广雅·释器》："篨，席也。"王念孙《广雅疏证》："篨，通作'蒋'。"显然，后一种解释更合理。一字之差，两种事物。山西晋城泽州县山河镇拴驴泉发现正始五年（244）开凿石门、修治道路的石刻，其中有"作遍桥阁"一语。最初的整理者认为"'作遍'即遍作，指在工程路段内凡须修造桥阁之处无一遗漏"。子今察看拓片发现，"作遍桥阁"应为"作徧桥阁"，"徧"即后世之"碥"，也是一种道路形式。居延汉简中的"慈其"，有学者认为当是一种供人食用的蕨菜，但子今考证认为，"慈其"并非蕨类，而是一种供马畜食用的饲草。诸如此类，所在多有，往往奇思妙想，胜意迭出。被国家定为旅游标志的武威铜奔马，就定名问题，学界有各种不同意见。有人提出应直截取名为"紫燕骝"，子今认为最合理的称名应该是"天马"而不可称"紫燕骝"。这就把该问题的研究向前推进了一步。关于秦始皇陵地宫所谓点燃的"人鱼膏"究属何物？按照子今的倾向，应该是鲸鱼油，但他并没有下断语，而是明言"秦始皇陵'人鱼膏'之谜的彻底解开，地宫照明用燃料品质的最终认定，应当有待于依据考古工作收获的确切判断"。这就是上面所说的，提出一种科学假说，有待证明。其学术价值也是不言而喻的。

再次，《秦汉名物丛考》一书对名物的考证不仅仅局限在名物本身的形貌、生成、功用等方面，而是同时从广阔的视野和多侧面多角度揭示了各种名物所蕴含的社会意义。比如枸酱的研究，指出其建元六年（前135）汉朝派番阳令唐蒙出使南粤，结果唐蒙在广州吃到了枸酱，调查发现，这种枸酱乃蜀地特产，夜郎等地通过牂柯江顺流而下贩运到了南粤。由此唐蒙想到了控制南粤的策略，上奏汉武帝，开西南夷道，置犍为郡，由上游发兵而制服南粤，揭示了由枸酱而引发的政治军事上的意义。司马迁《史记·货殖列传》记载，当时的通邑大都"醯酱千瓨"，"此亦比千乘之家"。因此，对"酱"与"瓨"的考证，就具有重要的社会经济意义。书中对鲛、鳢、鯕、鮷、鲋、鰒、鱒、鮻、魬、鮰、魦、鰈、鯛、鮸、鲹、鲜等多种鱼类的考证，除了生物学、海洋学的意义外，还在于：一是它的产地，大多在今朝鲜半岛，说明当时的中央王朝与这些地区有着密切的关系；二是司马迁《货殖列传》记载"鲐鮆千斤，鲰千石，鲍千钧"的人家，"亦可比千乘之家"，说明当时的渔业在社会经济中的地位；三是汉武帝时曾经"县官自渔"即统制海上渔业为官营，后来又放归民间而"增收海租"，这就把对这些海洋生物的研究带进了海洋经济史和国家财政史的范围。对"大鱼""巨鱼"的考证，也有其重要的社会学意义。《汉书·五行志》记载："成帝永始元年春，北海出大鱼，长六丈，高一丈，四枚。哀帝建平三年，东莱平度出大鱼，长八丈，高丈一尺，七枚，皆死。"《续汉书·五行志》记载："灵帝熹平二年，东莱海出大鱼二枚，长八九丈，高二丈余。明年，中山王畅、任城王博并薨。"用今天的生物学知识解释，其实就是"鲸鱼搁浅"或"鲸鱼集体自杀"的现象。但是史书把它记载在《五行志》里当作一种灾异现象，京房《易传》、《淮南子·天文训》以及汉代的诸多纬书都把它与天灾人祸联系在一起，赋予一种超自然的神秘意义，制造出与自然现象和社会生活有关的诸多说法，使"大鱼"和"巨鱼"在人们对自然现象认识的观念形态上有了更丰富的内容，同时进入和影响了社会的政治生活。这些，都是书中对一些被常人忽视的名物进行考证研究的价值所在。

第四，《秦汉名物丛考》对书中所涉名物的研究，取材宏富，广征博引。正文中引书两千四百多条／种，脚注中引书两千一百多条／种。除了传统经、史、子、集、野史、笔记外，近人的专著、杂志论文，无不在征引之列。除了传统典籍外，秦汉简牍、金石砖瓦、碑刻画像、出土文物，凡可作为证据者，无不纳入论证之中。除人文学科外，自然史、生态史、海洋史、交通史、饮食史、农业史、兵器史、酿造史，等等，亦多有涉猎。从书中一千零五十一条脚注，亦可见出子今教授行文严谨，考证精详，言必有据，文必有征，体现了子今教授一贯的学风和文风。看过此书后，不光对书中研讨的名物有深入了解，而且让人广开视野，豁然开朗，有一种融会贯通之感。

第五，《秦汉名物丛考》不是王子今教授的一时之作，而是三十多年来关注研究秦汉史各类课题项目的同时，关注名物研究的结果。从书中所附四十三篇相关研究成果目录可以看出，最早的文章是1984年发表在《文博》上的《秦汉"复道"考》，最晚的是今年发表于《考古与文物》第4期上的《岳麓书院秦简〈数〉"马甲"与战骑装具史的新认识》。三十多年来，王子今教授辛勤耕耘在秦汉史研究的领域里，出版过三十多部专著和七八部与人合作的译著，还有三十多种与人合作主编、参编的著作。发表的论文，仅我个人的电脑里，收集、下载、保存的就有六百多篇，当然不是全部。真可谓成果丰硕，著作等身。在长期研究秦汉交通史、海洋史、秦汉简牍和出土文物的同时，日积月累，形成了对书中各类名物的新认识，有些陆续发表过，有些尚未发表。现在结集在此书中，实可为对秦汉史研究的又一重要贡献。

当然，研究名物，没有直观的图录，让人看上去略嫌不足。有些诸如酱、豉、酒之类，无法用图像表示。但有些名物，诸如鹿车、鸠车、连弩等，如果插一些直观的图像，就会让人看得更清楚。个别结论也有进一步讨论的余地，如对"荚"的研究，书中认为应该是"芨芨草"。我个人认为，"芨"可能是一种晒干的干青草。河西走廊冬季时间较长，冬季里牲畜要靠夏秋季节晾晒的干青草过冬。至于这种草，并不单一是某一种植物，应包括所有牲畜爱吃的草类植物。记得儿时在戈壁滩上放牧牛羊，很多杂草，到现在也叫不上名字。在夏秋季节，农民割草晾干贮存以备冬天喂养牲畜。而芨芨草杆子太多，牲畜并不喜爱。它的真正作用是编织用具。秋后草黄之时，农民把芨芨草一根一根拔下来，剥了皮可以编织席子和筐篓，千百年来，河西老百姓铺的席子几乎都是用芨芨草编织的，有专门的手工匠人。再就是棰劈以后，搓成各种规格的草绳，用于生产和生活。当然，这都可进一步讨论，并不影响全书的学术价值。

王子今教授不仅著作等身，成果丰硕，而且在做人、做事、做学问方面也是我们学习和追随的楷模。他之所以能在秦汉史研究的多个领域取得如此众多的成果，与他良好的教养、人生经历和学术背景有直接关系。子今的母亲，是一位刚强而有文化有追求的女性，在给予子今以母爱的同时，又给予其文化学术上潜移默化的熏陶。在过去上山下乡的年代里，插队下乡，当过农民；后来当过装卸工，扛过大麻袋。在学术研究上，他的勤奋吃苦、超过常人的精力和毅力，都与此不无关系。子今本科在西北大学读考古，有考古学的背景，在他的研究工作中，既重视文献，又重视文物，特别重视考古学的材料，甚至连一些常人不太注意的遗迹遗痕，他都从不放过。子今在研究生期间，跟随著名的历史学家林剑鸣先生读秦汉史，受过严格的历史学、文献学训练，对考据学十分在行。20 世纪 80 年代以来，一些新的史学理论和方法进入史学界，人类学、社会学、文化学为中国史学的研究提供了很多新的视角和新的方法，子今不仅从中吸取了很多营养，而且在上述多个领域里都发表过论文和专著。在秦汉史研究领域里，孜孜矻矻，矢志不渝，全身心投入，辛勤耕耘了三十多年。其中连任三届中国秦汉史研究会的会长。他熟悉这块土地上，哪些是曾经的沃壤而取得过丰硕的收获，哪些是需要进一步开发的荒芜之地，哪些是迄今还未引起人们注意的沟坎边角……

　　1991 年在兰州第一次简牍学国际学术研讨会上认识以来，同子今的相识、交往已经有四分之一世纪了。子今对朋友的谦和、亲切、诚恳、友善是学界朋友公认的，也使他因此而赢得了广泛的友谊和人脉。他天性睿智，反应敏捷，同他在一起，常常以诙谐幽默的调侃给你带来愉快。我们曾一同到居延的荒漠戈壁和敦煌的汉塞烽燧进行过考察，很多在一起的情景都让人终身难忘。二十多年的友谊、交往和情感，是我人生中一份特别值得珍视的收获。愿子今的学术之树常青，愿子今的今后健康快乐。

张德芳

2015 年 8 月 1 日于兰州

目录

衣食

行居

衣
食

酱

1. 肉酱·鱼酱·蟹酱

先秦秦汉的“酱”，或指用食盐腌制的肉酱。《周礼·天官·膳夫》写道：“凡王之馈”，“酱用百有二十瓮”。郑玄注：“酱，谓醢醢也。”[1]《说文·酉部》也说：“酱，醢也，从肉酉。酒以和酱也。”[2]《太平御览》卷九三六引曹操《四时食制》：“郫县子鱼，黄鳞赤尾，出稻田，可以为酱。”[3]说的也是这种酱。《太平御览》卷四九二引桓谭《新论》：“鄙人有得脡酱而美之。”原注：“生肉酱也。”而《太平御览》卷八六五引桓谭《新论》作：“鄙人得鋋酱而美。”这里所谓“鋋酱”，由“鋋”从“鱼”判断，很可能也是一种鱼酱。[4]又《北堂书钞》卷一四六《酒食部·醢》有“鯸鲗之酱”条：“《周书》云：‘伊尹受命于汤，赐鯸鲗之酱。’《方言》曰：‘鱼皮鯸鲗之酱为贵。’注曰：‘鯸鲗，鱼名也。’”孙星衍、孔广陶等校本：“今案：陈俞本同，《周书·王会解》‘鯸’作‘乌’。”[5]而《说文·鱼部》：“鲗，乌鲗，鱼也。”段玉裁注：“四字句。‘乌’，俗本作‘鰞’，今正。”“鯸鲗”应当就是通常所说的乌贼、墨鱼。[6]

1〔清〕阮元校刻：《十三经注疏》，中华书局据原世界书局缩印本1980年10月影印版，第659页。

2〔汉〕许慎撰，〔清〕段玉裁注：《说文解字注》，上海古籍出版社据经韵楼臧版1981年10月影印版，第751页。

3〔宋〕李昉等撰：《太平御览》，中华书局用上海涵芬楼影印宋本1960年2月复制重印版，第4160页。

4 原注：“鋋，音延。”《玉篇·鱼部》：“鋋，鱼酱。”〔宋〕李昉等撰：《太平御览》，第2251页、第3841页。

5〔唐〕虞世南编撰：《北堂书钞》，中国书店据光绪十四年南海孔氏刊本1989年7月影印版，第618页。

6〔汉〕许慎撰，〔清〕段玉裁注：《说文解字注》，第579—580页。段玉裁注引陶贞白云：“腹中有墨，能吸波潠墨，令水溷黑自卫。”又引刘渊林云：“腹中有药，谓其背骨，今名‘海鳔鮹’是也。”

《北堂书钞》同卷又说到"蟹胥之酱"："张敞《答朱登书》云：'朱登为东海相，遗敞蟹酱。敞报曰：谨分其赈于三老尊行者，曷敢独享也。'"[1]而《太平御览》卷四七八亦引《张敞集·敞答朱登书》："登为东海相，遗敞蟹酱，敞答曰：'蘧伯玉受孔子之赐，必以及其乡人。敞谨分斯赈于三老尊行者，曷敢独享之。'"[2]对于所谓"蟹胥之酱"，《释名·释饮食》有这样的解释："'蟹胥'，取蟹藏之，使骨肉解之，胥胥然也。"[3]《说文·肉部》说："'胥'，蟹醢也。"[4]《周礼·天官·庖人》："共祭祀之好羞。"郑玄解释说："谓四时所为膳食，若荆州之鳣鱼，青州之蟹胥，虽非常物，进之孝也。"[5]所谓"蟹胥之酱"，并非饮食常物，而作为珍稀的"青州""东海"地方特产，在当时是著名的"好羞"。

《礼记·内则》说道："濡鱼，卵酱实蓼。"郑玄注："'卵'，读为'鲲'。'鲲'，鱼子，或作'䲊'也。"[6]"卵酱"，应当是一种鱼子酱。孔颖达就解释说："'卵'谓鱼子，以鱼子为酱。"

2. 芥酱·芍药之酱·枸酱·榆荚酱

尽管肉酱、鱼酱在当时富足阶层的生活中已经相当普遍，然而，民间一般食用的酱，则是用豆麦等谷物发酵制成的调味品。《周礼·天官·内饔》曾经说到"百羞酱物珍物"[7]。可见当时的"酱"，已经有许多品种。《礼记·内则》可见"芥酱"[8]。《论语·乡党》："不得其酱，不食。"汉儒马融解释说："鱼脍非芥酱不食。"所谓"芥酱"，又见于《礼记·曲礼上》："献孰

1　〔唐〕虞世南编撰：《北堂书钞》，第618页。
2　〔宋〕李昉等撰：《太平御览》，第2192页。
3　任继昉纂：《释名汇校》，齐鲁书社2006年11月版，第223页。
4　〔汉〕许慎撰，〔清〕段玉裁注：《说文解字注》，第175页。
5　〔清〕阮元校刻：《十三经注疏》，第661页。
6　〔清〕阮元校刻：《十三经注疏》，第1464页。
7　〔清〕阮元校刻：《十三经注疏》，第662页。
8　〔清〕阮元校刻：《十三经注疏》，第1463页。

食者操酱齐。"根据郑玄的解释，"'齐'本作'齑'。"孔颖达疏："酱齐为食之主，执主来则食可知。若见芥酱，必知献鱼脍之属也。"[1]"芥酱"，可能是在制作时使用芥子作为原料。

枚乘《七发》中说到"熊蹯之臑，勺药之酱"。"勺药之酱"，又写作"芍药之酱"[2]，可能是采用芍药作为制作酱的香料。

汉代又有著名的"枸酱"。司马迁在《史记》卷一一六《西南夷列传》中记载：

> 建元六年，大行王恢击东越，东越杀王郢以报。恢因兵威使番阳令唐蒙风指晓南越。南越食蒙蜀枸酱，蒙问所从来，曰"道西北牂柯，牂柯江广数里，出番禺城下"。蒙归至长安，问蜀贾人，贾人曰："独蜀出枸酱，多持窃出市夜郎。夜郎者，临牂柯江，江广百余步，足以行船。南越以财物役属夜郎，西至同师，然亦不能臣使也。"

唐蒙于是上书汉武帝，建议通西南夷道，以巴蜀之饶，进而占有夜郎之地，打通进攻南越的捷径。牂柯江即西江的上游北盘江。珠江的径流主要即来自西江，占77%左右。西江支流多，集水面积较大，总的水情变化比较稳定，具有便利的航运条件。唐蒙敏锐地发现连通夜郎与南越的牂柯江航道"足以行船"，汉武帝则高度重视这一发现，置犍为郡，"发巴蜀卒治道，自僰道指牂柯江。"后来又有驰义侯行牂柯江击南越之举。[3]唐蒙的发现，史家以为可与张骞的发现相并列，[4]而这一发现，竟是通过"枸酱"的食用得到重要线索的。

---

1 〔清〕阮元校刻：《十三经注疏》，第2495页、第1244页。

2 费振刚、胡双宝、宗明华辑校：《全汉赋》，北京大学出版社1993年4月版，第17页、第24页。

3 《史记》，中华书局1959年9月版，第2993—2994页、第2996页。

4 《史记》卷一一六《西南夷列传》："然南夷之端，见枸酱番禺，大夏杖、邛竹。"第2997—2998页。《汉书》卷九六下《西域传下》："睹犀布、玳瑁则建珠崖七郡，感枸酱、竹杖则开牂柯、越嶲，闻天马、蒲陶则通大宛、安息。"中华书局1962年6月版，第3928页。晋人左思《蜀都赋》也写道："邛杖传节于大夏之邑，蒟酱流味于番禺之乡。"〔梁〕萧统编，〔唐〕李善注：《文选》，中华书局据胡克家刻本1977年11月缩小影印版，第79页。

关于所谓"枸酱"，裴骃《集解》曾经引述徐广的解释："'枸'，一作'蒟'。"裴骃又引《汉书音义》中的说法："枸木""其叶如桑叶，用其叶作酱酢，美，蜀人以为珍味。"司马贞《索隐》则说："刘德云'蒟树如桑，其椹长二三寸，味酢；取其实以为酱，美'。又云'蒟缘树而生，非木也。今蜀土家出蒟，实似桑椹，味辛似姜，不酢'。"[1]

《太平御览》卷九七一引《风俗通义》："橙皮可为酱齏。"[2]又《白虎通义》谈到"榆荚酱"。[3]据《四民月令》，这种酱，汉代普通农户都可以自己制作。在二月榆荚"色变白，将落"时，"可收为䔩酱、酴酱"。注家以为所谓䔩酱、酴酱，"当为一种酱看待"[4]，"皆榆酱者"。[5]《说文·酉部》又有这样的内容：

> 酱，䤈酴，榆酱也。从酉，㪔声。
>
> 酴，䤈酴也。从酉，俞声。
>
> 醳，捣榆酱也。从酉，毕声。[6]

《楚辞·大招》："吴酸蒿蒌，不沾薄只。"东汉学者王逸注："或曰：'吴酸䤈酴。'䤈酴，榆酱也。一云'吴酢䤈酴'。"[7]也说到"榆酱"在社会生活中的普及。

1　《史记》卷一一六，第2994页。

2　〔宋〕李昉等撰：《太平御览》，第4303页。

3　据〔明〕彭大翼：《山堂肆考》卷一九四，《景印文渊阁四库全书》，台湾商务印书馆1986年3月版，第978册第35页。〔清〕徐文靖：《管城硕记》卷一七《楚辞集注四》："《白虎通》：'榆荚酱曰醷。'醷，音末。"范祥雍点校，中华书局1998年2月版，第308页。

4　石声汉校注：《四民月令校注》，中华书局1965年3月版，第21—22页。

5　缪启愉辑释：《四民月令辑释》，农业出版社1981年5月版，第26页。今按：《艺文类聚》卷八八引崔寔《四民月令》曰："榆荚成者收，干以为旨蓄。色变白将落收为酱。随节早晚，勿失其适。"〔唐〕欧阳询撰，汪绍楹校：《艺文类聚》，上海古籍出版社1965年11月版，第1525页。

6　〔汉〕许慎撰，〔清〕段玉裁注：《说文解字注》，第751页。

7　〔宋〕洪兴祖撰，白化文、许德楠、李如鸾、方进点校：《楚辞补注》，中华书局1983年3月版，第220页。

3. 豆酱

汉代人饮食生活中消费最为大量的，可能还是用豆类为原料制作的酱。《论衡·四讳》："世讳作豆酱恶闻雷，一人不食，欲使人急作，不欲积家逾至春也。"[1]《北堂书钞》卷一四六引《风俗通义》说到同一风俗："俗说'雷不作酱'，'雷声发不作酱'，何也？令人腹内雷鸣。"[2] 前者说"作豆酱"，后者说"作酱"，由此或许有助于理解当时"酱"大多是"豆酱"的事实。马王堆一号汉墓出土帛书《五十二病方》中可见"菽酱之宰"，整理者以为即"豆酱的渣滓"。[3] 江陵凤凰山八号汉墓出土竹简文字与"肉酱一伤"（767）并列有"骗酱一伤"（766），江陵凤凰山一六七号汉墓出土竹简文字与"肉酱一器"（975）并列有"辦酱一器"（978）[4]，江陵凤凰山一六九号汉墓出土竹简文字有"□般二枚盛肉酱豆酱"（45），也都是当时"豆酱"消费十分普遍的证明。

至于《汉武内传》中所记载西王母对汉武帝所说"神药上有'连珠之酱''玉津金酱'，中有'元灵之酱'"[5]，所涉及的酱名可能并无其实，但是仍然可以说明当时民间食用的"酱"名类相当繁多。

4. 酱瓵·酱甀·酱瓨

《战国策·东周策》记载，"齐将求九鼎，周君又患之"，颜率对齐王说："夫鼎者，非效醯壶酱瓵耳，可怀挟提挈以至齐者。"[6] 所谓"酱瓵"，是盛装酱的瓦器，在当时可以"怀挟提挈"远行，说明"酱"的食用，已经

1　黄晖撰：《论衡校释》（附刘盼遂集解），中华书局 1990 年 2 月版，第 979 页。

2　〔唐〕虞世南编撰：《北堂书钞》，第 619 页。

3　马王堆汉墓帛书整理小组编：《五十二病方》，文物出版社 1979 年 11 月版，第 86—87 页。

4　李均明、何双全编：《散见简牍合辑》，文物出版社 1990 年 7 月版，第 62 页、第 80 页。"辦"，很可能就是"豆瓣"的"瓣"。

5　〔明〕彭大翼：《山堂肆考》卷一九四，《景印文渊阁四库全书》，第 978 册第 35 页。

6　〔西汉〕刘向集录：《战国策》，上海古籍出版社 1985 年 3 月版，第 2—3 页。

是饮食生活所必需。

"酱瓿",又写作"酱甀"。又有人说:"瓿,甊也。"[1]《方言》卷五:"甊,陈魏宋楚之间谓之题,自关而西谓之甊。"[2]这种器物,或许是有提系的扁形的盛装器。

另一则关于盛装"酱"的器物的记载,见于《汉书》卷八七下《扬雄传下》。学者扬雄家贫而嗜酒,"时有好事者载酒肴从游学,而钜鹿侯芭常从雄居,受其《太玄》《法言》焉。刘歆亦尝观之,谓雄曰:'空自苦!今学者有禄利,然尚不能明《易》,又如《玄》何?吾恐后人用覆酱瓿也。'雄笑而不应"[3]。

司马迁在《史记》卷一二九《货殖列传》中曾经写道,通邑大都中,拥有产业其年生产能力达"醯酱千瓨"的,其经济地位可以"比千乘之家"。汉代制作酱的工商业者可以取得惊人的经济利润的史实,又见于司马迁《史记》卷一二九《货殖列传》所说:

> 卖浆,小业也,而张氏千万。

而《汉书》卷九一《货殖传》则写道:

> 张氏以卖酱而逾侈。[4]

《史记》"卖浆",而《汉书》"卖酱",二者有所不同。泷川资言《史记会注考证》:"枫三本'浆'作'酱',与《汉书》合。"[5]可见张氏等正是因"卖酱"而取得富至"千万",奢糜"逾侈"的经济实力的。他们致富的原

---

[1]〔西汉〕刘向集录:《战国策》鲍彪注,上册第 3 页。
[2] 华学诚汇证,王智群、谢荣娥、王彩琴协编:《扬雄方言校释汇证》,中华书局 2006 年 9 月版,第 362 页。
[3]《汉书》,第 3585 页。类似的说法,见于有关左思作《三都赋》的故事。《晋书》卷九二《文苑列传·左思》:"初,陆机入洛,欲为此赋,闻思作之,抚掌而笑,与弟云书曰:'此间有伧父,欲作《三都赋》,须其成,当以覆酒瓮耳。'"中华书局 1974 年 11 月版,第 2377 页。所谓"覆酒瓮",与"覆酱瓿"同义。可见,"酱瓿"和"酒瓮"一样,都在人们日常生活中有重要的作用。
[4]《史记》,第 3282 页。《汉书》,第 3694 页。
[5]〔汉〕司马迁撰,〔日本〕泷川资言考证,〔日本〕水泽利忠校补:《史记会注考证附校补》,上海古籍出版社 1986 年 4 月版,第 2051 页。

因，是"酱"在当时日常饮食生活中居于十分重要的地位。[1]

对于盛装酱的"瓨"，裴骃《集解》引徐广曰："长颈罂。"颜师古《汉书》卷九一《货殖传》注则更具体地说："瓨，长颈罂也，受十升。"[2]陈直则指出："'瓨'即后来之'缸'字，为大水罂。徐广谨解为'长颈罂'，则不便贮酱矣。"[3]这可能是酱的生产与销售程序中通常使用的器物。据北魏贾思勰《齐民要术》卷八"作酱等法"的记述，制作酱时最后的也是最紧要的工序，正是置于"瓮"中进行的。[4]

长沙马王堆一号汉墓出土遣册可见"肉酱一资"（93）、"爵酱一资"（94）[5]、"马酱一坩"（98）、"酱一资"（106）。[6]这些资料，都反映当时"酱"进入消费程序中的具体盛装形式。孙机已经指出，所谓"资"，并不能与瓷器的发明直线地联系起来，就"资"的器形和用途而论，它可以被看作是瓮之属。而"坩"，则应即《史记》卷一二九《货殖列传》中所谓"醯酱千瓨"的"瓨"。[7]

5. 酱栖·酱杞·酱栀·酱伤

湖北云梦大坟头一号汉墓出土木牍有"酱栖十"（605）字样。

江陵凤凰山一六七号汉墓出土木简写有"酱栖卅枚"（947）、"酱杞一枚"（958）、"肉酱一器"（975）、"辦酱一器"（978）。江陵凤凰山八号汉墓

1　这里我们不妨参看《新唐书》卷一六三《柳玭传》中的一段记载。柳玭以"直清"著名，曾经述家训以教戒子孙，强调"孝慈、友悌、忠信、笃行，乃食之醯酱，可一日无哉？"中华书局1975年2月版，第5028页。汉代的情形应当也是大致相近的，即"食之醯酱"，是不可以"一日无"的。

2　《史记》第3274页。《汉书》，第3688页。

3　陈直：《史记新证》，天津人民出版社1979年4月版，第201页。

4　〔后魏〕贾思勰原著，缪启愉校释，缪桂龙参校：《齐民要术校释》，农业出版社1982年11月版，第419页。

5　发掘报告执笔者认为，"爵酱"就是"雀酱"。又说明："陶器竹牌有'爵酱'。"湖南省博物馆、中国科学院考古研究所编：《长沙马王堆一号汉墓》，文物出版社1973年10月版，上册第138页。

6　湖南省博物馆、中国科学院考古研究所编：《长沙马王堆一号汉墓》，上册第138—139页。

7　孙机：《汉代物质文化资料图说》，文物出版社1991年9月版，第328页、第318页。

出土竹简则可见"酱桅一"（710）、"酱杯廿"（715）、"鳊酱一伤"（766）、"肉酱一伤"（767）。[1]

"酱桰"应即"酱杯"。"酱杞"很可能就是"酱桅"。盛装"酱"使用的"伤"，或许与"觞"有关。

"酱桰卅枚"与"酱杯廿"显示件数之多，体现"酱桰"或"酱杯"应为宴饮场合中为每一位客人配备的餐具。

6. 军需项目中"酱"的配给

敦煌汉简中有反映河西边塞军人消费"酱"的资料，例如：

酒三斛　　　□□□

黍米二斛　　酱二斗

白粺米二斛　醯三斗　敦德尹遣史氾迁奉到

牛肉百斤　　　　　　　　　　　　　　　　　　（246）[2]

从与"酱二斗"一同记录在这枚简上的其他饮品食品的数量看，"酱"在当时当地饮食消费内容中所占比例是颇为可观的。

我们从云梦睡虎地秦简《日书》所谓"是祷鬼伪为鼠，入人醯、酱、滫、将（浆）中"（25背贰、26背贰），可知秦时民间消费"酱"的情形已经并不罕见。[3]然而《传食律》规定：

御史卒人使者，食粺米半斗，酱驷（四）分升一，采（菜）羹，

给之韭葱……　　　　　　　　　　　　　　　　　　（179）

不更以下到谋人，粺米一斗，酱半升，采（菜）羹，刍稿各半

1　李均明、何双全编：《散见简牍合辑》，第 64 页、第 79—80 页、第 60 页、第 62 页。

2　甘肃省文物考古研究所编，吴礽骧、李永良、马建华释校：《敦煌汉简释文》，甘肃人民出版社 1991 年 1 月版，第 24 页。

3　参看王子今：《睡虎地秦简〈日书〉甲种疏证》，湖北人民出版社 2003 年 2 月版，第 394—395 页。

石……　　　　　　　（181）[1]

则说明"酱"在军事化体制下，曾经是受到严格控制的配给物资。

7. 民间"作酱"方式

《北堂书钞》卷一四六引《范子计然》："酱出东海，上价斤二百，中百，下三十也。"[2] 所谓"酱出东海"，使人联想到《古艳歌》"白盐海东来，美豉出鲁门"的辞句，[3]"东海"地区出产的酱最为著名，当然与当地盐产集中有关。

"酱"作为商品进入流通渠道，在汉代应当是并不普遍的。当时民间大多是以自产自给的方式经营"酱"的生产和供应的。我们从反映东汉晚期洛阳地区社会经济生活的《四民月令》一书中，可以看到有关"酱"的内容：

> （正月）可作诸酱。上旬炒豆，中旬煮之。以碎豆作"末都"。至六、七月之交，分以藏瓜。可以作鱼酱、肉酱、清酱。

原注："'末都'者，酱属也。"

01-2　悬泉置汉简"酱二石五斗"简文

01-1　马圈湾汉简"酱二斗"简文

1　睡虎地秦墓竹简整理小组：《睡虎地秦墓竹简》，文物出版社 1990 年 9 月版，释文注释第 60 页。

2　〔唐〕虞世南编撰：《北堂书钞》，第 618 页。

3　〔唐〕虞世南编撰：《北堂书钞》卷一四六引，第 618 页。

（二月）是月也，榆荚成，及青收，干以为旨蓄。色变白，将落，可收为芜酱、酴酱。随节早晏，勿失其适。

（四月）取鲖子作酱。……是月四日，可作醢、酱。

（五月）是月也，可作芜酱及醢酱。[1]

可见，当时一般民户，也能够制作许多种"酱"。《四民月令》中频繁交代制作"酱"的要领，说明当时"酱"的消费数量，看来也是不宜低估的。

《北堂书钞》卷一四六、《艺文类聚》卷七二、《太平御览》卷八六五均引录了《风俗通义》中的这样一段文字：

酱成于盐而咸于盐，夫物之变，有时而重。[2]

"酱"，是大量使用盐而制作的。《齐民要术》卷八"作酱等法"说到制作豆酱的方法，应"预前日曝白盐"，"令极干燥"，用盐比率"大率豆黄三斗"，"白盐五升"，并专门注明："盐少令酱酢，后虽加盐，无复美味。"密封重开之后，仍要"于盆中以燥盐和之，率一石水，用盐三斗"，"又取黄蒸于小盆内减盐汁浸之"，再"合盐汁泻著瓮中"。又作肉酱法："大率肉一斗，麴末五升，白盐两升半。"作鱼酱法："大率成鱼一斗，用黄衣三升，白盐二升。"[3]汉代制酱用盐，大略亦应与此相当。因而当时民间"酱"的消费，显然是盐业史研究不宜忽视的社会生活现象。[4]

1　石声汉校注：《四民月令校注》，第 16 页、第 21 页、第 31—33 页、第 46 页。

2　〔唐〕虞世南编撰：《北堂书钞》，第 618 页。〔唐〕欧阳询撰，汪绍楹校：《艺文类聚》，第 1243 页。〔宋〕李昉等撰：《太平御览》，第 3841 页。

3　〔后魏〕贾思勰原著，缪启愉校释，缪桂龙参校：《齐民要术校释》，第 418—420 页。

4　王子今：《汉代人饮食生活中的"盐菜""酱""豉"消费》，《盐业史研究》1996 年 1 期。

敊

1. "盐豉"

史游《急就篇》中，有"芜夷盐豉醯酱浆"的文句。"芜夷"，又写作"芜荑"。"酱浆"，又写作"酢酱"。[1]

"豉"，即用煮熟的大豆发酵制成的豆豉，也是汉代人饮食生活中最普遍的消费品之一。

史籍中多见"盐豉"并称的情形。

《史记》卷一一八《淮南衡山列传》记载，淮南王刘长因罪而废，丞相张仓等上书建议迁居于蜀地："臣请处蜀郡严道邛邮，遣其子母从居，县为筑盖家室，皆廪食给薪菜盐豉炊食器席蓐。"[2]很显然，"盐豉"，与"薪菜""炊食器席蓐"等同样都是最基本的生活必需品。

"盐豉"所以并说，直接看来，或许是因为"盐"和"豉"都是当时人最常用的饮食调味品，也可能是因为"豉"的制作，是以"盐"作为主要原料的。《说文·尗部》写道：

> 尗支，配盐幽尗也。从尗，支声。
> 豉，俗尗支，从豆。[3]

就说明了这种情形。

1　管振邦译注，宙浩审校：《颜注急就篇译释》，南京大学出版社 2009 年 8 月版，第 115 页。

2　《史记》，第 3079 页。

3　〔汉〕许慎撰，〔清〕段玉裁注：《说文解字注》，第 336 页。

2. "盐豉"的盛装形式：荅·台·瓵·盖·合

司马迁在《史记》卷一二九《货殖列传》中说道，都市中经营规模达"蘖麯盐豉千荅"的工商业主，其经济地位可以与所谓"千乘之家"相当。"蘖麯盐豉千荅"，或作"蘖麯盐豉千台""蘖麯盐豉千瓵""蘖麯盐豉千盖"[1]，《汉书》卷九一《货殖传》作"蘖麯盐豉千合"。颜师古解释说："麯蘖以斤石称之，轻重齐则为'合'。盐豉则斗斛量之，多少等亦为'合'。'合'者，相配偶之言耳。今西楚荆沔之俗卖盐豉者，盐豉各一升则各为裹而相随焉，此则'合'也。"[2]然而更多的学者对于《史记》所谓"荅"，或解释为"合"，或解释为"盖"，或解释为"台"即"瓵"，都以为是盛装"豉"的陶制容器。不过，颜师古"今西楚荆沔之俗卖盐豉者，盐豉各一升则各为裹而相随焉"的说法，仍然值得重视。"豉"有咸、淡两种，颜师古之说，暗示淡豆豉的食用，也与盐的消费直接有关。

《北堂书钞》卷一四六《酒食部·豉》引谢承《后汉书》："韩崇为汝南太守，遣妻子粗饭，唯菜茹盐豉而已。""羊续为南阳太守，盐豉共一角，三辅之最。"[3]所谓"盐豉共一角"，《太平御览》卷八五五引作"盐豉共

02-1　陕西历史博物馆藏盛放盐豉的陶壶

---

1 《史记》卷一二九《货殖列传》裴骃《集解》、司马贞《索隐》，第 3274 页、第 3276 页。
2 《汉书》，第 3687 页、第 3689 页。
3 〔唐〕虞世南编撰：《北堂书钞》，第 618 页。

壶"，《事物纪原》卷九又引作"盐豉共器"。[1]又《北堂书钞》卷一四四《酒食部·羹》引谢承《后汉书》："河南陶硕啖芜菁羹，无盐豉。"也说"盐豉"是最基本的调味品。《北堂书钞》卷三八《政术部·廉洁》引谢承《后汉书》又说："（羊茂）常食干饭，出界买盐豉。"[2]《太平御览》卷二六〇引司马彪《续汉书》，也有内容大致相同的记述。[3]

3. "煮豆然豆萁，漉豉以为汁"

《释名·释饮食》说："'豉'，嗜也。五味调和，须之而成，乃可甘嗜也。故齐人谓'豉'，声如'嗜'也。"[4]《楚辞·招魂》中可见所谓"大苦醎酸"。汉代人王逸解释说："'大苦'，豉也。""大苦咸酸辛甘，皆和之，使其味行。"[5]

曹植著名的《七步诗》写道："煮豆然豆萁，漉豉以为汁。"[6]可能反映了当时制作"豉"的技术。《齐民要术》卷八《作豉法》中确实有所谓"煮豆""漉出"的工序。又引《食经》作豉法，也说道："煮豆，取浓汁，并秫米女麴五升，盐五升，合此豉中。以豆汁洒溲之，令调，以手抟，令汁出指间，以此为度。"由此我们可以知道"煮豆""漉豉"的具体情形，也可以知道"率一石豆"大约用"盐五升"。这是制作咸豆豉的情形，制作淡豆豉则不用盐。但是汉代民间普遍食用的，可能主要是咸豆豉。另有"作麦豉法"，则是蒸熟后"以盐汤周遍洒润之"。[7]

---

1 〔宋〕李昉等撰：《太平御览》，第3808页。〔宋〕高承：《事物纪原》，《景印文渊阁四库全书》，第920册第243页。
2 〔唐〕虞世南编撰：《北堂书钞》，第603页、第101页。
3 〔宋〕李昉等撰：《太平御览》，第1222页。
4 任继昉纂：《释名汇校》，第209页。
5 〔宋〕洪兴祖撰，白化文、许德楠、李如鸾、方进点校：《楚辞补注》，第207页。
6 〔魏〕曹植著，赵幼文校注：《曹植集校注》，人民文学出版社1984年6月版，第279页。
7 〔后魏〕贾思勰原著，缪启愉校释，缪桂龙参校：《齐民要术校释》，第442—444页。

4. 河西汉简有关"豉"的资料

居延汉简中，可以看到有关"豉"的消费的资料。例如：

□杜狂受钱六百	出钱百一十五糴麹五斗斗廿三
出钱二百廿糴梁粟二石石百一十	出钱六买燔石十分
出钱二百一十糴黍粟二石石百五	出钱廿五糴豉一斗
出钱百一十糴大麦一石石百一十	●凡出六百八十六　　（214.4）[1]

由"出钱廿五糴豉一斗"，我们还得知了当时"豉"的价格。又如：

度用豉半斗	（E.P.T4:106）
□二□	
豉一斗□	（E.P.T59:405）
豉五□	（E.P.W1:76）
诩豉汁取诩二月食不取□	（E.P.W1:78）[2]

此外，在王莽地皇三年《劳边使者过界中费》简册中，也有这样的内容：

盐豉各一斗　直卅	（74E.J.T21:6）[3]

与前引"出钱廿五糴豉一斗"比较，可知"豉"的价格有所波动。

　　居延汉简中的资料，可以说明在边地戍卫的普通军人的饮食生活中，也不能离开"豉"。敦煌悬泉置遗址出土有关外交使节往来接待费用的文书遗存中，有《过长罗侯费用簿》[4]，其中也有涉及"豉"的消费的内容。如：

入豉一石五斗受县	（66）

1　谢桂华、李均明、朱国炤：《居延汉简释文合校》，文物出版社 1987 年 1 月版，第 334 页。

2　甘肃省文物考古研究所、甘肃省博物馆、文化部古文献研究室、中国社会科学院历史研究所编：《居延新简：甲渠候官与第四燧》，文物出版社 1990 年 7 月版，第 15 页、第 386 页、第 541 页。

3　甘肃居延考古队：《居延汉代遗址的发掘和新出土的简册文物》，《文物》1978 年 1 期；甘肃省文物考古研究所编：《居延新简释粹》，兰州大学出版社 1988 年 1 月版，第 129 页。

4　参看王子今：《〈长罗侯费用簿〉应为〈过长罗侯费用簿〉》，《文物》2001 年 6 期。

02-2 居延
"豉汁"简文

02-3 居延
"度用豉半斗"
简文

今豉三斗　　　　　　　　　　　　　　（67）

出豉一石二斗以和酱食施刑士　　　　　（72）[1]

最后一例用"豉""以和酱"，是值得注意的"豉"的食用形式。[2]

长沙马王堆一号汉墓竹简记录随葬器物的清单中有"尗一坉"（101），应即"豉一坉"。发掘者认为："301号硬陶罐内盛豆豉，当即简文所记。"[3]

武威汉代医简中所见《治金创肠出方》，有体现"豉"的药用价值的内容，如：

治金创肠出方冶龙骨　　　　　　　　　（14）

三指撮和以豉汁饮之　　　　　　　　　（15）

治金肠出方冶龙骨三指撮以豉汁饮之日再三饮

肠自为入　　　　　　　　　　　　　　（54）[4]

其中"豉"字，是"豉"字之讹。长沙马王堆一号汉墓出土帛书《五十二病方》中可见：

以□汁粲叔若苦已　　　　　　　　　　（74）

"叔"即"尗"，"苦"，整理者解释说："苦，疑即大苦，即'豉'。"[5]

1　胡平生、张德芳编撰：《敦煌悬泉汉简释粹》，上海古籍出版社2001年8月版，第148页。

2　王子今：《汉代河西军民饮食生活中的"酱"与"豉"》，《重庆师范大学学报》2012年3期。

3　湖南省博物馆、中国科学院考古研究所：《长沙马王堆一号汉墓》，第138页。

4　甘肃省博物馆、武威县文化馆合编：《武威汉代医简》，文物出版社1975年10月版，摹本、释文、注释第3页、第8页。

5　马王堆汉墓帛书整理小组编：《五十二病方》，第48页。

5. 卖豉亦致高訾

"豉"，当以鲁地出产最为著名，即所谓"美豉出鲁门"。在《汉书》卷九一《货殖传》中，我们还可以看到当时长安地区以制作和销售"豉"而致富的实例：

（长安）豉樊少翁、王孙大卿，为天下高訾。

颜师古就此作了这样的解释："樊少翁及王孙大卿卖豉，亦致高訾。'訾'读与'资'同。'高訾'谓多资财。"[1]

《汉书》卷九一《货殖传》还说，其资产达到"钜万"，而"王孙卿以财养士，与雄桀交"，甚至以雄厚的经济实力直接介入政治生活。班固以为，他们都是从事工商业者中"其章章尤著者也"。[2]

所谓"卖豉"亦致"天下高訾"，说明其经营内容与民众消费生活需求有着重要的关系。[3]

---

1 《汉书》，第3694页。

2 《汉书》，第3694页。

3 王子今：《汉代人饮食生活中的"盐菜""酱""豉"消费》，《盐业史研究》1996年1期。

盐菜·酱菜

1. "盐菜之用"

《管子·轻重丁》说到"盐菜之用"。[1]《周礼·天官·亨人》中写道："祭祀，共大羹、铏羹。宾客亦如之。"汉代学者郑玄解释说："郑司农云：'大羹不致五味也，铏羹加盐菜矣。'"孔颖达疏："大古之羹，不调以盐菜及五味。"[2] "盐菜"连称，应用于"祭祀"之"羹"，应是指调味品，并不是简单地指食盐和蔬菜。[3]

《晋书》卷五一《皇甫谧传》记载，皇甫谧回忆与城阳太守梁柳的交往时曾经说："柳为布衣时过吾，吾送迎不出门，食不过盐菜，贫者不以酒肉为礼。"[4] 可见，使用"盐菜"是"贫者"的一般调味方式。汉代人也以食用"盐菜"作为最简易的佐食形式。

《后汉书》卷一〇上《皇后纪上·和熹邓皇后》记载，邓皇后在父丧后，表现出深切的哀痛：

> 后昼夜号泣，终三年不食盐菜，憔悴毁容，亲人不识之。[5]

"盐菜"，应是最普通的调味品。

---

1 黎翔凤撰，梁运华整理：《管子校注》，中华书局 2004 年 6 月版，第 1492 页。

2 〔清〕阮元校刻：《十三经注疏》，第 662 页。

3 《汉语大词典》对"盐菜"的解释是："①盐和蔬菜。""②盐渍的蔬菜。"汉语大词典出版社 1991 年 6 月版，第 7 册第 1482 页。

4 《晋书》，第 1411 页。

5 《后汉书》，中华书局 1965 年 5 月版，第 418 页。

2. "盐菜钱"

《后汉书》卷三四《梁商传》说梁商"谦柔虚己"，"每有饥馑，辄载租谷于城门，赈与贫馁，不宣己惠。"[1]《太平御览》卷四七六引《后汉书》："饥年谷贵民馁，辄遣苍头去帻著巾，车载米盐菜钱于四城门与贫乏，不语主人。知其阴德伏恩，绝不望报。匿名隐誉，皆此类也。"[2]《山堂肆考》卷一〇二则写作："年凶谷贵，多有饥者，辄令苍头以牛致米及盐菜钱于四城门外乞贫民，不告以姓名。"[3]

此将"米"与"盐菜钱"分说，很可能"盐菜"是其"与贫乏"的生活必需品之一。

3. 崔寔《政论》言"盐菜"消费

崔寔《政论》曾经谈到汉代一般官员每月经济收支的基本状况：

> 夫百里长吏，荷诸侯之任，而食监门之禄。请举一隅，以率其余：一月之禄，得粟二十斛，钱二千。长吏虽欲崇约，犹当有从者一人，假令无奴，当复取客，客庸一月千，膏肉五百，薪炭盐菜又五百，二人食粟六斛，其余财足给马，岂能供冬夏衣被、四时祠祀、宾客斗酒之费乎？况复迎父母、致妻子哉？[4]

"薪炭盐菜又五百"，占月现金收入的四分之一。由此可见，在基本消费内容中，所谓"盐菜"，占据着重要的地位。[5]

---

1 《后汉书》，第 1175 页。

2 〔宋〕李昉等撰：《太平御览》，第 2184—2185 页。

3 〔明〕彭大翼：《山堂肆考》，《景印文渊阁四库全书》，第 976 册第 86 页。

4 《全后汉文》卷四六辑自《群书治要》，中华书局 1958 年 12 月版，第 726 页。

5 "盐菜"长期是清贫人家的食用品。《魏书》卷四八《高允传》："（高宗）幸允第，惟草屋数间，布被缊袍，厨中盐菜而已。高宗叹息曰：'古人之清贫，岂有此乎？'"中华书局 1974 年 6 月版，第 1076 页。

"盐菜"是以食盐作为主要制作原料的调味品的统称，还是某种具体的用食盐腌制的菜菹，今天依据现有资料似乎已经难以确知。[1]

4. "酱菜"

汉代人的饮食内容中，还有所谓"酱菜"。《后汉书》卷四四《胡广传》李贤注引谢承《后汉书》：

> （李咸）自在相位，约身率下，常食脱粟饭、酱菜而已。[2]

这里所说的"酱菜"，可能与"盐菜"相近，也可能是概指"酱"与"菜"。

1　王子今：《汉代人饮食生活中的"盐菜""酱""豉"消费》，《盐业史研究》1996 年 1 期。
2　《后汉书》，第 1511 页。

脯・羊脯・鹿脯

1.居延简文"野羊脯"

居延汉简出现"野羊脯"文字，作为饮食史料反映了当时居延吏卒的一种食品形式。而"野羊"字样，又包涵生态史研究者应当关注的信息。

大湾出土帛书，编号为乙附 51 的书信，可见以"小笥"盛装往长安"遗脯"的情形。其中包括"野羊脯"：

（1）☑为书遗　　　　　　●长□赍之米财予钱可以市者☑

　　☑□孙少君遗稗米☑肉廿斤

　　☑府幸长卿遗脯一□☑御史之长安□□以小笥盛之●毋以□脯野羊

　　脯赍之也

　　信伏地再拜多问

　　次君君平足下厚遗信非自二信幸甚寒时信愿次君君平近衣强酒食

　　察事毋自易信幸甚薄礼

　　□絮一信再拜进君平来者数寄书使信奉闻次君君平毋恙信幸甚伏地

　　再拜再拜

　　次君君平足下　●初叩头多问

　　丈人寒时初叩头愿丈人近衣强奉酒食初叩头幸甚甚初寄□赣练布

　　二两□□者丈人数寄书

　　使初闻丈人毋恙初叩头幸甚幸甚丈人遗初手衣已到[1]

根据长沙马王堆汉墓等考古收获，可知"以小笥盛之"是汉代食品包装盛放比较普遍的形式。

1　谢桂华、李均明、朱国炤：《居延汉简释义合校》，第 677 页。

2. "胡麻饭""山羊脯"

《法苑珠林》卷四一《潜遁篇·引证部》说汉代故事:"汉永平五年,剡县刘晨、阮肇共入天台山,迷不得返,经十三日,粮乏尽,饥馁殆死。"遇"二女子,姿质妙绝","食胡麻饭、山羊脯、牛肉,甚甘美。食毕,行酒"。[1]《太平御览》卷四一引《幽明录》:"汉明帝永平五年,剡县刘晨、阮肇共入天台山取榖皮,迷不得返,经十余日,粮食乏尽,饥馁殆死。"后幸遇二女子款待,"有胡麻饭、山羊脯甚美,食毕行酒"。说到"胡麻饭"和"山羊脯"。又《太平御览》卷八六二引《续齐谐记》曰:"刘晨、阮肇入天台山,有女仙人为设胡麻饭、山羊脯,因留连之。"[2]又卷九〇二引《博物志》有"作淫羊脯法",说到这种羊原本"脯不可食"。[3]可知以羊为"脯"是习见饮食方式。[4]

传"汉明帝永平五年"刘阮遇仙故事中食用"山羊脯"情节,也可以帮助我们理解居延汉简"野羊脯"简文。

元人胡古愚《树艺篇·谷部》卷七写道:"胡麻即今之脂麻是也。汉时张骞得其种于胡地。故目之曰'胡麻'。""胡麻出于胡地,大而少异。取其油可以前烹,可以燃点,其麻又可以为饭。《续齐谐志》所谓天台用'胡麻饭'是也。"[5]王桢《农书》卷二八《谷谱二》"胡麻"条"前烹"作"煎烹"。[6]引种"胡麻"的所谓"胡地"与居延地方区域方位的接近,也值得注意。

1 〔唐〕释道世撰:《法苑珠林校注》,《四部丛刊》景明万历本,第492页。
2 〔宋〕李昉等撰:《太平御览》,第194—195页、第3831页。
3 《太平御览》卷九〇二引《博物志》曰:"阴夷山有淫羊,一日百遍,脯不可食。但著床席间,已自惊人。又有作淫羊脯法……"第4003页。
4 时代较晚的例证有明人文肇祉诗《韩太史再送羊脯》,《文氏五家集》卷一三。
5 〔元〕胡古愚撰:《树艺篇》,明纯白斋钞本,第61页。
6 〔元〕王祯撰:《王祯农书》,清光绪二十五年广雅书局刻《武英殿聚珍版丛书》本,第130—131页。

3. 居延、敦煌简文可能即"鹿脯"的"鹿舖""鹿蒲"

有学者指出，"在远古时代的中国大地上，哺乳动物中最为活跃的，恐怕莫过于鹿亚科（Cervinae）的许多种动物"，"鹿从来是狩猎的好对象"。[1] 在汉代，猎鹿，是社会生产与社会生活中常见的现象。汉代画象石、画象砖等图像资料多有反映。司马相如《子虚赋》"轔鹿射麋"[2]，扬雄《长杨赋》"张罗罔罝罘，捕……麋鹿"[3]，都说到猎杀鹿的场景。《史记》卷一〇四《田叔列传》褚少孙补述："邑中人民俱出猎，任安常为人分麋鹿雉兔。"[4] 也体现鹿是民间猎事主要捕获物。《艺文类聚》卷三五引汉王褒《僮约》"登山射鹿"[5]，也说到猎鹿情形。又如《九章算术·衰分》中有这样的算题："今有大夫、不更、簪褭、上造、公士，凡五人，共猎得五鹿。欲以爵次分之，问各得几何？"[6] 同样反映鹿是汉代狩猎的主要"对象"。

前引（1）"□脯野羊脯"与"野羊脯"之前的"□脯"，或许就是"鹿脯"。居延汉简又可见"鹿舖"字样：

（2）具鹿舖办

　　　少使张临谨具上☐　　　　　　　　　　　　　　　　　　（262.25）[7]

"鹿舖"很可能就是"鹿脯"。又敦煌汉简：

（3）南合檄一诣清塞掾治所杨檄一诣府闰月廿日起高沙督蘽印廿一日受沫（A）

　　　刑驻鹿蒲即付桢中隧长程伯（B）　　　　　　　　　　　（2396）[8]

1　谢成侠：《中国养牛羊史（附养鹿简史）》，农业出版社1985年2月版，第205页。

2　《史记》卷一一七《司马相如列传》，第3003页。

3　《汉书》卷八七下《扬雄传下》，第3557页。

4　《史记》，第2779页。

5　〔唐〕欧阳询撰，汪绍楹校：《艺文类聚》，第633页。

6　郭书春汇校：《汇校九章算术》，辽宁教育出版社、台湾九章出版社2004年8月版，第105—106页。

7　谢桂华、李均明、朱国炤：《居延汉简释文合校》，第435页。

8　甘肃省文物考古研究所编，吴礽骧、李永良、马建华释校：《敦煌汉简释文》，第261页。

04-1 居延破城子遗址出土捕野羊猎具

04-2 洛阳西汉画象空心砖墓出土射鹿图

亦未可排除"鹿蒲"即"鹿脯"之误写的可能。

4. 马王堆汉墓"鹿脯"

马王堆一号汉墓出土随葬品中有食品多种，其中可见 24 种动物标本遗存。据中国科学院动物研究所脊椎动物分类区系研究室与北京师范大学生物系的《动物骨骼鉴定报告》，"所见到的骨骼实物，经鉴定计有 24 种。其中：兽类 6 种，分属于 5 科 3 目；鸟类 12 种，分属于 7 科 6 目；鱼类 6 种，分属于 2 科 2 目"。我们看到，墓主食谱中以野生动物为主要菜肴原料。特别是鹤、鸳鸯、喜鹊、麻雀等列于其中，颇为引人注目。

将以上数据中数量较多者以出现次数为序排列，则可见：

家鸡（鸟纲鸡形目雉科）	*Gallus gallus domesticus* Brisson	10
梅花鹿（哺乳纲偶蹄目鹿科）	*Cervus nippon* Temminck	8
猪（哺乳纲偶蹄目猪科）	*Sus scrofa domestica* Brisson	6
黄牛（哺乳纲偶蹄目牛科）	*Bos taurus domesticus* Gmelin	5
竹鸡（鸟纲鸡形目雉科）	*Bambusicola thoractca* Temminck	4
鲫（鱼纲鲤形目鲤科）	*Carassius auratus* (Linné)	4
环颈雉（鸟纲鸡形目雉科）	*Phasianus colchicus* Linne	4

应当说，家鸡、猪、黄牛等家禽家畜作为肉食对象不足为奇。而梅花鹿的数量仅次于家鸡，位列第二，值得特别注意。[1]

实际上，竹笥 317 盛装物品为"兽骨及鸡骨"，系有两枚木质签牌，分别书写"鹿膳笥"（编号 7）、"熬阴鹑笥"。鉴定者并没有鉴定出"兽骨"即鹿骨或包括鹿骨。又竹笥 343 内容为"酱状物"，鉴定者也没有作出其中

---

[1] 有研究者分析说："记载哺乳动物的竹简共 50 余片，牛、猪最多；鹿次之，竟有 8 片，可见当时食鹿并非罕见之事。"高耀亭：《马王堆一号汉墓随葬品中供食用的兽类》，《文物》1973 年 9 期。

为鹿肉的判断，然而木质签牌写明为"鹿脯笥"（编号9）。[1] 可见，实际上与鹿有关的随葬食品共10见，在数量上与鸡相同，是应当列于首位的。

分析所发现的梅花鹿各部位的骨骼，以肋骨居多（44，不包括断残者17），此外还有膝盖骨（1），扁平胸骨（3），胸骨（9），以及切碎的部分四肢骨残块等。

鉴定者发现，"每笥内梅花鹿肋骨均以具肋骨头、肋骨结节者为准，以便于区分左右侧"。肋骨44条，"总数少于两只鹿体的52条肋骨。但左侧的显然较多些，估计以上肋骨应取自三只鹿体的胸廓上才较为合理。每只梅花鹿均为成体，体重150—200斤，年龄2—3岁"。[2]

据鉴定者记录："335竹笥全为肋骨"，"该竹笥上的木牌载明为'鹿□笥'"。而同篇鉴定报告又写道："335竹笥，肋骨15，另有断残者13，扁平胸骨3。"两说相互矛盾。[3]

马王堆一号汉墓出土系在竹笥上的木质签牌，涉及以鹿肉为原料加工食品者有三枚，即：

鹿縢笥　　编号7　　出土时在317号笥上

鹿脯笥　　编号9　　出土时在343号笥上

鹿炙笥　　编号13　　出土时掉落在南边箱中

出土竹简遣策中，我们又可以看到：

鹿倏一鼎　　简三（发掘报告执笔者写道："倏，不识。本组酭羹九鼎，实为八鼎，或即此简脱'酭羹'二字。"）

鹿肉鲍鱼笋白羹一鼎　　简一二

鹿肉芋白羹一鼎　　简一三

1　湖南省博物馆、中国科学院考古研究所：《长沙马王堆一号汉墓》，第115页、第117—118页。
2　高耀亭也指出："在44条肋骨中，左侧为28根，而梅花鹿一侧的肋骨仅13根，以此计算，原随葬时约用了三只成体梅花鹿。"《马王堆一号汉墓随葬品中供食用的兽类》，《文物》1973年9期。
3　中国科学院动物研究所脊椎动物分类区系研究室、北京师范大学生物系：《动物骨骼鉴定报告》，《长沙马王堆一号汉墓出土动植物标本的研究》，文物出版社1978年8月版，第64页、第53页。

小叔（菽）鹿努（胁）白羹一鼎　简一四（发掘报告执笔者写道："努，即劦，读为胁。《说文·肉部》：'胁，两膀也。"）

鹿縢一笥　简三二（发掘报告执笔者指出，縢、膡、朓、胹同，可以理解为"夹脊肉"。）

鹿脯一笥　简三五

鹿炙一笥　简四四

‖ 右方牛犬豕鹿鸡炙笥四合卑匜四　简四六

鹿膮（脍）一器　简五八 [1]

遣策中"鹿"凡 8 例，其数量仅次于"牛"（19 例）。

鉴定马王堆一号汉墓出土动物标本的学者指出，"梅花鹿几乎主要分布在我国境内，北方的体大，南方的体小些。在 7 个亚种之中，我国共有 5 个亚种。梅花鹿过去分布很广泛，据不完全的记载，产地有黑龙江、吉林、河北、山西、山东、江苏、浙江、江西（九江），以及广东北部山地、广西南部、四川北部和台湾省等地。湖南近邻省份，以往皆有梅花鹿分布，估计在汉朝时期，长沙一带会有一定数量的梅花鹿分布，为当时狩猎、捕捉、饲养梅花鹿提供自然资源。由于晚近时期对梅花鹿长期滥猎，专供药用，以致数量减少，分布区缩小，现在湖南省无梅花鹿的分布记载，很可能系近代受人为影响分布区缩小所致"。马王堆一号汉墓出土的梅花鹿骨骼和相关数据，可以为增进对当时生态环境的认识创造必要的条件。长沙走马楼简提供的经济史料中，有涉及征敛皮革的内容，可以看作反映当时当地社会生活的重要信息。其中以"麂皮"和"鹿皮"占据比例最大。[2] 从"麂皮"与"鹿皮"收入的数量，也可以推知当时长沙地方生态环境的若干特征。

1　湖南省博物馆、中国科学院考古研究所：《长沙马王堆一号汉墓》，第 112—118 页、第 130—135 页。

2　据长沙市文物工作队、长沙市文物考古研究所《长沙走马楼 J22 发掘简报》，"竹简记载的赋税内容十分繁杂，征收的对象有米、布、钱、皮、豆等"。钱的名目有"皮贾钱"，"户调为布、麻、皮等"。王素、宋少华、罗新《长沙走马楼简牍整理的新收获》指出，"户调"有"调鹿皮、调麂皮、调水牛皮"，此外，"还有作为一般租税收缴的鹿皮、麂皮、羊皮、水牛皮"。又说到"皮入库"情形。《文物》1999 年 5 期。

所谓"对梅花鹿长期滥猎，专供药用，以致数量减少"，或说"对梅花鹿长期猎捕，专供药用，以致数量稀少"[1]，其中"专供药用"的说法，可能并不符合历史真实。

马王堆一号汉墓出土动物标本的鉴定者还推测，"很有可能在汉朝时梅花鹿已被人们所饲养"[2]。

《初学记》卷一八引王充《论衡》曰："扬子云作《法言》，蜀富贾人赍钱十万，愿载于书。子云不听，曰：'夫富无仁义，犹圈中之鹿，栏中之羊也。安得妄载？'"[3]所谓"圈中之鹿"，无疑体现了畜养鹿的实际情形。贾思勰《齐民要术》卷一《种谷》引《氾胜之》曰："验美田至十九石，中田十三石，薄田一十石。尹泽取减法，神农复加之。骨汁粪汁种种，剉马骨、牛羊猪麋鹿骨一斗，以雪汁三斗煮之，三沸，取汁以渍附子。率汁一斗，附子五枚。渍之五日，去附子。捣麋鹿羊矢，分等置汁中，熟挠和之，候晏温，又溲曝，状如后稷法，皆溲，汁干，乃止。若无骨，煮缲蛹汁和溲。如此，则以区种之。大旱浇之。其收至亩百石以上，十倍于后稷。"[4]所谓"麋鹿骨"，可以通过猎杀取得，而取"麋鹿羊矢"溲种的形式，可以证明确实有畜养鹿的情形。以鹿粪作基肥改良土壤，促进作物生长的技术，《周礼·地官·草人》中也有记录："草人掌土化之法，以物地，相其宜而为之种。凡粪种，……坟壤用麋，渴泽用鹿。"[5]这些史料都值得我们注意。

虽然学者多肯定中国养鹿有悠久的历史，但是所举例证往往还是这种在苑囿中大规模纵养的史例。[6]这种方式，与《论衡》所谓"圈中之鹿"可能有所不同。

1　高耀亭：《马王堆一号汉墓随葬品中供食用的兽类》，《文物》1973 年 9 期。

2　中国科学院动物研究所脊椎动物分类区系研究室、北京师范大学生物系：《动物骨骼鉴定报告》，《长沙马王堆一号汉墓出土动植物标本的研究》，文物出版社 1978 年 8 月版，第 64—65 页。

3　〔唐〕徐坚等著：《初学记》，中华书局 1962 年 1 月版，第 442 页。

4　〔后魏〕贾思勰原著，缪启愉校释，缪桂龙参校：《齐民要术校释》，第 30 页。

5　〔清〕阮元校刻：《十三经注疏》，第 746 页。

6　谢成侠：《中国养牛羊史（附养鹿简史）》，第 205—219 页。

5.“鹿脯”“麋脯”“麕脯”

猎鹿并以鹿肉作为食材的情形，在汉代十分普遍。[1]有学者说：“鹿肉成为猎户的产品，自古往往以鹿脯上市。”[2]《礼记·内则》说到“牛脩、鹿脯、田豕脯、麋脯、麕脯”。郑玄注：“脯，皆析干肉也。”[3]

《宋书》卷二一《乐志三》古辞《乌生八九子》有“白鹿乃在上林西苑中，射工尚复得白鹿脯哺”句。[4]《艺文类聚》卷九五引古诗曰：“白鹿乃在上林西苑中，射工尚复得白鹿脯喵之。”[5]所见“鹿脯”，或许也有助于说明居延汉简“□脯”“鹿鯆”和敦煌汉简“鹿蒲”对于认识汉代饮食史和生态史的意义。

1　参看王子今：《马王堆一号汉墓出土梅花鹿标本的生态史意义》，《古代文明》第 2 卷，文物出版社 2003 年 6 月版；王子今：《走马楼简的“入皮”记录》，《吴简研究》第 1 辑，崇文书局 2004 年 7 月版。

2　谢成侠：《中国养牛羊史（附养鹿简史）》，第 214 页。

3　〔清〕阮元校刻：《十三经注疏》，第 1464 页。

4　《宋书》，中华书局 1974 年 10 月版，第 607 页。

5　〔唐〕欧阳询撰，汪绍楹校：《艺文类聚》，第 1649 页。

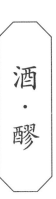

酒・醪

1. 饮酒风习与"酒""醪"消费——以居延为中心的考察

酒，很可能是体现人类社会文明进步的最重要的发明之一。在社会生活史的诸多层面中，酒对于养怡身心，调谐生活，丰富休闲，活跃社交，都表现出重要的作用。居延汉简中所见有关"酒"的文字遗存，应当看作可以从一个侧面反映当时西北边塞地区社会生活风貌的重要信息。

辑录居延汉简中有关饮酒风习的史料，首先可以看到如下简例：

（1）伏地再拜拜请具酒少赐子建伏地再拜请具　　　　　　（10.25A）

　　　伏地再拜伏地请具酒少酒少且具拜　　　　　　　　（10.25B）

（2）☑□孙次翁幸赐酒少少席☑

　　　☑□受若欲复使☑

　　　☑　　　　　　　　　　　　　　　　　　　　　　（228.22）

（3）元康三年六月乙卯朔丁卯东郡白马平武里

　　　董德　谒如君倡不得见君君有　　　　　　（E.P.T57：55A）

　　　薄酒少少谒官掾□前溺　　　　　　　　　　（E.P.T57：55B）

（4）☑所得酒饮之拓奴对曰从厩徒周昌取酒一石昌私沽酒一石拓奴

　　　　　　　　　　　　　　　　　　　　　　　　　（198.13）

（5）此酒县索下饮酒两杯从迹尽界还谓忠曰为候长取酒　（264.40）

（6）田卒淮阳郡长平平里士五李进年廿五　　　酒　　（509.18）

（7）田卒淮阳郡长平西阳里公士边结年廿三　　　酒　　（509.27）

（8）死罪死罪今年八月中候缪忻男子贾蘘持酒　　（E.P.T20：6）

（9）☑孝信到上亭饮酒　　　　　　　　　　　　（E.P.T50：92）

（10）☑□见不云云因道欲饮药元毋酒愿☑　　　（E.P.T59：270）

（11）☑□倚庭侍酒□　　　　　　　　　　　（E.P.F22：724）

（12）☑事不可知欲小为酒劳　　　　　　　（E.P.C1：16A）[1]

（1）"酒少""酒少酒少"，以及（2）（3）"酒少少"，可能是汉时习用语。《后汉书》卷三八《度尚传》"所亡少少，何足介意"[2] 所谓"少少"，或许有助于我们理解"酒少少"的说法。（2）"酒少少"，前言"幸赐酒"，可能与（3）情形有所不同。

（5）（6）（7）（8）等，都是河西边塞戍守官兵饮酒生活的记录。其中（5）"为候长取酒"所体现的社会关系较为特殊。（9）"到上亭饮酒"，似乎暗示当时军营中可能存在专门经营酒业的机构。

（12）所谓"酒劳"，很可能就是酒醪。酒醪是混合汁滓的酒，为通行于下层民众的饮品。《汉书》卷四《文帝纪》："为酒醪以靡谷者多。"颜师古注："醪，汁滓酒也。"[3]

又如：

（13）　　　　　　　　出二百五十买羊一

　　　　　　　　　　出百八十买鸡五只　　●凡出八百六钱

　　受甲渠君钱千　　出七十二买骆四于　　今余钱二百

　　　　　　　　　　出百六十八糴米七斗

　　　　　　　　　　出百卅沽酒一石三斗　　　（E.P.T51：223）

（14）☑肉五十斤直七石五斗

　　　☑酒二石五斗直四石六斗

　　　☑凡直十二石一斗　　　　　　　　　　（E.P.F22：457A）

1　谢桂华、李均明、朱国炤：《居延汉简释文合校》，第16页、第370页、第311页、第441页、第616页；张德芳主编，马智全著：《居延新简集释》（四），甘肃文化出版社2016年6月版，第491页；张德芳主编，孙占宇著：《居延新简集释》（一），甘肃文化出版社2016年6月版，第476页；张德芳主编，杨眉著：《居延新简集释》（二），甘肃文化出版社2016年6月版，第504页；张德芳主编，肖从礼著：《居延新简集释》（五），甘肃文化出版社2016年6月版，第320页；张德芳主编，张德芳著：《居延新简集释》（七），甘肃文化出版社2016年6月版，第582页、第651页。
2　《后汉书》，第1285页。
3　《汉书》，第128—129页。

05-1 居延"肉五十斤""酒二石三斗"简文

05-3 大邑安仁乡出土宴饮画象砖

05-4 彭州太平乡出土宴饮画象砖

05-2 居延"孝信到上亭饮酒"简文

　　　　☑　　　候长窦宏卩

　　　　☑　　　候长王恭卩

　　　　☑　　　候长孟宪　　　　　　　　　（E.P.F22: 457B）

（15）☑……起居毋恙甚善舍中儿子牛马皆

　　　　☑……见到□□□一领具□□□□□□　　（E.P.F22: 565A）

　　　　……未有

　　　　……家宁持酒三石犬一　　　　　　　（E.P.F22: 565B）[1]

这几则简例都反映了当时与饮酒有关的食物构成。（14）可能是三位候长合资购买"酒食"的记录，由此可以推想当时军中同僚的关系。（13）末句则体现了当时当地酒价的数值，也提供了讨论酒和米、羊、鸡、骆等物的比价的条件。

　　我们还可以看到其他涉及"酒食"的简文，不过其中有些内容或许未必直接反映西北边塞地区饮食生活。例如：

（16）☑□于□胜不☑

　　　　☑□谨之慎候☑

　　　　☑强奉酒食察事☑　　　　　　　　　　（202.12）

（17）☑□官动欲西起居延□藉不得入自可☑

　　　　☑子广却愿自□谭酒食忽邑时邑时来记诣□□时□□□叩头

　　　　☑不☑　　　　　　　　　　　　　　　　（257.32）

（18）☑□拜

　　　　☑下善毋恙甚苦官事☑

　　　　☑君卿足衣善酒食出入远辟☑　　　　　（283.39）

（19）☑不和愿君进酒食近衣毋自易长☑　　　　（332.7A）

1　张德芳主编，李迎春著：《居延新简集释》（三），第472页；张德芳主编，张德芳著：《居延新简集释》（七），第530页、第550页。

（20）□强饭进御酒食忍愚☑　　　　　　　　　　（E.P.T54：18B）

（21）☑为书遗　　　　　●长□赏之米财予钱可以市者☑

　　　☑□孙少君遗稉米☑肉廿斤

　　　☑府幸长卿遗脯一□☑御史之长安□□以小笥盛之●毋以□脯野

　　　　羊脯赏之也

　　　信伏地再拜多问

　　　次君君平足下厚遗信非自二信幸甚寒时信愿次君君平近衣强酒食

　　　　察事毋自易信幸甚薄礼

　　　□絮一信再拜进君平来者数寄书使信奉闻次君君平毋恙信幸甚伏

　　　　地再拜再拜

　　　次君君平足下　　●初叩头多问

　　　丈人寒时初叩头愿丈人近衣强奉酒食初叩头幸甚甚初寄□赣练布

　　　　二两□□者丈人数寄书

　　　使初闻丈人无恙初叩头幸甚幸甚丈人遗初手衣已到　　（乙附51）

（22）／数元至今叩头……☑

　　　酒食愿丈人强饭□□心辟小……☑　　　　　（E.P.T5：252）

（23）☑□□事酒食事☑　　　　　　　　　（E.P.T65：543）[1]

（21）为帛书，出土于大湾。（16）"强奉酒食"，（18）"足衣善酒食"，（19）
"进酒食近衣"，（20）"强□□御酒食"（或许即"强近衣御酒食"），（21）
"近衣强酒食""近衣强奉酒食"，其实只是一般的祝语。[2]不过，我们从中也
可以体味到"酒"在当时社会生活中的地位。

---

1 谢桂华、李均明、朱国炤：《居延汉简释文合校》，第314页、第427页、第475页、第521
页、第677页；张德芳主编，马智全著：《居延新简集释》（四），第362页；张德芳主编，孙占宇
著：《居延新简集释》（一），第358页；张德芳主编，张德芳、韩华著：《居延新简集释》（六），
第329页。

2 类似简文又有"近衣裘自爱"（E.P.T51：233B），"近衣视养食"（E.P.T53：183），"强餐食"
（E.P.T43：56），"加餐食"（E.P.T44：4B），"加强餐食"（E.P.T44：8B）"强饮强食"（E.P.F22：
835，836）等，可以参考。

2. 祭祀用酒

祭祀用酒也是相当普遍的。例如：

（24）　　　　　鸡一　　　　酒二斗

　　　对祠具　黍米一斗　盐少半升

　　　稷米一斗　　　　　　　　　　　　　　　　（10.39）

（25）□□肥猪社稷神君所清酒白黄　　　　（E.P.F22：832）

（26）始建国三年十二月丙辰朔丁丑不侵候长茂敢言之官檄曰部吏九人

　　　人一鸡重六斤

　　　输府遣候史若祭酒持诣官会月二十日●谨案部吏多贫急毋□

　　　　　　　　　　　　　　　　　　　　（E.P.T59：56）

（27）□　　祭酒永从事主事术令史霸　　（E.P.F22：825B）[1]

（26）所谓"祭酒"当是指祠祭用酒，（27）所谓"祭酒"究竟是指酒，或只是职任称谓，还难以确定。不过，"祭酒"即使作为职任，也反映"酒"在祭祠仪礼中的作用。

3. "酤酒""买酒"行为

反映酒的买卖关系的资料，我们可以看到：

（28）□置长乐里乐奴田卅五伋贾钱九百钱毕已丈田即不足计伋数环钱

　　　旁人淳于次孺王充郑少卿古酒旁二斗皆饮之　　　　（557.4）

（29）□十日视事尽二月约已县官事贾钱四月□

　　　□□□□□□约沽酒旁二斗□　　　　　　　　　　（564.7）

1　谢桂华、李均明、朱国炤：《居延汉简释文合校》，第 18 页；张德芳主编，张德芳著：《居延新简集释》（七），第 599 页、第 596 页；张德芳主编，肖从礼著：《居延新简集释》（五），第 255 页。

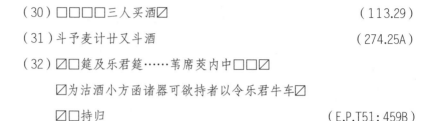

（30）□□□□三人买酒☒　　　　　　　　　　　　（113.29）

（31）斗予麦计廿又斗酒　　　　　　　　　　　　（274.25A）

（32）☒□筳及乐君筳……苇席茭内中□□☒

☒为沽酒小方函诸器可欲持者以令乐君牛车☒

☒□持归　　　　　　　　　　　　　　　（E.P.T51：459B）

（33）☒陈裘一领直千二百五十居延如里孙游君所约至

☒□朝子真故酒二斗　　　　　　　　　　　（E.P.T59：555）[1]

（28）"古酒"，（29）"沽酒"，（33）"故酒"，均应理解为"酤酒"，即（30）所谓"买酒"。（28）"古酒旁二斗"与（29）"沽酒劳二斗"同，"旁"很可能是"劳"的误写。联系（12）"酒劳"，可知"劳"是"醪"的民间简字。

还有一种颇为引人注目的现象，即（28）和（33）简文的内容，似乎反映在当时的经济交易过程中，酤酒、饮酒，可能已经被作为标志成交的一种仪礼。

体现酒价的简文，有前引（13）"出百卅沽酒一石三斗"，可知为一斗十钱。这是相当珍贵的经济史料。《九章算术·盈不足》："今有醇酒一斗，直钱五十；行酒一斗，直钱一十。"可知西北边塞地区边地酒价与内地并没有很大的差别。又（14）"酒二石五斗直四石六斗"则是以谷物直接与酒交换。（31）也反映了同样的情形。

4. 酒后斗殴案例

居延汉代军人饮酒酤酒可能相当普遍，我们从作为法律文书的简册中，看到一起因酒后争言械斗造成杀伤的特殊案例：

1　谢桂华、李均明、朱国炤：《居延汉简释文合校》，第653页、第662页、第462页；张德芳主编，李迎春著：《居延新简集释》（三），第536页；张德芳主编，肖从礼著：《居延新简集释》（五），第388页。

（34）建武五年九月癸酉朔壬午令史敢言之谨移劾劾状　（E.P.T68：13）

建武五年九月癸酉朔壬午甲渠令史劾移居延　（E.P.T68：14）

狱以律令从事　（E.P.T68：15）

上造居延累山里年卅八岁姓周氏建武五年八月中除为甲

（E.P.T68：16）

官

渠斗食令史备寇虏盗贼为职至今月八日客民不审　（E.P.T68：17）

☑让持酒来过候饮第四守候长原宪诣官候赐宪主官谭等酒酒尽让

欲去　（E.P.T68：18）

候复持酒出之堂煌上饮再行酒尽皆起让与候史候　（E.P.T68：19）

夏候谭争言斗宪以所带剑刃击伤谭匈一所广二寸　（E.P.T68：20）

长六寸深至骨宪带剑持官六石具弩一稟矢铜鏃十一枚持大

（E.P.T68：21）

☑□橐一盛糒三斗米五斗骑马兰越隧南塞天田出案宪斗伤

（E.P.T68：22）

盗官兵持禁物兰越于边关徼亡逐捕未得它案验未竟　（E.P.T68：23）

迺九月庚辰甲渠第四守候长居延市阳里上造原宪与主官

（E.P.T68：24）

一所

人谭与宪争言斗宪以剑击伤谭匈骑马驰南去候即时与令史

（E.P.T68：25）

立等逐捕到宪治所不能及验问隧长王长辞曰宪带剑持官弩一箭

十一枚大　（E.P.T68：26A）

掾谭　（E.P.T68：26B）

革橐一盛糒三斗米五斗骑马兰越隧南塞天田出西南去以此知而

（E.P.T68：27）

勃无长史教使勃者状具此　　　　　　　　（E.P.T68: 28）[1]

起先邀请饮酒的是"客民"，然而饮酒的现场则在军营中。即所谓平民"持酒来过候饮"，这种情形在当时可能并不罕见。"第四守候长原宪诣官候赐宪主官谭等酒"，然而又在酒后以剑击夏侯谭，造成胸部重伤，后畏罪携武器军粮驰马出逃。

原宪一案，状"移居延狱"。我们不知道"居延狱"是否有接近后世军事法庭的性质，但是原宪"盗官兵持禁物兰越于边关徼亡"，越境出逃，已经不是一般的逃兵，而具有了叛国的性质。事件的起因，竟然是酒后争言殴斗。原宪以随身所带剑击伤谭的胸部，致有宽二寸、长六寸，深至骨的创口。

史籍中较典型的酒后争端的记录，是司马迁笔下的灌夫事迹。《史记》卷一○七《魏其武安侯列传》："及饮酒酣，（灌）夫起舞属丞相，丞相不起，夫从坐上语侵之。"另一次，往贺田蚡娶燕王女为夫人，"饮酒酣，武安起为寿，坐皆避席伏。已魏其侯为寿，独故人避席耳，余半膝席。灌夫不悦。起行酒，至武安，武安膝席曰：'不能满觞。'夫怒，因嘻笑曰：'将军贵人也，属之！'时武安不肯。行酒次至临汝侯，临汝侯方与程不识耳语，又不避席。夫无所发怒，乃骂临汝侯曰：'生平毁程不识不直一钱，今日长者为寿，乃效女儿呫嗫耳语！'武安谓灌夫曰：'程李俱东西宫卫尉，今众辱程将军，仲孺独不为李将军地乎？'灌夫曰：'今日斩头陷匈，何知程李乎！'坐乃起更衣，稍稍去。魏其侯去，麾灌夫出。武安遂怒曰：'此吾骄灌夫罪。'乃令骑留灌夫。灌夫欲出不得。籍福起为谢，案灌夫项令谢。夫愈怒，不肯谢。武安乃麾骑缚夫置传舍，召长史曰：'今日召宗室，有诏。'劾灌夫骂坐不敬，系居室。遂按其前事，遣吏分曹逐捕诸灌氏支属，皆得弃市罪。"[2]原宪案情，较灌夫"骂坐"故事更为极端，其真实反映社会生活细节的价值，也是可贵的。

1　张德芳主编，张德芳、韩华著：《居延新简集释》（六），第353—355页。

2　《史记》，第2848页、第2849—2850页。

5. 药用酒

居延汉简中还可见酒以为医疗之用的实例，如：

（35）☑酒中令如夏水以灌之☑☑☑☑☑☑　　　　　　（311.24）

（36）☑□以醇酒一杯饮大如鸡子已饮傅衣□□　　　（E.P.T53: 141）

（37）☑一分栝楼茋眯四分麦丈句厚付各三分皆合和以方寸匕取药一置
　　　杯酒中饮之出矢镞　　　　　　　　　　　　　（E.P.T56: 228）

（38）　□皆父且以淳酸渍之壹宿
　　　　☑
　　　费药成浚去宰以酒饮　　　　　　　　　　（E.P.S4.T2: 65）[1]

“醫”字从“酉”，原本正是酒名。《周礼·天官·酒正》写道：“辨四饮之物，一曰‘清’，二曰‘醫’，三曰‘浆’，四曰‘酏’。”贾公彦疏：“‘二曰醫’者，谓酿粥为醴则为‘醫’。”[2]

《史记》卷一〇五《扁鹊仓公列传》说：“其在肠胃，酒醪之所及也。”[3]是酒用于医疗之例。马王堆汉墓出土帛书《五十二病方》中，也多见用“清”[4]“酉”[5]“酒”“淳酒”“醇酒”“敦酒”“善酒”“美酒”“苦酒”“温酒”“热酒”治病的情形。[6]

据张显成研究，汉代出土资料中以“酒”入药之例，有：酉、苦酒、

1　谢桂华、李均明、朱国炤：《居延汉简释文合校》，第508页；张德芳主编，马智全著：《居延新简集释》（四），第326页、第435页；张德芳主编，张德芳著：《居延新简集释》（七），第695页。

2　〔清〕阮元校刻：《十三经注疏》，第669页。

3　《史记》，第2793页。

4　马王堆汉墓帛书整理小组据《周礼·天官·酒正》注，以为“清”是去滓的醴酒。马王堆汉墓帛书整理小组编：《五十二病方》，第62页。

5　马王堆汉墓帛书整理小组以为“酉”即“酒”。马王堆汉墓帛书整理小组编：《五十二病方》，第74页。

6　《五十二病方》所见酒作药用诸例，为：“清”（133）、“酉”（189）、“酒”（64，87，100，149，159，172，182，185，202，223，276，293，317，341，412，439）、“淳酒”（5，141，176，259，300，301，410）、“醇酒”（26，30，158，287）、“敦酒”（43）、“善酒”（123）、“美酒”（178）、“苦酒”（330）、“温酒”（6，8，24，237）、“热酒”（417）。

酒、美酒、清、淳酒、淳曹、酢浆、善酒、醇酒、醴等。分别见于马王堆汉墓帛书《五十二病方》《养生方》《胎产方》《杂疗方》以及《武威医简》等。[1]

居延汉简中，又有反映酒用于工艺制作的简文，例如：

（39）漆一斤□胶一斤醇酒财足以消胶胶消内漆挠取沸　　（265.41）

在手工业加工中使用酒，这是一条比较早的资料。

6.“禁酤酒”制度

汉代酒政史中可以看到有关政策的制定和执行。汉文帝后元年（前163）颁布的诏书，曾经对“为酒醪以靡谷者多”提出批评。[2] 汉景帝中三年（前147），“夏旱，禁酤酒”。而后元年（前143）夏，“民得酤酒”。[3] 颜师古注：“‘酤’，谓卖酒也。”《汉书》卷六《武帝纪》记载：天汉三年（前98），“初榷酒酤”。颜师古注：“应劭曰：‘县官自酤榷卖酒，小民不复得酤也。’韦昭曰：‘以木渡水曰榷。谓禁民酤酿，独官开置，如道路设木为榷，独取利也。’”[4] 居延汉简中也可以看到关于“禁酤酒”的简文：

（40）●甲日初禁酤酒群饮者　□　　　　　　　　（E.P.T59：40A）
（41）监之敕于酒□□　　　　　　　　　　　　　（E.P.T59：492）
（42）□隧私为酒醪各亭□　　　　　　　　　　　（111.4A）[5]

由（42）可知，虽然政府有“禁酤酒”的法令，但是实际上民间酒业经营

1　张显成：《简帛药名研究》，西南师范大学出版社 1997 年 10 月版，第 21—23 页。
2　《汉书》卷四《文帝纪》，第 128 页。
3　《汉书》卷五《景帝纪》，第 146 页、第 150 页。
4　《汉书》卷六《武帝纪》，第 204 页。
5　张德芳主编，肖从礼著：《居延新简集释》（五），第 247 页、第 372 页；谢桂华、李均明、朱国炤：《居延汉简释文合校》，第 180 页。

仍然难以真正禁止。所谓"☑隧私为酒醪各亭☑"，指出甚至存在军事单位违抗禁令有组织地从事酿酒的情形，而"各亭"字样，可以和（9）"☑孝信到上亭饮酒"对照读，似可说明"☑隧私为酒醪"，并不是为了满足自身消费需要，而有冒险牟利的性质。（4）所谓"昌私沽酒一石"，也体现了类似的情形。

可能与这种情形有关，我们发现了书写制酒工艺程序的汉简：

（43）☑□掌酒者秫稻必齐麹蘖必时湛饎必絜水泉香陶器必良火齐必
得兼六物大酋　　　　　　　　　　　　　（E.P.T59: 343）[1]

所谓"秫稻必齐麹蘖必时湛饎必絜水泉香陶器必良火齐必得"，当作"秫稻必齐，麹蘖必时，湛饎必絜，水泉必香，陶器必良，火齐必得"。原文脱写"水泉必香"的"必"字。这里所说的"兼六物"，即必须使制酒的六种主要条件得以完备，其中之一，是"麹蘖必时"。

有关"麹"的简文，也能够体现居延制酒技术的普及。例如：

（44）不未敢去唯子真告使因叩头所许麹五斗故令使□
事谨叩头再拜　　白　　　　　　　　　（35.20B）

（45）□麹十石　　　　出廿五毋菁十束
出十八韭六束
□□□卅二束　　　出百□□□□十枚　　（175.18）

（46）自言赍卖糸一斤直三百五十又麹四斗直卅八惊虏隧长李故所
（206.3）

（47）……出钱百一十五糯麹五斗斗廿三
……　　　　　　　　　　　　　　　　　（214.4）

（48）出钱二百六十四余五斗　糯麹二石四斗　　（254.14）

（49）阳朔三年正月丁卯朔乙亥置佐博敢言之谨移糈粟麹　（269.1）

（50）□以□小麦麹二斗　　　　　　　　　　（284.17B）

1　张德芳主编，肖从礼著：《居延新简集释》（五），第339页。

05-5　居延"麴四斗"简文　　05-6　居延"麴糵必时"简文

05-7　彭州升平乡征集羊尊酒肆画象砖

（51）青黍三石　粱粟一石五斗□月□日□□邑中夏君壮多问

　　　麴四斗　　葵二斗……　　　　　　　（E.P.T44:8A）

（52）□承共酿二斗麴　　　　　　　　　　（E.P.T65:365）[1]

（46）（47）（48）都是提供了当时麴的价格资料的简例。（46）与（48）价格较为接近。

　　此外，若干其他简例也值得我们注意。例如：

（53）□余公伯蒽小前张长卿与唐少卿其四人同饮唐少卿卒再□

　　　　　　　　　　　　　　　　　　　（345.2，345.3）[2]

其中说到"四人同饮"，对照（40）所谓"禁酤酒群饮者"，或许也是值得重视的现象。而"唐少卿卒"的文义，似乎体现出调查记录文书的性质。

1　谢桂华、李均明、朱国炤：《居延汉简释文合校》，第57页、第278页、第319页、第334页、第421页、第452页、第478页；张德芳主编，杨眉著：《居延新简集释》（二），第416页；张德芳主编，张德芳、韩华著：《居延新简集释》（六），第312页。

2　谢桂华、李均明、朱国炤：《居延汉简释文合校》，第537页。

又如：

　（54）卮五枚　　直廿三　　　　　　　　　　　　　　　（E.P.T48：150）[1]

"卮"是酒具，购置多件同样的"卮"，正是为了诸人"同饮"。这些简文虽然没有直接出现"酒""麴"字样，但是也依然能够反映当时西北边塞地区社会生活中饮酒风习的普及。[2]

1　张德芳主编，杨眉著：《居延新简集释》（二），第 459 页。

2　王子今：《试论居延"酒""麴"简：汉代河西社会生活的一个侧面》，《简帛研究》第 3 辑，广西教育出版社 1998 年 12 月版。

清酒

1. 肩水金关"清酒"简文

"清酒"多见于文献记载。然而简牍资料出现，首见于《肩水金关汉简（贰）》发表的简文：

（1）不蚤不莫得主君闻微肥□□乳黍饭清酒至主君所主君□方□□□□☑

（73EJT11:5）[1]

简文内容表现的是对"主君"的敬祀。而编号同为"73EJT11"的简例有可见"毋予皮毛疾""毋予膂疾"文句者，应属于一件文书。对"主君"的祈祝，很可能反映了河西烽燧祈祝马免除病疫的形式。其中祭品用"乳"的信息应当有益于我们有关汉代饮食史知识的增益，也有益于中国古代畜牧史和民族关系史的总结。[2]

河西汉简数据可见涉及祭祀礼俗的内容，例如：

		鸡一	酒二斗
（2）对祠具		黍米一斗	盐少半升
		稷米一斗	（10.39）[3]

1　甘肃省简牍保护研究中心、甘肃省文物考古研究所、甘肃省博物馆、中国文化遗产研究院古文献研究室、中国社会科学院简帛研究中心编：《肩水金关汉简（贰）》，中西书局 2012 年 12 月版，下册第 1 页。今按：察看图版，"肥□"之"□"是从肉的字，"肥□"有可能是"肥豚"。《奏谳书》可见"受豚（六一）酒臧（赃）九十（六二）"内容，也是"豚""酒"并说之例。张家山二四七号汉墓竹简整理小组：《张家山汉墓竹简〔二四七号墓〕》（释文修订本），文物出版社 2006 年 5 月版，第 97 页。

2　王子今：《肩水金关简"马禖祝"祭品用"乳"考》，"居延遗址与丝绸之路历史文化国际学术研讨会"论文，金塔，2013 年 8 月。

3　谢桂华、李均明、朱国炤：《居延汉简释文合校》，第 18 页。

用"酒二斗"。又如：

（3）☑□肥猪社稷□□□□酒曰昔　　　　　　　（E.P.F22：832）[1]

应是可以说明酒与肉食用于"社稷"之祀的简例。这应当类同于睡虎地出
土"秦律十八种"《厩苑律》所谓"壶酉（酒）束脯"（一三）[2]，即《史晨
碑》所谓"酒脯之祠"[3]。"……酒曰昔"，使人首先想到《周礼·天官·酒
正》说到的"昔酒"[4]。或许亦可以联系《说文·艸部》"茅"字条理解：
"茅，菅也。从艸，矛声。可缩酒，为藉。""可缩酒，为藉"，段玉裁注：
"各本无此五字，依《韵会》所引补。'缩酒'见《左传》。'为藉'见《周
易》。此与莜可以香口、翦可以为苹席一例。"[5]可知祭祀用酒，未必都直接
作为饮品。[6]又《说文·酉部》说到"昔酒"的内容，也可以在理解简文时
参考："绎酒也。从酉。水半见于上。礼有大酋。掌酒官也。"段玉裁解释
说："绎之言昔也。昔，久也。""绎酒谓日久之酒。对酋为疾孰酒、醴、酤
为一宿酒言之。绎俗作醳。《周礼·酒人》'三酒'注曰：事酒，酌有事者
之酒。其酒则今之醳酒也。昔酒，今之酋久白酒。所谓旧醳者也。"段玉
裁又特别说到"清酒"："清酒，今中山冬酿接夏而成。"又说："《郊特牲》
'旧泽之酒'注曰：泽读为醳。旧醳之酒，谓昔酒也。玉裁按，许云绎酒，
盖兼事酒昔酒言之。事酒谓绎酒，昔酒谓旧绎之酒也。酉之义引申之，凡

1　甘肃省文物考古研究所、甘肃省博物馆、文化部古文献研究室、中国社会科学院历史研究所
编：《居延新简：甲渠候官与第四燧》，第529页。
2　睡虎地秦墓竹简《日书》乙种："外鬼为姓（眚），得于酉（酒）、脯修节肉"（一八七），也值
得注意。睡虎地秦墓竹简整理小组：《睡虎地秦墓竹简》，释文注释第22、第247页。
3　高文：《汉碑集释》，河南大学出版社，1985年8月版，第325页。
4　〔清〕阮元校刻：《十三经注疏》，第669页。
5　〔汉〕许慎撰，〔清〕段玉裁注：《说文解字注》，第27页。
6　《说文·酉部》："礼。祭束茅加于裸圭。而灌鬯酒。是为茜。像神歆之也。从酉艸。"段玉裁
注："饮字各本作歆，非。今依《韵会》正。《周礼·甸师》：'祭祀共萧茅。'郑大夫云：萧或为
茜。茜读为缩。束茅立之祭前，沃酒其上，酒渗下去，若神饮之，故谓之缩。缩，浚也。故齐桓
公责楚不贡，苞茅不入，王祭不共，无以缩酒。许说本郑大夫也。惟郑不言是裸仪耳。许云加于
裸圭者，谓加于裸圭之勺也，以酒灌艸会意也。"〔汉〕许慎撰，〔清〕段玉裁注：《说文解字注》，
第750页。

久皆曰酉。"[1] 肩水金关简又有：

（4）☒酒一

☒盐二　　　　　　　　　（73EJT21：365）[2]

很可能也属于同样可以归入祠祀一类的文书。祭品也用"酒"。

简（1）为"清酒"语例在河西汉简数据中首次出现，有特别值得珍视的意义。

2.《诗经》中的"清酒"

先秦文献中可以看到有关"清酒"的文字。

《诗经》中有"清酒"句凡三例。《诗·小雅·信南山》："祭以清酒，从以骍牡，享于祖考。"又《大雅·旱麓》："清酒既载，骍牡既备。以享以祀，以介景福。"《大雅·韩奕》："韩侯出祖，出宿于屠。显父饯之，清酒百壶。"[3]"清酒"用于"祭""享""祀""祖""饯"等庄重仪式，按照朱熹《诗集传》卷一三释《信南山》"清酒"的说法："清酒，清洁之酒，郁鬯之属也。"[4] 按照这位宋儒思想领袖的理解，上古时代的"清酒"以"清

06-1　居延"清酒"简文 1
06-2　居延"清酒"简文 2

1　〔汉〕许慎撰，〔清〕段玉裁注：《说文解字注》，第 752 页。"……酒曰昔，张德芳改释为"……酒白黄，即简文为："☒☒肥猪社稷☒☒☒酒白黄。张德芳：《居延新简集释》（七），第 599 页。这样，这里有关"昔酒"的讨论则不能与这枚简的内容对应。

2　甘肃省简牍保护研究中心、甘肃省文物考古研究所、甘肃省博物馆、中国文化遗产研究院古文献研究室、中国社会科学院简帛研究中心编：《肩水金关汉简（贰）》，第 37 页。

3　〔清〕阮元校刻：《十三经注疏》，第 471 页、第 516 页、第 571 页。

4　〔宋〕朱熹集注：《诗集传》，上海古籍出版社 1980 年 2 月版，第 155 页。

洁"之质量，承担着神秘的职任。

《周礼·天官·酒正》："辨三酒之物，一曰事酒，二曰昔酒，三曰清酒。"郑玄注："郑司农曰：'清酒，祭祀之酒。'……今中山冬酿，接夏而成。"[1] 汉代社会意识中依然以"清酒"为"祭祀之酒"。

就字义的简单比较而言，"清酒"似与"浊酒"形成对应关系。

《说文·酉部》说到"浊酒"："醴，浊酒也。从酉。盎声。"段玉裁注："醴，《周礼》作盎，古文叚借也。郑曰：盎犹翁也。成而翁翁葱白色[2]，如今酂白矣。《释文》云：酂白，今之白醴酒也。宜作醴。按郑曰五齐泛、醴尤浊，缩酌者。盎以下差清。此非与许不合也。但云差清，则固浊也。盎清于醴而浊于缇、沈，即缇、沈亦非全清也。《淮南·说林训》：清醴之美。高注。醴，清酒。亦与郑意同。"[3] 可知"清""浊"其实只是相对而言。祭祀之辞言"清酒"，也体现了对祭祀对象的"礼"。

3. 睡虎地《日书》"马禖祝"用"清酒"

睡虎地秦简《日书》甲种已经可以看到类似礼俗的反映。如"马■"题下记述的礼祀形式，也出现"清酒"字样：

(5) 马■：

禖祝曰："先牧日丙，马禖合神。"·东乡（向）南（向）各一马□□□□□中土，以为马禖，穿壁直中，中三腏，　　　　（一五六背）

四厩行："大夫先牧兄席，今日良日，肥豚清酒美白粱，到主君所。主君笥屏調马，敺（驱）其央（殃），去　　　　（一五七背）

其不羊（祥），令其□者（嗜）□，□者（嗜）饮，律律弗御自

---

1 〔清〕阮元校刻：《十三经注疏》，第669页。

2 《周礼·天官·酒正》郑玄注："成而翁翁然，葱白色。"〔清〕阮元校刻：《十三经注疏》，第668页。

3 〔汉〕许慎撰，〔清〕段玉裁注：《说文解字注》，第748页。

行，弗歐（驱）自出，令其鼻能糢（嗅）乡（香），令耳恩（聪）目

明，令　　　　　　　　　　　　　　　　　　　　（一五八背）

　头为身衡，勀（脊）为身刚，脚为身□，尾善歐（驱）□，腹为

百草囊，四足善行。主君勉饮勉食，吾　　　　　　（一五九背）

　岁不敢忘。　　　　　　　　　　　　　　　　　　（一六〇背）[1]

整理小组释文"马禖"另行书写，作标题处理。整理小组注释："'马禖'系标题。《礼记·月令》：'仲春之月，玄鸟至。至之日，以大牢祠于高禖。'《续汉书·礼仪志》注引蔡邕《月令章句》云：'高，尊也。禖，媒也。吉事先见之象也。盖为人所以祈子孙之祀。玄鸟感阳而至，其来主为字乳蕃滋，故重其至日，因以用事。'据此高禖为祈子孙之祀，则马禖为祈祷马匹繁殖的祭祀。《周礼·校人》：'春祭马祖，执驹。'疏：'春时通淫，求马蕃息，故祭马祖。'马禖或即祭祀马祖。"[2] 也有学者定名此篇为《马》篇。[3] 饶宗颐称此篇为"马禖祝辞"，认为"日简所记祝辞为有韵之文，为出土古代祝辞极重要之数据"。然而其释文作："马：禖祝曰：……"，"马"与"禖祝"分断。[4] 刘乐贤指出，"本篇的标题其实应当是'马禖祝'"。并有充分的论证。[5]

　今按：指出这篇文字的内容是"马禖祝辞"或称"马禖祝"，都是正确的。但是我们首先应当注意《日书》书写者的原意。从书写形式看，简一五六背简端为"马"字，简一五七背简端为符号"■"。此篇标题应为

1　睡虎地秦墓竹简整理小组：《睡虎地秦墓竹简》，图版第 115—116 页，释文注释第 227—228 页。若干字据陈伟说校正。陈伟：《睡虎地秦简日书〈马禖祝〉校读》，《湖南大学学报》（社会科学版）2014 年 4 期。

2　睡虎地秦墓竹简整理小组：《睡虎地秦墓竹简》，释文注释第 227—228 页。

3　贺润坤《从云梦秦简〈日书〉看秦国的六畜饲养业》一文中有"《马》篇——中国最早的相马经"一节，《文博》1989 年 6 期。又刘信芳：《云梦秦简〈日书·马〉篇试释》，《文博》1991 年 4 期。

4　饶宗颐：《云梦秦简日书研究·马禖祝辞》，饶宗颐、曾宪通：《云梦秦简日书研究》，香港中文大学中国文化研究所中国考古艺术中心专刊（三），1982 年，第 42 页。

5　刘乐贤：《睡虎地秦简日书研究》，文津出版社 1994 年 7 月版，第 312—313 页。

"马■"。"■"，可能有某种特殊涵义。[1]

睡虎地秦简《日书》甲种中"肥豚清酒美白粱，到主君所。主君……"与简（1）"肥□□□乳黍饭清酒至主君所主君……"文意的接近，是明显的。但是我们还不能判断简（1）言及"清酒"的简文是否确实与"马禖祝"一类活动有关。但可以推想应是"禖祝"文字，不过其中"主君"指代的意义仍未可知。

4.《春秋繁露》"清酒"

汉代祭祷仪式使用"清酒"的情形，见于《春秋繁露》有关"求雨""止雨"的内容。

《春秋繁露·求雨》："春旱求雨。令县邑以水日祷社稷山川，……于邑东门之外为四通之坛，方八尺，植苍缯八。其神共工，祭之以生鱼八，玄酒，具清酒、膊脯。……""凿社通之于闾外之沟，取五虾蟆，错置社之中。池方八尺，深一尺，置水虾蟆焉。具清酒、膊脯。""为四通之坛于邑南门之外，方七尺，植赤缯七。其神蚩尤，祭之以赤雄鸡七，玄酒，具清酒、膊脯。……""季夏祷山陵以助之。……为四通之坛于中央，植黄缯五。其神后稷，祭之以母䄸五，玄酒，具清酒、膊脯。……""秋，……为四通之坛于邑西门之外，方九尺，植白缯九，其神少昊，祭之以桐木鱼九，玄酒，具清酒、膊脯。""冬，……为四通之坛于邑北门之外，方六尺，植黑缯

1　睡虎地秦简《日书》两字标题有两种书写形式。一种形式，是两字写于篇首同一支简的简端，如"秦除"（一四正）、"稷辰"（二六正）、"玄戈"（四七正）、"室忌"（一〇二正）、"土忌"（一〇四正）、"作事"（一一〇正）、"毁弃"（一一一正）、"直室"（一一四正）、"归行"（一三一正）、"到室"（一三四正）、"生子"（一四〇正）、"取妻"（一五五正）、"反枳"（一五三背）。另一种形式，则是两字分写于前两支简的简端，如"盗者"（六九背、七〇背）、"土忌"（一二九背、一三〇背）。"直室门"（一一四正壹、一一五正壹）则第一支简简端写"直室"，第二支简简端写"门"。"马■"，似应看作第二种形式。

六，其神玄冥，祭之以黑狗子六、玄酒，具清酒、膊脯。"[1]《春秋繁露·止雨》又说到"雨太多"时的"止雨"仪式，祝辞说："今淫雨太多，五谷不和，敬进肥牲清酒，以请社灵，幸为止雨，除民所苦。"[2]可知"清酒"是重要仪礼程序中进献给神灵的饮品。

5. 管辂"先饮三升清酒"故事

除了礼祀仪式之外，汉代社会平时也有自饮"清酒"的史例。

例如，《三国志》卷二九《魏书·方技传·管辂》裴松之注引《辂别传》有这样的记述：

> 父为琅邪即丘长，时年十五，来至官舍读书。始读《诗》《论语》及《易》本，便开渊布笔，辞义斐然。于时黉上有远方及国内诸生四百余人，皆服其才也。琅邪太守单子春雅有材度，闻辂一黉之儁，欲得见，辂父即遣辂造之。大会宾客百余人，坐上有能言之士，辂问子春："府君名士，加有雄贵之姿，辂既年少，胆未坚刚，若欲相观，惧失精神，请先饮三升清酒，然后言之。"子春大喜，便酌三升清酒，独使饮之。

"酒尽之后"，单子春与管辂"为对"，"于是唱大论之端，遂经于阴阳，文采葩流，枝叶横生，少引圣籍，多发天然。"随后，"子春及众士互共攻劫，论难锋起，而辂人人答对，言皆有余。""子春语众人曰：'此年少盛有才器，听其言论，正似司马犬子游猎之赋，何其磊落雄壮，英神以茂，必能明天文地理变化之数，不徒有言也。'于是发声徐州，号之'神童'。"[3]

1　苏舆撰，钟哲点校：《春秋繁露义证》，中华书局 1992 年 12 月版，第 427—435 页。《艺文类聚》卷一〇〇引董仲舒曰："……进清酒甘羞，再拜请雨。""其神蚩尤，祭之以赤雄鸡七、玄酒、清酒，祝斋三日，服赤衣，跪陈祝如春辞。"第 1726—1727 页。

2　苏舆撰，钟哲点校：《春秋繁露义证》，第 438 页。

3　《三国志》，中华书局 1959 年 12 月版，第 811 页。

06-3　彭州义和乡征集画象砖酒肆画面

　　管辂自以"年少"，请求"先饮三升清酒"壮胆提神，得到满足，说明"清酒"应是民间习饮之酒，可能也是富足人家常备之酒。[1]

---

1 《太平御览》卷三七六引《管辂别传》曰："辂年十五，琅耶太守单子春雅有才度，欲见辂。辂造之，客百余人，有能言之士。辂谓子春曰：'府君名士，加有雄贵之姿。辂既年少，胆未坚刚，若欲相观，惧失精神。先饮三升清酒，然后而言。'子春大喜，酌三升，独使饮之。于是辂与人人答对，言皆有余。"第 1738 页。《太平御览》卷三八五及卷六一七引文略同，第 1779 页、第 2773 页。"三升清酒"，《艺文类聚》卷一七引作"酒三斗"。参看王子今：《说肩水金关"清酒"简文》，《出土文献》第 4 辑，中西书局 2013 年 12 月版。

醇酒・白酒

1. 汉代酒的品类

林剑鸣主编《秦汉社会文明》论秦汉时期"酒类品种的增多"，说到"当时对于酒的命名和分类大致有以下几种类型"："第一，以酿酒的主要原料分类。""第二，以酿酒所用的配料分类。""第三，以酿造时间和方法分类。""第四，以酒的色味分类。"[1]黎虎关于汉代饮食的研究，也注意到当时"酒的品种日益增多，酒的名称五花八门"，"品类纷繁"。[2]

彭卫曾经在关于秦汉饮食史的专门论著中讨论了汉代的酒，指出："文献和文物数据所记录的汉代酒类有如下 18 种：……"举列：（1）酎酒。（2）酝酒。（3）助酒或肋酒。（4）米酒。（5）白酒。（6）黍酒。（7）稻酒。（8）秫酒。（9）稗米酒。（10）金浆。（11）青酒。（12）菊花酒。（13）桂酒。（14）百末旨酒。（15）椒酒。（16）柏叶酒。（17）马酒。（18）葡萄酒。论说时涉及汉代文献所录酒的名号，还有温酒、益酒、醪、醴、醇醪、甘醪酒、鄝白酒、缥酒等。[3]彭卫说："汉代酒的类型大致根据三个原则命名：其一，酿酒的原料，如黍酒、稻酒、柏酒等；其二，酿酒的时间和方法，如酎酒、酝酒等；其三，酒的色味，如白酒、旨酒等。"[4]

---

1 林剑鸣主编：《秦汉社会文明》，西北大学出版社 1985 年 9 月版，第 122—123 页。有人说，"汉代人对酒的命名十分讲究"，"按照不同粮穀原料制成的酒有'稻酒''黍酒''秫酒''米酒'等"，"还有用所酿酒的配料命名的酒产品"，"也有按照时间和酿制方法命名酒的习惯"，"也有的是按色泽和味道来命名的"。王凯旋编著：《秦汉生活掠影》，沈阳出版社 2002 年 4 月版，第 217—218 页。可知完全沿袭《秦汉社会文明》说。

2 黎虎主编：《汉唐饮食文化史》，北京师范大学出版社 1998 年 1 月版，第 113 页。

3 出自《西京杂记》，未可确认是汉代信息的还有恬酒、甘醴、旨酒、香酒等。

4 彭卫：《秦汉时期的饮食》，徐海荣主编：《中国饮食史》，华夏出版社 1999 年 10 月版，卷二第 466—469 页。

2. 汉简所见"醇酒""淳酒"

上文讨论的汉代的"清酒"究竟是怎样一种酒，以我们现在掌握的知识，尚难就此提出明确的答案。

就秦汉简牍资料所见，"醇酒"（"淳酒"）、"白酒"等，或许是可以与"清酒"进行比较的。

居延汉简可见"醇酒"：

（6）漆一斤□胶一斤醇酒财足消胶胶消内漆挠取沸　　　　　　（265.41）[1]

此"醇酒"似非饮用酒，这里作为手工业原料出现。"醇酒"亦可药用，见于马王堆汉墓出土帛书《五十二病方·诸伤》："醇酒盈一衷栖（杯），入药中……。（二六）"又《五十二病方·伤痉》："治之，爤（熬）盐令黄，取一斗，裹以布，卒（淬）醇酒中，入（三〇）即出，蔽以市，以熨头。（三一）"又如《五十二病方·雎（疽）病》："一，诸疽物初发者，取大叔（菽）一斗，熬孰（熟），即急抒置甂□□□□□□□□置其□□（二八六）醇酒一斗淳之，……（二八七）"《五十二病方·干骚（瘙）方》："一，熬陵（菱）枝（芰）一参，令黄，以淳酒半斗煮之，三沸止，……。（四一〇）"又《养生方》："以淳酒渍之，□去其宰（滓）"（一四八），"以淳酒四斗渍之，毋去其宰（滓）……"（一五〇）《杂疗方·益内利中》亦可见"醇酒"（四三）字样。[2]《疏勒河流域出土汉简》也可见"醇酒"：

（7）为东卿造水三斗醇酒一斗□　　　　　　　　　　（正面）

　　□一□　　　　　　　　　　　　　　　　　　（背面）（49）[3]

1　谢桂华、李均明、朱国炤：《居延汉简释文合校》，第444页。

2　《五十二病方·伤痉》又有"敦酒"："一，伤胫（痉）者，择蘸一把，以敦（淳）酒半斗者（煮）潰（沸），【饮】之，即温衣陕（夹）坐四旁，汗出到足，乃□。（43）""敦（淳）酒"应当就是"醇酒"。马王堆汉墓帛书整理小组编：《五十二病方》，第34页、第36页、第97页、第120页、第39页。裘锡圭主编，湖南省博物馆、复旦大学出土文献与古文字研究中心编纂：《长沙马王堆汉墓简帛集成（陆）》，中华书局2014年6月版，第56页、第83页。

3　林梅村、李均明编：《疏勒河流域出土汉简》附录《罗布淖尔汉简释文》，文物出版社1984年3月版，第100页。

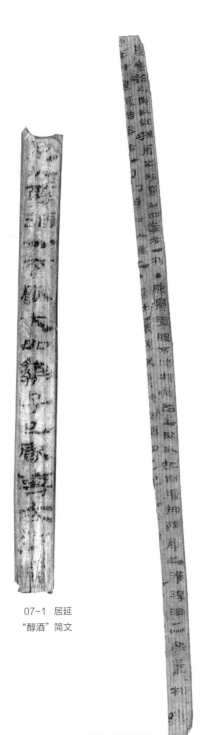

07-1 居延
"醇酒"简文

07-2 居延"淳酒"简文

07-3 马王堆帛书《五十二病方》
以"淳酒"入药文字

武威出土医简《引书·脉书》可以看到"淳酒"简文：

（8）□□皆冶合以淳酒和饮一方寸匕日三饮倍愚者卧药中当出血久瘀（12）

（9）桑卑肖十四枚蜇虫三枚凡七物皆父且渍以淳酒五升卒时煮之三（47）[1]

周家台三〇号秦墓简有"醇酒"写作"淳酒"者（311，313），也有直接写作"醇酒"者（323）。[2] 两种写法的指义是大体一致的。[3]

3. "白酒"与"清酒"的比较

前引林剑鸣等与彭卫说，"白酒"是因"酒的色"定名的。[4] 前引《说文·酉部》："醙，浊酒也。"段玉裁注引《周礼》郑注言其酒"白色"，"如今酅白矣"。似说"白酒"即"浊酒"。马王堆一号汉墓出土遣策有：

（10）白酒二资　　　　　　　　　　　　　　　　　　　　（1205）

（11）滕画枋二有盖盛白酒　　　　　　　　　　　　　　　（1269）[5]

作为随葬墓中，供贵族死后世界享用的酒种，"白酒"不应当是劣质酒。然而其色品，应当是与"清酒"有明显区别的。

1　甘肃省博物馆、武威县文化馆合编：《武威汉代医简》，摹本、释文、注释第3页、第2页、第7页。

2　陈伟主编：《秦简牍合集（叁）》，武汉大学出版社2014年12月版，第54页、第55页、第59页。

3　又《五十二病方·【□蠸者】》可见"一，以淳酒☑"（141），《五十二病方·【人】病马不间（痫）者》可见"以淳酒半斗，三【泲】煮之……"（176），《五十二病方·【牝】痔》可见"渍以淳酒而㱠之"（259）。又《五十二病方·雎（疽）病》："淳酒半斗"（300），"淳酒一斗"（301）。《十问·文执（挚）见齐威王》："淳酒毒韭"（77）。"淳酒"应即"醇酒"。马王堆汉墓帛书整理小组编：《五十二病方》，第64页、第71页、第91页、第99页。

4　关于"酒色"即"酒之颜色"，《说文·酉部》："酺，酒色也。""配，酒色也。""酖，酒色也。"对于"酺，酒色也"，段玉裁注："谓酒之颜色也。"〔汉〕许慎撰，〔清〕段玉裁注：《说文解字注》，第748页。

5　李均明、何双全编：《散见简牍合辑》，第113页、第116页。

07-4　新都新农乡出土酿酒画象砖

善酒·美酒·厚酒·浓酒

1. "善酒" 和 "美酒"

《五十二病方・白处方》可见"饮善酒"（一二三）。[1]"善"当然是肯定其质量等级。秦汉社会又有以"美"称赞酒的质量的。睡虎地秦墓竹简《日书》甲种："可以渍米为酒，酒美。"（一一三正贰）[2]

亦多见直接称之为"美酒"的文例。如《五十二病方・【人】病马不间（痫）者》："薄洒之以美酒"（一七八），《五十二病方・加（痂）》："先饮美【酒】令身温"（三四四），《养生方・为醴勺》："以美酒三斗渍麦……"（二八），《养生方・【醴利中】》："有（又）以美酒十斗沃之。"（一六五）[3]

2. 与 "厚酒" 对应的 "薄酒"

《说文・酉部》："醹，厚酒也。""《诗》曰：酒醴维醹。"段玉裁注："《大雅》：'酒醴维醹。'传曰：'醹，厚也。'"《说文》所言"厚酒"还有："醲，厚酒也。""酎，酒味厚也。"形成鲜明对照的是"薄酒"。"醨，薄酒也。"段玉裁注："薄对厚言。上文醹、醇、醲、酎皆谓厚酒。[4]故谓厚薄为

1　马王堆汉墓帛书整理小组编：《五十二病方》，第 60 页。
2　睡虎地秦墓竹简整理小组：《睡虎地秦墓竹简》，释文注释第 197 页。
3　马王堆汉墓帛书整理小组编：《五十二病方》，第 71 页、第 108 页。裘锡圭主编，湖南省博物馆、复旦大学出土文献与古文字研究中心编纂：《长沙马王堆汉墓简帛集成（陆）》，第 40 页、第 58 页。
4　《说文・酉部》："醴，汁滓酒也。""醇，不浇酒也。""酎，三重醇酒也。"关于"醇"字，段玉裁注："凡酒沃之以水则薄。不杂以水则曰醇。故厚薄曰醇浇。醇杂亦即此字。一色成体谓之醇。纯其叚借字。"〔汉〕许慎撰，〔清〕段玉裁注：《说文解字注》，第 748 页。

醇醨。今人作漓，乃俗字也。屈原赋曰：'何不餔其糟而歠其醨。'"[1]"薄酒"在居延简文中已经出现。如：

（12）薄酒少少谒官掾□前溺　　　　　　　　　　　（E.P.T57: 55B）[2]

据甘肃省文物考古研究所张俊民研究员提示，敦煌悬泉置简亦有简文出现"薄酒"字样的简例，与简（12）文例有接近处。

3. 与"薄酒"对应的"浓酒"

《肩水金关汉简（贰）》又可见如下简文，与"薄酒"对应的不是"厚酒"，而是"浓酒"：

　　　　　　□□□□□
（13）☑□□愿东□□　☑　　　　　　　　　　（71EJT21: 199A）
　　　持索之东□□□

　　　薄酒五钱浓酒十
　　　☑买□五千□绳买☑　　　　　　　　　　（71EJT21: 199B）[3]

其中"薄酒五钱浓酒十"简文可以看作酒史研究的新数据。"薄酒"和"浓酒"的对应关系，两者的价格或许相差一倍。

有学者理解，居延简文"所谓'具酒少''薄酒少少''具少酒'，类似现在的'略备薄酒'，均为请人宴会的自谦客套语"[4]。然而简（13）所见"薄酒"有明确标价，应与此明显有异，绝不是"自谦客套语"，而是强调其质量等级的明确代号。"浓酒"可能是当时消费市场普遍使用的通

---

1 〔汉〕许慎撰，〔清〕段玉裁注：《说文解字注》，第 748 页、第 751 页。

2 张德芳主编，马智全著：《居延新简集释》（四），第 491 页。

3 甘肃省简牍保护研究中心、甘肃省文物考古研究所、甘肃省博物馆、中国文化遗产研究院古文献研究室、中国社会科学院简帛研究中心编：《肩水金关汉简（贰）》，下册第 26 页。

4 赵宠亮：《行役戍备：河西汉塞吏卒的屯戍生活》，科学出版社 2012 年 11 月版，第 235—236 页。

行名号。

"薄酒"与"浓酒"形成对应关系且各有酒价信息者，肩水金关简为第一例。而简文提供的有关"浓酒"的信息有特别的意义。

我们所讨论的"清酒"与高等级酒种"善酒""美酒""厚酒""浓酒"等的具体关系目前应当说尚不明朗。相关认识只能在今后的考察中逐渐深入。但是我们可以知道，如前引郑司农"清酒，祭祀之酒"的定义，明确了这种酒服务于信仰世界必然的绝高的品级。"清酒"很可能是秦汉社会生活中质量最好的酒。

08-1　居延"薄酒"
　　　"浓酒"简文

08-2　居延"薄酒
　　　少少"简文

蒲陶酒

1. 大宛、安息的"蒲陶酒"

《史记》《汉书》等史籍对汉代丝绸之路开拓与通行的过程和意义有生动具体的记述。其中情节，提供了军事史、外交史及民族关系史研究的重要资料。而涉及"酒"的内容，反映了在丝绸之路交通线上，战争拼搏和经济竞争的另一面，也有休闲生活的雅趣，情感体验的温馨，精神意境的陶醉。丝绸之路沿途美好的文化风景，可以在体味酒香的同时欣赏。丝路的酒，以"蒲陶酒"最为著名。"蒲陶酒"丰富了当时人们饮食生活的消费内容，也沁入了人们精神生活的较深层次。

张骞出使西域，回到长安，向汉武帝报告西行见闻，包括沿途考察西域国家的地理、人文、物产等多方面的信息。据《史记》卷一二三《大宛列传》记载，"（张）骞身所至者大宛、大月氏、大夏、康居，而传闻其旁大国五六，具为天子言之。"[1]张骞的西域考察报告分两个层次，第一是"身所至者"诸国，第二是"传闻其旁大国"。

关于"大宛"国情，张骞说："大宛在匈奴西南，在汉正西，去汉可万里。其俗土著，耕田，田稻麦。有蒲陶酒。多善马，马汗血，其先天马子也。有城郭屋室。其属邑大小七十余城，众可数十万。其兵弓矛骑射。"大宛的地理形势："其北则康居，西则大月氏，西南则大夏，东北则乌孙，东则扜罙、于寘。于寘之西，则水皆西流，注西海；其东水东流，注盐泽。盐泽潜行地下，其南则河源出焉。多玉石，河注中国。而楼兰、姑师邑有城郭，临盐泽。盐泽去长安可五千里。匈奴右方居盐泽以东，至陇西长城，南接羌，鬲汉道焉。"[2]张骞关于大宛自然条件、经济生活、军事实力及外交

---

1 《史记》，第3160页。
2 《史记》，第3160页。

关系的报告，在陈述其生产方式之后，明确说到其国"有蒲陶酒"。

这是中国历史文献关于"蒲陶酒"的最早记载。

汉武帝对于大宛国最为关注，甚至不惜派遣数以十万计的大军远征以夺取的，是"马汗血，其先天马子也"的"善马"。在司马迁笔下，大宛"有蒲陶酒"的记载，竟然在"多善马"之前。可知太史公对于这一资源信息的高度重视。

关于安息的介绍，《史记》卷一二三《大宛列传》写道："安息在大月氏西可数千里。其俗土著，耕田，田稻麦，蒲陶酒。"[1] 司马迁又说到安息国情的其他方面："城邑如大宛。其属小大数百城，地方数千里，最为大国。临妫水，有市，民商贾用车及船，行旁国或数千里。以银为钱，钱如其王面，王死辄更钱，效王面焉。画革旁行以为书记。其西则条枝，北有奄蔡、黎轩。"[2]《史记》记述大宛国情所谓"有蒲陶酒"，是"（张）骞身所至者"的直接体会。关于安息的"蒲陶酒"，则应当来自"传闻"。

安息国有稳定的货币体系。所谓"有市"，说明商品经济比较成熟。而所谓"民商贾用车及船，行旁国或数千里"，体现商运的发达。"蒲陶酒"在社会经济生活中的意义，应当是重要的，可能仅次于"稻麦"。"商贾""行旁国或数千里"的交通条件，无疑可以保障"蒲陶酒"的远销。

"蒲陶"出产，西域诸国可见且末国"有蒲陶诸果"，难兜国"种五谷、蒲陶诸果"，罽宾国"种五谷、蒲陶诸果，粪治园田"。[3] "蒲陶"，是西域地方普遍栽培的主要因可以酿酒而具有重要经济意义的藤本植物。《晋书》卷九七《四夷传》"康居国"条也说，其国"地和暖，饶桐柳蒲陶"。"以蒲陶为酒"，很可能是种"蒲陶"的主要经营目的。

制作"蒲陶酒"的原料"蒲陶"，是"园田"经营的收获。

1《史记》，第3162页。

2《史记》，第3162页。

3《汉书》卷九六上《西域传上》，第3879页、第3884页、第3885页。

2. 西域："以蒲陶为酒，富人藏酒至万余石"

　　《史记》卷一二三《大宛列传》记载，"蒲陶酒"是西域多个地方的特产。而当地民俗传统，"嗜酒"是显著标志。司马迁写道："宛左右以蒲陶为酒，富人藏酒至万余石，久者数十岁不败。俗嗜酒，……"[1] 这里所谓"宛左右"，《汉书》卷九六上《西域传上》"大宛国"条写作"大宛左右"。[2] 据《史记》卷一二三《大宛列传》，大宛民间礼俗传统"嗜酒"。所谓"富人藏酒至万余石，久者数十岁不败"，说明"蒲陶酒"储藏技术的成熟，也说明"蒲陶酒"经济价值的重要。《晋书》卷一二二《吕光载记》也写道："胡人奢侈，厚于养生，家有蒲桃酒，或至千斛，经十年不败，士卒沦没酒藏者相继矣。"[3]

　　"蒲陶酒"应当是中原上层社会喜爱的饮品。《后汉书》卷七八《宦者传·张让》记录了官场腐败的一起典型案例。中常侍张让"交通货赂，威形喧赫"。扶风人孟佗"资产饶赡"，与张让奴"朋结"，愿求一拜。"时宾客求谒让者，车恒数百千两，佗时诣让，后至，不得进，监奴乃率诸仓头迎拜于路，遂共轝车入门。"于是，"宾客咸惊，谓佗善于让，皆争以珍玩赂之。佗分以遗让，让大喜，遂以佗为凉州刺史"。李贤注引《三辅决录注》的记述涉及"蒲陶酒"："（孟佗）以蒲陶酒一斗遗让，让即拜佗为凉州刺史。"[4] 可知当时洛阳地方社会对"蒲陶酒"的看重。这一故事，又见于《三国志》卷三《魏书·明帝纪》裴松之注引《三辅决录注》："……（孟）他又以蒲桃酒一斛遗让，即拜凉州刺史。"[5] "孟他"即"孟佗"。"蒲桃酒"就是"蒲陶酒"。"蒲陶酒一斗"和"蒲桃酒一斛"的差异，应是传闻失真。《晋书》卷四三《山遐传》中也可以看到对这一政治腐恶现象的批评："自东京丧乱，吏曹湮灭，西园有三公之钱，蒲陶有一州之任，贪饕方驾，寺

1　《史记》，第 3173 页。

2　《汉书》，第 3894 页。

3　《晋书》，第 3055 页。

4　《后汉书》，第 2534 页。

5　《三国志》，第 93 页。

署斯满。"[1] 以"蒲陶酒一斗"贿赂当权宦官，竟然可以换得"凉州刺史"官位，即所谓"一州之任"。

3. 中土肥饶地始种"蒲陶"及"蒲陶宫"名义

在丝绸之路物种引入史中，"蒲陶"是众所周知的引种对象。司马迁在《史记》卷一二三《大宛列传》中记录了汉王朝引种西域经济作物的情形："宛左右以蒲陶为酒，富人藏酒至万余石，久者数十岁不败。俗嗜酒，马嗜苜蓿。汉使取其实来，于是天子始种苜蓿、蒲陶肥饶地。"[2] 丝路交通的繁荣，使得这两种经济作物的栽植形成了更大的规模。"及天马多，外国使来众，则离宫别观旁尽种蒲萄、苜蓿极望。"司马迁所谓"天子始种苜蓿、蒲陶肥饶地"，是丝绸之路正式开通后，物种引入的著名记录。

《史记》卷一一七《司马相如列传》载录司马相如歌颂极端"巨丽"的"天子之上林"的赋作，有这样的文句："于是乎卢橘夏孰，黄甘橙楱，枇杷橪柿，楟柰厚朴，樗枣杨梅，樱桃蒲陶，隐夫郁棣，榙㯚荔枝，罗乎后宫，列乎北园。"可知上林苑中栽植了"蒲陶"。关于"蒲陶"，裴骃《集解》引郭璞的解释："蒲陶似燕薁，可作酒也。"[3] 大概宫苑中"蒲陶"的栽培，主要目的应当是用以"作酒"。大概长安宫苑管理者已经能够学习"宛左右"地方的酿酒技术，"以蒲陶为酒"了。

西汉长安上林苑有"蒲陶宫"。《汉书》卷九四下《匈奴传下》记载："元寿二年，单于来朝，上以太岁厌胜所在，舍之上林苑蒲陶宫。告之以加敬于单于，单于知之。"[4] 匈奴单于"来朝"，汉哀帝出于"以太岁厌胜所在"的考虑，安排停宿于"上林苑蒲陶宫"。《资治通鉴》卷三五"汉哀帝元寿

---

1 《晋书》，第 1231 页。

2 《史记》，第 3173 页。

3 《史记》，第 3028—3029 页。

4 《汉书》，第 3817 页。

二年"记述此事。关于"太岁厌胜所在",胡三省注:"是年太岁在申。"关于"蒲陶宫",胡三省注:"蒲陶本出大宛,武帝伐大宛,采蒲陶种植之离宫。宫由此得名。"[1] 我们这里不讨论"厌胜"的巫术意识背景以及"太岁在申"的神秘内涵,只是提示大家注意"蒲陶宫"的营造。"蒲陶宫",可能是最初"采蒲陶种植之离宫"之所在,或者是栽植"蒲陶"比较集中的地方。

前引司马迁《史记》卷一二三《大宛列传》说,"(大宛)俗嗜酒,马嗜苜蓿。"汉家使节于是引入,"汉使取其实来,于是天子始种苜蓿、蒲陶肥饶地。及天马多,外国使来众,则离宫别观旁尽种蒲陶、苜蓿极望"。《史记》记载,一说"苜蓿、蒲陶",一说"蒲陶、苜蓿";《汉书》卷九六上《西域传上》"大宛国"条则都写作"蒲陶、目宿","蒲陶"均列名于前。值得我们注意的,是河西汉简资料中,"苜蓿"都作"目宿"。"目宿",可能体现了汉代文字书写习惯。我们注意到,"蒲陶、苜蓿"是同时引入的富有经济意义的物种,但是河西汉简仅见"目宿"而不见"蒲陶"。《汉书》卷九六上《西域传上》与《史记》卷一二三《大宛列传》同样的记载,写作"益种蒲陶、目宿离宫馆旁,极望焉"。颜师古注:"今北道诸州旧安定、北地之境往往有目宿者,皆汉时所种也。"[2] 指出唐代丝绸之路沿线苜蓿种植沿承了"汉时所种"的植被形势。

有可能"蒲陶"移种,其空间范围主要集中在"离宫别观旁",即前引司马相如《上林赋》所谓"罗乎后宫,列乎北园"。

对于汉武帝时代的开放、开拓与开发,《汉书》卷九六下《西域传下》篇末的"赞曰"有这样的总结:"遭值文、景玄默,养民五世,天下殷富,财力有余,士马强盛。"由于继承了文景时代的经济成就,所以能够有多方面的进取,"故能睹犀布、玳瑁则建珠崖七郡,感枸酱、竹杖则开牂柯、越巂,闻天马、蒲陶则通大宛、安息。自是之后,明珠、文甲、通犀、翠羽

---

[1] 〔宋〕司马光编著,〔元〕胡三省音注,"标点资治通鉴小组"校点:《资治通鉴》,中华书局 1956 年 6 月版,第 1123 页。
[2] 《汉书》,第 3895 页。

之珍盈于后宫，蒲梢、龙文、鱼目、汗血之马充于黄门，巨象、师子、猛犬、大雀之群食于外囿。殊方异物，四面而至。”而宫苑生活因此具有了外来文明的色彩。“于是广开上林，穿昆明池，营千门万户之宫，立神明通天之台，兴造甲乙之帐，落以随珠和璧，天子负黼依，袭翠被，冯玉几，而处其中。设酒池肉林以飨四夷之客，作《巴俞》都卢、海中《砀极》、漫衍鱼龙、角抵之戏以观视之。”[1] 所谓“闻天马、蒲陶则通大宛、安息”，指出西域进取致使直接的物种引入。应当注意到，汉武帝时代以积极态度促进汉文化的扩张，以致“殊方异物，四面而至”，意义绝不限于“天子”个人物质生活享受等级的提升，而有更闳放的文化意义，更长久的历史影响。其中所说“蒲陶”引入与“设酒池肉林以飨四夷之客”的外交虚荣表现之所谓“酒池”的关系，也是可以引发读者的联想的。

4. 置郡“酒泉”的象征意义

东周时期，已经有“酒泉”地名。《史记》卷四《周本纪》记载：周襄王十三年（前639），“郑文公怨惠王之入不与厉公爵，……”张守节《正义》引录《左传》的记载：“庄公二十一年，王巡虢狩，虢公为王宫于蚌，王与之酒泉，郑伯之享王，王以后之鞶鉴与之。虢公请器，王与之爵。郑伯由是怨王也。”又引杜预的解说：“酒泉，周邑。”[2] 这里所说的“酒泉”是“周邑”。汉武帝时设置的“酒泉郡”，则远在西北。

郭声波《〈史记〉地名族名词典》有“酒泉”条：“酒泉，郡都名。”又有“酒泉郡”条：“酒泉郡，郡都名。汉武帝元狩二年（前121，一说元鼎六年），取匈奴浑（一作昆）邪王、休屠王地置酒泉郡，治酒泉县（今甘肃省酒泉市肃州区），因以为名，境域约当今甘肃省河西地区及内蒙古自治区阿拉善盟西部一带。元鼎六年（前111），析东境置张掖郡，西境置敦煌

1 《汉书》，第3928页。
2 《史记》，第153—154页。

郡。”[1]

《穆天子传》前卷记载周穆王西巡狩见西王母的事迹。周穆王乘造父所驾八骏之车从镐京出发进入犬戎地区，又溯黄河登昆仑，抵达西王母之邦。西王母所居，有说在青藏高原，有说在帕米尔高原，有人还考证远至中亚地区甚至在波斯或欧洲。[2]这部书虽多浪漫色彩，然而又有一定的历史事实以为根据。《左传·昭公十二年》记载，周穆王曾“欲肆其心，周行天下”。[3]《史记》卷五《秦本纪》说：“造父以善御幸于周缪王，得骥、温骊、骅骝、騄耳之驷，西巡狩，乐而忘归。”周穆王见西王母的传说，《史记》注家的解说与“酒泉”相联系。裴骃《集解》：“郭璞曰：‘《纪年》云穆王十七年，西征于昆仑丘，见西王母。’”张守节《正义》：“《括地志》云：‘昆仑山在肃州酒泉县南八十里。《十六国春秋》云前凉张骏酒泉守马岌上言，酒泉南山即昆仑之丘也，周穆王见西王母，乐而忘归，即谓此山。有石室王母堂，珠玑镂饰，焕若神宫。’按：肃州在京西北二千九百六十里，即小昆仑也，非河源出处者。”[4]“酒泉”是中原前往西北远国通行道路上的重要地理坐标，因此与“周穆王见西王母”神话相联系。

酒泉，应当是汉王朝得到河西地方之后最早设置的郡。《史记》卷一一一《卫将军骠骑列传》说：“最骠骑将军去病，凡六出击匈奴，其四出以将军，斩捕首虏十一万余级。及浑邪王以众降数万，遂开河西酒泉之地，西方益少胡寇。”张守节《正义》：“河谓陇右兰州之西河也。酒泉谓凉、肃等州。《汉书·西域传》云骠骑将军击破匈奴右地，置酒泉郡，后分置武威、张掖、燉煌等郡。”[5]据《史记》卷一一〇《匈奴列传》记载：“汉使杨信于匈奴。是时汉东拔秽貉、朝鲜以为郡，而西置酒泉郡以隔绝胡与羌通之路。汉又西通月氏、大夏，又以公主妻乌孙王，以分匈奴西方之援国。”[6]酒

1　郭声波：《〈史记〉地名族名词典》，中华书局 2020 年 5 月版，第 213 页。

2　参看顾实：《穆天子传西征讲疏》，中国书店 1990 年 8 月版；岑仲勉：《中外史地考证》，中华书局 1962 年 12 月版。

3　〔清〕阮元校刻：《十三经注疏》，第 2064 页。

4　《史记》，第 175—176 页。

5　《史记》，第 2945 页。

6　《史记》，第 2913 页。

泉置郡，是汉武帝强化北边军事威势的重要战略动作。

　　《史记》卷一二三《大宛列传》说："初置酒泉郡以通西北国。"又有"北道酒泉抵大夏，使者既多，而外国益厌汉币，不贵其物"的说法。汉武帝举兵伐宛，"益发戍甲卒十八万，酒泉、张掖北，置居延、休屠以卫酒泉，……"裴骃《集解》引如淳的解释："立二县以卫边也。或曰置二部都尉，以卫酒泉。"[1]《史记》原文明确说"置居延、休屠以卫酒泉"。当然，"卫酒泉"也就是"卫边"。"酒泉"在河西地方东西往来主要通道上"通西北国"的重要交通枢纽与西境边防关钥的地位明朗显现。《史记》卷二九《河渠书》记述边地水利开发成就："朔方、西河、河西、酒泉皆引河及川谷以溉田。"[2]"酒泉"竟然与"河西"并列。也可能"河西、酒泉"不宜分断，应当读作"河西酒泉"，如《史记》卷一一一《卫将军骠骑列传》所谓"遂开河西酒泉之地"。无论怎样，"酒泉"曾经在"河西"地方居于首要地位，是明显的事实。

　　"酒泉"地名，自然与"酒"有关。《汉书》卷二八下《地理志下》："酒泉郡，武帝太初元年开。"颜师古注："应劭曰：'其水若酒，故曰酒泉也。'师古曰：'旧俗传云城下有金泉，泉味如酒。'"[3]《太平御览》卷七○引应劭《汉官仪》曰："酒泉城，城下有金泉，味如酒，故曰酒泉郡。"又引《三秦记》曰："酒泉郡中有井，味如酒也。"[4]

　　《汉书》卷九六上《西域传上》记载："初置酒泉郡，后稍发徙民充实之，分置武威、张掖、敦煌，列四郡，

09-1　居延汉简
"酒泉"简文

1　《史记》，第 3170 页、第 3176 页。

2　《史记》，第 1414 页。

3　《汉书》，第 1614 页。

4　〔宋〕李昉等撰：《太平御览》，第 330 页。

据两关焉。"¹ 这与前引《史记》卷一一一《卫将军骠骑列传》"及浑邪王以众降数万，遂开河西酒泉之地"的说法相合。然而《汉书》卷六《武帝纪》说："（元狩二年），秋，匈奴昆邪王杀休屠王，并将其众合四万余人来降，置五属国以处之。以其地为武威、酒泉郡。""（元鼎六年）乃分武威、酒泉地置张掖、敦煌郡，徙民以实之。"² 如果说武威、酒泉同时置郡，则"酒泉"郡名与"武威"完全不同，体现出一种温和美好的气氛，这正是与丝绸之路史长时段和平友好交往关系的主流相一致的。

5. 丝路草原宴饮

《史记》卷一一〇《匈奴列传》关于匈奴礼俗制度，有"其攻战，斩首虏赐一卮酒，而所得卤获因以予之，得人以为奴婢"的说法。"赐一卮酒"，是对军功的嘉奖形式。草原民族"俗嗜酒"的史例，还有《史记》卷一二三《大宛列传》的记载："匈奴破月氏王，以其头为饮器。"裴骃《集解》："韦昭曰：'饮器，椑榼也。单于以月氏王头为饮器。'晋灼曰：'饮器，虎子之属也。或曰饮酒器也。'"这件"饮器"在汉元帝时韩昌、张猛与匈奴盟会时，曾经使用。张守节《正义》："《汉书·匈奴传》云：'元帝遣车骑都尉韩昌、光禄大夫张猛与匈奴盟，以老上单于所破月氏王头为饮器者，共饮血盟。'"³ 此"饮器"就是"饮酒器"。

汉与匈奴战争中，曾经有这样的战例。汉武帝任卫青为大将军，统率六将军，十余万人，出朔方、高阙击匈奴。"右贤王以为汉兵不能至，饮酒醉，汉兵出塞六七百里，夜围右贤王。右贤王大惊，脱身逃走，诸精骑往往随后去。"汉军俘虏右贤王部众男女万五千人以及"裨小王十余人"。⁴ 匈

1 《汉书》，第 3873 页。
2 《汉书》，第 176—177 页、第 189 页。
3 《史记》，第 2892 页、第 3157—3158 页。
4 《史记》卷一一〇《匈奴列传》，第 2907 页。

奴右贤王"饮酒醉"导致大败的战事，在司马迁笔下成为酒史与军事史的生动记录。

汉与匈奴和亲，"岁奉""絮缯酒米食物各有数"。《史记》卷一一〇《匈奴列传》还说：匈奴喜好汉地出产的"缯絮食物"，也就是物质生活资料中最基本的衣物饮食。投降匈奴的汉人中行说警告说，匈奴人口不能与汉之一郡相当，之所以强盛，是因为与中原衣食不同，"无仰于汉也"。现今匈奴领袖改变传统习俗而喜好"汉物"，则汉地物资不过付出十分之二，"则匈奴尽归于汉矣"。他建议："得汉食物皆去之，以示不如湩酪之便美也。"匈奴所"好"汉地"食物"，推想应当包括"酒米食物"中的"酒"。中行说所谓"汉物"中的"汉食物"，与"湩酪"相对应。可知"汉食物"应当有"酒"类饮品。中行说对"汉使"说："（匈奴）以其肥美饮食壮健者"，而"汉俗屯戍从军当发者，其老亲岂有不自脱温厚肥美以赍送饮食行戍乎？"[1]说到"肥美""饮食"，无疑应当包括饮品。司马迁记载，汉文帝派遣使者送达匈奴的书信中说："匈奴处北地，寒，杀气早降，故诏吏遗单于秫糵金帛丝絮佗物岁有数。"[2]提供给匈奴的所谓"秫糵"，一般理解为制酒用的糯黍和曲，即前引居延简文所谓"秫稻""麴糵"。明人王立道《泉释》写道："夫嘉宾良燕，非酒弗交。于是酌清流之芳澜，汲深涧之春涛。酝以秫糵，醇酎清缥。仪狄奏盉，杜康挫糟。"[3]所谓"酝以秫糵"，语意是非常明白的。

《史记》卷二〇《建元以来侯者年表》褚少孙补述说到傅介子出使外国，刺杀楼兰王，以功封侯故事。傅介子杀楼兰王的具体场景，是在宴饮中。其具体情节见于《汉书》卷七〇《傅介子传》："王贪汉物，来见使者。介子与坐饮，陈物示之。饮酒皆醉，介子谓王曰：'天子使我私报王。'王起随介子入帐中，屏语，壮士二人从后刺之，刃交胸，立死。"[4]后来汉元帝建昭年间，陈汤、甘延寿出西域击匈奴郅支单于，也就是此后发表"犯强

---

1 《史记》，第 2895 页、第 2899 页。

2 《史记》，第 2903 页。

3 〔明〕王立道撰：《具茨文集》卷六《杂著》，《景印文渊阁四库全书》，第 1277 册第 830 页。

4 《汉书》，第 3002 页。

汉者，虽远必诛"壮言的那次战役，是与康居结为军事同盟然后成就胜绩的。《汉书》卷七〇《陈汤传》记载："入康居东界，令军不得为寇。间呼其贵人屠墨见之，谕以威信，与饮盟遣去。"康居人的配合，使得陈汤军"具知郅支情"。而郅支单于"疑康居怨己，为汉内应"，已接近绝望。"时康居兵万余骑分为十余处，四面环城，亦与相应和。""平明，四面火起，吏士喜，大呼乘之，钲鼓声动地。康居兵引却。汉兵四面推卤楯，并入土城中。"[1]战役进程体现了康居人与汉军的全面配合。而这种合作关系的结成，是以"酒"为媒介的"与饮盟"。

1　《汉书》，第 3013—3014 页。

膏饼

1. 马圈湾汉简"膏饼"

1991 年面世的敦煌马圈湾出土汉简计 1217 枚。吴礽骧、李永良、马建华释校《敦煌汉简释文》发表了释文 [1]，甘肃省文物考古研究所编《敦煌汉简》发表了图版、释文和《敦煌马圈湾汉代烽燧遗址发掘报告》。[2] 这批资料是 1979 年甘肃省文物工作队的发掘收获，其中富含的历史文化信息为简牍学界朋友所共知，已经多有学者研究利用，丰富了汉代军事史、民族史、边疆史和西北地区社会生活史的认识。然而由于技术手段、设备条件以及释读经验的限制，资料信息的完整性和真确性难免存在若干问题，使得工作质量和研究水平受到影响。随着简牍学的进步和时代条件多方面的更新，以往资料以全新面貌推出，已经具备了更好的技术基础和学术基础。特别是照相技术利用红外线辨识简牍字迹，提供了可能更清晰更精确的条件，而照排出版能力的提高，也有革命性的变化。整理研究可以利用多年学术积累的成果，自然也是重要因素之一。张德芳著《敦煌马圈湾汉简集释》就是在这样的学术基础上，实现了简牍研究的重要的新贡献。《敦煌马圈湾汉简集释》最突出的成就，是发表了比较清晰的红外扫描图版。其效果确如著者所说，"过去很多模糊不清、似是而非、简牍变色污暗和文字笔划轻重难以辨认的地方，在红外图片上即可一目了然"[3]。我们曾经指出，著者在公布每条简文释文之后，以"校释"、"集解"和"今按"的形式发表了研究心得，其中体现了对王国维、劳干等前辈学者学术风格、学术路径

1　甘肃省文物考古研究所编，吴礽骧、李永良、马建华释校：《敦煌汉简释文》，甘肃人民出版社 1991 年 1 月版。

2　甘肃省文物考古研究所编：《敦煌汉简》，中华书局 1991 年 6 月版。

3　张德芳：《敦煌马圈湾汉简集释》，甘肃文化出版社 2013 年 12 月版，第 3 页。

的继承，也参考了裘锡圭、胡平生等学者对马圈湾汉简研究的成果。著者自己创见的发表，尤其值得研究者注意。比如关于简文所见"膏饼"，著者在有关"膏饼"与"脂"的讨论中提出的新识，即值得研究者重视。"膏饼"见于文献年代稍晚。《方舆胜览》卷六八《巴州》言"米膏饼"[1]，《本草纲目》卷三四《木之一》言"孩儿茶作膏饼"[2]，都说和茶有关。考察敦煌汉简所见"膏饼"，既有学术意义，也有文化趣味。[3]

马圈湾汉简两见"膏饼"简文：

（1）膏饼一人直六十 ▨   （14）[4]

（2）膏饼一□

　　　醯一器   （369）[5]

观察图版，（1）释文的"▨"符，或可考虑删除。（2）"膏饼一□"第一行最后一字左边从"角"，似是"斛"残存。"膏饼一□"可以释读为"膏饼一斛"。"膏饼"与"酰醢"在简文中并列，应当同属于饮食消费品。

对于（1），《敦煌马圈湾汉简集释》执笔者以【集解】方式发表如下解说："膏饼，可能是一种以动物油脂煎炸的饼状食物。膏，脂肪。《诗·桧风·羔裘》：'羔裘如膏，日出有曜。'孔颖达疏：'日出有光，照曜之时，观其裘色，如脂膏也。'《楚辞·天问》：'何献蒸肉之膏，而后帝不若？'《史记·田敬仲完世家》：'狶膏棘轴，所以为滑也，然而不能运方穿。'按：居延和敦煌汉简中多有'脂'的记载。"（2）【校释】写道："'膏饼一

---

1 巴州"土产"条下列有"米膏饼"，又写道："米膏饼。《广雅》云：'荆、巴间采茶作饼，既成，以米膏出之。欲煮饼，先炙令色变，捣末瓷器中，以汤浇覆之，用葱姜茝之。'"〔宋〕祝穆撰，祝洙增订，施和金点校：《方舆胜览》，中华书局 2003 年 6 月版，第 1186—1187 页。

2 《本草纲目》卷三四《木之一》"箘桂"条："木犀花，气味辛，温，无毒。主治同百药煎，孩儿茶作膏饼噙，生津辟臭化痰，治风虫牙痛。同麻油蒸熟，润发，及作面脂。时珍。"陈贵廷主编：《本草纲目通释》，学苑出版社 1992 年 12 月版，第 1578 页。

3 参看王子今：《简牍学新裁——评张德芳著〈敦煌马圈湾汉简集释〉》，《光明日报》2014 年 4 月 15 日。

4 张德芳：《敦煌马圈湾汉简集释》，第 5 页、第 185 页。

5 张德芳：《敦煌马圈湾汉简集释》，第 63 页、第 243 页。

□'原释为'□□一斛'。"[1]

10-1　马圈湾汉简
"膏饼"简文

10-2　马圈湾汉简"膏饼
一□醯一器"简文

1　张德芳：《敦煌马圈湾汉简集释》，第 370 页、第 476 页。

2. 关于"膏"

《国语·晋语七》："夫膏粱之性难正也。"韦昭注："膏，肉之肥者。"[1]
正史中有关"膏"的较早记录，又有《史记》卷六《秦始皇本纪》所见
"以人鱼膏为烛，度不灭者久之"的著名的地宫设计形式。[2]

"膏"通常指动物脂肪的意见是大致正确的。我们看《说文·肉部》的
相关内容：

> 膏，肥也。从肉。高声。

段玉裁注："按肥当作脂。脂字不厕于此者，许严人物之别。自胙篆已下乃
谓人所食者。膏谓人脂。在人者可假以名物。如无角者膏是也。脂专谓物。
在物者不得假以名人也。"又：

> 肪，肥也。从肉。方声。

段玉裁注："肥亦当作脂。王逸《正部论说玉符》曰：白如猪肪。《通俗文》
曰：脂在腰曰肪。此假在人者以名物也。"[3]

按照段玉裁的理解，"膏"就是"脂"。《说文》亦"脂膏"连称，如
《歺部》"殖"字解说。又《肉部》"脂"字条："戴角者脂，无角者膏。"

"脂膏"除食用外，亦应用于其他方面。

常见如前引"狶膏棘轴，所以为滑也"，作为润滑油使用。"膏油"作
为军事物资应用于火攻，见于《三国志》卷五四《吴书·周瑜传》有关赤
壁之战的战争史记录。[4] 对照刘馥"益贮鱼膏数千斛，为战守备"等相关史

1　上海师范学院古籍整理组校点：《国语》，上海古籍出版社 1978 年 3 月版，第 434—435 页。

2　王子今：《秦始皇陵"人鱼膏"之谜》，《秦始皇帝陵博物院》，陕西人民出版社 2014 年 9 月版。

3　〔汉〕许慎撰，〔清〕段玉裁注：《说文解字注》，第 169 页。

4　《三国志》卷五四《吴书·周瑜传》："初一交战，公军败退，引次江北。瑜等在南岸。瑜部将
黄盖曰：'今寇众我寡，难与持久。然观操军船舰首尾相接，可烧而走也。'乃取蒙冲斗舰数十艘，
实以薪草，膏油灌其中，裹以帷幕，上建牙旗，先书报曹公，欺以欲降。又豫备走舸，各系大船
后，因引次俱前。曹公军吏士皆延颈观望，指言盖降。盖放诸船，同时发火。时风盛猛，悉延烧
岸上营落。顷之，烟炎张天，人马烧溺死者甚众，军遂败退，还保南郡。"第 1262—1263 页。

料¹，可知这种"膏油"很可能是"鱼膏"。《三国志》卷五四《吴书·周瑜传》裴松之注引《江表传》的记载，正明确说是"鱼膏"。²

3. 关于"饼"

　　关于"饼"这种食品为当时社会所熟知的情形，汉代文献记录已经有所显示。《急就篇》第二章："饼饵麦饭甘豆羹。"颜师古注："溲面而蒸熟之则为饼。饼之言并也，相合并也。"³《方言》卷一三："饼谓之饦，或谓之馄饨。"⁴《释名》卷四《释饮食》："饼，并也，溲面使合并也。胡饼，作之大漫沍也。⁵亦言以胡麻着上也。蒸饼、汤饼、蝎饼、髓饼、金饼、索饼之属，皆随形而名之也。"⁶《说文·食部》："饼，面餈也。"段玉裁注："《麦部》曰：'面，麦末也。''面餈'者，'饼'之本义也。《方言》曰'饼谓之饦，或谓之馄，或谓之饨'是也。"⁷《四民月令·五月》："是月也，阴阳争，血气散；……阴气入，藏腹中塞，不能化腻；先后日至各十日，薄滋味，毋多食肥醲。距立秋，毋食煮饼及水溲饼。"本注："夏月饮水时，此二饼得水即强坚难消，不幸便为宿食作伤寒矣。试以此二饼置水中，即见

1　《三国志》卷一五《魏书·刘馥传》记载，刘馥为扬州刺史，于合肥建立州治，"高为城垒，多积木石，编作草苫数千万枚，益贮鱼膏数千斛，为战守备。建安十三年卒。孙权率十万众攻围合肥城百余日，时天连雨，城欲崩，于是以苫蓑覆之，夜然脂照城外，视贼所作而为备，贼以破走"。第463页。所贮"鱼膏"数量惊人。

2　《三国志》卷五四《吴书·周瑜传》裴松之注引《江表传》："至战日，盖先取轻利舰十舫，载燥荻枯柴积其中，灌以鱼膏，赤幔覆之，建旌旗龙幡于舰上。时东南风急，因以十舰最著前，中江举帆，盖举火白诸校，使众兵齐声大叫曰：'降焉！'操军人皆出营立观。去北军二里余，同时发火，火烈风猛，往船如箭，飞埃绝烂，烧尽北船，延及岸边营柴。瑜等率轻锐寻继其后，雷鼓大进，北军大坏，曹公退走。"第1263页。

3　有这样的解说："溲面：以水和面。溲，此处指调和或淘洗。饼：面饼。另，面条称汤饼。"管振邦译注，宙浩审校：《颜注急就篇译释》，南京大学出版社2009年8月版，第113页。

4　周祖谟校笺：《方言校笺》，中华书局1993年2月版，第88页。

5　《太平御览》卷八六〇引《释名》："胡饼，作之大漫汗。"〔宋〕李昉等撰：《太平御览》，第3818页。

6　任继昉纂：《释名汇校》，第204—205页。

7　〔汉〕许慎撰，〔清〕段玉裁注：《说文解字注》，第219页。

验。唯酒溲饼，入水则烂矣。"[1]

　　史籍所见"饼"在饮食生活中的普及，见于汉宣帝"买饼"故事[2]，王盛、赵岐、张柱"卖饼"故事[3]，萧彪之父"嗜饼"，萧彪"每自买进之"故事[4]，第五伦母得遗"一笥饼"故事[5]，梁冀"进鸩加煮饼"毒杀汉质帝故事[6]，"灵帝好胡饼，京师皆食胡饼"故事[7]，钟繇"谓《公羊》为卖饼家"故事[8]，华佗言"卖饼人"附送"蒜齑"故事[9]，费祎"食饼"故事[10]等。

1　〔汉〕崔寔原著，石声汉校注：《四民月令校注》，第44页。

2　《汉书》卷八《宣帝纪》："数上下诸陵，周偏三辅，常困于莲勺卤中。尤乐杜、鄠之间，率常在下杜。时会朝请，舍长安尚冠里。……每买饼，所从买家辄大雠，亦以是自怪。"第237页。

3　《汉书》卷九九中《王莽传中》："按金匮，辅臣皆封拜，……京兆王盛为前将军、崇新公。……王盛者卖饼。""徙大阿、右拂、大司空丰，托符命文，为更始将军，与卖饼儿王盛同列。"第4101页、第4123页。《后汉书》卷六四《赵岐传》："岐遂逃难四方，江、淮、海、岱，靡所不历。自匿姓名，卖饼北海市中。时安丘孙嵩年二十余，游市见岐，察非常人，停车呼与共载。岐惧失色，嵩乃下帷，令骑屏行人。密问岐曰：'视子非卖饼者，又相向而色动，不有重怨，即亡命乎？'"第2122页。事又见《三国志》卷一八《魏书·阎温传》裴松之注引《魏略·勇侠传》，"卖饼"作"贩饼""贩胡饼"。第552页。《太平御览》卷八六〇引《廷尉决事》曰："廷尉上士张柱私卖饼，为兰台令史所见。"第3819页。

4　《太平御览》卷四一二引《东观汉记》："萧彪，字伯文，京兆杜陵人，累官巴郡太守，父老，乞供养。父有宾客，辄立屏风后，应受使命。父嗜鉼，每自买进之。""鉼"原注："音'饼'。"第1901页。吴树平校注本《东观汉记》卷一九《萧彪传》"鉼"作"饼"。〔东汉〕刘珍等撰，吴树平校注：《东观汉记校注》，中州古籍出版社1987年3月版，第848页。《太平御览》卷八六〇引《京兆旧事》曰："萧彪为巴郡守，父老，归供养。父嗜饼，从至市，立车下自进之。"第3819页。

5　《北堂书钞》卷一三五引《东观汉记》曰："上问第五伦：'卿为市掾，有人遗卿母一笥饼，卿从外来见之，夺母笥，探口中饼出之。'伦对曰：实无此，众人以臣愚蔽，故为生此语。'"中国书店据光绪十四年南海孔氏刊本1989年7月影印版，第547页。《东观汉记》卷一六《第五伦传》，〔东汉〕刘珍等撰，吴树平校注：《东观汉记校注》，第664—665页。

6　《后汉书》卷三四《梁冀传》，第1179页。《后汉书》卷六三《李固传》："帝尚能言，曰：'食煮饼，今腹中闷，得水尚可活。'时冀亦在侧，曰：'恐吐，不可饮水。'语未绝而崩。"第2085页。

7　《太平御览》卷八六〇引《续汉书》曰："灵帝好胡饼，京师皆食胡饼。后董卓拥胡兵破京师之应。"第3818页。

8　《三国志》卷二三《魏书·裴潜传》裴松之注引《魏略·列传》："司隶校尉钟繇不好《公羊》而好《左氏》，谓《左氏》为太官，而谓《公羊》为卖饼家。"第675页。

9　《三国志》卷二九《魏书·方技传·华佗》："佗行道，见一人病咽塞，嗜食而不得下，家人车载欲往就医。佗闻其呻吟，驻车往视，语之曰：'向来道边有卖饼家蒜齑大酢，从取三升饮之，病自当去。'即如佗言。"第801页。

10　《三国志》卷六四《吴书·诸葛恪传》裴松之注引《恪别传》："权尝飨蜀使费祎，先逆敕群臣：'使至，伏食勿起。'祎至，权为辍食，而群下不起。祎嘲之曰：'凤凰来翔，骐驎吐哺，驴骡无知，伏食如故。'恪答曰：'爰植梧桐，以待凤皇，有何燕雀，自称来翔？何不弹射，使还故乡！'祎停食饼，索笔作麦赋，恪亦请笔作磨赋，咸称善焉。"第1430页。

有学者指出，"饼""成为汉代一种常见的主食类食品有一个过程"。在秦及西汉前期，"饼"还不多见，"这可能与当时磨的使用尚不普遍有关"。《太平御览》卷八六〇引《三辅旧事》云：'太上皇不乐关中，高祖徙丰、沛屠儿、沽酒、卖饼商人。'或据此以为饼在西汉初期即已出现。按，《三辅旧事》晚出，在无其他史料印证的情况下，仅据此孤证，似难以为凭。""到东汉时，饼类食品的种类明显增多。"[1] 新丰"卖饼商人"事或许并非"饼"早期出现的"孤证"，《太平御览》同卷引《墨子》即有"见人作饼，即还而窃之"语。[2] 但确实西汉中期以后，有关"饼"的信息在饮食生活史中的密集出现，是引人注目的。

马圈湾汉简"膏饼"的发现，正与这一历史文化现象相符合。

4."膏饼"的品质和形制

关于所谓"膏饼"，其实是可以在中国古代饮食生活史中发现其曾经存在的若干迹象的。除前引《方舆胜览》"米膏饼"外，元佚名《群书通要》壬集《方舆胜览·中·州郡门》"风土"也说到"米膏饼"。[3] 明人高濂《遵生八笺》可见"豆膏饼方"。[4] 明人宋诩《竹屿山房杂部》列说"苏梅膏饼""甘露膏饼"。[5] 明人郑麟趾《高丽史》言及"松膏饼"。[6] 然而这些"膏

1　彭卫：《秦汉时期的饮食》，徐海荣主编：《中国饮食史》，卷二第 473 页。

2　《墨子·耕柱》："见人之作饼，则还然窃之，曰：'舍余食。'"〔清〕孙诒让著，孙以楷点校：《墨子间诂》，中华书局 2001 年 4 月版，第 436 页。

3　〔元〕佚名：《群书通要》，《续修四库全书》清嘉庆宛委别藏本，上海古籍出版社 2013 年 5 月版，第 1224 册第 507 页。

4　〔明〕高濂《雅尚斋遵生八笺》卷一三《饮馔服食笺》下卷："豆膏饼方。大黄豆炒去皮，为末，入白糖、芝麻、香头和匀，为印饼，食之。"《景印文渊阁四库全书》，第 871 册第 671 页。

5　〔明〕宋诩《竹屿山房杂部》卷六《养生部六》："苏梅膏饼。用鲜紫苏叶盐腌二三宿，以梅酥调白砂糖染之，再晒，再染干细研，膏入模为饼。食之能下气生津液。""甘露膏饼。用乌梅蒸，取肉一两、白砂糖四两、薄荷叶为粉四钱，三味捣为膏，模为小饼。嚼化生津止渴。"《景印文渊阁四库全书》，第 871 册第 202 页。

6　〔明〕郑麟趾《高丽史》列传卷四三："松膏饼，则取松白皮熟炼灰水，百杵，和蜜汁粘面乃作饼。"《四库全书存目丛书》明景泰二年朝鲜活字本，齐鲁书社 1995 年 9 月版，第 162 册第 362 页。

饼"，显然均与马圈湾汉简所见"膏饼"明显不同。如清人汪灏等《广群芳谱》所说"膏饼"的制作方式："乘露摘取甘菊，去枝梗，用净瓦礶，下安白梅一二个，放花朵至平口，又加白梅，将盐卤汁浇满，浸过花朵，以石子压之，密封，收藏至明年六七月。取花一枝，用净水洗去盐味，同茶末入椀，注热滚汤，则茶味愈清而香蔼绝胜。伴茶收藏，不若此法，或用净花拌糖霜，捣成膏饼，食亦甚清雅。"[1]这样的"膏饼"，也许可以称作"糕饼"。

马圈湾汉简所见"膏饼"的品质和形制，据张德芳主编《敦煌马圈湾汉简集释》判断，"可能是一种以动物油脂煎炸的饼状食物"。显然，其推想所言制作方式之"煎炸"和成品形态之"饼状"，看来均需要证据。以"煎炸"为烹调程序解说汉代饮食，似乎有必要提示更明确的史例。而"饼"之字义，如前引《释名》卷四《释饮食》："饼，并也，溲面使合并也。"并不一定形成"饼状"。马圈湾汉简所见"膏饼"，其实很有可能即采用"动物油脂"为主要材料制作的面食。所谓"以胡麻着上也"的说法其实值得重视。即"膏"作为主要食料成分，不排除或"着"成品之"上"，或揉和"面"中，"使合并也"的可能。这种方式，或类似所谓"以髓、脂合和面"的"髓饼"制作法。[2]成品因此实现口味的"肥美"[3]，是很自然的事情。

5. 胡饼：胡者，互也

"胡饼"名义，或许并不仅仅由于使用"胡麻"籽或"胡麻"油，而是在制作理念和食用礼俗方面体现了来自西北方向的异族饮食方式对中原居

1〔清〕汪灏等：《佩文斋广群芳谱》卷五一《花谱》，《景印文渊阁四库全书》，第846册第495页。

2《太平御览》卷八六〇引《杂五行书》曰："十月亥日食饼，令人无病。《食经》有'髓饼法'：以髓、脂合和面。"第3819页。

3《齐民要术》卷九《饼法》："髓饼法：以髓脂、蜜，合和面。厚四五分，广六七寸。便着胡饼炉中，令熟。勿令反复。饼肥美，可经久。"〔后魏〕贾思勰原著，缪启愉校释，缪桂龙参校：《齐民要术校释》，第509页。

民的影响。有学者讨论《释名》卷四《释饮食》所言"胡饼""漫冱",指出"冱"反映的文化区别与文化交往:

> ……胡饼,作之大漫冱也。……(胡饼:漫冱)
>
> 《御览》卷七九九《北狄一》"总叙北狄上"引《风俗通》"胡者,冱也,其被发左衽,言语贽币事殊冱也。"[1]

论者特意标示出"胡""冱"、"胡""冱"的关系,以提示人们注意这种以"胡"为符号的"饼",其实是表现了"冱"的文化关联的。

6. 膏环·膏糫·粔籹·寒具·馓子

讨论"膏饼",还有必要注意明人张云龙《广社》说到的"糫膏饼"。[2]《齐民要术》所谓"膏环",也许与此"糫膏饼"有一定关系。《齐民要术》卷九《饼法》有"膏环"条:

> 膏环—名粔籹
>
> 用秫稻米屑,水、蜜溲之,强泽如汤饼面。手搦团,可长八寸许,屈令两头相就,膏油煮之。[3]

有农史学者说:"'粔籹',音巨汝,《说文》:'膏环也。'"又说:"'寒具'、'蝎子',和'膏环'是同一类的饼点。""总之,糯米粉的,面粉的,甜的,咸的,各式各样形状的油炸馓子都可以称作'寒具'。"[4]《太平御览》卷八六〇引桓谭《新论》说到"寒具":"孔子,匹夫耳。而晔然名著,至其冢墓,高者牛羊鸡豚而祭之,下及酒脯寒具,致敬而去。"又"粔籹"条下引录若干文献:

1　徐方敏:《释名研究》,台湾大学出版委员会 1989 年 6 月版,第 237 页。
2　《续修四库全书》明崇祯刻本,第 1186 册第 125 页。
3　〔后魏〕贾思勰原著,缪启愉校释,缪桂龙参校:《齐民要术校释》,第 509 页。
4　〔后魏〕贾思勰原著,缪启愉校释,缪桂龙参校:《齐民要术校释》,第 514 页。

粔籹

《通俗文》曰："干绀者谓之粔籹。"

《杂字解诂》曰："粔籹，膏环也。"

《异苑》曰："张骥，永初中于都丧亡，司马茂之往哭。见骥凭几而坐，以箸刺粔籹食之。"

《楚辞·招魂》曰："粔籹蜜饵。"[1]

有的辞书也将这几种"饼点"混并一说。如三民书局版《大辞典》："膏环：食品名。又称寒具、粔籹、粔籹、馓子。搓面成细条，组之成束，扭成环状，油炸即成。也作膏糫。《齐民要术·饼法》：'膏环，一名粔籹，用秫稻米屑，水、蜜溲之，强泽如汤饼面。手搦团，可长八寸许。'"[2]《汉语大字典》写道："〔膏糫〕古代食品名，大约相当于今天的麻花、馓子之类。亦名'粔籹'。"[3]《汉语大词典》："【膏环】食品名。以米面粉和水搓成细条，组之成束，入油炸而成。也称粔籹、寒具。犹今之馓子。"[4]所谓"膏环""膏糫""寒具""粔籹""粔籹""馓子"这些"饼点"在形制特征方面是怎样的关系，也许还需要认真研究。前引所谓"'粔籹'，……《说文》：'膏环也'"，今本《说文》未见。而《楚辞·招魂》言"粔籹"与以上"饼点"是否在质量上一致，亦存在疑问。这些"饼点"出现的年代也有待考察。[5]但《释名》卷四《释饮食》说到的多种"饼"，应当都有社会饮食生活实况的依据。而马圈湾汉简"膏饼"的出土地确实在后来若干"油炸""饼

1　〔宋〕李昉等撰：《太平御览》，第 3822 页。

2　三民书局大辞典编纂委员会：《大辞典》，三民书局 1985 年 8 月版，第 3885 页。

3　汉语大字典编辑委员会：《汉语大字典》，四川辞书出版社、湖北辞书出版社 1993 年 11 月版，第 1317 页。

4　汉语大词典编纂委员会、汉语大词典编纂处：《汉语大词典》，汉语大词典出版社 1990 年 12 月版，第 6 卷第 1365 页。

5　彭卫已论证"粔籹"等是"秦汉时期的点心类食品"，并借助《齐民要术》记载指出："粔籹是用蜜和秫米粉捏成环状，而后用猪油煎成的食物。"他不仅注意到宋玉《招魂》"粔籹蜜饵"文字，还写道："马王堆遣策有'居女（粔籹）'简文（简 120）；江苏邗江汉墓出土的汉代食笥上书有'居女（粔籹）一笥。'"这是非常重要的提示。彭卫：《秦汉时期的饮食》，徐海荣主编：《中国饮食史》，卷二第 478 页。

点"非常流行的区域，也是值得研究者特别关注的。

7."胡饼""膏饼"的价格

　　《三国志》卷一八《魏书·阎温传》裴松之注引《魏略·勇侠传》说孙宾硕故事，涉及赵岐"卖饼"情节："常于市中贩胡饼。宾硕时年二十余，乘犊车，将骑入市。观见岐，疑其非常人也。因问之曰：'自有饼邪，贩之邪？'岐曰：'贩之。'宾硕曰：'买几钱？卖几钱？'岐曰：'买三十，卖亦三十。'宾硕曰：'视处士之望，非似卖饼者，殆有故！'乃开车后户，顾所将两骑，令下马扶上之。"[1] 其中所谓"买三十，卖亦三十"的价格信息，可以充实中国古代饮食史和中国古代物价史的知识，与马圈湾汉简"膏饼一人直六十"相比较，也是很有意思的事情。[2]

1　《三国志》，第 552 页。

2　王子今：《马圈湾汉简"膏饼"浅识》，《出土文献》第 6 辑，中西书局 2015 年 4 月版。

蜜

1.《五十二病方》所见"以蜜和，令黿（繞）甘"

马王堆汉墓出土帛书《五十二病方》中，所谓《瘙，弱（溺）不利，脬盈者方》，有这样的内容：

瘙，弱（溺）不利，脬盈者方：取枣种麖（麞）屑二升，葵种一

升，合挠，三分之，以水一斗半【煮一】　　　　　　　　一七三

分，孰（熟），去滓，有（又）煮一分，如此以尽三分。浚取其

汁，以䗪（蜜）和，令黿（繞）甘，寒温适，□　　　　　　一七四

饮之。药尽更为，病【已】而止。●令　　　　　　　　　一七五

11-1　马王堆帛书《五十二病方》以"蜜"入药文字　　11-2　曹操高陵出土石牌"黄蜜金""白蜜银"铭文

整理小组注释："纔甘，稍甜。"[1]

《五十二病方》所见煮枣汁，"以蠤（蜜）和，令㲯（纔）甘，寒温适"，是以"蜜"入药的实证信息。

马王堆一号汉墓出土竹简可见"稻䊆（蜜）糒一笥有缥囊二"（117），发掘报告执笔者认为，"此简之'稻䊆糒'应是和蜜之稻糒。"[2]这是另一例可以说明"和蜜"即"以蜜和"之食品加工方式的简例。

2. 刘秀"买蜜合药"故事

长沙马王堆三号汉墓出土帛书《五十二病方》可见明确体现使用"蜜"的文字，且追求其"甘"味。看来当时人们对"蜜"的品味体验是比较熟悉的。"蜜"的食用价值也由此可以推知。

以"蜜"用来"合药"的明确记载，又见于《后汉书》卷二二《朱祐传》李贤注引《东观记》："上在长安时，尝与祐共买蜜合药。上追念之，赐祐白蜜一石，问'何如在长安时共买蜜乎？'其亲厚如此。"[3]

"合药"用"蜜"情形，正史所见《晋书》卷九五《艺术传·单道开》："日服镇守药数丸，大如梧子，药有松蜜姜桂伏苓之气，时复饮茶苏一二升而已。"[4]或可引为旁证。

刘秀曾经与朱祐"共买蜜合药"，是在太学读书时的故事。"买蜜"经历，可以说明西汉长安"蜜"已经进入市场交易的情形。

东汉洛阳作为商品的"蜜"能够以"石"为计量单位，可知当时社会消费数量已经颇为可观。

1　马王堆汉墓帛书整理小组编：《五十二病方》，第 70 页。

2　湖南省博物馆、中国科学院考古研究所编：《长沙马王堆一号汉墓》，文物出版社 1973 年 10 月版，第 140 页。

3　《后汉书》，第 771 页。

4　《晋书》，第 2492 页。

3. 西域"石蜜"

《后汉书》卷五一《李恂传》李贤注引《袁山松书》说："西域出诸香、石蜜。"[1] 则是远方输入的"蜜"。《后汉书》卷八八《西域传》明确说"天竺"特产有"诸香、石蜜"。[2]"蜜"的远程运输，说明社会需求的热切。

《后汉书》卷八六《西南夷传》："白马氏者，武帝元鼎六年开，分广汉西部，合以为武都，土地险阻，有麻田，出名马、牛、羊、漆、蜜。"[3] 也说到"蜜"的出产地包括武都地方。

山区多产蜜，应当是通常情形。后世史书记载如《新唐书》卷四三《地理志七下》"石蜜山[4]"，《清史稿》卷五六《地理志三·吉林》"密山府"条"蜂蜜山"[5]，《清史稿》卷一二四《食货志五·矿政》"兴京厅蜜蜂沟"[6] 等，皆可以为证。

4. 间接的食"蜜"史料

《史记》正文中没有直接说到"蜜"。但是《史记》卷一一七《司马相如列传》载《上林赋》记述皇家园囿栽植的林木，包括"留落胥余，仁频并闾"。司马贞《索隐》引司马彪云："胥邪，树高十寻，叶在其末。"又引《异物志》：

> 实大如瓠，系在颠，若挂物。实外有皮，中有核，如胡桃。核里有肤，厚半寸，如猪膏。里有汁斗余，清如水，味美于蜜。[7]

---

1 《后汉书》，第 3021 页。

2 《后汉书》，第 2921 页。

3 《后汉书》，第 2859 页。

4 《新唐书》，第 1152 页。

5 《清史稿》，中华书局 1977 年 8 月版，第 1959 页。

6 《清史稿》，第 3867 页。

7 《史记》，第 3028 页、第 3030 页。

说椰树类果实"里有汁""味美",以"蜜"作为比较的参照。这是对于"蜜"的食用体验的曲折记述。

《汉书》卷九五《南粤传》记载南粤王致书汉文帝,表示放弃帝号,"复故号,通使汉如故"。"因使者"所献诸物,有"桂蠹一器"。颜师古注:"应劭曰:'桂树中蝎虫也。'苏林曰:'汉旧常以献陵庙,载以赤毂小车。'师古曰:'此虫食桂,故味辛,而渍之以蜜食之也。'"[1]这也是一则以"蜜"加工食品的例证。

5. 甜蜜:秦汉人的味觉幸福

秦汉人追求的甜蜜味觉,在文献中的直接文字表现似乎是"甘"。《论衡·超奇》说到"甘甜"的感觉[2],与"辛苦"正相对应。

"食"则"甘味",是健康人正常的味觉体验。《史记》频繁出现"食不甘味"的文字,形容心思紊乱,饮食失常。如《史记》卷六四《司马穰苴列传》:"今敌国深侵,邦内骚动,士卒暴露于境,君寝不安席,食不甘味。"[3]《史记》卷六五《孙子吴起列传》:"寡人非此二姬,食不甘味,愿勿斩也。"[4]《史记》卷六九《苏秦列传》:"寡人卧不安席,食不甘味,心摇摇然如县旌而无所终薄。"[5]《史记》卷一〇四《田叔列传》:"太后食不甘味,卧不安席,此忧在陛下也。"[6]但是这里所说的"甘",似乎并不是简单的"甜",所以《史记》卷二三《礼书》有"口甘五味,为之庶羞酸咸以致其美"的说法。[7]又《史记》卷三八《宋微子世家》裴骃《集解》引孔安

1　《汉书》,第3852—3083页。

2　黄晖撰:《论衡校释》(附刘盼遂集解),第615页。

3　《史记》,第2157页。

4　《史记》,第2161页。

5　《史记》,第2261页。

6　《史记》,第2777页。

7　《史记》,第1158页。

国说："甘味生于百谷。"[1] 这里的"甘"，大概是指食品的自然滋味。但是也有以"甘"为甜美的。司马相如赋作言及的一些果品，注家多有"甘"或"甘美"的形容。如《上林赋》"卢橘夏孰"，司马贞《索隐》引《吴录》云"建安有橘，冬月树上覆裹，明年夏色变青黑，其味甚甘美"。关于"杨梅"，司马贞《索隐》引《荆杨异物志》："其实外肉着核，熟时正赤，味甘酸。"关于"荔枝"，司马贞《索隐》引晋灼曰："离支大如鸡子，皮粗，剥去皮，肌如鸡子中黄，其味甘多酢少。""甘"也用来命名果品。如司马贞《索隐》引《广州记》云"卢橘皮厚，大小如甘"。"甘"可能即现今所言"柑"。又司马贞《索隐》引《林邑记》云："树叶似甘蕉。""甘蕉"也是以味觉感受命名植物果实。司马相如笔下还出现了一种含糖量极高的经济作物"诸蔗"，《史记》有所载录。裴骃《集解》引《汉书音义》的解释是"诸柘，甘柘也"。司马贞《索隐》："诸柘，张揖云'诸柘，甘柘也'。"[2] "甘柘"，也就是现今所说的甘蔗。《文选》卷四张衡《南都赋》说到南阳地方民间"园圃"栽植"藷蔗"。五臣注《文选》写作"藷柘"。[3]《文选》卷四左思《三都赋》："其圃则有蒟蒻茱萸，瓜畴芋区，甘蔗辛姜，阳蓲阴敷。"[4]虽然写作年代稍晚，仍可以与《南都赋》"园圃""藷蔗"参照。南朝宋人谢惠连《祭古冢文》说到一座古墓被破坏的情形："东府掘城北堑，入丈余，得古冢。上无封域，不用砖甓，以木为椁。中有二棺，正方，两头无和。明器之属，材瓦铜漆，有数十种，多异形，不可尽识。刻木为人，长三尺可，有二十余头。初开见，悉是人形，以物柷拨之，应手灰灭。棺上有五铢钱百余枚。水中有甘蔗节，及梅李核瓜瓣，皆浮出，不甚烂坏。铭志不存，世代不可得而知也。"作者撰作的祭文写道："公命城者改埋于东冈，祭之以豚酒，既不知其名字远近，故假为之号曰'冥漠君'云尔。元嘉七年九月十四日，司徒御属领直兵令史统、作城录事临漳令亭侯朱林，

1《史记》，第1612页。

2《史记》卷一一七《司马相如列传》，第3028—3030页、第3006页。

3〔梁〕萧统编，〔唐〕李善、吕延济、刘良、张铣、吕向、李周翰注：《六臣注文选》，中华书局1987年8月版，第86页。

4〔梁〕萧统编，〔唐〕李善注：《文选》，第78页。

具豚醪之祭敬荐冥漠君之灵，乔总徒旅，版筑是司，穷泉为壍，聚壤成基。一椁既启，双棺在兹。舍奋凄怆，纵锸涟洏。刍灵已毁，涂车既摧。几筵縻腐，俎豆倾低。盘或梅李，盎或醯醢。蔗传余节，瓜表遗犀。追惟夫子，生自何代。曜质几年，潜灵几载。为寿为夭，宁显宁晦。铭志埋灭，姓字不传。今谁子后，曩谁子先。……"[1]墓室中随葬"甘蔗节，及梅李核瓜瓣"情形，即祭文所谓"盘或梅李"以及"蔗传余节，瓜表遗犀"，提示"甘蔗节"与其他果品同样为墓主所珍爱，特别值得注意。从墓葬形制及"明器之属，材瓦铜漆"，"刻木为人""二十余"件看，其"世代"可以推知大致是汉时。特别是"棺上有五铢钱百余枚"，可以作为汉代人食用"甘蔗节"的判断基准。

当然，各种果品提供的"甘美"，都比不上《说文·虫部》所谓"蠭甘饴"[2]——"䖮"，也就是"蜜"。

6. 孙亮"蜜渍""生梅"

汉代人的饮食生活中，"蜜"其实已经有所介入。

前引《汉书》及颜注说"桂蠧""渍之以蜜食之也"，就是实例。"蜜"用以"渍"。以"蜜"调味，又见于《释名·释饮食》："脯炙，以饧蜜豉汁淹之，脯脯然也。"[3]这大概是制作果脯的方式。"淹"应即"腌"。

《三国志》卷四八《吴书·三嗣主传·孙亮》裴松之注引《吴历》说到孙亮事迹与"蜜渍""生梅"有关的情节：

> 亮后出西苑，方食生梅，使黄门至中藏取蜜渍梅，蜜中有鼠矢，召问藏吏，藏吏叩头。亮问吏曰："黄门从汝求蜜邪？"吏曰："向求，实不敢与。"黄门不服，侍中刁玄、张邠启："黄门、藏吏辞语不同，

---

1 〔梁〕萧统编，〔唐〕李善注：《文选》卷六〇，第836页。

2 〔汉〕许慎撰，〔清〕段玉裁注：《说文解字注》，第675页。

3 任继昉纂：《释名汇校》，第212页。

请付狱推尽。"亮曰："此易知耳。"令破鼠矢，矢里燥。亮大笑谓玄、
邠曰："若矢先在蜜中，中外当俱湿，今外湿里燥，必是黄门所为。"
黄门首服，左右莫不惊悚。[1]

孙亮出西苑，食用"生梅"即新鲜梅子，"使黄门至中藏取蜜渍梅"，准备
用"蜜"现场加工"生梅"以求品味改良。然而发现"蜜中有鼠矢"，于是
"召问藏吏"，"藏吏"惊恐"叩头"。孙亮问道：黄门曾经向你索要"蜜"
吗？藏吏回答：曾经索求，"实不敢与"。黄门不服"蜜"中置"鼠矢"之
罪。侍中刁玄、张邠建议："黄门、藏吏辞语不同，请付狱推尽。"孙亮却
说："此易知耳。"于是"令破鼠矢"，发现鼠屎内里干燥。孙亮大笑着对刁
玄、张邠说："若矢先在蜜中，中外当俱湿，今外湿里燥，必是黄门所为。"
黄门不得不认罪，左右"莫不惊悚"，叹服孙亮的智慧。黄门"求蜜"不
得，置蜜中"鼠矢"陷害"藏吏"，为孙亮识破。这一故事体现了孙亮基于
对"蜜"的性质的熟识所表现的聪敏，也说明了"蜜渍""生梅"的宫廷食
用习惯。而中官"求蜜"未得情形，也透露出"蜜"可能相当贵重。

7. 袁术"欲得蜜浆"未遂

《三国志》卷六《魏书·袁术传》裴松之注引《吴书》记述袁术政治
末路之窘迫，可以看到比较具体的情节描写："时盛暑，欲得蜜浆，又无
蜜。"[2]

袁术人生末路所谓"蜜浆"故事，说明"蜜浆"大概是富贵之家通常
的暑期饮料。

通过许多迹象可以了解，汉代社会的饮食生活中已经有享受甘甜的幸
福感觉。"蜜"已经丰富了汉代人的味觉体验。

---

1 《三国志》，第 1154 页。

2 《三国志》，第 210 页。

豆・黄豆・大豆

1. 曹操高陵石牌文字"黄豆二斗"疑议

曹操高陵出土石牌有铭刻"黄豆二升"字样者。有人提出质疑，以"曹操墓'黄豆二升'石牌涉假"，"唐朝的黄豆玩时空穿越，埋进了曹操墓"的形式批评。质疑者称："安阳方面公布的这批石牌有二十一块，除了'魏武王常所用挌虎大戟'等文字外，其他的石牌上还有'黄豆二升'、'刀尺一……'（那个字看不清楚）、'胡粉二斤'等等。我曾请教北京大学的一位老教授，他说'黄豆'一语是后代出现的，汉魏时只用大豆一语。"质疑者自称"反复检索《四库全书》《四部丛刊》及各种金石墓志和简帛牍策资料，并查看中国农业史的相关著作，发现结果确实如那位老教授所言"，"'黄豆'一词最先在唐代《开元占经》《酉阳杂俎》等书出现，之前用的全都是菽、大豆之语，无论经史子集、简帛金石，还是专业农学著作如汉《氾胜之书》、北魏贾思勰《齐民要术》中都是如此"。

这一问题涉及质疑者所说的"中国农业史"以及中国饮食史和中国丧葬观念史，也涉及史学研究的思想方法和考察路径，或许有必要讨论。

12-1　曹操高陵出土"黄豆二斗"石牌

2. 非 "默证"

"'黄豆'一词"真的是"最先在唐代"出现的吗？是不是我们如果没有在唐以前的文献中看到有关"黄豆"的文字信息，就可以断言"曹操墓'黄豆二升'石牌涉假"呢？

考据求实之学者，都知道证有易，证无难。断定某一时代某种事物之不曾存在，是要慎之又慎的。张荫麟曾经说："凡欲证明某时代无某某历史观念，贵能指出其时代中有与此历史观念相反之证据。若因某书或今存某时代之书无某史学之称述，遂断定某时代无此观念，此种方法谓之'默证'（Argument from silence）。默证之应用及其适用之限度，西方史家早有定论。"张说专指"观念"，其实各种历史存在的"证明"都是如此。张荫麟引录了法国史学家色诺波（Ch. Seignobos）的说法："吾侪于日常生活中，每谓'此事果真，吾侪当已闻之。'默证即根此感觉而生。其中实暗藏一普遍之论据曰，倘若一假定之事实，果真有之，则必当有纪之之文籍存在。欲使此推论不悖于理，必须所有事实均经见闻，均经记录，而所有记录均保完未失然后可。虽然，古事泰半失载，载矣而多湮灭，在大多数情形之下，默证不能有效；必根于其所涵之条件悉具时始可应用之。现存之载籍无某事之称述，此犹未足为证也，更须从来未尝有之。倘若载籍有湮灭，则无结论可得矣。故于载籍湮灭愈多之时代，默证愈当少用。其在古史中之用处，较之十九世纪之历史不逮远甚。"张荫麟以为，"此乃极浅显之理而为成见所蔽者，每明足以察秋毫之末而不见舆薪"[1]。徐旭生曾经对某些"疑古学派的极端派"的方法有这样的批评："极端疑古学派的工作人对于载籍湮灭极多的时代，却是广泛地使用默证，结果如何，可以预料。"[2]

如果我们在考古收获中遇到超越以往知识界域的意外的发现，不看作

1　张荫麟：《评近人对于中国古史之讨论》，《学术》40 期，1925 年 4 月；《古史辨》第二册，上海古籍出版社 1982 年 3 月版，第 271—272 页。
2　徐旭生：《中国古史的传说时代》（增订本），文物出版社 1985 年 10 月版，第 24—25 页。

新鲜的知识，而直认"涉假"，嘲讽以"玩时空穿越"，显然本身就是一件
很可笑的事情。

3. 汉简"黑粟""白米""黄种"与
《齐民要术》"乌豆"

事实也许并非如曹操高陵质疑者所说，"'黄豆'一词最先在唐代《开
元占经》《酉阳杂俎》等书出现，之前用的全都是菽、大豆之语，无论经史
子集、简帛金石，还是专业农学著作如汉《氾胜之书》、北魏贾思勰《齐民
要术》中都是如此"。河西汉简可见"黑粟""白粟""白米""白粺米""白
粱穄米"简文，[1] 可知汉代以色质区别农作物收成，已经成为习惯。

以"黄"色指称的，则有"黄米""黄种"等。[2]

汉简可见"胡豆"。《齐民要术·大豆》引《本草经》云："张骞使外
国，得胡豆。"又引《广志》则说："胡豆，有青、有黄者。"[3] 其中"黄者"，
有可能与所谓"黄豆"有关。

《齐民要术·作酱等法》可见"乌豆"，有农史学者以为，"乌豆"就是
"黑大豆"。[4]

1　"黑粟"，谢桂华、李均明、朱国炤：《居延汉简释文合校》，简 82.8，第 145 页；"白粟"，简
495.7+495.5，第 593 页。"白粺米"，张德芳：《敦煌马圈湾汉简集释》，简 246，第 442 页。"白粱
穄米"，胡平生、张德芳编撰：《敦煌悬泉汉简释粹》，第 94 条，简 87–89C：19，第 77 页。

2　甘肃省文物考古研究所、甘肃省博物馆、文化部古文献研究室、中国社会科学院历史研究
所编：《居延新简：甲渠候官与第四燧》，"黄米"，简 E.P.T56：76A，第 312 页；"黄种"，简
E.P.T56：29，第 308 页。

3　〔后魏〕贾思勰原著，缪启愉校释，缪桂龙参校：《齐民要术校释》，第 79—80 页。

4　〔后魏〕贾思勰原著，缪启愉校释，缪桂龙参校：《齐民要术校释》，第 426 页。

4.《齐民要术》白、黑"大豆"

东汉时期是豆类作物种植面积大规模扩展的历史阶段，有关"豆"的称谓有复杂的表现形式，是很自然的事情。

《齐民要术·大豆》写道："今世大豆，有白、黑二种。""小豆有菉、赤、白三种。"许多地区现今仍称"黄豆"为"白豆"。《齐民要术·大豆》又特别说道："黄高丽豆、黑高丽豆、鷖豆、䅘豆，大豆类也。"[1]

如果理解其中"黄高丽豆"与"黄豆"有关，或者就是"黄豆"的一种，也许并不偏离历史真实过远。

5.《张叔敬镇墓文》"黄豆"确证

宋超著文《"黄豆二升"小考》，讨论曹操高陵出土石牌文字"黄豆二升"的历史学价值。其中写道："'黄豆'一词除见'曹操墓'中出土的石牌外，亦见池田温先生《中国历代墓券略考》所录熹平二年'张叔敬墓券'中：'熹平二年十二月乙巳朔十六日庚申、天帝使者、告张氏之家……今日吉良、非用他故、但以死人张叔敬，薄命蚤死，当来下归丘墓。黄神生五岳，主生人禄（生，一作死），召魂召魄，主死人籍。生人筑高台，死人归，深自狸。眉须以落（须以、须已），下为土灰。今故上复除之药，欲令后世无有死者。上党人参九枚，欲持代生人。铅人，持代死人。黄豆瓜子，死人持给地下赋……勿复烦扰张氏之家。急急如律令。'熹平（172—177）是东汉灵帝年号。如果池田氏录文无误，'墓券'中的'黄豆'一词，应是我们所能见到最早的关于'黄豆'的记录。"[2]

这件所谓《张叔敬墓券》，刘昭瑞《汉魏石刻文字系年》附录《汉魏镇

1　〔后魏〕贾思勰原著，缪启愉校释，缪桂龙参校：《齐民要术校释》，第80页。
2　宋超：《"黄豆二升"小考》，中国秦汉史研究会、中国魏晋南北朝史学会两会会长联席会议"曹操高陵考古发现学术研讨会"论文，安阳，2010年4月。

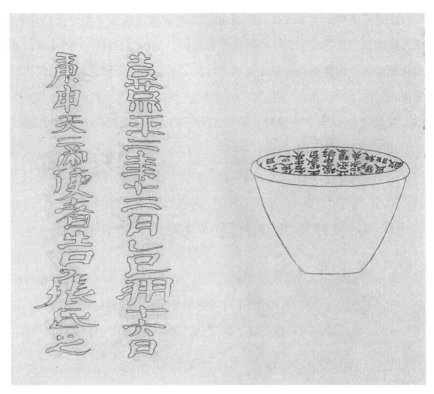

12-2 《汉张叔敬墓辟央瓦盆文》摹本

墓文》中收录，题《张叔敬镇墓文》，定名显然更为准确。郭沫若《奴隶制时代》引用过这一资料。[1] 陈直有《汉张叔敬朱书陶瓶与张角黄巾教的关系》一文，收入《文物考古论丛》。其中说到这件朱书陶瓶出土情形："1935 年春间，晋省修筑同蒲路工程中，掘得熹平二年张叔敬陶缶，朱书二十三行，共二百一十九字，不但文字最多，书法最精，且每字皆清朗，不啻一块汉碑石刻。可谓朱书陶瓶中之王。"[2] 与"黄豆"相关的文字，刘昭瑞据陈氏所录并参照郭氏录文及标点，写作："上党人参九枚，欲持代生人；铅人，持代死人；黄豆瓜子，死人持给地下赋。"[3]

1　郭沫若：《奴隶制时代》，人民出版社 1973 年 5 月版，第 92—93 页。

2　陈直：《文史考古论丛》，天津古籍出版社 1988 年 10 月版，第 390—291 页。

3　刘昭瑞：《汉魏石刻文字系年》，新文丰出版公司 2001 年 9 月版，第 202—203 页。

注意到有明确"熹平二年"纪年的《张叔敬镇墓文》中"黄豆瓜子，死人持给地下赋"文字，应当可以平息疑议，纠正"黄豆"一词是唐代才出现的误见。而曹操高陵出土文物"涉假"的说法，或许也可以因此有以澄清。[1]

曹操高陵石牌文字原释"黄豆二升"，熊长云提出应释作"黄豆二斗"。[2]这一意见是正确的。

6. 长沙走马楼竹简"豆租""大豆租"

长沙走马楼竹简所见租赋征收记录中，有反映农耕生产作物品种的信息。整理和分析这些资料，有助于对农史相关问题的理解。

例如，我们看到有可能反映"调"豆的记录：

（1）☑调（？）□□烝学豆☑　　　　　　　　　　　　　　（1-836）[3]

"调"是否即赋税征收，"豆"是否即豆类农产，"调"与"豆"是否有直接关系，都还不能确定。简文又可见有关"豆租""大豆租"的内容：

（2）其二斛九斗三州[仓所]还[黄龙]二年豆租大豆　　　　　（1-2078）

（3）入黄龙二年豆租准米卅三斛六斗　　☑　　　　　　　　（1-6379）

（4）　·其二斛□斗黄龙二年大豆租　　　　　　　　　　　（2-67）

（5）☑嘉禾二年大豆租三斛准米一斛五斗[灵]嘉禾二年十二月☑

　　　　　　　　　　　　　　　　　　　　　　　　　　　　（2-2895）

（6）　·右中乡入大豆租□☑　　　　　　　　　　　　　　（2-6166）

1　王子今：《曹操高陵石牌文字"黄豆二升"辨疑》，《光明日报》2010年10月27日。

2　熊长云：《"黄豆二斗"石牌释文辨误》，《考古与文物》2015年1期。

3　本节在简号前以1、2标示长沙市文物考古研究所、中国文物研究所、北京大学历史学系走马楼简牍整理组编著：《长沙走马楼三国吴简·竹简〔壹〕》（文物出版社2003年10月版）及长沙简牍博物馆、中国文物研究所、北京大学历史学系走马楼简牍整理组编著：《长沙走马楼三国吴简·竹简〔贰〕》（文物出版社2007年1月版）所见资料。

又如：

（7）☑豆二斛九斗　中　　　　　　　　　　　　　　（1–9611）

（8）☑□五年入□豆二斛九斗　　☑　　　　　　　　（2–1028）

（9）☑·其……大豆二斛九☑　　　　　　　　　　　（2–7036）

（10）☑　·其二斛九斗大豆　❡　　　　　　　　　　（2–7500）

应当也是征收"大豆"的登记。简文又有"豆麦"一并记述的情形：

（11）其八斛七斗豆麦　☑　　　　　　　　　　　　（1–2180）

仓储收支记录中，又有"米豆"或"米麦豆"合并统计的数字。例如：

（12）米豆（？）二千六百六斛六斗七升　　　　　　（1–6201）

（13）右黄龙二年租税杂米二千四斛五斗一升麦五斛六斗豆二斛九斗

（1–9546）

（14）☑今余吴平斛米麦豆合一万九百九十四斛一斗四升□合

（2–7462）

（15）今余吴平斛米麦豆二万三千五百六十二斛七斗七升六合　（2–9082）

简文"麥"均写作"麦"而不作"麥"。[1]

　　通过以上数据，可以知道当时长沙地区"豆"类作物的种植已经具备相当的规模，所以地方政府能够征收"豆租"和"大豆租"。"豆"也成为仓储的重要内容之一。

　　从走马楼竹简可知，当时长沙平民社会中颇有以"豆"作为人名用字者，如"妻大女豆年卅"（1–419），"豆子小女蒿年十五筭一"（1–3962），"薛寡嫂大女豆年六十四"（1–3983），"右豆家口食四人　訾　☑"（1–8428），"民侄子女豆年九岁"（1–8681），"豆子男腾年四岁"（1–9485），

1　走马楼简牍整理组在《凡例》中说，"竹简中的简体字，释文一般均照录。"所举第一个字就是"麦"。《长沙走马楼三国吴简·竹简〔壹〕》，上册第 2 页。

"□寡佅豆年六十五"（2-3076），"·豆母大女□☑"（2-9041）等。人名中"豆"的字源，应当不是已经基本退出底层社会物质生活的作为容器和食器的"豆"，而是豆类植物果实的称谓。"豆"作为幼儿女子名字偏多，很可能与这种农产品颗粒圆润可爱有关。[1]以往讨论走马楼竹简人名用字的论著没有注意"豆"字使用的情形[2]，不免遗憾。命名使用"豆"字，可以说明当时人们对这种农作物的熟悉和喜爱。

　　已经有研究者注意到走马楼竹简中"豆"的出现，引录简例六则，即前引简（2）（11）（12）（3）（13）（7）。研究者写道："吴简中的豆类记载中可以明确看出的是上缴大豆的记录和以米作为替代物作为豆租的记录，而只书'豆'字究竟是具体豆类的专指还是泛指还不清楚。"既然说"只书'豆'字究竟是具体豆类的专指还是泛指还不清楚"，又说"可以明确看出的是上缴大豆的记录"，不免自相矛盾。研究者还有这样的分析："《越绝书》载：'已货之户曰，大豆为下物'，则吴越之境有大豆。汉代时人们已认识到大豆'保岁易为'可以'备凶年'，而'小豆不保岁，难得'。《四民月令》中可以看到教人用豆类做酱的方法。《陈留耆旧传》载：小黄恒牧被赤眉军所获，'贼义释之，送营豆一斛'，则又有营豆。考古实物方面，湖南长沙马王堆一号墓出土赤豆、豆科（*Liguminosae*）大豆属的大豆〔*Glycine max* (L.)Merr.〕，三号墓也出土豆类；据《广雅》载，三国时有'大豆''小豆''豌豆''胡豆'等五个品种。"[3]除了长沙马王堆考古实物而外，所举文献资料说的大都是北方的"豆"。上海涵芬楼影印宋本《太平御览》

<hr>

1　金人元好问《同儿辈赋未开海棠二首》之一："翠叶轻笼豆颗匀，胭脂浓抹蜡痕新。殷勤留著花梢露，滴下生红可惜春。"狄宝心校注：《元好问诗编年校注》，中华书局2011年1月版，第1657页。元人蒲道源《赋青梅》："豆颗轻盈绿褪肤，仙姿高挂月清癯。府蓝天上新移种，素艳清香世绝无。"《闲居丛稿》卷八，《景印文渊阁四库全书》，第1210册第644页。吴澄《题逃禅翁梅画梅词后二首》之一："小圃梅开能几时，只余豆粒缀青枝。禅翁寿得花如许，二百年来雪月姿。"《吴文正集》卷九二，《景印文渊阁四库全书》，第1197册第853—854页。又如清人查慎行《戊寅元旦》："屋头初日霭春晖，梅蕊看成豆粒肥。"周劭标点：《敬业堂诗集》卷二三，上海古籍出版社1986年11月版，第645页。诗句中"豆颗""豆粒"用以形容轻盈饱满的花蕾梅蕊，也是同样的心思。

2　王子今、王心一：《走马楼竹简女子名字分析》，《吴简研究》第1辑，崇文书局2004年7月版。

3　李进：《走马楼吴简中的农作物》，《吴简研究》第1辑，第341—342页。

卷八四一引《陈留耆旧传》曰："小黄恒牧为都尉功曹，与郎君共归乡里，为赤眉所得。欲杀啖之，牧求先死。贼义释之，送营豆一斛。"[1]"营豆"，文渊阁四库全书本作"萱豆"[2]。《说郛》卷五八上苏林《陈留耆旧传》："小黄恒牧为都尉功曹，与郎君共归乡里，为赤眉所得。欲杀啖之，牧求先死。贼义释之，送与豆一斛。"[3]"送营豆一斛"又作"送与豆一斛"。

所谓"以米作为替代物作为豆租的记录"，应是对简（3）内容"入黄龙二年豆租准米卅三斛六斗　☒"的误解。简文说的其实是"豆租"数量折算为"米"的计算结果。

"湖南长沙马王堆一号墓出土赤豆"、"大豆"及相关考古资料，确实值得我们注意。长沙马王堆一号汉墓出土竹简"遣策"有"尗一坏"简文（101）。发掘报告《长沙马王堆一号汉墓》执笔者释作"尗（豉）一坏"，以为"301 号硬陶罐内盛豆豉，当即简文所记"。又有简文"黄卷一石缣囊一笥合"（161）。发掘报告对"黄卷"有所解释："《本草纲目》大豆黄卷条下引陶弘景曰：'黑大豆为糵牙，生五寸长使干之，名为黄卷。"[4]所说应为一种干制豆芽类的豆制品。梁家勉主编《中国农业科学技术史稿》也以为"黄卷"应与《神农本草经》"大豆黄卷"有关，可证"汉代已用大豆制造豆芽"。[5]据对马王堆一号汉墓出土农产品的鉴定报告，"出土的豆类种子"，有"大豆种子"，"还有少量的赤豆种子"。"出土的豆种属豆科（Liguminosae）大豆属的大豆〔Glycine max (L.)Merr.〕"，以及"属豆科菜豆属的赤豆（Phaseolus angularis Wight.）"。"种子"的定义其实相当重要。鉴定者在讨论"麦"的农耕经营时，引录了《越绝书》的有关内容，其中也涉及"豆"："丙货之户曰赤豆"，"己货之户曰大豆"。[6]《越绝书》卷四《计倪内经》原文为："甲货之户曰粢，为上物，贾七十；乙货之户曰黍，为中

1　〔宋〕李昉等撰：《太平御览》，第 3760 页。

2　《太平御览》，《景印文渊阁四库全书》，第 900 册第 485 页。

3　〔明〕陶宗仪编：《说郛》，《景印文渊阁四库全书》，第 879 册第 155 页。

4　湖南省博物馆、中国科学院考古研究所：《长沙马王堆一号汉墓》，上集第 138 页、第 143 页。

5　梁家勉主编：《中国农业科学技术史稿》，农业出版社 1989 年 10 月版，第 234 页。

6　湖南农学院、中国科学院植物研究所：《农产品鉴定报告》，《马王堆一号汉墓出土动植物标本的研究》，文物出版社 1978 年 8 月版，第 7—9 页。

物，石六十；丙货之户曰赤豆，为下物，石五十；丁货之户曰稻粟，令为上种，石四十；戊货之户曰麦，为中物，石三十；己货之户曰大豆，为下物，石二十；庚货之户曰穤，比疏食，故无贾；辛货之户曰菓，比蔬食，无贾。壬癸无货。"[1] 据文献学者分析，"《越绝书》是一种来历比较复杂的古籍，直到今天，在有关此书的作者、卷帙、书名等方面，都还存在着一些犹待解决的问题"[2]。如果依据"丙货之户曰赤豆""己货之户曰大豆"等文句以为在子贡的时代和伍子胥的时代越地就已经广泛种植豆类作物，是不可信的。而马王堆一号汉墓出土的"豆"，应当是作为佐食品原料出现的，可以归入"'蔬饵膏馔'之中"[3]，属于并非"主粮"的"副食"[4]，未可视为当时长沙地方的大田作物。我们不可以忽略的一个事实，是汉代民间饮食生活中豉的作用的普及。[5] 马王堆一号汉墓"豆"的出土，很可能与此有关。除长沙外，"广东广州、广西梧州、贵州赫章可乐等地均发现了大豆遗存"[6]，很可能也属于同样的性质。

所谓"三号墓也出土豆类"，似乎有必要提出确证。据《长沙马王堆二、三号汉墓发掘简报》，"根据初步清理并参照木牌文字，笥内盛放的随葬品……农产品和水果有豆、枣、香橙、梨……"，农产品一类似乎只有"豆"。[7] 从发掘报告《长沙马王堆二、三号汉墓》的内容看，竹笥木牌有书写"熟菽笥"者（西48附），"遣策"又有"熟菽一笥"（简一七六）字样。然而关于"笥内所盛物品"中"食品类"的说明，执笔者写道："粮食和植

1 〔东汉〕袁康、吴平辑录、乐祖谋点校：《越绝书》，上海古籍出版社 1985 年 10 月版，第 33 页。

2 乐祖谋：《点校本越绝书序》，《越绝书》，第 1 页。

3 李长年：《大豆的演变》，《农业史话》，上海科学技术出版社 1981 年 7 月版，第 83 页。

4 梁家勉主编《中国农业科学技术史稿》指出，汉代大豆"逐渐向加工为副食品的方向发展"，"汉代大豆作为主粮的地位已下降，逐渐向副食方向发展"。农业出版社 1989 年 10 月版，第 190 页、第 233 页。

5 王子今：《汉代人饮食生活中的"盐菜""酱""豉"消费》，《盐业史研究》1996 年 1 期，《秦汉社会史论考》，商务印书馆 2006 年 12 月版。

6 林甘泉主编：《中国经济通史·秦汉经济卷》，中国社会科学出版社 2007 年 5 月版，上册第 150 页。

7 湖南省博物馆、中国科学院考古研究所：《长沙马王堆二、三号汉墓发掘简报》，《文物》1974 年 7 期。

物类食品的原料有椒、粟或稷、米、麦等，制作的成品有仆足（饼类）、
糗、唐（糖）、居女（粗粮）。"[1]并没有说到"豆类"。

"豆类"成为江南农耕生活中的重要作物之一，可能年代要晚一些。

"豆"原本是北方山区作物。《战国策·韩策一》："韩地险恶山居，五
谷所生，非麦而豆。民之所食，大抵豆饭藿羹。一岁不收，民不餍糟糠。
地方不满九百里，无二岁之所食。"[2]《新语·本行》："夫子陈蔡之厄，豆饭
菜羹不足以接馁。"[3]《汉书》卷六六《杨恽传》："其诗曰：'田彼南山，芜
秽不治。种一顷豆，落而为萁。'"[4]《北堂书钞》卷一四四"豆饭"条："应
璩《新诗》云：'灶下炊牛矢，甑中共豆飧。'"[5]《荆楚岁时记》："十月朔日
黍臛，俗谓之秦岁首。"原注："未详'黍臛'之义。今北人此日设麻羹豆
饭，当为其始熟尝新耳。"[6]"豆饭"是"北人"传统食物，而与"荆楚"地
方不同。"长江流域及其以南是水田稻作农业带"，是中国农史的传统认
识。[7]有学者曾经指出，"粟、麦、豆北方所产，两汉时期固尚未传入南方，
所以南方的农业生产比较单纯，只靠水稻一项……"[8]现在看来，这样的认
识有必要修正。

走马楼三国吴简所见长沙地方的"豆"作为征纳对象和仓储内容，反
映了北方农事经验移用于江南的事实。在复杂的社会背景下，江南接纳了
众多的北方移民。[9]江南的开发，为全国经济重心向东南方向的转移准备了

1 据湖南省博物馆、湖南省文物考古研究所：《长沙马王堆二、三号汉墓》第一卷《田野考古
发掘报告》，文物出版社 2004 年 7 月版，第 197 页、第 59 页、第 199 页。不能确定"椒"是否
"菽"的误写。

2 〔西汉〕刘向集录：《战国策》，第 934 页。

3 王利器：《新语校注》，中华书局 1986 年 8 月版，第 142 页。

4 《汉书》，第 2896 页。〔梁〕萧统编，〔唐〕李善注：《文选》卷四一题"杨子幼《报孙会宗
书》"，第 1869 页。

5 〔唐〕虞世南编撰：《北堂书钞》，第 601 页。《太平御览》卷八五〇引应璩《新诗》曰："灶下
炊牛矢，甑中庄豆饭。"第 3802 页。

6 〔明〕陶宗仪编：《说郛》卷六九上，《景印文渊阁四库全书》，第 879 册第 706 页。

7 游修龄：《稻文化和粟文化比较》，《中国稻米》1996 年 1 期，收入游修龄编著《农史研究文集》，
中国农业出版社 1999 年 7 月版。

8 唐启宇：《中国农史稿》，农业出版社 1985 年 5 月，第 248 页。

9 参看王子今：《试论秦汉气候变迁对江南经济文化发展的意义》，《学术月刊》1994 年 9 期。

条件。不少农史研究论著都注意到这一历史变化。[1] 走马楼竹简所见"豆租""大豆租",或许可以充实相关认识。

中国农业科学院、南京农学院中国农业遗产研究室编著《中国农学史（初稿）》据有关农作物播种和收获规律的记录讨论《四民月令》"反映的农作物比重",指出两方面的事实："（1）在收购之列的全是粮食作物（麦、禾、黍、稻、苴麻、大小豆等）,表明粮食在市场中的重要性,同时也反映粮食作物在农业生产上占绝对主导地位。（2）豍豆（即豌豆）、胡豆（即豇豆）、胡麻（即芝麻）、蓝（蓼蓝）、冬蓝（大蓝）不在收购之列,大概是因为产量不多,需要和交易也很有限。麻也不在收购之列,农家生产主要留作自用。"[2] 在黄河流域的生产结构中,"豆"类作物作为"粮食作物","在市场中的重要性"和"在农业生产上"的"绝对主导地位"是受到肯定的。走马楼竹简所见"豆租""大豆租",则体现了"豆"在长江流域特别是江南地区经济生活中的地位。有学者在讨论栽培大豆的推广时指出,"中国栽培大豆起源于北方某地,然后逐步传播到整个黄河流域,再传播到长江流域乃至全国"。论者虽然注意到"湖南和湖北出土的大豆文物,大约在汉代",但是似乎并不以为可以作为大豆在当地广泛种植的确证,在关于"大豆在江南地区的传播"的论述中,首先说道："大豆最迟在晋代传入江西。晋陶潜《归田园诗》中有'种豆南山下,草盛豆苗稀'的诗句。陶潜是江

1　如中国农业科学院、南京农学院中国农业遗产研究室编著《中国农学史（初稿）》指出："后汉南方人口渐有增加","北人南迁有利于南方经济的发展","这些南来的人民,不但增加了南方的人力,同时带来了北方各地区较高的生产技术,有利于长江中下游经济文化的发展。"科学出版社1959年12月版,上册第225页。曹贯一《中国农业经济史》也写道："由于中原人民逃难南来,移住到这里建立家园,他们把中原农业生产的一些先进技术和知识经验带到了这里,……从此江南地区的经济发展就迈开大步了。"中国社会科学出版社1989年3月版,第270页。

2　科学出版社1959年12月版,上册第227—228页。

西九江人，这里所说的'南山'指的是庐山。"[1] 这样的认识，显然可以据走马楼简提供的信息予以修正。

在对于长沙走马楼竹简所见农作物的分析中，研究者注意到"豆"与其他农产品特别是水稻的比例："我们可以看到与禾、麦类相比，豆类作为缴纳物所占的比重非常小，种植在孙吴时期尚不普遍。"[2] 其实，从简（13）"右黄龙二年租税杂米二千四斛五斗一升麦五斛六斗豆二斛九斗"的内容看，"麦"和"豆"所占比重都是"非常小"的。尤其值得我们重视的，是简（5）"大豆租三斛准米一斛五斗"体现的"豆"和"米"的价格比。"大豆""三斛"不过相当于"米一斛五斗"。可知在当时的饮食生活中，"大豆"很可能依然是传统北方粗食"豆饭""豆飧"的原粮，尚未作为"副食"或者"蔬饵膏馔"。

汉献帝兴平元年（194），三辅大旱，"是时谷一斛五十万，豆麦一斛二十万，人相食啖，白骨委积"。[3] 汉末关中灾年"谷一斛五十万，豆麦一斛二十万"的比价，也可以作为理解简（5）"大豆租三斛准米一斛五斗"的参考。而《越绝书》"稻粟""石四十"，"大豆""石二十"的比率，正与"大豆租三斛准米一斛五斗"的情形相当。

考察秦汉时期的生态环境变迁，会注意到气候变迁与黄河流域许多地区主要作物由水稻而豆麦的转换的关系。王褒《僮约》："五月当获，十月

1　郭文韬编著、徐豹审定：《中国大豆栽培史》，河海大学出版社 1993 年 7 月版，第 12 页、第 10 页。论者对若干史料的理解存在错误。如关于"大豆在江南地区的传播"的第二步骤，书中写道："晋代大豆在长江以南和台湾海峡以北沿海地区的传播在《晋书·五行志》中有明确记载：'元帝大兴元年（318 年）……七月，东海、彭城、下邳、临淮四郡蝗虫害禾豆'。可见东晋初年，江苏、浙江、福建的沿海地区，已经普遍栽培大豆。"事实上"东海、彭城、下邳、临淮四郡"，并不涉及"浙江、福建的沿海地区"，"台湾海峡以北沿海地区"。"四郡蝗虫害禾豆"事除《晋书》卷二九《五行志》外，亦见于《宋书》卷三三《五行志四》，第 971 页。

2　李进：《走马楼吴简中的农作物》，《吴简研究》第 1 辑，第 342 页。

3　《后汉书》卷九《献帝纪》，第 376 页。

收豆。"有学者以为可以说明"当时四川地区已进行豆、稻轮作"。[1] 东汉末年，张陵"造作道书"，"从受道者出五斗米，故世号'米贼'"[2]，似乎所据巴、汉地区以稻米生产为主。而《三国志》卷二二《魏书·陈群传》："太祖昔到阳平攻张鲁，多收豆麦以益军粮。"又说明"豆麦"是当地主要农产。《三国志》卷五八《吴书·陆逊传》记载，陆逊临襄阳前线，面对强敌而镇定自若，"方催人种葑豆，与诸将弈棋射戏如常"。[3] 可见当时豆类作物在江汉平原亦得以普遍种植。[4] 长沙走马楼竹简所见"豆租""大豆租"，为我们了解豆类种植区向南扩展的历史，提供了极有意义的数据。以往有学者言及秦汉江南"豆"的种植，而"江南"地域概念比较含混。[5] 长沙走马楼竹简所见"豆租""大豆租"，则是明确无疑的有价值的江南农业史料。

关于"豆"在农史进程中的地位以及种植普及的路径和形势，学者往往未能作出准确详尽的说明。有研究者总结："从《诗经》等文献看，大豆主要分布在黄河流域。《管子》里面讲到戎菽，据后人考证，认为当时东北已种植大豆。汉以后大豆的种植面积有所扩大。《宋史·食货志》曾提到，

---

1 桑润生：《大豆小传》，《光明日报》1982年9月3日。《氾胜之书》关于"区种麦"，说到"禾收，区种"。如此可以实现两年三熟。又如《周礼·地官·稻人》郑玄注引郑司农曰："今时谓禾下麦为荑下麦，言芟刈其禾，于下种麦也。"〔清〕阮元校刻：《十三经注疏》，第746页。豆麦复种之例，则见于清孙诒让撰，王文锦、陈玉霞点校《周礼正义》引《周礼·秋官·薙氏》郑玄注："又今俗间谓麦下为夷下，言芟夷其麦，以其下种禾、豆也。"中华书局1987年12月版，第2727页。

2 《三国志》卷八《魏书·张鲁传》，第263页。

3 《三国志》，第631页、第1351页。《资治通鉴》卷七二"魏明帝青龙二年"胡三省注："葑，菜也，谓之蔓菁。豆，菽也。"第2294页。胡三省《通鉴释文辨误》卷三："史炤《释文》曰：'葑，方用切，菰根也。江东有葑田。'海陵本同。余按'葑'音封，菜也，亦谓之蔓菁。豆，菽也。陆逊之兵，时在江夏，催人种菜及菽，示将久驻以给军食，种菰根何用邪？又江东之葑田，乃是葑泥，其深有没牛者。此田又不产菰根。"《景印文渊阁四库全书》，第312册第255页。

4 王子今：《秦汉时期生态环境研究》，北京大学出版社2007年9月版，第29页。

5 如黄今言主编《秦汉江南经济述略》说江南农产："粮食类：有稻谷、粟、麦、豆等。"然而又写道："我们这里所说的'江南'，通常是泛指岭南以北，长江流域及其以南的广大地区。"江西人民出版社1999年5月版，第110页、第2页。王福昌《秦汉江南农业自然资源述论》指出，"从考古发现来看江南还可以种植麦、粟、豆等粮食作物，桑、麻、板栗、桃、梅、柿、李……等园圃作物。"周擎基、倪根金主编：《农业历史论集》，江西人民出版社2000年12月版，第192页、第200页。然而所据资料出处，除长沙马王堆汉墓外，为湖北江陵、安徽霍山、江苏邗江，均在江北。

当时江南地方官吏曾从淮北调运大豆
等原在北方盛栽的作物种子推广种植。
清代《三农纪》说，凡是陆地都可栽
种大豆。可见，它的栽培已遍及全国
了。"指出"汉以后"大豆种植范围的
扩大无疑是正确的，然而从汉代到宋
代以至清代的漫长时段中，历史演进
的情形没有得到具体的说明。研究者
还写道："栽培大豆原产我国，但具体
出处，其说不一。一说起源于东北，
原因是变异多且有野生种；一说是源
于华北、华中等中原地区，理由是当
地有各种生态类型，当前也还在大量
种植；另有据大豆的光照特性，考虑
有野生及半栽培大豆，主张华南地区
是大豆的发祥地。[1] 德·康多尔曾认为大

12-3　中国国家博物馆藏汉"大豆万石"陶仓

豆源出于印度支那半岛等处，日本加茂仪一至今仍持此说。"[2] 长沙走马楼
竹简所见"豆租""大豆租"等相关资料，有助于相关研究的推进。我们
相信今后更多的出土文献的发现和整理，应当可以对于"豆"的栽培史研
究的深化提供新的学术契机。若干历史疑点，亦有可能通过新出土资料的
运用，逐步得以澄清。[3]

1　原注："见王金陵：《中国南北地区野生大豆光照生态类型的分析》，（1973 年），《遗传学通讯》3
卷（2）。"
2　杨直民、董恺忱：《我国古代在栽培植物起源方面的贡献》，《中国古代农业科技》，农业出版社
1980 年 12 月版，第 267 页。
3　王子今：《长沙走马楼竹简"豆租""大豆租"琐议》，《简帛》第 3 辑，上海古籍出版社 2008
年 10 月版。

枣·棘

1. 枣栗：木本粮食

枣，作为食品，很早就进入黄河流域古代居民的经济生活。《诗·豳风·七月》歌咏收获季节的生活，"……八月剥枣，十月获稻，……"[1]剥枣即扑枣、打枣。枣还是某些礼仪中不可少的必备之品。例如《仪礼·士虞礼》规定："枣栗设于会南，枣在西。"东汉郑玄注："尚枣、枣美。"[2]《周礼·考工记》《仪礼·有司》也有类似记载。《山海经》中记有数十种树木，其中经济林木有枣、栗、榛、桑等。先秦时，城市中很可能已出现用分株、嫁接等方法繁植的枣树。《韩非子·外储说左上》记载，春秋时的政治家子产治理郑国时，社会安定，"国无盗贼，道不拾遗，桃枣荫于街者莫有援也"。[3]桃、枣果实垂于街巷，而无人攀折。

到了秦汉时代，由于种种原因，枣在饮食生活中的地位又有上升，在当时的日常生活中，枣大略有这样几种用途：

（1）较普遍较常见的是作为果品，陈设于宫室厅堂，按当时的礼节，常作为见面的礼品"贽"，如妇女拜见舅姑，就往往以枣栗为贽。（见《春秋公羊传》何休注）

（2）在某些情况下作为主食。《战国策》列举燕地资源："北有枣、栗之利，民虽不由田作，枣、栗之实足食于民矣。"[4]《韩非子》记载，秦国灾荒，应侯曾建议秦昭襄王发五苑中枣实分与贫民。东汉和帝永元二年（90年），"自京师离宫果园上林广成囿悉以假贫民，恣得采捕，不收其税"[5]。可

---

1 〔清〕阮元校刻：《十三经注疏》，第391页。
2 〔清〕阮元校刻：《十三经注疏》，第1169页。
3 陈奇猷校注：《韩非子校注》，上海人民出版社1974年7月版，第657页。
4 〔西汉〕刘向集录：《战国策》，第1039页。
5 《后汉书》卷四《和帝纪》，第175页。

见，平时入苑囿采扑枣一类果实，则需要纳税。

（3）作为某些食品特别是健补食品的原料。长沙马王堆一号汉墓出土遣策记载一种称为"枣糒"的食品，一说糒即糗。[1]"糗，熬米麦也《说文解字》"有的学者认为"枣糒"是以糯米粉、黍米粉为主要成分，拌以枣一类长甜料，再熬制而成，这在当时，应属高档食品。[2]

（4）枣可加工成调味品。《礼记·内则》："枣栗饴蜜以甘之。"郑玄注："谓用调和饮食也。"[3]

（5）入药。

枣具有如此高的经济价值，以至于司马迁在《史记》卷一二九《货殖列传》中指出，在安邑拥有"千树枣"的园林主，其经济地位竟可以与千户侯相当，拥有三千石枣栗者，其财富"亦比千乘之家。"

黄河流域及其以北地区是枣的主要产区，司马迁说，燕地由上谷郡至辽东郡一带也有"鱼盐枣栗之饶"。

通过考古发掘，从秦汉时代墓葬中得到的随葬的枣不在少数。甘肃武威、山东临沂、湖北江陵、湖南长沙、江苏连云港和邗江，以及广州等地都有发现，看来主要是作为果品随葬的。山东临沂金雀山九号汉墓出土的苇篾编的"摺子"中，不仅枣核保存完好，枣皮遗迹也清晰可辨。湖北、湖南、广东等非产枣区，也发现了枣，可见当时人们对食枣的崇尚。

汉代以枣为原料加工的食品，除了"枣糒"外，文献中还记载了枣糗。《四民月令·四月》："是月也，可作枣糗，以御宾客。"[4]枣糗即熟米屑和枣泥做成的食品。东汉后期人崔寔的《四民月令》是以洛阳地区为背景，反映庄园生活的著作，说明枣糗这种食品在东汉时已普及于一般农家。

《风俗通义·愆礼》记述了隐者鲍焦的故事：

1　裘锡圭主编，湖南省博物馆、复旦大学出土文献与古文字研究中心编纂：《长沙马王堆汉墓简帛集成（陆）》，第 190 页。

2　黄展岳：《汉代人的饮食生活》，《农业考古》1982 年 1 期。

3　〔清〕阮元校刻：《十三经注疏》，第 1461 页。

4　石声汉校注：《四民月令校注》，第 34 页。

　　　　鲍焦耕田而食，穿井而饮，非妻所织不衣，饿于山中食枣。或问
　　之："此枣子所种耶？"遂呕吐立枯而死。[1]

据说鲍焦是周代隐者，但此故事流传于汉代，难免杂入体现汉代风俗的
细节。至少说明，迟至汉代，山林枣树的归属已明，人工繁植枣树已形成
风气。

　　《汉书》卷七二《王吉传》中记载了王吉与邻家关于"枣"的故事：

　　　　吉少时学问居长安，东家有大枣树，垂吉庭中。吉妇取枣以啖吉。
　　吉后知之，乃去妇。东家闻而欲伐其树，邻里共止之。因固请吉令还
　　妇。里中为之语曰："东家有树，王阳妇去。东家枣完，去妇复还。"
　　其厉志如此。[2]

王吉故事，一时间邻里传为佳话。

　　当时不仅平民多种枣，帝王宫苑中也种有枣树。《东方朔传》就说到上
林苑献枣于汉武帝的故事。秦汉苑囿相当于有专人管理的早期植物园，刻
意搜求远方种，引进杂交。《西京杂记》记载上林苑中有"弱枝枣、西王母
棠枣、青花枣、赤心枣"等等。[3]到晋代，华林园中仍有"枣六十二株，王
母枣十四株"。

2. "上有仙人不知老，渴饮甘泉饥食枣"

　　《史记》卷二八《封禅书》记载方士李少君对汉武帝说到仙人安期生
"食枣"的故事："少君言上曰：'祠灶则致物，致物而丹沙可化为黄金，黄

1　〔汉〕应劭撰，王利器校注：《风俗通义校注》，中华书局 1981 年 1 月版，第 153 页。
2　《汉书》，第 3066 页。
3　〔后魏〕贾思勰原著，缪启愉校释，缪桂龙参校：《齐民要术校释》，第 183 页。〔汉〕刘歆撰，
〔晋〕葛洪辑，向新阳、刘克任校注：《西京杂记校注》，上海古籍出版社 1991 年 5 月版，第 47
页，文字略异。

金成以为饮食器则益寿，益寿而海中蓬莱仙者乃可见，见之以封禅则不死，黄帝是也。臣尝游海上，见安期生，安期生食巨枣，大如瓜。安期生仙者，通蓬莱中，合则见人，不合则隐。'于是天子始亲祠灶，遣方士入海求蓬莱安期生之属，而事化丹沙诸药齐为黄金矣。"[1] 关于"安期生"，司马贞《索隐》："服虔曰：'古之真人。'案：《列仙传》云安期生，琅邪人，卖药东海边，时人皆言千岁也。"张守节《正义》引《列仙传》云："安期生，琅邪阜乡亭人也。卖药海边。秦始皇请语三夜，赐金数千万，出，于阜乡亭，皆置去，留书，以赤玉舄一量为报，曰'后千岁求我于蓬莱山下'。"正是据安期生故事，北魏贾思勰《齐民要术》卷一〇《枣》引傅玄赋曰："有枣若瓜，出自海滨，全生益气，服之如神。"[2]

汉代铜镜铭文多见这样的辞句："尚方作镜真大好，上有仙人不知老，渴饮甘泉饥食枣，浮游天下遨四海，寿如金石为国保。"正是基于"仙人""食枣"的思想，汉武帝在祀太一神时，祭品中"加醴枣脯之属"。

"仙人食枣"这种意识究竟是由何产生的呢？《齐民要术》卷一〇《枣》引《神异经》曰："北方荒内有枣林焉，其高五丈，敷张枝条一里余。子长六七寸，围过其长，熟赤如朱，干之不缩，气味甘润，殊于常枣。食之可以安躯益气力。"[3] 原来，当时人们在将枣作为果品或作为果腹食粮之余，已经发现了它的保健功能和药用价值，而且注意到某些品种尤具安神益寿的特效。张仲景《金匮要略》录二百六十二方，其中四十方用到大枣、枣膏、酸枣仁，大枣用量可多至百枚。《金匮要略》卷二四也指出："生枣多食，令人热渴气胀寒热，羸瘦者弥不可食，伤人。"[4] 或许枣可入药又不宜多食的特性，容易使人对它产生某种神秘感，也很容易使人将仙人的神力同枣的功效联系起来。很显然，"仙人食枣"的神话之产生，首先是以民间普遍的对枣的食用为背景，同时又推动了人们尤其是上层社会对这种食品的追求，

---

1 《史记》，第 1385 页。

2 〔后魏〕贾思勰原著，缪启愉校释，缪桂龙参校：《齐民要术校释》，第 575 页。

3 〔后魏〕贾思勰原著，缪启愉校释，缪桂龙参校：《齐民要术校释》，第 575 页。

4 黄竹斋编：《金匮要略方论集注》，人民卫生出版社 1957 年 10 月版，第 368 页。

13-1　汉镜"上有仙人不知老，渴饮玉泉饥食枣"铭文

13-2　荆州胡家草场西汉简"美枣"简文（右图）

更促使食枣风习在饮食生活中的进一步普及。[1]

　　马王堆三号汉墓出土帛书《五十二病方》中有以"枣"入药的文物实证。如："一，癃，弱（溺）不利，胕盈者方：取枣种扁（鬹）屑二升，葵种一升，合挠，三分之，以水一斗半【煮一】—七三分，孰（熟），去滓，有（又）煮一分，如此以尽三分。浚取其汁，以蛋（蜜）和，令甍（纔）甘，寒温适。□—七四饮之。药尽更为，病【已】而止。●令—七五。"又如："一，癃，坎方尺有半，深至肘，即烧陈橐其中，令其灰不盈半尺，薄洒之以美酒，□—七八茜荚一、枣十四，豙（蘛）之朱（茱）臾（萸）、椒，合而一区，燔之坎中，以隧下。已，沃—七九。"[2]后一例"枣十四"的使用，似乎表现出巫术的性质。武威医简也可见使用"肥枣"的医方："☒四两消石二两人参方风细辛各一两肥枣五"〔77〕。[3]

1　参看王子今：《秦汉食枣风俗谈》，《中国食品》1986 年 11 期。

2　马王堆汉墓帛书整理小组：《五十二病方》，第 70—71 页。

3　甘肃省博物馆、武威县文化馆合编：《武威汉代医简》，第 11 页。

3. 西王枣·王母枣·西王母枣

《西京杂记》卷一写道:"初修上林苑,群臣远方各献名果异树,亦有制为美名,以标奇丽。""余就上林令虞渊得朝臣所上草木名二千余种。邻人石琼就余求借,一皆遗弃。今以所记忆,列于篇右。"其中有"枣":

> 枣七:弱枝枣,玉门枣,棠枣,青华枣,枵枣,赤心枣,西王枣出昆仑山。[1]

七种枣中,"玉门枣"名列第二。[2]

清陈元龙《格致镜原》卷七四《果类一·枣》引《西京杂记》文字略异:

> 《西京杂记》上林苑名果有弱枝枣、玉门枣、棠枣、青华枣、枵枣、赤心枣、西王母枣。

又引《晋宫阙名》:"华林园王母枣十四株。""王母枣"应当就是"西王

1 〔汉〕刘歆撰,〔晋〕葛洪辑,向新阳、刘克任校注:《西京杂记校注》,第47—48页。《太平御览》卷九六五引《西京杂记》:"初修上林苑,群臣各献名果树,亦有制有美名。弱枝枣、西王枣、棠枣、玉门枣、青华枣、枵枣、赤心枣。""玉门枣"作"王门枣"。"西王母枣"注:"出昆仑山。"〔宋〕李昉等撰:《太平御览》,第4282页。
2 关于上林枣,北魏贾思勰《齐民要术》卷一〇《枣》引《东方朔传》曰:"武帝时,上林献枣。上以杖击未央殿槛,呼朔曰:'叱!叱!先生来,来。先生知此箧里何物?'朔曰:'上林献枣四十九枚。'上曰:'何以知之?'朔曰:'呼朔者上也,以杖击槛,两木,林也。朔来,来者,枣也。叱,叱者,四十九也。'上大笑,帝赐帛十匹。"〔后魏〕贾思勰原著,缪启愉校释,缪桂龙参校:《齐民要术校释》,第574页。

枣""西王母枣"。[1] 所谓"出昆仑山",言其经丝绸之路传入中土。

4. 玉门枣

前引《西京杂记》说到的"玉门枣",透露出汉代社会意识中有关神仙世界的相关信息,神秘的"玉门枣"在一定程度上反映了中原人对于西北远方世界的认识。作为丝绸之路"远方""名果","玉门枣"具有象征性符号的意义。与"西王枣""西王母枣"具有神异关联的"玉门枣"传说,体现出有关丝绸之路开通的历史记忆,值得我们重视。

《艺文类聚》卷八七引《真人关令尹喜内传》曰:"尹喜共老子西游,省太真王母,共食玉门之枣,其实如瓶。"

《艺文类聚》卷八七引《汉武内传》曰:"七月七日,西王母当下。帝设玉门之枣。"[2]《说郛》卷一一一《汉武帝内传》:"元封元年正月甲子,登嵩山,起道宫。帝斋七日,祠讫,乃还。至四月戊辰,帝闲居承华殿。东方朔、董仲舒在侧。忽见一女子着青衣,美丽非常。帝愕然问之,女对

---

1 〔清〕陈元龙:《格致镜原》,《景印文渊阁四库全书》,第 1032 册第 405—406 页。〔晋〕陆翙《邺中记》:"石虎园中有西王母枣,冬夏有叶,九月生花,十二月乃熟。三子一尺。"《丛书集成初编》,商务印书馆 1936 年 12 月版,第 3804 册第 9 页。《十六国春秋》卷一七《后赵录七·石虎下》:"(华林苑)种名果奇花。……又有西王母枣,冬夏有叶,九月生华,十二月乃熟。三子一尺。"《景印文渊阁四库全书》,第 463 册第 458 页。〔北魏〕杨衒之撰,范祥雍校注:《洛阳伽蓝记校注》卷一《城内》:"景阳山南有百果园,果列作林,林各有堂。有仙人枣,长五寸,把之两头俱出,核细如针。霜降乃熟,食之甚美,俗传云出昆仑山。一曰西王母枣。"上海古籍出版社 1958 年 2 月版,第 66 页。〔唐〕徐坚等著:《初学记》卷二八引《广志》曰:"西王母枣,三月熟,在众果之先。"中华书局 1962 年 1 月版,第 677 页。〔唐〕欧阳询撰,汪绍楹校:《艺文类聚》卷八七引《晋宫阁名》曰:"华林园枣六十二株,王母枣十四株。"第 1486 页。〔宋〕李昉等撰:《太平御览》卷九六五引《广志》曰:"西王母枣,大如李核,三月熟,众果之先熟者也。种洛阳宫后园。"第 4282 页。〔宋〕罗愿撰,石云孙点校:《尔雅翼》卷一〇《释木·枣》亦称"西王母枣"。黄山书社 1991 年 10 月版,第 110 页。
2 〔唐〕欧阳询撰,汪绍楹校:《艺文类聚》,第 1485—1486 页。《太平御览》卷九六五引《汉武内传》曰:"七月七日,西王母当下,为帝设玉门之枣。""为"字应为衍文。第 4281 页。《格致镜原》卷七四引《汉武内传》"西王母为帝设玉门之枣"同。〔清〕陈元龙:《格致镜原》,《景印文渊阁四库全书》,第 1032 册第 407 页。

曰：我墉宫玉女王子登也，乃为王母所使，从昆仑山来语帝曰：闻子轻四海之禄，寻道求生，降帝王之位，而屡祷山岳勤哉，有似可教者也。从今日清斋，不闲人事，至七月七日，王母暂来也。帝下席跪诺。言讫，玉女忽然不知所在。帝问东方朔：此何人？朔曰：是西王母紫兰宫玉女，常传使命，往来扶桑，出入灵州，交关常阳，传言玄都。阿母昔出配北烛仙人，近又召还，使领命禄，真灵官也。帝于是登延灵之台，盛斋存道，其四方之事，权委于冢宰焉。到七月七日，乃修除宫掖，设坐大殿，以紫罗荐地，燔百和之香，张云锦之帏，然九光之灯，列玉门之枣，酌蒲萄之醴，宫监香果，为天宫之馔。帝乃盛服立于阶下，敕端门之内，不得有妄窥者。内外寂谧，以候云驾到。夜二更之后，忽见西南如白云起，郁然直来，径趋宫庭。须臾转近，闻云中箫鼓之声，人马之响。半食顷，王母至也。……"[1]

玉门，曾经是汉帝国联系西域的关要。"玉门之枣"得名，与中土人"西游"实践有关，寄托了汉代社会对于"西王母""昆仑山"的神秘向往。[2]

5. "枣水"之怪

《汉书》卷六三《武五子传·广陵厉王刘胥》记载"祝诅"案"发觉"前发生的异象："胥宫园中枣树生十余茎，茎正赤，叶白如素。池水变赤，鱼死。有鼠昼立舞王后廷中。"这些现象引起刘胥的警觉。"胥谓姬南等曰：'枣水鱼鼠之怪甚可恶也。'居数月，祝诅事发觉，有司按验，胥惶恐，药杀巫及宫人二十余人以绝口。公卿请诛胥，天子遣廷尉、大鸿胪即讯。……即以绶自绞死。"[3]

---

1 〔明〕陶宗仪编：《说郛》，《景印文渊阁四库全书》，第 882 册第 405—406 页。
2 王子今：《"玉门枣"：丝路"远方""名果"象征》，《陕西师范大学学报》（哲学社会科学版）2021 年 1 期。
3 《汉书》，第 2762 页。

"枣水鱼鼠之怪"使刘胥深心震惊，以为"甚可恶也"。其中"枣水"的神异变化，表现在色彩的反常："园中枣树生十余茎，茎正赤，叶白如素。池水变赤……"

6."浮枣绛水"

《艺文类聚》卷四引汉杜笃《袚禊赋》描述了"袚禊"礼俗：

> 王侯公主，暨乎富商，用事伊雒，帷幔玄黄。于是旨酒嘉肴，方丈盈前。浮枣绛水，酹酒醸川。若乃窈窕淑女，美媵艳姝，戴翡翠，珥明珠，曳离袿，立水涯。微风掩盖，纤縠低佪，兰苏盼蟺，感动情魂。若乃隐逸未用，鸿生俊儒，冠高冕，曳长裾，坐沙渚，谈《诗》《书》，咏伊、吕，歌唐、虞。[1]

所谓"窈窕淑女，美媵艳姝"的活跃，对照《文选》卷四张衡《南都赋》所谓"微眺流睇，蛾眉连卷"，"修袖缭绕而满庭，罗袜蹀躞而容与"等，[2]可能并不宜理解为士人某种浪漫意趣的反映，而体现了早期的"三月曲水"，似乎曾经是女子主演的舞台，后来又几乎成为妇女的节日。美艳香媛云集河滨，很可能曲折体现了取悦于河神的涵义。这一形式，或许也有理由理解为早期女巫祠祭仪礼的一种微茫的文化映象。

而杜笃《袚禊赋》所谓"浮枣绛水，酹酒醸川"，也同样有神秘的意义。"浮枣"，成为"袚禊"的重要仪程。这一文化传统沿袭久远。隋人江总《三日侍宴宣猷堂曲水》"醉鱼沉远岫，浮枣漾清漪"诗句[3]，唐人沈佺期《晦日浐水应制》"摘兰喧凤野，浮枣溢龙渠"诗句[4]，宋人宋祁《清明值雨》

1 〔唐〕欧阳询撰，汪绍楹校：《艺文类聚》，第69页。
2 〔梁〕萧统编，〔唐〕李善注：《文选》，第72页。
3 〔唐〕徐坚等著：《初学记》卷四，中华书局1962年1月版，第72页。
4 〔明〕曹学佺编：《石仓历代诗选》卷二四，《景印文渊阁四库全书》，第1387册第325页。

"漂灰禁余火，浮枣被残溪"诗句[1]，葛胜仲《燕诸部使者二首》之一"他年浮枣会，莫忘两溪春"诗句[2]，都说明了这一情形。

7. "枣""棘"的象征意义

睡虎地秦简《日书》甲种有如下简文："建日，良日也。可以为啬夫，可以祠。利枣不利莫。可以入人、始寇、乘车。有为也，吉。"（一四正贰）关于"利枣不利莫"，整理小组释文："利枣（早）不利莫（暮）。"[3]刘乐贤写道："中山王䜭鼎'𦥯弃群臣'，𦥯从日枣声，读为早。"[4]今按："枣"有"早"的象征意义。《国语·鲁语上》："夫妇贽不过枣、栗，以告虔也。"韦昭注："枣，取蚤起。栗，取敬栗。虔，敬也。《曲礼》曰：'妇人之贽，脯、脩、枣、栗。'"[5]然而"早"写作"枣"的直接例证仍不易见。不过，"棘"可释读为"急""亟"的情形早就有学者指出。《诗·小雅·采薇》："岂不日戒，玁狁孔棘。"郑玄注："棘，急也。"[6]《文选》卷六左思《魏都赋》："荣其文身，骄其险棘。"李善注："毛苌《诗传》曰：'棘，急也。'"[7]《说文·束部》"棘"字下段玉裁注："古多叚'棘'为'亟'字。……'棘''亟'同音，皆谓'急'也。"[8]据王筠《说文释例》，"'枣'从重束，'棘'从竝束，其木同，而高卑不同也。"[9]如果将"枣"理解为"棘"的异体，释读为"急"，文意亦通。又《说文·茻部》："莫，日且冥也。从

---

1 〔宋〕宋祁撰：《景文集》卷二〇，《景印文渊阁四库全书》，第 1088 册第 169 页。

2 〔宋〕葛胜仲撰：《丹阳集》卷二三，《景印文渊阁四库全书》，第 1127 册第 652 页。

3 睡虎地秦墓竹简整理小组：《睡虎地秦墓竹简》，释文注释第 183 页。

4 刘乐贤：《睡虎地秦简日书研究》，第 33 页。

5 徐元诰撰，王树民、沈长云点校：《国语集解》（修订本），中华书局 2002 年 6 月版，第 147 页。

6 〔清〕阮元校刻：《十三经注疏》，第 414 页。

7 〔梁〕萧统编，〔唐〕李善注：《文选》，第 96 页。

8 〔汉〕许慎撰，〔清〕段玉裁注：《说文解字注》，第 318 页。

9 〔清〕王筠撰：《说文释例》，中华书局 1987 年 12 月版，第 85 页。

日在茻中。"[1]惠栋《读说文记》关于"莫"，又有"俗作'暮'"的说法。[2]
《诗·齐风·东方未明》所谓"不夙则莫"，《礼记·聘义》所谓"日莫人
倦"，都是以"莫"为"暮"之例。[3]"暮"又可以解为迟、晚。如《吕氏春
秋·谨德》写道："夫自念斯，学德未暮。"高诱注："暮，晚。"[4]又如《后
汉书》卷三一《廉范传》："百姓为便，乃歌之曰：'廉叔度，来何暮？不
禁火，民安作。平生无襦今五绔。'"[5]如此，则简文"利枣不利莫"，似乎也
可以解释为"利急不利迟"。

8. "以桃为弓，牡棘为矢"

睡虎地秦简《日书》"诘咎"题下写道："人毋故鬼攻之不已，是是刺
鬼。以桃为弓，牡棘为矢，羽之鸡羽，见而射之，则已矣。"（二七背壹至
二八背壹）

关于"以桃为弓"，整理小组注释：《左传》昭公四年：'桃弧棘矢，
以除其灾。'"[6]今按：《左传·昭公四年》："桃弧棘矢，以除其灾。"杜预
注："桃弓、棘箭，所以禳除凶邪。"又《昭公十二年》："唯是桃弧棘矢，
以共御王事。"杜预注："桃弧、棘矢，以御不祥。"[7]《焦氏易林》卷三《明
夷·未既》："桃弓苇戟，除残去恶，敌人执服。"[8]《古今注》卷上："桃弓
苇矢，所以被除不祥也。"[9]《典术》有桃为"五木之精"，可以"厌伏邪气
制百鬼"的说法。《初学记》卷二八："《典术》曰：'桃者，五木之精也。

1　〔汉〕许慎撰，〔清〕段玉裁注：《说文解字注》，第54页。

2　〔清〕惠栋撰：《读说文记》卷一，《丛书集成新编》，第36册第384页。

3　〔清〕阮元校刻：《十三经注疏》，第351页、第1693页。

4　许维遹撰，梁运华整理：《吕氏春秋集释》，第296页。

5　《后汉书》卷三一，第1103页。

6　睡虎地秦墓竹简整理小组：《睡虎地秦墓竹简》，释文注释第212页、第216页。

7　〔清〕阮元校刻：《十三经注疏》，第2034页、第2064页。

8　〔旧题汉〕焦延寿撰，徐传武、胡真校点集注：《易林汇校集注》，上海古籍出版社2012年3月
版，第1376页。

9　〔晋〕崔豹：《古今注》，《丛书集成初编》，第274册第1页。

故厌伏邪气制百鬼。故今人作桃符著门以厌邪。此仙木也。'"《艺文类聚》卷八六："《典术》曰：'桃者，五木之精也。今之作桃符著门上厌邪气。此仙木也。'"《太平御览》卷九六七："《典术》曰：'桃者，五木之精也，能厌伏邪气者也。桃之精生在鬼门，制百鬼，故今作桃人梗，著门以厌邪。此仙木也。'"[1] 又明人缪希雍撰《神农本草经疏》卷二三："桃为五木之精，仙木也。最能辟邪。今道家禁呪镇魔之术，犹有用桃木者。本经以桃枭主杀诸精鬼不祥，亦此意耳。"[2] 乾隆《钦定礼记义疏》卷二一："卢氏翰曰：'桃，五木之精，能伏邪气。'"[3]

关于"牡棘为矢"，整理小组注释："牡棘，疑即牡荆，见《政和本草》卷十二。《左传》昭公四年：'桃弧棘矢，以除其灾。'"[4] 刘乐贤说："郑刚以为牡棘是两种植物名。以上二说皆可商。简文'以桃为弓，牡棘为矢'与整理小组所引《左传》'桃弧棘矢'是一回事。桃弓即桃弧，牡棘矢即棘矢。将牡棘视为牡荆不妥，荆、棘虽然相近，但毕竟是两种东西。将牡棘训为二物也缺少根据。《周礼·蝈氏》：'焚牡菊'郑注：'牡菊，菊不华者。'贾疏：'此则《月令·季秋》云"菊有黄华"，是牝菊也。'显然，古人称开花之菊为牝菊，不开花的菊为牡菊。《四民月令·五月》：'先后日

1 〔唐〕徐坚等著：《初学记》，第 674 页。〔唐〕欧阳询撰，汪绍楹校：《艺文类聚》，第 1467 页。〔宋〕李昉等撰：《太平御览》，第 4289 页。后世文献引录《典术》文字有异。如：〔宋〕罗愿撰，石云孙点校《尔雅翼》卷一〇："《典术》曰：'桃者，五木之精，仙木也。故厌伏邪气，制百鬼。'"第 108 页。〔宋〕陆佃撰，王敏红校点《埤雅》卷一三："《典术》曰：'桃者，五木之精。故能厌伏邪气。服其华，令人好色。盖仙木也。'"浙江大学出版社 2008 年 5 月，第 126 页。〔宋〕吴淑撰，冀勤等校点《事类赋》卷二六："《典术》曰：'桃者，五木之精。其精生鬼门，制百鬼，故今作桃人著门以厌邪。'"中华书局 1989 年 12 月版，第 511 页。〔宋〕陈景沂撰《全芳备祖集》前集卷八："桃者，五木之精也，厌伏邪气。桃之精，生在鬼门，以制百鬼。故今作桃枝人以著门以厌邪。此仙木也。(《典术》)"《景印文渊阁四库全书》，第 935 册第 105 页。元人王祯撰《王氏农书》卷九："《典术》曰：'五木之精也，厌伏邪气，制百鬼。'"《景印文渊阁四库全书》，第 730 册第 384 页。毛应龙撰《周官集传》卷一四："《典术》云：'桃者，五木之精，仙木也。'"《景印文渊阁四库全书》，第 95 册第 962 页。明人冯复京撰《六家诗名物疏》卷三："《典术》云：'桃者，五木之精，压伏邪气。服其华，令人好色。盖仙木也。'"《景印文渊阁四库全书》，第 80 册第 59 页。清陈大章撰《诗传名物集览》卷一一引《典术》与此同。
2 〔明〕缪希雍撰，夏魁周、赵瑗校注：《神农本草经疏》，中国中医药出版社 1997 年 10 月版，第 278 页。
3 〔清〕乾隆十三年敕撰：《钦定礼记义疏》，《景印文渊阁四库全书》，第 124 册第 593 页。
4 睡虎地秦墓竹简整理小组：《睡虎地秦墓竹简》，释文注释第 216 页。

至各五日，可种禾及牡麻。'其本注云：'牡麻有花无实，好肌理，一名为
枲。'《本草纲目·大麻》：释名：'雄者名麻枲、牡麻。'牡麻是指雄性大
麻。可见《日书》的牡棘也应指不开花结果实之棘，即雄性之棘。棘作的
矢本来就是避邪的器物（上引《左传》的'棘矢'、《日书》下文的'棘
椎'皆可为证），雄性代表阳性，用牡棘做的矢驱鬼之效应当更强。"又指
出，"本条驱鬼之法又见于《白泽精怪图》。《法苑珠林》卷五十八辑《白泽
图》有'又丘墓之精名曰狼鬼，善与人斗不休，为桃棘矢，羽以鸱羽以射
之，狼鬼化为飘风，脱履捉之，不能化也'。《白泽图》所说的狼鬼善与人
斗不休，即《日书》的'人毋故鬼攻之不已'，桃棘矢当是桃弧（或弓）棘
矢之讹脱，即《日书》的'以桃为弓，牡棘为矢'……"[1] 今按：《太平御览》
卷八八六引《白泽图》写作："丘墓之精名狼鬼，善与人斗不休，为桃弓
棘矢，羽以鸱羽以射之，狼鬼为飘风，脱履投之，不能化。"[2]"棘"，又称作
"酸枣"，是北部中国极为普遍，常常野生成丛莽的一种落叶灌木，也有生
成乔木者。其果实较枣小，肉薄味酸，民间一般通称为"酸枣"。枣，在
中国古代是一种富有神异特性的果品。我们现在一般所说的"枣"，古时
称作"常枣"。而"棘"，则称作"小枣"。二者字形都源起于"刺"的主
要部分，前者上下重写，后者左右并写。《诗·魏风·园有桃》："园有棘，
其实之食。"毛亨传："棘，枣也。"[3]《淮南子·兵略》："伐棘枣而为矜。"
高诱注："棘枣，酸枣也。"[4] 刘向《九叹·愍命》："折芳枝与琼华兮，树枳
棘与薪柴。"王逸注："小枣为棘。"[5] 枣，是神话传说中仙人日常食用的宝
物，汉代铜镜铭文常见所谓"渴饮甘泉饥食枣"，是当时民间所理解的神
仙世界的生活方式。《后汉书》卷八二下《方术列传下·王真》："孟节能
含枣核，不食可至五年十年。"[6] 联系"枣"的神性，也可以帮助我们理解

1　刘乐贤：《睡虎地秦简日书研究》，第234—235页。
2　〔宋〕李昉等撰：《太平御览》，第3938页。
3　〔清〕阮元校刻：《十三经注疏》，第358页。
4　何宁撰：《淮南子集释》，中华书局1998年10月版，第1063页。
5　〔宋〕洪兴祖撰，白化文、许德楠、李如鸾、方进点校：《楚辞补注》，第304页。
6　《后汉书》，第2750页。

"棘"的神性。《左传·昭公四年》："桃弧棘矢，以除其灾。"杜预注："桃弓、棘箭，所以禳除凶邪。"又《昭公十二年》："唯是桃弧棘矢，以共御王事。"杜预注："桃弧、棘矢，以御不祥。"[1]《抱朴子·名实》也说："彍棘矢而望高手于渠广，策疲驽而求继轨于周穆。"[2]汉代史事中可以看到以"棘"辟鬼的实例。如《汉书》卷五三《景十三王传·广川惠王刘越》记载，阳成昭信潛广川王刘去姬荣爱，"去缚系柱，烧刀灼溃两目，生割两股，销铅灌其口中。爱死，支解以棘埋之"。又《翟方进传》说，翟义起兵反抗王莽，事败，"莽尽坏义第宅，汙池之。发父方进及先祖冢在汝南者，烧其棺柩，夷灭三族，诛及种嗣，至皆同坑，以棘五毒并葬之。"又下诏曰："其取反虏逆贼之鲸鲵，聚之通路之旁，濮阳、无盐、圉、槐里、盩屋凡五所，各方六丈，高六尺，筑为武军，封以为大戮，荐树之棘。建表木，高丈六尺。书曰'反虏逆贼鲸鲵'，在所长吏常以秋循行，勿令坏败，以惩淫慝焉。"所谓"以棘五毒并葬之"和"荐树之棘"，都值得注意。王莽又以傅太后、丁太后陵墓不合制度，建议发掘其冢墓，改葬以应礼。《汉书》卷九七下《外戚传下·定陶丁姬》记载："既开傅太后棺，臭闻数里。公卿在位皆阿莽指，入钱帛，遣子弟及诸生四夷，凡十余万人，操持作具，助将作掘平共王母、丁姬故冢，二旬间皆平。莽又周棘其处以为世戒云。"所谓"周棘其处"，颜师古注："以棘周绕也。"[3]

棘可以避鬼"以御不祥"的礼俗，在西方民族的文化传统中也有反映。如英国人类学家弗雷泽说：不列颠哥伦比亚的舒什瓦普人亲人死去后，必须实行严格的隔离。值得注意的是，"他们用带刺的灌木作床和枕头，为了使死者的鬼魂不得接近；同时他们还把卧铺四周也都放了带刺灌木。这种防范做法，明显地表明使得这些悼亡人与一般人隔绝的究竟是什么样的鬼魂的危险了。其实只不过是害怕那些依恋他们不肯离去的死者鬼魂而已"[4]。

1 〔清〕阮元校刻：《十三经注疏》，第 2034 页、第 2064 页。

2 杨明照撰：《抱朴子外篇校笺》，中华书局 1991 年 12 月版，第 506 页。

3 《汉书》，第 2430 页、第 3439 页、第 4004 页。

4 〔英〕詹姆斯·乔治·弗雷泽：《金枝：巫术与宗教之研究》，许育新等译，大众文艺出版社 1998 年 1 月版，第 313 页。

巨枣・海枣

1. "安期生食巨枣"

《史记》卷二八《封禅书》记载，方士李少君对汉武帝说到仙人安期生"食巨枣"的故事：

> 少君言上曰："祠灶则致物，致物而丹沙可化为黄金，黄金成以为饮食器则益寿，益寿而海中蓬莱仙者乃可见，见之以封禅则不死，黄帝是也。臣尝游海上，见安期生，安期生食巨枣，大如瓜。安期生仙者，通蓬莱中，合则见人，不合则隐。"于是天子始亲祠灶，遣方士入海求蓬莱安期生之属，而事化丹沙诸药齐为黄金矣。

所谓"巨枣"，司马贞《索隐》引包恺云："巨，或作'臣'。"《史记》卷一二《孝武本纪》作"臣尝游海上，见安期生，食臣枣，大如瓜"。关于"安期生"，司马贞《索隐》："服虔曰：'古之真人。'案：《列仙传》云安期生，琅邪人，卖药东海边，时人皆言千岁也。"张守节《正义》引《列仙传》云："安期生，琅邪阜乡亭人也。卖药海边。秦始皇请语三夜，赐金数千万，出，于阜乡亭，皆置去，留书，以赤玉舄一量为报，曰'后千岁求我于蓬莱山下'。"[1] 正是据安期生故事，"海中""巨枣"情节加入上古神仙传说的构建之中。

可能正是基于"仙人""食枣"的思想，汉武帝在祀太一神时，祭品中"加醴枣脯之属"。又用"脯枣"吸引"神人"："置脯枣，神人宜可致也。"[2] 所谓"食枣""仙人不知老"之说体现的"枣"与长生的关系，与"枣"本身的神异内力有关。《后汉书》卷八二下《方术列传下·王真》："孟节能含

---

1 《史记》，第1385页、第455页。

2 《史记》卷二八《封禅书》，第1394页、第1400页。

枣核，不食可至五年十年。"[1] 间接提供了相关信息。

以"枣"加工的"枣脯"有益于养生，是汉代社会较为普及的营养卫生常识。淮南王刘长患病，汉文帝赐以"枣脯"慰问。丞相张仓等上书指斥刘长罪行，其中写道："前日长病，陛下忧苦之，使使者赐书、枣脯。长不欲受赐，不肯见拜使者。"[2] "枣脯"被看作高等级的食品。《史记》卷一二六《滑稽列传》说楚庄王以"马"为宠物，竟然饲以"枣脯"："楚庄王之时，有所爱马，衣以文绣，置之华屋之下，席以露床，啗以枣脯。"[3] 也说明"枣脯"较早就进入了上层社会饮食生活。

2. "枣"与"海"的神秘关系

前引《史记》卷二八《封禅书》载李少君言汉武帝"臣尝游海上，见安期生，安期生食巨枣，大如瓜"，而"安期生仙者，通蓬莱中"，其神异风格，与自齐威王、齐宣王、燕昭王时代直至秦始皇时代环渤海地区方士们追寻的"三神山"有关。[4]

安期生"海上""巨枣"故事的宣传，使得汉武帝再次燃起求仙热情，"天子始亲祠灶，遣方士入海求蓬莱安期生之属"。然而，"居久之，李少君病死。天子以为化去不死，而使黄锤史宽舒受其方。求蓬莱安期生莫能得，

---

1 《后汉书》，第 2751 页。

2 《史记》，第 3077 页。《汉书》卷四四《淮南厉王刘长传》："前日长病，陛下心忧之，使使者赐枣脯，长不肯见拜使者。"第 2141 页。

3 《史记》，第 1200 页。

4 《史记》卷二八《封禅书》："自威、宣、燕昭使人入海求蓬莱、方丈、瀛洲。此三神山者，其传在勃海中，去人不远；患且至，则船风引而去。盖尝有至者，诸仙人及不死之药皆在焉。其物禽兽尽白，而黄金银为宫阙。未至，望之如云；及到，三神山反居水下。临之，风辄引去，终莫能至云。世主莫不甘心焉。及至秦始皇并天下，至海上，则方士言之不可胜数。始皇自以为至海上而恐不及矣，使人乃赍童男女入海求之。船交海中，皆以风为解，曰未能至，望见之焉。其明年，始皇复游海上，至琅邪，过恒山，从上党归。后三年，游碣石，考入海方士，从上郡归。后五年，始皇南至湘山，遂登会稽，并海上，冀遇海中三神山之奇药。不得，还至沙丘崩。"第 1369—1370 页。

而海上燕齐怪迂之方士多更来言神事矣"。[1] 这里说"海上燕齐怪迂之方士"，《封禅书》还记载，邹衍学说产生影响，"驺衍以阴阳主运显于诸侯，而燕齐海上之方士传其术不能通，然则怪迂阿谀苟合之徒自此兴，不可胜数也"。[2] 也指出"燕齐海上之方士"中有"怪迂阿谀苟合之徒"。此外，"及至秦始皇并天下，至海上，则方士言之不可胜数"，"游碣石，考入海方士"。而"胶东宫人"栾大见汉武帝言："臣常往来海中，见安期、羡门之属。"栾大得到信用，"其后装治行，东入海，求其师云。大见数月，佩六印，贵震天下，而海上燕齐之间，莫不搤捥而自言有禁方，能神仙矣"。"入海求蓬莱者，言蓬莱不远，而不能至者，殆不见其气。上乃遣望气佐候其气云。""而五利将军使不敢入海"，可能致汉武帝生疑，"上使人随验，实毋所见。五利妄言见其师，其方尽，多不雠。上乃诛五利。"《封禅书》还写道：汉武帝既闻"方士之言"，"欲放黄帝以上接神仙人蓬莱士"，又亲自"东巡海上"，"齐人之上疏言神怪奇方者以万数，然无验者。乃益发船，令言海中神山者数千人求蓬莱神人"。并且，"宿留海上，予方士传车及间使求仙人以千数"。这是动员方士"千数"或说"数千人"的规模空前的"入海"求仙运动。汉武帝"作建章宫"，设计了海洋模型："其北治大池，渐台高二十余丈，命曰太液池，中有蓬莱、方丈、瀛洲、壶梁，象海中神山龟鱼之属。"[3] 次年，又再次"东巡海上"，然而"考神仙之属，未有验者"。《封禅书》最后写道："方士之候祠神人，入海求蓬莱，终无有验。而公孙卿之候神者，犹以大人之迹为解，无有效。天子益怠厌方士之怪迂语矣，然羁縻不绝，冀遇其真。自此之后，方士言神祠者弥众，然其效可睹矣。"[4]

这是《史记》卷二八《封禅书》的记录。在司马迁停止历史记叙之后，汉武帝还曾经多次走到"海上"。《汉书》卷六《武帝纪》记载了晚年汉武帝四次出行至于海滨的情形："（天汉）二年春，行幸东海。""（太始三年）

---

1 《史记》卷二八《封禅书》，第 1385—1386 页。

2 《史记》，第 1369 页。

3 王子今：《秦汉宫苑的"海池"》，《大众考古》2014 年 2 期。

4 《史记》，第 1370 页、第 1390—1391 页、第 1393 页、第 1395 页、第 1397—1398 页、第 1402—1404 页。

行幸东海，获赤雁，作《朱雁之歌》。幸琅邪，礼日成山。登之罘，浮大海。""（太始四年）夏四月，幸不其，祠神人于交门宫[1]，若有乡坐拜者。作《交门之歌》。""（征和）四年春正月，行幸东莱，临大海。"[2] 汉武帝最后一次行临东海，已经是六十八岁的高龄。

安期生事迹出现"海上""巨枣"，使得"枣"成为与"海"密切联系的代表性文化符号。对于安期生，《史记》卷一二《孝武本纪》的注说有所介绍。司马贞《索隐》："服虔曰：'古之真人。'案：《列仙传》云安期生，琅邪人，卖药东海边，时人皆言千岁也。"张守节《正义》引《列仙传》云："安期生，琅邪阜乡亭人也。卖药海边。秦始皇请语三夜，赐金数千万，出，于阜乡亭，皆置去，留书，以赤玉舄一量为报，曰'后千岁求我于蓬莱山下'。"[3] 安期生出身"琅邪"，但主要活动于"蓬莱"神秘海域，即李少君所谓"安期生仙者，通蓬莱中，合则见人，不合则隐"，于是史家亦称"蓬莱安期生"。[4] 应当也是服虔所谓"蓬莱中仙人"。[5] 其"见人"与"隐"，航行出没于现今海洋地理概念之黄海和渤海。安期生传说"时人皆言千岁也"，又号称"后千岁求我于蓬莱山下"。据说"秦始皇请语三夜"。司马迁说："安期生尝干项羽，项羽不能用其策。"[6] 而至于汉武帝时代依然有活跃表现。其寿命超越"千岁"当然是不可能的。这里的"安期生"，可能也是"海上方士"群体的一个代表性符号。而"海上""安期生食巨枣"，构成特殊的形象组合，成为涵义多重的文化象征。

汉镜铭文关于"仙人""食枣"的叙说，又往往同时言及"遨四海"，也对我们理解"海枣"的相关知识有所启示。

题汉郭宪《汉武洞冥记》卷二："阁上烧荃靡香屑，烧粟许，其气三月不绝。进峤嶂细枣，出峤嶂山，山临碧海上，万年一实。如今之软枣。咋

---

1 颜师古注："应劭曰：'神人，蓬莱仙人之属也。'晋灼曰：'琅邪县有交门宫，武帝所造。'"
2 《汉书》，中华书局 1962 年 6 月版，第 203 页、第 206—207 页、第 210 页。
3 《史记》，第 455 页。
4 《史记》卷二八《封禅书》，第 1385 页、第 1386 页；《史记》卷一二《孝武本纪》，第 455 页；《汉书》卷二五上《郊祀志上》，第 1217 页。
5 《史记》卷一二《孝武本纪》司马贞《索隐》引服虔曰。第 482 页。
6 《史记》卷九四《田儋列传》，第 2649 页。

之有膏，膏可燃灯。西王母握以献帝，燃芳苢，灯光色紫。"[1]葛洪《神仙传》卷六："逮汉武帝之时，闻帝招募方士，特敬道术，而先贫不办合大药，喟然长叹，语弟子曰：老将至矣，死将近矣，而财不足用，躬耕力作，商估求钱，必不致办合药。……以方上武帝，言臣能凝汞成白银，飞丹砂成黄金，金成服之，白日升天。……冥海之枣大如瓜，钟山之李大如瓶，臣已食之。逮先师安期先生口诀，是以保黄物之可成也。于是引见，甚尊敬之，赐遗无数。"[2]《汉武洞冥记》和《神仙传》都富有神异色彩，其中内容未可作历史资料理解。北魏贾思勰《齐民要术》则是严肃的农学著作。《齐民要术》卷一〇《枣》引傅玄《赋》，也说到"海枣"：

> 有枣若瓜，出自海滨，全生益气，服之如神。

缪启愉说："'傅玄《赋》'，据《初学记》卷二八'枣'所引，是傅玄的《枣赋》。"[3]所谓"有枣若瓜，出自海滨"，所据即李少君说"臣尝游海上，见安期生，安期生食巨枣，大如瓜"。

3.《晏子春秋》所见"海枣"

现在我们看到的最早出现"海枣"的文献，是《晏子春秋》卷八《外篇第八》"景公谓晏子东海之中有水而赤晏子详对"条：

> 景公谓晏子曰："东海之中，有水而赤，其中有枣，华而不实，何也？"晏子对曰："昔者秦缪公乘龙舟而理天下，以黄布裹烝枣，至东

1《汉武洞冥记》卷二，明《顾氏文房小说》本，第2—3页。〔清〕陈元龙：《格致镜原》卷七四《果类一·枣》引《洞冥记》"崂嶪"作"崂嶬"，《景印文渊阁四库全书》，第1032册第407页。

2〔晋〕葛洪撰，胡守为校释：《神仙传校释》，中华书局2010年9月版，第206—207页。

3〔后魏〕贾思勰原著，缪启愉校释，缪桂龙参校：《齐民要术校释》，第575页。《初学记》卷二八引傅玄《枣赋》："有蓬莱之嘉树，植神州之膏壤。擢刚茎以排虚，诞幽根以滋长。北阴塞门，南临三江。或布燕赵，或广河东。既乃繁枝四合，丰茂蓊郁。斐斐素华，离离朱实。脆若离雪，甘如含蜜。脆者宜新，当夏之珍。坚者宜干，荐羞天人。有枣若瓜，出自海滨。全生益气，服之如神。"〔唐〕徐坚等著：《初学记》，第677页。

海而捐其布，破黄布，故水赤；烝枣，故华而不实。"

　　吴则虞《晏子春秋集释》说，《艺文类聚》卷八六引文"与今本《晏子》同"，卷八五引"'海'下无'之'字，又无'其中'二字"。[1]

　　《晏子春秋》原文只说"东海之中"，"其中有枣"，没有直接出现"海枣"语词。但是后来文献引录此事，则常常称说"海枣"。如《文选》卷五六陆倕《新刻漏铭》批评"旧漏乖舛"，时历不能精确："卫宏载传呼之节，较而未详；霍融叙分至之差，详而不密。陆机之赋，虚握灵珠；孙绰之铭，空擅昆玉。弘度遗篇，承天垂旨，布在方册，无彰器用。譬彼春华，同夫海枣，宁可以轨物字民，作范垂训者乎？"李善注："'春华'，言其文丽。'海枣'，譬其无实。《答宾戏》曰：'摛藻如春华。'《晏子春秋》曰：'景公谓晏子曰：东海之中，有水赤，其中有枣，华而不实，何也？晏子曰：昔者秦缪公乘舟理天下，黄布裹蒸枣，至海而捒其布破，黄布故水赤；蒸枣，故华不实。'"[2] 陆倕用"海枣"之典，使得我们可以认为《晏子春秋》是最早出现"海枣"之说的文献。又《艺文类聚》卷八二引刘孝威《谢东宫赉藕启》也有"楚后江萍，秦公海枣，凡厥水羞，莫敢相辈"文字。[3]

　　《晏子春秋》言"东海之中""其中有枣"，南朝梁人文章中称为"海枣"者，以及李少君所谓"海上""安期生食巨枣，大如瓜"等，从"枣"的具体信息而言，确实都是"不实"之言。正如《北齐书》卷四五《文苑传·樊逊》所谓"海枣之谈"可比"凭虚之说"，"求之如系风，学之如捕影"。[4] 然而晋嵇含《南方草木状》关于"海枣"，却有比较详细的说明。

1　吴则虞撰：《晏子春秋集释》，中华书局 1962 年 1 月版，第 512 页。

2　〔梁〕萧统编，〔唐〕李善注：《文选》，第 776 页。

3　〔唐〕欧阳询撰，汪绍楹校：《艺文类聚》，第 1405 页。今按："秦公海枣"，用《晏子春秋》"昔者秦缪公乘龙舟""以黄布裹烝枣，至东海"典。刘孝威是有影响的学者。《隋书》卷三五《经籍志四·集》载录"梁太子庶子《刘孝威集》十卷"。《隋书》，中华书局 1973 年 8 月版，第 1078 页。《旧唐书》卷四七《经籍志下》有"《刘孝威前集》十卷；《刘孝威后集》十卷"，第 2070 页。《新唐书》卷六〇《艺文志四》有"《刘孝威前集》十卷"，第 1591 页。《宋史》卷二〇八《艺文志七》则只有"《刘孝威集》一卷"，中华书局 1977 年 11 月版，第 5329 页。

4　《北齐书》，中华书局 1972 年 11 月版，第 611 页。

4.《南方草木状》"海枣树身无闲枝"

题晋人嵇含《南方草木状》卷下说到"海枣"形制及"海枣树"样态，对于"海枣"果实也有所记述：

> 海枣树身无闲枝，直耸三四十丈，树顶四面共生十余枝，叶如栟榈。五年一实。实甚大，如杯盌。核两头不尖，双卷而圆。其味极甘美。安邑御枣无以加也。泰康五年，林邑献百枚。昔李少君谓汉武帝曰：臣尝游海上，见安期生，食臣枣，大如瓜。非诞说也。[1]

《南方草木状考补》"海枣树 date palm，海枣 *Phoenix dactylifera* L."条下所引文字略同，"如杯盌"作"如杯碗"。有校记。[2] 研究者在有关"海枣树"的"考释"中指出："海枣树多视为北非至小亚细亚原产。据 De Candolle（1884）说，在温暖干旱地带，从塞内加尔到印度河流域，主要在北纬15°—20° 地区，史前就有海枣树。现多栽于热带国家，有许多变种，华南也有栽培。"[3]

关于《南方草木状》成书年代，学界存在争议。《南方草木状考补》的考察比较深入详备。回顾文献学史可以看到，"《草木状》署西晋嵇含著，但未见于《隋书·经籍志》及《旧唐书·经籍志》《新唐书·艺文志》。唯隋志收《广州刺史嵇含集》十卷、录一卷；旧唐志收《嵇含集》十卷。本书不到五千字，虽清姚振宗及近人苟萃华都认为可能在嵇含集中，惜无佐证"。论者还指出，"关于《南方草木状》最早出现时间，目前许多学者认为是南宋尤袤（1127—1193）《遂初堂书目》始著录'嵇含《南方草木

1　〔晋〕嵇含撰：《南方草木状》，宋《百川学海》本，第7页。〔晋〕嵇含撰：《南方草木状》，广陵书社2003年4月影印版，卷下第4页。

2　校记："'杯'：中国书店1981年影印咸淳《百川》本、博古斋等影印《百川》本、万历刻《广汉魏丛书》本、嘉庆重刻《广汉魏丛书》本、大通石印《汉魏丛书》本、顺治宛委山堂百廿卷《说郛》本均作'杯'。""'甘'：大通《汉魏丛书》本误作'茸'。""'泰'：万历、嘉庆重刻《广汉魏丛书》本误作'秦'。"第324—325页。

3　中国科学院昆明植物研究所编：《南方草木状考补》，云南民族出版社1991年10月版，第325页。

状》"。通过分析判断，"《草木状》在唐代后期南方已出现"，"在北宋时已较广泛流传"。[1]

《南方草木状》记录的"海枣树""海枣"的信息何时进入中原人的知识系统，争论还会继续。但是有的判断，在现在的认识基础上已经可以有所澄清。如以为"海枣"之称由自"伪托"说，《南方草木状考补》介绍了辛树帜的意见：

> 辛树帜（1962）认为："我国习惯对外来引入品种最初称'胡'，称'海'时代已迟"（《中国果树史研究》1983 年增订本，86），似乎他说以海始的植物名应在"印度通中国大盛于唐"才行。

据李惠林的分析，辛说"认为吾国习惯对外来品种称'海'时代已较迟"，而"海枣"之称其实不同，"实则海枣之说渊源甚早"，"《史记》已说海处有枣。《晏子春秋》：'东海之中……有枣。'晋傅玄（217—278）《枣赋》：'有枣如瓜，出自海滨。'"又指出其他较早"称'海'"的名物实证，"此外《广志》有海桐皮，徐表《南州记》有海红豆，都出自南海，以不称胡而称海为不合时代，因之《草木状》的海枣树是作伪之说似未足征"。这一表述，应当体现了《南方草木状考补》作者对李惠林说的赞同。[2]

确实，关注外来物种的传入，"以不称胡而称海为不合时代"，似于注意"时代"之外，也应注意路径。"称胡"者，多因自西北丝绸之路方向引入，名号涉及草原民族中介。亦以果树为例，如《博物志》卷六《物名考》："张骞使西域还，乃得胡桃种。"[3]《艺文类聚》卷八七引《吴时外国志》曰："大秦国有枣榛胡桃。"又引晋钮滔母《答吴国书》曰："胡桃本生西羌。"[4]清汪灏等编《广群芳谱》引《博物志》："张骞使西域还，得

1　中国科学院昆明植物研究所编：《南方草木状考补》，前言第 11—12 页。
2　中国科学院昆明植物研究所编：《南方草木状考补》，第 327—328 页。
3　〔晋〕张华著，唐子恒点校：《博物志》，凤凰出版社 2017 年 10 月版，第 81 页。
4　〔唐〕欧阳询撰，汪绍楹校：《艺文类聚》，第 1489—1490 页。

胡桃种，故以胡羌为名。"[1] 如有的果树史研究者所说："我国现在栽培的核桃（Juglans regia L.）是在汉代已从新疆一带传入陕西，然后再传至西北和华北各地。"[2] 而据说由张骞传入的"石榴"或称"安石榴"，已见于《淮南子·时则》高诱注[3]，《金匮要略方论》卷下"果实菜谷禁忌并治第二十五"："安石榴不可多食，损人肺。"[4]《初学记》卷二八引《博物志》："张骞使西域还，得安石榴，……"[5] 可知传入年代甚早，但是可能也有海路引入者，致有"海榴"之称。《初学记》卷二〇引隋江总《休沐山庭》诗："岸绿开河柳，池红照海榴。"[6]《初学记》卷二四引隋炀帝《宴东堂》诗："海榴舒欲尽，山樱开未飞。"[7] 又称"海石榴"，如《酉阳杂俎》卷九《支植上》："山茶似海石榴，出桂州，蜀地亦有。"[8] 可知"我国习惯对外来引入品种最初称'胡'，称'海'时代已迟"之说，恐并不确实。

据《南方草木状考补》介绍，以为嵇含撰《南方草木状》可信的学者，有李惠林（1979；1983）、彭世奖（1980）、梁家勉（1983；1989）、苟萃华（1983；1984）等。[9] 明人罗曰襃《咸宾录》卷六《南夷志》说"占城""其产"有"海枣，树如栟榈，实大如瓜，五年一实，味甚甘"。[10] 其书虽说"录四夷之事也"，"其遐陬珍怪"，"百物而为之备"[11]，但其中"如栟榈""五年一实"等语，应来自《南方草木状》。清人张德彝《航海述奇》三述奇卷一"同治庚午年十月初七日"："海枣，树无歧枝，直耸二三十丈，树顶四面，

1　〔清〕汪灏等编：《佩文斋广群芳谱》卷五九《果谱》"核桃"条，《景印文渊阁四库全书》，第846册第646页。

2　孙云蔚主编，孙云蔚、杜澍、姚昆德编著：《中国果树史与果树资源》，上海科学技术出版社1983年6月版，第12页。

3　《淮南子·时则》："半夏生，木堇荣。"高诱注："木堇，朝荣暮落，树高五六尺，其叶与安石榴相似也。"何宁撰：《淮南子集释》，第170页。

4　黄竹斋编：《金匮要略方论集注》，第368页。

5　〔唐〕徐坚等著：《初学记》，第683页。

6　〔唐〕徐坚等著：《初学记》，第483页。《艺文类聚》卷三引据"隋江总《山庭春》诗"，"岸绿"作"峰绿"。第44页。

7　〔唐〕徐坚等著：《初学记》，第578页。

8　〔唐〕段成式撰，方南生点校：《酉阳杂俎》，中华书局1981年12月版，第281页。

9　中国科学院昆明植物研究所编：《南方草木状考补》，第15—16页。

10　〔明〕罗曰襃著，余思黎点校：《咸宾录》，中华书局1983年3月版，第137页。

11　〔明〕刘一焜：《〈咸宾录〉序》，〔明〕罗曰襃著，余思黎点校：《咸宾录》，第10页。

共十余枝，叶如栟榈，五年一实，大如杯碗。核两头不尖，双卷而圆，味甘美。"[1] 这应当是"航海"见闻的具体记录，然而与《南方草木状》文辞一致，只是"直耸三四十丈"改说"直耸二三十丈"。

现在看来，有学者通过《南方草木状》"海枣树"的记述，得出如下认识："西亚产的海枣"，"传入华南，体现中西海路交通，沿南方丝绸之路进行文化交流的古老成就。"[2] 是有一定依据的。佟屏亚《果树史话》写道："大约在西汉时期，海枣沿丝绸之路由商人从西域引进我国。"[3] 所谓"沿丝绸之路""从西域引进"，如果说从西北方向"引进"，可能还需要论证。《南方草木状考补》的作者则分析了海上航线的开发史："学者过去多相信德人夏德等（1885）所说：广州在三世纪时是波斯湾到中国航运终点。〔按所说也许指直航，而不包括像《汉书》记载武帝时（前140—前87在位）'蛮夷贾船，转送致之'的间接航运〕因此认为西亚语音译植物名、药名不能在三世纪前出现而疑《草木状》这些条是后人所加。但安息（后来的波斯、伊朗）、条支（汉时阿拉伯的一部分）在汉武帝前期已有官方使者互聘及交换礼物（参见《史记》大宛列传）；与印度南部黄支国在汉武帝时由海路也有官方互访和进行贸易，这些都是发生在公元前二世纪或前二与前一世纪之交的事。至于民间往来无疑早于官方。先秦古书《山海经》许多学者认为是以中国为中心，北到北极，南到赤道，西到西亚，东到太平洋东岸（北美）的古亚洲地志，这和《汉书》卷三〇《艺文志》中约占全书目总数1%的海中占验书相吻合。顾实（1878—1956）在《汉书艺文志讲疏》（1924）说：'海中占验书不少，盖汉以前海通之征。'"[4] 从《南方草木状》等提供的多种迹象看，"海枣"通过海上路径自"南方"引进中土的可能性，是很大的。明刘基《多能鄙事》卷五《居室类器用类》"住宅宜忌"条：

1 〔清〕张德彝撰，左步青点，钟叔河校：《随使法国记（三述奇）》，湖南人民出版社1982年2月版，第49页。

2 杨竞生：《〈南方草木状考补〉弁言》，中国科学院昆明植物研究所编：《南方草木状考补》，第9页。

3 佟屏亚：《果树史话》，农业出版社1983年3月版，第347页。

4 中国科学院昆明植物研究所编：《南方草木状考补》，第13—14页。关于所谓"海中占验书"的性质，可看王子今：《汉代"海中星占"书论议》，《史学集刊》2015年5期。

"凡宅畔树，东宜桃柳，西宜栀榆，南宜海枣，北宜杏奈。"[1] 这是说住宅植树"宜忌"，借用"南宜海枣"语，或许也可以帮助我们对于与"海枣"有关的文化交流方向的理解和说明。

5."海枣""番枣""波斯枣"

宋元海上航运的繁荣，更促进了文化交流的密切。元人柳贯《打枣谱》写道："滇海枣 李少君食之，大如瓜。"沿袭李少君说安期生故事。此外，还说到"波斯枣 生波斯国，长三寸""西王母枣 三月熟""弱枝枣""玉门枣""玉文枣 西王母食之，大如瓶""细核枣《拾遗记》：北极岐峰有，其核细""仙人枣 长四寸，其核如针""万岁枣 出三佛齐国""西玉枣 出昆仑山"等枣种，多涉及外来文化的引入。[2] 元人胡助《寿柳道传博士二十韵》："海枣香堪剥，蟠桃味正甜。"[3] 把神异的"海枣"与西王母崇拜联系起来，是继承了汉代的文化传统的。元人袁桷《酬周南翁子二首》之二："博物已知穷海枣，苦心端欲镂冰花。"[4] 将"海枣"知识作为"博物"学进步的表现，也自有对文化交流史观察的见识。

明人鲍应鳌《公祭文》："丛桂正高，灵椿难老。尔祚尔胤，庭阶茂好。永言保之，安期海枣。"[5] 所谓"安期海枣"，仍然以名号表现了对汉代神话的纪念。明人李培《海枣颂》："蓬莱嘉境，云根滋长。刚茎排虚，赤实穰穰。脆如梨雪，润比含酥。瞿昙东度，散此宝珍。西海如瓶，东海如

1 〔明〕刘基撰：《多能鄙事》，明嘉靖四十二年范惟一刻本，《续修四库全书》第 1185 册第 50 页。

2 〔元〕柳贯撰：《打枣谱》，〔明〕陶宗仪编：《说郛》，《景印文渊阁四库全书》，第 882 册第 143 页。

3 〔元〕胡助撰：《纯白斋类稿》卷一二《五言排律》，《景印文渊阁四库全书》，第 1214 册第 620 页。

4 〔元〕袁桷撰，王颋点校：《清容居士集》卷一二，浙江古籍出版社 2015 年 3 月版，第 304 页。

5 〔明〕鲍应鳌撰：《瑞芝山房集》卷一四，明崇祯刻本，《四库禁毁书丛刊》，北京出版社 2000 年 1 月版，集部第 141 册第 279 页。

瓜。列仙秘重，白雪黄芽。荐以翠盘，献之华屋。君子千寿，永绥福禄。"[1]可见，人们对于"蓬莱""如瓜"的汉代传说记忆深刻，而"西海""东海"辞句，提示了这种果品来自远洋的路径。其中"东度""荐""献"的历史镜头的保留，可以说明"海枣"在中外文化交流史中的重要意义。

所谓"波斯枣"，《酉阳杂俎》卷一八《木篇》写道："波斯枣，出波斯国，波斯国呼为窟莽。树高三四丈，围五六尺，叶似土藤，不凋。二月生花，状如蕉花，有两甲，渐渐开罅，中有十余房。子长二寸，黄白色，有核，熟则子黑，状类干枣，味甘如饧，可食。"[2]《南村辍耕录》卷二七"金果"条说："成都府江渎庙前，有树六株，世传自汉唐以来即有之。其树高可五六十丈，围约三四寻。挺直如矢，无他柯干。顶上才生枝叶，若椶桐状。皮如龙鳞，叶如凤尾。实如枣而加大。""泉州万年枣三株，识者谓即四川金果也。番中名为苦鲁麻枣，盖凤尾蕉也。"[3]所谓"其树高可五六十丈"，应是夸张之辞。《本草纲目》卷三一"无漏子"条：

【释名】千年枣《开宝》万年枣《一统志》海枣《草木状》波斯枣《拾遗》番枣《岭表录异》金果《辍耕录》木名海棕《岭表录异》凤尾蕉〔时珍曰〕无漏名义未详。千年、万岁，言其树性耐久也。曰海，曰波斯，曰番，言其种自外国来也。金果，贵之也。曰棕，曰蕉，象其干、叶之形也。番人名其木曰窟莽，名其实曰苦鲁麻枣。苦麻、窟莽，皆番音相近也。

有研究者判断，"为棕榈科植物枣海 *Phoenix dactylifera* L. 的果实"。其化学成分分析，"果实含蛋白质、脂肪、多糖、果糖、蔗糖、氨基酸、黄酮、黄酮甙、3-o-咖啡酰莽草酸（3-o-Caffcoylshikimic acid）、肉桂酸（Cinnamic aeid）衍生物、花白素型缩合鞣质等酚性成分、类胡萝卜素、花色素等色

1〔明〕李培撰:《水西全集》卷六，明天启元年刻本，《四库未收书辑刊》，北京出版社 2000 年 1 月版，陆辑第 24 册第 137 页。
2〔唐〕段成式撰，方南生点校:《酉阳杂俎》，第 178 页。
3〔元〕陶宗仪:《南村辍耕录》，中华书局 1959 年 2 月版，第 331 页。

素，以及少量维生素 B_1、B_2、C 等".[1] 清人厉荃《事物异名录》卷三四《果蓏部》"无漏子"条："【千年枣，万岁枣，海枣，波斯枣，番枣，苦鲁麻枣】《本草纲目》：无漏子，一名千年枣，一名万岁枣，言其树性耐久也。一名海枣，一名波斯枣，一名番枣，言其种自外国来也。番人名曰苦鲁麻枣。"[2] 或说"椰枣"亦"即海枣"。[3] 这些"枣"的名号所指代的枣种，未能一一确考，但是"其种自外国来也"的性质，大概是一致的。

崇祯《肇庆府志》卷一〇《地理三·土产》的记述中，"海枣"不列于"果品"而列于"木品"："木品多松，多杉，多铁力，多海枣，多柟……"列举树种凡三十二，"海枣"位列第四。又写道："海枣，俗名紫京，用作屋，嫌小皲裂。若其坚重，过于力木。盖力木不甚宜水，此则入水及风雨不朽。""山荔枝子生毛，味酸，肉少，树大十数围，坚如海枣。"[4] 所说"海枣"的主要特征，是"坚""坚重"，并不关注其果实。嘉靖《广东通志初稿》卷三一《果之属》"海枣"条则引用《南方草木状》说。[5] 清人撲叙《隙光亭杂识》卷四也说："海枣一名紫京。"[6]《南方草木状考补》有关"海枣树"的"补注"这样写道："海枣五年一实，《录异》说三五年一实，也许如苏铁属植物北移后偶尔结实或终身不结实。今昆明平政街原药王庙内有两株大海枣树不结实。审定者按：法人在滇越沿线引种于开远等处亦不结实；但在元谋由伊斯兰教徒自天方引入的则可结实，当地人叫它仙枣。"[7]"海枣树"移植之后，品性发生变异，以致"不结实"，使得人们已经忘记了其原本"味极甘美"的果实，只注意其"坚重"宜于"作屋"即作为建筑材料的价值了。《广东新语》卷二五"海枣"条也是这样记述的：

1　原注："江苏新医学院编．中药大词典．第1版．上海：上海科学技术出版社，1986：343." 陈贵廷主编：《本草纲目通释》，第1505页。

2　〔清〕厉荃辑，〔清〕关槐增纂，吴濒恒、张春龙点校：《事物异名录》，岳麓书社1991年12月版，第482—483页。

3　罗竹风主编，汉语大词典编辑委员会、汉语大词典编纂处编纂：《汉语大词典》第4卷，汉语大词典出版社1989年11月版，第1080页。

4　〔明〕陆鏊纂修：《肇庆府志》卷一〇，明崇祯六年至十三年刻本，第1132—1133页。

5　〔明〕戴璟修，张岳纂：嘉靖《广东通志初稿》，明嘉靖刻本，第2036页。

6　〔清〕撲叙撰：《隙光亭杂识》，清康熙谦牧堂刻本，《续修四库全书》，第1146册第84页。

7　中国科学院昆明植物研究所编：《南方草木状考补》，第324—325页。

"海枣，俗名紫京，坚重过铁力木。铁力木不甚宜水，此则入水及风雨不朽。以作屋。嫌小皱裂，故不贵。"[1] 文字类同于崇祯《肇庆府志》。其他方志资料中的相关记述，有些也有参考价值。[2]

关注"海枣"引种之后的"结实""不结实"的变化，似乎还应当考虑到历史时期气候的变迁。[3] 有一个信息值得注意，就是东汉时期张衡《南都赋》关于南阳地方的植被分布曾经说到"楈枒栟榈"。所说应是棕榈科植物。也有将《南都赋》所谓"楈枒"解释为"椰子树"的。其所引据，有《集韵·平麻》："枒，木名，出交趾。高数十丈，叶在其末，或从'耶'。"[4] 由此可以理解南国树种"楈枒栟榈"当时生长的北界。[5]

我们在这里从丝绸之路史考察的视角进行了有关"海枣"的传说与史实的初步讨论。关于"海枣"的历史文化信息比较复杂，其早期记忆相对模糊，但许多迹象表明，当自汉晋时代起始。[6] 相关分析对这一时期丝绸

1　〔清〕屈大均撰：《广东新语》，中华书局1985年4月版，第664页。

2　如民国《广东通志》（未成稿不分卷）《岭东山寨记》卷下《核果》"波斯枣"条："波斯枣一名无漏子（《本草拾遗》），一名千年枣（《开宝本草》），刘恂《岭表录》云：广州有一种波斯枣，木无旁枝，直耸三四丈，至巅四向共生十余枝，叶如棕榈。彼土人呼为海棕木，三五年一着子，每朵约三二十颗。都类北方青枣，但小尔。舶商亦有携本国者，至中国，色类沙糖，皮肉软烂，味极甘。似北地天蒸枣，而其核全别。两头不尖，双卷而圆，如小块紫矿。种之不生，盖蒸熟者也。魏文帝谓群臣曰：南方龙荔枝，宁比西国葡萄石蜜乎？且不如中国凡枣味，莫言安邑御枣也。（据《本草纲目》卷三十一无漏子条引，魏文帝以下五句据《番禺县志》引）段成式《酉阳杂俎》云：波斯枣生波斯国，叶似上藤不凋，二月生花，状如蕉花，有两脚，渐渐开罅，中有十余房子，长二寸，黄白色，状如楝子，有核。六七月熟，则子黑，状类于枣，食之味甘如饴也。（《本草纲目》卷三十一无漏子条引）阮志云：无漏子即海枣也，亦名夫漏子（卷九十三第二十页）。嵇含《南方草木状》云：海枣大如杯椀，则与波斯枣似有别也。"〔民国〕邹鲁修，温廷敬等纂：《广东通志》未成稿，民国二十四年稿本，第2183—2184页。

3　竺可桢：《中国近五千年来气候变迁的初步研究》，《考古学报》1972年1期。

4　罗竹风主编《汉语大词典》："楈枒，木名，即椰子树。"所引书证为张衡《南都赋》。第4卷1199页、第814页。

5　王子今：《秦汉时期生态环境研究》，第284—286页。

6　除上文说到的相关例证外，又有杜甫《海棕行》诗："左绵公馆清江濆，海棕一株高入云。龙鳞犀甲相错落，苍棱白皮十抱文。自是众木乱纷纷，海棕焉知身出群。移栽北辰不可得，时有西域胡僧识。"〔唐〕杜甫著，〔清〕钱谦益笺注：《钱注杜诗》，上海古籍出版社1979年10月版，第136页。"时有西域胡僧识"句值得品味。有学者分析，杜甫歌咏"海棕一株高入云"时，其树龄可"以二百年计"，则"在六世纪时已栽之"。中国科学院昆明植物研究所编：《南方草木状考补》，第330页。又如《南村辍耕录》卷二七"金果"条："成都府江渎庙前，有树六株，世传自汉唐以来即有之。"〔元〕陶宗仪：《南村辍耕录》，第331页。《南方草木状考补》即理解为"相传汉时物"，第330页。

之路交通开发史的研究，应当有积极的意义。如果以较长时段考察的眼光关注"海枣"的植物史认知，或许也有益于深化对于生物学和生态史的理解。[1]

14-1　《文选》张衡《南都赋》"楈柠枇柟"书影

1　王子今：《说"海枣"：有关丝绸之路的传说和史实》，《中华文化论坛》2020 年 3 期。

乳·马湩·捅马酒

1. 湩，乳汁也

　　"乳"是西北游牧民族习用饮品。《北堂书钞》卷一六引《穆天子传》曰："天子乃遂东南翔行，驰驱千里，至于巨搜，〔巨搜〕之人㺉奴乃献白鹄之血以饮天子，因其牛羊之湩，以洗天子之足。注曰：'所以饮血，益人气力。湩，乳也，令肌肤滑。'"[1]《太平御览》卷三七二引《穆天子传》曰："至于巨蒐氏，巨蒐之人乃献白鹤之血以饮天子，且具牛马之湩，以洗天子之足。"[2]《列子·周穆王》："驰驱千里，至于巨搜氏之国。巨搜氏乃献白鹄之血以饮王，具牛马之湩，以洗王之足。"晋人张湛注："巨搜，西戎国名。""湩，乳也。以己所珍贵，献之至尊。"[3]"西戎"之人"己所珍贵"，是作为饮品，献以"洗天子之足"，有崇敬"至尊"的意义，或许也有中原人不习惯饮用"乳"的因素。

　　《史记》卷一一〇《匈奴列传》："初，匈奴好汉缯絮食物，中行说曰：'匈奴人众不能当汉之一郡，然所以强者，以衣食异，无仰于汉也。今单于变俗好汉物，汉物不过什二，则匈奴尽归于汉矣。其得汉缯絮，以驰草棘中，衣袴皆裂敝，以示不如旃裘之完善也。得汉食物皆去之，以示不如湩酪之便美也。'"裴骃《集解》："湩，乳汁也。"司马贞《索隐》："按：《三苍》云'潼，乳汁也'。""《穆天子传》云'牛马之湩，臣蒐人所具'。"[4]

1　〔唐〕虞世南编撰，〔明〕陈禹谟校并补注：《北堂书钞》，《景印文渊阁四库全书》，第889册第40页。

2　〔宋〕李昉等撰：《太平御览》卷八九六引《穆天子传》曰："天子乃遂东南翔行，驰驱千里，至于巨蒐。巨蒐之人用其牛马之湩，以洗天子之足。"第1717—1718页、第3976页。

3　杨伯峻撰：《列子集释》，中华书局1979年10月版，第97页。

4　《史记》，第2899页。

2.肩水金关简所见"主君"祭品：乳黍饭清酒

　　《肩水金关汉简（贰）》可见"……乳黍饭清酒至主君
所主君……"简文，疑是以祝祀为主题的文书遗存。对照
睡虎地秦简《日书》甲种"马禖祝"或"马禖祝辞"的内
容亦有"……肥豚清酒美白粱到主君所主君……"语，[1] 推
想性质类同。而编号同为"73EJT11"的简例有可见"毋
予皮毛疾""毋予胷疾"文句者，应属于一件文书。[2] 了解河
西边防系统军人祈祝马免除病疫的礼祀形式，可以充实我
们有关汉代边塞基层结构的防务体制、交通功能以及士卒
劳务的知识。对于中国古代兽医学理解，也增益了新的条
件。简文所反映"乳"进入汉代饮食生活的情形，可以帮
助我们认识和理解农耕民族和游牧民族生活方式和生产方
式实现交流和相互影响等历史文化现象。

　　"清酒"作为上古礼制常规祠祀敬献饮品，多见于
文献记载。然而简牍资料出现，首见于《肩水金关汉简
（贰）》发表的简文：

> （1）不蛊不莫得主君闻微肥□□乳黍饭清酒至主君所
> 　　主君□方□□□▨　　　　　（73EJT11:5）[3]

《诗·小雅·信南山》："祭以清酒，从以骍牡，享于祖
考。"又《大雅·旱麓》："清酒既载，骍牡既备。以享以
祀，以介景福。"《大雅·韩奕》："韩侯出祖，出宿于屠。

15-1　肩水金关
简所见"主君"祭
品"乳黍饭清酒"

1　睡虎地秦墓竹简整理小组：《睡虎地秦墓竹简》，释文注释第 228 页。
2　甘肃省简牍保护研究中心、甘肃省文物考古研究所、甘肃省博物馆、中国文化遗产研究院古文
献研究室、中国社会科学院简帛研究中心编：《肩水金关汉简（贰）》，下册第 2 页。
3　甘肃省简牍保护研究中心、甘肃省文物考古研究所、甘肃省博物馆、中国文化遗产研究院古文
献研究室、中国社会科学院简帛研究中心编：《肩水金关汉简（贰）》，中册第 2 页，下册第 1 页。

显父钱之，清酒百壶。"[1] 朱熹《诗集传》卷一三释《信南山》"清酒"："清酒，清洁之酒，郁鬯之属也。"[2]《周礼·天官·酒正》："辨三酒之物，一曰事酒，二曰昔酒，三曰清酒。"郑玄注："郑司农曰：'清酒，祭祀之酒。'……今中山冬酿，接夏而成。"[3]《春秋繁露·求雨》则说"求雨"祭祷使用"清酒""玄酒"的礼俗。[4]

对照图版，释文"闻微"二字，存在疑问。"肥"后一字，字形明确从"肉"，有可能是"豚"。

肩水金关发现"……乳黍饭清酒至主君所主君……"简文，应亦以祭祀请求"主君"为主题，是珍贵的礼俗史和信仰史资料。不过，简文对于礼祀对象"主君"的身份，并没有明确的表现。

而与"黍饭清酒"并用祭祀"主君"的"乳"或"□乳"的出现，特别值得我们注意。

睡虎地秦简《日书》甲种所见内容相近的记录，可以与肩水金关简对照。如"马■"题下记述的礼祀形式，整理小组注释："'马禖'系标题。……马禖为祈祷马匹繁殖的祭祀。《周礼·校人》：'春祭马祖，执驹。'疏：'春时通淫，求马蕃息，故祭马祖。'马禖或即祭祀马祖。"[5]

整理小组有的意见或许还可以商榷。比如，从睡虎地《日书》相关内

---

1 〔清〕阮元校刻：《十三经注疏》，第 471 页、第 516 页、第 571 页。

2 〔宋〕朱熹集注：《诗集传》，第 155 页。

3 〔清〕阮元校刻：《十三经注疏》，第 669 页。

4 《春秋繁露·求雨》："春旱求雨。令县邑以水日祷社稷山川，……于邑东门之外为四通之坛，方八尺，植苍缯八。其神共工，祭之以生鱼八，玄酒，具清酒、膊脯。……""凿社通之于闾外之沟，取五虾蟆，错置社之中。池方八尺，深一尺，置水虾蟆焉。具清酒、膊脯。""为四通之坛于邑南门之外，方七尺，植赤缯七。其神蚩尤，祭之以赤雄鸡七，玄酒，具清酒、膊脯。……""季夏祷山陵以助之。……为四通之坛于中央，植黄缯五。其神后稷，祭之以母䵍五，玄酒，具清酒、膊脯。……""秋，……为四通之坛于邑西门之外，方九尺，植白缯九，其神少昊，祭之以桐木鱼九，玄酒，具清酒、膊脯。""冬，……为四通之坛于邑北门之外，方六尺，植黑缯六，其神玄冥，祭之以黑狗子六，玄酒，具清酒、膊脯。"苏舆撰，钟哲点校：《春秋繁露义证》，第 427—435 页。〔唐〕欧阳询撰，汪绍楹校：《艺文类聚》卷一〇〇引董仲舒曰："……进清酒甘羞，再拜请雨。""其神蚩尤，祭之以赤雄鸡七、玄酒、清酒，祝斋三日，服赤衣，跪陈祝如春辞。"第 1726—1727 页。苏舆撰，钟哲点校：《春秋繁露义证·止雨》又说到"雨太多"时的"止雨"仪式，祝辞说："今淫雨太多，五谷不和，敬进肥牲清酒，以请社灵，幸为止雨，除民所苦。"第 438 页。

5 睡虎地秦墓竹简整理小组：《睡虎地秦墓竹简》，释文注释第 227—228 页。

容和肩水金关发现简文看，简单地说"马禖为祈祷马匹繁殖的祭祀"，似乎并不妥当。"马禖祝"还有更重要的内容，即祈祝马匹健身免疫。

肩水金关相关简文的发现，可以帮助我们增益对于汉代民间有关"马"的神秘意识的认识，并理解其思想史的渊源。

有学者注意到汉代画象所见"多数在西王母座前出现"的"马首人身神怪"，以为与"马神崇拜"有关。[1]肩水金关简的研究，应当有助于这一学术主题考察的深入。肩水金关简文所见"主君"，不排除与汉代画象资料中看到的所谓"马首人身神怪"存在某种内在联系的可能。

《说文·示部》有"禡"："禡，师行所止，恐有慢其神，下而祀之曰禡。"此后即"禂"字："禂，祷牲马祭也。"段玉裁注："《甸祝》：'禂牲禂马。'杜子春曰：禂，祷也，为马祷无疾，为田祷多获禽牲。《诗》云：'既伯既祷。'《尔雅》曰：'既伯既祷。'伯，马祭也。玉裁按：此许说所本。杜引《诗》者，以'伯'证祷马。毛《传》云：'伯，马祖也。重物慎微，将用马力，必先为之祷其祖。'此《周礼》之'禂马'也。"[2]

肩水金关与简（1）同出的简例，简文可见很可能即体现所谓"为马祷无疾"的内容：

（2）☒肖强毋予皮毛疾以币☐刚毋予胁疾以成☒　　　（73EJT11:23）[3]

"毋予"，是战国秦汉习惯用语。《史记》卷七六《平原君虞卿列传》："赵王与楼缓计之，曰：'予秦地如毋予？孰吉？'"《汉书》卷九五《南粤传》："别异蛮夷，出令曰：'毋予蛮夷外粤金铁田器；马牛羊即予，予牡，毋与牝。'"[4]可知"毋予"又可以写作"毋与"。

简（1）与简（2）很可能属于一件文书。推想所谓"……乳黍饭清酒

1　李姗姗：《论汉画像马首人身神怪的祭祀与升仙意义》，《河南教育学院学报》（哲学社会科学版）2011年2期。

2　〔汉〕许慎撰，〔清〕段玉裁注：《说文解字注》，第7页。

3　甘肃省简牍保护研究中心、甘肃省文物考古研究所、甘肃省博物馆、中国文化遗产研究院古文献研究室、中国社会科学院简帛研究中心编：《肩水金关汉简（贰）》，中册第4页，下册第2页。

4　《史记》，第2373页。《汉书》，第3851页。

至主君所主君……"简文所反映的，应是河西边防部队祈祝所畜养和使用的马匹免除病疫的礼祀形式。"毋予""疾"，应是祈求"主君"不要使马染患"皮毛疾""胁疾"等病痛。对照睡虎地《日书》相关文字，推想简文内容或应为"……毋予□疾，以□脊强；毋予皮毛疾，以□身刚；毋予胁疾，以成□□；……。""脊强""身刚"语义相近。刘信芳考论睡虎地《日书》"勀（脊）为身刚"句即指出：《国语·周语》：'旅力方刚'，韦昭注：'刚，强也。'《诗·北山》：'旅力方刚'，《一切经音义》引作'旅力方强'。《初学记》二十九引《相马经》：'脊为将军欲得强'，是'脊为身刚'即'脊为身强'。"[1] 联系睡虎地秦简《日书》反映"马禖祝"礼俗的文字中整理小组释为"脚为身□"，陈伟改释为"（胠）为身张"，并指出："其实此字从'劫'作，应释为'胠'之异文。《集韵·业韵》：'胠，腋下也，或从劫。'《广雅·释亲》：'胠，胁也。'"理解"胠（胁）"为"马身体部位"。[2]此说合理，有助于我们理解肩水金关简"毋予胁疾"。

3. 杨恽"养羊酤酪"疑问

肩水金关"……乳黍饭清酒至主君所主君……"简文提示我们，当时西北边塞的祭祀活动，已经有使用"乳"作为祭品的情形。

"湩"就是"乳"。《说文·水部》："湩，乳汁也。"段玉裁注："见《列子》《穆天子传》。……《汉书·匈奴传》'重酪之便美'是也。"[3] 中行说以"湩酪"与"汉食物"对比，说"汉"与"匈奴"其"俗"之"异"。正如罗丰所指出的，"在饮食方面，华夏与诸戎最大的不同在于后者对牲畜乳汁的利用"。论者引《穆天子传》"具牛马之湩"语，指出："《穆天子传》据

1　刘信芳：《云梦秦简〈日书·马〉篇试释》，《文博》1991 年 4 期。
2　陈伟：《睡虎地秦简日书〈马禖祝〉校读》，《湖南大学学报》（社会科学版）2014 年 4 期。今按：整理小组释文"脚"与下文"四足"所言重叠，确实不妥。
3　〔汉〕许慎撰，〔清〕段玉裁注：《说文解字注》，第 565 页。

认为是成书于战国时期的一部史书。动物乳汁的利用，此时在华夏之西北应已流行，所以有戎人首领说诸戎与华夏的饮食不同。"[1]

"华夏"人饮用"动物乳汁"，似乎也可以看到零星史例。彭卫在总结秦汉饮食史时写道："在秦汉时期的人们看来，奶是富有营养的滋补饮品。《释名·释饮食》：'酪，泽也，乳汁所作使人肥泽也。'马王堆医书《十问》：'饮走兽泉英，可以却老复壮。'这里所说的'走兽泉英'是指牛羊乳（从帛书整理小组注）。西汉人杨恽曾'养羊酤酪，以供伏腊之费'[2]。说明当时羊乳已成为日常的商品。"[3]《释名》言"酪"，作为乳制品可以引进转运，与直接饮用乳汁不同。马王堆汉墓出土帛书所谓"饮走兽泉英，可以却老复壮"，体现特定阶层追求长生延年的方式，未可看作社会普遍日常生活情景的反映。"养羊酤酪，以供伏腊之费"语，彭卫言"《太平御览》卷三一引"。宋本《太平御览》卷三一《时序部十六》"伏日"条："《汉官仪》曰：伏日万鬼所行，故谨。汉魏日有食之会。故《汉书》杨辉《闲居》曰：养羊沽酪，供伏腊之费。"[4]与彭卫引文略有不同。"杨辉"应是"杨恽"异写。文渊阁四库全书本《太平御览》则作："《汉官仪》曰：伏日厉鬼所行，故伏。汉魏有饮食之会。故潘岳《闲居赋》有曰'养羊治酪，供伏腊之费'。"《山堂肆考》卷十一亦据"潘安仁《闲居赋》"引。[5]看来这条材料的时代存在疑点。而且即使确是杨恽文字，亦只说"酪"，未必可以"说明当时羊乳已成为日常的商品"。《齐民要术》卷六有"作酪法"，言"牛羊乳皆得。别作、和作随人意"，"三月末，四月初，牛羊饱草便可作酪，以收其利"。又有"作干酪法""作漉酪法""作马酪酵法""抨酥法"[6]，都是乳制

1　罗丰：《中国北方乳制品制作与消费之历史——一个考古学与民族学的考察》，《中国饮食文化》4 卷 2 期（2008），第 128—129 页。今按：汉代中原人成人食乳的记载，仅见《史记》卷九六《张丞相列传》言张苍食人乳事："苍之免相后，老，口中无齿，食乳，女子为乳母。妻妾以百数，尝孕者不复幸。苍年百有余岁而卒。"第 2682 页。似未有饮用牛马之乳的记录。

2　原注："《太平御览》卷三一引。"

3　徐海荣主编：《中国饮食史》卷二，第 470 页。

4　中华书局用上海涵芬楼影印宋本复制重引《太平御览》，第 1 册第 148 页。

5　〔明〕彭大翼：《山堂肆考》，《景印文渊阁四库全书》，第 974 册第 183 页。

6　〔后魏〕贾思勰原著，缪启愉校释，缪桂龙参校：《齐民要术校释》，第 315 页、第 317 页。

品加工，未言直接饮用"牛羊乳"。彭卫在有关秦汉社会饮食风俗的如下论述是真确无疑的："北方地区少数民族""饮料有牛、羊乳和酒，所谓'膻肉酪浆，以充饥渴'。"[1]"西域地区""即使是在以谷食为主的部族中，肉类和奶酪产品似仍有重要地位。这应是西域农业部族与内地在饮食生活上的一个区别。"[2]

4."奠马湩"礼俗

反映草原民族以"乳"作为祭品的风习，以往所见资料都比较晚。如《元史》卷七一《礼乐志五》"太乐职掌"条说到"奠马湩至神位"。《元史》卷七四《祭祀志三》"宗庙上"："其祖宗祭享之礼，割牲、奠马湩、以蒙古巫祝致辞，盖国俗也。"[3]柏朗嘉宾《蒙古史》关于中国北方游牧民族礼俗的记录，有这样的内容："他们经常把每一头乳牛和母马第一次挤出的奶供奉他们的偶像。当他们将要进饮食时，首先拿一些食物和饮料供奉偶像。"[4]有学者考察中国北方游牧民族饮食文化，注意到"清朝蒙古族有祭天、祭地、祭敖包、祭祖等活动"，"祭品有酒、奶油、奶酪等"。祭火礼仪"多在每月的初一初二举行"，"在火盆中烧松枝，投放酒、奶油等物，供祭传统的奶食品，俗称'白食'。祭时，口诵祝词：'勃额点燃的神火啊，渥德干用嘴吹旺的渥德；我们向你献上纯洁的奶油，我们向你敬上香甜的奶酒。'"[5]研究者指出，"蒙古族类似这种萨满祭祀很多，都与饮食或饮食行为密切相关"。[6]与这些年代晚近的资料比较，肩水金关有关"乳"的简文的发现，自

1　原注："《文选》卷四一《李陵答苏武书》。"

2　彭卫、杨振红：《中国风俗通史·秦汉卷》，上海文艺出版社2002年3月版，第45页、第49页。

3　《元史》，中华书局1976年4月版，第1771页、第1831页。

4　〔英〕道森编，吕浦译，周良霄注：《出使蒙古记》，中国社会科学出版社1983年10月版，第10页。

5　原注："白翠英、邢源等：《科尔沁博艺术初探》，内蒙古自治区哲里木盟文化处编印，1986年。"

6　张景明：《中国北方游牧民族饮食文化研究》，文物出版社2008年1月版，第244—246页、第255页。

然意义十分重要。

　　肩水金关可能属于"马祺祝辞"或称"马祺祝"的简文中出现以"乳"进献"主君"的迹象，不仅应看作饮食史和民俗史的重要信息，亦值得民族关系史研究者重视。这一资料或许可以作为"诸戎""饮食"习惯对于"华夏"人已经形成深刻影响的例证。

5.《汉书·礼乐志》"挏马酒"

　　"乳"在汉代已经进入中原饮食生活，可以在历史文献中发现相关信息。《汉书》卷二二《礼乐志》："……其七十二人给大官挏马酒。"颜师古注："李奇曰：'以马乳为酒，撞挏乃成也。'师古曰：'挏音动，马酪味如酒，而饮之亦可醉，故呼马酒也。'"又《汉书》卷一九上《百官公卿表上》："武帝太初元年，更名家马为挏马。"颜师古注："应劭曰：'主乳马，取其汁，挏治之，味酢可饮，因以名官也。'如淳曰：'主乳马，以韦革为夹兜，受数斗，盛马乳，挏取其上肥，因名曰挏马。《礼乐志》丞相孔光奏省乐官七十二人，给大官挏马酒。今梁州亦名马酪为马酒。'"[1] 以马乳为酒，是宫廷高层消费生活初步接受草原游牧民族饮食文化的表现。

　　那么，农耕地区普通民众的饮食传统是否也会受到这种风习的影响呢？我们确实可以看到，有若干汉代文物资料可以说明"乳"作为饮食消费品也介入了汉地社会中下层民众的日常生活。

6.横山孙家园子"捋乳"画象

　　陕西横山孙家园子出土汉画象资料中，有"横山孙家园子墓室壁组合

1《汉书》，第1074—1075页、第729—730页。

画象"，可以看到挤牛奶和挤羊奶的画面。据研究者介绍，图象内容为"一牛一羊，两人跪于牛羊身后，地置一盆，手伸于牛羊腹下，正在挤奶"。这是我们看到的主题十分明确的挤奶图象。所谓"盆"，似广口钵状器皿。画面右端可见"一人拉马缰绳站立，马抬右后蹄朝后面一人腹部蹬去，此人被踢倒于地"。特别值得注意的是被踢倒者右手一侧有一器物，一同挤牛奶和挤羊奶者所使用的所谓"盆"。因此我们有理由推想被踢倒的人是要试图挤马奶。今人称作"挤奶"的动作，《齐民要术》写作"捋乳"。[1]

挤牛奶和挤羊奶画面左侧，"一人身着无领长袍，手提一柱状物，头略前俯；另一人头扎帻巾，右手托一盒形物，跪献于地"。所托"盒形物"，其实与挤奶者所用的"盆"是一样的。因此可以推知跪者向立者呈献的，很可能是牛奶或羊奶。立者挂杖，似是尊长，"头略前俯"，可能所注视的，正是盛在"盆"中的新鲜奶。

门额画面除体现畜牧业内容者外，又有"拜谒图"和"牛耕图"，而所有人物除习武者赤膊外，均着典型的汉人装束。可知所反映的是汉地边疆农牧兼营经济生活的面貌。

右侧立柱上端与挤马奶画面邻近处，有一所谓"身着无领宽衣，头戴牛首面具者，双肘弯于胸前，两腿叉开站立"。如果看作"牛首"，其牛角形状似乎可疑，看来颇似马耳。其形象或可理解为一正面的"马首人身"者。

结合汉代简牍资料和画象资料，可以认识当时表现于饮食生活方式的边地民族文化的融会和交流。"横山孙家园子墓室壁组合画象"，年代被判定为东汉时期。[2] 横山在上郡治所肤施西，属汉代北边，然而这里距真正的

---

1 《齐民要术》卷六《养羊》："作酪法：牛羊乳皆得。别作、和作随人意。""牛产三日，以绳绞牛项、颈，令遍身脉胀，倒地即缚，以手痛按乳核令破，以脚二七遍蹴乳房，然后解放。羊产三日，直以手按核令破，不以脚蹴。""核破脉开，捋乳易得。曾经破核后产者，不须复治。牛产五日外，羊十日外，羔、犊得乳力强健，能噉水草，然后取乳。捋乳之时，须人斟酌：三分之中，当留一分，以与羔、犊。若取乳太早，及不留一分乳者，羔、犊瘦死。"〔后魏〕贾思勰原著，缪启愉校释，缪桂龙参校：《齐民要术校释》，第 315 页。

2 汤池主编：《中国画像石全集》第 5 卷《陕西、山西汉画像石》，山东美术出版社、河南美术出版社 2000 年 6 月版，图版二三〇，第 174—175 页；图版说明第 63 页。据介绍，这组画象石"1992 年 3 月 10 日陕西省横山县党岔乡孙家园子收回，榆林地区文物管理委员会办公室藏"。

15-2 横山孙家园子墓室壁组合画象局部：挏羊乳、牛乳画面

15-3 横山孙家园子墓室壁组合画象局部：挏马乳画面

15-4 横山孙家园子墓室壁组合画象局部：奉呈尊长鲜乳画面

北边前沿朔方郡的高阙，直线距离已经接近四百公里。看来游牧族以"饮酪"[1]为典型特征的生活方式对汉地的影响，幅度已经相当广阔。[2]

---

1 《汉书》卷四九《晁错传》言匈奴习俗："胡貉之地""食肉而饮酪"，"胡人食肉饮酪"，第2284—2285页。《后汉书》卷九〇《乌桓传》也说乌桓"食肉饮酪"，第2979页。
2 王子今：《肩水金关简"马祺祝"祭品用"乳"考》，《金塔居延遗址与丝绸之路历史文化研究》，甘肃教育出版社2014年12月版。

赤帻

1. 甘谷简文"伍长守街治滞""著赤帻"

甘谷汉简如下简文涉及"街"的治安，说到"守街治滞"者"著赤帻"装束，值得我们注意：

> 广陵令解登、巨鹿鄃守长张建、广宗长□、□、福登令丞曹掾许敦、门下吏肜石、游徼龙进、
>
> 侯马徐、沙福亭长樊赦等，令宗室刘江、刘瑜、刘树、刘举等，著赤帻为伍长，守街治滞。谥　　　　　　　　　　　（正文）
>
> 弟十　　　　　　　　　　　　　　　　　　　　　（背文）[1]

研究者指出："根据同墓共存的灰陶罐上朱书文字，有'刘氏之泉''刘氏之冢'，乃知埋于东汉晚期的刘姓墓地。"[2]

"守街治滞"行为，可能与"街卒"职任有关。《后汉书》卷八一《独行列传·范式》记述范式和他的朋友孔嵩的故事，说到孔嵩的"街卒"身份。其中言及"县选嵩为导骑迎式"，李贤解释说："导引之骑。"[3]可知有仪仗意义。但是这种"导引"，其实也是一种交通管理的方式。《水经注》卷二二《淯水》也说到孔嵩"街卒"故事，清人赵一清《水经注释》卷三一解释"街卒"："古之所谓'驺唱'，唐人谓之'笼街''喝道'。"[4]也就是说，

1　张学正：《甘谷汉简考释》，甘肃省文物队、甘肃省博物馆编：《汉简研究文集》，甘肃人民出版社 1984 年 9 月版，第 90 页。

2　我们看到，对甘谷汉简进行初步研究的成果中，"考释"部分的释文，与"释文"部分略有不同。甚至格式亦有异。正面文字作："广陵令解登巨鹿鄃守长张建广宗长□□福登令丞曹掾许敦门下吏肜石游徼龙进侯马沙福亭长樊赦等令宗室刘江刘瑜刘树刘举等着赤帻为伍长守街治滞区"。张学正：《甘谷汉简考释》，《汉简研究文集》，第 85 页、第 106—108 页。

3　《后汉书》，第 2678 页。

4　〔清〕赵一清：《水经注释》，《水经注珍稀文献集成·第三辑》，巴蜀书社 2017 年 11 月版，第 489 页。参看王子今：《汉代"街卒"与都市交通秩序》，《古代文明》2012 年 4 期。

如后世交通管制、道路戒严、"肃静""回避"一类制度，是由"街卒"执行的。

所谓"著赤帻为伍长，守街治滞"之"著赤帻"装束，作为治安史和服饰史的新的信息，特别值得研究者重视。

思考并说明这一问题，可以参考汉景帝阳陵出土体现军人身份的陶俑的特殊头饰。

2. 阳陵出土兵俑装束及相关发现

阳陵从葬坑出土陶质士兵俑有额上束红色带状织物的实例。发掘者曾经解释为"陌额"："有一圈颜色鲜亮的朱红色绕过前额、两鬓和后脑勺，宽仅 2 厘米。在颜色上有经纬编织纹的痕迹，显然是丝织品腐朽后留下的残色所染。此物就是用作束敛头发的'陌额'。"[1]

这种特殊装束形式，其实很可能就是所谓"著赤帻"。

"著赤帻"者并非兵俑普遍装束，暗示其身份有特殊性，或许与甘谷汉简所谓"著赤帻为伍长"者有接近处。

徐州狮子山汉墓出土汉代兵俑头部也发现类似红色痕迹，应当也表现了同样的装饰样式。[2] 这种装束的士兵在军阵中的数量比例，或许可以与阳陵从葬坑进行比较。很可能所表现的军人身份是相近的。

咸阳杨家湾汉墓出土步兵俑的头饰，也有突出的红色束带状形式。[3] 由

16-1　甘谷汉简"著赤帻为伍长守街治滞"简文摹本

1　王学理：《阳陵汉俑——陶塑美的旋律》，陕西省考古研究所汉陵考古队编：《中国汉阳陵彩俑》，陕西旅游出版社 1992 年版，第 8 页。

2　徐州汉文化风景园林管理处、徐州楚王陵汉兵马俑博物馆编：《狮子山楚王陵》（葛明宇编著），南京出版社 2011 年 1 月版。

3　陕西省咸阳市文物局编：《咸阳文物精华》，文物出版社 2002 年 9 月版。

16-2　阳陵出土著赤帻俑

于发掘简报没有相关记述[1]，我们不清楚这种装束的士兵在俑阵中的数量和位置。当然也不排除这种可能，即此类士兵有接近"伍长"的身份。

西汉前期的同类发现，对于我们认识当时的军制史和服饰史，都是有积极意义的。

判断这种装束是否"赤帻"，需要考察相关礼俗制度及服饰演变的历史。

3. 著帻・冠帻・服帻・戴帻・摄帻

《汉书》卷五《景帝纪》："（元年）秋七月，诏曰：'吏受所监临，以饮食免，重；受财物，贱买贵卖，论轻。廷尉与丞相更议著令。'"颜师古

1　陕西省文管会、博物馆，咸阳市博物馆杨家湾汉墓发掘小组：《咸阳杨家湾汉墓发掘简报》，《文物》1977 年 10 期。

注引苏林曰："'著'音'著帻'之'著'。"[1]《三国志》卷三〇《魏书·东夷传》："（高句丽）大加主簿头著帻，如帻而无余，其小加著折风，形如弁。"[2]亦言"著帻"。

《后汉书》卷一二《彭宠传》："其妻数恶梦，又多见怪变。"李贤注："《东观记》曰：'梦赢祖冠帻，踊城，髡徒推之。'"[3]"冠"在这里作动词用，"冠帻"一如"著帻"。

《三国志》卷一《魏书·武帝纪》裴松之注引《曹瞒传》有一段关于曹操性情的描述："太祖为人佻易无威重，好音乐，倡优在侧，常以日达夕。被服轻绡，身自佩小鞶囊，以盛手巾细物，时或冠帢帽以见宾客。每与人谈论，戏弄言诵，尽无所隐，及欢悦大笑，至以头没杯案中，肴膳皆沾污巾帻，其轻易如此。"[4]"冠帢帽"的"冠"，也用作动词。下文所言被"肴膳"所"沾污"的"巾帻"，也是冠戴对象。

《续汉书·礼仪志上》："立春之日，夜漏未尽五刻，京师百官皆衣青衣，郡国县道官下至斗食令史皆服青帻，立青幡，施土牛耕人于门外，以示兆民。"是言"服""帻"之例。又如《续汉书·五行志六》刘昭注补引蔡邕上书曰："四年正月朔，日体微伤，群臣服赤帻，赴宫门之中，无救，乃各罢归。"也说"服赤帻"。[5]

《续汉书·舆服志下》："古者有冠无帻，其戴也，加首有颊，所以安物。"[6]则说"戴""帻"。

《后汉书》卷二〇《铫期传》记载："从击王郎将儿宏、刘奉于巨鹿下，期先登陷陈，手杀五十余人，被创中额，摄帻复战，遂大破之。"李贤注："摄犹正也。"[7]"摄帻"是予以整理的特殊动作。

1 颜师古持不同意见："苏音非也。'著'音'著作'之'著'，音竹箸反。"《汉书》，第140页。

2 《三国志》，第844页。

3 《后汉书》，第504—505页。

4 《三国志》，第54—55页。

5 《后汉书》，第3102、3370页。

6 《后汉书》，第3670页。

7 《后汉书》，第732页。

4.青帻·绿帻·黄帻·白帻·黑帻·绯帻

头饰的色彩往往标志身份。如"苍头青帻"。《汉书》卷七二《鲍宣传》："奈何独私养外亲与幸臣董贤,多赏赐以大万数,使奴从宾客浆酒霍肉,苍头庐儿皆用致富! 非天意也。"颜师古注引臣瓒曰:"《汉仪注》:'官奴给书计,从侍中已下为苍头青帻。'"[1]《史记》卷七《项羽本纪》:"异军苍头特起。"裴骃《集解》:"应劭曰:'苍头特起,言与众异也。苍头,谓士卒皁巾,若赤眉、青领,以相别也。'如淳曰:'魏君兵卒之号也。《战国策》魏有苍头二十万。'"司马贞《索隐》:"晋灼曰:'殊异其军为苍头,谓著青帽。"[2]

"帻"的颜色有时有特殊涵义。前引《续汉书·礼仪志上》"立春之日,……郡国县道官下至斗食令史皆服青帻",也说到"青帻"。又如《续汉书·祭祀志下》:"立春之日,皆青幡帻,迎春于东郭外。令一童男冒青巾,衣青衣,先在东郭外野中。"《续汉书·舆服志上》刘昭注补引贺循曰:"汉仪,亲耕青衣帻。"《续汉书·舆服志下》:"五郊,衣帻绔袜各如其色。""迎气五郊,各如其色。"[3]体现了当时的礼俗制度。

又有以"绿帻"标志"贱人"身份的情形。《汉书》卷六五《东方朔传》:"董君绿帻傅韝,随主前,伏殿下。"颜师古注:"绿帻,贱人之服也。"[4]

"黄帻"见于王莽故事。《汉书》卷九九下《王莽传下》:"或言黄帝时建华盖以登仙,莽乃造华盖九重,高八丈一尺,金瑵羽葆,载以秘机四轮车,驾六马,力士三百人黄衣帻,车上人击鼓,挽者皆呼'登仙'"。[5]

《续汉书·舆服志下》言"期丧""素帻"事。《后汉书》卷九《献帝纪》:"魏青龙二年三月庚寅,山阳公薨。自逊位至薨,十有四年,年

---

1 《汉书》,第 3089—3090 页。

2 《史记》,第 298—299 页。

3 《后汉书》,第 3204 页、第 3646 页、第 3664、3671 页。

4 《汉书》,第 2855—2856 页。

5 《汉书》,第 4169 页。

五十四，谥孝献皇帝。八月壬申，以汉天子礼仪葬于禅陵。"李贤注引《续汉书》言天子葬式，包括："公卿已下子弟凡三百人，皆素帻，委貌冠，衣素裳，挽。"所谓"素帻"，应是白色的"帻"。《续汉书·礼仪志下》言"丧事"制度，直接说"白帻"："皇后诏三公典丧事，百官皆衣白单衣，白帻……"[1]

《后汉书》卷七九上《儒林列传》："天子始冠通天。"李贤注："徐广《舆服杂注》曰：'天子朝，冠通天冠，高九寸，黑介帻，金薄山，所常服也。'"[2]《续汉书·舆服志上》刘昭注补引《晋公卿礼秩》曰："太傅、司空、司徒著进贤三梁冠，黑介帻。"[3]似可理解为有黑色的"帻"。

又《续汉书·舆服志下》刘昭注补引《汉旧仪》曰："凡斋，绀帻；耕，青帻；秋貙刘，服缃帻。"中华书局标点本"校勘记"："按：汲本、殿本'湘'作'绯'。"[4]可知当时或亦有"绯帻"存在于服饰制度中。

5."赤帻"的意义

《后汉书》卷一一《刘玄传》写道："侠卿为制绛单衣、半头赤帻……"李贤注："帻巾，所谓覆髻也。《续汉书》曰：'童子帻无屋，示未成人也。'半头帻即空顶帻也，其上无屋，故以为名。董仲舒《繁露》曰：'以赤统者，帻尚赤。'盆子承汉统，故用赤也。《东宫故事》曰：'太子有空顶帻一枚。'即半头帻之制也。"[5]言"赤帻"与"尚赤"观念有关，这是仅见的一例。

《续汉书·五行志六》言"熹平二年十二月癸酉晦，日有蚀之"，刘昭注补引蔡邕上书说到"群臣服赤帻，赴宫门之中，无救，乃各罢归"，已见

1 《后汉书》，第 391 页、第 3141 页。

2 《后汉书》，第 2545 页。

3 《后汉书》，第 3666 页。

4 《后汉书》，第 3670 页、第 3680 页。

5 《后汉书》，第 481 页。

前引，是"救""日蚀"时"服赤帻"的史例。《续汉书·礼仪志上》刘昭注补引《决疑要注》曰："凡救日食，皆著赤帻，以助阳也。日将食，天子素服避正殿，内外严。日有变，伐鼓闻音，侍臣著赤帻，带剑入侍，三台令史已上皆持剑立其户前，卫尉卿驱驰绕宫，察巡守备，周而复始。日复常，乃皆罢。"[1]说"赤帻"有"助阳"的作用，可以与董仲舒"赤统"之说联系起来思考。

在通常情况下，"赤帻"似乎被赋予另外的意义。

《续汉书·礼仪志中》关于"大傩""逐疫"仪式，有"侲子""皆赤帻"，而皇帝身边工作者同样"皆赤帻"的说法，应亦即"侍臣著赤帻"："先腊一日，大傩，谓之逐疫。其仪：选中黄门子弟年十岁以上，十二以下，百二十人为侲子。皆赤帻皂制，执大鼗。方相氏黄金四目，蒙熊皮，玄衣朱裳，执戈扬盾。十二兽有衣毛角。中黄门行之，冗从仆射将之，以逐恶鬼于禁中。夜漏上水，朝臣会，侍中、尚书、御史、谒者、虎贲、羽林郎将执事，皆赤帻陛卫。"[2]

《续汉书·礼仪志下》陈述"大丧"制度："校尉三百人，皆赤帻不冠，绛科单衣，持幢幡。候司马丞为行首，皆衔枚。"[3]

《续汉书·百官志五》刘昭注补引《汉官仪》："鼓吏赤帻行縢，带剑佩刀，持楯被甲，设矛戟，习射。"[4]

《续汉书·舆服志上》："公卿以下至县三百石长导从，置门下五吏、贼曹、督盗贼功曹，皆带剑，三车导；主簿、主记，两车为从。县令以上，加导斧车。公乘安车，则前后并马立乘。长安、雒阳令及王国都县加前后兵车，亭长，设右騑，驾两。璅弩车前伍伯，公八人，中二千石、二千石、六百石皆四人，自四百石以下至二百石皆二人。黄绶，武官伍伯，文官辟

---

1 《后汉书》，第3102页。

2 《后汉书》，第3127页。《后汉书》卷一〇上《皇后纪上·和熹邓皇后》："诏飨会勿设戏作乐，减逐疫侲子之半，悉罢象橐驼之属。"关于"侲子"，李贤注引《续汉书》："大傩，选中黄门子弟，年十岁以上，十二以下，百二十人为侲子。皆赤帻皂制，执大鼗。"第424—425页。

3 《后汉书》，第3145页。《后汉书》卷九《献帝纪》李贤注引《续汉书》言天子葬式，包括："校尉三人，皆赤帻，不冠，持幢幡，皆衔枚。"第391页。

4 《后汉书》，第3624页。

车。铃下、侍阁、门兰、部署、街里走卒，皆有程品，多少随所典领。驿马三十里一置，卒皆赤帻绛韝云。"[1] 这里说到"街里走卒"即李贤所谓"伍伯之类也"著"赤帻"[2]，与甘谷汉简提供的信息是一致的。

《后汉书》卷六三《杜乔传》记载，杜乔死狱中，"乔故掾陈留杨匡闻之，号泣星行到洛阳，乃著故赤帻，托为夏门亭吏，守卫尸丧，驱护蝇虫，积十二日，都官从事执之以闻。梁太后义而不罪。匡于是带鈇锧诣阙上书，并乞李、杜二公骸骨。太后许之。成礼殡殓，送乔丧还家，葬送行服，隐匿不仕"。[3] 说"亭吏""著""赤帻"，其身份和职任或许与"街卒"有类似处。

据《续汉书·舆服志下》，"帻"的使用，不同历史时期有所变化："古者有冠无帻，其戴也，加首有颏，所以安物。故《诗》曰'有颏者弁'，此之谓也。三代之世，法制滋彰，下至战国，文武并用。秦雄诸侯，乃加其武将首饰为绛袙，以表贵贱，其后稍稍作颜题。汉兴，续其颜，却摞之，施巾连题，却覆之，今丧帻是其制也。名之曰帻。帻者，赜也，头首严赜也。至孝文乃高颜题，续之为耳，崇其巾为屋，合后施收，上下群臣贵贱皆服之。文者长耳，武者短耳，称其冠也。尚书帻收，方三寸，名曰纳言，示以忠正，显近职也。迎气五郊，各如其色，从章服也。皁衣群吏春服青帻，立夏乃止，助微顺气，尊其方也。武吏常赤帻，成其威也。未冠童子帻无屋者，示未成人也。入学小童帻也句卷屋者，示尚幼少，未远冒也。丧帻却摞，反本礼也。升数如冠，与冠偕也。期丧起耳有收，素帻亦如之，礼轻重有制，变除从渐，文也。"[4]

《后汉书》卷三八《法雄传》："永初三年，海贼张伯路等三千余人，冠

1 《后汉书》，第 3651 页。

2 《后汉书》卷五八《虞诩传》："永平、章和中，州郡以走卒钱给贷贫人。"李贤注："走卒，伍伯之类也。《续汉志》曰：'伍伯，公八人，中二千石六人，千石、六百石皆四人，自四百石以下至二百石皆二人。黄绶。武官伍伯，文官辟车。铃下、侍阁、门兰、部署、街里走卒，皆有程品，多少随所典领，率皆赤帻绛韝。'即今行鞭杖者也。此言钱者，令其出资钱，不役其身也。"第 1872 页。

3 《后汉书》，第 2094 页。

4 《后汉书》，第 3670—3671 页。

赤帻，服绛衣，自称'将军'，寇滨海九郡，杀二千石令长。"《后汉书》卷八六《南蛮传》："（安帝元初三年）零陵蛮羊孙、陈汤等千余人，著赤帻，称将军，烧官寺，抄掠百姓。"[1]《三国志》卷四六《吴书·孙坚传》："坚移屯梁东，大为卓军所攻，坚与数十骑溃围而出。坚常著赤罽帻，乃脱帻令亲近将祖茂著之。卓骑争逐茂，故坚从间道得免。茂困迫，下马，以帻冠冢间烧柱，因伏草中。卓骑望见，围绕数重，定近觉是柱，乃去。"[2]也都应看作武装人员使用"赤帻"的史例。

所谓"秦雄诸侯，乃加其武将首饰为绛袙"，所谓"武吏常赤帻，成其威也"，都是我们讨论"赤帻"问题时必须予以关注的。

《续汉书·舆服志下》刘昭注补引《独断》曰："帻，古者卑贱执事不冠者之所服也。董仲舒《止雨书》曰'执事者皆赤帻'，知不冠者之所服也。"[3]"赤帻"起初又体现底层"卑贱执事"身份，也特别值得注意。

西安南郊西汉墓出土的彩绘男俑，有表现"赤帻"的彩饰。[4]可以看作"帻，古者卑贱执事不冠者之所服也"的文物实证。

6. "帻"与"冠""巾""盖"

有一种意见以为，"帻"是"冠"下的头饰。[5]"帻"的使用的历史变易，也许可以通过若干史例有所澄清。

《续汉书·舆服志下》刘昭注补引《独断》曰："元帝額有壮发，不欲使人见，始进帻服之，群臣皆随焉。然尚无巾，故言'王莽秃，帻施屋'。冠进贤者宜长耳，冠惠文者宜短耳，各随其宜。"[6]

1 《后汉书》，第 1277 页、第 2833 页。

2 《三国志》，第 1096 页。

3 《后汉书》，第 3671 页。

4 西安市文物保护考古研究院：《西安南郊西汉墓发掘简报》，《文物》2012 年 10 期。

5 参看孙机：《汉代物质文化资料图说》，第 230—232 页。

6 《后汉书》，第 3671 页。

　　《后汉书》卷一上《光武帝纪上》："更始将北都洛阳，以光武行司隶校尉，使前整修宫府。于是置僚属，作文移，从事司察，一如旧章。时三辅吏士东迎更始，见诸将过，皆冠帻，而服妇人衣，诸于绣镼，莫不笑之，或有畏而走者。及见司隶僚属，皆欢喜不自胜。老吏或垂涕曰：'不图今日复见汉官威仪！'由是识者皆属心焉。"关于"冠帻"，李贤注："《汉官仪》曰：'帻者，古之卑贱不冠者之所服也。'《方言》曰：'覆髻谓之帻，或谓之承露。'"[1] 所谓"旧章"，所谓"汉官威仪"，似体现时人面对时"莫不笑之，或有畏而走"之情形，其实体现了汉代较早礼俗规范。《汉书》卷二七中之上《五行志中之上》写道："成帝鸿嘉、永始之间，好为微行出游，选从期门郎有材力者，及私奴客，多至十余，少五六人，皆白衣袒帻，带持刀剑。或乘小车，御者在茵上，或皆骑，出入市里郊野，远至旁县。"[2] 对于所谓"袒帻"，颜师古注："袒帻，不加上冠。"

　　《汉官仪》所谓"帻者，古之卑贱不冠者之所服也"，体现"帻"和"冠"的关系，说明社会下层人们是"帻"而"不冠"的。体现有些特殊情况下"百官"也同样"帻"而"不冠"的例证，还有《续汉书·礼仪志下》："皇后诏三公典丧事，百官皆衣白单衣，白帻，不冠。"当然这是参与"丧事"时的异常情形。

　　《后汉书》卷二四《马援传》说到刘秀接见马援时"简易"情形，是"但帻坐"："建武四年冬，（隗）嚣使援奉书洛阳。援至，引见于宣德殿。世祖迎笑谓援曰：'卿遨游二帝间，今见卿，使人大惭。'援顿首辞谢，因曰：'当今之世，非独君择臣也，臣亦择君矣。臣与公孙述同县，少相善。臣前至蜀，述陛戟而后进臣。臣今远来，陛下何知非刺客奸人，而简易若是？'"李贤注："《东观记》曰'援初到，敕令中黄门引入，时上在宣德殿南庑下，但帻坐'，故云'简易'也。"[3] 此言"简易"，似不符合通常习惯。《后汉书》卷二八上《冯衍传上》："幅巾降于河内。"也是类似情形。李贤

1《后汉书》，第9—10页。

2《汉书》，第1368页。

3《后汉书》，第830页。

注："不加冠帻，但以一幅巾饰首而已。"[1]

《后汉书》卷三四《梁冀传》说梁冀妻孙寿"色美而善为妖态，……埤帻，狭冠"。李贤注："埤，下也。"[2]"冠"与"帻"共同使用，应是东汉普遍情形。《后汉书》卷五四《杨赐传》："拜太常，诏赐御府衣一袭，自所服冠帻绶，玉壶革带，金错钩佩。"[3]也说明了这样的事实。《后汉书》卷七〇《孔融传》："融为九列，不遵朝仪，秃巾微行，唐突宫掖。"所谓"秃巾"，李贤注："谓不加帻。"[4]则说大约东汉时代"帻"和"巾"的配用已成常制。

《三国志》卷五五《吴书·周泰传》裴松之注引《江表传》曰："权把其臂，因流涕交连，字之曰：'幼平，卿为孤兄弟战如熊虎，不惜躯命，被创数十，肤如刻画，孤亦何心不待卿以骨肉之恩，委卿以兵马之重乎！卿吴之功臣，孤当与卿同荣辱，等休戚。幼平意快为之，勿以寒门自退也。'即敕以已常所用御帻青缣盖赐之。"[5]所谓"御帻青缣盖"，说明武人使用的"帻"亦与"盖"形成相互结合的关系。《后汉书》卷八五《东夷列传·高句丽》："大加、主簿皆著帻，如冠帻而无后；其小加著折风，形如弁。"[6]这种"著帻"又"加著"其他形式头饰的情形，在阳陵出土兵俑个别形象或许可以看到历史的先声。[7]

而通常的情形，当如《咸阳杨家湾汉墓发掘简报》中"四号墓随葬坑中出土陶俑头巾和发式示意图"中的第三种[8]，是没有其他"加著"形式的。

1《后汉书》，第 975—976 页。

2《后汉书》，第 1180 页。

3《后汉书》，第 1783—1784 页。

4《后汉书》，第 2278 页。

5《三国志》，第 1288 页。

6《后汉书》，第 2813 页。

7 陕西省考古研究所汉陵考古队编：《中国汉阳陵彩俑》，陕西旅游出版社 1992 年版。

8 陕西省文管会、博物馆，咸阳市博物馆杨家湾汉墓发掘小组：《咸阳杨家湾汉墓发掘简报》，《文物》1977 年 10 期。

7. 关于"陌额""抹额"

宋代学者程大昌《演繁露》卷一二"冒絮"条写道："薄太后以冒絮提文帝。晋灼曰：《巴蜀异志》谓头上巾为冒絮。冒音陌。颜师古曰：老人以覆其头。应劭曰：陌额絮也。详其所用，当是以絮为巾，蒙冒老者颡额也。冒之义，如冒犯锋刃之冒，其读如墨，则与陌音冒义皆相近矣。《汉官旧仪》：皇后亲蚕丝絮，自祭服神服外，皇帝得以作缕缝衣，皇后得以作巾絮而已。以絮为巾，即冒絮矣。北方寒，故老者絮蒙其头，始得温暖。地更入北，则塞外貂冠狼头帽，皆其具矣。"[1] 应劭"陌额絮"的说法，他处未见。这可能是最早的有关"陌额"的文字，然而未详出处。

清代学者陈元龙《格致镜原》卷一四《冠服类二》"巾"条也写道："《庶物异名疏》：冒絮，巾名。汉薄太后以冒絮提文帝。晋灼曰：《巴蜀异物志》以头上巾为冒絮。应劭谓陌额絮。颜师古云：冒，覆也。老人所以覆其头也。"[2] 又卷四一"盔附抹额"条："抹额，《二仪实录》：禹娶涂山，夕，雷电中有甲卒千人，无甲者红绢抹额，云海神来朝。始皇至海上，有神朝，皆抹额、绯衫、大口袴侍卫，后为军容。"[3]

所谓"抹额"与"盔"的关系，所谓"无甲者红绢抹额"以及"抹额""为军容"的说法，与我们讨论的"武吏常赤帻，成其威也"的情形可以联系起来理解。就此还可以关注"秦雄诸侯，乃加其武将首饰为绛袙"[4] 的说法。大概"赤帻"和"陌额""抹额"颇多近似之处。然而"陌额""抹额"之说似盛起于晚代，言汉初文化现象，可能仍以采用见于汉代简牍文字的，当时更为明确的语汇为好。因此我们建议定义阳陵兵俑额上红色带状标饰，可采用"赤帻"的说法。[5]

---

1 〔宋〕程大昌撰，许逸民校证：《演繁露校证》，中华书局 2018 年 12 月版，第 834 页。

2 〔清〕陈元龙：《格致镜原》，《景印文渊阁四库全书》，第 1031 册第 178 页。

3 〔清〕陈元龙：《格致镜原》，《景印文渊阁四库全书》，第 1031 册第 625 页。

4 "绛袙"，孙机《汉代物质文化资料图说》引作"绛帕"。第 230 页。

5 王子今：《说甘谷汉简"著赤帻为伍长守街治滞"——以汉阳陵兵俑为对证》，《汉阳陵与汉文化研究》第 2 辑，三秦出版社 2012 年 12 月版。

襁褓

1."襁褓"名义

《史记》卷三《殷本纪》记载:"(伊尹)从汤,言素王及九主之事。汤举任以国政。"所谓"九主",裴骃《集解》:"刘向《别录》曰:'九主者,有法君、专君、授君、劳君、等君、寄君、破君、国君、三岁社君,凡九品,图画其形。'"司马贞《索隐》解释其中的"三岁社君":"三岁社君,谓在襁褓而主社稷,若周成王、汉昭、平等是也。"[1]说到了婴儿衣被"襁褓"。然而《史记》卷三三《鲁周公世家》记述"周成王"故事,写作"强葆":"……其后武王既崩,成王少,在强葆之中。周公恐天下闻武王崩而畔,周公乃践阼代成王摄行政当国。……"司马贞《索隐》解释"强葆"语义:"强葆即'襁褓',古字少,假借用之。"张守节《正义》:"强,阔八寸,长八尺,用约小儿于背而负行。葆,小儿被也。"[2]又《史记》卷一一一《卫将军骠骑列传》记载,卫青率部大破匈奴右贤王,"获匈奴王十有余人",汉武帝诏:"益封青六千户。"又"封青子伉为宜春侯,青子不疑为阴安侯,青子登为发干侯"。"青固谢曰:'臣幸得待罪行间,赖陛下神灵,军大捷,皆诸校尉力战之功也。陛下幸已益封臣青。臣青子在繦褓中,未有勤劳,上幸列地封为三侯,非臣待罪行间所以劝士力战之意也。伉等三人何敢受封!'"对于"繦褓",张守节《正义》则"繦"写作"襁":"襁,长尺二寸,阔八寸,以约小儿于背。褓,小儿被也。"[3]《后汉书》卷三七《桓郁传》:"昔成王幼小,越在襁保,周公在前,史佚在后,太公在左,召公在右。中立听朝,四圣维之。"李贤注也说:"襁,络也;保,小儿被也。

---

1 《史记》,第94—95页。

2 《史记》,第1518页。

3 《史记》,第2926页。

'保'当作'褓'，古字通也。"[1]

"襁褓"作为物质生活的特殊存在，是表现婴儿人生阶段的文化代号。《汉书》卷八《宣帝纪》："曾孙虽在襁褓，犹坐收系郡邸狱。"颜师古注："李奇曰：'襁，络也，以缯布为之，络负小儿。褓，小儿大藉也。'孟康曰：'褓，小儿被也。'师古曰：'襁即今之小儿绷也。褓，孟说是也。襁音居丈反。褓音保。绷音补耕反。'"[2]《后汉书》卷五五《章帝八王传·清河孝王庆》："邓太后以殇帝襁抱，远虑不虞"，李贤注也写道："襁以缯帛为之，即今之小儿绷也。绷音必衡反。"[3]颜师古和李贤说到的"今之小儿绷"，以唐代婴儿用物解说汉代史迹象。所谓"小儿绷""小儿被""小儿大藉"等说，都切中"小儿"的人生阶段。

关于"褓"的知识又见于更早的历史记录。如《史记》卷四三《赵世家》记录著名的"赵氏孤儿"故事，也说到"葆"："赵朔妻成公姊，有遗腹，走公宫匿。赵朔客曰公孙杵臼，杵臼谓朔友人程婴曰：'胡不死？'程婴曰：'朔之妇有遗腹，若幸而男，吾奉之；即女也，吾徐死耳。'居无何，而朔妇免身，生男。屠岸贾闻之，索于宫中。夫人置儿绔中，祝曰：'赵宗灭乎，若号；即不灭，若无声。'及索，儿竟无声。已脱，程婴谓公孙杵臼曰：'今一索不得，后必且复索之，奈何？'公孙杵臼曰：'立孤与死孰难？'程婴曰：'死易，立孤难耳。'公孙杵臼曰：'赵氏先君遇子厚，子强为其难者，吾为其易者，请先死。'乃二人谋取他人婴儿负之，衣以文葆，匿山中。程婴出，谬谓诸将军曰：'婴不肖，不能立赵孤。谁能与我千金，吾告赵氏孤处。'诸将皆喜，许之，发师随程婴攻公孙杵臼。杵臼谬曰：'小人哉程婴！昔下宫之难不能死，与我谋匿赵氏孤儿，今又卖我。纵不能立，而忍卖之乎！'抱儿呼曰：'天乎天乎！赵氏孤儿何罪？请活之，独杀杵臼可也。'诸将不许，遂杀杵臼与孤儿。诸将以为赵氏孤儿良已死，皆喜。然赵氏真孤乃反在，程婴卒与俱匿山中。"关于所谓"衣以文葆"，裴

---

1 《后汉书》，第 1256 页。

2 《汉书》，第 235 页。

3 《后汉书》，第 1803 页。

骃《集解》："徐广曰：'小儿被曰褓。'"[1] 张守节《正义》所谓"褓，小儿被也"，与徐广所谓"小儿被曰褓"，是一致的。汉代画象中可见"赵氏孤儿"故事的艺术表现。武斑祠第八石第二层榜题："程婴杵臼，赵朔家臣。下宫之难，赵武始娠。屠颜购孤，诈抱他人。臼与并殪，婴辅武存。"[2] 概要说明了故事原委。画面中没有程婴形象。另一幅图赵朔夫人怀抱婴儿方向相反。画面"襁褓"形制并不明朗。而这一著名故事所谓"取他人婴儿负之"情节，也说到了"负小儿""约小儿于背而负行"的形式。

2. "襁"的形制

前引《史记》卷三三《鲁周公世家》张守节《正义》所谓"强"即"襁""阔八寸，长八尺"之说，提供了关于其具体形制的信息。而《史记》卷一一一《卫将军骠骑列传》张守节《正义》又说："襁，长尺二寸，阔八寸，以约小儿于背。褓，小儿被也。"同出于张守节《正义》，而"襁""阔八寸，长八尺"与"襁，长尺二寸，阔八寸"异，值得我们注意。

《三国志》卷一一《魏书·凉茂传》裴松之注引《博物志》："襁，织缕为之，广八寸，长尺二，以约小儿于背上，负之而行。"[3] 其说与《史记》卷一一一《卫将军骠骑列传》张守节《正义》一致。

推想"襁，长尺二寸，阔八寸"或说"襁，织缕为之，广八寸，长尺二"，大概是包扎好的"襁褓"的通常形制。而"阔八寸，长八尺"，所谓"长八尺"，约184.8厘米[4]，可能是"以约小儿于背"，"以约小儿于背上"的带状织物即所谓"织缕为之"的"强"亦即"襁"的总长度。

---

1 《史记》，第 1783—1784 页。

2 朱锡禄编著：《武氏祠汉画像石》，山东美术出版社 1996 年 12 月版，第 128—129 页。

3 《三国志》，第 339 页。

4 丘光明论汉代尺度，指出："纵贯两汉 400 余年，尺度应该说是基本保持统一的。两汉和新莽每尺平均长为 23.2 和 23.09 厘米，二者相差甚微，考虑到数据的一惯性，故厘定为 23.1 厘米。"丘光明编著：《中国历代度量衡考》，科学出版社 1992 年 8 月版，第 55 页。

3.汉代文物资料"负子"劳作形象所见"襁褓"

古代文物可见以"子母"为组合者。[1] 这种"子母"主题的艺术品中，有表现"负雏"禽鸟形象的画作。[2] 史籍或称类似情形为"负子"。《后汉书》卷七九上《儒林传上·刘昆》说弘农虎患严重，"崤、黾驿道多虎灾，行旅不通。昆为政三年，仁化大行，虎皆负子度河"。[3] 而"负子"，也是人类行为。《墨子·七患》写道："今有负其子而汲者，队其子于井中，其母必从而道之。""队"毕沅注："此'坠'正字。《说文》云：'队，从高队也。'"苏时学解释"从而道之"："道与导同，谓引也。"[4] 说"负其子而汲"而发生危害"其子"的意外，"其母"必然立即营救。"负其子而汲"，应当是常见的劳作方式。

劳作时"负子"，也在汉代画象资料中有所反映。重庆忠县乌杨镇挑水沟汉墓出土的负婴儿于背的形式，可能反映了"四川、重庆地区汉代民间的习俗"。据描述，"母亲背上背一小儿，小儿着双尖帽，下巴搭于母亲右肩，向前张望，右手探至母亲胸侧，手握树叶形长柄玩具。俑背部中间有圆状突起，似为背篼之类，隐约可见组带自背后系结于母亲胸前，其左右两手分别抓着组带一头，组带多余部分垂于腰间。母亲俑身着右衽交领博袖长衣，头梳双髻，双脚微分，直立作悠闲安舒状"。四川新津东汉墓出土的一件"背儿捧箕女俑"，两手平端一箕，"似在簸扬"，"背上用布袋背一小儿，小儿紧贴在母亲背部中间，两手紧扶在母亲肩上"。这种"缚子于

1　宋徐兢撰《宣和奉使高丽图经》关于朝鲜半岛的"器皿"，说到银铸"子母兽炉"。《景印文渊阁四库全书》，第 593 册第 882 页。

2　《宣和画谱》卷一五《花鸟一》"梅行思"条："梅行思，不知何许人也，能画人物、牛马，最工于鸡，以此知名。世号曰'梅家鸡'。"著录梅行思作品，包括：《蜀葵子母鸡图》三……《引雏鸡图》五，《子母鸡图》三……《负雏鸡图》一……"《景印文渊阁四库全书》，第 813 册第 160 页。"负雏鸡"，见于清人厉鹗词作《换巢鸾凤·张东园送洋鸡一双赋此报之》："……帻染蛮砂，尾梢蜃雨，特地移窠分送。我已无心舞春宵，负雏看啄苔阶缝。凭丹青，唤梅家，写伊飞动。"〔清〕厉鹗著，〔清〕董兆熊注，陈九思标校：《樊榭山房集》续集卷九《词甲》，上海古籍出版社 1992年 6 月版，第 1648 页。

3　《后汉书》，第 2550 页。

4　〔清〕孙诒让著，孙以楷点校：《墨子间诂》，第 27 页。

17-1 新津出土负子持箕女俑

17-2 长沙陈家大山十九号墓出土哺乳俑

17-3 山东省博物馆藏抱童石俑

背"的"负子俑"，体现在行走或劳作时兼而照料婴儿的情形。[1]有学者分析说："新津县出土的妇女揹儿捧箕俑，母亲背上用布袋揹一幼儿，双手捧一大箕，形象简略，却生动地反映了当时农村妇女的生活重负。"[2]

所谓"母亲背上用布袋揹一幼儿"的"布袋"，其实是"襁褓"的形式之一。所谓"组带自背后系结于母亲胸前"的"组带"，或许可以帮助我们理解古籍所见"襁，织缕为之"，"以约小儿于背上，负之而行"等描述。

4. "襁褓" "覆煖之"

其实，"襁褓"的作用除了方便"络""负"以固定其位置而外，首先有保暖意义，即《博物志》所谓"覆煖之"。《博物志》卷七《异闻》："《徐偃王志》云：徐君宫人娠而生卵，以为不祥，弃之水滨。独孤母有犬名鹊苍，猎于水滨，得所弃卵，衔以东归。独孤母以为异，覆煖之，遂蚨成儿。"[3]《太平御览》卷三六〇引《博物志》也有"覆燸之，遂蚨成儿"情节。[4]《太平御览》卷九〇四引《徐偃王志》作"覆煖之，弗蚨卹成小儿"。[5]《水经注》卷八《济水》："刘成国《徐州地理志》云徐偃王之异，言：徐君宫人娠而生卵，以为不祥，弃之于水滨。孤独母有犬，名曰鹊仓，猎于水侧，得弃卵。衔以来归。孤独母以为异，覆煖之，遂成儿。生时偃，故以为名。徐君宫中闻之，乃更录取。长而仁智，袭君徐国。后鹊仓临死生角，

1　刘兴林：《重庆忠县汉墓出土的顶罐俑和负子俑》，《东南文化》2008 年 6 期。中国美术全集编委会：《中国美术全集·雕塑编》第 2 卷《秦汉雕塑》，人民美术出版社 1985 年版，图一一一。

2　刘兴珍：《东汉时期的雕塑艺术》，中国美术全集编委会：《中国美术全集·雕塑编》第 2 卷《秦汉雕塑》，第 25 页。

3　范宁校记："案'蚨'，《稗海》本作'沸'，误，当作'烰'。《说文》：'烰，烝也。'其本字应为'孚'，从爪子。徐错曰：'鸟裒恒以爪反复其卵也。'是其证。"〔晋〕张华著，范宁校证：《博物志校证》，中华书局 1980 年 1 月版，第 84 页、第 89 页。唐子恒校记："蚨，四库本作'沸'。"〔晋〕张华著，唐子恒点校：《博物志》，第 85 页。

4　〔宋〕李昉等撰：《太平御览》，第 1660 页。"覆燸之"，文渊阁四库全书本作"覆煖之"。

5　〔宋〕李昉等撰：《太平御览》，第 4008 页。文渊阁四库全书本作"覆煖之，弗乳而成人"。

17-4　阳关博物馆藏汉代婴儿棺

而九尾，实黄龙也。"[1] 又写作"覆煖之"。

　　婴儿体弱，反应较迟钝，皮肤细嫩，又不具备表达能力，缺乏避害自卫意识。除保暖维护正常体温之外，"襁褓"对于婴儿有多方面保护的作用，因而在其生命进程中，有重要的保护意义。

5. 汉代"小儿"墓葬"襁褓"遗存

　　甘肃敦煌阳关博物馆收藏儿童木棺两件，为原木剖凿而成。一件空置，一件内有织品包裹的婴儿尸骨。埋葬时木棺外裹草席。大野荒沙中夭折儿童的简陋墓葬，内中埋葬的是当年父母掌中的爱子。汉代文人悼夭赋文代表作可见《艺文类聚》卷三四引曹植《金瓠哀辞》[2]："在襁褓而抚育，向孩

17-5　若羌博物馆藏儿童木乃伊 1

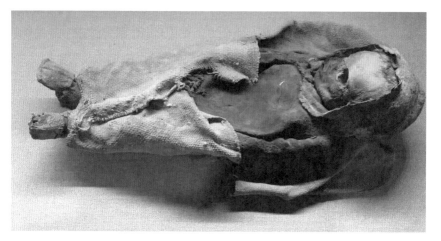

17-6　若羌博物馆藏儿童木乃伊 2

笑而未言。不终年而夭绝，何负罚于皇天。信吾罪之所招，悲弱子之无譬。去父母之怀抱，灭微骸于粪土。天地长久，人生几时？先后无觉，从尔有期。"这篇为哀悼尚"未能言"，"生十九旬而夭折"之"首女"的悲痛文辞，所谓"在襁褓而抚育"，"灭微骸于粪土"[1]，读来可以帮助我们理解这件文物所寄托未成年墓主其父母的深切哀思。而"未言"即未能具备语言能

1〔唐〕欧阳询撰，汪绍楹校：《艺文类聚》，第 607—608 页。

力时即"夭绝"的命运，确实令亲人哀痛。

这件儿童木棺所见婴儿尸身包裹形式，提供了当时实用"襁褓"的具体的文物资料。

新疆若羌博物馆藏儿童木乃伊，是西域地方未成年人葬式的文物遗存。丝绸之路上儿童死后安葬形式，可以得到说明。当地民族构成，或是婼羌人，或是鄯善人，也可能是当时中原称作"南羌"的部族或部族联盟。这些夭折儿童死后往往都用织物包裹。新疆楼兰城郊平台墓地的发掘收获，可见："纺织品：素绢1件（MA2：2）。双幅联缀。单幅宽37、长24厘米。两边各缀一条素色丝带。带长26、宽5厘米。出土时包裹在MA2小孩的头上。"[1] 这些资料，儿童生长或许已经超过现今所谓"婴儿"的生命阶段。所发现的织物大概难以说明"襁褓"的形制，不过，参考价值还是值得重视的。

其他考古发现，如出土数量相当多的汉代儿童瓮棺葬遗存，假若考古学者工作认真细致，或许可以获得保存稍好的"襁褓"的考察条件。

6. "襁褓""负子"与"襁负"行走

前引李奇说："襁，络也，以缯布为之，络负小儿。褓，小儿大藉也。""襁褓"的组合，在于便于"负"。所谓"约小儿于背"以及"约小儿于背而负行"，"约小儿于背上，负之而行"情形，体现了当时常见的"负子"方式。而赵氏孤儿故事"取他人婴儿负之，衣以文葆"，应该也使用了"络负小儿"，"约小儿于背"的"负行"方式。

民众移居，长幼相携，也往往"负子"而行。《论语·子路》："樊迟请学稼，子曰：'吾不如老农。'请学为圃，曰：'吾不如老圃。'樊迟出，子曰：'小人哉樊须也！上好礼则民莫敢不敬。上好义则民莫敢不服。上

1　新疆楼兰考古队：《楼兰城郊古墓群发掘简报》，《文物》1988年7期。

好信则民莫敢不用情。夫如是，则四方之民襁负其子而至矣；焉用稼？'"[1]
以为能坚持"礼""义""信"，那么"四方之民襁负其子而至矣"，都会倾
心归顺。这是将"学稼""学圃"与行政对立起来的论说，提出了"上好
礼""好义""好信"则可以收获人心，必然远远超过"稼""圃""小人"
经营的政治文化原则。而"襁负"成为这种比较中的典型性表现，是很有
意思的事。《史记》卷六七《仲尼弟子列传》："樊迟请学稼，孔子曰：'吾
不如老农。'请学圃，曰：'吾不如老圃。'樊迟出，孔子曰：'小人哉樊须
也！上好礼，则民莫敢不敬；上好义，则民莫敢不服；上好信，则民莫敢
不用情。夫如是，则四方之民襁负其子而至矣，焉用稼！'"对于"襁负"
的"襁"，裴骃《集解》解释说："负子之器曰襁。"[2]

"襁负其子"或只说"襁负"，在许多情况下被作为政治文化现象出现
在行政史记录和政论文字中。

《论语·子路》载孔子语，就是典型例证。又《后汉书》卷五一《陈
龟传》："文王西伯，天下归之。"李贤注引《帝王世纪》曰："西伯至仁，
百姓襁负而至。"[3]《三国志》卷二《魏书·文帝纪》裴松之注引《魏略》载
王自手笔令曰："吾闻凤沙之民自缚其君以归神农，豳国之众襁负其子而
入丰、镐，斯岂驱略迫胁之所致哉？乃风化动其情而仁义感其衷，欢心内
发使之然也。"[4]又《三国志》卷六《魏书·刘表传》裴松之注引司马彪《战
略》载蒯越语："君诛其无道，抚而用之。一州之人，有乐存之心，闻君盛
德，必襁负而至矣。"[5]《后汉书》卷七四下《刘表传》："使君诛其无道，施
其才用，威德既行，襁负而至矣。"[6]《三国志》卷七《魏书·陈登传》裴松

1　杨树达著：《论语疏证》，上海古籍出版社 1986 年 2 月版，第 306—307 页。程树德《考异》：
"旧文'襁'为'緥'。《释文》：'緥'又作'褓'，同。"《考证》："翟氏《考异》《说文》：'緥，
褓颡也。褓，负儿衣也。'緥负正当作'襁'。《史记》用字各不同，《弟子传》'襁负其子'，与今
本《论语》同作'襁'字。"程树德撰，程俊英、蒋见元点校：《论语集释》，中华书局 1990 年 8
月版，第 898 页。

2　《史记》，第 2215 页。

3　《后汉书》，第 1693—1694 页。

4　《三国志》，第 61 页。

5　《三国志》，第 211—212 页。

6　《后汉书》，第 2420 页。

之注引《先贤行状》："迁登为东城太守。广陵吏民佩其恩德，共拔郡随登，老弱襁负而追之。"[1]《三国志》卷一一《魏书·凉茂传》记载："时泰山多盗贼，以茂为泰山太守，旬月之间，襁负而至者千余家。"[2]又《三国志》卷一一《魏书·王烈传》："曩遭王道衰缺，浮海遁居，大魏受命，则襁负而至，斯盖应龙潜升之道，圣贤用舍之义。"[3]《三国志》卷一三《魏书·华歆传》也写道："苟圣化日跻，远人怀德，将襁负而至。"[4]《三国志》卷二三《魏书·杨俊传》："恩德流著，殊邻异党，襁负而至。"[5]《三国志》卷二五《魏书·杨阜传》："阜威信素著，……徙郡小槐里，百姓襁负而随之。"[6]《三国志》卷四三《蜀书·张嶷传》："民夷恋慕，扶毂泣涕，过旄牛邑，邑君襁负来迎，及追寻至蜀郡界，其督相率随嶷朝贡者百余人。"[7]《三国志》卷五八《吴书·陆抗传》裴松之注引《汉晋春秋》："羊祜恢大同之略，思五兵之则，齐其民人，均其施泽，振义网以罗强吴，明兼爱以革暴俗，易生民之视听，驰不战乎江表。故能德音悦畅，而襁负云集，殊邻异域，义让交弘，自吴之遇敌，未有若此者也。"[8]《三国志》卷六一《吴书·陆凯传》："此犹鱼鳖得免毒螫之渊，鸟兽得离罗网之纲，四方之民襁负而至矣。"[9]《后汉书》卷八六《西南夷传·莋都》："襁负老幼，若归慈母。"[10]所谓"襁负而至"，由自孔子言"襁负其子而至"。而"襁负而追之"，"襁负而随之"，"襁负来迎""追寻"，以及"襁负云集"，"襁负""若归慈母"等等，已经成为"德""泽"宣传的习用语。文物资料可见《曹全碑》："惠政之流，甚于置邮。百姓襁负，反者如云。"[11]高文注："《孟子·公孙丑上》：'德之流

1《三国志》，第 230 页。
2《三国志》，第 338 页。
3《三国志》，第 356 页。
4《三国志》，第 405 页。
5《三国志》，第 663 页。
6《三国志》，第 704 页。
7《三国志》，第 1054 页。
8《三国志》，第 1358 页。
9《三国志》，第 1402 页。
10《后汉书》，第 2855 页。
11 高文著：《汉碑集释》，河南大学出版社 1997 年 11 月版，第 474 页。

行，速于置邮二传命。'""繦借为'襁'。《说文》襁，'负儿衣也。'"[1]

以上多例，都是说"襁负"之"追""归""随"，即体现出执政长官的行政风格的亲和。另外，相反则又有"襁负流散"情形，如《后汉书》卷六五《皇甫规传》："江湖之人，群为盗贼，青、徐荒饥，襁负流散。"[2]《后汉书》卷一三《隗嚣传》记载，隗嚣"移檄告郡国"，有"申命百姓，各安其所，庶无负子之责"语。李贤注："百姓襁负流亡，责在君上。既安其业，则无责也。"[3] 按照李贤的理解，"负子"就是"襁负流亡"。

"襁负"之"追""至""归""随"等，作为特殊的交通方式，其历史表现，当然交通史研究者应当予以关注。同时，也是服饰史研究、家族史研究、儿童生活史研究面对的学术课题。[4]

---

1 高文还写道："《论语·子路》：'则四方之民，襁负其子而至矣。'注：'负者以器曰襁。'疏：'正义曰：《博物志》云，织缕之广八尺，长丈二，以约小儿于背。'"高文著：《汉碑集释》，第486 页。

2 《后汉书》，第 2129 页。

3 《后汉书》，第 519 页。

4 王子今：《汉代"襁褓""负子"与"襁负"考》，《四川文物》2019 年 6 期。

胡粉

1. "粉白黛黑" "粉白黛绿"

回顾中国古代妆饰史，可以看到有关战国秦汉时期社会生活中多使用"粉"的文献记录。某些特殊情况下，"粉"甚至成为男子妆饰用品。这些信息可以反映当时社会有关人体美的意识及相关追求。而文献所见"胡粉"，则体现外来生活用品通过丝绸之路传入中原的历史真实。考察曹操高陵出土石牌文字所见"胡粉二斤"，结合其他相关现象，可以说明汉末至曹魏上层社会接受"胡"风影响的情形。

《战国策·楚策三》记载，张仪在和楚王关于"好色"的讨论中，说到"粉白"："张子曰：'王徒不好色耳。'王曰：'何也？'张子曰：'彼郑、周之女，粉白墨黑，立于衢间，非知而见之者，以为神。'楚王曰：'楚，僻陋之国也，未尝见中国之女如此其美也。寡人之独何为不好色也。'乃资之以珠玉。南后、郑袖闻之大恐。"[1]《艺文类聚》卷一八"美妇人"题下引《战国策》曰："张仪曰：'郑周之女，粉白黛黑，非知而见之者以为神。'"又引《楚辞》："粉白黛黑施芳泽，长袂拂面善留客。"[2]《楚辞·大招》写道："粉白黛黑，施芳泽只。"王逸注："言美女又工妆饰，傅著脂粉，面白如玉，黛画眉鬓，黑而光净。又施芳泽，其芳香郁渥也。"[3]看来楚国上层人物对于中原女子美妆"粉白墨黑""粉白黛黑"完全"非知""未尝见"的说法，可能是并不确实的。《韩非子·显学》："……故善毛嫱、西施之美，无益吾面，用脂泽粉黛则倍其初。言先王之仁义，无益于治，明吾法度，

---

1 〔西汉〕刘向集录：《战国策》，第 540 页。

2 〔唐〕欧阳询撰，汪绍楹校：《艺文类聚》，第 324 页。

3 〔宋〕洪兴祖撰，白化文等点校：《楚辞补注》（重印修订本），中华书局 2002 年 10 月版，第222 页。

必吾赏罚者亦国之脂泽粉黛也。"[1] 在政论中以"脂泽粉黛"为比喻，说明此类妆饰方式的普遍应用。

《淮南子·修务》写道，妆饰的作用其实是有限的，真正的美女，即"曼颊皓齿，形夸骨佳，不待脂粉芳泽而性可说者，西施、阳文也"，而相貌丑陋者，即"虽粉白黛黑弗能为美者"。关于华服巧饰，则说到"施芳泽，正娥眉，设笄珥，衣阿锡，曳齐纨，粉白黛黑，佩玉环揄步，杂芝若……"，可以使得"王公大人"们"悦其色"。而"粉白"的方式，应当就是所谓"粉以玄锡，摩以白旃"。[2]《太平御览》卷三八〇引《汉武故事》说汉武帝"从行郡国，载之后车"的女子，"皆自然美丽，不使粉白黛黑"。[3]《北堂书钞》卷一三五引蔡邕《协初赋》所谓"粉黛施落，发乱钗脱"[4]，也都说明"粉白"妆饰的社会普及度。这样的说法，都保留了汉代相关社会文化现象的历史记忆。《史记》卷一一七《司马相如列传》："靓庄刻饬，便嬛绰约。"裴骃《集解》："郭璞曰：靓庄，粉白黛黑也。"[5]"粉""黛"的作用，在于"靓庄"追求。

《战国策》《大招》《淮南子》"粉白墨黑""粉白黛黑"，韩愈《送李愿归盘古序》作"粉白黛绿"："曲眉丰颊，清声而便体，秀外而惠中，飘轻裾，翳长袖，粉白黛绿者，列屋而闲居，妒宠而负恃，争妍而取怜。"[6]

妆饰史在战国秦汉这一历史阶段的进步，曾经受到学者的关注。宋洪迈《容斋随笔》四笔卷三"粉白黛黑"条就韩愈"粉白黛绿"语有所讨论，涉及《列子》《战国策》《大招》《淮南子》"粉白黛黑"诸说，谓"韩公以黑为绿"，"似有所因"。[7] 宋王楙《野客丛书》卷二九"后宫嫔御"条也说

1　"倍其初"，陈奇猷注："奇猷案：较初时面倍其美。"陈奇猷校注：《韩非子集释》，第1099—1101页。

2　何宁撰：《淮南子集释》，第1330页、第1364—1366页。所谓"粉以玄锡，摩以白旃"，《吕氏春秋·达郁》高诱注作"扤以玄锡，摩以白旃"。许维遹撰，梁运华整理：《吕氏春秋集释》，第567页。

3　〔宋〕李昉等撰：《太平御览》，第1755页。

4　〔唐〕虞世南编撰：《北堂书钞》，第550页。

5　《史记》，第3039页。

6　〔唐〕韩愈著，阎琦校注：《韩昌黎文集注释》，三秦出版社2004年12月版，第367页。

7　〔宋〕洪迈撰，孔凡礼点校：《容斋随笔》，中华书局2005年11月版，第868页。

道："士大夫以粉白黛绿丧身殒命，何可胜数。前覆后继，曾不知悟。"[1]明张萱《疑耀》卷三"粉"条引《古今实录》曰："萧史与秦穆公炼飞雪丹，其第一转与弄玉涂之，即今铅粉也。妇人傅粉自秦始。"又写道："余按《墨子》'禹作粉'，张华《博物志》'纣烧铅作粉，谓之胡粉'。或曰周文王时妇人已傅粉矣，未知然否。但妇人傅粉断非始于秦也。"又言"黄眉黑妆""鸦黄粉白""额上涂黄"等，指出"古人媚妆，随意皆可"。[2]各种"媚妆"之中"粉"的作用是突出的。

《汉书》卷五三《景十三王传·广川惠王刘越》记载，广川王后阳成昭信谮脩靡夫人陶望卿"淫"且"有奸"："后昭信谓去曰：'前画工画望卿舍，望卿袒裼傅粉其傍。'"[3]可知女子"傅粉"取悦异性的表现。《后汉书》卷二八下《冯衍传》李贤注引《衍集》载衍与妇弟任武达书说到家中"一婢"，"头无钗泽，面无脂粉"[4]，可知汉时民间风习，妇女通常是使用"脂粉"的。《后汉书》卷六一《黄琼传》载奏言有"使朱紫共色，粉墨杂糅，所谓抵金玉于沙砾"语[5]，也说明"粉墨"使用的普及。《后汉书》卷八三《逸民传·梁鸿》记载：孟氏女嫁梁鸿，"始以装饰入门"，"鸿曰：'吾欲裘褐之人，可与俱隐深山者尔。今乃衣绮缟，傅粉墨，岂鸿所愿哉？'"[6]也说"傅粉墨"是女子通常"装饰"。

《后汉书》卷六六《陈蕃传》："比年收敛，十伤五六，万人饥寒，不聊生活，而采女数千，食肉衣绮，脂油粉黛，不可赀计。"[7]所谓"脂油粉黛，不可赀计"，显示"采女数千"妆饰用消费的额度。《三国志》卷六一《陆胤传》"内无粉黛附珠之妾"[8]，也说"粉黛"是贵家之"妾"的一般妆饰形式。《三国志》卷六五《吴书·华覈传》可见这样的说法："美貌者不待华

1　〔宋〕王楙撰，王文锦点校：《野客丛书》，中华书局 1987 年 7 月版，第 329 页。

2　〔明〕张萱撰，栾保群点校：《疑耀》，文物出版社 2019 年 7 月版，第 100—101 页。

3　《汉书》，第 2429 页。

4　《后汉书》，第 1003 页。

5　《后汉书》，第 2038 页。

6　《后汉书》，第 2766 页。

7　《后汉书》，第 2161 页。

8　《三国志》，第 1409 页。

采以崇好，艳姿者不待文绮以致爱，五采之饰，足以丽矣。若极粉黛，穷盛服，未必无丑妇。废华采，去文绣，未必无美人也。"[1] 也说明"极粉黛"是一定社会等级女子通常追求"华采""艳姿"的方式。

《续汉书·郡国志五》"巴郡"条刘昭注补："《华阳国志》曰：'帝禹之庙铭存焉。有清水穴，巴人以此为粉，则膏泽鲜芳，贡粉京师，因名粉水。'"[2] 所谓"贡粉京师"，说明都市生活对"粉"的需求。而以"粉"实现"膏泽鲜芳"的效用，并没有限定女子。《后汉书》卷八五《东夷传·倭》："其男衣皆横幅结束相连。女人被发屈紒，衣如单被，贯头而着之；并以丹朱坋身，如中国之用粉也。"[3] 这里说"女人""并以丹朱坋身"，一如"中国之用粉"。然而《三国志》卷三〇《魏书·乌丸鲜卑东夷传》记述"倭"的生活习性："有屋室，父母兄弟卧息异处，以朱丹涂其身体，如中国用粉也。"[4] 这里通说"父母兄弟"，似乎"倭"人"以朱丹涂其身体"与"中国用粉"，是不分性别的。战国秦汉男子肤白受到爱重，见于《史记》卷九六《张丞相列传》所谓"身长大，肥白如瓠，时王陵见而怪其美士"。[5]

2. 男子"傅粉"故事

男子"傅粉"的记载，史籍中或予特殊强调。相关现象，有学者曾经予以关注。

宋人王楙《野客丛书》卷一二"男人傅粉"条写道："《世说》载何晏洁白，魏帝疑其傅粉，以汤饼试之。其拭愈白。知其非傅粉也。仆考《魏略》'晏自喜，动静粉白不去手'。则知晏尝傅粉矣。《前汉·佞幸传》：籍孺、闳孺傅脂粉，以婉媚幸上，此不足道也。《东汉·李固传》：章曰：大

---

1 《三国志》，第 1468 页。

2 《后汉书》，第 3506 页。

3 《后汉书》，第 2821 页。

4 《三国志》，第 855 页。

5 《史记》，第 2675 页。

行在殡，路人掩涕，固独胡粉饰貌，搔头弄姿，槃旋偃仰，从容冶步，略无惨怛之心。《颜氏家训》谓梁朝子弟，无不熏衣剃面，傅粉施朱。以此知古者男子多傅粉者。"[1] 所涉及"籍孺""闳孺"故事，据《汉书》卷九三《佞幸传》："汉兴，佞幸宠臣，高祖时则有籍孺，孝惠有闳孺。此两人非有材能，但以婉媚贵幸，与上卧起，公卿皆因关说。故孝惠时，郎侍中皆冠鵔鸃，贝带，傅脂粉，化闳、籍之属也。"[2] 说汉惠帝时，近侍皆"傅脂粉"，都是受到籍孺、闳孺的影响。其实，《史记》卷一二五《佞幸列传》已经有明确的记载。太史公写道："非独女以色媚，而士宦亦有之。"又说："昔以色幸者多矣。至汉兴，高祖至暴抗也，然籍孺以佞幸；孝惠时有闳孺。此两人非有材能，徒以婉佞贵幸，与上卧起，公卿皆因关说。故孝惠时郎侍中皆冠鵕鸃，贝带，傅脂粉，化闳、籍之属也。"[3]《索隐述赞》称其"冠鸃入侍，傅粉承恩"。[4] 李固故事，见于《后汉书》卷六三《李固传》："初，顺帝时诸所除官，多不以次，及固在事，奏免百余人。此等既怨，又希望冀旨，遂共作飞章虚诬固罪"，其诬词言："大行在殡，路人掩涕，固独胡粉饰貌，搔头弄姿，盘旋偃仰，从容冶步，曾无惨怛伤悴之心。"[5] 关于何晏故事，《三国志》卷九《魏书·何晏传》裴松之注引《魏略》写道："晏性自喜，动静粉白不去手，行步顾影。"[6]《世说新语·容止》："何平叔美姿仪，面至白，魏明帝疑其傅粉。正夏月，与热汤饼。即噉，大汗出，以朱衣自拭，色转皎然。"[7]《颜氏家训》言"梁朝子弟"一例，见《颜氏家训·勉学》："梁朝全盛之时，贵游子弟，多无学术"，"无不熏衣剃面，傅粉施朱……"[8]

　　清人褚人获《坚瓠集》三集卷一"妇人朱粉"条引"《前汉·佞幸

1　〔宋〕王楙撰，王文锦点校：《野客丛书》，第136页。
2　《汉书》，第3721页。
3　《史记》，第3191页。
4　《史记》，第3197页。
5　《后汉书》，第2084页。
6　《三国志》，第292页。
7　余嘉锡撰：《世说新语笺疏》，中华书局1983年8月版，第608页。
8　王利器撰：《颜氏家训集解》（增补本），中华书局1993年12月版。

传》：籍孺、闳孺傅脂粉，以婉媚幸上"及"梁朝子弟，无不熏衣剃面，傅粉施朱"两例，又言："男子且然，而况妇人乎？"[1]

与曹操关系特殊的何晏[2]，其"性自喜，动静粉白不去手，行步顾影"的自恋表现是引人瞩目的。[3]梁章钜《三国志旁证》卷一〇注意到何晏故事"粉白不去手"与"魏明帝疑其傅粉"，于是"夏月，与热汤饼"，"大汗出，以朱衣自拭，色转皎然"两说的矛盾，指出裴松之注所云"粉白不去手"，"正与《世说》相反也"。[4]然而何晏"粉白不去手"之说多为史家采用。《资治通鉴》卷七五"魏邵陵厉公嘉平元年"记载："何晏性自喜，粉白不去手，行步顾影。"所谓"粉白不去手"，胡三省注："以自涂泽也。"[5]

"傅粉"的动机，在于追求肤色之"白"。即前引《楚辞·大招》王逸注所谓"面白如玉"。《北堂书钞》卷一三五引《尚书大事·纳后礼》云："既皓且白，既洁且清。美人玩好，以饰姿容。"以"皓白洁清"为题。《尚书大事》作者范汪，晋人。所说礼仪，应体现上古风习。《艺文类聚》卷一八引宋玉《登徒子好色赋》言"天下之佳人，莫若臣东家子"，其"肌如白雪"，又说"著粉太白，施朱太赤"。[7]也说"著粉"用以增"白"的通常情形。当然，从前引《韩非子·显学》"故善毛嫱、西施之美，无益吾面，用脂泽粉黛则倍其初"及陈奇猷注"较初时面倍其美"可知，"粉"主要是"著"于"面"的。汉代对于男子体貌的审美倾向，"肤色白皙""被认为是男性美的重要特征"。[8]人们的关注重心，应当首先在于面容。

1 《笔记小说大观》，江苏广陵古籍刻印社 1995 年 5 月版，第 7 册第 481 页。

2 《三国志》卷九《魏书·何晏传》："晏，何进孙也。母尹氏，为太祖夫人。晏长于宫省，又尚公主。"裴松之注引《魏略》："太祖为司空时，纳晏母并收养晏"，"见宠如公子"，"服饰拟于太子"。第 292 页。

3 有的辞书对于"自喜"的解释，指出有"自我欣赏"之义。罗竹风主编：《汉语大词典》第 8 卷，汉语大词典出版社 1991 年 12 月版，第 1327 页。

4 〔清〕梁章钜撰，杨耀坤校订：《三国志旁证》，福建人民出版社 2000 年 6 月版，第 236 页。

5 〔宋〕司马光编著，〔元〕胡三省音注，"标点资治通鉴小组"校点：《资治通鉴》，第 2381 页。

6 〔唐〕虞世南编撰：《北堂书钞》，第 550 页。《隋书》卷三三《经籍志二·史志》："《尚书大事》二十卷，范汪撰。"第 967 页。

7 〔唐〕欧阳询撰，汪绍楹校：《艺文类聚》，第 330 页。

8 彭卫：《汉代社会风尚研究》，三秦出版社 1998 年 8 月版，第 116 页。

3. 曹操高陵石牌文字"胡粉二斤"

何晏"性自喜"，可与《汉书》卷九三《佞幸传·董贤》"为人美丽自喜"[1]及《新唐书》卷一〇四《张易之张昌宗传》"兄弟皆幸，出入禁中，傅朱粉，衣纨锦，盛饰自喜"[2]之"自喜"对照理解。然而虽然与何晏生活亲近，但是少年就"任侠放荡"[3]，"才武绝人"[4]，后来又身经百战，往往"亲擐甲胄，深入险阻"，曾经得汉献帝"秉义奋身，震迅神武"[5]，"龙骧虎视"，"奋其武怒"，"掩讨逆节"[6]称美，最终"谥为武王"[7]的曹操，似乎也有对"粉"这种化妆品的使用需求。

曹操高陵二号墓出土"六边形石牌"有铭刻文字"胡粉二斤"者（301），是值得注意的文物遗存。又有铭刻文字"香囊卅双"（96），也是表现墓主生活的重要文物。这些铭文，据发掘者判断，"内容为随葬品的名称和数量"[8]。

曹操高陵随葬品有"胡粉"，或许可以说明当时"傅粉"风习之普及。曹操这位人称"神武明哲"[9]"气势盈溢"[10]，且"简

18-1　曹操高陵出土"胡粉二斤"石牌

1　《汉书》，第 3733 页。

2　《新唐书》，第 4014 页。

3　《三国志》卷一《魏书·武帝纪》，第 2 页。

4　《三国志》卷一《魏书·武帝纪》裴松之注引孙盛《异同杂语》，第 3 页。

5　《三国志》卷一《魏书·武帝纪》裴松之注引《献帝传》载诏曰，第 48 页。

6　《三国志》卷一《魏书·武帝纪》，第 39 页、第 37—38 页。

7　《三国志》卷一《魏书·武帝纪》，第 53 页。

8　河南省文物考古研究院编著：《曹操高陵》，中国社会科学出版社 2016 年 10 月版，第 365 页、第 364 页、第 168 页、第 166 页。

9　《三国志》卷一《魏书·武帝纪》载荀彧语，第 20 页。

10　《三国志》卷一《魏书·武帝纪》裴松之注引《魏书》，第 54 页。

易随时""佻易无威重"[1] 的"天下之雄"[2]"命世之才"[3]，除了同出石牌铭文"魏武王常所用挌虎短矛""魏武王常所用挌虎大戟""魏武王常所用长犀盾"所表现的悍勇雄豪品性之外，其性格心态的另一面，是否也有对于所谓"靓庄"的美的追求呢？通过以"胡粉"为随葬品的消费趋向，可以使人产生相关联想。

据说曹操日常生活非常朴素，如《魏书》记载："雅性节俭，不好华丽，后宫衣不锦绣，侍御履不二采，帷帐屏风，坏则补纳，茵蓐取温，无有缘饰。"[4] 而"胡粉"的使用，可以为曹操研究提供另一视角观察所获得的新鲜具体的生活史信息。

前引《华阳国志》"巴人""贡粉京师"情节，说明"粉"的生产形式、消费流向特别是转输路径，均指向中原以外地方。与妆饰行为相关的交通文化现象之中，"胡粉"的历史记忆，则涉及丝绸之路史的知识。

4. "胡粉"的民族地理学考察

《释名·释首饰》："粉，分也。研米使分散也。"又说："胡粉，胡，糊也，脂和以涂面也。"[5] 以"分"释"粉"，称"研米使分散也"，是合理的。"胡粉"即"脂和以涂面"的"粉"，可能即上文说到的"脂粉""脂油粉黛"，应当是部分符合"胡粉"使用方式的。然而以"糊"作为"胡粉"之"胡"的说明，则并不正确。

前引"虚诬"李固"胡粉饰貌"故事，《资治通鉴》卷五二"汉冲帝永嘉元年"相关记述胡三省注："烧铅汞成粉以傅面。《北史》曰：'胡粉出

1　《三国志》卷一《魏书·武帝纪》裴松之注引《傅子》，第54页。

2　《三国志》卷一《魏书·武帝纪》裴松之注引皇甫谧《逸士传》载王儁谓刘表语，第31页。

3　《三国志》卷一《魏书·武帝纪》裴松之注引《世语》，第5页、第10页。

4　《三国志》卷一《魏书·武帝纪》裴松之注引《魏书》，第54页。

5　任继昉纂：《释名汇校》，第253—254页。

龟兹国.'"¹ 我们看到,《魏书》卷一〇二《西域传·龟兹》、《周书》卷五〇《异域传下·龟兹》、《隋书》卷八三《西域传·龟兹》、《北史》卷九七《西域传·龟兹》都说"龟兹国"出产"胡粉".²《新唐书》卷三九《地理志三》记述"土贡""胡粉"的地方,有相州、卫州、澶州.³《宋史》卷八六《地理志二·河北道》也说相州"贡""胡粉".⁴《太平寰宇记》卷五五五《河北道四·相州》说"相州""土产",首列"胡粉,贡".⁵ 这应当反映了"胡粉"自外传入中原的路径.然而《太平寰宇记》卷一八一《四夷十·西戎二·龟兹》总说及"土俗物产"条,两次强调龟兹国"土多""胡粉".⁶

　　"胡粉"的"胡",应当与《续汉书·五行志一》所说汉灵帝所好,且影响"京都贵戚"生活追求的"胡服、胡帐、胡床、胡坐、胡饭、胡空侯、胡笛、胡舞"⁷等文化存在的"胡"字标识类同,可以理解为指示民族礼俗风格和民族地理定位的文化符号."胡粉"来自"龟兹",可以看作体现丝绸之路文化交流史的信息.

　　与"胡空侯、胡笛、胡舞"等艺术构成相类,汉代历史文化遗存又可见西来"胡乐".《后汉书》卷二三《窦融传》赞曰:"听笳龙庭,镂石燕然."李贤注:"笳,胡乐也,老子作之."⁸《后汉书》卷四七《班超传》:"(建初)八年,拜超为将兵长史,假鼓吹幢麾."李贤注引《古今乐录》曰:"横吹,胡乐也.张骞入西域,传其法于长安,唯得《摩诃兜勒》一曲,李延年因之更造新声二十八解,乘舆以为武乐,后汉以给边将,万人将军得之.在俗用者有《黄鹄》《陇头》《出关》《入关》《出塞》《入塞》

1 〔宋〕司马光编著,〔元〕胡三省音注,"标点资治通鉴小组"校点:《资治通鉴》,第 1702 页.
2 《魏书》,第 2266 页;《周书》,中华书局 1971 年 11 月版,第 917 页;《隋书》,第 1852 页;《北史》,中华书局 1974 年 10 月版,第 3217 页.
3 《新唐书》,第 1009 页、第 1010 页.
4 《宋史》,第 2127 页.
5 〔宋〕乐史撰,王文楚等点校:《太平寰宇记》,中华书局 2007 年 11 月版,第 1135 页.
6 〔宋〕乐史撰,王文楚等点校:《太平寰宇记》,第 3464 页.
7 《后汉书》,第 3272 页.
8 《后汉书》,第 823 页.

《折杨柳》《黄覃子》《赤之杨》《望行人》十曲。"[1] 与中原音乐西传同时[2]，西域"胡乐"也丰富了中原文化的艺术内涵。"胡笳"又见于《后汉书》卷八四《列女传·董祀妻》："胡笳动兮边马鸣，孤雁归兮声嘤嘤。乐人兴兮弹琴筝，音相和兮悲且清。"[3]

在物质生活层面，《史记》卷一《五帝本纪》"蓺五种"，司马贞《索隐》："蓺，种也，树也。五种即五谷也。""《尔雅》云'荏菽，戎菽'也，郭璞曰'今之胡豆'。"[4]《史记》卷二七《天官书》裴骃《集解》："孟康曰：'戎菽，胡豆也。'"[5]"胡豆"，又见于居延汉简简文（310.2；488.1）。[6]居延汉简又可见可能作为马具的"胡鞍"（EPT40.6A）。[7]《史记》卷七七《魏公子列传》司马贞《索隐》所见"胡簏"[8]，大约是容器。《后汉书》卷八八《西域传·天竺》又说到"天竺国"有"胡椒"。[9]所谓"胡粉"的构词形式，与"胡豆""胡鞍""胡簏""胡椒"是大略一致的。

《北堂书钞》卷一三五引《魏名臣奏》："中书监刘放奏曰：今官贩粉卖胡粉，与百姓争锥刀之末利。宜乞停之。"[10]说"胡粉"的"贩""卖"曾经为官府经营，"与百姓争锥刀之末利"的批评，反映"利"的生成因社会需求所导致。而"官"与"百姓"相"争"，则其经济收益可能并非"锥刀之末利"。

---

1 《后汉书》，第 1577—1578 页。

2 王子今：《丝绸之路与中原"音乐"的西传》，《西域研究》2019 年 4 期。

3 《后汉书》，第 2833 页。

4 《史记》，第 4 页。

5 《史记》，第 1340 页。

6 谢桂华、李均明、朱国炤：《居延汉简释文合校》，第 505 页、第 590 页。

7 甘肃省文物考古研究所、甘肃省博物馆、文化部古文献研究室、中国社会科学院历史研究所编：《居延新简：甲渠候官与第四燧》，第 85 页。

8 《史记》，第 2381 页。

9 《后汉书》，第 2931 页。

10〔唐〕虞世南编撰：《北堂书钞》，第 550 页。

5.曹操高陵"胡粉"的技术史分析

"粉饰"一语，见于《史记》卷一二六《滑稽列传》。[1] 可以理解为可能与前引被李固"奏免"者因"怨""虚诬"其"胡粉饰貌"情节相关。"粉饰"，又引申为夸赞表扬，如《三国志》卷五四《吴书·周瑜传》："故将军周瑜子胤，昔蒙粉饰，受封为将。"[2] 以"胡粉饰貌"理解所谓"粉饰"，应当是有一定合理性的。

《博物志》卷四《药术》说到"胡粉、白石灰等以水和之"用以"涂"及"泽涂之"的妆饰方式。[3] 而《北史》卷一四《后妃传下·隋文献皇后独孤氏》："后雅性俭约，帝常合止利药，须胡粉一两，宫内不用，求之竟不得。"[4] 可知"胡粉"可以入药。

《禹贡锥指》卷四关于"青州"物产，写道："岱畎丝、枲、铅、松、怪石。"对于"铅"，胡渭指出："《说文》：铅，青金也。《本草》：铅，一名黑锡。今泰山之下，不闻有铅。苏颂曰：铅生蜀郡平泽，今有银坑处皆有之。盖矿利渐开，不必以岱畎为良，遂隐而不传矣。铅不知其所用。案胡粉、黄丹皆化铅为之。土宿真言：《本草》云'铅乃五金之祖，变化最多，一变而成胡粉，再变而成黄丹'是也。胡粉一名白粉，黄丹一名朱粉，可以代丹垩，故贡其材使炼治之，以给绘画涂饰之用也。"[5] 制作"胡粉"的原材料及"炼治"程式与"铅"的关系，这里有所提示。"胡粉"的制作，可以参考所谓"香粉"的生产方式。有学者据《齐民要术》卷五《作米粉法》指出："如果想制作香粉，则以绢袋盛放香料放入粉盒中进行熏染，或把合适的香料磨碎后与粉混合在一起即可制得。"[6] 相关研究涉及若干技术

1 《史记》，第 3211 页。

2 《三国志》，第 1266 页。

3 〔晋〕张华著，唐子恒点校：《博物志》，第 51 页。

4 《北史》，第 532 页。

5 〔清〕胡渭著，邹逸麟整理：《禹贡锥指》，上海古籍出版社 1996 年 12 月版，第 108 页。

6 李芽：《中国古代妆容配方》，中国中医药出版社 2008 年 2 月版，第 31 页。

细节。[1] 对于考古发掘收获中"疑似'胡粉'的白色粉末状物质"的科学鉴定，也是有重要意义的。对于 2006 年发掘的盛唐阶段唐高宗时期墓葬中出土物的分析，得知即"贝壳状软体动物的壳体烧制后碳化生成的方解石型碳酸钙"。研究者判断，"主要功用为墓主人柳夫人美颜的药用化妆品'石灰'$CaCO_3$，而不同于以往所见的美白化妆品'胡粉'$PbCO_3$"。[2] 论者所谓"以往所见的美白化妆品'胡粉'$PbCO_3$"，据李华峰"胡粉又名铅粉"，"胡粉是生于铅"的判断而来。其认识基点，是因前引《释名·释首饰》"胡粉，胡，餬也，脂和以涂面也"产生的成见。其实，或许可以说，这种所谓"为贝壳烧制的生石灰经过碳化而制成的唐代'石灰质'化妆品"，或许正是真正的"胡粉"。李华峰文中已经指出，考古发现的"妆粉"，有些与"脂和"的"餬"无关："在新疆民丰大沙漠一号东汉墓，出土了一个精致的粉袋，粉袋上施以彩绣图纹。粉袋的出现，表明当时的铅粉已经告别了糊状的初级阶段，而被加工成粉末状。在山东东平汉墓出土的妆粉，出土时也被包裹在丝绢之内，出土时已成粉团，直径约为 2.4 厘米。"[3] 据考古清理者介绍，山东东平王陵山汉墓墓主"可能是大贵人长公主一类的人物"，出土物包括："粉团一件。直径 2.4 厘米。外面包以绢类丝织品，留有痕迹。"[4] 民丰出土"粉袋"的东汉墓虽然是合葬墓，但是"粉袋""放在女头左侧"，置于"藤条编成"的"奁盒"中。"奁盒""内盛铜镜、粉袋、木梳及丝线等"，因此"粉"的使用者的性别，很可能为女性。但是，"男尸胸前绸制木梳袋内，有一个黄绸小包，内有朱红粉少许；还有纸一小块，绉成一团，大部分涂成黑色，长仅 4.3、宽 2.9 厘米。这些文物的性质

1　高宇：《中国古代化妆品制作技艺研究》，安徽医科大学硕士学位论文，导师：樊嘉禄教授，2018 年。

2　原注："李华峰. 中国古代妆粉的种类和制作工艺研究〔J〕. 赤峰学院学报（自然科学版）2012，（11）：160—162." 冯健、吴晨、赵凤燕、魏书亚、郭瑞：《西安南郊唐墓出土"石灰"的分析与探讨》，《考古与文物》2017 年 4 期。

3　李华峰：《中国古代妆粉的种类和制作工艺研究》，《赤峰学院学报》（自然科学版），2012 年 6 期。

4　山东省博物馆：《山东东平王陵山汉墓清理简报》，《考古》1966 年 4 期。

和用途，须俟正式检验后，方可肯定"。[1] 或许此所谓"朱红粉"，也是妆饰用"粉"。

这些发现以及研究成果，都是我们在讨论曹操高陵"胡粉"发现的意义时应当参考的。唐柳夫人墓出土"白色粉末"，"放置在墓主人头顶部"，"与铜镜一起"，放置在"一个纤维编织的筒状器物"中。同出"绢囊"[2]，以及民丰东汉墓出土"粉袋"及东平汉墓"绢类丝织品"包裹"粉团"，都使我们联想到曹操高陵出土石牌文字"香囊卅双"。所谓"香囊卅双"用以盛放"胡粉"的可能性是存在的。

《三国志》卷二一《魏书·王粲传》裴松之注引《魏略》言曹植见邯郸淳："时天暑热，植因呼常从取水自澡讫，傅粉。遂科头拍袒，胡舞五椎锻，跳丸击剑，诵俳优小说数千言讫，谓淳曰：'邯郸生何如邪？'于是乃更著衣帻，整仪容，与淳评说混元造化之端，品物区别之意，然后论羲皇以来贤圣名臣烈士优劣之差，次颂古今文章赋诔及当官政事宜所先后，又论用武行兵倚伏之势。"[3] 似乎"傅粉"是"澡讫"的清洁程序，与"仪容"似乎没有直接关系。《三国志》卷二九《魏书·方技传·华佗》裴松之注引《佗别传》说华佗治疗"寒热注病"，"用寒水汲灌"："满百灌，佗乃使然火温床，厚覆，良久汗洽出，著粉，汗燥便愈。"[4] 似乎"著粉"以求"汗燥"。华佗设计的"五禽戏"，据说"体中不快，起作一禽之戏，沾濡汗出，因上著粉，身体轻便，腹中欲食"。[5] 也说"著粉"是要解决"沾濡汗出"的问题，以求"身体轻便"。

"粉"还可以用作书写工具，即所谓"以给绘画涂饰之用"。《后汉书》卷八四《列女传·阴瑜妻》"以粉书扉上"[6]，即其实例。黄巾暴动，"讹言

1　新疆维吾尔自治区博物馆：《新疆民丰县北大沙漠中古遗址墓葬区东汉合葬墓清理简报》，《文物》1960 年 6 期。

2　冯健、吴晨、赵凤燕、魏书亚、郭瑞：《西安南郊唐墓出土"石灰"的分析与探讨》，《考古与文物》2017 年 4 期。

3　《三国志》，第 602 页。

4　《三国志》，第 804 页。

5　《三国志》，第 804 页。

6　《后汉书》，第 2799 页。

'苍天已死，黄天当立，岁在甲子，天下大吉'。以白土书京城寺门及州郡官府，皆作'甲子'字"。[1]所谓"以粉书扉上"，类同于"以白土书京城寺门及州郡官府"。

"粉"尽管有多种用途，但是"胡粉"主要作为妆饰用品出现在社会生活史记录中。曹操高陵石牌文字所见"胡粉二斤"其实际应用意义，极大可能是作为化妆品使用。

有学者指出，古代丝绸之路商队因"进行长途贩运的难度太大"，"所经营的商品当以奢侈品为主，具有体积小便于携带而价格昂贵、利润高的特点"。[2]西来的"胡粉"，应当具有这样的特点。

《太平广记》卷二七四《情感》"买粉儿"题下引《幽明录》故事，说到有男子"游市，见一女子美丽，卖胡粉。爱之，无由自达，乃托买粉，日往市，得粉便去"。女子"卖胡粉"经营于"粉店"。男子意外死去，"当就殡敛，发箧笥中，见百余裹胡粉，大小一积"。[3]《奁史》卷六一《术业门·三姑六婆》载录这一故事称引《北窗丛录》，"大小一积"作"大小一例"。[4]参考此"胡粉"包装称"裹"，所谓"大小一积""大小一例"，即规格一致的情节，由曹操高陵石牌文字"胡粉二斤"，而前引"隋文献皇后独孤氏"故事有"合止利药，须胡粉一两"之说，推想或许"胡粉"之"裹""大小一积""大小一例"者，不排除"一两"一"裹"，即以"一两"为一个包装单元的可能。参考相关信息，对于曹操高陵石牌文字"胡粉二斤"的理解，或可产生因计量方式得知的定量感觉。"胡粉"平时收存使用的量的一般惯"例"，也可以由此大略推知。

---

1 《后汉书》卷七一《皇甫嵩传》，第 2299 页。

2 李瑞哲：《古代丝绸之路商队的主要交易品特点》，《丝绸之路研究集刊》2019 年 1 期。

3 〔宋〕李昉等编：《太平广记》，中华书局 1961 年 9 月版，第 2157 页。

4 〔清〕王初桐纂述，陈晓东整理：《奁史》，文物出版社 2017 年 1 月版，第 919 页。

香·香囊

1. 影响汉魏上层社会生活的"胡"风

　　自张骞开通西域道路，东西往来益为频繁。"驰命走驿，不绝于时月；商胡贩客，日款于塞下。"[1]据《东观汉记》卷一六《杨正传》记载，"西域贾胡"在都市甚至有组织聚会的能力。[2]马援南征"武陵五溪蛮夷"，进军艰难，时有指挥不力的批评。《后汉书》卷二四《马援传》记载，"伏波类西域贾胡，到一处辄止"的指责上奏御前，"帝乃使虎贲中郎将梁松乘驿责问援，因代监军"。[3]可知朝廷上层对于"贾胡"从事经济活动的行为方式都是熟悉的。"胡"人在中原地方的活跃[4]，会促成社会文化生活中"胡"风的蔓延。

　　《续汉书·五行志一》"服妖"条写道："灵帝好胡服、胡帐、胡床、胡坐、胡饭、胡空侯、胡笛、胡舞，京都贵戚皆竞为之。"[5]贵族阶层"皆竞为之"，也会对更广大层面的社会风习形成导向性的影响。

2. 刘表墓"捣四方珍香数十斛，著棺中"

　　汉魏之际的"京都贵戚"们的相关表现，还见于比较具体的文献记录。

---

1 《后汉书》卷八八《西域传》，第 2931 页。

2 〔东汉〕刘珍等撰，吴树平校注：《东观汉记校注》，第 379 页。吴树平校注标点作："光武崩，京兆尹出西域，贾胡共起帷帐设祭……"，分断"西域贾胡"，似有不妥。应读作"光武崩，京兆尹出，西域贾胡共起帷帐设祭……""京兆尹出西域"应当是不可能的。

3 《后汉书》，第 844 页。

4 王子今：《汉代的"商胡""贾胡""酒家胡"》，《晋阳学刊》2011 年 1 期。

5 《后汉书》，第 3272 页。

刘表的墓葬西晋时被盗掘，据说"芬香闻数里"。[1]《水经注》卷二八《沔水》写道："墓中香气远闻三四里中，经月不歇。"[2]《艺文类聚》卷四〇引《从征记》则言"香闻数十里"。并且明确说，"(刘)表之子(刘)琮，捣四方珍香数十斛，著棺中。苏合消疾之香，莫不毕备。"[3]包括"苏合消疾之香"的"四方珍香"，显现对远国"香"的珍爱。

"苏合香"由西域传入。《后汉书》卷八八《西域传》讲述"大秦"文化地理，说道："合会诸香，煎其汁以为苏合。"[4]《三国志》卷三〇《魏书·乌丸鲜卑东夷传》裴松之注引《魏略·西戎传》说"大秦国"物产，有"一微木、二苏合、狄提、迷迷、兜纳、白附子、薰陆、郁金、芸胶、薰草木十二种香"，"苏合"名列在先。[5]

魏文帝用"香"故事，又有"马恶衣香，惊啮文帝膝"的情节。《三国志》卷二九《方技传·朱建平》："建平又善相马。文帝将出，取马外入，建平道遇之，语曰：'此马之相，今日死矣。'帝将乘马，马恶衣香，惊啮文帝膝，帝大怒，即便杀之。"[6]

3. "香罽"的理解

《后汉书》卷五一《李恂传》记载，李恂任职西域，当地贵族商人"数遗恂奴婢、宛马、金银、香罽之属，一无所受"。[7]所谓"香罽"，作为西域珍物，当地人用以贿赂李恂。

1《三国志》卷六《魏书·刘表传》裴松之注引，第216页；《后汉书》卷七四下《刘表传》李贤注引《代语》，第2423页。
2〔北魏〕郦道元著，陈桥驿校证：《水经注校证》，第663页。
3〔唐〕欧阳询撰，汪绍楹校：《艺文类聚》，第732页。
4《后汉书》，第2919页。
5《三国志》，第861页。
6《三国志》，第810页。
7《后汉书》，第1683页。

有的研究者解释："香氍，具有香气之毛织物。"[1]这样的理解，并不是没有缘由的。《中文大辞典》释"香氍"："毛毡也，言香者，美之也。"书证即"《后汉书·李恂传》"。[2]《汉语大词典》说"香氍"即"华丽的毛毡"，书证亦"《后汉书·李恂传》"。[3]

这种解释"香氍"的说法，其实应当予以修正。

西域"香氍"为中原人喜好。然而并非一种珍物。《艺文类聚》卷八五引班固《与弟超书》写道："今赍白素三匹，欲以市月氏马、苏合香、氀登。"[4]西域"苏合香、氀登"已经远销到洛阳。前者为"香"之一种。后者即"氍"之一种。西域人"数遗"李恂之"香氍"，"西域胡来献香氍"之"香氍"，都应当理解为"香"和"氍"，如班固所市"苏合香、氀登"。

《太平御览》卷九八二引班固《与弟超书》还说："窦侍中令载杂彩七百疋，市月氏苏合香。"[5]《太平御览》卷八一六引班固《与弟超书》："窦侍中前寄人钱八十万，市得杂氍十余张。"[6]都说来自西域的"香""氍"等消费品影响贵族高官生活品味的情形。东汉末年这种习尚更为风行。《三国志》卷二九《魏书·华佗》裴松之注："东阿王作《辨道论》，……言：'诸梁时，西域胡来献香氍、腰带、割玉刀，时悔不取也。'"[7]对西域"香"的迷恋尤其引人瞩目。

1　赵幼文校注：《曹植集校注》，人民文学出版社1984年6月版，第188页、第193页；中华书局2016年10月版，第278页、第286页。

2　《中文大辞典》，中国文化学院出版部1968年8月版，第45496页。

3　《汉语大词典》第12卷，汉语大词典出版社1993年11月版，第438页。

4　〔唐〕欧阳询撰，汪绍楹校：《艺文类聚》，第1456页。

5　〔宋〕李昉等撰：《太平御览》，第4347页。

6　〔宋〕李昉等撰：《太平御览》，第3631页。

7　《三国志》，第805页。

19-1　台北故宫博物院藏汉代香薰用博山炉

4.“大秦迷迭”

《三国志》卷三〇《魏书·乌丸鲜卑东夷传》裴松之注引《魏略·西戎传》说“大秦”物产，包括“一微木、二苏合、狄提、迷迷、兜纳、白附子、薰陆、郁金、芸胶、薰草木十二种香”。[1]其中“迷迷”，应即《太平御览》卷九八二引《魏略》所谓“大秦迷迭”。

《太平御览》同卷又引《广志》曰：“迷迭出西海中。”又引魏文帝《迷迭赋》：“簿六夷之秽俗，超万里而来征。”[2]

---

1 《三国志》，第 861 页。
2 〔宋〕李昉等撰：《太平御览》，第 4349 页。

5. 曹操的"香囊"

汉魏"贵戚"们对于西域"香"的爱重，或许还可以从曹操高陵出土文物得到证明。

曹操日常生活中"香"的享用，有《艺文类聚》卷七〇引《魏武上杂物疏》关于"香炉"的内容可以说明："《魏武上杂物疏》曰：'御物三十种。有纯金香炉一枚，下盘自副。贵人公主有纯银香炉四枚。皇太子有纯银香炉四枚。西园贵人铜香炉三十枚。'"[1]

又有曹操高陵出土石牌文字"香囊卅双"（M2：96），可以作为文物实证。[2]

而"香囊"的使用，是可以作为考察日常生活情趣的信息的。

《艺文类聚》卷七〇引魏繁钦《定情诗》曰："何以致区区，目中双明珠。何以致叩叩，香囊系肘后。"[3] 这是随身携带的"香囊"。又有《艺文类聚》卷三二引著名诗作《孔雀东南飞》说到的室内装饰使用的"香囊"："后汉焦仲卿妻刘氏，为姑所遣，时人伤之。作诗曰：孔雀东南飞，五里一徘徊。十三能织绮，十四学裁衣。十五弹箜篌，十六诵书诗。十七嫁为妇，心中常苦悲。君既为府史，守节情不移。鸡鸣入机织，夜夜不得息。三日断五疋，大人故言迟。非为织作迟，君家妇难为。妾有绣腰襦，葳蕤金缕光。红罗复斗帐，四角垂香囊。交文象牙簟，宛转素丝绳。鄙贱虽可薄，犹中迎后人。"[4] 这

19-2　曹操高陵出土"香囊卅双"石牌

1　〔唐〕欧阳询撰，汪绍楹校：《艺文类聚》，第 1222 页。

2　河南省文物考古研究所编著：《曹操高陵》，彩版八一 –2。

3　〔唐〕欧阳询撰，汪绍楹校：《艺文类聚》，第 1225 页。

4　〔唐〕欧阳询撰，汪绍楹校：《艺文类聚》，第 562—563 页。

里说到的"香囊"的使用，"红罗复斗帐，四角垂香囊"。"后汉""府史"之家这种礼俗，可知卧室"垂香囊"形式，应当有足够的数量保证。因此可知"香囊卅双"的配置，是有合理性的。

手巾·绒手巾

1. "漆画手巾熏炉"

《艺文类聚》卷七〇引《东宫旧事》曰："太子纳妃，有漆画手巾熏笼二七，大被熏笼三，衣熏笼三。"[1]多种"熏笼"中，有"漆画手巾熏笼"。其数量"二七"，则是几种"熏笼"最多的。

而"手巾"的出现，是值得注意的。

2. "手巾""拭面"

"手巾"大约是通常手持之巾。《艺文类聚》卷八九引《续搜神记》曰："上虞魏金，家在县北。忽有一人，著孝子服，皁笠，手巾掩口，来诣金家。语曰：居有钱一千万，铜器亦如之。大柳树钱在其下，取钱当得耳。书居大不吉，仆寻为君作此。便去。自尔出三十年。遂不复来。金亦不取钱。"[2]这位神异的"著孝子服"者，"手巾掩口"，应是"手巾"使用的惯常方式。

"手巾"最常见的使用方式，是"拭面"。"手巾""拭面"情形，见于《三国志》卷五《魏书·后妃传·文昭甄皇后》裴松之注引《世语》曰："太祖下邺，文帝先入袁尚府，有妇人被发垢面，垂涕立绍妻刘后，文帝问之，刘答'是熙妻'，顾揽发髻，以巾拭面，姿貌绝伦。既过，刘谓后'不忧死矣！'遂见纳，有宠。"[3]这里"以巾拭面"的"巾"，应当就是"手

---

1 〔唐〕欧阳询撰，汪绍楹校：《艺文类聚》，第 1221 页。

2 〔唐〕欧阳询撰，汪绍楹校：《艺文类聚》，第 1531 页。

3 《三国志》，第 160 页。

巾"。《三国志》卷六一《吴书·潘濬传》裴松之注引《江表传》，孙权是故事主角："权克荆州，将吏悉皆归附，而濬独称疾不见。权遣人以床就家舆致之，濬伏面著床席不起，涕泣交横，哀咽不能自胜。权慰劳与语，呼其字曰：'承明，昔观丁父，鄀俘也，武王以为军帅；彭仲爽，申俘也，文王以为令尹。此二人，卿荆国之先贤也，初虽见囚，后皆擢用，为楚名臣。卿独不然，未肯降意，将以孤异古人之量邪？'使亲近以手巾拭其面，濬起下地拜谢。即以为治中，荆州诸军事一以咨之。"[1] 甄皇后"垂涕"，曹丕"以巾拭面"。潘濬"涕泣交横，哀咽不能自胜"，孙权"使亲近以手巾拭其面"，此"拭面"，也就是拭泪。又《艺文类聚》卷三二引周庾信《荡子赋》曰："荡子辛苦逐征行，直守长城千里城。陇水恒冰合，关山唯明月。况复空床起怨，倡妇生离，纱窗独掩，罗帐长垂。新筝不弄，长笛羞吹。常年桂苑，昔日兰闺。罗敷总发，弄玉初笄。新歌子夜，旧舞前溪。别后关情无复情，离前明镜不须明。合欢无信寄，回纹织未成。游尘满床不用拂，细草横阶随意生。前日汉使着章台，闻道夫婿定应回。手巾还欲燥，愁眉即剩开。逆想行人至. 迎前含笑来。"[2] 这里所谓"手巾还欲燥"，说"手巾"应是与"怨""愁"相伴的离别相思的情感表现的道具，通常往往用以拭泪。

"手巾"又有特殊用途，甚至用于游艺活动。《三国志》卷二《魏书·文帝纪》裴松之注引《博物志》："帝善弹棋，能用手巾角。"[3]《艺文类聚》卷七四"弹棋"题下引魏文帝《典论》："余于他戏弈之事，少所嘉，唯弹棋略尽其功。乃为之赋曰：昔师先工，有马合乡侯东方世安张公子，予尝恨不得与彼数子者对。"这是曹丕的爱好，也是曹丕的专长。而他"弹棋"习用"手巾"。《艺文类聚》同卷又引《世说》曰："弹棋始自魏。宫内装奁戏也。文帝于此技亦特好，用手巾拂之，无不中。有客自云能，帝使为之。客着葛巾拂棋，妙踰于帝。"[4] 魏文帝曹丕的"弹棋"之技之"特好"，

1 《三国志》，第1397—1398页。

2 〔唐〕欧阳询撰，汪绍楹校：《艺文类聚》，第571页。

3 《三国志》，第89页。

4 〔唐〕欧阳询撰，汪绍楹校：《艺文类聚》，第1274页。

在于"能用手巾角","用手巾拂之,无不中"。

3."手巾"形制

通过"手巾"的其他用途,可以推知其形制。《南史》卷七〇《循吏传·孙彬》:"尝以一束苎就州长沙寺库质钱,后赎苎还,于苎束中得五两金,以手巾裹之,彬得,送还寺库。"[1]以"手巾"可以包裹"五两金",可大略知道"手巾"的大小。《南史》卷七一《儒林传·何佟之》:"仕齐,初为国子助教,为诸生讲《丧服》,结草为绖,屈手巾为冠,……"[2]可以使用"手巾"折制"为冠",也显示了"手巾"的尺度。《陈书》卷一二《杜棱传》记载:"……高祖惧其泄己,乃以手巾绞棱,棱闷绝于地,因闭于别室。"[3]所谓"以手巾绞棱,棱闷绝于地","手巾"可以"绞"杀人,必然需要有一定的长度。

《梁书》卷五四《海南诸国传·扶南国》:"其上有树生火中,洲左近人剥取其皮,纺绩作布,极得数尺以为手巾,与焦麻无异而色微青黑。"[4]由此可以推知"手巾"的尺寸大略可以有"数尺"。这一信息符合《陈书》卷一二《杜棱传》"以手巾绞棱"的记载。[5]

"手巾"的质料,据《陈书》卷二四《周弘直传》:"棺内唯安白布手巾、粗香炉而已,其外一无所用。"[6]大概"白布"是"手巾"常见的质材。

---

1 《南史》,第 1705 页。
2 《南史》,第 1734 页。
3 《陈书》,第 192 页。
4 《梁书》,第 788 页。
5 《南史》卷七八《夷貊传·扶南国》:"复东行涨海千余里,至自然大洲,其上有树生火中,洲左近人剥取其皮,纺绩作布,以为手巾,与蕉麻无异而色微青黑。"第 1952 页。未言"剥取其皮"的尺寸,又称"纺绩作布,以为手巾",则没有提供关于"手巾"长度与幅宽的信息。
6 《陈书》,第 310 页。

4. 曹操"身自佩小鞶囊，以盛手巾细物"

《三国志》卷一《魏书·武帝纪》裴松之注引《曹瞒传》说："（太祖）被服轻绡，身自佩小鞶囊，以盛手巾细物，时或冠帢帽以见宾客。"[1]从文献遗存信息看，曹操是较早使用"手巾"的历史名人。

曹操"身自佩小鞶囊，以盛手巾细物"的方式，也是重要的生活细节。所谓"小鞶囊"，"鞶"字从"革"，"鞶囊"或是袖珍的革囊，即韦囊。《太平御览》卷六九一《服章部》"鞶囊"题下引《礼》："《礼》曰：男鞶革，女鞶丝。"注："鞶，小囊，盛帨巾者。男用韦，女用缯。"《太平御览》卷六九一引《白虎通》曰："男子有鞶者，示有金革之事。"[2]"鞶囊"多以"虎头"为饰，可能也与"金革"象征有关。然而"虎头鞶囊"或作"虎头绶囊""虎头旁囊"[3]，前者可能因其盛装物得名，后者或取其音近字。

由所谓"鞶，小囊，盛帨巾者"，可知曹操"身自佩小鞶囊，以盛手巾细物"符合通常礼俗。所谓"男鞶革"，见《礼记·内则》。[4]而《太平御览》卷六九一引《孔珠与王佐长史书》涉及"鞶囊"佩用的场合："朝不着鞶囊，不知为何不？答曰：寻此鞶囊，是《内则》施鞶之遗象。此为箴线之属，非朝服所宜著。"[5]所谓"鞶囊"富有生活气息的品质得以提示。曹操"身自佩小鞶囊，以盛手巾细物"，正是"被服轻绡"的表现，也与《三国志》卷一《魏书·武帝纪》裴松之注引《曹瞒传》同时记述他"为人佻易无威重"，"每与人谈论，戏弄言诵，尽无所隐，及欢悦大笑，至以头没杯案中，肴膳皆沾污巾帻，其轻易如此"[6]的品行相一致。

---

1 《三国志》，第 54 页。

2 〔宋〕李昉等撰：《太平御览》，第 3085—3086 页。

3 《太平御览》卷六九一引《谢承与步骘书》："所在近北，无它异物，裁奉织成虎头绶囊，可以服之。"又引班固与弟超贡曰："遗仲叔虎头旁囊、金银钩。"第 3086 页。所谓"织成虎头绶囊"，也可能是织品，如所谓"女鞶丝""女用缯"。

4 〔清〕阮元校刻：《十三经注疏》，第 1471 页。

5 〔宋〕李昉等撰：《太平御览》，第 3086 页。

6 《三国志》，第 54—55 页。

5. "绒手巾"

曹操高陵出土文物中可以看到石牌文字"绒手巾一"（M2：362）。[1]

正如刘瑞在考论曹操高陵石牌文字"常所用"时所指出的，即如《后汉书》卷五《安帝纪》所谓"常所御"，《后汉书》卷四二《光武十王传·东平宪王苍》所谓"常所御""旧时器服"[2]，《三国志》卷五五《吴书·周泰传》裴松之注引《江表传》所谓"常所用御"[3]，以及《南齐书》卷三《武帝纪》所谓"身上著""常所服身"[4]，所指示"确实是曹操生前所用之物"。[5]

曹操高陵石牌文字所谓"胡粉"作为化妆用品[6]，从名号用"胡"字可知来自非中原地方。有迹象表明自"西域"传入。[7]而"绒手巾一"之"绒"字的解读，亦应当考虑"戎"的意义。

《天工开物》卷上《乃服》"褐毡"条写道："机织、羊种皆彼时归夷传来，故至今织工皆其族类，中国无与也。凡绵羊剪毳，粗者为毡，细者为绒。"[8]而《说

20-1　曹操高陵出土"绒手巾一"石牌

---

1 河南省文物考古研究所编著：《曹操高陵》，第168页，彩版九〇-3；河南省文物考古研究所编：《曹操高陵考古发现与研究》，文物出版社2010年11月版，彩版7-6。

2 《后汉书》，第208页、第1438页。

3 《三国志》，第1288页。

4 《南齐书》，第61—62页。

5 刘瑞：《说"常所用"》，《中国文物报》2010年10月15日6版，收入河南省文物考古研究所编：《曹操高陵考古发现与研究》，文物出版社2010年11月版。

6 《后汉书》卷六三《李固传》有"胡粉饰貌"情节。第2084页。

7 《魏书》卷一〇二《西域传》"龟兹"条："又出细毡，饶铜、铁、铅、麖皮、氍毹、铙沙、盐绿、雌黄、胡粉、安息香、良马、犎牛等。"第2266页。《周书》卷五〇《异域传下》"龟兹"条："又出细毡、麖皮、氍毹、铙沙、盐绿、雌黄、胡粉及良马、封牛等。"第917页。《隋书》卷八三《西域传》"龟兹"条："铙沙、盐绿、雌黄、胡粉、安息香、良马、封牛。"第1852页。

8 潘吉星著：《天工开物校注及研究》，巴蜀书社1989年1月版，第337页。

文·毛部》："毪，以氀为緂。"段玉裁注："氀，兽细毛也。緂，西胡氀布也。"[1]《天工开物》"织工"来自于"夷"而"中国无与也"之说以及段玉裁所谓"西胡"的突出标示，可以说明"绒"之原始字义的民族地理学内涵。

---

1 〔汉〕许慎撰，〔清〕段玉裁注：《说文解字注》，第 399 页。

行居

行囊・行橐

1. "布橐" 与 "革橐"

古人在行旅生活中，常常用"囊"和"橐"来包装所携带的日用物品。

从居延汉简所提供的汉代社会生活史的资料看，当时经历长途行旅生活来到西北边地的中原人，多用这种形式盛装随身必备的生活用品。因盛装物、物主和质料的不同，可以看到"泉（钱）囊""衣囊""私衣囊""布橐""私橐""官布橐""私布橐""革橐""衣装橐""币橐""裘袜橐"等命名。以后者"裘袜橐"为例，其中装有"羊皮裘一领""犬袜二两""履一两""革缇二两"等。"一两"就是一双。从简 217.30 的内容看，称为"布橐"的，也多与盛装衣物有关，相关物品有"单衣""单绔""复绔""履"等。[1] 当时，这种"橐"是经过长途行旅来到西北边防的役人用来放置私人物品的。

一般远来戍卒多携有"布橐"。然而用皮革制作的"革橐"也在行旅生活中得到广泛应用。破城子第 22 号房屋基址出土的法律文书《建武三年候粟君所责寇恩事》说到寇恩为候粟君载鱼远程贩卖，"积行道二十余日"，总距离超过汉制一千二百里，而寇恩车上诸物品中，就有应用于其行旅生活的"革橐"："羊韦一枚为橐直三千"。[2] 这种"橐"用经过熟制的羊皮制作，价值相当于三千钱。

居延汉简中又可以看到反映用"橐"盛装供行旅生活中食用的干粮的内容。这种"橐"也是所谓"行橐"。

---

1 谢桂华、李均明、朱国炤：《居延汉简释文合校》，第 349 页。
2 甘肃省文物考古研究所、甘肃省博物馆、文化部古文献研究室、中国社会科学院历史研究所编：《居延新简：甲渠候官与第四燧》，第 476 页。

2. "于橐于囊"

《诗·大雅·公刘》说到行旅时携带"糇粮","于橐于囊"的情形。[1]
一般解释说,"橐"和"囊"都是盛装物品的袋子,"橐"的容量较小,而
"囊"的容量稍大。也有人说,无底的叫"橐",有底的叫"囊"。

可是在年代较晚的资料中,又多有把行旅时装钱的袋子叫作"行
囊"的。[2]

而所谓"阮囊羞涩"一语,其实起初也源出于"行囊"装钱的古习。
据说晋人阮孚行游会稽,随身持一皂囊,客问囊中何物,他答道,但有一
钱守囊,恐其羞涩。

3. 装囊

行旅携带"行囊",是非常普遍的情形。《易林》卷二《复·否》写
道:"千岁旧室,将有困急,荷粮负囊,出门直北。"[3] 又如曹操《苦寒行》
诗:"担囊行取薪,斧冰持作糜。"[4]

"行囊"又称作"装囊"。《益部耆旧传》说,杜成行于路,拾到行旅之
客遗失的"装囊",打开检视,看到里边有锦二十五匹,于是原封不动,送
缴官府。这一拾财不昧的故事作为风范高卓的体现,一时传为佳话。

《后汉书》卷三一《张堪传》记载,张堪曾任蜀郡太守,离职时,"乘
折辕车,布被囊而已"。[5]《三国志》卷二三《魏书·常林传》裴松之注引

---

1 〔清〕阮元校刻:《十三经注疏》,第541页。
2 　如宋人洪迈《夷坚志补》有"蔡州小道人"条,其中说:"吾行囊元不乏钱。"这样看来,则似
乎"囊"的形制反而稍小。白居易的《渭村退居》诗所谓"尘埃常满甑,钱帛少盈囊",以及《秋
暮西归途中书情》诗所谓"忆归复愁归,归无一囊钱"等,说的也是装钱的"囊"。〔唐〕白居易
撰,谢思炜校注:《白居易诗集校注》,中华书局2006年7月版,第1149页、第761页。
3 〔旧题汉〕焦延寿撰,徐传武、胡真校点集注:《易林汇校集注》,第909页。
4 　逯钦立辑校:《先秦汉魏晋南北朝诗》,中华书局1983年9月版,第352页。
5 《后汉书》,第1100页。

《魏略·清介传·时苗》说，时苗赴任时，乘坐简陋的牛车，所载只有"布被囊"。[1] 在上任卸任的行程中所携"布被囊"都被看作俭素为操、为官清廉的一种标志。[2]

4. "担橐""负橐"故事

行旅使用"行囊"的情形，也相当普遍。《战国策·秦策一》说苏秦游历四方，"负书担橐"。[3] 南朝人沈约《内典序》："负橐以从师。"[4]

《新五代史》卷四七《杂传·张筬》记载，魏王李继岌死于渭南之后，张筬"悉取其行囊"。《旧五代史》卷九三《晋书·赵熙传》记述这件事，则说"一行金宝妓乐，（张）筬悉获之"。[5] 似乎史家"行囊"一语，代表了行旅时所有的一切财物。据《金史》卷一二三《忠义列传·爱申》记载，马肩龙赴死守卫德顺（今甘肃静宁）危城时，将"行囊"交付给族父，表明"死别"的决心，毅然冒险而去。[6] "行囊"，也被看作全部财产。

宋人叶梦得的《平泉草木记跋》有"病卧舟中，行囊萧然"的文句。[7]

---

1 《三国志》，第663页。

2 后世"行囊"，见于元人《秦修然竹坞听琴杂剧》写到秦修然见到叔父梁州尹时的情形："〔梁尹云〕孩儿，则被你想杀我也。你行囊在于何处？〔秦修然云〕在客店中哩。"《西游记》第五十三回也说："出离村舍，唐三藏攀鞍上马，沙和尚挑着行囊。"由于一般行旅都用"行囊"装运随行用物，因而人们有时把行旅所携带的主要物品统称为"行囊"。《西游记》第二十三回借八戒之口说到这副"行囊"的形式："八戒道：'哥哥，你看这担行李多重？'行者道：'兄弟，自从有了你与沙僧，我又不曾挑着，那知多重？'八戒道：'哥啊，你看看数儿么：四片黄藤篾，长短八条绳。又要防阴雨，毡包三四层。匾担还愁滑，两头钉上钉。铜镶铁打九环杖，篾丝藤缠大斗篷。似这般许多行李，难为老猪一个逐日家担着走，偏你跟师父做徒弟，拿我做长工。'"人民文学出版社1980年5月版，第655页、第274页。这里所描述的，应当是吴承恩生活的时代"行囊"较为普遍的样式。

3 〔西汉〕刘向集录：《战国策》，第85页。

4 〔清〕严可均编：《全上古三代秦汉三国六朝文》，中华书局1958年12月版，第6247页。

5 《新五代史》，中华书局1974年12月版，第522页。《旧五代史》，中华书局1976年5月版，第1183页。

6 《金史》，中华书局1975年7月版，第2691页。

7 〔宋〕叶梦得：《岩下放言》，《景印文渊阁四库全书》，第863册第737页。

21-1 邛崃征集画象砖负橐登高画面　21-2 邛崃花牌坊出土制盐画象砖背负盐橐画面

21-3 新都新民乡出土"养老"画象砖所见"橐""橐"的使用

金人元好问的《不寐》诗中也曾写道："日月虚行橐，风霜入敝裘。"[1]"行橐"是否充盈，是行旅过程能否顺利完成的重要的物质保障。

唐人沈佺期《夏日都门送司马员外逸客孙员外佺共北征》诗："画省连征橐，横门共别词。"李峤《饯薛大夫护边》诗："犀皮拥青橐，象齿饰雕弓。"[2]其中所说到的"橐"，当然也是"行橐"。

5. "行箧"与"行箱"

居延汉简中还可以看到戍边士卒远行途中使用"箧"和"笥"的情形。"箧""笥"或连称"箧笥"，原本是指一种用以盛装日常用品的竹编器具，后来又出现了用其他质料制作的形式。其形制和用途大略类同于现今的箱。《宋史》卷四五五《忠义列传十·马伸》说，马伸受命巡行各地，据说"行箧一檐，图书半之"。《宋史》卷四一一《欧阳守道传》也说，欧阳守道罢官回乡，随身所携行李，"唯书两箧而已"。[3]《老残游记》第三回写道，老残闲坐客寓，有来客夸赞他所读书籍的品位，老残说："不过先人遗留下来的几本破书，卖又不值钱，随便带在行箧解解闷儿，当小说书看罢了，何足挂齿。"[4]他当时寄居的屋内有"两个小小竹箱"，可能就是他所说的"行箧"。"行笥"作为行旅装备也见于古人诗文。"行笥"，也是行旅时所携带的箱笼。

有人又把这类盛装行旅生活用物的器具称作"行箱"。例如南朝宋人鲍照在《登翻车岘》诗中就写道："畏途疑旅人，忌辙覆行箱。"[5]阮籍《咏怀》诗也写道："横术有奇士，黄骏服其箱。"[6]又如《儒林外史》第十八回："忙

1　狄宝心校注：《元好问诗编年校注》，第 968 页。

2　《全唐诗》，第 1049 页、第 726 页。

3　《宋史》，第 13368 页、第 12366 页。

4　〔清〕刘鹗著：《老残游记》，岳麓书社 1989 年 6 月版，第 15 页。

5　〔南朝宋〕鲍照撰，黄节注：《鲍参军诗注》，中华书局 2008 年 1 月版，第 291 页。

6　〔三国魏〕阮籍著，陈伯君校注：《阮籍集校注》，中华书局 2012 年 12 月版，第 387 页。

到下午，赵雪斋轿子才到了，下轿就叫取箱来。轿夫把箱子捧到，他开箱取出一个药封来。"[1]《老残游记》第二回："老残略道一声谢谢，也就收入箱笼，告辞动身上车去了。"[2] 也都说明随行携带"箱"的情形在行旅生活中已经相当普及。这种一直到近世仍然得到广泛应用的行具，其实也是由古时的"行囊"和"行橐"演变而来的。

　　行旅生活是古代社会生活的基本内容。而"行囊"以及"行橐"等在行旅实践中的应用，其实也可以看作认识古人生活风貌的线索之一。[3]

1 〔清〕吴敬梓著，李汉秋辑校：《儒林外史》，上海古籍出版社 1984 年 9 月版，第 257 页。
2 〔清〕刘鹗著：《老残游记》，第 7 页。
3 王子今：《"行囊"与"行橐"的文化风貌》，《华夏文化》1996 年 4 期。

流马方囊

1. "木牛流马"：诸葛亮的交通运输技术发明

《三国志》卷三三《蜀书·后主传》："（建兴）九年春二月，亮复出军围祁山，始以木牛运。""十年，亮休士劝农于黄沙，作流马木牛毕，教兵讲武。""十一年冬，亮使诸军运米，集于斜谷口，治斜谷邸阁。""十二年春二月，亮由斜谷出，始以流马运。秋八月，亮卒于渭滨。"[1] "木牛"和"流马"，是应用于军运实践的成功发明，也可以看作诸葛亮最后的才智贡献。《三国志》卷三五《蜀书·诸葛亮传》也记载：

> 九年，亮复出祁山，以木牛运，粮尽退军。……十二年春，亮悉大众由斜谷出，以流马运，据武功五丈原，与司马宣王对于渭南。亮每患粮不继，使己志不申，是以分兵屯田，为久驻之基。耕者杂于渭滨居民之间，而百姓安堵，军无私焉。相持百余日。其年八月，亮疾病，卒于军，时年五十四。及军退，宣王案行其营垒处所，曰："天下奇才也！"

又写道："亮性长于巧思，损益连弩，木牛流马，皆出其意；推演兵法，作八陈图，咸得其要云。"裴松之注则保留了有关"作木牛流马法"的重要信息：

> 《亮集》载作木牛流马法曰："木牛者，方腹曲头，一脚四足，头入领中，舌著于腹。载多而行少，宜可大用，不可小使；特行者数十里，群行者二十里也。曲者为牛头，双者为牛脚，横者为牛领，转者为牛足，覆者为牛背，方者为牛腹，垂者为牛舌，曲者为牛肋，刻者为牛齿，立者为牛角，细者为牛鞅，摄者为牛鞦轴。牛仰双辕，人行

---

1 《三国志》，第896—897页。

六尺，牛行四步。载一岁粮，日行二十里，而人不大劳。流马尺寸之数，肋长三尺五寸，广三寸，厚二寸二分，左右同。前轴孔分墨去头四寸，径中二寸。前脚孔分墨二寸，去前轴孔四寸五分，广一寸。前杠孔去前脚孔分墨二寸七分，孔长二寸，广一。后轴孔去前杠分墨一尺五分，大小与前同。后脚孔分墨去后轴孔三寸五分，大小与前同。后杠孔去后脚孔分墨二寸七分，后载克去后杠孔分墨四寸五分。前杠长一尺八寸，广二寸，厚一寸五分。后杠与等版方囊二枚[1]，厚八分，长二尺七寸，高一尺六寸五分，广一尺六寸，每枚受米二斛三斗。从上杠孔去肋下七寸，前后同。上杠孔去下杠孔分墨一尺三寸，孔长一寸五分，广七分，八孔同。前后四脚，广二寸，厚一寸五分。形制如象，靬长四寸，径面四寸三分。孔径中三脚杠，长二尺一寸，广一寸五分，厚一寸四分，同杠耳。"[2]

"木牛流马"，是诸葛亮"长于巧思"的重要表现。其出发点，是要解决"粮不继，使己志不申"的问题。许多研究者试图复原"木牛流马"，进行了积极的努力。但是我们对于其具体形制，现今尚未有明确的共识。

2. 关于"方囊"名号

裴松之引"《亮集》载作木牛流马法"在关于"流马"结构的介绍中，言及"方囊"：

> 后杠与等版方囊二枚，厚八分，长二尺七寸，高一尺六寸五分，广一尺六寸，每枚受米二斛三斗。

按照汉代一尺相当于 23.1 厘米的比率，"厚八分，长二尺七寸，高

1　"等版"，〔明〕杨时伟编《诸葛忠武书》卷九《遗事》及〔明〕曹学佺撰《蜀中广记》卷六八《方物记第十·服用》均作"等板"，《景印文渊阁四库全书》，第 592 册第 151 页。

2　《三国志》，第 925 页、第 927 页、第 928 页。

一尺六寸五分，广一尺六寸"，相当于厚1.848厘米，长62.37厘米，高38.115厘米，广36.96厘米。

"囊"与"橐"，是汉代运输活动中物资装载的通常包装物。居延汉简可见"泉（钱）橐""衣橐""私衣橐""布橐""私橐""官布橐""私布橐""革橐""衣装橐""币橐""裘袜橐"等盛装不同物品的"橐"。《诗·大雅·公刘》："乃裹糇粮，于橐于囊。"郑氏笺："小曰橐，大曰囊。""《说文》云：无底曰囊，有底曰橐。"[1]一般理解，"橐"和"囊"都是用以盛装物品的袋子，一说"橐"的容量较小，而"囊"的容量稍大。一说无底的称"橐"，有底的称"囊"。《说文·橐部》："橐，橐也。""橐，囊也。""囊，橐也。"段玉裁注："按许云：'橐，囊也。''囊，橐也。'浑言之也。《大雅》毛传曰：'小曰橐，大曰囊。'高诱注《战国策》曰：'无底曰囊，有底曰橐。'皆析言之也。囊者，言实其中如瓜瓠也。橐者，言虚其中以待如木榛也。玄应书引《苍颉篇》云：'橐，囊之无底者。'则与高注互异。许多用毛传。疑当云'橐，小囊也；囊，橐也。'则同异皆见。全书之例如此。此盖有夺字。又《诗释文》引《说文》：'无底曰囊，有底曰橐。'与今本绝异。"[2]对于"橐""囊"的解说应综合理解，即小而有底者称"橐"，大而无底者称"囊"。这两种包装形式，其实又都可以通称为"囊"，此即段玉裁所谓"浑言之也"。

秦汉交通生活中以"囊"盛装粮食，是非常普遍的情形。[3]所谓"方囊"定名取用"囊"字，或许与此有关。

"方囊"之"方"取义，大概是因为"方囊二枚"，两者并列的缘故。《说文·方部》："方，併船也。象两舟省总头形。"段玉裁注："《周南》：'不可方思。'《邶风》：'方之舟之。'《释言》及毛传皆曰：'方，泭也。'今《尔雅》改'方'为'舫'，非其义矣。併船者，并两船为一。《释水》曰：'大夫方舟。'谓併两船也。'泭者'，编木以为渡。与併船异事。何以毛公

1 《毛诗正义》，〔清〕阮元校刻：《十三经注疏》，第541页。

2 〔汉〕许慎撰，〔清〕段玉裁注：《说文解字注》，第276页。

3 参看王子今：《"行囊"与"行橐"的文化风貌》，《华夏文化》1996年4期。

释方，不曰并船而曰泭也。曰并船、编木其用略同，故俱得名'方'。方舟为大夫之礼。《诗》所言不必大夫。则释以'泭'可矣。若许说字，则见下从舟省而上有并头之象。故知并船为本义，编木为引伸之义。又引伸之为'比方''子贡方人'是也。《秦风》：'西天之防。'毛曰：'防，比也。'谓'防'即'方'之假借也。"[1]《史记》卷六九《苏秦列传》："径乎亢父之险，车不得方轨，骑不得比行，百人守险，千人不敢过也。"所谓"方轨"，张守节《正义》："言不得两车并行。"又《史记》卷九二《淮阴侯列传》："今井陉之道，车不得方轨，骑不得成列。"[2]"方轨"也是同样的意思。

3. "方囊"与散装运载方式

前说"负囊""担囊"，是民间通常运输方式。[3]而运输车辆介入交通生活，人们则可能使用《说文》中说到的"橐"。《说文·橐部》："橐，车上大橐。"段玉裁注："云车上大橐者，谓可藏任器载之于车也。"[4]《国语·齐语》："诸侯之使垂橐而入，稛载而归。"韦昭注："垂，言空而来也。橐，囊也。""言重而归也，稛，絭也。"[5]也说到车辆装载方式。

从居延汉简提供的信息看，粮食包装形式通常为"卷"，或作"券""帣"，容量是有大体一致的统一规格的，为"三石"。盐运也取同样包装形式。《说文·巾部》："帣，囊也。今盐官三斛为一帣。"段玉裁注："举汉时语证之。'掊'字下曰：'今盐官入水取盐为掊。'皆汉时《盐法》中语。"[6]居延简例可见粮运使用"卷"或"帣"的方式：

卒陈偃　粟一卷三斗三升　　　　　　　　　　　　　　（57.19）

---

1 〔汉〕许慎撰，〔清〕段玉裁注：《说文解字注》，第404页。

2 《史记》，第2258页、第2615页。

3 参看王子今：《四川汉代画像中的"担负"画面》，《四川文物》2002年1期。

4 〔汉〕许慎撰，〔清〕段玉裁注：《说文解字注》，第276页。

5 徐元诰撰，王树民、沈长云点校：《国语集解》（修订本），第239页。

6 〔汉〕许慎撰，〔清〕段玉裁注：《说文解字注》，第360页。

　　☐粟一券寄粟

　　☐☐☐☐二券寄粟　　　　　　　　　　　　　　　（48.12B）

　　士吏尹忠　　糜一桊三斗三升自取又二月食糜一桊三斗三升卒陈襄取

　　　　　　　　　　　　　　　　　　　　　　　　（57.20）[1]

"卷"或"桊"也可能是复数。如：

　　入桊七枚　爕长安国受尉☐　　　　　　　　　　（275.1）

　　☐九十九石　卅三卷　建平二年十月癸未甲渠令史宗受城仓令史谭

　　　　　　　　　　　　　　　　　　　　　　　　（84.27）

　　五石券卌二券☐☐☐

　　三石券十四券☐☐☐　　　　　　　　　　　　　（EPT53:144）[2]

　　廿桊在第三驿张良妇所☐

　　取以自廪簿入七月毋☐　　　　　　　　　　　　（73EJT21:162A）

　　记予……　　　　☐　　　　　　　　　　　　　（73EJT21:162B）[3]

"廿桊"的"廿"有可能是编号。简文内容体现在一定条件下，有数量达到或者超过"廿"的"桊"。

　　然而秦汉时期运输车辆更为通行的装载方式可能是散装。山东沂南汉画象石墓中室南面石刻表现入储谷物的情形，画面中可以看到三辆运载散装谷粟的牛车。[4] 甘肃武威磨咀子汉墓出土牛车模型中残留粮食遗迹，显然

1　谢桂华、李均明、朱国炤：《居延汉简释文合校》，第101页、第83页、第101页。

2　沈刚《居延汉简语词汇释》举列对"券"的解说："或作'桊'，装粮食的口袋，大者装五石，小者装三石。（《集成》五，P136）""同桊，有底之大袋。一般为三石。五石容量的需专门说明。（《集成》十，P282）。"科学出版社2008年12月版，第151页。EPT53:144简文即同时可见"五石券"和"三石券"。

3　谢桂华、李均明、朱国炤：《居延汉简释文合校》，第463页、第149页。甘肃省文物考古研究所、甘肃省博物馆、中国文物研究所、中国社会科学院历史研究所编：《居延新简：甲渠候官》，中华书局1994年12月版，第290页。甘肃简牍保护研究中心、甘肃省文物考古研究所、甘肃省博物馆、中国文化遗产研究院古文献研究室、中国社会科学院简帛研究中心编：《肩水金关汉简（贰）》，下册第23页。

4　南京博物院、山东省文物管理处：《沂南古画像石墓发掘报告》，文化部文物管理局1956年3月版，第20页，图版48。

是作为散装运粮车的摹拟明器随葬。[1] 汉光武帝建武三年（27），刘秀军与赤眉军战于渑池。《太平御览》卷四八六引《东观汉记》："邓禹与赤眉战，赤眉佯败，弃辎重走，皆载土，以豆覆其上。兵士饥，争取之。赤眉引还击之，军溃乱。"[2] 由此可知军中辎重车载运军粮一般也取散装形式。武威雷台汉墓出土三辆铜制大车模型，"舆内尚留有粟粒痕迹"，发掘者推测是"载粮用的'辎车'"，其装载方式大致也是散装。这座汉墓还出土形制与大车略同的铜制辇车模型，三辆铜辇车所驾三匹马的胸前均铭刻车主某某及"辇车马"字样。[3] 散装运输的普及，可以节省包装材料，简化工序，减少"折咸（减）"损失[4]，如果仓储设备良好，也有利于装卸作业的完成。武威雷台汉墓铜制大车模型后部有能够自由启闭的车门，显然可以方便装卸。散装需解决防雨防尘问题，并要求车箱结构严密，以不致漏失。四川广汉大堆子汉画象砖收缴谷米的画面中所表现的载重马车，车箱方正严整一如武威雷台汉墓所出铜车模型，但车箱前端又有一档板。[5] 此外，青海西宁南滩汉墓出土木制牛车模型结构也与上述车型大致类同。[6] 估计这是当时通行的运车型式之一，武威雷台铜车应当也有活动的前挡板，可能模型未作细致体现。这种车箱规整的车型，可以根据装载容积大致估算载物重量，不必以小量器一一计量，因而可以提高装载效率，适宜于较大规模的运输。[7]

诸葛亮"流马""方囊"设计采用散装方式，应当体现了装载技术的先进性。

1 甘肃省博物馆：《武威磨咀子三座汉墓发掘简报》，《文物》1972 年 12 期。

2 《太平御览》卷八四一引《东观汉记》："邓禹攻赤眉，阳败，弃辎重走。车皆载土，以豆覆其上。兵士饥，争取之。"第 2227 页、第 3758 页。《后汉书》卷一七《冯异传》："弘遂大战移日，赤眉阳败，弃辎重走。车皆载土，以豆覆其上，兵士饥，争取之。赤眉引还击弘，弘军溃乱。"第 646 页。

3 甘肃省博物馆：《武威雷台汉墓》，《考古学报》1974 年 2 期。

4 参看王子今：《走马楼简"折咸米"释义》，《国际简牍学会会刊》第 3 号，兰台出版社 2001 年 7 月版。

5 高文编：《四川汉代画像砖》，上海人民美术出版社 1987 年 2 月版，图二〇。

6 青海省文物管理委员会：《西宁市南滩汉墓》，《考古》1964 年 5 期。

7 王子今：《秦汉交通史稿》（增订版），中国人民大学出版社 2013 年 1 月版，第 122—123 页。

4. "方囊"装载量与汉代车运装载规格的比较

据裴松之引"《亮集》载作木牛流马法","流马""方囊"两枚,"每枚受米二斛三斗",则合计四斛六斗。

据对"汉代有标称值刻铭,单位量值又不明显偏离标准值的量器"的测定,"每升的平均值为 200.24 毫升"。[1]

以"流马""方囊""长二尺七寸,高一尺六寸五分,广一尺六寸",即长 62.37 厘米,高 38.115 厘米,广 36.96 厘米计,容积为 87862.515 毫升。"方囊二枚",则为 175725.03 毫升。这与《九章算术·商功》有关"冥谷""载土往来"的算题中"车载三十四尺七寸"[2]的规格相比,有较大差距。

关于先秦车辆的载重能力,有达到三十石至五十石之说。《韩非子·外储说左上》:"墨子曰:'不如为车輗者巧也,用咫尺之木,不费一朝之事,而引三十石之任,致远力多,久于岁数。'"[3]《墨子·鲁问》:"须臾刘三寸之木,而任五十石之重。"[4]不过诸子书中语有时重论辩效能,不免夸张,未可以为确证。从《九章算术·均输》中关于"均输粟""均赋粟"的算题所提供的情况看,汉代运粮车的载重标准一般为二十五斛。[5]裴锡圭《汉简零拾》一文涉及汉简有关以车运粮的资料,引用每车所载粮食为二十五石的简文多至十数例,并指出:"雇佣的佣人和服役的将车者输送粮食的时候,大概一般比较严格地遵守二十五石一车的常规。"[6]行至居延的车辆多属长途运车,尚可达到这一水平,足见当时车辆运载能力之强。《商君书·垦

1　丘光明编著:《中国历代度量衡考》,第 244—245 页。

2　白尚恕著:《〈九章算术〉注释》,科学出版社 1983 年 12 月版,第 171 页。

3　〔清〕王先慎撰,钟哲点校:《韩非子集解》,第 266 页。

4　〔清〕孙诒让著,孙以楷点校:《墨子间诂》,第 481 页。

5　《九章算术·均输》:"当输二十五万斛,用车一万乘。""一车载二十五斛。""车载二十五斛。"白尚恕著:《〈九章算术〉注释》,第 184 页、第 191 页、第 195 页。

6　裴锡圭:《汉简零拾》,《文史》第 12 辑,中华书局 1981 年 9 月版。所举简例,如:"入粟大石廿五石　车一两"(59.2)、"糴得常乐里王禹　●尉将　车二两麦五十石☑"(253.5),入粟大石百石　车四两　尉史李宗将☑"(122.6)等。

令》："车牛舆重设必当名，然则往速徠疾，则业不败农。"高亨注："车牛所载的重量在服役时必须和官册所注明的重量相当。"[1]大概汉时车载二十五石也是政府为保证车队运行速度和交通道路畅通而统一限定的定额。居延汉简有"入粟三十斛 车一两"简例（E.P.T14：5），[2]敦煌汉简又可见如下简文："入□□□三升少 布单卷百五十二支 车十六两 粟米五百六石六斗六升大 正月丁未。"（1866）若只计"粟米"，车均 26.63 石。"车十九两"或释作"车十六两"。若理解为"车十六两"载"粟米五百六石六斗六升大"，则每辆车载运接近三十二石。又有"☒车三两载米糒百五石"简文（802），[3]则平均车载达三十五石。《九章算术·方程》有"载四十石至阪"的算题，也说明实际载重量有远超过二十五石的情形。[4]

"流马""方囊""每枚受米二斛三斗"，则两枚合计四斛六斗，显然与汉代粮运一般装载规格"二十五石一车的常规"存在较大差距。这可能是山区运输条件所决定的。

此外，我们目前尚不能判定是否有"流马"除"方囊"外另外背负盛装粮食或曰"受米"的"卷"或"券""帣"的可能。

5. "方囊"结构与"流马"为独轮车说

《南齐书》卷五二《文学传·祖冲之》："以诸葛亮有木牛流马，乃造一器不因风水施机自运，不劳人力。"[5]可知"流马"是以"人力"为动力的运输方式。《旧五代史》卷一〇《梁书·末帝纪下》："虽蹜山越海，肃慎方来；而召雨征风，蚩尤尚在。顾兹残孽，劳我大邦，将士久于战征，黎

---

1 高亨：《商君书注译》，中华书局 1974 年 11 月版，第 29—30 页。
2 甘肃省文物考古研究所、甘肃省博物馆、文化部古文献研究室、中国社会科学院历史研究所编：《居延新简：甲渠候官与第四燧》，第 62 页。
3 吴礽骧、李永良、马建华释校：《敦煌汉简释文》，第 197 页、第 82 页。
4 王子今：《秦汉交通史稿》（增订版），第 111 页。
5 《南齐书》，中华书局 1972 年 1 月版，第 906 页。

庶疲于力役。木牛暂息，则师人有乏爨之忧；流马尽行，则丁壮有无聊之苦。"[1] 也说"木牛""流马"劳动"丁壮""力役"。

面对"踰山"交通的困难，如果尽可能地使用车辆，独轮车应当是比较合理的车型选择。

独轮车可能在秦代已经发明[2]，在秦汉时期已经得到普及，而有关独轮车的文物图像资料比较集中地出土于蜀地，是值得注意的。

《后汉书》和《三国志》中有关"鹿车"即独轮车的记载，也有助于我们分析相关现象：[3]

序号	史　迹	资料出处
（1）	更始败，熹为赤眉兵所围，迫急，乃踰屋亡走，与所友善韩仲伯等数十人，携小弱，越山阻，径出武关。仲伯以妇色美，虑有强暴者，而己受其害，欲弃之于道。熹责怒不听，因以泥涂仲伯妇面，载以鹿车，身自推之。每道逢贼，或欲逼略，熹辄言其病状，以此得免。既入丹水，遇更始亲属，皆裸跣涂炭，饥困不能前。熹见之悲感，所装缣帛资粮，悉以与之，将护归乡里。	《后汉书》卷二六《赵熹传》
（2）	建武六年，弟成物故，嚣乃听林持丧东归。既遣而悔，追令刺客杨贤于陇坻遮杀之。贤见林身推鹿车，载致弟丧，乃叹曰："当今之世，谁能行义？我虽小人，何忍杀义士！"因亡去。	《后汉书》卷二七《杜林传》
（3）	任末字叔本，蜀郡繁人也。少习《齐诗》，游京师，教授十余年。友人董奉德于洛阳病亡，末乃躬推鹿车，载奉德丧致其墓所，由是知名。	《后汉书》卷七九下《儒林传下·任末》

1　《旧五代史》，第142页。
2　参看赵宠亮：《独轮车至晚在秦代已经发明》，《中国文物报》2010年7月21日。今按：可以支持秦代已经使用独轮车的资料，还有苏林、裴骃和司马贞对"娄敬脱挽辂"的解说。《史记》卷九九《刘敬叔孙通列传》："汉五年，戍陇西，过洛阳，高帝在焉。娄敬脱挽辂，衣其羊裘，见齐人虞将军曰：'臣愿见上言便事。'"关于"脱挽辂"，或以为与"鹿车"有关。裴骃《集解》："苏林曰：'一木横鹿车前，一人推之。'"司马贞《索隐》："挽者，牵也。""辂者，鹿车前横木，二人前挽，一人后推之。"第2715页。
3　《后汉书》，第912—913页、第936页、第2572页、第2689页、第2781—2782页。《三国志》，第386页、第549页、第1060页。

序号	史　迹	资料出处
（4）	议者欲以为侍御史，因遁身逃命于梁沛之间，徒行敝服，卖卜于市。遭党人禁锢，遂推鹿车，载妻子，捃拾自资，或寓息客庐，或依宿树荫。如此十余年，乃结草室而居焉。	《后汉书》卷八一《独行传·范冉》
（5）	勃海鲍宣妻者，桓氏之女也，字少君。宣尝就少君父学，父奇其清苦，故以女妻之，装送资贿甚盛。宣不悦，谓妻曰："少君生富骄，习美饰，而吾实贫贱，不敢当礼。"妻曰："大人以先生修德守约，故使贱妾侍执巾栉。既奉承君子，唯命是从。"宣笑曰："能如是，是吾志也。"妻乃悉归侍御服饰，更著短布裳，与宣共挽鹿车归乡里。拜姑礼毕，提瓮出汲。修行妇道，乡邦称之。宣、哀帝时官至司隶校尉。子永，中兴初为鲁郡太守。永子昱从容问少君曰："太夫人宁复识挽鹿车时不？"对曰："先姑有言：'存不忘亡，安不忘危。'吾焉敢忘乎！"	《后汉书》卷八四《列女传·鲍宣妻》[1]
（6）	司马芝字子华，河内温人也。少为书生，避乱荆州，于鲁阳山遇贼，同行者皆弃老弱走，芝独坐守老母。贼至，以刃临芝，芝叩头曰："母老，唯在诸君！"贼曰："此孝子也，杀之不义。"遂得免害，以鹿车推载母。居南方十余年，躬耕守节。	《三国志》卷一二《魏书·司马芝传》
（7）	……遂弃家事，乘鹿车伺寿。至光和二年二月上旬，以白日清时，于都亭之前，与寿相遇，便下车扣寿马，叱之。……	《三国志》卷一八《魏书·庞淯传》裴松之注引皇甫谧《列女传》
（8）	费祎字文伟，江夏鄳人也。少孤，依族父伯仁。伯仁姑，益州牧刘璋之母也。璋遣使迎仁，仁将祎游学入蜀。会先主定蜀，祎遂留益土，与汝南许叔龙、南郡董允齐名。时许靖丧子，允与祎欲共会其葬所。允白父和请车，和遣开后鹿车给之。允有难载之色，祎便从前先上。及至丧所，诸葛亮及诸贵人悉集，车乘甚鲜，允犹神色未泰，而祎晏然自若。持车人还，和问之，知其如此，乃谓允曰："吾常疑汝于文伟优劣未别也，而今而后，吾意了矣。"	《三国志》卷四四《蜀书·费祎传》

---

[1] 《太平御览》卷七七五引《列女传》记"渤海鲍宣妻"事，作"挽鹿车归乡里"，永子昱问："太夫人宁复识挽车时不？"第3437页。

其中（1）言"越山阻，径出武关"，（2）则行于"陇坻"，（6）故事发生于
"鲁阳山"，可知"鹿车"是便于山地行驶的。而（3）与（8），都是蜀地普
及"鹿车"之例。

相互对称的"方囊"设置在两侧，正适合"鹿车"即独轮车行驶的
条件。

思考"流马"装载量与汉代通常车运载重规格差距较大的原因，还应
注意"流马"以人力为动力的情形。而且操纵"流马"的，应当是一人或
二人。二人则一后一前，"推""挽"并力，如（5）"共挽鹿车""挽鹿车"。
从汉代画象资料看，往往只是一人推行，即如（1）"身自推之"，（2）"身
推鹿车"，（3）"躬推鹿车"，（4）"推鹿车"，（6）"以鹿车推载"。而《九章
算术》言"车载二十五斛"的运输方式是"六人共车，车载二十五斛，重
车日行五十里，空车日行七十里，载输之间各一日"[1]，可知已经形成规范。
而以"流马""方囊二枚""每枚受米二斛三斗"，合计四斛六斗计，其运输
效率还要高于"六人共车，车载二十五斛"的常规情形。

6. "鹿车"与"流马"名义

关于"鹿车"，瞿中溶《汉武梁祠堂石刻画像考》解释说："鹿，当是
鹿卢之谓，即辘轳也。"刘仙洲同意这种意见，并以王重民等编《敦煌变
文集》卷八句道兴撰《搜神记》不用"鹿车"而用"辘车"作旁证，以为
"鹿车"即独轮车，认为其创始时期当在西汉晚期。[2] 史树青也提出论证，指
出："鹿车的鹿字，应作辘轳解，是轮轴类的引重器"，"传世汉代铜器中，
有一种活轴铜灯，灯盌可仰可合，俗称辘轳灯，意也取此。所以鹿车就是
一个轮轴的车"。[3] 早期独轮车的车轮制作，很可能直接截取原木并不进行

1　白尚恕著：《〈九章算术〉注释》，第 195 页。
2　刘仙洲：《我国独轮车的创始时期应上推到西汉晚年》，《文物》1964 年 6 期。
3　史树青：《有关汉代独轮车的几个问题》，《文物》1964 年 6 期。

认真加工，轮体有一定厚度，正便于推行时操纵保持平衡。由于车轮浑整厚重酷似辘轳，因而得名"辘车"。"辘车"后又称"鹿车"。句道兴《搜神记》述千乘人董永故事："小失其母，独养老父，家贫困苦，至于农月，与辘车推父于田头树荫下，与人客作，供养不阙。"又谓事本"昔刘向《孝子图》"，而董永"前汉人也"。[1] 其中"辘车"之称，或许在一定程度上保留了古意。[2]

《韩非子·八说》："古者寡事而备简，朴陋而不尽，故有挑铫而椎车者。""故智者不乘椎车，圣人不行椎政也。"原注：椎车"即椎轮也"。[3]《淮南子·说林》："古之所为不可更，则椎车至今无蝉匷。"[4] 也说"椎车"是"古"车形式。《盐铁论》中《非鞅》《遵道》《散不足》《世务》等篇都说到所谓"椎车"。[5]《散不足》写道："古者椎车无柔，栈舆无植。及其后，木轮不衣，长毂数辐，蒲荐芰盖，盖无漆丝之饰。"指出车辆制作从拙陋到华丽的变化轨迹。或以为"椎车无柔"的"柔"同"鞣"。张敦仁《盐铁论考证》认为："椎车者，但斵一木使外圆，以为车轮，不用三材也。"王利器说，因此当时"把拙朴之车叫做'椎车'"。[6]《艺文类聚》卷五五引梁昭明太子《文选序》曰："夫椎轮为大辂之始，大辂宁有椎轮之质？"[7] 以为"鹿车"与"辘车"有关的解说应当是有合理性的。

但是前引赵憙故事"载以鹿车，身自推之"，李贤注：《风俗通》曰：'俗说鹿车窄小，载容一鹿。'"[8] 为什么生活在独轮车得以普及的东汉时期的应劭，对"鹿车"的"鹿"作出这样与"辘""辘轳"全然无关的解释

---

1 王重民等编：《敦煌变文集》，人民文学出版社 1957 年 8 月版，第 886 页。

2 王子今：《秦汉交通史稿》（增订版），第 117—118 页。

3 〔清〕王先慎撰，钟哲点校：《韩非子集解》，第 426 页。

4 何宁撰：《淮南子集释》，第 1189 页。

5 王利器校注：《盐铁论校注》（定本），中华书局 1992 年 7 月版，第 94 页、第 292 页、第 350 页、第 507 页。

6 王利器校注：《盐铁论校注》（定本），第 350 页、第 102 页。

7 〔唐〕欧阳询撰：《艺文类聚》卷五五引梁昭明太子《文选序》曰："夫椎轮为大路之始，大路宁有椎轮之质？"汪绍楹校，第 996 页。文渊阁四库全书本"大路"作"大辂"。

8 《北堂书钞》卷一四〇引《风俗通》曰："俗说鹿车窄小，载容一鹿。"《景印文渊阁四库全书》，第 889 册第 716 页。

22-1 新都新农乡出土画象砖所见鹿车方形结构

22-2 彭州义和乡征集画象砖鹿车方箱画面

呢？

　　联系"鹿车"与"流马"车型的相近之处以及名称的相近之处，推想"鹿车"命名或许还有其他涵义。鹿、马均行进轻捷，形体亦有相近处，赵高"指鹿为马"故事即其例。[1] 宋人罗愿《尔雅翼》卷二〇《释兽三·鹿》："陶隐居云：古称马之似鹿者直百金。今荆楚之地，其鹿绝似马。当解角时，望之无辨。土人谓之'马鹿'。以是知赵高指鹿为马，盖以类尔。"[2] 在这一认识基础上理解"鹿车"与"流马"的关系，也许是有益的。

　　"流马""方囊"的设计，便利快捷行进，也降低了对道路宽度的要求。这也正是符合蜀道交通多经历山区，频繁"踰山""越山阻"的条件的。[3]

---

1 《史记》卷六《秦始皇本纪》："（二世三年）八月己亥，赵高欲为乱，恐群臣不听，乃先设验，持鹿献于二世，曰：'马也。'二世笑曰：'丞相误邪？谓鹿为马。'问左右，左右或默，或言马以阿顺赵高。或言鹿，高因阴中诸言鹿者以法。后群臣皆畏高。"第 273 页。

2 〔宋〕罗愿撰，石云孙点校：《尔雅翼》，第 209 页。

3 王子今：《诸葛亮"流马""方囊"考议》，《四川文物》2015 年 1 期。

行縢

1. 秦俑"行縢"的考古记录

秦始皇陵兵马俑作为高度仿真的军阵模型，可以提供丰富的体现当时军事制度细节和军人生活实况的多方面的信息。秦国军人的衣着鞋履形式，也有重要的史料价值。

例如，在表现秦军将士装备的有关资料中，我们看到当时工匠专意精心刻画的"行縢"。通过对"行縢"的分析，可以丰富我们对当时交通形式的认识。

《秦始皇陵兵马俑坑一号坑发掘报告》在关于陶俑"服饰"的内容中谈到"下裳"，其中涉及"行縢"：

> 行縢
>
> 已出土的武士俑，有的腿部扎着行縢。行縢的表现方式是用阴线刻划出缠扎的旋纹，从足腕到膝下由下而上右旋三周，然后用两条组带分别于足腕和膝下束扎，带头于腿的前侧各自绾成花结。标本 T1G2:8 号俑的腿上用阴线刻着缠扎的行縢，从足腕到膝下旋转缠绕三周，旋纹最大间距 14 厘米。在足腕和膝下各有一根条带束扎，带头十字相交绾结。束扎后，从表面仍可看到腿部肌肉和骨骼的关系，说明行縢为单层布作成。
>
> 行縢原名"邪幅"。《诗经·小雅·采菽》："邪幅在下。"郑笺："邪幅如今行縢也。偪束其胫，自足至膝。"其作用：一是御寒，二是行动轻捷。[1]

1　陕西省考古研究所、始皇陵秦俑坑考古发掘队：《秦始皇陵兵马俑坑一号坑发掘报告（1974—1984）》，文物出版社 1988 年 10 月版，第 99—100 页。

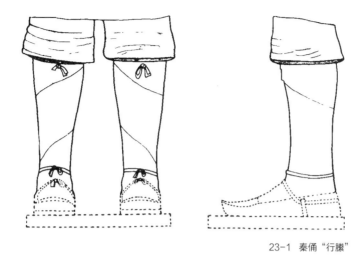

23-1　秦俑"行縢"

不仅一号俑坑出土了有关"行縢"的实物资料,二号俑坑和三号俑坑也有类似的发现。

据钻探试掘简报记录,二号俑坑战车后排列的所谓"车士"和"徒手步兵俑"有"胫著护腿"的情形。而T9战车后跟随徒兵三十二人,都"腿扎行縢"。[1]

三号俑坑清理简报中也有如下内容:

> 该坑出土的武士俑,依据其装束大体可分为二式:Ⅰ式武士俑三十件,均身穿短褐,上披黑色铠甲,腿扎行縢(即裹腿),足登方口齐头翘尖履。Ⅱ式武士俑三十件,身穿短褐,披甲,腿缚絮衣,足登单梁长靴。其余四件,装束不明。[2]

看来,"行縢"是当时秦军的基本装备之一,尽管并不是所有的军人都采用这一装束。

1　秦俑坑考古队:《秦始皇陵东侧第二号兵马俑坑钻探试掘简报》,《文物》1978年5期。

2　秦俑坑考古队:《秦始皇陵东侧第三号兵马俑坑清理简报》,《文物》1979年12期。

2. 秦俑"行縢"的考古研究

有的学者在秦俑研究论著中，已经注意到这种主要用意在于便利行走的特殊的装束。

袁仲一在讨论秦俑服饰的特点时，谈到"有的步兵俑""腿扎行縢或缚护腿"的情形。[1] 王学理也对于这种军人装束有所研究，而称之为"下体的防护设施"：

> 在膝下用两幅宽约10厘米的帛带由里向外地缠绕，至于脚踝下。在帛带起讫的上下两端，均用组带绑扎，对称地垂结胫前。这种护腿高度29—44.5，上部周长33—66，下部周长只有24—33厘米。帛带多褐色，组带朱红，也有粉紫色者。

《诗·小雅·采菽》郑玄笺和《左传·桓公二年》杜预集解都指出儒学经典中说到的"邪幅"就是"行縢"。王学理说：

> 幅，本是布帛宽度的统称，因为采用螺旋式的缠绕腿胫，才有邪幅的称呼。这应当说是很早的一种护腿设施，至少在西周时代的武士是如此。它的实战作用正如《释名》说的那样："幅，所以自偪束，今谓行縢，言以裹腿，所以跳腾，轻便也。"所以，秦武士俑的此式护腿是"行縢"无疑，也就是俗称的"绑腿""裹腿"。[2]

袁仲一还写道：

> 俑坑出土的不穿铠甲的轻装步兵俑，及少部分身穿铠甲的重装步兵俑，胫部都扎有行縢，即用条带形的布帛螺旋形由足腕向上右旋缠扎至膝下，上端以组带束扎。其形状和近代军队中的战士包扎的裹腿完全相同。行縢的颜色多为赭色，束扎的组带多为朱红色或粉紫色。

1　袁仲一：《秦始皇陵兵马俑研究》，文物出版社1990年12月版，第298页。
2　王学理：《秦俑专题研究》，三秦出版社1994年6月版，第498页。

彩色的组带在膝下束扎，带尾绾结成花朵状。行縢的质地轻薄，束扎后，胫部的筋骨和肌肉的变化仍清晰可见，说明行縢系由单层的布帛制成。陕西省咸阳市杨家湾西汉大墓出土的骑兵和步兵俑群，胫部亦扎着和秦俑坑内的武士俑形制基本相同的行縢。证明在秦汉时此种服制比较流行。

袁仲一说："行縢之名比较晚出，最早的名称为邪幅。《诗经·小雅·采菽》：'邪幅在下'，郑元笺云：'邪幅如今行縢也，偪束其胫，自足至膝，故曰在下'，孔颖达疏云：'名行縢者，言行而缄束之。'周代时把裹腿称之为邪幅，到了战国则称作縢。《战国策·秦策一》说：苏秦去秦而归，'羸縢履蹻'，意思是说扎上縢，穿上麻鞋。到了汉代始见行縢之名。《汉官仪》记载：'鼓吏赤帻行縢。'[1]汉代距秦王朝很近，汉代的称谓有可能沿袭于秦。因而秦俑坑内的一部分武士俑腿上的裹腿，亦应称为行縢，不必再称邪幅。"[2]这样的意见，显然是正确的。

有的学者根据前引《诗·小雅·采菽》郑笺、《释名·释衣服》诸说以及《汉官仪》所谓"鼓吏赤帻行縢"，认为"行縢之名最早见于汉，当为汉服之制"。[3]

有的学者还较为具体地分析了"行縢"在秦俑军阵中应用的范围：

> 行縢的使用对象大部分为轻装、上体无铠装备的步兵俑，尤其更突出地用于军阵前锋的三排弓弩兵中。这些弓弩兵是秦军阵中步兵力量的重要表现，更是战斗的先锋队。

论者还指出《商君书·境内》曾经说到所谓"陷队之士"，认为一号坑中前锋弓弩兵就是这种"陷队之士"，"一号俑坑中的前锋弓弩兵上、下都着轻

1　原注："《战国策·秦策一》，时代文艺出版社，2001 年版，第 33 页。"注文应在"羸縢履蹻"后。《续汉书·百官志五》刘昭注补引《汉官仪》："鼓吏赤帻行縢，带剑佩刀，持楯被甲，设矛戟，习射。"第 3624 页。

2　袁仲一：《秦兵马俑的考古发现与研究》，文物出版社 2014 年 9 月版，第 287—288 页。

3　陈春辉：《秦俑服饰二札》，《文博》1990 年 5 期；收入秦始皇兵马俑博物馆编：《秦俑学研究》，陕西人民教育出版社 1996 年 8 月版，第 652—657 页。

23-2　临沂吴白庄汉画象石所见持弩步卒的"行縢"

装，胫部扎行縢原因也即缘于自身的战术特长"。

论者还分析说："在秦代，行縢与胫衣的使用有兵种上的区别，前者主要用于步兵中的弩兵装备，后者较多地使用于车兵；二者之间又有等级上的适用范围，前者使用等级较低，中级以上军吏基本不用，而较多的使用胫衣。"[1]

综合此前关于秦陵步兵俑"行縢"的研究，尚有若干问题可以继续讨论。

3. 说"行縢"非"汉服之制"

所谓"行縢""为汉服之制"的说法，可能未必符合历史事实。

虽然"行縢"其名的明确出现，现在看来始见于汉代，然而"行縢"其实，却已见于秦俑装备。不仅秦代考古资料已经能够提供物证，此前《诗经》"邪幅"之说，多有人解释为"行縢"。王学理说："因为采用螺旋

1　许卫红：《秦俑下体防护装备杂探》，《文博》1994年6期；收入秦始皇兵马俑博物馆编：《秦俑学研究》，第566—571页。

式的缠绕腿胫，才有邪幅的称呼。这应当说是很早的一种护腿设施，至少在西周时代的武士是如此。"虽所谓"至少在西周时代"有推论的成分，但否定此说，也需要论证。

《诗·小雅·采菽》说到"邪幅"的全句是："赤芾在股，邪幅在下。彼交匪纾，天子所予。"毛亨传："诸侯赤芾邪幅。幅，偪也。所以自偪束也。纾，缓也。"郑玄笺："芾，大古蔽膝之象也。冕服谓之'芾'，其他服谓之'韠'。以韦为之，其制上广一尺，下广二尺，长三尺。其颈五寸，肩革带博二寸。胫本曰股。'邪幅'，如今行縢也。偪束其胫，自足至膝，故曰在下。彼与人交接，自偪束如此，则非有解怠纾缓之心。天子以是故赐予之。"[1]汉儒的解说，引申至于道德约束，未免求之过深。而我们就此可以知道，在《诗经》成书的时代之前，"邪幅"已经通行，而人们对于其"自足至膝"的形式和"所以自偪束也"的作用，已经相当熟悉。

《左传·桓公二年》记载臧哀伯谏言，说"君人"的衣食住行诸种规范，都有"昭德塞违"的警示意义，如："衮、冕、黻、珽，带、裳、幅、舄，衡、紞、纮、綖，昭其度也。""夫德，俭而有度，登降有数，文物以纪之，声明以发之，以临照百官。百官于是乎戒惧而不敢易纪律。"杜预集解："黻，韦韠，以蔽膝也。""幅，若今行縢者。"孔颖达疏："邪缠束之，故名'邪幅'。"[2]于所有服饰细节都刻求道德深意的思路固然不足取，而君主的"幅"，推想也必定与步兵士卒的"行縢"有所不同。但是所谓"幅"有相当久远的渊源，是我们在讨论"行縢"时应当参考的。

4."行縢"使用"兵种"说及"等级"说补议

秦俑士兵形象有的使用"行縢"，有的却并不使用"行縢"。注意到秦俑是否使用"行縢"的区别，是有值得肯定的意义的。"等级上"以及"兵

1 〔清〕阮元校刻：《十三经注疏》，第 489 页。
2 〔清〕阮元校刻：《十三经注疏》，第 1741—1743 页。

种上的区别"的分析，都大体切近事实，当然，如果有更充分的资料进行比较研究，则可能做出更科学的结论。

秦军当由各地方征发而来，兵源成分亦各不同，秦俑的形象，体现了不同地域、不同出身甚至不同民族的文化特征。是不是可以进行这样的推测，使用"行縢"的步兵，以这种装束表现了来自某一地区或某些地区的服用习惯呢？我们现在还不能明确秦军编制的基本构成，如果如后世制度，有按征发地区编队的情形，则一个编制单位按照地域传统采用"行縢"一类装束，应当也是合乎情理的。

5. "行縢"的形制

从秦俑资料所提供的信息看，秦军步兵使用"行縢"的形式是大体一致的。也就是说，秦军"行縢"有确定的形制。不过，有关表述却有所差异。

（1）质料

有的学者以为是"帛带"，有的学者以为是"布条"。《秦始皇陵兵马俑坑一号坑发掘报告》称"行縢为单层布条作成"。[1]

看来，"帛带"的说法不似"布条"更为接近下层士兵的装备实况，是显然无疑的。所谓"帛带"的推测，可能与当时"行縢"所使用织物的质料，以麻布的可能性最大。"行縢""多褐色"的描述，也符合这一分析。

（2）宽度

有"宽约 10 厘米"之说，也有"宽 12 厘米"之说。对于实物的测定，看来还需要认真进行，以取得更准确的数据。

近世军队使用的绑腿，宽度也大约在 10 厘米上下。看来这一宽度是比较适宜于满足缠绕胫部的需要的。

---

1 陕西省考古研究所、始皇陵秦俑坑考古发掘队编著：《秦始皇陵兵马俑坑一号坑发掘报告（1974—1984）》，第 100 页。

（3）长度

有学者写道："经过实体验证，一个身高 1.70 米的人用宽 12 厘米的布条缠绕，自足腕至膝所需长度为 1—1.5 米，折秦之 6.5 尺之多，这也符合我国民间流传的'一个裹腿三尺布'之俗说。"[1]

这一尺度数据，看来也需要准确测定。按照《秦始皇陵兵马俑坑一号坑发掘报告（1974—1984）》所谓"旋三周""旋转缠绕三周"的记录，据王学理"上部周长 33—66，下部周长只有 24—33 厘米"说，大约不会长至 1.5 米。而近世军队使用的绑腿，长度大约在 2 米左右。

（4）缠束方向

现有的研究论著有两种意见，一种是自上而下，即所谓"在膝下……由里向外地缠绕，至于脚踝下"；一种则是自下而上，即所谓"从足腕到膝下"，"自足腕至膝"。

自下而上的方向，符合《诗·小雅·采菽》郑玄笺所谓"自足至膝"之说，也确实易于"自偪束"而不致轻易散脱，缠绕的接缝向下，也不会在行走时进入过多的雨露和尘土。近世军人使用绑腿，依然是"自足至膝"缠绕。看来，自下而上或"从足腕到膝下"，"自足腕至膝"的说法，从缠束方向上来说，是比较符合实际的。还应当说明的是，《秦始皇陵兵马俑坑一号坑发掘报告》也采用"从足腕到膝下"的表述方式："腿上用阴线刻着缠扎的行縢，从足腕到膝下旋转缠绕三周"，"在足腕和膝下各有一根条带束扎"。[2] 今按：腕，无论古语还是现代汉语，均指手臂与手掌相连部分。似应修正"足腕"的说法，言"由足踝向上""至膝下"。

1　许卫红：《秦俑下体防护装备杂探》，《文博》1994 年 6 期；收入秦始皇兵马俑博物馆编：《秦俑学研究》，第 566 页。
2　陕西省考古研究所、始皇陵秦俑坑考古发掘队编著：《秦始皇陵兵马俑坑一号坑发掘报告（1974—1984）》，第 99—100 页。

6. "行縢"于交通史的意义

讨论者大多强调了这种装备的应用便利作战的意义，对于"行縢"提高交通效率的作用则似乎肯定不足。

汉代人刘熙《释名·释衣服》说，"行縢"的作用在于逼束腿脚，因而"可以跳腾轻便也"。正是因为如此，徒步行走使用"行縢"这种装束形式，对于步兵的行军作战尤为有利。而秦军长于远征奔袭，即所谓"径数国千里而袭人"[1]，步兵装备有适应这种战争需要的特征，是理所当然的。

这种装备除了可以防寒，又能够有所"偪束"，使腿部肌肉时常处于振奋状态，不致"解（懈）怠纾缓"，即如《秦始皇陵兵马俑坑一号坑发掘报告（1974—1984）》中所说，"其作用：一是御寒，二是行动轻捷"而外，又有防止蛇虫侵犯，防止荆棘刺伤，防止木石危害的功用。因而对于步兵于山林间的行军作战，有特殊的实际价值。步兵是秦军的主力兵种，在秦统一战争中曾经发挥了重要的作用。[2]"行縢"在若干秦军步兵部队中得到应用，对于战斗力的提高无疑有积极的意义。

《淮南子·览冥》说："质壮轻足者为甲卒千里之外。"又《齐俗》篇："争升陵阪，上高丘，轻足先升。"[3]云梦睡虎地秦简《田律》说，传递雨量、灾情等生产信息，"近县令轻足行其书"[4]。这种"轻足"，应当也会使用"行縢"。

《三国志》卷五四《吴书·吕蒙传》说，吕蒙的部队军容严整，"为兵作绛衣行縢"。[5]秦陵步兵俑的"行縢"色彩统一，又"用两条组带分别于足腕和膝下束扎，带头于腿的前侧各自绾成花结"，或说"上下两端，均用组带绑扎，对称地垂结胫前"，"组带朱红，也有粉紫色者"，也值得注意。由于秦俑军阵特殊的性质，"行縢"对于军容的作用自然也受到特殊的重视。

---

1 《史记》卷五《秦本纪》，第190—191页。

2 郭淑珍、王关成：《秦军事史》，陕西人民教育出版社2000年12月版，第338—345页。

3 何宁撰：《淮南子集释》，第494页、第825页。

4 睡虎地秦墓竹简整理小组：《睡虎地秦墓竹简》，释文注释第19页。

5 《三国志》，第1273页。

不过，"行縢"首先是一种行具，是为便利行走而得以普遍应用的。

《资治通鉴》卷二三二"唐德宗贞元三年"记载，唐德宗行经骆谷道时，"值霖雨，道途险滑"，卫士大多叛逃，幸有李升、郭曙、令狐建等六人，"著行縢，钉鞋"，交替为唐德宗牵引乘马，于是才平安抵达梁州。胡三省解释说，所谓"行縢"，就是"行縢"。[1]

《旧唐书》卷一九七《南蛮西南蛮列传·东谢蛮》说："贞观三年，元深入朝，冠乌熊皮冠，若今之髦头，以金银络额，身披毛帔，韦皮行縢而著履。中书侍郎颜师古奏言：'昔周武王时，天下太平，远国归款，周史乃书其事为《王会》篇。今万国来朝，至于此辈章服，实可图写，今请撰为《王会图》。'从之。"所谓"韦皮行縢"，《新唐书》二二二下《南蛮列传下·两爨蛮》作"韦行縢"。[2] 元深的"行縢"为内地人们所惊异，主要因为是皮质的缘故。这是由于依照中原传统，"行縢"通常是以布质为主的。

"韦皮行縢"，有更强的防护功能，然而较为沉重，"偪束"的作用也一定不如布质的"行縢"。中原人通常以使用布质"行縢"为主，然而使用质地较强固的"行縢"对于安全有一定意义，已经受到重视。如《后汉书》卷二四《马援传》有"援中矢贯胫，帝以玺书劳之"的记录。[3] 箭镞射穿胫部，形成重伤，是由于防护方式不理想的缘故。《后汉书》卷一上《光武帝纪上》说，王莽统治后期，各地农民纷纷暴动，起义军中有以"铁胫"作为名号者，[4] 也说明了当时军人对于"胫"的保护的重视。

"行縢"见于居延汉简，如所谓"缇行縢"：

缇行縢二□　　　　　　　　　　　　　（E.P.T51:457）[5]

《说文·糸部》："缇，帛丹黄色。"[6]《急就篇》第二章："绛缇絓䌷丝絮绵。"

---

1 〔宋〕司马光编著，〔元〕胡三省音注，"标点资治通鉴小组"校点：《资治通鉴》，第7491页。

2 《旧唐书》，第5274页。《新唐书》，第6320页。

3 《后汉书》，第835页。

4 《后汉书》，第16页。

5 张德芳主编，李迎春著：《居延新简集释》（三），第535页。

6 〔汉〕许慎撰，〔清〕段玉裁注：《说文解字注》，第650页。

颜师古注："缇，黄赤色也。"[1]《后汉书》卷四八《应劭传》李贤注："缇，赤色缯也。"[2]"缇"，其实又是汉代军服的颜色。如《周礼·春官·司服》写道："凡兵事，韦弁服。"郑玄注："今时伍伯缇衣，古兵服之遗色。"贾公彦又解释说："言'伍伯'者，'伍'，行也，'伯'，长也。谓宿卫者之行长，见服缥赤之衣，是古兵服赤色遗象至汉时，是其兵服赤之验也。"[3]"缇"作为军服通用颜色，又用以代指武装人员，如汉史文献中所见"缇骑"。[4]居延汉简所谓"缇行縢"，应是标准的军服装束。

又有将"行縢"写作"行幐"的。如：

> 行幐一枚已　　　 卩　　　　　　　　　　　　（E.P.T52:92）
>
> 行幐二枚 卩　　　　　　　　　　　　　　　　（E.P.T52:93）
>
> 行幐幘二枚已　　　　　　　　　　　　　　　（E.P.T52:94）[5]

"行縢"与军人服装"衣""绔""袜"等一并清点登记。"行縢"称"一枚""二枚"而不称"一两"，也值得注意。

"行縢"这种装束在民间沿用年代非常长久。宋人丁黼《送亲戚钱尉入国》诗："正是朔风吹雪初，行縢结束问征途。"[6]陆游《游山》诗："一生万里著行縢，抖擞尘埃尚未能。"[7]又清人戴震《答诗》："明日别公庐山去，赠我竹杖随行縢。"[8]曹贞吉词《台城路·送分虎归长水》："行縢漫试便

1　管振邦译注，宙浩审校：《颜注急就篇译释》，第106页。

2　《后汉书》，第1614页。

3　〔清〕阮元校刻：《十三经注疏》，第782页。

4　如《后汉书》卷五《安帝纪》："三公以国用不足，奏令吏人入钱谷，得为关内侯、虎贲羽林郎、五大夫、官府吏、缇骑、营士各有差。"李贤注引《续汉志》："执金吾，缇骑二百人。"第213页。《续汉书·百官志四》说，执金吾属下有"缇骑二百人"。第3605页。贵族高官的随从卫士也通称"缇骑"。《后汉书》卷四五《张酺传》："遣缇骑侯海等五百人欧伤市丞。"第1531页。

5　张德芳主编，李迎春著：《居延新简集释》（三），第621页。

6　〔元〕方回编，〔清〕纪昀刊误，诸伟奇、胡益民点校：《瀛奎律髓》卷二四《送别类》，黄山书社1994年8月版，第662页。

7　〔宋〕陆游著，钱仲联校注：《剑南诗稿校注》卷八五，上海古籍出版社1985年9月版，第4531页。

8　〔清〕宋荦：《西陂类稿》卷一一《漫堂草》，《景印文渊阁四库全书》，第1323册第117页。

脚底。"[1] 都说明这种行旅装束在民间长期流行的事实。顾炎武《日知录》卷二八说道,"今之村民"仍往往使用这种绑腿布而不着袜,以为"古人之遗制也"。[2]

"行縢"这种便于山地交通的形式,其实至近代依然普遍采用。只是随着社会交通条件的变化,逐渐退出了社会生活。

有关"行縢"早期应用的文字记载见于先秦时代,然而较集中的文物资料则以秦始皇陵兵马俑为最早。研究中国古代军事史、交通史和服饰史的学者,都可以借取这一资料进行有意义的学术探索。[3]

---

1 《珂雪词》卷下,《景印文渊阁四库全书》,第 1488 册第 712 页。

2 〔清〕顾炎武著,黄汝成集释,栾保群、吕宗力校点:《日知录集释》(全校本),上海古籍出版社 2006 年 12 月版,第 1593 页。

3 王子今:《秦陵步兵俑的行縢》,《秦汉文化比较研究:秦汉兵马俑比较暨两汉文化比较研究论文集》,三秦出版社 2002 年 4 月版。

偏胫

1. 秦俑"护腿"发现

据《秦始皇陵兵马俑坑一号坑发掘报告》，秦俑兵士被称作"铠甲俑"者归于"下裳"的服用，除"裤""行縢"外，还有"护腿"。执笔者写道：

> 已出土的铠甲俑的胫部多著护腿，护腿的形状可分二式：
>
> Ⅰ式　直筒形，长度下至足腕上抵膝，……
>
> Ⅱ式　为上下两节相连的直筒形，长度下至足腕上部抵膝。

"足腕"的表述方式似以称"足踝"为宜。发掘报告还写道："腿部着护腿的陶俑，全是铠甲武士俑，其中包括战车上的御手、车右俑和军吏俑，以及车后跟随的徒兵俑、军吏俑等。不着铠甲的武士俑，腿部都扎着行縢，不着护腿；也有部分圆髻甲俑下着行縢。护腿是卫体的防护性装备。里面似装着绵絮，质地松软，以防箭镞、戈、矛等兵器的刺伤。"秦俑"腿扎行縢或缚护腿"，"从上到下全身的服装都比较轻便，适宜于长途跋涉，也便于劳作或操戈与敌格斗"。[1]

袁仲一研究了秦俑腿部这一种称之为"护腿"的防护装备。他写道："一、二、三号兵马俑坑出土的身披铠甲的步兵俑，以及战车上的御手俑，胫部都套有护腿。""护腿有的为一节，有的为上下两节相连。其颜色有的为粉蓝色，有的为朱红、粉绿、粉紫、赭等色。如为上下两节者，两节的颜色相异。如有的护腿上节为粉紫色，下节为天蓝色；有的上节为朱红色，下节为深绿色。护腿的质地厚重，里面似包裹了绵絮，可以用以防御箭镞、戈矛伤害腿部，是一种卫体的防护装备。"

1　陕西省考古研究所、始皇陵秦俑坑考古发掘队编著：《秦始皇陵兵马俑坑一号坑发掘报告（1974—1984）》，第 100 页、第 141 页。

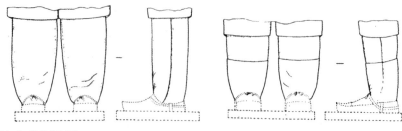

24-1 秦俑"护腿"

"护腿"当然不是这种装备当时的名称。如袁仲一所说，"秦俑坑内武士俑胫上缚的护腿，是就其作用名之"。

2. "护腿""絮衣"说辨疑

发掘报告和袁仲一对于"护腿"的记述，一言"质地松软"，一言"质地厚重"，但是都说"里面似装着绵絮"，"以防箭镞、戈、矛等兵器的刺伤"，"里面似包裹了绵絮，可以用以防御箭镞、戈矛伤害腿部"。可能正是由于"似装着绵絮"和"似包裹了绵絮"的判断，袁仲一推定"护腿"可能就是《汉书》所见"絮衣"：

> 《汉书·爰盎晁错传》记载晁错讲兵事的一段话："今降胡义渠蛮夷之属来归谊者，其众数千"，"可赐之坚甲絮衣，劲弓利矢，益以边郡之良骑"。把"絮衣"和"坚甲"连称，说明两者的作用一样是卫体的装备。"坚甲"是上体的防护装备，这点是比较明确的。那么"絮衣"就不可能再是上体的防护装备，而必为下体的防护装备。据此，秦俑坑内武士俑的护腿可能就是晁错所言之絮衣。关于絮衣的形制尚无质言之者。秦俑坑出土的形象资料为其提供了实物佐证。[1]

---

1 袁仲一：《秦兵马俑的考古发现与研究》，第288页。

24-2 秦始皇陵二号兵马俑坑出土车士俑的腿部防护形式

有必要指出，以为"秦俑坑内武士俑的护腿可能就是晁错所言之絮衣"的判断，似尚可斟酌。

以为"坚甲絮衣""连称"，"说明两者的作用一样是卫体的装备"的判断，也许未必确实。我们可以举这样的例证，《史记》卷四一《越王勾践世家》张守节《正义》引《越绝》："坚甲利兵以承其弊。""利兵"虽与"坚甲""连称"，却并非"一样是卫体的装备"。[1] 又《汉书》卷四九《晁错传》记载同样是晁错言辞，说到"坚甲利刃"[2]，与"坚甲利兵"语义相近。"利刃"虽与"坚甲""连称"，当然也不是"卫体的装备"。

以为"坚甲絮衣""连称"，则"'絮衣'就不可能再是上体的防护装备，而必为下体的防护装备"的说法也是可以讨论的。依战国秦汉语言习惯，《史记》卷六九《苏秦列传》："当敌则斩坚甲铁幕。"司马贞《索隐》："按：《战国策》云'当敌则斩甲盾鞮鍪铁幕'也。邹诞'幕'一作'陌'。刘云：'谓以铁为臂胫之衣……'"[3] 与"坚甲""连称"的"铁幕"，是卫护"臂胫"的装备，并不仅仅"防护""下体"。

晁错建议"赐之坚甲絮衣，劲弓利矢"，所谓"坚甲絮衣，劲弓利矢"，或许可以理解为与"坚甲利兵""坚甲利刃"类同的语词结构。"坚甲絮衣"言衣装，"劲弓利矢"言兵器。综合多种情形，可以推知"絮衣"并非"下体的防护装备"，而应当是"坚甲"的附属构成。

居延汉简所见"絮"，有学者指出，"应为冬衣中保暖御寒的填充物"。[4] 居延汉简有可以体现"絮"和"铁鞮鍪""铁铠"等装备之关系的简文：

　　　第十五燧长李严
　　　　铁鞮鍪二中毋絮今已装　　　五石弩一左强三分今已亭

---

1 《史记》，第 1747 页。《汉书》卷三一《陈胜传》："入据陈。数日，号召三老豪桀会计事。皆曰：'将军身被坚执锐，伐无道，诛暴秦，复立楚之社稷，功宜为王。'胜乃立为王，号张楚。"第 1788 页。所谓"被坚执锐"，颜师古注："坚，坚甲也。锐，利兵也。""坚""锐"并说，与"坚甲利兵"同例。

2 《汉书》，第 2281 页。

3 《史记》，第 2251—2253 页。

4 赵宠亮：《行役戍备：河西汉塞吏卒的屯戍生活》，第 155—156 页。

> 铁铠二中毋絮今已装　　稾矢十二干咔呼未能会会
>
> 六石弩一绁缓今已更绁　　宝矢十三干咔呼未能会会　　（3.26）[1]

"铁鞻瞀二中毋絮今已装""铁铠二中毋絮今已装"简文，说明"铁鞻瞀"和"铁铠"需要衬装"絮"，方是符合要求的合格的装备。孙机即以此简文为证，指出："使用时，其中尚须衬垫絮类。"[2]

可能因为在西北边地严寒气候下，这种"絮"的作用就更为突出。而晁错言"今降胡义渠蛮夷之属来归谊者，其众数千"，"可赐之坚甲絮衣，劲弓利矢，益以边郡之良骑"，环境背景大致是相同的。

"坚甲絮衣"的"絮衣"，应是披"坚甲"时必要的作为"衬垫"的以"絮"为装填内容的衣物，不大可能是"下体的防护装备"。

3. 腿裙·吊腿·胫衣·跗注

孙机在分析汉代甲胄出土资料时说："在一些刻画披甲战士的图像中还可以看到，除身甲外，保护颈部的盆领和保护下身的腿裙等部分，在东汉甲上也已出现，遂使其结构更加完备。"[3] 对于所谓"保护下身的腿裙"，论者没有具体的说明，我们不清楚与发掘报告和有的学者的论著中称作"护腿"的秦俑装备是否有关。

张卫星、马宇以秦始皇陵区的考古发现为主要标本研究秦甲胄，说到"从原始时期到中世纪铠甲防护部位"有所谓"吊腿"。[4] 然而对"吊腿"，也

1　谢桂华、李均明、朱国照：《居延汉简释文合校》，第3页。

2　根据常识，金属铠甲不宜贴身披挂。孙机指出，编成的甲需要"包边、贴里"。考古获得甲的实物告知我们："满城1号墓之甲除衬有一层丝织物外，贴着甲片还有一层皮革。满城甲与临淄所出贴金、银薄的甲均用锦包边。"原注："《西汉齐王铁甲胄的复原》，《考古》1987年第11期。""《满城汉墓发掘报告·附录一·铁甲胄的复原》。"孙机：《汉代物质文化资料图说》（增订本），上海古籍出版社2008年5月版，第173—174页。

3　孙机：《汉代物质文化资料图说》（增订本），第173—174页。

4　张卫星、马宇：《秦甲胄研究》，陕西人民出版社2004年7月版，第362页。

没有进行具体的论说。

王学理提出的意见也许更有参考意义。他说，"除绔外，秦俑下体的防护设施还有四式"，其中 I 式即研究者称为"行滕"者，又有 IV 式"就是大家通常说的'短裤'"，"这是一种护膝设施。因为有些并不分裆，形同今之短裙"，应当说"不是短裤"。"这种形式在以后的南北朝和隋唐时期的袴褶服中是可以经常看到的，名之曰'膝缚'。"另外两式，应当就是发掘报告和有的学者称作"护腿"者：

> II 式：位当行滕的部位，不过它是在绔外的粗而短的杯状圆筒。其上口周长 44—64、下口周长 37—51，护腿高度只有 16—26 厘米。《说文解字》："绔，胫衣也。"绔虽则类似套裤，却是护小腿的，所以段玉裁说它的形状是"左右各一，分衣两胫"（《说文解字注》）。秦俑 II 式护腿设施以称"胫衣"为是。

我们注意到，论者采用了"护腿"和"护腿设施"的说法。关于"秦俑下体的防护设施"的 III 式，论者写道：

> III 式：虽也是仰杯状，但粗壮厚实，直通股间，显得臃肿肥腯，似在绔外又套一件防护服。仅以膝上下的周长为例，就在 50—60 厘米之间，显然大于胫衣之上口。

其形式的"粗壮厚实"，"臃肿肥腯"，可能就是被理解"似装着绵絮"和"似包裹了绵絮"的原因。王学理又否定了"称此裤式为'絮衣'和'胫缴'"的说法：《汉书·袁盎晁错传》："赐之坚甲絮衣'，知衣在身以垫衬坚甲；所谓'胫缴'实是缚胫衣之生丝绳。"他又提出了"跗注"之说：

> 《左传》成公十六年（公元前 575 年）晋郤至"有韎韦之跗注"。跗是脚背，注，释属、连。所以，杜注："跗注，戎服。若袴而属于跗，与袴连"。这种服制的特点是像裤子并非裤子，但同裤子连接在一起，其长度下至脚背，当然也上达股间束于腰际。韎韦，是赤黄色的

24-3　临沂吴白庄汉画象石荷戟武士的"行縢""护腿"

熟牛皮。秦俑 III 式护腿的表面光滑，中有横线，似在缝制这种上粗于
下的皮革时的接口，而且著此袴者并非一般的步卒，现在看来，以称
"跗注"为妥。[1]

"上达股间束于腰际"的说法似未妥，而指出为皮革制品的性质，较"絮衣"
合理。所谓"表面光滑"，可见"缝制""接口"等，可能比较切近实物特征。

　　对于这种所谓"护腿"，或说"质地松软"，或说"质地厚重"，是因

1　王学理：《秦俑专题研究》，第 498—499 页。

为皮革所制，与《秦始皇陵兵马俑坑一号坑发掘报告》称"行縢为单层布条作成"[1]明显不同的缘故。前说均言"里面似装着绵絮"，"以防箭镞、戈、矛等兵器的刺伤"，"里面似包裹了绵絮，可以用以防御箭镞、戈矛伤害腿部"，以"绵絮"防御金属兵器的伤害，殊不可解。而如果是皮革，则可以作为有效的防卫方式。这种"靺韦之跗注"，有可能即后世《旧唐书》卷一九七《南蛮西南蛮列传·东谢蛮》所谓"韦皮行縢"，《新唐书》二二二下《南蛮列传下·两爨蛮》所谓"韦行縢"。[2]当然，这种"靺韦之跗注"制作时已经定型，不可能像布质"行縢"那样如《诗·小雅·采菽》郑玄笺所言"自足至膝"缠束使用。

4. "偪胫"推想

"靺韦之跗注"之说见于《左传》。秦汉时期对于这种防护装备，有没有其他指代符号呢？

《续汉书·礼仪志中》言"百官贺正月"礼仪，刘昭注补引蔡质《汉仪》比较具体地记述了这一天子"朝会"之礼的秩序：

> 正月旦，天子幸德阳殿，临轩。公、卿、将、大夫、百官各陪〔位〕朝贺。蛮、貊、胡、羌朝贡毕，见属郡计吏，皆〔陛〕觐，庭燎。宗室诸刘（杂）〔亲〕会，万人以上，立西面。位（公纳荐太官赐食酒西入东出）既定，上寿。〔群〕计吏中庭北面立，太官上食，赐群臣酒食，〔西入东出〕。（贡事）御史四人执法殿下，虎贲羽林〔张〕（弧）弓（撮）〔挟〕矢，陛戟左右，戎头偪胫，陪前向后，左右中郎将（住）〔位〕东南，羽林、虎贲将（住）〔位〕东北，五官将（住）〔位〕中央，悉坐就赐。[3]

---

1 陕西省考古研究所、始皇陵秦俑坑考古发掘队编著：《秦始皇陵兵马俑坑一号坑发掘报告（1974—1984）》，第100页。

2 《旧唐书》，第5274页。《新唐书》，第6320页。

3 《后汉书》，第3131页。

《后汉书》中华书局标点本校勘记写道："虎贲羽林〔张〕（弧）弓（撮）〔挟〕矢，据卢校改，与《通典》合。"[1]《说郛》卷五一下蔡质《朝会仪记》文字略异：

> 正月旦，天子幸德阳殿，临轩。公、卿、将、大夫、百官各陪朝贺。蛮、貊、胡、羌朝贡毕，见属郡计吏，皆陛觐，庭燎。宗室诸刘杂会，万人以上，立西面。位定，公纳荐，太官赐酒食，西入东出。既定，上寿。计吏中庭北面立，太官上食，赐群臣酒食。贡事御史四人执法殿下。虎贲羽林，弧弓撮矢，陛戟右左，戎头偪胫，陪前向后。左右中郎将住东西。羽林虎贲将住东北。五官将住中央，悉坐就赐。……[2]

宋徐天麟《东汉会要》卷六《礼四·朝会》引蔡质《汉仪》"陛戟右左"作"陛戟左右"，与《续汉书·礼仪志中》言"百官贺正月"礼仪，刘昭注补引文一致。[3]马端临《文献通考》卷一〇六《王礼考一·朝仪》引文同。[4]似应以"左右"为是。

蔡质文字所见"戎头偪胫"语值得重视。所谓"偪胫"，是否即我们讨论的秦汉武士胫部防护装备的另一种名号呢？

"戎头偪胫"言上下装束，"戎头"和"偪胫"均可理解为名词，指头部和胫部的防护装备。"戎头偪胫"可与上文"弧弓撮矢"语式对应。然而，中华书局1965年5月标点本"张弓挟矢"则不同，"张弓"与"挟矢"均为动宾词组，指"虎贲羽林"把握弓矢的动作。这样理解"偪胫"，似乎也可以考虑"偪胫"的"偪"是否动词。但是"冠头"的"冠"却不大可能是动词。而"虎贲羽林"们在朝会典礼上"张弓挟矢"，也是难以理解的可能威胁皇帝贵族百官及外国使臣人身安全的危险表现。

1　《后汉书》，第3139页。

2　〔明〕陶宗仪编：《说郛》，《景印文渊阁四库全书》，第878册第732页。

3　〔宋〕徐天麟撰：《东汉会要》，上海古籍出版社1978年6月版，第81—82页。

4　〔元〕马端临撰：《文献通考》，第3234页。

据孙星衍校集蔡质《汉官典职仪式选用一卷》，这段文字据"《后汉书·安帝纪》注、《续汉书》《补注》、《水经注·谷水》、《通典·礼》、《北堂书钞·乐部》两引、《艺文类聚·居处部》、《太平御览·乐部》《居处部》三引"：

> 正月旦，天子幸德阳殿，临轩。公、卿、将、大夫、百官各陪朝贺。蛮、貊、胡、羌朝贡毕，见属郡计吏，皆陛觐，庭燎。宗室诸刘杂会，万人以上，立西面。位定，公纳荐，太官赐食酒，西入东出。既定，上寿。计吏中庭北面立，太官上食，赐群臣酒食。贡事御史四人执法殿下。虎贲、羽林弧弓撮矢，案：《通典》引作"挟矢"。陛戟左右，戎头偪胫启前向后。左、右中郎将住东西，案：《通典》引作"位东南"。羽林、虎贲将住东北。五官将住中央，悉坐就赐。……[1]

看来"弧弓撮矢""戎头偪胫"的读法是正确的。也就是说，与"戎头"并说的"偪胫"，是东汉殿前"虎贲羽林"的正式装束。"偪胫"应是胫部防护方式。

我们现在尚不能十分有把握地确定秦陵兵士俑"行縢"之外的胫部防护方式当时即称"偪胫"，但是从文物形式看，这种或许通常以皮革制作、有较好的强度、专以卫护膝与踝之间身体部位的装备，曾经称作"偪胫"的可能性是存在的。

认识并说明相关问题，对于了解秦军的战斗力以及行军效率，是有积极意义的。包括"偪胫"在内的装备条件的优越，使得秦军战士可以有效自卫并成功制敌，同时亦适宜长途远征，"追亡逐北"[2]，"轻兵深入"[3]，在实现统一的战争中居于优胜地位。

1　〔清〕孙星衍等辑，周天游点校：《汉官六种》，中华书局 1990 年 9 月版，第 210 页。
2　《史记》卷六《秦始皇本纪》引贾谊《过秦论》，第 279 页；《史记》卷四八《陈涉世家》褚少孙补述引贾谊《过秦论》，第 1963 页。
3　《史记》卷一一二《平津侯主父列传》，第 2954 页；《汉书》卷六四上《主父偃传》，第 2799 页。

马甲

1. 岳麓书院秦简《数》所见"马甲"简文

岳麓书院藏秦简《数》0970 正简文出现"马甲"。据朱汉民、陈松长主编《岳麓书院藏秦简（贰）》发表的释文：

> 马甲一，金三两一垂，直（值）钱千九百廿」，金一朱（铢）直（值）钱廿四，赎死，马甲十二」，钱二万三千册。[1]

岳麓书院简《数》有关"马甲"的简文，是迄今我们看到的涉及"马甲"的最早的文字资料。

已有多位学者以行政史和物价史视角讨论过"马甲"简文及相关信息，涉及甲价及秦"赎"的制度。于振波考察了甲盾比价及相关问题[2]，彭浩就此亦关注了秦时金与钱的换算比率[3]，许道胜、李薇就释文提出了意见[4]，陈伟则据此简文与里耶秦简对照，论说秦时"赎"的制度[5]。论者高见，多有创意，均明显推进了秦史与秦文化研究。

现在看来，关于"马甲"本身对于骑乘史、军事史的意义，可能还有继续考察的学术空间。

也许对"马甲"的研究，可以深化对军事史、军事装备史和军事交通史相关问题的认识。

---

1 朱汉民、陈松长主编：《岳麓书院藏秦简（贰）》，上海辞书出版社 2011 年 12 月版，彩色图版第 13 页，红外线图版第 78 页。

2 于振波：《秦律中的甲盾比价及相关问题》，《史学集刊》2010 年 5 期。

3 彭浩：《两条有关秦代黄金与铜钱换算的资料》，简帛网（http://www.bsm.org.cn/show_article.php?id=1986）2010 年 10 月 29 日。

4 许道胜、李薇：《岳麓书院秦简 0957、0970 号释文与说明》，简帛网 2010 年 11 月 3 日。

5 陈伟：《里耶秦简所见秦代行政与算术》，简帛网 2014 年 2 月 4 日。

2. 曾侯乙墓出土"马甲"

在湖北随州曾侯乙墓的发掘收获中，我们看到有关"马甲"的实物资料。

据发掘报告介绍，出土了"人甲"和"马甲"。"马甲"应是"骖马的防护装备"。发掘报告执笔者指出："这批人甲、马甲（片），是历年来出土的甲胄（片）最多的一次。过去在江陵、长沙等地出土过甲片，皆已散乱，多只一件，主要为人甲。而这次出土的既有人甲又有马甲，并未完全失去编联关系，因此人甲已经完全复原，马甲也摸清了主要情况，这些不只对复原过去已出土的甲胄提供了佐证，而且对研究当时的车战中骖马的防护装备，更提供了实物资料。"

发掘报告还写道，出土时，"大部分马甲位于这批皮甲胄的上部，散落残损，失去编联关系，仅下部有两件还保留有马甲的残胄及部分胸、颈甲、身甲，……""马甲由胄、胸颈甲及身甲等部分组成。除胄为一整片外，胸颈甲及身甲由各式甲片用丝带编缀而成。甲片为皮胎经模压成型，开孔髹漆，髹漆一般的三层以上，漆色有红、黑，有的黑地上用红漆绘几何纹样。有的几何纹样虽不多，但图案却有稀疏大小之别"。[1]出土马胄由整块皮革模压而成，弧度贴合马面形态，耳目和鼻部留有穿孔，眉部外凸。顶部正中"压成圆涡纹"，"其间填以金黄色粉彩"，"两腮压成凸出的大块云纹状"。马胄不仅整体内外均髹黑漆，"外部又用朱漆彩绘龙兽纹、绹纹、云纹和圆涡纹"。"两颊凸起部位，以朱漆为地，用金黄色粉彩描绘图案。这些图案用

1　今按：推测文意，似欲说"密疏大小之别"。

25-1　岳麓书院秦简
《数》所见"马甲"简文

25-2　宝鸡石鼓山出土"腿甲"

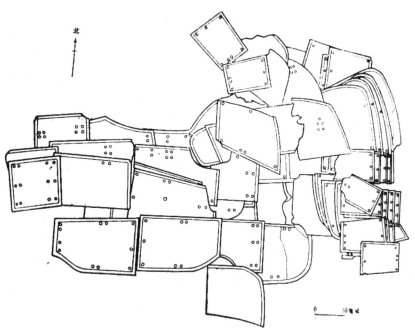

北

0　　　10厘米

25-3　曾侯乙墓Ⅳ、Ⅴ号马甲（胄）出土时平面分布图

笔纤细，异常精美。"[1]

杨泓认为，这是"遮盖辕马全身的厚重皮甲"，是"由厚重的髹漆皮甲片编成"的"很完备的保护战车辕马的马甲"。[2]论者"遮盖辕马全身""保护战车辕马的马甲"的说法与发掘报告所谓"骖马的防护装备"相较，似后者比较合理。但推想辕马的"胄"以及"胸、颈甲"，依然是必要的装备。

在战争形式由车战向骑战转换的历史时期，"马甲"的形制和作用也会发生若干变化。

年代更早的"甲"的发现，有宝鸡石鼓山一号西周早期墓出土的铜甲。均为"弧形薄片状，残甚"。M1：13–1残长 23.5、残宽 19 厘米；M1：13–2残长 40、残宽 21 厘米，M1：13–3"筒状，似腿部形状，疑为包裹腿部的护甲"。[3]发掘简报执笔者推定所谓"包裹腿部的护甲"，应指人甲。有学者推测可能用于马的防护。从遗物尺寸看，作为马腿的"护甲"似乎也是可能的。但是在没有更多资料的条件下，现在看来，只能姑且信从发掘简报的判断。

3. 包山二号楚墓出土"马甲"

包山二号楚墓被判定为"公元前三、四世纪之际下葬的一座楚国贵族墓葬"。[4]其中出土物包括"马甲"。据发掘报告："马甲，2 件。皮革胎已腐烂，残剩漆膜。部分漆膜内残留有稀疏的毛孔。两面共髹漆二层，内髹黑漆，外髹红漆。所有甲片均有宽 0.7 厘米的压边，并有供编联用的孔眼，

1　湖北省博物馆：《曾侯乙墓》，文物出版社 1989 年 7 月版，上册第 342—394 页。

2　杨泓：《骑兵和甲骑具装二论》，《华学》第 3 辑，紫禁城出版社 1998 年 11 月版；收入《中国古兵与美术考古论集》，文物出版社 2007 年 11 月版，第 155 页。

3　石鼓山考古队：《陕西宝鸡石鼓山西周墓葬发掘简报》，《文物》2013 年 2 期。

4　彭浩、刘彬徽、胡雅丽、刘祖信：《包山楚简文字的几个特点》，湖北省荆沙铁路考古队：《包山楚墓》附录二六，文物出版社 1991 年 10 月版，上册第 580 页。

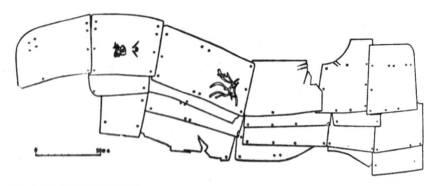

25-4　包山二号楚墓出土马甲 1

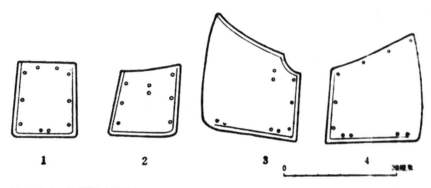

25-5　包山二号楚墓出土马甲 2

孔径 0.6 厘米。整甲用马胄、胸颈甲、身甲三部分组成。"马甲背面有红色漆书文字"鄎公""嬴"等。

　　有学者指出："包山二号墓的下葬年代为公元前 316 年，是目前已经发现的少数纪年楚墓之一。其它墓葬的年代关系已经清楚，特别是四、五号墓的下葬年代约为公元前 290 年左右，已近公元前 278 秦将白起拔郢之年。"[1] 因年代相近，这一发现或许可以为研究岳麓书院藏秦简《数》所见"马甲"提供若干可参照信息。

<hr />

1　湖北省荆沙铁路考古队：《包山楚墓》，上册第 345 页。

包山二号楚墓马甲"身甲长150，每侧宽约60厘米"[1]，如是战马装备，骑士身体屏蔽的部分，即其"人甲"已经予以保护的部位不必再使用"马甲"。此制作没有考虑珍惜宝贵的最必要负重量的减省，似乎是不好理解的。注意到"马甲"制作之精美以及墓主地位之高贵，如背面红漆书文字有可能标示"某公"之身份等，推想此"马甲"并非实战装具，是具有一定的合理性的。当然，亦不能排除作为仪仗之车系驾马匹的防护方式的可能。

4. 有关"马甲""马铠"的历史记录

历史文献有关"马甲"使用的文字，较早见于汉末至魏晋战争史的记录。

《三国志》卷二七《魏书·王昶传》记载，王昶往江陵击孙吴，"贼大将施绩夜遁入江陵城，追斩数百级。昶欲引致平地与合战，乃先遣五军案大道发还，使贼望见以喜之，以所获铠马甲首，驰环城以怒之，设伏兵以待之。绩果追军，与战，克之"[2]。所谓"铠马甲首"，似与我们讨论的"马甲"有关。《晋书》卷四四《卢钦传》写道："武帝受禅，以为都督沔北诸军事、平南将军、假节，给追锋轺卧车各一乘、第二驸马二乘、骑具刀器、御府人马铠等，及钱三十万。"[3] 既称"人马铠"，语义已经比较明确。

《晋书》卷七四《石虔传》记载："斩首七千级，俘获万人，马数百匹，牛羊千头，具装铠三百领。"《晋书》卷八一《桓伊传》也写道："初，伊有马步铠六百领，豫为表，令死乃上之。表曰：'臣过蒙殊宠，受任西藩。淮南之捷，逆兵奔北，人马器铠，随处放散。于时收拾败破，不足贯连，比年营缮，并已修整。今六合虽一，余烬未灭，臣不以朽迈，犹欲输效力命，仰报皇恩。此志永绝，衔恨泉壤。谨奉输马具装百具、步铠五百领。并在

1　湖北省荆沙铁路考古队：《包山楚墓》，上册第219—223页。

2　《三国志》，第749页。

3　《晋书》，第1255页。

寻阳，请勒所属领受。'"[1] 所谓"马步铠六百领"，即"马具装百具、步铠五百领"，由此可知前引《石虔传》"具装铠"，也应当就是"马铠"。

南北朝时期，"马甲""马铠"的使用已经相当普及。《魏书》卷一〇三《蠕蠕列传》："诏赐阿那瓌细明光人马铠二具，铁人马铠六具。"《北史》卷九八《蠕蠕列传》："诏赐阿那瓌细明光人马铠一具，铁人马铠六具。"[2]《隋书》卷二三《五行志下》："仁寿四年，龙见代州总管府井中。其龙或变为铁马甲士弯弓上射之象。"《隋书》卷六五《李景传》："有龙见，时变为铁马甲士。"《北史》卷七六《李景传》也有同样的记载。[3]"人马铠二具，铁人马铠六具"并说，后者明确强调"铁"，说明亦有其他质料的"人马铠"。很可能是皮质"铠"。而"铁马甲士"称谓，亦体现铁甲用于战马的普遍。

五代时期可见有关"马甲"的生动故事。《旧五代史》卷九九《汉书一·高祖刘知远纪上》记载："明宗与梁人对栅于德胜，时晋高祖为梁人所袭，马甲连革断，帝辍骑以授之，取断革者自跨之，徐殿其后，晋高祖感而壮之。"《新五代史》卷一〇《汉本纪·高祖刘知远》也写道："与晋高祖俱事明宗为偏将，明宗及梁人战德胜，晋高祖马甲断，梁兵几及，知远以所乘马授之，复取高祖马殿而还，高祖德之。"[4]可知"马甲"连缀以"革"。当时"人马铠甲"还有以贵金属"组绣"装饰的情形，以"耀日"之"光"，形成对敌军的精神威慑。[5]如《新五代史》卷二五《唐臣传·周德威》："景仁所将神威、龙骧、拱宸等军，皆梁精兵，人马铠甲饰以组绣金银，其光耀日，晋军望之色动。"[6]

宋代仪仗形式和军事生活中多见"马甲"装备。《宋史》卷一四八《仪卫志六》的记述比较具体："甲骑具装，甲，人铠也；具装，马铠也。

---

1 《晋书》，第 1299 页、第 2119 页。

2 《魏书》，第 2300 页。《北史》，第 3260 页。

3 《隋书》，第 669 页、第 1530 页。《北史》，第 2604 页。

4 《旧五代史》，第 1322 页。《新五代史》，第 99 页。

5 类似形式，较早有《后汉书》卷八七《西羌传》关于羌人暴动的记载："时羌归附既久，无复器甲，……或执铜镜以象兵。"第 2886 页。

6 《新五代史》，第 260 页。

甲以布为里，黄絁表之，青绿画为甲文。红锦褾，青絁为下帬，绛韦为络，金铜鈠，长短至膝。前膺为人面二，自背连膺，缠以锦腾蛇。具装，如常马甲，加珂拂于前膺及后鞦。"[1]《宋史》卷一九五《兵志九》："自今诸军各予铠甲十、马甲五，令迭披带。"《宋史》卷一九七《兵志十一》："诏：'马甲曩用黑髹漆，今易以朱。'""马甲"已经是"军士""随身军器"，亦被看作通常"器械"："靖康初，兵仗皆阙，诏书屡下，严立赏刑，而卒亦无补。时通判河阳、权州事张旗奏曰：'河阳自今春以来，累有军马经过，军士举随身军器若马甲、神臂弓、箭枪牌之类，于市肆博易熟食，名为寄顿，其实弃遗，避逃征役。拘收三日间，得器械四千二百余物。"[2]然而很可能质量十分精良的"马铠"，与"内帑珍异"储备条件相同。《辽史》卷七七《耶律吼传》："既入汴，诸将皆取内帑珍异，吼独取马铠，帝嘉之。"[3]为了保证骑兵轻捷的机动能力，曾经装备"轻甲"，"马甲"采用皮质材料。《宋史》卷四〇二《毕再遇传》："造轻甲，长不过膝，披不过肘，兜鍪亦杀重为轻，马甲易以皮，车牌易以木而设转轴其下，使一人之力可推可擎，务便捷不使重迟。"[4]

辽兵制，"马甲"有"皮铁"二种。《辽史》卷三四《兵卫志上》："辽国兵制，凡民年十五以上，五十以下，隶兵籍。每正军一名，马三匹，打草谷、守营铺家丁各一人。人铁甲九事，马鞯辔，马甲皮铁，视其力；弓四，箭四百，长短鎗、骨朵、斧钺、小旗、锤锥、火刀石、马盂、粆一斗、粆袋、搭钅毛伞各一，縻马绳二百尺，皆自备。"[5]

《金史》卷四一《仪卫志二》有关仪仗制度的内容中，说到"人马甲"，

1 《宋史》，第 3470 页。《宋史》卷二六九《陶谷传》："时范质为大礼使，以卤簿清游队有甲骑具装，莫知其制度，以问于谷。谷曰：'梁贞明丁丑岁，河南尹张全义献人甲三百副、马具装二百副。其人甲以布为里，黄絁表之，青绿画为甲文，红锦绿青絁为下帬，绛韦为络，金铜鈌，长短至膝。前膺为人面二目，背连膺缠以红锦腾蛇。马具装盖寻常马甲，但加珂拂于前膺及后鞦尔。庄宗入洛，悉焚毁。'质命有司如谷说，造以给用。"第 9237—9238 页。可以对照理解。

2 《宋史》，第 4854 页、第 4919 页、第 4921 页。

3 《辽史》，中华书局 1974 年 12 月版，第 1258 页。

4 《宋史》，第 121877 页。

5 《辽史》，第 397 页。

"铁甲、兜牟、红背子、剑、绯马甲","皂皮人马甲","铁人马甲","马甲"。[1] 前句"绯马甲""皂皮人马甲"与"铁甲"并说,又可见"铁人马甲""马甲"的说法,可知皮质"马甲"也是使用的。

5. 杨泓有关战马装具史的创论

兵器史及军事装备史研究大家杨泓曾经全面考察了"防护战马的'装具'铠"出现和普及的历程。他写道:"'射人先射马',骑兵丧失了战马,就难以进行有效的战斗了,因此有必要对战马施加防护装具。在汉代只有皮革制成的'当胸',到了曹魏以后才开始出现了马铠,但是结构完善的马铠——具装,已是十六国时的产品,在南北朝时成为骑兵部队普遍拥有的装备。"这正与前引史籍文献提供的史料信息大体一致。杨泓说:"因此,在十六国南北朝时期的坟墓里,常常放置有模拟甲骑装具的陶俑。"他指出,"用草厂坡一号墓的一组骑兵俑[2],和比它早约六百年的杨家湾汉墓的骑兵俑相比",可以看出"显著的不同",其中突出的一点,"是战马全身披着马铠——具装"。这是"我国古代的骑兵又发展到了一个新的阶段"的重要"标志"。"当时骑兵的主力是人、马都披铠甲的重装骑兵——甲骑装具。甲骑装具大量涌现在战争舞台上,正反映了当时以部曲私兵为军队核心力量的制度,这正是从东汉末年开始,经魏晋十六国到南北朝时期,这种世族门阀制度和氏族军事组织结合在一起的产物。"据杨泓结合考古文物资料的研究:"防护战马的具装铠,披系在战马身上以后,除了眼睛、鼻子、四肢和尾巴以外,其余的部分完全可以得到铠甲的保护。""一直到隋代,甲骑装具都是军队的核心。铠甲的质料有皮革制成的,也有用钢铁锻制的,一般是人铠和马具装配套,人披皮甲,马具装也用皮质;人披钢铠,马具装

---

1 《金史》,第 932 页、第 939 页、第 951—952 页。

2 　原注:"陕西省文物管理委员会《西安南郊草厂坡村北朝墓的发掘》,《考古》1959 年第 6 期。"

也用铁制，而且颜色也是一致的。"[1] 对照史籍记载，大概"一般是人铠和马具装配套，人披皮甲，马具装也用皮质；人披钢铠，马具装也用铁制"的情形确实也并不形成绝对的规律。我们确实看到，前引《宋史》所谓"马甲易以皮"，《辽史》所谓"人铁甲九事，马鞯鞥，马甲皮铁，视其力"，都说明了这一情形。

基于对军事史的熟悉，杨泓分析了战国末年骑兵在战争中的作用。他指出："这时骑兵已有了较适用的铠甲，但是缺乏保护战马的装具，虽然在先秦时已有很完备的保护战车辕马的马甲，由厚重的髹漆皮甲片编成，在随县曾侯乙墓中曾有实物出土。[2] 但是这种遮盖辕马全身的厚重皮甲，完全不合于骑兵战马的作战要求，而且因为缺乏真正的马鞍和马镫，更无法使身披铠甲的战士能控御同样披有铠甲的战马，那只有等到约五个世纪以后，高马鞍和马镫都已被使用，人和战马都披有铠甲的重装骑兵的身影，才出现在中国古代战场上，开始了一个以重装骑兵——甲骑装具为军队主力兵种的新的历史阶段。"

杨泓是在《骑兵和甲骑具装二论》中提出这一认识的。然而他也注意到了三国时期关于"马铠"的两例文献资料，即《太平御览》卷三五六《兵部·甲下》引录曹操和曹植的两种文书："《魏武军策令》曰：'袁本初铠万领，吾大铠二十领。本初马铠三百具，吾不能有十具。见其少，遂不施也。吾遂出奇破之。是时士卒练，不与今时等也。'"《曹植表》曰：'先帝赐臣铠黑光、明光各一具，两当铠一领，炎炼铠一领，马铠一领。今世

1　杨泓：《骑兵和甲骑具装》，《文物》1977 年 10 期。收入《中国古兵器论丛》，文物出版社 1980 年 6 月版；《中国古兵器论丛》（增订本），中国社会科学出版社 2007 年 4 月版；《中国古兵与美术考古论集》，文物出版社 2007 年 11 月版。杨泓还指出："人和马都披上了铠甲，增强了保护自己的能力，提高了战斗力。尤其是对付那些没有铠甲的步兵，就可以比较容易地取得胜利。但是，有一利也有一弊。沉重的铠甲，加重了战马的负担，使它难于持久战斗，而且由于负重而行动迟缓，在一定程度上还会失去了骑兵拥有的轻捷迅速的特点。"《中国古兵与美术考古论集》，第146 页。

2　原注："湖北省博物馆《曾侯乙墓》342—349 页，文物出版社，1989 年。"

以升平，兵革无事，乞悉以付铠曹。'"[1] 杨泓以为，这是当时"颇希罕的装具"。[2]

推想曹植所说的"明光""铠"，实战中可能可以产生前引《新五代史》所说"人马铠甲""其光耀日"，以致使敌军"望之色动"的效应。

曹操言"本初马铠三百具，吾不能有十具"，有学者指出："反映了其时已重视对骑兵乘马的保护，但军中装备马铠的数量还很有限。直至西晋时期，马铠一直是贵重之物，军中只有少量装备，大概主要用于对将帅及其亲随卫队乘骑的特殊保护。"所举例证，即《晋书》卷一〇三《刘曜载记》："召公卿已下子弟有勇干者为亲御郎，被甲乘铠马，动止自随，以充折冲之任。"五胡十六国时期，涌入中国北方的游牧民族以骑兵为主体，"增强骑兵防护能力的意识日益浓厚，对骑兵乘马的保护受到空前的重视，马铠开始得到突出的发展，其结果是装备马铠的重装骑兵迅速壮大，乃至成为军队的主力，数量不仅以百计千计，而且以万计"。《晋书》卷一〇四《石勒载记上》记载，石勒在生擒段末柸，"获铠马五千匹"。又大败姬澹，"获铠马万匹"。《晋书》卷一一七《姚兴载记上》："使硕德率陇右诸军伐乞伏干归，兴潜军赴之，干归败走，降其部众三万六千，收铠马六万匹。"[3] 论者举为"装备马铠的重装骑兵迅速壮大，乃至成为军队的主力，数量不仅以百计千计，而且以万计"例证的还有："《慕容德载证》记，慕容德有'铁骑五万三千'。"[4]"载证"应为"载记"之误。《晋书》卷一二七《慕容德载记》："讲武于城西，步兵三十七万，车一万七千乘，铁骑五万三千。周亘山泽，旌旗弥漫，钲鼓之声，振动天地。"[5] 慕容德的骑兵部队应当装备了

---

1 〔宋〕李昉等撰：《太平御览》，《景印文渊阁四库全书》，第 896 册第 274 页。中华书局用上海涵芬楼影印宋本 1985 年 10 月复制重印本"士卒练"作"士卒精练"，"炎炼铠"作"环鏁铠"。第 2 册第 1636 页。

2 杨泓：《骑兵和甲骑具装二论》，《华学》第 3 辑，紫禁城出版社 1998 年 11 月版；收入《中国古兵与美术考古论集》，文物出版社 2007 年 11 月版。

3 《晋书》，第 2699 页、第 2719 页、第 2725 页、第 2981 页。

4 钟少异：《中国古代军事工程技术史（上古至五代）》，山西教育出版社 2008 年 1 月版，第 480 页。

5 《晋书》，第 3172 页。

马铠。但是史籍所谓"铁骑"却并不一定就是"装备马铠的重装骑兵"。如《后汉书》卷七三《公孙瓒传》："且厉五千铁骑于北隰之中，起火为应。"《三国志》卷一八《魏书·阎温传》："别遣铁骑二百迎吏官属。"[1] 前者即被解释为"借指精锐的骑兵"。[2]

6. 甲骑装具史的新认识

现在看来，岳麓书院秦简《数》所见"马甲"如果是战骑装具，则"保护战马的装具"的出现年代，可以提前。如果秦军骑兵部队装备"马甲"，其战斗力可以得到新的理解。秦的甲胄被研究者看作构成"秦统一六国的物质基础"的条件之一[3]，"马甲"的特殊意义自然也值得重视。如此，则"甲骑装具"与"以部曲私兵为军队核心力量的制度"存在确定关系，"是从东汉末年开始，经魏晋十六国到南北朝时期，这种世族门阀制度和氏族军事组织结合在一起的产物"的意见，似乎也应当予以修正。

岳麓书院秦简《数》所见"马甲"是战骑装具的推测，有这样的认识基础，即假若此"马甲"是战车系驾马匹使用，则杨泓所谓"辕马"和《曾侯乙墓》执笔者所谓"骖马"的装具不必相同，而左右"骖马"的装具也不必相同。而岳麓书院藏秦简《数》简文说到"马甲"的价格，似只有一种统一的数字，即："马甲一，金三两一垂，直（值）钱千九百廿。"

当然，提出这样的推断，还应当解决杨泓所提出的问题："因为缺乏真正的马鞍和马镫"，则"无法使身披铠甲的战士能控御同样披有铠甲的战马"。杨泓说："只有等到约五个世纪以后，高马鞍和马镫都已被使用，人

---

1 《后汉书》，第 2364 页。《三国志》，第 551 页。

2 《汉语大词典》"铁骑"条有两种解说："①披挂铠甲的战马。""②借指精锐的骑兵。"所引第一条书证就是《后汉书》卷七三《公孙瓒传》："且厉五千铁骑于北隰之中，起火为应。"汉语大词典编辑委员会、汉语大词典编纂处编纂：《汉语大词典》，汉语大词典出版社 1993 年 3 月版，第 11 卷第 1416 页。

3 石子政：《秦律惩罚甲盾与统一战争》，《中国史研究》1984 年 2 期；张卫星、马宇：《秦甲胄研究》，第 392 页。

和战马都披有铠甲的重装骑兵的身影，才出现在中国古代战场上，开始了一个以重装骑兵——甲骑装具为军队主力兵种的新的历史阶段。"但是他又是明确认可《太平御览》卷三五六引《魏武军策令》所谓"本初马铠三百具，吾不能有十具"以及《曹植表》所谓"先帝赐臣……马铠一领"的历史真实性的。即使这确实是当时"颇希罕的装具"，如果真的"因为缺乏真正的马鞍和马镫"，则"无法使身披铠甲的战士能控御同样披有铠甲的战马"，那么袁绍和曹操的部队则不可能装备"马铠"，曹操也不可能将"马铠"赐予爱子曹植，让他面对战场骑乘危险。看来，"马甲""马铠"与"真正的马鞍和马镫"的关系，也许并不构成必须共同使用的组合条件。当然，早期"马镫"的发现，也不能排除今后获得考古新的出土信息的可能。[1]

早期"马甲""马铠"可能确实设计制作尚不完备，如杨泓所说："结构完善的马铠——具装，已是十六国时的产品，在南北朝时成为骑兵部队普遍拥有的装备。"但是，在岳麓书院秦简《数》书写的时代，"马甲"有确定价位，并列入司法知识体系，成为"赎死"的标定价值单位。"马甲"应当已经较为普遍地使用，其形制大致规范，并且已经为当时社会至少应用《数》这种文书的社会层面以上的人们所熟悉。从这一角度考虑，作为"甲骑装具"而非战车系驾马匹的防护装备的可能性也比较大。当然，要印证这种推定，还有待于考古新资料的发现。[2]

1　参看王子今：《木镫试论——骑具发展史中一种特殊形态的考察》，《西部考古》第1辑，三秦出版社2006年10月版。
2　王子今：《岳麓书院秦简〈数〉"马甲"与战骑装具史的新认识》，《考古与文物》2015年4期。

掌蹄

1.《盐铁论·散不足》所见"掌蹄"

《盐铁论》所见"掌蹄""革鞮"字样，有学者以为与保护马蹄的技术有关，或可看作蹄铁一类马蹄保护方式的早期形态。这种认识现在看来尚无确证。而众所周知，秦汉社会对马的普遍重视和国家主持的马政的兴起，是中国畜牧史、中国交通史和中国军事史进程中值得充分重视的显著变化。当时人们对于马蹄的爱护，使我们相信相应技术可能已经萌芽的推想应当可以成立。当然，这一见解得到实证支持，尚有待于考古工作的新收获。

《盐铁论》记录了"贤良"与"大夫"有关经济制度与经济生活的辩论，其中《散不足》篇反映当时社会民生的信息。例如，我们看到关于车马等级的文字：

> 古者诸侯不秣马，天子有命，以车就牧。庶人之乘者，马足以代其劳而已。故行则服枙，止则就犁。今富者连车列骑，骖贰辎軿。中者微舆短毂，烦尾掌蹄。夫一马伏枥，当中家六口之食，亡丁男一人之事。

对于"烦尾掌蹄"，马非百作了这样的解释："掌蹄，用铁在马蹄上打掌。烦尾掌蹄，指有尾饰有铁掌的马。"[1]

如果其说属实，则《盐铁论》所谓"掌蹄"可能是最早的关于"用铁在马蹄上打掌"的文字记录。

---

[1] 马非百注释：《盐铁论简注》，中华书局 1984 年 10 月版，第 224 页。

2."趹蹄"说

王利器引孙人和曰："'掌'读为'趹',《说文》:'趹,距也。'趹蹄,以物饰其蹄也。"王利器说:"'趹蹄',今犹有此语,就是拿铁趹钉在马蹄上来保护它。走马之趹蹄,正如斗鸡之距爪一样。"[1]

《说文·止部》:"趹,距也。从止,尚声。"段玉裁注:"今音丑庚切,古音堂。今俗语亦如堂。《考工记》:'维角趹之。'大郑曰:'趹读如掌距之掌。'掌距,即趹距字之变体。车趹,《急就篇》《释名》作车棠。《说文·金部》作车樘。《木部》曰:'樘,衺柱也。'今俗字趹作撑。"[2]

无论是写作"掌"还是写作"趹",均被理解为钉在马蹄上的铁掌。

3. 对于"革鞮"的理解

《盐铁论·散不足》中还有一段批评社会奢侈风习的话,说到有关"骑"的装备:

> 古者庶人贱骑绳控,革鞮皮荐而已。及其后,革鞍牦成,铁镳不饰。今富者辑耳银镊鞴,黄金琅勒,罽绣弇汗,垂珥胡鲜。中者染纬绍系,采画暴干。[3]

对于其中所谓"革鞮",有学者认为"就是革制的马鞋"。"照西方就蹄铁的起源而论,据说是公元以后始于塞尔丁人从东方传去的,但最初还只是用革制的马鞋,很显然那是指二千多年前的情况。"《盐铁论》是公元前81年(汉昭帝始元六年)朝廷召集当时民间知识分子议论国事的会议记录,它反映平民的马匹只能用革鞮,那末当时的统治阶级可能已不是用革鞮了;虽然

---

1 王利器校注:《盐铁论校注》(定本),第368页。

2 〔汉〕许慎撰,〔清〕段玉裁注:《说文解字注》,第67页。

3 王利器校注:《盐铁论校注》(定本),第368页。"垂珥胡鲜"等文字有异说。

他们并没有指出用铁去制马鞋。照推论，铁在汉代虽已广为利用于生产，但究竟还是相当贵重的，把它用来装蹄的可能性就很小。到目前为止，我国考古学界还没有发现一千多年前的蹄铁，因为这里姑且认为蹄铁的应用恐怕是唐以后的事，但这也不能说是晚了。"[1]

关于"革鞮"，还可以关注《说文·走部》的"趧"字："趧，趧娄，四夷之舞各自有曲。从走。是声。"段玉裁注："趧娄，今《周礼》作鞮鞻氏。注云：'鞻读为屦。鞮屦，四夷舞者扉也。今时倡蹋鼓沓行者自有扉。'按今《说文·革部》：'鞮，革履也。'无鞻字。《释文》引《说文》：'鞮，屦也。'《字林》：'鞮，革屦也。鞻者，靬屦也。'是则《字林》乃有鞻字。许、郑、《周礼》所无。郑注当本作'娄读为屦'。《革部》之鞮是常用之屦。《走部》之趧娄乃四夷舞者之屦。曲当作屦，声之误也。'四夷之舞各自有屦'，正与郑注说同。许意当亦娄读为屦。""屦也。故从走。"[2] 所谓"趧娄"，也就是"鞮鞻"，也是革制的鞋履。在畜牧业先进的地区，皮革加工技术较早成熟。皮革制作的保护足部的"鞮鞻"在中原以外的"四夷"地方出现，是很自然的事。

如果确有与"骑"这一交通行为相关的被理解为"革制的马鞋"的"革鞮"的真实存在，也应当是草原民族的发明。

4. "蹄铁"源起

有学者考察"骑兵马具的成熟"时，讨论了"马蹄铁"的出现和普及。论者指出："关于马蹄铁的起源，材料极为匮乏，故争论也较大。或以为马蹄钉铁掌是中国人发明的，蹄铁在中国'至少已有二千多年的历史'，'今

1　谢成侠：《中国养马史》（修订版），农业出版社 1991 年 5 月版，第 34 页。
2　〔汉〕许慎撰，〔清〕段玉裁注：《说文解字注》，第 67 页。

日欧洲的蹄铁术，是受到我国蹄铁术的影响加以改良而成的。'[1] 还有人说公元 480 年左右匈奴人（Ephthalite Hune）将马鞍、马镫和马蹄铁带入了印度。[2] 或以为中国 '蹄铁的应用恐怕是唐以后的事'[3]。或以为蹄铁是从西方传来的，南宋时 '我国对装蹄铁的作法还比较生疏，我国普遍采用此物的时间，大约不早于元代'[4]。"

论者写道："对这个问题，现在还无法确论，有必要深入挖掘资料。"并提示《盐铁论·散不足》"烦尾掌蹄"是 "一条相关的资料"。认为："古人很早就注意对马蹄的保护，在马蹄上缠裹皮套是早期较流行的方法。""汉代人所说的 '掌蹄' 是什么意思？是否是比 '古者革鞜而已' 更先进的方法？目前恐怕还只能提出问题，确切的解答则有待于将来。"[5]

谢成侠关于"蹄铁这一名称的由来"的说明值得注意。他说："按英语国家叫 horse shoe，硬译成中文，则必叫马鞋"，与《盐铁论》出现的 "革鞜" 古称 "好似符合"。但是他又指出，"其实，蹄铁一词原是德文的 Hufeisen，该字即由蹄和铁二字缀合而成，由日本在十九世纪译成，我国从而先在军事兽医教育中沿用，而在民间向来称它为 '马掌'，称蹄铁工匠为 '掌工'，……"[6] 注意到英文 horse shoe 可硬译成 "马鞋"，与《盐铁论》"革鞜" 古称 "好似符合"，是很有意思的事。

我们还看到，《盐铁论》所谓 "掌蹄"，有人即理解为 "马蹄钉铁掌"。如《汉语大词典》就是这样对 "掌蹄" 进行说明的："【掌蹄】钉铁掌于马蹄。汉桓宽《盐铁论·散不足》：'今富者连车列骑，骖贰辎軿。中者微舆

1　原注："张仲葛：《中国古代畜牧兽医方面的成就》，载自然科学史研究所主编《中国古代科技成就》，北京：中国青年出版社，1978 年。""第 413 页。"

2　原注："Joseph Needham, *Science and Civlisation in China*, Vol. Part II, Mechanical Engineering, Cambridge University Press, Cambridge, 1965。""第 317 页注引奥德里库尔（Haudrecourt）之说。"

3　原注："谢成侠：《中国养马史》（修订版），北京：农业出版社，1991 年。""第 34—35 页。"

4　原注："孙机：《唐代的马具和马饰》，《文物》1981 年第 10 期。"

5　钟少异：《中国古代军事工程技术史（上古至五代）》，山西教育出版社 2008 年 1 月版，第 500—501 页。

6　谢成侠：《中国养马史》（修订版），第 35 页。

短毂，烦尾掌蹄。夫一马伏枥，当中家六口之食，亡丁男一人之事。'"[1] 这样的认识，显然缺乏有说服力的证明。

5. "数马曰若干蹄"：蹄铁萌芽的
观念背景与技术条件之一

《史记》卷一二九《货殖列传》说富者地位"与千户侯等"者，言畜牧产业，以"蹄角"计"牛"，以"足"计"羊""彘"，而"马"的计数单位则是"蹄"：

> 庶民农工商贾，率亦岁万息二千，百万之家则二十万，而更傜租赋出其中。衣食之欲，恣所好美矣。故曰陆地牧马二百蹄，牛蹄角千[2]，千足羊，泽中千足彘[3]，水居千石鱼陂，山居千章之材。安邑千树枣；燕、秦千树栗；蜀、汉、江陵千树橘；淮北、常山已南，河济之间千树萩；陈、夏千亩漆；齐、鲁千亩桑麻；渭川千亩竹；及名国万家之城，带郭千亩亩钟之田，若千亩卮茜，千畦姜韭：此其人皆与千户侯等。

对于所谓"牧马二百蹄"，裴骃《集解》："《汉书音义》曰：'五十匹。'"司马贞《索隐》："案：马有四足，二百蹄有五十匹也。《汉书》则云'马蹄噭千'，所记各异。"[4]

《史记》卷一二九《货殖列传》论说富足的水准，言及"千乘之家"的资产等级，又说到"马蹄躈千"：

---

1 汉语大词典编纂委员会、汉语大词典编纂处：《汉语大词典》，汉语大词典出版社 1990 年 12 月版，第 6 卷第 633 页。

2 裴骃《集解》："《汉书音义》曰：'百六十七头也。马贵而牛贱，以此为率。'"司马贞《索隐》："牛足角千。案：马贵而牛贱，以此为率，则牛有百六十六头有奇也。"

3 裴骃《集解》："韦昭曰：'二百五十头。'"司马贞《索隐》："韦昭云：'二百五十头。'"

4 《史记》，第 3272—3273 页。《太平御览》卷八九八引《史记》曰："马蹄噭千，牛千足，此亦比千乘之家。"《景印文渊阁四库全书》，第 901 册第 80 页。中华书局用上海涵芬楼影印宋本 1985 年 10 月复制重印版作"马蹄躈千"，第 3986 页。

通邑大都，酤一岁千酿，醯酱千瓨，浆千甔，屠牛羊彘千皮，贩谷粜千钟，薪稾千车，船长千丈，木千章，竹竿万个，其轺车百乘，牛车千两，木器髹者千枚，铜器千钧，素木铁器若卮茜千石，马蹄躈千，牛千足，羊彘千双，僮手指千，筋角丹沙千斤，其帛絮细布千钧，文采千匹，榻布皮革千石，漆千斗，糵曲盐豉千荅，鲐觜千斤，鲰千石，鲍千钧，枣栗千石者三之，狐貂裘千皮，羔羊裘千石，旃席千具，佗果菜千钟，子贷金钱千贯，节驵会，贪贾三之，廉贾五之，此亦比千乘之家，其大率也。

对于"马蹄躈千"，裴骃《集解》：

徐广曰："躈音苦吊反，马八髎也，音料。"

司马贞《索隐》：

徐广音苦吊反，马八髎也，音料。《埤仓》云："尻骨谓八髎，一曰夜蹄。"小颜云："躈，口也。蹄与口共千，则为二百匹。"若顾胤则云："上文马二百蹄，比千乘之家，不容亦二百。则躈谓九窍，通四蹄为十三而成一马，所谓'生之徒十有三'是也。凡七十六匹马。"案：亦多于千户侯比，则不知其所。

看来理解并不一致。大概以"口"和"窍"与"蹄"即所谓"蹄与口"及"九窍通四蹄"合并计数的推想不大合理。参考裴骃《集解》引《汉书音义》对"僮手指千"的解释："僮，奴婢也。古者无空手游日，皆有作务，作务须手指，故曰手指，以别马牛蹄角也。"[1]"马"的计数，也应当考虑对于其"作务"最重要的身体部位，就是"蹄"。

宋代学者任广《书叙指南》卷一六"会计支费"条说到古时财务文书中通行用语，量词则有："数牛羊曰若干皮（《货殖》），数牛曰蹄角若干

1　《史记》，第3274—3275页。

（《货殖》，六为一），数鱼曰若干石（《货殖》），数猪羊曰若干双（上），数马曰若干蹄（上，四为一），……"[1] "数马曰若干蹄"，体现出在当时社会爱好马的普遍意识背景下人们对马蹄的特别看重。

6. "蹄欲得厚"：蹄铁萌芽的
观念背景与技术条件之二

《庄子·马蹄》写道："马，蹄可以践霜雪，毛可以御风寒。"[2] 马的生存能力和社会作用，首先表现在"蹄可以践霜雪"。

马能够"驰驱千里"[3]，"追奔电，逐遗风"[4]，"至如猋风，去如收电"[5]，人们观察的直接感觉是蹄的轻捷。《淮南子·原道》说到"策蹄马"，又言"而欲教之，虽伊尹、造父弗能化"。《淮南子·主术》也说："君德不下流于民，而欲用之，如鞭蹄马矣。""蹄马"是体现出马的野性和生命力的称谓。而《淮南子·修务》又写道："夫马之为草驹之时，跳跃扬蹄，翘尾而走，人不能制，龁咋足以噆肌碎骨，蹶蹄足以破卢陷匈。"[6] 也强调"蹄"的强劲力量。古来相马技术重视"蹄"的形态特征。《太平御览》卷八九六引《伯乐相马经》："蹄欲得厚。"同卷引《马援铜马相法》："蹄欲厚三寸，坚如石。"[7]《齐民要术》卷六"养牛马驴骡"："相马视其四蹄"，"四蹄欲厚且大"。此说与《伯乐相马经》"蹄欲得厚"意思是接近的。又《齐民要术》卷六"养牛马驴骡"："蹄欲厚三寸，硬如石，下欲深而明，其后开如鹞翼，能久走。"其说可以看作《马援铜马相法》所提供知识的扩展。缪启愉解

---

1 《景印文渊阁四库全书》，第 920 册第 567 页。

2 曹础基：《庄子浅注》，中华书局 1982 年 10 月版，第 128 页。

3 《太平御览》卷八九六引《穆天子传》，第 3976 页。

4 《汉书》卷六四下《王褒传》，颜师古注："《吕氏春秋》云'遗风之乘'，言马行尤疾，每在风前，故遗风于后。今此言逐遗风，则是风之遗逸在后者，马能逐及也。"第 2823 页、第 2825 页。

5 《汉书》卷五二《韩安国传》，第 2401 页。

6 刘文典撰，冯逸、乔华点校：《淮南鸿烈集解》，第 14 页、第 289 页、第 638 页。

7 〔宋〕李昉等撰：《太平御览》，第 3978 页。

释："蹄要厚而坚硬。'深而明'，则蹄底有适度的穿窿，不呈不良的'平蹄'，而且蹄叉也显明。蹄的后方或蹄蹱部要岔开如鹞翼状（鹞的翼不张开时，侧看与尾成一岔角），表示该部富于弹性，这当然有益于运动。符合于这些主要标准的蹄，能够持久。"[1]

7. 蹄部病症治疗：蹄铁萌芽的 观念背景与技术条件之三

　　河西汉简可见记录"马病"的简文。例如甲渠候官出土简："马病至戊辰旦遣卒之廿三仓取廪彭诚闭亭户持马□陷陈辟左子务舍治马其日日中"（E.P.T43:2），"☑并马病治马□☑"（E.P.T50:67）。[2] 又有专门记录"马病"致死情形的文书："●始建国四年正月驿马病死爰书"（96.1）。[3] 敦煌汉简可见关于"马病"症状的具体描述，如："将军令召当应时驰诣莫府获马病伤水不饮食借尹史侯昌马杨鸿装未辨惶恐"（177）。[4] "马病"的具体症状是"伤水不饮食"。悬泉置遗址出土汉简又有研究者以为"报告病马死亡验证结果的文书"："建昭元年八月丙寅朔戊辰，县（悬）泉厩佐欣敢言之：爰书：传马一匹騂驳（驳），牡，左剽，齿九岁，高五尺九寸，名曰騂鸿。病中肺，欬涕出睾，饮食不尽度。即与啬夫遂成、建杂诊：马病中肺，欬涕出睾，审证之。它如爰书。敢言之。"（II 0314(2):301）[5] 病状是"马病中肺，欬涕出睾"。

　　出土于悬泉置遗址的一则简例则说到专门的"马医"："出绿纬书一封，西域都护上，诣行在所公车司马以闻，绿纬孤与缊检皆完，纬长丈一尺。元始五年三月丁卯日入时，遮要马医王竟、奴铁柱付县（悬）泉佐马赏。"

1　〔后魏〕贾思勰原著，缪启愉校释，缪桂龙参校：《齐民要术校释》，第 280 页、第 305 页。

2　甘肃省文物考古研究所等编：《居延新简：甲渠候官与第四燧》，第 100 页、第 157 页。

3　谢桂华、李均明、朱国炤：《居延汉简释文合校》，第 163 页。

4　甘肃省文物考古研究所编：《敦煌汉简》，第 226 页。

5　胡平生、张德芳编撰：《敦煌悬泉汉简释粹》，第 24 页。

（Ⅱ 0114(2):206）[1]

据《齐民要术》卷六"养牛马驴骡"，"马病"有表现于蹄部者。例如："久步即生筋劳；筋劳则'发蹄'，痛凌气。"载录的"诸病方法"，有的专门治疗蹄部疾病。例如"治马瘙蹄方"，据研究者提示，"'瘙蹄'即指蹄部发炎红肿，甚至化脓"。"治马瘙蹄方"内容如下：

（1）治马瘙蹄方：以刀刺马踠丛毛中，使血出，愈。

（2）又方：融羊脂涂疮上，以布裹之。

（3）又方：以汤净洗，燥拭之。嚼麻子涂之，以布帛裹。三度愈。若不断，用谷涂，五六度即愈。

（4）又方：以锯子割所患蹄头前正当中，斜割之，今上狭下阔，如锯齿形；去之，如剪箭括。向深一寸许，刀子摘令血出，色必黑，出五升许，解放，即差。

（5）又方：取炊釜底汤净洗，以布拭令水尽。取黍米一升作稠粥，以故布广三四寸，长七八寸，以粥糊布上，厚裹蹄上疮处，以散麻缠之。三日，去之，即当差也。

（6）又方：煮酸枣根，取汁净洗，讫。水和酒糟，毛袋盛，渍蹄没疮处。数度即愈也。[2]

"治马瘙蹄方"共十二方，有消毒防止感染的措说，这里择取其中六方讨论。（1）"以刀刺马踠丛毛中，使血出"，（4）"以锯子割"，带有手术性质。（6）的治疗方式"水和酒糟，毛袋盛，渍蹄没疮处"，已采用类同酒精消毒方式的兽医技术。特别值得注意的，是使用了"毛袋"这种医疗器械。缪启愉注释："'毛袋'，指黑羊毛织成的用以压榨黄酒的酒袋。"[3] "毛袋"的使用，或许受到（2）"以布裹之"，（3）"以布帛裹"，（5）"以故布广三四寸，长七八寸，

1　胡平生、张德芳编撰：《敦煌悬泉汉简释粹》，第111页。

2　〔后魏〕贾思勰原著，缪启愉校释，缪桂龙参校：《齐民要术校释》，第284页、第310页、第287—288页。

3　〔后魏〕贾思勰原著，缪启愉校释，缪桂龙参校：《齐民要术校释》，第310页。

以粥糊布上,厚裹蹄上疮处,以散麻缠之"等方式的启示。这种以"布""布帛""裹""厚裹",再"以散麻缠之"的技术,可以维持"三日"以上,当已较为成熟。通过这种方式的使用,可以理解前引关于"革鞮"之所谓"古人很早就注意对马蹄的保护,在马蹄上缠裹皮套是早期较流行的方法"的认识,是有一定合理性的。

还应当注意到,"以锯子割所患蹄头前正当中,斜割之"的方式,与现今"钉铁掌于马蹄"时的准备清理过程中用刀削修蹄底的动作有一定的技术关联。

看来,自《盐铁论》到《齐民要术》的时代,"蹄铁"的出现已经具备了必要的基础。

前引或以为中国"蹄铁的应用恐怕是唐以后的事",或以为"蹄铁"是从西方传来的,南宋时"我国对装蹄铁的作法还比较生疏,我国普遍采用此物的时间,大约不早于元代"等意见,显然因年代判定偏晚而应当修正。当然,"蹄铁"发明要得到确凿的实证支持,还要期待考古工作的新的发现。[1]

1　王子今:《〈盐铁论〉"掌蹄""革鞮"推考》,《朱绍侯九十华诞纪念文集》,河南大学出版社 2015 年 10 月版。

鹿车

1. 一轮车

刘仙洲研究中国古代交通运输机械曾经有极其重要的发现。他由《说文·车部》中所谓"輂，车轑规也，一曰一轮车"，推断在许慎著此书时，独轮车已经应用于交通活动中。

史籍中多有汉时人使用"鹿车"的记载。如《后汉书》卷二六《赵憙传》：赵憙"以泥涂仲伯妇面，载以鹿车，身自推之"。《后汉书》卷二七《杜林传》：杜林"身推鹿车，载致弟丧"。[1] 鹿车，瞿中溶《汉武梁祠堂石刻画像考》解释说："鹿，当是鹿卢之谓，即辘轳也。"刘仙洲赞同此说，并举王重民等编《敦煌变文集》卷八句道兴撰《搜神记》不言"鹿车"而称"辘车"为旁证，以为"鹿车"就是独轮车，将其创始年代提前至西汉晚期。[2] 史树青又指出："鹿车的鹿字，应作辘轳解，是轮轴类的引重器"，"传世汉代铜器中，有一种活轴铜灯，灯盌可仰可合，俗称辘轳灯，意也取此。所以鹿车就是一个轮轴的车"。[3]

1　《后汉书》，第 912 页、第 936 页。又如《后汉书》卷七九下《儒林列传·任末》："友人董奉德于洛阳病亡，末乃躬推鹿车，载奉德丧致其墓所。"第 2572 页。《后汉书》卷八一《独行列传·范冉》："遭党人禁锢，遂推鹿车，载妻子，捃拾自资。"第 2689 页。《后汉书》卷八四《列女传·鲍宣妻》："妻乃悉归侍御服饰，更著短布裳，与宣共挽鹿车归乡里。"第 2782 页。《三国志》卷一二《魏书·司马芝传》："以鹿车推载母"。第 386 页。《三国志》卷一八《魏书·庞淯传》裴松之注引皇甫谧《列女传》：庞娥亲"遂弃家事，乘鹿车伺（李）寿"。第 550 页。《三国志》卷四四《蜀书·费祎传》："（董）允白父和请车，和遣开后鹿车给之。允有难载之色，祎便从前先上。"第 1060 页。鹿车，又写作露车。《后汉书》卷八《灵帝纪》："帝与陈留王协夜步逐荧光行数里，得民家露车，共乘之。"第 358 页。《三国志》卷六《魏书·董卓传》裴松之注引张璠《汉纪》："兄弟独夜步行欲还宫，闇暝，逐萤火而行，数里，得民家以露车载送。"第 172 页。
2　刘仙洲：《我国独轮车的创始时期应上推到西汉晚年》，《文物》1964 年 6 期。
3　史树青：《有关汉代独轮车的几个问题》，《文物》1964 年 6 期。

2. "椎车"

《盐铁论》中《非鞅》《遵道》《散不足》《世务》等篇都说到的"椎车"[1]，值得车辆制作史研究者关注。《散不足》："古者椎车无柔。""柔"或许同"輮"。张敦仁《盐铁论考证》写道："椎车者，但斲一木使外圆，以为车轮，不用三材也。"萧统《文选序》也说："椎轮为大辂之始。"[2]顾实讨论《穆天子传》卷三"赁车受载"，说到早期车制："《世界史纲》曰：'各阿利安语言中，皆有车字轮字，可知古阿利安人曾制车。然辐廓轴等字，在阿利安语中，则无公共语根。可知古阿利安人所制之车轮，不与今同。盖截树干而为之，横贯以轮耳。……有如今日南非荷兰农人 Boer。特其车之笨重，今世已无其匹。'第二十章一九八页"[3]

早期的独轮车，车轮制作可能和这种原始车轮相近，即直接横截原木并不施行复杂的加工，轮体保留一定的厚度，恰好利于操纵时保持运行的平衡。这也符合这种车型推行技术难度较大的特点。有可能正是由于车轮有相当的厚度，形制与运行转动形态颇接近日常井上汲水机械辘轳，因此得名"辘车"。

"辘车"后来又有"鹿车"之称。句道兴《搜神记》记述董永故事："小失其母，独养老父，家贫困苦，至于农月，与辘车推父于田头树荫下，与人客作，供养不阙。"[4]又说董永事迹本自"昔刘向《孝子图》"。而董永据说"前汉人也"，其中"辘车"的说法，应当理解为保留年代较早的机械史记忆。《说文·车部》所谓"𨐌，车輮规也。一曰一轮车"，又说明这种车轮与"车輮规"相似。段玉裁注："规者，圜之匡郭也。"[5]亦即"輮之范"。曲弯木材制作车辋所用之范，正应当是略小于车轮的规整的实体圆柱形。

《说文·车部》又说："轩，纺车也。从车，生声，读若狂。一曰一轮

1　王利器校注：《盐铁论校注》（定本），第 94 页、第 292 页、第 350 页、第 507 页。

2　王利器校注：《盐铁论校注》（定本），第 102 页。

3　顾实著：《穆天子传西征讲疏》，中国书店 1990 年 8 月版，第 176—177 页。

4　王重民等编：《敦煌变文集》，第 886 页。

5　〔汉〕许慎撰，〔清〕段玉裁注：《说文解字注》，第 724 页。

27-1　嘉祥武氏祠画象石董永故事"鹿车"画面

27-2　汉代独轮车复原模型

车。"[1] 軒为绞线之筦象形，而"一曰一轮车"者，除纺车与独轮车有形近之处而外，或许也与"軒"的读音与"圜之匡郭"之"匡"相近有关。

3. 秦陵发现的新线索

据秦始皇陵兵马俑坑二号坑发掘资料，当时地面有"印痕清晰，辙与辙之间无明显对应关系"的车辙印迹，发掘报告执笔者说，这些车辙"疑

1　〔汉〕许慎撰，〔清〕段玉裁注：《说文解字注》，第730页。

为独轮车遗迹"，相应图版直接标明为"独轮车印"。[1] 如果"独轮车印"的判断成立，可以证明这种车型当时已经投入使用，则独轮车的发明和使用，可以提前到秦代。有学者据此认为："至晚在秦代时独轮车已经发明，并已应用于生产运输。"考虑到从最初发明到实际应用之间的过程，"那么独轮车很可能在秦统一前即先秦时期已经发明"。联系许多历史迹象，可以推定独轮车的发明权很可能应当归于秦人。[2]

《三国志》卷六《蜀书·诸葛亮传》说，诸葛亮"性长于巧思"，曾创制"木牛流马"。《诸葛氏集》二十四篇中列有《传运》篇。裴松之注引《亮集》"作木牛流马法"，木牛"牛仰双辕，人行六尺，牛行四步，载一岁粮，日行二十里，而人不大劳"。流马"后杠与等版方囊二枚"，"每枚受米二斛三斗"。[3] 木牛流马，一般公认是人力推挽的独轮车。所以不再称作"鹿车"者，应已经过重大改进。鹿车一般推载一至二人。木牛流马则用以运输军粮。

从史籍记载和文物资料看，独轮车在东汉时期已经成为十分普及的运输工具。《三国志》卷一六《魏书·苏则传》裴松之注引《魏略》说，苏则讥嘲吉茂："我诚不能效汝蹇蹇驱鹿车驰也。"[4] 可见这种运输车辆多为下层劳动者习用，甚至也成了他们卑贱身份的标志。

由于制作简便，操纵灵活，对道路的要求也不高，独轮车在汉代社会生产和社会生活中发挥了显著的作用，它的出现和普及，在交通运输史上具有重要的意义。

1　秦始皇兵马俑博物馆：《秦始皇陵二号兵马俑坑发掘报告》第一分册，科学出版社 2009 年 1 月版，第 113—118 页，图版四一。

2　赵宠亮：《独轮车至晚在秦代已经发明》，《中国文物报》2010 年 7 月 21 日。

3　《三国志》，第 927—928 页。王子今：《诸葛亮"流马""方囊"考议》，《四川文物》2015 年 1 期。

4　《三国志》，第 392 页。

1. K3独轮车印

2. K3独轮车印

3. K3独轮车印

4. K3 车辙

27-3　秦始皇陵二号兵马俑坑发掘现场可见独轮车辙迹

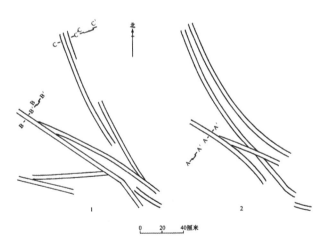

27-4　秦始皇陵二号兵马俑坑五号门道车辙平面图

木罌 · 木罌瓵

1. 韩信夏阳"以木罂瓿渡军"

《史记》卷九二《淮阴侯列传》记载："汉之败却彭城,塞王欣、翟王翳亡汉降楚,齐、赵亦反汉与楚和。六月,魏王豹谒归视亲疾,至国,即绝河关反汉,与楚约和。汉王使郦生说豹,不下。其八月,以信为左丞相,击魏。魏王盛兵蒲坂,塞临晋,信乃益为疑兵,陈船欲度临晋,而伏兵从夏阳以木罂瓿渡军,袭安邑。魏王豹惊,引兵迎信,信遂虏豹,定魏为河东郡。汉王遣张耳与信俱,引兵东,北击赵、代。后九月,破代兵,禽夏说阏与。信之下魏破代,汉辄使人收其精兵,诣荥阳以距楚。"关于所谓"绝河关",司马贞《索隐》:"谓今蒲津关。"[1]

韩信破魏,作战过程如前引《史记》所说,魏王豹在"蒲坂""临晋"以"盛兵"防守,而韩信以"疑兵"迷惑对方,以"陈船"方式制造"欲度临晋"的假象。实际则"伏兵""渡军"发起奇袭,最终获胜。从魏王豹的"盛兵"与韩信的"疑兵""伏兵",可以察知被萧何称为"国士无双"[2]的韩信军事谋略的高明。[3]有史论评价:"及其破赵以背水阵,击齐以木罂渡军,功烈卓伟。"[4]所说"击齐"是"击魏"之误,而"以木罂渡军"在"背水阵"之前,是"功烈卓伟"第一例。又有史论言:"高帝拜为大将,以一面捐之,惟所便宜。故信得以奇自出,而木罂渡军、背水囊沙,种种皆古

---

1 《史记》,第 2613 页。

2 《史记》卷九二《淮阴侯列传》,萧何又言:"必欲争天下,非信无所与计事者。"第 2611 页。

3 陈平问刘邦:"陛下诸将用兵有能过韩信者乎?"刘邦回答:"莫及也。"《史记》卷五六《陈丞相世家》,第 2056 页。《汉书》卷四〇《陈平传》载录陈平的问句为"陛下诸将用兵有能敌韩信者乎?"第 2044 页。《史记》卷九二《淮阴侯列传》:"上常从容与信言诸将能不,各有差。上问曰:'如我能将几何?'信曰:'陛下不过能将十万。'上曰:'于君何如?'曰:'臣多多而益善耳。'"第 2628 页。

4 〔明〕沈懋孝撰:《长水先生文钞·长水先生水云诸编》"韩淮阴"条,明万历刻本,第 472 页。

今未有之奇，故能夺秦鹿于群雄角逐之中而与之汉。"[1] 所谓"种种皆古今未有之奇"中，"木罂渡军"列为第一。

2.《墨子》"瓦木罂"

关于《史记》卷九二《淮阴侯列传》"以木罂缻渡军"的具体形式，裴骃《集解》引徐广曰："缻，一作'缶'。"又引服虔曰："以木押缚罂缻以渡。"韦昭曰："以木为器如罂缻，以渡军。无船，且尚密也。"张守节《正义》："按：韩信诈陈列船艘于临晋，欲渡河，即此从夏阳木押罂缻渡军，袭安邑。临晋，同州东朝邑界。夏阳在同州北渭城界。"司马贞《索隐》："刘氏云'夏阳旧无船，豹不备之，而防临晋耳。'"[2]《汉书》卷三四《韩信传》："信乃益为疑兵，陈船欲度临晋，而伏兵从夏阳以木罂缶度军，袭安邑。"颜师古注："服虔曰：'以木柈缚罂缶以度也。'韦昭曰：'以木为器，如罂缶也。'师古曰：'服说是也。罂缶谓瓶之大腹小口者也，音一政反。临晋在今同州朝邑县界。夏阳在韩城县界。'"[3] 颜师古赞同服虔的说法，"以木押缚罂缻以渡"或"以木柈缚罂缶以度也"。因为我们看到的战国秦汉"罂缻""罂缶"多为陶质。然而是否有如韦昭所说"以木为器，如罂缶也"的可能呢？

《墨子·备城门》说到城防军用器具时言"瓦木罂"："用瓦木罂，容十升以上者，五十步而十，盛水，且用之。五十二者十步而二。"孙诒让《墨子间诂》："《方言》云'自关而西，晋之旧都，河汾之间，其大者谓之甀；自关而东，赵魏之郊，谓之瓮，或谓之罂。罂其通语也'。罌、罂同。《史记·韩信传》'以木罂缻渡军'，是罂或瓦或木，皆可以盛水也。诸篇说罂缶所容，并以斗计，此'升'疑亦'斗'之误。'且用之'三字无义，疑当

---

1 〔明〕佚名撰：《韬略世法存·新编历科程墨武论》卷一，明崇祯刻本，第 23 页。

2 《史记》，第 2614 页。

3 《汉书》，第 1866 页。

作'瓦罌大'三字，其读当属下，以'盛水瓦罌大五斗以上者'十字为一句。'瓦'与'且'，'大'与'之'，形并相近。'罌'上从賏，与用亦略相类。"[1] 岑仲勉则读作："用瓦木罌盛水，且用之，容十斗以上者五十步而十，五斗者十步而二。"[2] 可知通用"瓦木罌"，即"罌""或瓦或木"的情形是存在的。

3. 韩信的发明

宋人魏了翁《古今考》卷一六"木罌缶渡军"条写道："（韩信）临晋陈船欲渡，今同州朝邑县界。伏兵渡夏阳，在韩城县界。韩信初见汉王议论甚正大，至其用兵，智诈而已。"[3]

魏了翁这里所说的"智诈"当然是贬义语。宋人曾敏行《独醒杂志》则以为"以木罌渡军"是"助汉王成业"的创制，同时把风筝等军事通信方式的发明权也归于韩信。其书卷一"今之风争即古之纸鸢"条写道："今之风争，古之纸鸢也，创始于韩淮阴。方是时，陈豨反于代，高祖自将征之。淮阴与豨约从中应，作纸鸢以为期，谋败身戮。而纸鸢之制今为儿戏。使木罌渡军、沙囊壅水，皆如纸鸢之无成，则何以助汉王成业也？"原注："'争'当作'筝'，盖以竹篾弦其上，风吹之鸣如筝也。"[4] 所谓"木罌渡军"，与"沙囊壅水"[5]、"纸鸢"约"期"，共同成为韩信在军事史上的发明。

1　〔清〕孙诒让著，孙以楷点校：《墨子间诂》，中华书局1986年2月版，第483页。

2　岑仲勉：《墨子城守各篇简注》，中华书局1958年6月版，第21页。

3　〔宋〕魏了翁撰：《古今考》卷一六"木罌缶渡军"条，文渊阁四库全书本，第195页。

4　〔宋〕曾敏行著，朱杰人标校：《独醒杂志》，上海古籍出版社1986年6月版，第8页。

5　《史记》卷九二《淮阴侯列传》记载，龙且击韩信，"与信夹潍水陈。韩信乃夜令人为万余囊，满盛沙，壅水上流，引军半渡，击龙且，佯不胜，还走。龙且果喜曰：'固知信怯也。'遂追信渡水。信使人决壅囊，水大至。龙且军大半不得渡，即急击，杀龙且。龙且水东军散走，齐王广亡去。信遂追北至城阳，皆虏楚卒"。第2621页。

4."木罂"形制

大概"瓦木罂"用于军事，即使军中数量有限，韩信军在民间征用也相对比较方便。如宋人魏了翁《古今考》卷一六"木罂缶渡军"条所说："盖仓卒为筏犹难，取民家水器，拆其屋柱栋梁，可立具也。"[1]

《太平御览》卷七五八引《史记》："韩信击魏，从夏阳以木罂渡军袭安邑。"服虔曰："以木押缚罂缶以为渡。"[2]引《史记》文只说"木罂"。《水经注》卷四《河水》："溪水又东南迳夏阳县故城北，故少梁也。秦惠文王十一年，更从今名矣。王莽之冀亭也。其水东南注于河。昔韩信之袭魏王豹也，以木罂自此渡。"[3]也称"木罂"。但是，推想"木罂"容量应该有限，通常使用"容十升以上者"的可能性不大。《太平御览》卷三〇六引《太白阴经》写道："木罂，以木缚瓮为筏。瓮受二石，力胜一人，瓮间阔五寸，底以绳勾联。编枪于其上。形长而方，前置拨头，后置梢，左右置棹。"[4]按照这样的说明，可知称"木罂"者，只是"以木缚瓮为筏"。"瓮"很可能是陶瓮。这样的"筏"，以"前置拨头，后置梢，左右置棹"计，至少承载四名士兵。而"瓮受二石，力胜一人"，浮力要满足需求，则应"以木缚"四个以上的"瓮"。前引《汉书》卷三四《韩信传》颜师古注解释"罂缶"语："罂缶谓瓶之大腹小口者也。"后人多承此说，如宋人钱端礼《诸史提要》卷二释"罂缶"："瓶之大腹小口也。"[5]宋人史炤《资治通鉴释文》卷二释"罂缶"："谓瓶之大腹小口者。"[6]但是"大腹小口"之"瓶"产生的浮力当然不如"瓮"。

宋人魏了翁《古今考》卷一六"木罂缶渡军"条写道："予尝阅《经武要略》画木罂渡军状，上以木旁午交加，其下用今瓮押缚于木下。上加

1 〔宋〕魏了翁撰：《古今考》卷一六"木罂缶渡军"条，文渊阁四库全书本，第195页。

2 〔宋〕李昉等撰：《太平御览》，第3364页。

3 〔北魏〕郦道元著，陈桥驿校证：《水经注校证》，第104页。

4 〔宋〕李昉等撰：《太平御览》，第1410页。

5 〔宋〕钱端礼撰：《诸史提要》卷二《史记二》，宋乾道绍兴府学刻本，第36页。

6 〔宋〕史炤撰：《资治通鉴释文》卷二《汉纪一·通鉴卷九》，清《十万卷楼丛书》本，第20页。

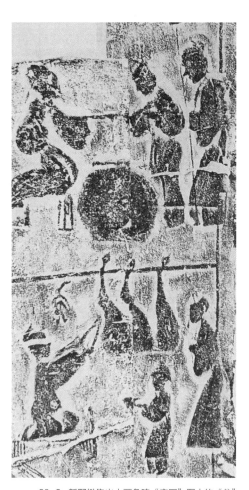

28-1 邛崃花牌坊出土制盐画象砖使用"罋缶"画面　　28-2 新野樊集出土画象砖"庖厨"图中的"瓮"

以板，士卒用棹而渡。"[1] 所言"缚""瓮""为筏"，"用棹而渡"方式，比较具体，也许符合当时情境。元人陆文圭《己卯题吴江长桥二首》其一有"木罌夜半飞渡军，缚筏驱丁命如蚁"句[2]，说到这种"渡军"方式的风险。但是如前引"夏阳旧无船，豹不备之"之说，如此突袭，果然实现了成功。

"木罌"渡水的交通方式后世仍有沿用之例。清彭孙贻《三涉水及郊城》："旧游郊子郊，扬尘赭平陆。渺然今无涯，沟塍咸巨渎。初浮马没颈，萍藻萦行篑。先渡怀同遊，两骀夹马腹。擎足翘水端，掠波翼双幅。我靴已坠波，何惜波中逐。扶笭资没人，裸跣闵僮仆。再渡及马头，蹇卫惧沉伏。居人泛木罌，如甄亦如斛。曲身猨栖厓，拳跪蟹登楼。四人戴以肩，浮泳借泂浟。疑鼎出泗水，似瓮入廷狱。顾笑还自怜，仆马尚僵缩。三渡始一杭，饥躤获升木。余晖带城隅，残雨洗驺服。劳形赖浊醪，毛髓泽膏沐。"[3] 诗句描述以"木罌"通过洪区的情形，诗人以"拳跪蟹登楼"，"饥躤获升木"自嘲。而对于"木罌""如甄亦如斛"形制，也有生动形象的写述。

1　〔宋〕魏了翁撰：《古今考》卷一六"木罌缶渡军"条，清文渊阁四库全书本，第 195 页。

2　〔元〕陆文圭撰：《墙东类稿》卷一六，清文渊阁四库全书本，第 186—187 页。

3　〔清〕彭孙贻撰：《茗斋集》卷一四，张元济主编：《四部丛刊续编》，上海书店出版社 2015 年 5 月版，第 B468 册，第 11 页。

阁·阁道·栈阁

1.“格”与“阁”

《石门颂》关于栈道工程，说到“或解高格，下就平易”。其中“高格”所反映的栈道形制，可以通过《西狭颂》关于栈道与周围地貌形势之关系所谓“缘崖俾阁，两山壁立，隆崇造云，下有不测之溪，厄笮促迫”增进理解。[1]“格”，就是“阁”。

《史记》卷八《高祖本纪》：汉王之国，“从杜南入蚀中，去辄烧绝栈道”。司马贞《索隐》：“栈道，阁道也。”“崔浩云：‘险绝之处，傍凿山岩，而施版梁为阁。’”[2]《后汉书》卷一三《隗嚣传》：“（刘秀）诏嚣当从天水伐蜀，因此欲以溃其心腹。嚣复上言：‘白水险阻，栈阁绝败。’”李贤注：“白水县有关属广汉郡。栈阁者，山路悬险，栈木为阁道。”[3]《后汉纪》卷五：“是时公孙述遣兵出江关，败南郡。上因欲从天水伐蜀，从褒斜、江关，路远而多阻，莫若从西州，因便以举则兵强财富。嚣虽遣子入侍而心怀两端，常思王元之言，欲据一方，不欲早定。乃复上书，盛言蜀道危险，栈阁败绝，丈尺之地，侧不得通。”[4]所谓“白水险阻”，“蜀道危险”，说的是一条路径。白水即今白龙江，经甘肃舟曲、武都东南流向四川广元。又白水关在西汉水即今嘉陵江上。[5]隗嚣所言，或与《西狭颂》《郙阁颂》所记录的形势存在某种关联。“栈阁绝败”或“栈阁败绝”情形，指栈道断坏。如此则自然“丈尺之地，侧不得通”。

1　高文：《汉碑集释》，第 90 页、第 356—357 页。

2　《史记》，第 367 页。

3　《后汉书》，第 526 页。

4　〔东汉〕荀悦撰，张烈点校：《后汉纪》，第 85—86 页。

5　谭其骧主编：《中国历史地图集》，地图出版社 1982 年 10 月版，第 2 册第 53—54 页。

2. 阁道·栈道

由"栈阁"的说法，可知"栈道""阁道"，其实形同名异。"栈道"又称为"阁道"的实例相当多，例如：

《华阳国志·蜀志》："（唐蒙）斩石通阁道。"

《三国志》卷三一《蜀书·刘二牧传》："（张鲁）住汉中，断绝谷阁，杀害汉使。"

《三国志》卷一七《魏书·徐晃传》："（刘备）遣陈式等十余营绝马鸣阁道。晃别征破之，贼自投山谷，多死者。太祖闻，甚喜，假晃节，令曰：'此阁道，汉中之险要咽喉也。刘备欲断绝外内，以取汉中。将军一举，克夺贼计，善之善者也。'"

《初学记》卷八引《华阳国志》："诸葛亮相蜀，凿石架空，为飞梁阁道，以通蜀、汉。"

《水经注》卷二七《沔水》："诸葛亮《与兄瑾书》云：'前赵子龙退军，烧坏赤崖以北阁道。'"

《三国志》卷四〇《蜀书·魏延传》："（魏延）率所领径先南归，所过烧绝阁道。"

《三国志》卷二八《魏书·邓艾传》："自阴平道行无人之地七百余里，凿山通道，造作桥阁，山高谷深，至为艰险。"[1]

《隶释》卷四《蜀郡太守何君阁道碑》、《隶释》卷一六《刘让阁道题字》、《隶续》卷一五《汉安长陈君阁道碑》等，都说明"阁道"曾经是指代这种交通道路形式的通行称谓。"阁道"有时又简称为"阁"。《郙阁颂》的"郙阁"就是一例。又如前引张鲁"断绝谷阁"，及《华阳国志·刘后主志》："丞相亮治斜谷阁，运粮谷口。"《华阳国志·汉中志》：汉德县"有剑阁道三十里，

1　任乃强校注：《华阳国志校补图注》，上海古籍出版社 1987 年 10 月版，第 172 页。《三国志》，第 867 页、第 529 页、第 1004 页、第 779 页。〔唐〕徐坚等著：《初学记》，第 184 页。〔北魏〕郦道元著，陈桥驿校证：《水经注校证》，第 644 页。

至险，有阁尉"。[1]《水经注》卷二〇《漾水》："西去大剑三十里，连山绝险，飞阁通衢，故谓之剑阁也。"[2]汉代石刻资料又有《隶释》卷四《蜀郡太守何君阁道碑》：

> 蜀郡太守平陵何君遣掾临邛舒鲔将徒治道，造尊楗阁，袤五十五丈，用功千一百九十八日。建武中元二年六月就，道史任云陈春主。

洪适说："栈路谓之阁道，非楼阁之阁也。"[3]《史记》卷六《秦始皇本纪》：阿房宫"周驰为阁道，自殿下直抵南山"[4]。《三辅黄图》卷一："离宫别馆，弥山跨谷，辇道相属，阁道通骊山八十余里。"[5]《汉书》卷九八《元后传》：王凤"大治第室，起土山渐台，洞门高廊阁道，连属弥望"[6]。阁道，一般以为是仿楼阁的架空通道，或说"阁道也就是复道"，是"上有屋顶"的"天桥"。[7]说"阁道也就是复道"，有一定的道理。《续汉书·百官志四》说"中宫署令"属下有"丞、复道丞各一人"。"本注曰：宦者。复道丞主中阁道。"[8]又《后汉书》卷六九《何进传》：张让、段珪等劫太后、天子及陈留王，"从复道走北宫。尚书卢植执戈于阁道窗下，仰数段珪。段珪等惧，乃释太后。太后投阁

1　任乃强校注：《华阳国志校补图注》，第398页、第91页。

2　〔北魏〕郦道元著，陈桥驿校证：《水经注校证》，第485页。

3　〔宋〕洪适撰：《隶释　隶续》，中华书局据洪氏晦木斋刊本1985年11月影印版，第48页。关于所谓《何君阁道碑》，洪迈撰，孔凡礼点校：《容斋随笔》，《容斋四笔》卷六"建武中元续书"条："袁君所言荥经崖壁之记，盖是此耳。"中华书局2005年11月版，第698页。似乎已经注意到原本为摩崖石刻，不宜称作"碑"。对于"摩崖总非碑碣"，冯岁平亦有论说（《被误读已久的汉代摩崖——以汉〈石门颂〉为例》，《石门——汉中文化遗产研究（2009）》，三秦出版社2010年5月版）。这一石刻2004年重新发现。参看李国康：《"蜀郡太守何君阁道碑"现身荥经》，《四川日报》2004年3月24日；魏启鹏：《跋〈何君阁道铭〉再发现》，《四川文物》2004年6期；王子今：《荥经何君阁道石刻再发现的意义》，《四川省における南方シルクロード（南伝仏教の道）の研究》（シルクロード学研究24）（シルクロード学研究センター—2005年3月），《中国古代文明研究与学术史：李学勤教授伍俪七十寿庆纪念文集》，河北大学出版社2006年11月版。

4　《史记》，第256页。

5　何清谷校注：《三辅黄图校注》，三秦出版社1995年10月版，第45页。

6　《汉书》，第4023页。

7　《桥梁史话》编写组：《桥梁史话》，上海科学技术出版社1979年8月版，第27页。

8　《后汉书》，第3606页。

29-1 《石门颂》"或解高格，下就平易"文字

得免"[1]。"复道"是可以实现立体交行的高架道路。[2] "阁道"的这一特征，使得有人在理解其形制时与"天桥"相联系。或说"阁道本是古代天文学上的术语"，"古人称宫际天桥为阁道，含有将人间帝王居处比成天上宫阙之意"。[3] 其实，"阁道"体现的人文和天文相印合的关系可能恰好相反。天际星象所谓"阁道"[4]，可能是人间现象的反映。

1 《后汉书》，第 2252 页。

2 参看王子今、马振智：《秦汉"复道"考》，《文博》1984 年 3 期。

3 《桥梁史话》编写组：《桥梁史话》，第 27 页。

4 《史记》卷六《秦始皇本纪》："（阿房宫）周驰为阁道，自殿下直抵南山。表南山之颠以为阙。为复道，自阿房渡渭，属之咸阳，以象天极阁道绝汉抵营室也。"第 256 页。《史记》卷二七《天官书》："（紫宫）后六星绝汉抵营室，曰阁道。"司马贞《索隐》："案：《乐汁图》云'阁道，北斗辅'。石氏云'阁道六星，神所乘也'。"张守节《正义》："阁道六星在王良北，飞阁之道，天子欲游别宫之道。"第 1290—1291 页。

3. "高格""高阁""桥阁"

《石门颂》"高格",《郙阁颂》写作"高阁"。《西狭颂》所谓"隆崇造云,下有不测之溪",体现了"高"的形势。这种形制确实与"桥"有相似处,于是《石门颂》在秦岭几条栈道通阻的历史变化时,说到"桥梁断绝,子午复循"[1],褒斜道断坏,主要通路不得不重新改行子午道。前引《华阳国志》"凿石架空,为飞梁阁道",《三国志》卷二八《魏书·邓艾传》"凿山通道,造作桥阁",所谓"飞梁阁道"和"桥阁"称谓,都有益于理解《石门颂》"桥梁断绝"之说。

关于秦汉栈道的具体形制,《水经注》卷二七《沔水》有如下记述:

> (褒水)西北出衙岭山,东南径大石门,历故栈道下谷,俗谓千梁无柱也。诸葛亮《与兄瑾书》云:前赵子龙退军,烧坏赤崖以北阁道。缘谷一百余里,其阁梁一头入山腹,其一头立柱于水中。今水大而急,不得安柱,此其穷极不可强也。又云:顷大水暴出,赤崖以南桥阁悉坏,时赵子龙与邓伯苗,一戍赤崖屯田,一戍赤崖口,但得缘崖,与伯苗相闻而已。后诸葛亮死于五丈原,魏延先退而焚之,谓是道也。自后案旧修路者,悉无复水中柱,迳涉者,浮梁振动,无不摇心眩目也。[2]

《郙阁颂》所谓"缘崖凿石,处隐定柱,临深长渊,三百余丈,接木相连,号为万柱"[3],应当就是这种"其阁梁一头入山腹,其一头立柱于水中"的形式。在原先路面较宽的地段,立柱往往多至数排。

---

1 《石门颂》:"余谷之川,其泽南隆,八方所达,益域为充。高祖受命,兴于汉中,道由子午,出散入秦。建定帝位,以汉诋焉。后以子午,途路歫难,更随围谷,复通堂光。凡此四道,垓隔尤艰。至于永平,其有四年,诏书开余,凿通石门。中遭元二,西夷虐残,桥梁断绝,子午复循。"高文:《汉碑集释》,第 88 页。

2 〔北魏〕郦道元著,陈桥驿校证:《水经注校证》,第 644 页。

3 高文:《汉碑集释》,第 378 页。

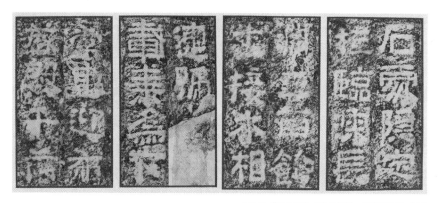

29-2 《郙阁颂》"接木相连，号□□□"文字

4. 说"接木相连""木石相距"

《石门颂》："或解高格，下就平易。"使用"格"字，很可能是因为当时栈道许多路段的主体结构使用木材，《郙阁颂》所谓"接木相连，号为万柱"，也反映了这一事实。正因为如此，刘邦才可能"烧绝栈道"。前引诸葛亮《与兄瑾书》"赵子龙退军，烧坏赤崖以北阁道"，《三国志》卷四〇《蜀书·魏延传》"所过烧绝阁道"，也都可以说明这一情形。

《战国策·齐策六》：田单"为栈道木阁而迎王与后于城阳山中"[1]，也说这种道路建筑主要使用木材。"栈"字从木。《说文·木部》："栈，棚也。""棚，栈也。"段玉裁注："《通俗文》曰：'板阁曰栈，连阁曰棚。'析言之也。许云：'棚，栈也。'浑言之也。今人谓架上以蔽下者皆曰'棚'。"[2]

除了"格""栈"是木部字之外，栈道主要结构"梁""柱"，字皆从木，也都可以说明早期栈道以木结构为主。

《石门颂》："木石相距，利磨确斯。"高文说："距，《说文》：'鸡距也。'"又引段注："此距与止部之歫异义，他家多以'歫'为'距'。"高文

---

1 〔西汉〕刘向集录：《战国策》，第 465 页。

2 〔汉〕许慎撰，〔清〕段玉裁注：《说文解字注》，第 262 页。

以为:"碑正假'距'为'歫'。《说文》:'歫,止也。一曰枪也。'许书无'拒','歫'即'拒'也。此与彼相抵为拒。木石相距者,谓版阁残坏,但余梁柱抵枪岩石之上而已。利,《说文》:'铦也。'磨,《说文》作礳,'石硙也。'借为'摩'。利摩犹言锐利。"对于"确",高文引《说文》:"磬石也。铉等曰:今俗作'確',非是。"高文以为:"按磬,坚也。'暜'即'磬'字。《广韵》:'磬,大石。'确磬者,谓石坚且大也。"[1] 高说对"利磨确暜"的解释大体可以赞同。而以为"木石相距""谓版阁残坏,但余梁柱抵枪岩石之上而已"的理解,似未可从。所引《说文》"磬石也。铉等曰:今俗作'確',非是。"其中"铉等曰:今俗作'確'"是段玉裁注文,不当杂入《说文》正文。"非是"则不知由来。

《石门颂》以下这段文字:"上则县峻,屈曲流颠。下则人窠,顾写输渊。平阿泉泥,常荫鲜晏。木石相距,利磨确暜。临危枪砀,履尾心寒。空舆轻骑,滞导弗前。恶虫蔽狩,蛇蛭毒蟃。未秋截霜,稼苗夭残。终年不登,匮馁之患。卑者楚恶,尊者弗安。愁苦之难,焉可具言。"[2] 完全是对行旅之人在栈道行进时之感受的真切形容。《抱朴子内篇·登涉》写道:"入山而无术,必有患害。或被疾病及伤刺,及惊怖不安;或见光影,或闻异声;或令大木不风而自摧折,岩石无故而自堕落,打击煞人;或令人迷惑狂走,堕落坑谷;或令人遭虎狼毒虫犯人,不可轻入山也。"[3] 江绍原《中国古代旅行之研究》中写道:"言语风尚族类异于我,故对我必怀有异心的人们而外,虫蛇虎豹,草木森林,深山幽谷,大河急流,暴风狂雨,烈日严霜,社坛丘墓,神鬼妖魔,亦莫不欺我远人,在僻静处,在黑暗时,伺隙而动,以捉弄我,恐吓我,伤害我,或致我于死地为莫上之乐。""木折、石落、伤刺、堕谷等,都是行旅生活中威胁安全的常见的险情,而在陌生的环境中'或见光影,或闻异声'引起的所谓'惊怖不安','迷惑狂走',可能也是颇为常见的情形。"[4] 所谓"木石相距",有可能是和"大木不

1　高文:《汉碑集释》,第 97 页。

2　高文:《汉碑集释》,第 88—89 页。

3　王明校释:《抱朴子内篇校释》,中华书局 1985 年 3 月版,第 299 页。

4　江绍原:《中国古代旅行之研究》,上海文艺出版社 1989 年 7 月版,第 5 页。

29-3 《石门颂》"木石相距，利磨确磨"文字

风而自摧折，岩石无故而自堕落，打击煞人"类似的危险，也有可能是栈
道木结构与山石共同造成的行旅者环境感觉的逼仄和局促。这一解释或可
成立，可以参考《西狭颂》所谓"厄笮促迫"。高文注："《说文》：'笮，迫
也。'段注：'《说文》无窄字，笮窄古今字也，屋笮者本义，引伸为逼笮
字。'"[1] 总之，结合上下文意，"木石相距"无论如何难以理解为"谓版阁残
坏，但余梁柱抵枪岩石之上而已"。

　　褒斜道残留安插横梁的石壁栈孔可见在下侧特意留出排水小槽的做法，
应是考虑木结构防腐的设计。木石结合的结构，可能是许多路段栈道的普
通形制。四川广元明月峡等处的栈道遗迹，发现在横梁基孔的底部另外凿

1　高文：《汉碑集释》，第 360 页。

出小方孔，估计是特意加工的榫孔，用以固定栈道横梁，以防止其脱落。[1]
这种极巧妙且简便而可靠的方式，体现出秦汉栈道设计与施工人员的非凡
的巧思。这应当是木石结合修造栈道技术方式的精彩创造。[2]

1　参看陆敬严：《古代栈道横梁安装方法初探》，《自然科学史研究》第 3 卷第 4 期（1984）。
2　王子今：《“汉三颂”交通工程技术史料丛说》，《南都学坛》2011 年 1 期；收入《石门——汉中
文化遗产研究（2010）》，三秦出版社 2011 年 6 月版。

石藕・石道

1.《石门颂》"造作石積"

关于栈道工程，《石门颂》有这样的说法："遣赵诵字公梁，案察中曹卓行造作石積，万世之基。或解高格，下就平易，行者欣然焉。"关于"石積"，高文的理解是："以'積'为'积'。《诗·大雅·公刘》：'乃积乃仓'笺云：'有委积及仓也。'《周礼·天官·小宰》：'掌其牢礼委积。'郑注：'委积，谓牢米薪刍，给宾客道用也。'石积盖是石仓。"[1]"石積"就是"石仓"的意见，说服力不强。虽然《石门颂》可见"终年不登，匮餧之患"文字，虽然《周礼》郑注有"给宾客道用"的说法，将"石積"强释为"石仓"，仍显生硬。就现有资料分析，"造作石積"与下文"或解高格，下就平易"连读，还应当是说直接的道路建设。

"石積"很可能是指将石材迭累起来修筑的路段。或许即如人言康熙年间修治褒斜道栈道所谓"叠石为桥"者。[2]

《石门颂》"造作石積，万世之基"与"或解高格，下就平易"连说，后句似是说废弃"高格"，改道行较低的"平易"路面。《西狭颂》："减高就埤，平夷正曲"，"鐉山浚渎，路以平直"，也说到线路的调整，不排除由高而下的可能。《郙阁颂》则明确说："减西□□高阁，就安宁之石道。"[3]指出由"高"而"下"，以求"安宁"的变化。道路修治进行线路变更，以改进通行条件，主要注重改变坡度过大和曲线半径较小的情形，即所谓"平夷正曲"。

---

1 《汉碑集释》，第 90 页、第 103—104 页。

2 〔日〕竹添井井《栈云峡雨稿》："康熙中贾中丞汉复修栈道，凡山肩石嘴可煅锤之者，施工通路，名曰碥路。其层峦拱峙，中夹巨流，山断崖悬者，则缘溪架木，或叠石为桥，名曰碥桥。后人立碑岭上，以颂其功。"冯岁平点校，三秦出版社 2006 年 11 月版，第 93 页。

3 高文：《汉碑集释》，第 357 页、第 379 页。

30-1　《石门颂》"造作石蕡，万世之基"文字

2. 石道

　　"高格"或"高阁"的设计，主要出发点之一是对水害的防备。《郙阁颂》所谓"涉秋霖漉，盆溢汸涌，涛波滂沛，激扬绝道"[1]，《三国志》卷九《魏书·曹真传》记载曹真南下，"会大霖雨三十余日，或栈道断绝"[2]，不得不"还军"，都是确定的实例。水资源作为重要环境因素，其变化，会影响到交通条件。褒斜道一线西汉时就发生过相关的故事。[3] "汉三颂"的时代栈道"或解高格，下就平易"，或许也可以作为分析当时水资源形式变化的一项参照。

1　高文：《汉碑集释》，第378页。

2　《三国志》，第282页。

3　参看王子今：《两汉漕运经营与水资源形势》，《陕西历史博物馆馆刊》第13辑，三秦出版社2006年6月版。

交通条件的改进特别表现于"或解高格，下就平易"，"减西□□高阁，就安宁之石道"的形式，体现出木结构部分的削减。人们注意到石结构更为坚固，堪称"万世之基"的意义。栈道结构由木结构为主到石结构为主的变化，是人们共同的知识。但是"汉三颂"中的工程史料提示我们在东汉就已经开始发生这种变化，是我们以往没有注意到的。

3. "舆""车""载乘"

关于交通条件艰险恶劣，《石门颂》说："空舆轻骑，滞碍弗前。"《西狭颂》说："厄笮促迫，财容车骑，进不能济，息不得驻，数有颠覆霣隧之害。"又《郙阁颂》："过者栗栗，载乘为下。常车迎布，岁数千两，遭遇隤纳，人物具陷。沈没洪渊，酷烈为祸。自古迄今，莫不创楚。"[1]都说栈道可以通行车辆。

所谓"厄笮促迫，财容车骑"，指出道路宽度仅容车骑勉强通过。"进不能济，息不得驻"者，说在当时道路通行条件的限制下，车骑不能超越，也不允许停驻以致阻碍后续通行者行进。而交通事故导致"岁数千两，遭遇隤纳，人物具陷"的情形，间接告知我们秦岭古栈道每年通过车辆的总数是相当可观的。

通过对武关道蓝桥河栈道遗迹分布形式的分析，可知这处栈道的宽度，

---

[1] 高文：《汉碑集释》，第89页、第357页、第378—379页。高文注：《录释》云：'按碑言阁道危殆，车乘往还，人物俱堕，则隤纳谓坠渊也。'《广川书跋》云：'至谓遭遇隤纳，则以倾隤地坏自纳于渊，汉人文陋无足道。'余按，此颂文采甚佳。隤，《说文》：'下队也。''纳'假为'队'，'纳''队'古音相同。《左闵二年传》：'虢公败犬戎于渭汭。'服本汭作队。《周礼·钟师》：'纳夏。'故书作'内'。《左庄四年传》：'汉汭'。注：'内也。'经传多以纳为内。（《礼记·月令》：'无不务内。'注：'谓收敛入之也。'《周礼·职内》注：'主入也'。《史记·范蔡传》：'恶内诸侯客。'）'纳''汭'皆从'内'声。'纳'假为'队'，犹'队'假为'汭'也。且'遭遇隤纳''隤纳'二字连文，显然可见。董迫昧于文字通假之理，而讥汉人文陋无足道，武断甚矣。"又说："'陷'即'隋'之隶变。此借为'堕'。《说文》：'陛，篆文作'隓'，败城阜曰堕。'字亦作'隓'。《汉书·匈奴传》注：'隓，落也。'"《汉碑集释》，第382页。

可达五米左右。[1] 与我们曾经进行现场考察的栈道遗迹比较，蓝桥河栈道与四川广元明月峡栈道有所不同，亦与陕西长安子午道栈道、陕西周至骆道栈道、陕西太白留坝褒斜道栈道等同样通过秦岭的栈道遗迹有所不同。与黄河栈道、三峡栈道亦有差异。蓝桥河栈道的形制表现出独自的特点，显示出某种工程个性。可以推知蓝桥河栈道当时施工的设计要求，是能够适应车辆通行的需要的。[2]

秦始皇曾经亲自经行武关道。秦始皇出行所使用车辆的形制，我们通过秦始皇陵出土铜车马可以推知。"上自南郡由武关归"[3]，自然不会步行。武关道栈道的设计和施工，显然应当满足帝王乘舆通行的需要。[4] 现在看来，尽管《石门颂》《西狭颂》《郙阁颂》记录的栈道未必具备帝王乘舆通行的规模，但是依然可以行驶"舆""车""载乘"，而且通行流量相当可观。这是我们应当予以充分认识的。

有学者说："是车子直接促成了栈道的产生，栈道从这一点上说就是车子的专用道路。"这样的认识可能还有必要商榷。论者又指出："褒斜道及连云栈的通车历史只有汉代至隋代，唐代以后就没有通车了。"[5] 李之勤则以为此说"立论稍偏，与历史实际不合"，提出若干唐宋明清时代的"连云栈道行车资料"。[6] 然而，我们也可以看到栈道不便行车的资料。如魏延建议以"精兵五千，负粮五千，直从褒中出，循秦岭而东，当子午而北"，直袭长

1　王子今、焦南峰：《古武关道栈道遗迹调查简报》，《考古与文物》1986 年 2 期。

2　参看王子今：《武关道蓝桥河栈道形制及设计通行能力的推想》，《栈道历史研究与 3S 技术应用国际学术研讨会论文集》，陕西人民教育出版社 2008 年 8 月版。

3　《史记》卷六《秦始皇本纪》，第 248 页。

4　周亚夫经武关道抵洛阳，史称"乘六乘传"行。《史记》卷一〇六《吴王濞列传》："条侯将乘六乘传，会兵荥阳。至雒阳，见剧孟，喜曰：'七国反，吾乘传至此，不自意全。又以为诸侯已得剧孟，剧孟乃无动。吾据荥阳，以东无足忧者。'"第 2831 页。《史记》卷九《吕太后本纪》：代王刘恒"乘六乘传"至长安。裴骃《集解》："张晏曰：'备汉朝有变，欲驰还也。或曰传车六乘。'"第 411 页。"六乘传"或指高速轻车，或指"传车六乘"组成的车队。周亚夫"乘六乘传"事迹，也反映了武关道蓝桥河栈道的通行条件。

5　李烨：《褒斜道及连云栈之通车问题初探》，《石门——汉中文化遗产研究（2006）》，三秦出版社 2006 年 10 月版。

6　李之勤：《秦岭古道历史资料辑校 12 则》，《栈道历史研究与 3S 技术应用国际学术研讨会论文集》，陕西人民教育出版社 2008 年 8 月版。

安史例。[1]看来，对于秦岭古栈道通行车辆的年代和区段，以及具体的通行条件，有必要继续进行细致的考察。[2]

---

1 《三国志》卷四〇《蜀书·魏延传》裴松之注引《魏略》，第 1003 页。
2 王子今：《"汉三颂"交通工程技术史料丛说》，《南都学坛》2011 年 1 期；收入《石门——汉中文化遗产研究（2010）》，三秦出版社 2011 年 6 月版。

偏·碥

1. 拴驴泉石刻

　　山西晋城泽州县山河镇拴驴泉发现的正始五年（244）石刻作为修治道路、开凿石门的交通史记录，对于认识当时的道路工程形式和施工技术有非常重要的意义。[1]赵杰、赵瑞民定名为"拴驴泉石门铭"，发表《晋城拴驴泉石门铭的勘查与研究》，提供了极有价值的学术意见。

　　赵杰、赵瑞民据拓片发表了共九行九十五字的石刻录文：

> 正始五年十月廿五日督治」
> 道郎中上党司徒悌监作吏」
> 司徒从掾位下曲阳吴放督」
> 将师匠兵徒千余人通治步」
> 道作遍桥阁凿开石门一所」
> 高一丈八尺广九尺长二丈」
> 　都匠木工司马陈留成有」
> 　当部匠军司马河东魏通」
> 　开石门师河内司马羌[2]

赵杰、赵瑞民对此"石门铭"内容进行了"疏释"，发表了诸多高见。然而其中也有可商榷处。例如，关于工程内容，"通治步」道作遍桥阁凿开石门

1　赵杰、赵瑞民指出，对于这处石刻最早的介绍，"见李协定、裴池善主编《晋城揽胜》第214页，世界华人艺术出版社，2001年"。又见于张爱民《新发现三国曹魏石刻——正始五年石门关略谈》，《书法》2011年6期。有学者据此进行考论，以为这是与"修建栈道"有关的"最重要的""三国时期石刻"。韩国河等著：《中国古代物质文化史·秦汉》，开明出版社2014年10月版，第209页。

2　赵杰、赵瑞民：《晋城拴驴泉石门铭的勘查与研究》，《文物》2015年2期。

一所」高一丈八尺广九尺长二丈」"中"作遍桥阁"的理解，赵杰、赵瑞民的"疏释"似未必妥当。

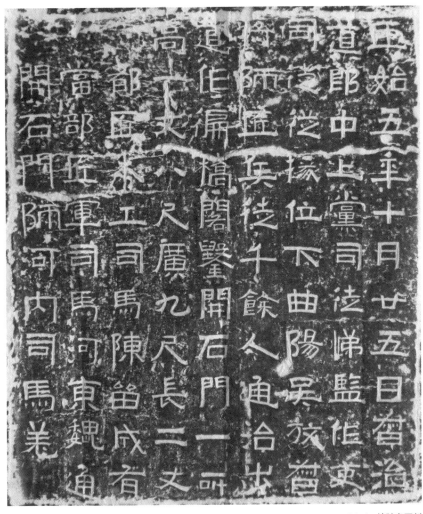

31-1　拴驴泉石刻

2. 作徧桥阁

赵杰、赵瑞民对"作遍桥阁"的"疏释"是："'作遍'即遍作，指在工程路段内凡须修造桥阁之处无一遗漏。'桥'即桥梁，'阁'即阁道，阁道即栈道。《史记·高祖本纪》'去辄烧绝栈道'，司马贞《索隐》：'栈道，阁道也。'古代沿河谷地带修路，常采用修筑栈道的方式通过峭壁地段。"[1]

"'桥'即桥梁，'阁'即阁道，阁道即栈道"的意见是正确的。然而"'作遍'即遍作，指在工程路段内凡须修造桥阁之处无一遗漏"之说，则似未确。

据赵杰、赵瑞民发表的栓驴泉"石门铭"拓片，字作"作徧桥阁"。"徧"应即后世习称之"碥"，也是一种道路形式。

"碥"，宋司马光《类篇》卷二七："碥，补典切，乘石皃。通作扁。"[2]明人杨慎言"蜀江水路险名"，写道："水疾崖倾曰'碥'。今有'阎王碥''燕子碥'。"[3]"碥"作为交通路段名称，亦体现施工和通行的"险"。

雍正《陕西通志》卷一二《山川五·兴安州·洵阳县》有"仙姑碥"条："在县北百三十里，有碥路至金坪，俗传为仙姑所修，故名。《县志》。"[4]此说秦岭巴山道路，"碥"，并非杨慎所指"水路"之"险"。雍正《山西通志》卷一一《关隘三·大同府·广灵县》："夹石沟北四十里，大山折西，磴道盘旋，马不并驰。大山在县北三十里，碥道直跻，峻而不险，至岭巅，差广漫。复耸一山，名'平原垌'，形如离堆，高插云表。北瞰阳和寨，南望太白峰，宛在指顾间。道通天镇、阳高，折西。夹石沟为县北界，磴道狭曲，乃县北之屏障也。"[5]看来，所谓"碥"也是山西道路称谓。这段文字同时出现"磴道""碥道"，可见以"碥磴"理解"碥"即"指山

1　赵杰、赵瑞民：《晋城栓驴泉石门铭的勘查与研究》，《文物》2015年2期。

2　《景印文渊阁四库全书》，第225册第305页。

3　〔明〕杨慎：《谭苑醍醐》卷九"蜀江水路险名"条，又见《升庵集》卷七六，《景印文渊阁四库全书》，第1270册第766页。〔明〕曹学佺《蜀中广记》卷五八《风俗记·川北道属》有"水疾崖倾曰碥"之说，《景印文渊阁四库全书》，第591册第770页。

4　〔清〕沈青崖等纂：《雍正陕西通志》，《景印文渊阁四库全书》，第551册第613页。

5　〔清〕储大文等纂：《雍正山西通志》，《景印文渊阁四库全书》，第542册第374页。

路的石级"的意见并不正确。[1]

杨慎所谓"今有'阎王碥''燕子碥'"均言蜀地交通。《大清会典则例》卷一三五《工部·桥道》言"川省南北两路驿站":"北路之观音碥、牛头山、剑门关、五侯坡，南路之金鸡岭、飞龙关、大关山、小关山、大相岭、飞越岭、金钗碥、大胡梯、小胡梯等处，山路坍损，应动项修整。"[2]"北路之观音碥"与"牛头山、剑门关"并说，南路之"金钗碥"，与"飞越岭"、大小"胡梯"并说，均指山区道路。通过李调元《观音碥》诗，可以理解"碥"的通行体会:"峭石森如竹，我从笋尖过。云逗斧错痕，雷击冰溜破。却入观音碥，未出不敢贺。沉潭见龙行，悬崖惊虎卧。不知洞口深，但觉己身大。生涯信局蹐，岂独为寒饿。负罪如邱山，安能辞折挫。临危祝慈航，救此微躯懦。"[3]

日本学者竹添井井在他的褒斜道考察记《栈云峡雨稿》中写道:"康熙中贾中丞汉复修栈道，凡山肩石嘴可煅锤之者，施工通路，名曰碥路。其层峦拱峙，中夹巨流，山断崖悬者，则缘溪架木，或叠石为桥，名曰碥桥。后人立碑岭上，以颂其功。"[4]拴驴泉石门铭虽然可见"作徧桥阁"字样，"徧桥"连说，却不宜理解为竹添井井所谓"叠石为桥"的"碥桥"，"作徧桥阁"可以读作"作碥、桥、阁"。

《石门颂》说到栈道工程所谓"造作石蕡":"……造作石蕡，万世之基。或解高格，下就平易，行者欣然焉。"高文解释"石蕡":"以'蕡'为'积'。"又引《诗·大雅·公刘》"乃积乃仓"及《周礼·天官·小宰》"掌

1　汉语大字典编辑委员会《汉语大字典》"碥"条:"……又指山路的石级。清顾景星《龚庄奇树把酒作歌》:'搴衣拾级蹑碥磴，高低坐卧堪彷徉。'""磴"与"石级"有关，显示路面结构，"碥"应是指路基形式。《汉语大字典》"碥"条又一释义为:"登石级貌。《集韵·铣韵》:'碥，乘石兒。'"四川辞书出版社、湖北辞书出版社 1993 年 11 月版，第 1022 页。《集韵》"乘石兒"解说与前引《类篇》同，并无"登石级"意。

2　《钦定大清会典则例》，《景印文渊阁四库全书》，第 624 册第 251 页。

3　《童山集》诗集卷一〇，清乾隆刻函海道光五年增修本，《续修四库全书》，第 1456 册第 223 页。同书卷一二又收有他的《燕子碥》诗:"我行入褒谷，一步一回眴。有如落铁围，四壁皆筑釬。上下不十里，怪石难悉辨。偪仄燕子碥，匋匋惊初见。狞如金刚王，严如罗刹面。黝如夜叉臂，勇如猛将战。……下有雷家滩，声敌震霆乱。立马谭氏桥，悬厂才一线。哄哄雪车鸣，磷磷霜花泩。蹈履本自慎，魂魄俱欲颤。……"第 236 页。

4　〔日〕竹添井井著，冯岁平点校:《栈云峡雨稿》，第 93 页。

其牢礼委积",认为:"石积盖是石仓。"[1]"石蹟"就是"石仓"的判断,是缺乏说服力的。"造作石蹟"与下文"或解高格,下就平易"语意连贯,应当都是说追求通达长久、行旅平易的道路建造。所谓"石蹟",确有"积"的意义,应当是指迭砌石材修筑路基形成的路段。有可能与竹添井井所言康熙时修治褒斜道栈道工程所谓"叠石为桥"者相似。[2]

3. 碥路

所谓"叠石为桥"的"碥桥",其实是山区交通道路形式的一种,并不出现通常理解的"桥"的结构。此"碥桥"其实也是"碥路"。"凡山肩石嘴可煅锤之者,施工通路,名曰'碥路'。其层峦拱峙,中夹巨流,山断崖悬者,则缘溪架木,或叠石为桥,名曰'碥桥'。"大约"碥路"中出现以木结构形成悬空形势者或称"碥桥"。"碥桥"成为地名,见于清庆桂《剿平三省邪匪方略》所谓宁羌"碥桥沟"。[3]清乔光烈《上张抚军论修栈道书》则分言"偏桥""碥路":"唯沔县之栈多土碥,间有石坡。前已计施煅凿,疏剔土石,令开就平广。其宁羌、褒城、凤县、宝鸡诸栈,皆在万山中。凡山坡石嘴可锤煅者,昔人并已开治,名曰'碥路'。如层峦叠嶂,傍有可通之径,即绕道而行。唯崇山拱峙,中夹巨津,断岸悬嵲,傍无他径,则缘溪傍麓架木为桥,名曰'偏桥'。凡设桥之所,其山非高数丈即数十百丈,岩石崭崭,如虎豹蹲跱,不可得凿。是于万难措置之中,相度形便,因地制宜,为偏桥、碥路,俾往来相通,无阻绝不前之困。"[4]清人李兆龄蜀道纪行有《观音碥》诗:"鸡头十里蹬千级,未抵碥途三尺宽。少小驰驱已

1　高文:《汉碑集释》,第103—104页。

2　王子今:《"汉三颂"交通工程技术史料丛说》,《南都学坛》2011年1期;收入《石门——汉中文化遗产研究(2010)》,三秦出版社2011年6月版。

3　《剿平三省邪匪方略》正编卷二九五:"于碥桥沟地方截剿辛聪股匪,先擒大掌柜曾贤章一名,移解臣处审办。"清嘉庆武英殿刻本,《续修四库全书》第398册第295页。

4　《最乐堂文集》卷一,清乾隆二十一年刻本,《四库未收书辑刊》,拾辑13第227页。

白发，关山今日始心寒。"同卷又有《偏桥》诗："雨霁云收慰客情，偏桥危险使人惊。艰难蜀道如天上，林外子规不断声。"[1] 也理解"碥途"与"偏桥"是不同的交通形式。不过，我们推想"偏桥"即"碥桥"的营造方式与"碥道""碥途"有关，从古道考察所获知识来说，仍然是有一定合理性的。

赵杰、赵瑞民对"作遍桥阁"的"疏释"，或考虑"通治步道，作遍桥阁，凿开石门"采用排列句式的可能。如此则"作遍"与"通治""凿开"连类。然而由所谓"凿开石门 一所"有"一所"二字，可知"通治步道，作遍桥阁，凿开石门"未必为并列关系。此外，"桥阁"作为词组常见于文献，可能也是理解"桥阁"是"作遍"对象的因由。"桥阁"连说的情形，确实在史籍中屡见。如《三国志》卷二七《魏书·王基传》裴松之注引司马彪《战略》："昔子午之役，兵行数百里而值霖雨，桥阁破坏，后粮腐败，前军县乏。"《三国志》卷二八《魏书·邓艾传》："（景元四年）冬十月，艾自阴平道行无人之地七百余里，凿山通道，造作桥阁，山高谷深，至为艰险。"[2] 但是秦汉以来，"道桥"连说，亦多熟识之例。《史记》卷三〇《平准书》："天下郡国皆豫治道桥，……"[3]《盐铁论·水旱》："县官以徒复作，缮治道桥。"[4]《汉书》卷一六《高惠高后文功臣表》："（江邹侯靳石）坐为太常行幸离宫道桥苦恶，大仆敬声系以谒闻，赦免。"[5]《太平御览》卷六四二引孔融《肉刑论》说："今之洛阳道桥，作徒因于厮役，十死一生。"汉代地方还往往各设道桥掾，主办道桥养护管理事务。[6] 前引邓艾事迹"造作桥阁"之前，已先言"凿山通道"。

此外，赵杰、赵瑞民对"疏释""作遍桥阁"的说法："'作遍'即遍

---

1 《舒啸阁诗集》卷一二，清乾隆李渭刻本，《四库未收书辑刊》，玖辑 20 第 773—774 页。

2 《三国志》，第 756 页、第 779 页。

3 《史记》，第 1438 页。

4 王利器校注：《盐铁论校注》（定本），第 430 页。

5 《汉书》，第 606 页。

6 〔宋〕李昉等撰：《太平御览》，第 2876 页。"道桥掾"职名，见《隶释》卷一五《蜀郡属国辛通达李仲曾造桥碑》，《隶续》卷一一《武都太守李翕天井道碑》《武都太守耿勋碑》，《隶续》卷一五《汉安长陈君阁道碑》，《水经注》卷一六《谷水》引《上东门石桥右柱铭》。

作，指在工程路段内凡须修造桥阁之处无一遗漏。"所言"'作遍'即遍作"，大概也不容易找到反映这一语言习惯的有说服力的例证。

虽然以"碥"指称特殊道路形式的情形多见于明清文献，但是也可以发现较早的实例。隋代石刻已见道路称"偏"亦即"徧""碥"的文例，如唐人樊绰《蛮书》卷一《云南界内途程》："从石门外出鲁望、昆州至云南，谓之北路。黎州、清溪关出卭部，过会通至云南，谓之南路。从戎州南十日程，至石门。上有隋初刊记处，云：'开皇五年十月二十五日，兼法曹黄荣领始、益二州石匠，凿石四孔，各深一丈，造偏梁桥阁通越析州、津州。'盖史万岁南征出于此也。"[1]隋初"刊记"文字亦见"石门"，这里"造偏梁桥阁"并列的说法，可以与拴驴泉"石门铭""作徧桥阁"对照理解。

4."碥"的字源学思考

"偏""徧""碥"所说道路形式在交通工程史料中应当还可以发现更早的渊源。《石门颂》："木石相距，利磨确瘠。"有学者解释"瘠"为"磐"字。[2]推想此字与"偏""徧""碥"韵部相近，似乎未可排除它们之间存在某种关系的可能。

---

1 〔唐〕樊绰撰，向达校注：《蛮书校注》，中华书局1962年版，第19页。
2 高文：《汉碑集释》，第97页。其说不确。参看本书"阁·阁道·栈阁"条。

臽

1.《西狭颂》"鐷烧破析，刻刍礲嵬"

栈道修建的工程技术形式，一些汉代石刻资料可见"斩石""凿石""凿山通道"等说法。

《西狭颂》则有"鐷烧破析，刻刍礲嵬"，"鐷山浚渎，路以安直"的记述。关于"鐷烧破析"，高文解释说："'鐷'与'镌'同。《说文》：'镌，琢石也。'《淮南·本经》：'镌山石。'注：'镌，犹凿也。'鐷烧破析，谓烧凿山石破析之也。下文云：'鐷山浚渎。'其义相同。镌可从巽者，《说文》腃或作膜，是隽巽声同，得互用也。"[1]

今按："鐷"亦可理解为钻，即钻凿。清人黄生《义府》卷下《隶释》解释《西狭颂》"鐷烧破析"句，以为："字书：'鐷'此缘切，门钩也。一曰治门户器。然此句本言烧凿山石，令为坦途，与本训殊远，愚意当是钻燧钻字。汉碑用字，多从假借，或以'鐷'为'钻'，亦未可知。"[2]这样的推想是有道理的。著录此石刻者，宋洪适《隶释》卷四《武都太守李翕西狭颂》或作"鐷烧火石"，黄震《黄氏日抄》卷六三《读文集五》同。[3]宋曾巩《元丰类稿》卷五〇《金石录跋尾·汉武都太守汉阳阿阳李翕西狭颂》作"鐷烧大石"[4]，顾蔼吉《隶辨》卷七《碑考上》同。[5]"大石"之说正合"破析"文字。而"火""烧"之前，钻凿以求有利于"破析"并控制"破析"的方向，是必要的。李樇释"鐷"为"借作'镌'"，但全句解读亦作

1 《汉碑集释》，第360—361页。

2 〔清〕黄生撰，黄承吉合按：《字诂义府合按》，中华书局1984年11月版，第238页。

3 〔清〕黄震：《黄氏日抄》，《景印文渊阁四库全书》，第708册第568页。

4 〔宋〕曾巩：《元丰类稿》，《景印文渊阁四库全书》，第1098册第776页。

5 〔清〕顾蔼吉：《隶辨》，《景印文渊阁四库全书》，第235册第751页。

32-1 《西狭颂》"鐉烧破析，刻刍碓嵬"文字

"凿破烧开，使山石破碎"，"凿烧大石使其破碎"。[1]

以"烧"作为道路施工技术，较早见于《后汉书》。《后汉书》卷四八《虞诩传》："先是运道艰险，舟车不通，驴马负载，僦五致一。诩乃自将吏士，案行川谷，自沮至下辩数十里中，皆烧石翦木，开漕船道，以人僦直雇借佣者，于是水运通利，岁省四千余万。"[2]《水经注》卷二〇《漾水》："《续汉书》曰：虞诩为武都太守，下辨东三十余里有峡，峡中白水生大石。障塞水流，春夏辄溃溢，败坏城郭。诩使烧石，以醯灌之，石皆碎裂，因

1 李楷：《秦汉刻石选译》，文物出版社 2009 年 4 月版，第 314 页、第 316 页。
2 《后汉书》，第 1869 页。

镌去焉。遂无泛溢之害。"[1]《新唐书》卷五三《食货志三》："陕郡太守李齐物凿砥柱为门以通漕，开其山颠为挽路，烧石沃醯而凿之。然弃石入河，激水益湍怒，舟不能入新门，候其水涨，以人挽舟而上。"[2] 明方以智《物理小识》卷七《金石类》"烧石易凿法"写道："万安张振山开河，梦神与之方曰：以桐油石灰与黑豆末之，烧石，则凿之甚易。因用之验。智按：以硫烧之，其石亦易碎。"[3]

以上皆言先烧后凿，而《朝野佥载》卷二可见"凿山烧石"事，似说先凿后烧："陕州三门凿山烧石，岩侧施栈道牵船，河流湍急，所顾夫并未与价直。苟牵绳一断，栈梁一绝，则扑杀数十人。"[4]

2. "臽" 与 "窞"

"刻臽"，高文说："犹言削减。《庄子·刻意》：'刻意尚行。'司马注：'刻，削也。''臽'，假借为'陷'。《说文》：'陷，一曰䐓也。'"[5] 今按：《说文·穴部》："窞，坎中小坎也。从穴臽，臽亦声。《易》曰：'入于坎窞。'一曰旁入也。"[6]

看来，当时插置木梁和立置木柱的石孔，是有可能统称作"臽"或"窞"的。《说文·臼部》："臽，小阱也。从人在臼上。"段玉裁注："阱者，陷也。臽谓阱之小者。""古者掘地为臼，故从人臼会意。臼，犹坑也。"[7] 安放

---

1 〔北魏〕郦道元著，陈桥驿校证：《水经注校证》，第 482 页。《艺文类聚》卷六引《续汉书》曰："虞诩为武都太守，下辩东三十里有峡，中有大石，郭塞水流，春夏辄溃溢，败坏城郭。诩使人烧石，以水灌之，石皆䃃裂，因镌去。遂无沈溺之害。"第 106 页。《太平御览》卷五三引《水经注》："《续汉书》云：虞诩为武都太守，下辩东三十余里有峡，峡中白水生大石，郭塞水流，春夏辄溃溢，败坏城郭。诩使人烧石，以醋灌之，石皆淬裂，因镌去焉。遂无泛溢之害。"第 259 页。

2 《新唐书》，第 1367 页。

3 〔明〕方以智：《物理小识》，《景印文渊阁四库全书》，第 867 册第 896 页。

4 〔唐〕张鷟撰，袁宪校注：《朝野佥载》，第 65 页。

5 《汉碑集释》，第 361 页。

6 〔汉〕许慎撰，〔清〕段玉裁注：《说文解字注》，第 345 页。

7 〔汉〕许慎撰，〔清〕段玉裁注：《说文解字注》，第 334 页。

木柱的基槽，就是这种"臽"。而横插木梁者，正需"旁入"。

"刻臽"之"臽"，言求其深。《广雅·释水》："窞，坑也。"王念孙《疏证》解释说："窞之言深也。"[1]我们通常称作栈孔者，确实要保证一定的深度以追求牢固。"刻臽礂嵬"，可以理解为在山势"礂嵬"的高高崖壁上，进行"刻臽"的施工。

对于《说文》所谓"窞，坎中小坎也"，徐锴《系传》理解为："坎中复有坎也。"[2]《易·坎》："入于坎窞。"虞翻注："坎中小穴曰'窞'。"[3]四川广元明月峡等处栈道横梁基孔的底部另外凿出榫孔，用以防止横梁脱落的方式，或许可以看作"窞"。[4]

1 〔清〕王念孙撰，张靖伟等校点：《广雅疏证》，上海古籍出版社 2016 年 12 月版，第 1515 页。

2 〔南唐〕徐锴撰：《说文解字系传》，中华书局 1987 年 10 月版，第 151 页。

3 〔清〕阮元校刻：《十三经注疏》，第 42 页。

4 王子今：《"汉三颂"交通工程技术史料丛说》，《南都学坛》2011 年 1 期；收入《石门——汉中文化遗产研究（2010）》，三秦出版社 2011 年 6 月版。

押·笼

1.《西狭颂》"柙致土石"

《西狭颂》在"鑲烧破析，刻舀礭鬼"句后，可见所谓"减高就埤，平夷正曲，柙致土石，坚固广大"。

所谓"柙致土石"，高文解释说，"以'柙'为'匣'。《汉书·平帝纪》：'义陵寝神衣在柙中。'注：'柙，匮也'。致，《说文》：'送诣也。'"[1]

由"柙，匮也"，推想可能是木制容器。所谓"柙致土石"，言以此容器运输"土石"。实际上，"柙"，是用于"土石"运送的工程工具。

33-1 《西狭颂》"柙致土石，坚固广大"文字

---

1 《汉碑集释》，第361页。

2.《九章算术》的"笼""土笼"

《九章算术·商功》有这样的算题：

> 今有盘池，上广六丈，袤八丈，下广四丈，袤六丈，深二丈。问积几何。
>
> 答曰：七万六百六十六尺太半尺。
>
> 负土往来七十步，其二十步上下棚除。棚除二当平道五，踟蹰之间十加一，载输之间三十步，定一返一百四十步。土笼积一尺六寸，秋程人功行五十九里半。问人到积尺，及用徒各几何。
>
> 答曰：
>
> 人到二百四尺。
>
> 用徒三百四十六人一百五十三分人之六十二。
>
> 术曰：以一笼积尺乘程行步数为实。往来上下，棚除二当平道五。棚阁除斜道有上下之难，故使二当五也。……[1]

"负土往来"时，"盛土"的容器是"笼""土笼"。

3. 蔂梩

《孟子·滕文公上》所谓"蔂梩"，"蔂"，通常认为是"土笼"，"梩"或解释为"臿"。[2] 宋儒张栻《孟子说》卷三则说："蔂梩，盛土之器。"真德秀《孟子集编》卷五："蔂，土笼也。梩，土举也。"蔡模《孟子集疏》卷五写道："蔂，土笼也。梩，土畚也。"[3] 不知道《西狭颂》"柙致土石"的

---

1 白尚恕著：《〈九章算术〉注释》，第 170 页。

2 〔清〕焦循撰，沈文倬点校：《孟子正义》，中华书局 1987 年 10 月版，第 405 页。

3 〔宋〕赵顺孙《孟子纂疏》卷五，〔宋〕孙奭《孟子音义》卷上，也都取"蔂，土笼也；梩，土畚也"之说。《景印文渊阁四库全书》，第 201 册第 599 页，第 196 册第 36 页。

"柙"是否"椪"的缺笔。而即使作"柙"不误，也可以得到接近于"土笼"的解说。

"盛土之器"有"箕""筐"等。《王氏农书》卷一五所见"筐"，形制就是方形。又有所谓"谷匣"，作为盛谷器用，也是方形。[1]《西狭颂》"柙致土石"的"柙"或许也是方形的运送"土石"的器具。可能是以木材制作，有可能是为了运送碎石时不至于很快损坏。如果是以运致"石"为主，或许容许器壁存在间隙。《说文·木部》："槛，枙也。""枙，槛也。""柙，槛也。"段玉裁注："引伸为凡检柙之称。"[2]

"柙"作为"致土石"之器，似乎不宜于用来如"负土"劳作的"负"，或许方便于两人抬行。其形制也可能要比"积一尺六寸"的"土笼"大一些。[3]

1　"筐，竹器之方者。"〔元〕王祯撰：《农书》，《景印文渊阁四库全书》，第 730 册第 482 页。

2　〔汉〕许慎撰，〔清〕段玉裁注：《说文解字注》，第 265 页。

3　王子今：《"汉三颂"交通工程技术史料丛说》，《南都学坛》2011 年 1 期；收入《石门——汉中文化遗产研究（2010）》，三秦出版社 2011 年 6 月版。

复道

1. 秦汉宫廷"复道"

秦汉史籍多处说到"复道"。秦始皇大治宫室，曾"为复道，自阿房渡渭，属之咸阳"，又"令咸阳之旁二百里内宫观二百七十复道、甬道相连"。[1]西汉长安"桂宫周匝十里，内有复道，横北渡，西至神明台"[2]，"北宫有紫房复道通未央宫"，汉哀帝祖母傅太后"从复道朝夕至帝所"，由于往来方便，以致经常干扰最高行政事务，"使上不得直道行"。[3]

复道作为一种特殊的交通道路，或可长达数十里。梁孝王经营睢阳城，"大治宫室，为复道，自宫连属于平台三十余里。"[4]

秦汉时代宫禁甚严，省中事不得外泄。汉成帝时孔光为尚书，"沐日归休，兄弟妻子燕语，终不及朝省政事。或问光：'温室省中树皆何木也？'光嘿不应，更答以它语。其不泄如是"[5]。正因如此，对于宫廷复道的具体情况历史文献记载不多，至今难以确知。但是我们将文献中的片断记载结合秦汉文物材料进行分析，也可大致了解其概况。

2. 有关"复道"的文物资料

《史记》卷五五《留侯世家》记述汉初刘邦采纳张良建议及时封功臣事，涉及雒阳南宫的"复道"：

---

1 《史记》卷六《秦始皇本纪》，第 257 页。
2 〔唐〕欧阳询撰，汪绍楹校：《艺文类聚》卷六四引《三辅故事》，第 1154 页。
3 《汉书》卷八一《孔光传》，第 3356 页。
4 《史记》卷五八《梁孝王世家》，第 2083 页。
5 《汉书》卷八一《孔光传》，第 3354 页。

　　（汉六年）上已封大功臣二十余人，其余日夜争功不决，未得行封。上在雒阳南宫，从复道望见诸将往往相与坐沙中语。上曰："此何语？"留侯曰："陛下不知乎？此谋反耳。"[1]

34-1　武威雷台汉墓出土绿釉陶楼阁所见复道

　　刘邦于是从张良计，先封"平生所憎"之雍齿以示群臣，平息了不安定情绪。这里所谓"复道"，裴骃《集解》引如淳曰："上下有道，故谓之复道。"看来，复道是类似陆上高架桥式的空中道路，因而刘邦可以居高临下窥见诸将偶语。

　　江苏徐州汉画象石有表现人似乎循屋顶行走于两座楼阁之间的画面，大概可以说明复道的形式，与宫殿建筑比较，这当然是极其苟简的复道结构。[2]

　　1969 年甘肃武威雷台汉墓出土的陶楼，四隅角楼以及门楼之间有道凌空相通，这种建筑形式，或称"飞桥""天桥"，提供了"复道"的实体模型。[3]

　　甘肃敦煌第 148 窟壁画所表现的唐代佛教寺院建筑中，可以看到"复道"的形式。不相毗连的高层阁楼借用这种高架建筑结构互相沟通。从山

1　《史记》，第 2042 页。

2　江苏省文物管理委员会：《江苏徐州汉画象石》，科学出版社 1959 年 8 月版。

3　甘博文：《甘肃武威雷台东汉墓清理简报》："院墙四角，各有一方形望楼，望楼之间以飞桥相连，桥身两侧皆有障墙，成悬楮之式，以防外面敌人之射袭。"《文物》1972 年 2 期。甘肃省博物馆：《武威雷台汉墓》："院墙四隅上建角楼，高二层，各角楼之间和门楼，均架设有栏杆的天桥相通。"《考古学报》1974 年 2 期。

西大同华严寺薄伽教藏殿壁藏西面立面，可以看到两组藏经的壁橱间"做成天宫楼阁五间，飞越窗上，以圜桥与左右壁橱相连接"[1]。秦汉宫殿区繁绮华贵的"复道"形式，亦当大略如此。

3. "复道"与"桥"

"复"字，甲骨文作 ⟨图⟩ [2]，金文作 ⟨图⟩ [3]，金文"复"字与《说文·𩫏部》𩫝字有相近处。《说文·𩫏部》："𩫝，度也，民所度居也，从回，象城𩫝之重，两亭相对也。"[4]"复道"，正是相对的亭楼之间相与连通的空中道路，行人因此得以"度"。

汉文帝行中渭桥，曾有人从桥下走出，惊乘舆马。[5] 王莽时灞桥失火被焚毁，据说火灾起因是桥下所寄居的贫民取暖用火不慎。[6] 看来，秦汉桥梁建筑已包括平阔滩地上长长的引桥。复道之出现，可以理解为引桥在陆上的延长。有的学者称这种建筑形式为"飞桥"或"天桥"，显然注意到"复道"设计的最初起由是受到桥梁建筑的启发。而秦始皇"为复道，自阿房渡渭"，西汉桂宫"内有复道，横北渡"的文字记载中所谓"渡"与《说文》所谓"度"同样，可以证实这一推论。

1　刘敦桢主编：《中国古代建筑史》，中国建筑工业出版社1980年10月版，第197页。

2　《粹》1058，科学出版社1965年5月版，第220页，考释第137页。

3　《禺从盨》，《集成》4466。

4　〔汉〕许慎撰，〔清〕段玉裁注：《说文解字注》，第228页。

5　《史记》卷一〇二《张释之冯唐列传》："上行出中渭桥，有一人从桥下走出，乘舆马惊。于是使骑捕，属之廷尉。释之治问。曰：'县人来，闻跸，匿桥下。久之，以为行已过，即出，见乘舆车骑，即走耳。'廷尉奏当，一人犯跸，当罚金。"第2754页。

6　《汉书》卷九九下《王莽传下》："（地皇三年二月）霸桥灾，数千人以水沃救，不灭。……至甲午夕，桥尽火灭。大司空行视考问，或云寒民舍居桥下，疑以火自燎，为此灾也。"第4174页。

4."复道"立体交叉形式

一般认为，复道，即上下有道，尊贵者行复道上，有利于保证安全，然而，这样的理解仍不足以完整地说明复道的作用。应当看到，复道凌空而行，并不必与下边的道路方向一致。因此，在行人车马繁错拥杂的地段，复道的出现，也显然起到便利交通的作用。

《史记》卷九九《刘敬叔孙通列传》说到汉惠帝在长安城中经营"复道"的经过：

> 孝惠帝为东朝长乐宫，及间往，数跸烦人，乃作复道，方筑武库南。叔孙生奏事，因请间曰："陛下何自筑复道？高寝衣冠月出游高庙，高庙，汉太祖，奈何令后世子孙乘宗庙道上行哉？"孝惠帝大惧，曰："急坏之。"叔孙生曰："人主无过举。今已作，百姓皆知之，今坏此，则示有过举。愿陛下为原庙渭北，衣冠月出游之，益广多宗庙，大孝之本也。"上乃诏有司立原庙。原庙起，以复道故。[1]

这一段复道，用于"东朝长乐宫"，设计出发点在于避免"数跸烦人"，不再动辄清道戒严，影响交通，显然是一种立体交叉形式。讨论秦汉时代的复道，当然不能忽视它作为我国早期立体交叉道路的意义。

5.马王堆帛书《驻军图》中的"复道"

"复道"不仅仅是宫室建筑形式，又是军事防御系统中的有效结构之一。《墨子·号令》："守宫三杂（匝），外环，隔为之楼。内环为楼，楼入葆宫丈五尺，为复道。"《墨子·杂守》："阁通守舍，相错穿室：治复道，为筑墉，墉善其上。"[2]

---

1 《史记》，第 2725—2726 页。

2 〔清〕孙诒让著，孙以楷点校：《墨子间诂》，第 611 页、第 632 页。

34-2　马王堆帛书地图所见"复道"

这种复道应如所规定的"守楼"的形式,"令下无见上,上见下,下无知上有人无人",以利于军事防御。

湖南长沙马王堆三号汉墓出土帛书《驻军图》中标识有"箭道"二字的城堡上,可看到有道路蜿蜒折下,道路旁标有"复道"二字,说明汉代城防工事中包括"复道"形式,以俯视、控制周围地面,并以此与城外其他防务设施相联系。《驻军图》中三角形城堡设置"复道"的一面与其他两面比较,正缺少崛起的亭楼,"复道"本身应可作为补充。"复道"中段的四边形符号当为墩台,"复道"通向河边,营造目的似为控制渡口,以与对岸的"周都尉军"接应。[1]

1　裘锡圭主编,湖南省博物馆、复旦大学出土文献与古文字研究中心编纂:《长沙马王堆汉墓简帛集成(贰)》,图版,第159—167页。

6. "复道""阁道"

东汉时，高台建筑逐渐减少，随着建筑工艺的进步，多层楼阁大量增加，复道这种建筑形式更兴盛一时，东汉宫殿中"复道"建筑得到进一步发展。《后汉书》卷一上《光武帝纪上》："车驾入洛阳，幸南宫却非殿，遂定都焉。"李贤注引蔡质《汉典职仪》说："南宫至北宫，中央作大屋，复道，三道行，天子从中道，从官夹左右，十步一卫，两宫相去七里。"[1] 是南北宫间有划分三条分行带的"复道"规模至于长达七里。

《后汉书》卷六九《窦武传》记载，王甫与郑飒"共劫太后，夺玺书，令中谒者守南宫，闭门，绝复道"[2]。控制"复道"，是发起宫廷政变的重要措施。

据《续汉书·百官志四》记载，当时宫廷中甚至专门设置称为"复道丞"的职官：

> 中宫署令一人，六百石。本注曰：宦者。主中宫清署天子数。女骑六人，丞、复道丞各一人。本注曰：宦者。复道丞主中阁道。[3]

"复道丞主中阁道"的说法值得注意。"复道"与"阁道"有密切关系。《史记》卷六《秦始皇本纪》"为复道，自阿房渡渭，属之咸阳，以象天极阁道绝汉抵营室也。"司马贞《索隐》："谓为复道，渡渭属咸阳，象天文阁道绝汉抵营室也。常考《天官书》曰'天极紫宫后十七星绝汉抵营室，曰阁道'。"[4]《史记》卷五五《留侯世家》言"复道"，裴骃《集解》："韦昭：'阁道'。"[5]"阁道"实际是"复道"的一种变化形式，可能是上有顶，侧有壁的空中楼廊。东汉宫中"复道"多为"阁道"。《后汉书》卷六九《何进传》记载：

1《后汉书》，第25页。

2《后汉书》，第2243页。

3《后汉书》，第3607页。

4《史记》，第256—257页。

5《史记》，第2043页。

34-3　焦作出土七层彩绘连阁陶仓楼复道结构

　　（张）让等入白太后，言大将军兵反，烧宫，攻尚书闼，因将太后、天子及陈留王，又劫省内官属，从复道走北宫。尚书卢植执戈于阁道窗下，仰数段珪。段珪等惧，乃释太后。太后投阁得免。[1]

汉明帝东巡郡国，留冯鲂宿卫南宫。《太平御览》卷六九九引《东观汉记》：

　　永平中上行幸诸国，敕鲂车驾发后将缇骑宿玄武门复道上。诏：南宫复道，多恶风寒，老人居之，且病痹苦，内者多取帷帐，东西竟塞诸窗，望令致密。[2]

1　《后汉书》，第 2252 页。
2　〔宋〕李昉等撰：《太平御览》，第 3119 页。

"复道"有"窗",当为"阁道","窗"有南向及东西向者,知此"复道"走向曲折。

"阁道"很可能是宫廷"复道"的高等级形式。秦阿房宫"周驰为阁道,自殿下直抵南山"。秦咸阳宫"南临渭,自雍门以东至泾、渭,殿屋复道周阁相属"。[1] 阿房宫"规恢三百余里,离宫别馆,弥山跨谷,辇道相属。阁道通骊山八十余里"。[2] 遗憾的是遗存至今的秦汉画象中看不到明确表现阁道的画面。徐州汉代画象所见楼廊可能接近"阁道"的形式。我们还可以通过后代一些楼殿、亭桥、廊桥,大致了解"阁道"的概貌。[3]

---

1 《史记》卷六《秦始皇本纪》,第239页。

2 何清谷校注:《三辅黄图校注》,第45页。

3 王子今、马振智:《秦汉"复道"考》,《文博》1984年3期。

虹梁

1. "𦥑" 与 "高梁"：先秦拱桥出现的可能性

两汉时代，是中华民族文明史上创获空前丰富的阶段。汉代社会文化形态对后来若干世代有深远的历史影响。这一时期科学技术的进步，也有重要的历史意义。拱桥的出现和普及，就是突出的例证之一。

拱桥的形式，是在墩台之间以拱形结构承重，以增大跨度，增加荷载，同时实现了建材的合理利用。拱下形成较大空间，也有利于水上航运的发展。拱桥的发明，体现出设计者结构力学知识的成熟。拱桥的施工，也反映了当时建筑工艺水平的高超。

李亚农曾经提出拱桥创始于殷代的见解，他说，殷人建筑技术"已发展为建筑艺术"，宫室亭榭的建筑可以作为例证，"至于上下倒虹的石拱桥的创造更是惊人。这种桥梁是兼备着美术价值与实用价值的。虽然有人主张石拱桥是外来的或后世的发明，古代的殷人不可能有这样高度的技术和力学知识，但甲骨文𦥑（桥）字的存在，不容许我们怀疑殷人已经创造了石拱桥的铁的事实"。[1] 然而以"桥"释"𦥑"的意见，并没有得到学术界的普遍赞同。于省吾释"𦥑"为"虹"。《甲骨文编》从于说。[2]

综合考察其他材料，确实尚未见到先秦时代曾经出现拱桥的明确证据。成书于战国晚期的《韩非子·喻老》中可见所谓"高梁"：

> 智伯兼范、中行而攻赵不已，韩、魏反之，军败晋阳，身死高梁之东。[3]

---

1 李亚农：《殷代社会生活》，《李亚农史论集》，上海人民出版社1962年9月版，第551页。

2 孙海波编著，中华书局1965年9月版。

3 〔清〕王先慎撰，钟哲点校：《韩非子集解》，第156页。

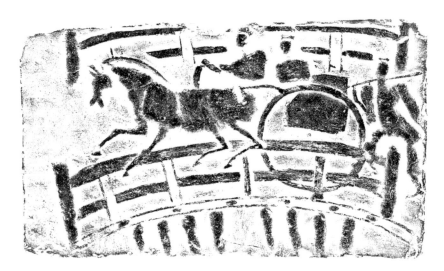

35-1　四川新都出土车马过桥画象砖

作为晋国地名的"高梁",另见《左传·僖公元年》《十五年》《二十四年》及《国语·晋语四》。而所谓"高梁",又确实曾经用以指一种桥梁。例如《韩非子·外储说右下》：

> 兹郑子引辇上高梁而不能支。兹郑踞辕而歌,前者止,后者趋,辇乃上。使兹郑无术以致人,则身虽绝力至死,辇犹不上也。[1]

《韩非子》中所说到的这种"高梁",很可能是指为增大桥下净空所修造的较高的梁桥。

2.《西都赋》"应龙虹梁"

反映拱桥出现的比较可靠的资料最早见于汉代。

班固《西都赋》描述长安宏伟富丽的宫室建筑,有"因瓌材而究奇,

---

1 〔清〕王先慎撰,钟哲点校：《韩非子集解》,第 344 页。

抗应龙之虹梁"的文句。李善注："应龙虹梁，梁形似龙，而曲如虹也。"[1]
通过山东嘉祥武氏祠汉画象石[2]和沂水韩家曲汉画象石中的有关画面[3]，可以大致了解汉代人意识中龙与虹的关系。[4]班固所谓"抗应龙之虹梁"，显然是指形式如"虹"，以"曲"为主要特征的拱桥。

四川新都出土的汉画象砖有表现车马从桥上通行的画面。桥为三孔木梁柱桥，桥面呈弧形。[5]以往曾经有人认为这种弧形木梁桥的出现始于唐代，新都汉画象砖的发现，可以将这种桥型的最初年代提前到汉代。人们很自然地会联想到，这种扩大桥下净空以便利通航的方式，应当会对拱桥的出现发生重要的启示作用。江苏溧水柘塘出土汉画象砖的画面所表现的拱桥，桥下有立柱支撑，很可能体现了汉代拱桥的一种早期形式。其特征与四川新都汉画象砖所见梁桥的关系，是显而易见的。山东邹县高庄前营出土汉画象石所见拱桥，可能已经是砖拱桥。[6]

陈桥驿曾经研究《水经注》记载的桥梁，说到"全注记载的各种桥梁，注文明确的共达九十二座"。全部记载的桥梁，可以查明种类的五十座，其中石桥最多，计二十四座。值得注意的是，记载最为集中的是"卷十六《谷水注》"，所列石桥竟多达七座，即皋门桥、制城石桥、建春门石桥、马市石桥、阊阖门石桥、东阳门石桥、旅人桥，占石桥总数的29.17%。其中横跨七里涧的旅人桥尤为引人注目，被看作"工程浩大，建筑宏伟，造型美观的石拱桥"，"确实不愧为我国古代石拱桥建筑中的杰作"。[7]郦道元是这样记述的：

（七里）涧有石梁，即旅人桥也。

1 〔梁〕萧统编，〔唐〕李善注：《文选》，第 25 页。

2 《金石索·石索》卷三，《续修四库全书》，第 894 册第 413 页。

3 蒋英炬、吴文祺、关天相：《山东汉画象石选集》，图四四八。

4 参看王子今：《共工神话与远古虹崇拜》，《民间文学论坛》1988 年 5、6 期；《龙与远古虹崇拜》，《文物天地》1989 年 4 期。

5 刘志远、余德章、刘文杰：《四川汉代画象砖与汉代社会》，文物出版社 1983 年 12 月版，第 68 页。

6 蒋英炬、吴文祺、关天相：《山东汉画象石选集》，图一三一。

7 陈桥驿：《水经注研究》，天津古籍出版社 1985 年 5 月版，第 198 页。

　　昔孙登不欲久居洛阳，知杨氏荣不保终，思欲遁迹林乡。隐沦妄死，杨骏埋之于此桥之东。骏后寻亡矣。《搜神记》曰：太康末，京、洛始为折杨之歌，有兵革辛苦之辞。骏后被诛，太后幽死，折杨之应也。

　　凡是数桥，皆累石为之，亦高壮矣，制作甚佳，虽以时往损工，而不废行旅。《朱超石与兄书》云：桥去洛阳宫六七里，悉用大石，下圆以通水，可受大舫过也。题其上云：太康三年十一月初就功，日用七万五千人，至四月末止。此桥经破落，复更修补，今无复文字。[1]

所谓"累石为之"，"下圆以通水"，形势"高壮"，"可受大舫过"，显然是石拱桥。[2]

　　多有学者据此以为，有关旅人桥的文句，"是对石拱桥的首次记录"[3]，"公元282年（今注：即旅人桥题记'太康三年'）洛阳的石拱桥"，是"目前能查得较早的，且比较能确定其为圆拱的""中国石拱桥的历史记录"。[4]

　　其实，对这一见解，似乎还可以讨论。

　　对于郦道元所谓"凡是数桥，皆累石为之，亦高壮矣，制作甚佳"，陈桥驿解释为："旅人桥，其实是横跨七里涧的数座桥梁的总称。"然而"埋之于此桥之东"语，应当理解为"此桥"是一座有确定方位地址的桥。推想"凡是数桥"云云，当包括在旅人桥之前记述的几座石桥，即东阳门石桥、阊阖门石桥、马市石桥、建春门石桥、制城石桥、皋门桥等。

　　《水经注》卷一六《谷水》记载的洛阳另一处有明确纪年的桥梁工程是建春门石桥。这座桥的"右柱铭"说到其建成年代为汉顺帝阳嘉四年（135）：

　　　　桥首建两石柱，桥之右柱铭云：阳嘉四年乙酉壬申，诏书以城下

---

1 〔北魏〕郦道元著，陈桥驿校证：《水经注校证》，第403页。
2 罗英、唐寰澄《中国石拱桥研究》写道："桥在古代一般都尚称梁，但'下圆以通水'宜是石拱桥。"人民交通出版社1993年6月版，第4页。
3 茅以升主编：《中国古桥技术史》，北京出版社1986年5月版，第63页。
4 罗英、唐寰澄：《中国石拱桥研究》，第4页。

漕渠东通河济，南引江淮，方贡委输，所由而至，使中谒者魏郡清渊
马宪监作石桥梁柱，敦敕工匠，尽要妙之巧，攒立重石，累高周距，
桥工路博，流通万里云云。河南尹邠崇嵬，丞渤海重合双福，水曹掾
中牟任防，史王荫，史赵兴，将作吏睢阳申翔，道桥掾成皋卑国，洛
阳令江双，丞平阳降监掾王腾之，主石作右北平山仲，三月起作，八
月毕成。[1]

如果我们以上关于郦道元"凡是数桥"一语的理解不误，则这座东汉石桥应
是目前文字记录所见年代更早的石拱桥。而所谓"尽要妙之巧，攒立重石，
累高周距"诸语，也正与拱桥的形制相合。"攒"，本有拱曲之意。建筑形式
之所谓"攒顶"或"攒尖顶"，也有助于我们理解其形式。

3. 拱桥出现的年代

罗英、唐寰澄在《中国石拱桥研究》一书中写道："中国石拱桥的最
早图像是解放后河南新野出土的一批画像砖（东汉，公元25—220年）上
刻有一座裸拱桥。"[2] 新野出土这件汉画象砖的年代，有的学者推定为东汉
后期。[3]

关于拱桥出现的具体年代，影响较大的桥梁史论著中，有的推定"我
国至迟在东汉晚期已有了拱桥"[4]，有的则断言"我国的拱桥始建于东汉中后
期"[5]。据出土文物资料分析，这样的认识似乎偏于保守。

山东长清孝堂山汉画象石和山东嘉祥五老洼汉画象石都有反映当时拱
桥形制的画面。从雕刻技法和画象风格看，都属于早期作品。长清孝堂山

---

1 〔北魏〕郦道元著，陈桥驿校证：《水经注校证》，第396页。

2 罗英、唐寰澄：《中国石拱桥研究》，第4页。

3 周到、吕品、汤文兴编：《河南汉代画像砖》，上海人民美术出版社1985年4月版，图二二六。

4 茅以升主编：《中国古桥技术史》，第61页。

5 潘洪萱：《古代桥梁史话》，中华书局1982年版，第26页。

汉画象石据说年代在汉顺帝永建四年（公元 129 年）以前[1]，嘉祥五老洼汉画象石的年代，据判断，"属于孺子婴及汉明帝时期的可能性比较大"[2]。此外，河南南阳英庄汉墓出土画象石的画面上，可见同一河流相距不远并列两座拱桥，可以说明这种桥型当时的普及程度。发掘者认为，这一墓葬的年代"不早于王莽时期，不晚于东汉初年"。[3] 根据这些资料，我们大体可以知道，大约在两汉之际，至迟在东汉初期，我国已经出现了拱桥。

河南南阳，是汉代画象发现比较集中的地区。学界已经大致形成这样的共识，以为"南阳地区汉画像石墓的出现时间，大致不晚于西汉晚期"[4]。南阳汉墓出土的表现拱桥画面的画象砖，也可以使我们对于拱桥出现的年代得到更明确的认识。新野樊集吊窑 M24、M36、M39 都出土以拱桥作为画面主体的画象砖。对于樊集吊窑汉墓的相对年代，发掘者将 M24、M39 列为 II 型，M36 列为 IV 型。发掘者认为，II 型墓"建造于单身葬仍有较多保留而夫妻合葬已开始流行的时代"，而根据洛阳的汉墓发掘资料，"夫妻同穴合葬开始于武帝时，而在宣帝前后成为主要的葬式"。这类墓葬的墓顶建造结构，"见于 1957 年和 1976 年先后在洛阳发现的壁画墓"，"这两座墓大约是西汉元帝到成帝时期的"。II 型墓中"有 9 座墓出土五铢钱，计 170 枚，没有发现王莽新朝和东汉的货币"。发掘者根据诸种因素分析，判定 II 型墓的年代"上限当不会早于武帝时，其下限当不会晚于王莽新朝"。据分析，IV 型墓因为"画像砖的内容、位置、使用方法及随葬器物等"与 II 型墓"无大差异"，说明应当"属于同一时期"。[5] 在发掘者的其他论著中，II 型墓被称为 A 型墓，IV 型墓被称为 C 型墓，但是关于其相对年代的研究结论是一致的。[6]

由此可以推知，在汉武帝时代到新莽时代这一历史阶段，拱桥已经在

1　蒋英炬、吴文祺、关天相：《山东汉画象石选集》，第 2 页。

2　朱锡禄：《嘉祥五老洼发现一批汉画象石》，《文物》1982 年 5 期。

3　南阳地区文物工作队、南阳县文化馆：《河南南阳县英庄汉画象石墓》，《文物》1984 年 3 期。

4　高炜：《汉代的画像石墓》，《新中国的考古发现和研究》，文物出版社 1984 年 5 月版，第 454 页。

5　南阳文物研究所：《南阳汉代画像砖》，文物出版社 1990 年 5 月版，第 30 页。

6　河南省南阳地区文物研究所：《新野樊集汉画像砖墓》，《考古学报》1990 年 4 期。

交通实践中得到应用。因而，以往认为拱桥出现于东汉时期的认识，应当予以修正。

4. 拱桥史若干误识的澄清

罗伯特·坦普尔在《中国——发现和发明的国度》一书中曾经介绍了中国的一百个"世界第一"。在其中"弓形拱桥"一节写道："当中国匠师最先认识到拱并不一定是半圆时，就发生了一项概念上的突破，建造一座桥可以不以传统的半圆拱为基础，而以弓形拱为基础。""按这种方式建造的桥，比按半圆拱建造的桥花费材料少而强度大。这项进步发生在公元7世纪的中国。它是天才匠师李春的杰作。"[1]尽管作者是在赞扬中国历史上的重要发明，但是其论点的偏误仍然应当指出。作者关于所谓"弓形拱桥"出现的意义的评价是正确的，然而以隋代工匠李春设计建造的河北赵县安济桥作为最早的"弓形拱桥"，则是不符合历史真实的。

茅以升主编的《中国古桥技术史》中指出："我国圆弧拱的建造年代当在隋代以前，因为赵州桥（安济桥）已是大跨度的圆弧拱。"[2]实际上，河南新野北安乐寨东汉墓出土画象砖上拱桥的图形，已经表现出典型的"弓形拱"或"圆弧拱"的特征。[3]这座桥的拱矢（两拱脚连接线到拱顶的高度）和跨度之间的"矢跨比"不到1∶4.24，是所谓"坦拱桥"。是为东汉拱桥例证。而前文说到的新野樊集吊窑的三座西汉墓M24、M36、M39出土的画象砖，所见拱桥的"矢跨比"，则又分别为1∶4.86，1∶7.56，1∶5.09。可见，所谓"弓形拱桥"的出现，实际上至少应当理解为西汉人的文化创造之一。

"矢跨比"愈小，则拱的推力愈大。圆弧拱桥或弓形拱桥可以在不加高

1　祖文娟译，《科技日报》1987年4月29日。

2　茅以升主编：《中国古桥技术史》，北京出版社1986年5月版，第71页。

3　吕品、周到：《河南新野新出土的汉代画象砖》，《考古》1965年1期；南阳文物研究所：《南阳汉代画像砖》，图一三九至一四〇。

路面的情况下，加大拱跨，在汉代车辆尚不具备制动装置的情况下，限制桥高，无疑也有利于车辆上下通行。

对于车辆通过桥面的情形，《中国古桥技术史》的作者在分析新野北安乐寨东汉画象砖拱桥画面时写道："为了保障车辆安全过桥，车上桥时有三个力士用绳索在车前挽拽，下桥时又有三个力士在车后牵制，说明这不是想象，而是具体生活的生动的写照。"[1] 然而此说不确。画面上所见六名力士牵挽绳索，其实并不是"在车前挽拽""在车后牵制"，而是在起吊沉入水中的鼎，所描绘的是汉代画象中常见的泗水求鼎故事。其事见于司马迁的记述。《史记》卷二八《封禅书》说："秦灭周，周之九鼎入于秦。或曰宋太丘社亡，而鼎没于泗水彭城下。""周德衰，宋之社亡，鼎乃沦没，伏而不见。"《史记》卷六《秦始皇本纪》："始皇还，过彭城，斋戒祷祠，欲出周鼎泗水。使千人没水求之，弗得。"[2] 汉代画象中多见反映"出周鼎泗水"的画面，又往往表现鼎中出龙，咬断绳索。于是秦始皇追求周鼎，"求之"而"弗得"的故事，被涂染上浓重的神话色彩。在这里，不仅体现出汉代人的宝鼎迷信，也体现出汉代人对于"桥"的某种具有神秘主义意味的观念。[3]

关于拱桥的起源，有学者注意到墓葬的拱形结构的发生。"从墓葬结构中可以看到拱形结构的发展。目前出土年代最早的墓拱是在洛阳发现的

1　茅以升主编：《中国古桥技术史》，第 61 页。

2　《史记》，第 1365 页、第 1392 页、第 248 页。

3　《史记》卷五五《留侯世家》记载："（张）良尝闲从容步游下邳圯上，有一老父，衣褐，至良所，直堕其履圯下，顾谓良曰：'孺子，下取履！'良鄂然，欲殴之。为其老，强忍，下取履。父曰：'履我！'良业为取履，因长跪履之。父以足受，笑而去。良殊大惊，随目之。父去里所，复还，曰：'孺子可教矣。后五日平明，与我会此。'良因怪之，跪曰：'诺。'五日平明，良往。父已先在，怒曰：'与老人期，后，何也？'去，曰：'后五日，早会！'五日鸡鸣，良往。父又先在，复怒曰：'后，何也？'去，曰：'后五日，复早来！'五日，良夜未半往。有顷，父亦来，喜曰：'当如是。'出一编书，曰：'读此则为王者师矣。后十年兴。十三年孺子见我济北，谷城山下黄石即我矣。'遂去，无他言，不复见。旦日视其书，乃《太公兵法》也。良因异之，常习诵读之。"第 2034—2035 页。后来张良果然在刘邦建立帝业的实践中"常有功力"。司马迁感叹道："学者多言无鬼神，然言有物。至如留侯所见老父予书，亦可怪矣！"在黄石公圯上授书的神话中，"桥"，似乎有沟通神人的奇妙作用。汉代画象中多见表现"桥"的画面，或许也可以理解为对于"桥"的崇拜意识的反映。

35-2　新野樊集出土泗水捞鼎画象砖拱桥画面

35-3　新野樊集出土泗水捞鼎画象砖拱桥画面

35-4　新野樊集出土平索戏车画象砖拱桥画面

周末（约公元前 250 年）韩君墓，墓门为石拱。再如内蒙古自治区和宁夏
回族自治区之间乌兰布和沙漠麻弥图庙一号墓，乃公元前 127 年（汉武帝
元朔三年）所建砖拱墓葬，用楔形砖砌筑。从西汉到东汉，墓室结构有梁
式的空心砖，拱券顶和穹隆顶。这些砖拱墓由折边拱发展到半圆拱，由简
单而趋于完备。"[1] 墓拱和桥拱之间，被明确地联系起来。"西汉初期，大量
砖室墓出现，同时也就出现了砖拱。""自东汉起，则筒券、穹顶都有进展，
拱已届成熟的阶段，于是出现了拱桥。"[2]

墓拱的"成熟"和"完备"导致了桥拱的出现，这一认识是拱桥发生
于东汉时期的逻辑基础。其实，对于这一认识，也有重新检讨的必要。

且不说墓拱的最初出现，年代相当早。墓葬拱形结构一定早于桥梁拱
形结构的观点，也并不是不可动摇的定论。比如，我们前面说到的新野樊
集吊窑 M24 和 M39 均为斜撑板梁顶结构，M36 为斜撑板梁顶与纵连拱券顶
相结合的结构，都不是达到了"成熟"和"完备"的拱券顶墓。而墓中画
象砖所表现的拱桥，结构形式则确已"成熟"和"完备"。

这一现象，或许可以说明汉代人营建墓葬时设计思想的稳慎和郑重，
而当时交通事业受到特殊重视，因而交通建设中应用新技术所表现出的前
卫性，也可以从一个侧面得到体现。

5. 西汉拱桥建造的技术条件

促成汉代拱桥出现和普及的最主要的因素是社会的需要。汉代陆路交
通的空前发展要求桥梁延长使用期限，提高通行效率，于是可以充分发挥
石材坚致耐压特点的桥型受到重视。此外，水路交通的发展促使各种类型
的运船出现，大中型高桅航船通行桥下的需要，也促进了桥身较高的拱桥
的发展。

1　罗英、唐寰澄：《中国石拱桥研究》，第 3 页。
2　茅以升主编：《中国古桥技术史》，第 61 页。

　　拱桥的建造，是桥梁史上一项具有重要意义的创举。正是以汉代的拱桥为基点，后来发展衍演出在世界桥梁史上久负胜誉的我国古桥艺术中最为多姿多彩的不同风格的拱桥造型。

　　战国至于秦代，桥梁修造技术得到显著的进步。秦昭襄王五十年（前257），"初作河桥"[1]，架设起历史上第一座常设的黄河浮桥。《燕丹子》卷上记述：

　　　　燕太子丹质于秦，秦王遇之无礼，不得意，欲求归。……秦王不得已而遣之，为机发之桥，欲陷丹。丹过之，桥为不发。[2]

所谓"机发之桥"的传说得以产生，也可以从一个侧面反映当时桥梁建造技术的成熟。《水经注》卷一四《濡水》引《三齐略记》说，秦始皇曾经"于海中作石桥，海神为之竖柱"[3]。这样的神话似乎也告诉人们，当时的技术水平，已经能够在深水中立柱，建造规模较大的石桥。

　　或许今后的考古发现，可以使我们看到较南阳汉代画象年代更早的有关拱桥建筑的资料。就目前掌握的资料，我们应当说，西汉中晚期拱桥的出现，表现出科学技术进步和社会经济发展大致同步的历史趋势。正是当时所谓"天下无兵革之事，号为安乐"，"天下户口最盛"，"府库百官之富，天下晏然"[4]的繁荣局面，为早期拱桥奠立了坚固的基石。而年代较早的拱桥资料多集中于今河南等地区的情形[5]，也是和当时经济重心开始东移的形势相一致的。[6]

1　《史记》卷五《秦本纪》，第 214 页。

2　程毅中点校：《燕丹子》，中华书局 1985 年 1 月版，第 3 页。

3　〔北魏〕郦道元著，陈桥驿校证：《水经注校证》，第 348 页。

4　《汉书》卷二四上《食货志上》，第 1143 页。

5　关中地区相同时期的拱桥资料，仅见班固《西都赋》"抗应龙之虹梁"一例。

6　王子今：《龙与远古虹崇拜》，《文物天地》1989 年 4 期；《汉代拱桥考述》，《远望集：陕西省考古研究所华诞 40 周年纪念文集》，陕西人民美术出版社 1998 年 12 月版。

浮桥

1. "造舟""维舟""特舟"等级制说

顾颉刚史学研究创见宏富,其中有关中国古代交通史研究的许多成果,如对于"周行周道",对于"革船"[1],对于"砅"与"厉"[2],对于"赞水者"[3]等专题的考论,都有开拓性的学术贡献。而对于"造舟为梁"的解释,亦予以交通史研究者颇为重要的启示。[4]

《诗·大雅·大明》记述大约发生于公元前 12 世纪的周文王娶亲史事:

> 天监在下,有命既集。文王初载,天作之合。在洽之阳,在渭之涘。文王嘉止,大邦有子。大邦有子,倪天之妹。文定厥祥,亲迎于渭。造舟为梁,不显其光。[5]

毛亨《传》对"造舟"有所解释:

> 言受命之宜王基乃始于是也。天子造舟,诸侯维舟,大夫方舟,士特舟。造舟,然后可以显其光辉。

郑玄《笺》则强调"造舟"是"周制":

> 迎大姒而更为梁者,欲其昭著,示后世敬昏礼也。不明乎其礼之有光辉美之也。天子造舟,周制也。殷时未有等制。

---

1 顾颉刚:《史林杂识初编》,中华书局 1963 年 2 月版,第 121—124 页。

2 顾颉刚:《顾颉刚读书笔记》卷十三《高春琐语(三)》,《顾颉刚全集》,中华书局 2011 年 1 月版,第 297 页。

3 顾颉刚:《顾颉刚读书笔记》卷九《汤山小记(二十一)》,《顾颉刚全集》,第 370 页。

4 顾颉刚:《史林杂识初编》,第 125—130 页。

5 〔清〕阮元校刻:《十三经注疏》,第 507 页。

顾颉刚指出："毛《传》此言颇伤卤莽"，而郑《笺》"弥缝之"，"造舟为周代天子之制，得此说而益固定"。顾颉刚还注意到，《尔雅·释水》则又沿用此说，不过又有所扩衍，"第增出庶人一级"：

> 天子造舟，诸侯维舟，大夫方舟，士特舟，庶人乘泭。[1]

顾颉刚认为，这是因为"古文经、传出世时间相距不远，其解释古代制度每多沿袭"。《诗·大雅·大明》孔颖达《疏》又引录了李巡对《尔雅·释水》的解释："比其舟而渡曰'造舟'，中央、左、右相维持曰'维舟'，并两船曰'方舟'，一舟曰'特舟'。"分别对"天子"、"诸侯"、"大夫"和"士"的等级差异有所说明。顾颉刚不满意其解说，指出：

> "中央、左、右相维持"如何与"比其舟而渡"有异？其言殊不别白。观《管子·小匡篇》记齐桓公事云："西征攘白狄之地，遂至于西河，方舟设柎，乘桴渡河"，"方舟"与"柎"并用，宁有等级在乎？

顾颉刚又引述了郭璞《尔雅注》中的说法。郭璞以为，"造舟"，即"比舩为桥"；"维舟"，即"维连四船"；"方舟"，即"并两船"；"特舟"，即"单船"；"柎"，即"并木以渡"。顾颉刚同时指出：

> 其谓阶级愈高则连结之船愈多，是否事实尚待考核，而以"比船为桥"释"造舟为梁"则至确，故知造舟为梁者非联结多舟而泛乎中流，乃以舟代桥，人步行其上以渡水也。

又据《左传·昭公元年》，秦后子出奔于晋，"造舟于河，十里舍车，自雍及绛，归取酬币，终事八反"的记载，以及杜预《集解》所谓"造舟为梁，通秦晋之道"，以为"明河上桥非常设，以后子之富，其车千乘，故临时造舟而渡也"。唐人《诗正义》："然则'造舟'者，比船于水，加板于上，即今

1　〔清〕阮元校刻：《十三经注疏》，第 2619 页。

之'浮桥'。故杜预云'造舟为梁',则河桥之谓也。"[1]顾颉刚说:"经此一讲,'造舟'与'维舟'以下方式有异,功用亦殊,乃得有明晰之解释。"

结合在西北若干地区进行实地考察河川航渡方式的收获,顾颉刚又指出:

> 按,造舟为梁,今吾国西北尚多有之。其地多大川,澜壮而流速,既无术筑桥,则横列船只若干,以铁索连贯之,置厚板于船面以通行人、车、马。水涨则船高,水落则船降。两岸筑铁柱及木桩若干,缠铁索其上,随水势之起伏伸缩之。

他总结在皋兰、临洮、柳州和湖北溠水上浮桥的形制特点,分析说:"是此风在吾国之久且广如是。""吾国行用浮桥之历史,估计至少已越三四千年。"[2]

2. 浮桥史的再考察: 造·艁·靠

认真考察"吾国行用浮桥之历史",或许可以对顾颉刚的结论有所补证。

《说文·辵部》:"造,就也。从辵,告声。""艁,古文造,从舟。"陆德明《经典释文》卷七《毛诗音义下》对"造"的解释说:"《广雅》音'艁',音同。"[3]朱骏声《说文通训定声》卷六则以为"又为'桥'",是"造"字假借之义之一。《说文·非部》:"靠,相韦也。从非,告声。"段玉裁注作这样的解释:"相韦者,相背也。故从非。今俗谓相依曰靠,古人谓

---

1 《晋书》卷三四《杜预传》说,杜预"博学多通",曾经发明所谓"人排新器"。又曾经主持修造富平津黄河浮桥,设计理念涉及古人"造舟为梁"方式:"(杜)预又以孟津渡险,有覆没之患,请建河桥于富平津。议者以为殷周所都,历圣贤而不作者,必不可立故也。预曰:'造舟为梁,则河桥之谓也。'及桥成,帝从百僚临会,举觞属预曰:'非君,此桥不立也。'对曰:'非陛下之明,臣亦不得施其微巧。'"第1028页。

2 顾颉刚:《造舟为梁》,《史林杂识初编》,第125—128页。

3 〔汉〕许慎撰,〔清〕段玉裁注:《说文解字注》,第71页。

4 〔清〕朱骏声:《说文通训定声》,中华书局1984年6月影印版,第282页。

相背曰靠，其义一也。犹分之合之皆曰离。"[1]

　　实际上，"造舟"之"造"以及"舼"，都可以从"靠"字发现其原始之义。所谓"造舟"或"舼舟"，其实就是以舟船比靠联并构成浮桥。

　　《方言》卷九："舼舟，谓之浮梁。"郭璞注："即今浮桥。"[2]张衡《东京赋》："造舟清池，惟水泆泆。"薛综也解释说："造舟，以舟相比次为桥也。"[3]

　　"造"与"靠"义近，又可以从同源之字"篷"的解释得到说明。《文选》卷一八马融《长笛赋》有"听篷弄者"语，李善注："篷弄，盖小曲也。《说文》曰：'篷，倅字如此。'"又《文选》卷三一江淹《杂体诗三十首》中《颜特进侍宴》有"中坐溢朱组，步欄篷琼弁"句，李善注："《说文》曰：'篷，杂字如此。'"[4]《说文》段玉裁注引此文，"杂"作"襍"。《说

---

[1]〔汉〕许慎撰，〔清〕段玉裁注：《说文解字注》，第583页。其实，从非未必即"相背"，如《说文·车部》："辈，若军发车百两为辈。从车，非声。"段玉裁注也说："引申之为什伍同等之称。"第728页。其实，"辈"字非声，原本也有"相依"之义。《六韬·均兵》："六十骑为一辈。"以司马迁《史记》为例，卷六《秦始皇本纪》："（赵）高使人请子婴数辈，子婴不行。"第275页。卷六五《孙子吴起列传》："（田）忌数与齐诸公子驰逐重射。孙子见其马足不甚相远，马有上、中、下、辈。于是孙子谓田忌曰：'君弟重射，臣能令君胜。'田忌信然之，与王及诸公子逐射千金。及临质，孙子曰：'今以君之下驷与彼上驷，取君上驷与彼中驷，取君中驷与彼下驷。'既驰三辈毕，而田忌一不胜而再胜，卒得王千金。"第2162—2163页。又卷七三《白起王翦列传》："王翦将兵六十万人，始皇自送至灞上。王翦行，请美田宅园池甚众。始皇曰：'将军行矣，何忧贫乎？'王翦曰：'为大王将，有功终不得封侯，故及大王之向臣，臣亦及时以请园池为子孙业耳。'始皇大笑。王翦既至关，使使还请善田者五辈。"第2340页。又卷八七《李斯列传》："赵高使其客十余辈诈为御史、谒者、侍中，更往覆讯（李）斯。"第2561页。卷八九《张耳陈余列传》："舍中皆笑曰：'使者往十余辈，辄死，若何以能得王？'乃走燕壁。"第2576—2577页。卷九二《淮阴侯列传》："（韩信）坐法当斩，其辈十三人皆已斩……"第2610页。卷九九《刘敬叔孙通列传》："使者十辈来，皆言匈奴可击。"（刘邦）：'吾不用公言，以困平城。吾皆已斩前使十辈言可击者矣。'"第2718页。卷一〇六《吴王濞传》："汉系治使者数辈。"第2823页。卷一〇八《韩长孺列传》："汉使十辈至梁。"第2859页。卷一一〇《匈奴列传》："汉使留匈奴者前后十余辈。"第2915页。卷一一六《西南夷列传》："至滇，滇王尝羌乃留，为求道西十余辈。"第2996页。卷一二二《酷吏列传》："天子果以（张）汤怀诈面欺，使使八辈簿责汤。"第3143页。卷一二三《大宛列传》："诸使外国一辈大者数百，少者百余人。""汉率一岁中使多者十余，少者五六辈。""遣使柏始昌、吕越人等岁十余辈。""汉使数百人为辈来。""汉发使十余辈至宛西诸外国，求奇物。"第3170页、第3174页、第3179页。这里所说的"辈"，以批、队、伙、群的解释较为接近原义。现代汉语作为量词的所谓"拨儿"，或许正是由此而来。

[2] 华学诚汇证，王智群、谢荣娥、王彩琴协编：《扬雄方言校释汇证》，第623页。

[3]〔梁〕萧统编，〔唐〕李善注：《文选》，第56页。

[4]〔梁〕萧统编，〔唐〕李善注：《文选》，第252页、第452页。

36-1 《说文·辵部》"造"条书影（段玉裁注："按艁者，谓并舟成梁。"）

文·艸部》："蓬，艸皃。从艸，造声。""籆""蓬"本相通。《左传·昭公十一年》："僖子使助蓬氏之籆。"杜预《集解》："籆，副倅也。"陆德明《经典释文》卷一九《春秋左氏传音义之五》："本又作'造'"[1]，"副倅也。《说文》'籆'从艸"。[2]徐锴《说文解字系传》："'蓬'，艸相次也。"朱骏声《说文通训定声》："按：丛襍皃。谊与'萃'略同，'萃''蓬'亦一声之转。俗字作'籆'，从竹。"[3]段玉裁《说文解字注》："《说文》'艸皃'之下，本有'一曰蓬，襍也'五字。今人言'集'，汉人多言'襍'。'倅'，《周礼》作'萃'、作'倅'，亦凑集意也。小徐注'蓬'字曰'艸相次也'，盖识此意。"[4]

　　"籆"或"蓬"也都有"凑集""相次"的意义，或许也可以看作"造舟"或"艁舟"即以舟船比次联并构成浮桥的助证。

1　〔唐〕陆德明撰，黄焯汇校：《经典释文汇校》："宋本及何校本北宋本'造'作'蓬'。"第576页。
2　〔汉〕许慎撰，〔清〕段玉裁注：《说文解字注》，第39页。
3　〔清〕朱骏声：《说文通训定声》，第284页。
4　〔汉〕许慎撰，〔清〕段玉裁注：《说文解字注》，第39页。

3."智伯命造舟为梁"事"伪说""伪史"辨疑

顾颉刚曾经引《说苑·复恩》中吴国使臣赤市因济渡方式规格逾制而察觉智伯将乘机袭卫的故事:

> 吴赤市使于智氏,假道于卫。……吴赤市至于智氏,既得事,将归吴。智伯命造舟为梁。吴赤市曰:"吾闻之,天子济于水,造舟为梁,诸侯维舟为梁,大夫方舟。方舟,臣之职也。且敬大甚,必有故。"使人视之,视则用兵在后矣,将以袭卫。吴赤市曰:"卫假吾道,而厚赠我,我见难而不告,是与为谋也。"称疾而留,使人告卫,卫人警戒,智伯闻之乃止。

顾颉刚以为,"此事托之于春秋末叶,而不见春秋、战国时书,即西汉前期著述亦无道者,乃突见于刘向之杂录,向固元、成间人,其时《毛诗传》《尔雅》俱行于世矣。智伯者,赵、韩、魏三家之死敌,卒为三家所杀,天下笑之,汉人因为之推波助澜,以为用天子之舟以遣吴使,实假之以侵卫,幸吴使通晓礼制,抉发其阴谋,乃未成为事实。夫既未成为事实,则汉人何由而知之?"以为吴赤市故事乃汉时人以"推波助澜"为出发点而编作的怀疑,是有一定根据的。晋人若袭卫,成为阻障的最大的河流是黄河,而黄河已在卫境。智伯"造舟为梁"礼送吴使,看来只是富于戏剧性的传奇之说。顾颉刚还指出:"且天子造舟为梁固有征矣,而'诸侯维舟为梁'则谁为道之?'维舟',依李巡说,则'中央、左、右相维持'耳;依郭璞说,则'维连四船'耳;何以得之'为梁'也?伪说、伪史交互缠结如此,若不先加扫除之功,试问将何由别白其是非而显示其真相?"[1]

其实,所谓"诸侯维舟为梁"并不一定是"伪说",所谓"中央、左、右相维持"以及所谓"维连四船",也可以理解为以三船或四船相连形成一个浮动单元,再以缆索等相互维系,于是"为梁"即成为可以通行江河两

1　顾颉刚:《造舟为梁》,《史林杂识初编》,第129—130页。

岸的浮桥。

湖南《醴陵县志》记载渌水浮桥的形制："用船三十有九，三船一联，铺以杉板，锁以铁索。"[1] 江西《上高县志》记载浮虹桥形制，也说："比三舟而成一梁，首尾二梁以四折之，为梁十，为舟二十有八。"[2] 浙江《淳安县志》关于青溪桥也写道："四舟为维，维有九联。"[3] 这些浮桥，都是由三船或四船组合联系，取"维舟为梁"的形式。

所谓"中央、左、右相维持"，也有可能是指采用三道缆索以加强浮桥的整体稳定性。如《元和郡县图志》卷五《河南道一·河南府》所记洛阳隋炀帝大业元年（605）建造的天津桥："用大缆维舟，皆以铁锁钩连之。"早期维系舟船的"大缆"，很可能使用藤缆、竹缆、苇缆、棕缆等。例如，《元和郡县图志》卷一二《河东道一·河中府》说到蒲津关浮桥："今造舟为梁，其制甚盛，每岁征竹索价谓之'桥脚钱'，数至二万，亦关河之巨防焉。"[4] 大约竹索需要经常更换，以致费用较多。《浙江通志》记载悦济桥形制："连以铁锁、篾绋，并维于桥上。"[5]《嘉庆重修一统志》卷二九九《金华府一》也写道："悦济浮桥，……树石其端，系铁绲以维舟。"[6]

所谓"左、右相维持"，也不排除当时在上下游设缆索锚碇，以保持浮桥在水流的冲击下轴线位置不致偏移的可能。

4. "方舟"

顾颉刚在《史林杂识初编》中曾经论证"方舟"这种所谓"大夫一级之舟制"。1959 年，他在河南安阳参观某鱼场时，看到有以二木钉于两小船

---

1 《醴陵县志》卷二，清同治九年刊本，第 142 页。

2 《重修上高县志》卷十，清同治九年刊本，第 1368 页。

3 《淳安县志》卷三，清乾隆二十一年刻本，第 243 页。

4 〔唐〕李吉甫撰，贺次君点校：《元和郡县图志》，第 132 页、第 326 页。

5 〔清〕嵇曾筠等修：《雍正浙江通志》，《景印文渊阁四库全书》，第 520 册第 82 页。

6 《大清一统志》卷二九九，四部丛刊续编景清史馆藏进呈钞本，第 5954 页。

之舠，连而为一，人登其上以下网捕鱼，疑为古代"方舟"遗制。询之同行的李俨，知此为豫陕间所习用，名"双木船"，泊于渡口以载人。更证实《诗·邶风·谷风》所谓"就其深矣，方之舟之"，《诗·周南·汉广》所谓"江之永矣，不可方思"之"方"，当作"方舟"解，纠正了传统的释"方"为"泭"之说。[1]

这种"方舟遗制"，又见于汉成帝时治理黄河水害的记载。建始四年（前29），河决，"凡灌四郡三十二县"，"河堤使者王延世使塞，以竹落长四丈，大九围，盛以小石，两船夹载而下之。三十六日，河堤成"。[2]所谓"两船夹载"，必然有相互联结的结构，否则难以安全航行，承载重物更难以想象。其形式，正体现了"方舟"的应用，着眼于浮力和稳性的加强。由所谓"竹落长四丈"，可以推知船长应当超过四丈。

山东平度出土的隋代"双体船"[3]，可以作为古代"方舟"形制的实物说明。

其实，"方舟"不仅可以作为济渡工具，又可以作为浮桥的浮动结构以代替桥墩。宋人唐仲友《修中津桥记》说，中津桥用船五十，连两舟为一节，共二十五节。实际上就是以二十五"方舟"联为一桥。[4]元人刘仁本《平章方公重修灵桥记》说到江浙省平章方谷珍至正二十年（1360）主持修建的灵桥的形制："仿台郡中津桥制，每舟以二为偶，肩连栉比，合为一扶，中实以材，凡为舟一十有八，共为扶偶者九。"[5]这里所说的"每舟以二为偶，肩连栉比，合为一扶"，即由"方舟"九"扶偶"相互连接承托桥体。

1　顾颉刚：《顾颉刚读书笔记》卷九《汤山小记（十六）》，《顾颉刚全集》，第189页。
2　《汉书》卷二九《沟洫志》，第1689页。
3　山东省博物馆、平度县文化馆：《山东平度隋船清理简报》，《考古》1979年2期。
4　〔清〕嵇曾筠等修：《雍正浙江通志》，《景印文渊阁四库全书》，第520册第73页。
5　〔清〕曹秉仁纂修：《雍正宁波府志》，清雍正十一年刻乾隆六年补刻本，第2530页。

5. 简易浮桥：桥梁等级与社会等级

此外，又有以"单船"相互连接，"亘板其上"[1]，构成浮桥的形式。如《水经注》卷四〇《浙江水》："（剡县）东南二渡通临海，并汎单船为浮航。西渡通东阳，并二十五船为桥航。"[2] 这里的"浮航"和"桥航"形制不同，前者似乎更为简陋。而所谓"特舟"，大约就是指这种"并汎单船"的所谓"浮航"。

更简易的浮桥，则是以筏相连，因浮力和稳性皆有限，往往只能通过行人，遇风浪则难以保证通行安全。袁枚《铜陵永济桥记》中说到铜陵陶村三溪会流处的交通条件："土人绲五板渡，临流氓木，道虽行，而日炙雨淋，势易颠隮。"[3] 刘大櫆《重修孙公桥记》也说到岩镇地方丰乐溪水上使用简易浮桥的情形："比木为杠，或编筏以济，多毁败而有濡首之虞。"[4] 这种最原始的浮桥，虽然粗朴简陋，却因为可以作为浮桥史初起阶段的纪念，应当受到交通史学者的重视。

看来，除了"天子造舟"是构建"造舟为梁"的浮桥外，所谓"诸侯维舟，大夫方舟，士特舟，庶人乘泭"，未必"水上浮而行之，但船有多少为等差耳"，也可能是指规模次于"造舟为梁"的较简陋的浮桥。由于造船能力和建桥时限的限制，当难以迅速建造特制的长度和宽度都远超过一般船只的浮桥脚船时，根据当时条件，往往只能集中现有船舶，采用"造舟""维舟""方舟""特舟"等形式修造浮桥。其区别，则体现出通行规模之需要与调用舟船之权力的"等差"，于是形成了类似于"天子""诸侯""大夫""士"等身份等级的浮桥形制所谓"阶级愈高则连接之船愈多"的等级差别。至于周文王迎亲时即行"天子造舟"之制，以及"示后世敬昏礼"等解释，都显然是后代儒生维护等级性礼制的附会之辞。

浮桥作为用船舶代替桥墩的浮在水面的桥梁，又可以看到"船只首尾

---

1 如《宁波府志》及《鄞县志》记述的唐穆宗长庆三年（823）修造的宁波鄞江东津浮桥形制。

2 〔北魏〕郦道元著，陈桥驿校证：《水经注校证》，第 945 页。

3 〔清〕袁枚：《小仓山房文集》卷二九，《丛书集成三编》，第 56 册第 468 页。

4 〔清〕刘大櫆：《海峰文集》卷五，《续修四库全书》，第 1427 册第 435 页。

相连，成纵列式"[1]的结构形式。

《三国志》卷五四《吴书·周瑜传》说，"观（曹）操军船舰首尾相接"[2]，大致即采取类似于此的连接方式。

这样，若"造舟"是船体紧密相靠排列成带式，而"维舟""方舟""特舟"分别是四船或三船、二船、一船相互"首尾相结"，则其宽度仍次于"造舟"，其相互间亦形成等级差别，其稳定性和通行能力亦形成级次。对照中国古代陆路交通体制的若干有关特点，可知这种推想大致也是符合等级社会的交通制度的。[3]

6. 秦直道"度河"的可能形式

《史记》卷六《秦始皇本纪》记载："三十五年，除道，道九原抵云阳，堑山堙谷，直通之。"《史记》卷一五《六国年表》也写道："（秦始皇）三十五年，为直道，道九原，通甘泉。""三十七年十月，帝之会稽、琅邪，还至沙丘崩。子胡亥立，为二世皇帝。杀蒙恬。道九原入。"[4]九原作为直道的北端，是明确无疑的。而直道的畅通，必然有便捷的"度河"形式。

秦代明确的高等级的"度河"记录，如《史记》卷六《秦始皇本纪》关于秦始皇二十八年（前219）"渡淮水"及著名的至湘山祠"几不得渡"的故事："始皇还，过彭城，……乃西南渡淮水，之衡山、南郡。浮江，至湘山祠。逢大风，几不得渡。上问博士曰：'湘君何神？'博士对曰：'闻之，尧女，舜之妻，而葬此。'于是始皇大怒，使刑徒三千人皆伐湘山树，赭其山。上自南郡由武关归。"又秦始皇三十七年（前210），"十一月，行至云梦，望祀虞舜于九疑山。浮江下，观籍柯，渡海渚。过丹阳，至钱唐。

---

1 《中国大百科全书·土木工程》"浮桥"条，中国大百科全书出版社1987年3月版，第145页。
2 《三国志》，第1262页。
3 王子今：《"造舟为梁"及早期浮桥史探考》，《文博》1998年4期。
4 《史记》，第256页、第758页。

临浙江，水波恶，乃西百二十里从狭中渡"。[1] 这些关于秦始皇车队"渡"的记载，应当都是利用舟船的济渡。

秦穆公时代在崤之战惨败后伐晋复仇，是秦史中著名的战事，《左传·文公三年》："秦伯伐晋，济河焚舟，取王官，及郊。晋人不出，遂自茅津济，封殽尸而还。"[2] 秦军进入晋地，两次"济河"，使用的是舟船。"济河焚舟"，《史记》卷五《秦本纪》作"渡河焚船"："（秦穆公）三十六年，缪公复益厚孟明等，使将兵伐晋，渡河焚船，大败晋人，取王官及鄗，以报殽之役。晋人皆城守不敢出。于是缪公乃自茅津渡河，封殽中尸，为发丧，哭之三日。"[3] 所谓"济河焚舟"故事发生在被看作英雄主义典范的项羽破釜沉舟事四百一十六年之前。[4] 而我们更为注意的，是秦人征战中通常的"济河""渡河"方式是使用舟船。

然而当时以架设浮桥作为"度河"的交通方式，已经有比较成熟的技术保证。殷商时代已经有架设浮桥记录。卜辞可见⽉、舟等字，郭沫若《金文丛考》均释为"造"，即一出舟船并靠连接构成浮桥。卜辞可见"⽉川于之（兹）"（《人》2146），即谓于此地造设舟桥以济川。上文引录《诗·大雅·大明》记述大约发生于公元前12世纪的周文王娶亲史事，有"文定厥祥，亲迎于渭；造舟为梁，不显其光"语。毛亨《传》解释说："言受命之宜王基乃始于是也。天子造舟，诸侯维舟，大夫方舟，士特舟。造舟，然后可以显其光辉。"[5]《方言》卷九："艁舟，谓之浮梁。"郭璞注："即今浮桥。"[6] 张衡《东京赋》："造舟清池，惟水泱泱。"薛综也解释说："造舟，以舟相比次为桥也。"[7]《尔雅·释水》郭璞注：造舟，"比船为桥"。

---

1 《史记》，第248页、第260页。

2 〔清〕阮元校刻：《十三经注疏》，第1840页。

3 《史记》，第193页。

4 《史记》卷七《项羽本纪》："项羽已杀卿子冠军，威震楚国，名闻诸侯。乃遣当阳君、蒲将军将卒二万渡河，救巨鹿。战少利，陈余复请兵。项羽乃悉引兵渡河，皆沈船，破釜甑，烧庐舍，持三日粮，以示士卒必死，无一还心。"第307页。

5 〔清〕阮元校刻：《十三经注疏》，第507页。

6 华学诚汇证，王智群、谢荣娥、王彩琴协编：《扬雄方言校释汇证》，第623页。

7 〔梁〕萧统编，〔唐〕李善注：《文选》，第56页。参看王子今：《"造舟为梁"及早期浮桥史探考》，《文博》1998年4期。

邢昺疏："言造舟者，比舩于水，加版于上，即今之浮桥。"[1]

秦直道"度河"，会不会采用利用浮桥的形式呢？根据我们对秦人交通开发的积极性和交通技术的成熟程度，可以推想这一可能性是相当大的。

秦人有重视交通的传统。秦国所以能够实现统一，与交通方面的优势有重要关系。[2]回顾秦交通史，可以看到，春秋时期，秦晋之间的黄河水面曾架设临时的浮桥。秦后子鍼"享晋侯，造舟于河，十里舍车，自雍及绛。归取酬币，终事八反。"[3]事载《左传·昭公元年》。《史记》卷五《秦本纪》：秦景公三十六年（前541）"景公母弟后子鍼有宠，景公母弟富，或谮之，恐诛，乃奔晋，车重千乘。"[4]所谓"车重千乘"，可能是"造舟于河"，架设浮桥的原因。据《元和郡县图志·关内道二》："（朝邑县）河桥，本秦后子奔晋，造舟于河，通秦、晋之道。"[5]黄河历史上第一座常设的浮桥，也是秦国修建，即《史记》卷五《秦本纪》所见秦昭襄王五十年（前257）"初作河桥"。张守节《正义》："此桥在同州临晋县东，渡河至蒲州，今蒲津桥也。"[6]

秦人建造这两座黄河浮桥的年代与蒙恬经营北河时比较，秦昭襄王"初作河桥"事在三十六年前[7]，后子鍼"造舟于河"事则在三百二十年前。蒙恬时代的桥梁建造技术应当更为成熟。而包头河段的黄河水量远逊于大荔、华阴、潼关与永济间河段。秦人在九原"造舟于河"，不应有太大的困难。考虑到直道的战略地位和通行等级，"度河"方式或许已经有常设的浮桥即秦昭襄王"初作河桥"的"河桥"。

---

1 〔清〕阮元校刻：《十三经注疏》，第2619页。

2 参看王子今：《秦国交通的发展与秦的统一》，《史林》1989年4期；《秦统一原因的技术层面考察》，《社会科学战线》2009年9期。

3 〔清〕阮元校刻：《十三经注疏》，第2022页。

4 《史记》，第197页。

5 〔唐〕李吉甫撰，贺次君点校：《元和郡县图志》，第37页。

6 《史记》，第218页。〔明〕丘浚《大学衍义补》卷九九《治国平天下之要·备规制·道涂之备》："《史记》：秦昭襄王五十年十二月，初作河桥。盖桥作于河也。然是时秦未有孟津之地，而所作之桥不在此尔。"《景印文渊阁四库全书》，第713册第160页。

7 〔唐〕欧阳询撰，汪绍楹校：《艺文类聚》卷九引《史记》："秦昭王四十九年，初作河桥。"第182页。〔宋〕祝穆《古今事文类聚》续集卷一〇《居处部·桥》引文同。则又更早一年。《景印文渊阁四库全书》，第927册第195页。

7. 卫青"梁北河"

汉武帝元朔二年（前127）回击匈奴对辽西、渔阳的侵犯，组织了向匈奴的全面进攻，取得空前的胜利。《史记》卷一一一《卫将军骠骑列传》记载："汉令将军李息击之，出代；令车骑将军青出云中以西至高阙。遂略河南地，至于陇西，捕首虏数千，畜数十万，走白羊、楼烦王。遂以河南地为朔方郡。以三千八百户封青为长平侯。青校尉苏建有功，以千一百户封建为平陵侯。使建筑朔方城。青校尉张次公有功，封为岸头侯。"汉武帝宣布了对卫青的奖励："今车骑将军青度西河至高阙，获首虏二千三百级，车辎畜产毕收为卤，已封为列侯，遂西定河南地，按榆溪旧塞，绝梓领，梁北河，讨蒲泥，破符离，斩轻锐之卒，捕伏听者三千七十一级，执讯获丑，驱马牛羊百有余万，全甲兵而还，益封青三千户。"[1]所谓"梁北河"，用以表彰卫青的突出功绩。曹丕《汉武帝论》写道："自元光以迄征和四十五载之间，征匈奴四十余举。踰广漠，绝梓岭，封狼居胥，禅姑峰，梁北河，观兵瀚海。刘单于之旗，剿阏氏之首，探符离之窟，扫五王之庭，纳休屠昆耶之附，获祭天金人之宝。斩名王以十数，馘首虏以万计。既穷追其败亡，又摧破其积聚。"[2]"梁北河"，成为赞美汉武帝武功的颂辞。

所谓"梁北河"，裴骃《集解》引录如淳的解释："为北河作桥梁。"《汉书》卷五五《卫青传》颜师古注引如淳曰："为北河作桥梁也。"[3]这里所说的"为北河作桥梁"，很可能是常设的浮桥，亦不排除架构梁桥的可能。

《史记》卷一一一《卫将军骠骑列传》张守节《正义》："'梁北河'，在灵州界也。"《太平寰宇记》卷三六《关西道·灵州》："《水经注》云：河西溢于窳浑县。《汉书》卫青'绝梓岭，梁北河'，谓此处也。"[4]按照《水经

---

1 《史记》，第2923—2924页。

2 〔明〕张溥辑：《汉魏六朝百三家集》卷二四《魏文帝集·论》，《景印文渊阁四库全书》，第1412册第618页。《艺文类聚》卷一二及《太平御览》卷八八引《典论》均作"斩名王以千数"。〔唐〕欧阳询撰，汪绍楹校：《艺文类聚》，第232页。〔宋〕李昉等撰：《太平御览》，第422页。

3 《汉书》，第2473页。

4 〔宋〕乐史撰，王文楚等点校：《太平寰宇记》，第763页。

注》卷三《河水》的记述，则"梁北河"的方位大概还要偏东一些："河水又屈而东流为北河。汉武帝元朔二年大将军卫青'绝梓岭，梁北河'是也。东径高阙南。《史记》：赵武灵王既袭胡服，自代并阴山下，至高阙为塞。山下有长城，长城之际，连山刺天，其山中断，两岸双阙，善能云举，望若阙焉。即状表目，故有'高阙'之名也。自阙北出荒中，阙口有城，跨山结局，谓之'高阙戍'。自古迄今，常置重捍，以防塞道。汉元朔四年，卫青将十万人败右贤王于高阙。即此处也。"[1]

卫青于朔方"梁北河"，分析道路规划的可能走向，或是对应高阙的交通建设。其实，直道"度河"，应当有更高等级的桥梁。辛德勇在分析"九原、云中两郡在西汉政治与军事地理格局中的地位"时强调："云中、九原两郡南部的东流黄河河段，流速舒缓，岸线平坦，是展开大规模渡河军事行动的理想地点，九原、云中两郡，便是控制这一战略要津的桥头堡。"又说，"这两个郡……其位居交通要津，控制着东出'关东'以及北出塞外的渡口，……九原、云中一带，一向是朝廷重兵所在的地方"，"九原和云中，具有非同寻常的军事地理地位，特别是九原，不仅控制着黄河渡口，同时还控制着重要的战略通道直道，地位尤其重要"。[2] 显然，对于北边军事道路"度河"的交通规划来说，九原自有最重要的战略地位和最优越的总体条件。难以想象当时思考对匈奴战略的军事家会考虑在九原以外的其他地方组织最高等级的"度河"工程的建设。即使卫青"梁北河"如一些学者判断，确实在朔方地区，那么，有理由推想，九原服务于直道的河桥营造，

1 〔北魏〕郦道元著，陈桥驿校证：《水经注校证》，第75—76页。
2 辛德勇：《张家山汉简所示汉初西北隅边境解析——附论秦昭襄王长城北端走向与九原云中两郡战略地位》，《历史研究》2006年1期；收入《秦汉政区与边界地理研究》，第278页、第281页。

应体现更典型的国家级交通设施的标准。[1]

8. 汉代"浮桥"明确史例

"浮桥",在汉代已经成为济渡江河的主要通路之一。赵充国击羌,曾经"治湟峡以西道桥七十所,令可至鲜水左右","以制西域,信威千里,从枕席上过师"。[2] 推想其中当多有浮桥。[3]《后汉书》卷八七《西羌传》记载,汉和帝永元五年(93),护羌校尉贯友遣兵出塞,攻羌人迷唐部于大、小榆谷,"获首虏八百余人,收麦数万斛,遂夹逢留大河筑城坞,作大航,造河桥,欲度兵击迷唐。迷唐乃率部落远依赐支河曲"。永元十年(98),"和帝令迷唐将其种人还大、小榆谷。迷唐以为汉作河桥,兵来无常,故地不可复居,辞以种人饥饿,不肯远出"。[4] 所谓"作大航,造河桥"者,说明这种军用浮桥可能使用了规模超过当地一般舟船的专门的浮桥脚船。

据《三国志》卷一《魏书·武帝纪》,建安十六年(211),曹操进攻马超、韩遂联军,发起河潼之战,"潜以舟载兵入渭,为浮桥,夜,分兵结

---

1 王子今:《秦直道九原"度河"方式探讨》,《2012·中国"秦汉时期的九原"学术论坛专家论文集》,内蒙古人民出版社 2012 年 6 月版;《史念海先生百年诞辰纪念学术论文集》,陕西师范大学出版总社有限公司 2012 年 10 月版。《汉书》卷二八下《地理志下》"五原郡""县十六"中,在九原、固陵、五原、临沃、文国、河阴、蒲泽、南兴、武都之后,列"宜梁"县。"宜梁"命名应与架设"度河"桥梁的条件有关,大概是合理的推定。其中的"五原"县,王莽改称"填河亭"。"填河",可以理解为"镇河",即维护水文条件的稳定以避免水害。"填河"的另一种理解,是"河"上"成桥"。《白孔六帖》卷九五《鹊》"填河"条:"《淮南子》:乌鹊填河成桥,渡织女。"牛郎织女传说在汉代已经普遍流行。鹊桥神话如果确实出自《淮南子》,应是最早的线索。如果以"成桥"理解"填河",则王莽"填河亭"之五原命名,自然可以作为我们讨论直道在这一地方"度河"方式的参考信息。

2《汉书》卷六九《赵充国传》,第 2986 页、第 2988 页。

3 茅以升主编:《中国古桥技术史》,第 148 页。

4《后汉书》,第 2883—2884 页。《水经注》卷二《河水》:"永元五年,贯友代聂尚为护羌校尉,攻迷唐,斩获八百余人,收其熟麦数万斛,于逢留河上筑城以盛麦,且作大船,于河峡作桥渡兵,迷唐遂远依河曲。"十年,"诏叶还大、小榆谷。迷唐谓汉造河桥,兵来无时,故地不可居,复叛"。〔北魏〕郦道元著,陈桥驿校证:《水经注校证》,第 42 页。

营于渭南"[1]。渭水浮桥的建成，对于取得军事优势意义极大。《水经注》卷
一八《渭水》："诸葛亮表云：'臣遣虎步监孟琰据武功水东，司马懿因水
长攻琰营，臣作竹桥，越水射之，桥成驰去。'"[2]《太平御览》卷七三引《诸
葛亮集》："亮上事曰：臣先进孟琰据武功水东，司马懿因水以二十日出
骑万人来攻琰营。臣作东桥，贼见桥垂成，便引兵退。"[3]这里所说的"竹
桥""东桥"，因军机紧急，仓促营造便见"垂成"，很可能也是浮桥。通过
《三国志》卷六四《吴书·诸葛恪传》中的战事记录，也可以看到浮桥的军
事意义："命大将胡遵、诸葛诞等率众七万，欲攻围两坞，图坏堤遏。恪兴
军四万，晨夜赴救。遵等敕其诸军作浮桥度，陈于堤上。"吴军奋勇夺遏，
"兵得上，便鼓噪乱斫。魏军惊扰散走，争渡浮桥，桥坏绝，自投于水，更
相蹈藉。乐安太守桓嘉等同时并没，死者数万"。[4]《水经注》卷二九《沔
水》也写道："魏遣司马昭督镇东诸葛诞率众攻东关三城，将毁堤遏，诸军
作浮梁，陈于堤上，分兵攻城，恪遣冠军丁奉等登塘鼓噪奋击，朱异等以
水军攻浮梁，魏征东胡遵军士争渡，梁坏，投水而死者数千。"[5]

《太平御览》卷七三引《魏略》："洛阳城西桥，洛水浮桥三处，三柱，
三公象也。"[6]《三国志》卷九《魏书·曹爽传》记载，司马懿发动军事政变，
"部勒兵马，先据武库，遂出屯洛水浮桥"。[7]洛水浮桥当时是都城洛阳对于
控制全局具有关键意义的军事要地。洛水浮桥因洛阳地位之重要，与其他
浮桥相比，可能使用年代更为长久。据《水经注》卷一六《谷水》，北魏
"皇都迁洛"后，有"洛水浮桁"正对宣阳门、阊阖门。[8]

中国古代早期浮桥规模形制最为宏大且建造工程最为艰巨者，是公孙
述修造的长江浮桥。《后汉书》卷一七《岑彭传》记载：公孙述部与刘秀军

1 《三国志》，第 34 页。

2 〔北魏〕郦道元著，陈桥驿校证：《水经注校证》，第 439 页。

3 〔宋〕李昉等撰：《太平御览》，第 344 页。

4 《三国志》，第 1435 页。

5 〔北魏〕郦道元著，陈桥驿校证：《水经注校证》，第 683 页。

6 〔宋〕李昉等撰：《太平御览》，第 342 页。

7 《三国志》，第 286 页。

8 〔北魏〕郦道元著，陈桥驿校证：《水经注校证》，第 400 页。

对抗，"横江水起浮桥、斗楼，立欑柱绝水道，结营山上，以拒汉兵"。后岑彭、吴汉等用火攻，"逆流而上，直冲浮桥"，"因飞炬焚之，风怒火盛，桥楼崩烧"，于是"悉军顺风并进，所向无前"，"长驱入江关"。[1]

可见，大约在汉代，浮桥修造技术已经相当成熟，所谓"桥楼"结构的出现，说明当时浮桥的形制已经比较完备。在这一认识的基础上理解《尔雅》作者以及毛亨、刘向、郑玄们对于"造舟"等制度的解释，或许可以较为真切地了解早期浮桥的若干特点，由此亦应当有益于深化对中国古代交通史的全面认识。[2]

---

1 《后汉书》，第 660—661 页。

2 王子今：《秦直道九原"度河"方式探讨》，《2012·中国"秦汉时期的九原"学术论坛专家论文集》，内蒙古人民出版社 2012 年 6 月版；《史念海先生百年诞辰纪念学术论文集》，陕西师范大学出版总社有限公司 2012 年 10 月版。

封

1. 秦穆公"封殽尸"故事

《说文·土部》："封，爵诸侯之土也。从之土，从寸。寸，守其制度也。公侯百里，伯七十里，子男五十里。"[1] 从《说文》的说法直接理解，"封"，似乎是一个行政史的概念。但是许多迹象表明，"封"也是交通史研究应当关注的对象。秦史中的相关事实，值得我们注意。

在考察秦国交通文化方面的特点时，不能不注意到秦人善于"远攻"[2]，较早就创造了以重兵军团大规模远征的历史纪录的事实。其最突出的一例，就是秦穆公时出兵谋取郑国，"径数国千里而袭人"一事。秦国历史上一段屈辱的记录，也正是因这次军事行动而引起的。

《史记》卷五《秦本纪》记载：秦穆公三十二年（前628），"郑人有卖郑于秦曰：'我主其城门，郑可袭也。'"秦穆公问蹇叔、百里奚，对曰："径数国千里而袭人，希有得利者。"然而秦穆公已经决意出军，命令百里奚的儿子孟明视、蹇叔的儿子西乞术及白乙丙将兵。"三十三年春，秦兵遂东。"秦军由于突袭的意图已经被郑国察觉，于是灭晋国之边邑滑。晋国发兵在殽阻截秦军，"击之，大破秦军，无一人得脱者，虏秦三将以归"。三将军由晋国回到秦国后，秦穆公素服郊迎，沉痛自责，说："三子何罪乎？子其悉心雪耻，毋怠。"并且"复三人官秩如故，愈益厚之"。

第二年，秦穆公派孟明视将兵伐晋，秦军不利，于是撤回。秦穆公三十六年（前624），"缪公复益厚孟明等，使将兵伐晋，渡河焚船，大败晋人"，秦军取晋国两城，以报殽之役战败之仇，"晋人皆城守不敢出"。《史记》卷五《秦本纪》还记载：

---

1 〔汉〕许慎撰，〔清〕段玉裁注：《说文解字注》，第687—688页。
2 《史记》卷七九《范雎蔡泽列传》，第2409页。

于是缪公乃自茅津渡河，封殽中尸，为发丧，哭之三日。乃誓于军曰："嗟士卒！听无哗，余誓告汝。古之人谋黄发番番，则无所过。"以申思不用蹇叔、百里奚之谋，故作此誓，令后世以记余过。君子闻之，皆为垂涕，曰："嗟乎！秦缪公之与人周也，卒得孟明之庆。"[1]

《史记》卷三九《晋世家》也有这样的记载："四年，秦缪公大兴兵伐我，度河，取王官，封殽尸而去。晋恐，不敢出，遂城守。"《左传·文公三年》则是这样记述这一史事的：

秦伯伐晋，济河焚舟，取王官及郊。晋人不出，遂自茅津济，封殽尸而还。遂霸西戎，用孟明也。[2]

所谓"封殽中尸"，"封殽尸而去"，"封殽尸而还"，杜预解释说："封，埋藏之。"而裴骃《集解》引贾逵曰："封识之。"分析当时的情形，当以贾逵说为是。

《史记》卷四九《外戚世家》褚先生补述："使者夜持棺往葬之，封识其处。"[3]"封"的意义的确主要在于"识"，而并非在于"葬"。

"封"，起初是动词，后来成为名词为社会普遍使用，指"封识"形成的地貌特征。

2. "封，界也"

封，就是筑起高大的土堆以为标识。《管子·形势解》："所谓平原者，下泽也。虽有小封，不得为高。"[4]《列子·杨朱》："积壤成封。"[5]有"聚土为

1 《史记》，第190—194页。
2 〔清〕阮元校刻：《十三经注疏》，第1840页。
3 《史记》，第1986页。
4 黎翔凤撰，梁运华整理：《管子校注》，第1175页。
5 杨伯峻撰：《列子集释》，第224页。

封"的说法。[1] 封，又成为名词，用以指隆起的地貌形式。[2]

封，因为标识显著，往往作为界定的标志。如《小尔雅·广诂》："封，界也。"[3]《吕氏春秋·孟春纪》高诱注："封，界也。"[4]《周礼·地官司徒·大司徒》郑玄注："封，起土界也。"[5]《庄子·齐物》说："夫道未始有封。"[6] 这里所说的"封"，一般解释为"封域""限域"（成玄英《疏》），也是指某种界限。四川青川郝家坪五十号战国墓出土了秦更修为田律木牍，内容是秦武王时关于田制的律令，其中写道：

> 以秋八月，修封埒，正疆畔。[7]

湖北云梦睡虎地秦简中整理者归入《法律答问》的内容中，也可见有关"封"的规定："'盗徙封，赎耐。'可（何）如为'封'？'封'即田千（阡）佰（陌）顷半（畔）'封'也，且非是？而盗徙之，赎耐，可（何）重也？是，不重。"就是说："私自移动'封'，应处以'赎耐'之刑。"什么叫"封"？"封"是农田路界，还是并非如此？私自移动就判处赎耐，是不是太重？回答说："封"就是农田路界。私自移动"封"而判处赎耐，处罚并不重。[8]

《史记》卷二七《天官书》所谓"视封疆田畴之正治"[9]，说的就是这种"封"。

---

1 《广雅·释诂三》："封，场也。"王念孙《疏证》："《周官》'封人'注：'聚土曰封。'"〔清〕王念孙撰，张靖伟等校点：《广雅疏证》，第 405 页。

2 如《汉书》卷九六上《西域传上》："（大月氏国）出一封橐驼。"颜师古注："脊上有一封也，'封'，言其隆高，若封土也。"第 3890 页。《后汉书》卷六《顺帝纪》："疏勒国献师子、封牛。"李贤注："封牛，其领上肉隆起若'封'然，因以名之。"第 263 页。

3 黄怀信撰：《小尔雅汇校集释》，三秦出版社 2003 年 1 月版，第 65 页。

4 许维遹撰，梁运华整理：《吕氏春秋集释》，第 10 页。

5 〔清〕阮元校刻：《十三经注疏》，第 702 页。

6 郭庆藩辑，王孝鱼整理：《庄子集释》，中华书局 1961 年 7 月版，第 83 页。

7 四川省博物馆、青川县文化馆：《青川县出土秦更修田律木牍》，《文物》1982 年 1 期；李学勤：《青川郝家坪木牍研究》，《文物》1982 年 10 期；胡平生、韩自强：《解读青川秦墓木牍的一把钥匙》，《文史》第 26 辑，中华书局 1986 年版。

8 睡虎地秦墓竹简整理小组断句原作："封'即田千佰。顷半（畔）'封'也，且非是？"译文作："'封'就是田地的阡陌。百亩田的田界是算作'封'，还是不算'封'？"《睡虎地秦墓竹简》，文物出版社 1978 年 11 月版，第 178—179 页。今据文义改正。

9 《史记》，第 1339 页。

37-2　青川木牍"秋八月，修封埒（埒）"文字

37-3　青川木牍"封高四尺"文字

37-1　青川木牍及摹本

"封"成为界标，虽然是后出之义，但是已经进入法律条文，并为社会普遍认可。

"封"的原义是堆聚土石，后来才又作为某种界域的标志，因而又称作"封表"。

秦穆公"封骰尸"，绝不仅仅是简单地掩埋四年前阵亡士卒的尸骨，如杜预所谓"埋藏之"，而是修建了高大的夯土建筑，以作为国耻的永久性的纪念。秦穆公"令后世以记"的用心，是期望通过这种"封"来实现的。

西汉名将霍去病曾率军远征大漠以北，破匈奴，"封狼居胥山"[1]，东汉时，窦宪、耿夔等击溃匈奴，深入北方荒漠追击三千余里，"铭功封石"而还[2]，也都是以"封"作为永久性纪念形式的典型史例。

在交通道路上的"封"，据说又有分程记里的作用。但是"封"的原始涵义也可以由此得到说明。古代交通道路管理曾经有以所谓"封堠"划界分程的制度，据说五里一封堠，十里双封堠，有的学者引据经典，指出黄帝游幸天下时，"道路有记里堆"，因而以为"封堠"之制，启始于黄帝时代。[3] 这样的分析，可能是比较接近历史真实的。

3. 秦直道的"石关""封峦"

据《史记》卷一一七《司马相如列传》，司马相如《上林赋》写道："蹶石关，历封峦，过鳷鹊，望露寒。"裴骃《集解》："案：《汉书音义》曰：'皆甘泉宫左右观名也。'"[4]《文选》卷八李善注引张揖曰："此四观，武帝建元中作，在云阳甘泉宫外。"[5] 也就是说，甘泉宫外有石关观、封峦观。

1　《史记》卷一一一《卫将军骠骑列传》："封狼居胥山，禅于姑衍，登临翰海。"《史记》卷一一〇《匈奴列传》："骠骑封于狼居胥山，禅姑衍，临翰海而还。"第 2936 页、第 2911 页。

2　《后汉书》卷八九《南匈奴列传》，第 2967 页。

3　〔明〕杨慎：《丹铅总录》卷二《地理类》"封堠疆埒"条，《景印文渊阁四库全书》，第 855 册第 354 页。

4　《史记》，第 3037 页。

5　〔梁〕萧统编，〔唐〕李善注：《文选》，第 128 页。

汉武帝可能确曾于甘泉宫外置此观，而石关观之定名，当因"石门山"。《三辅黄图》卷五有"石阙观封峦观"条，其中写道：

> 石阙观，封峦观。《云阳宫记》云："宫东北有石门山，冈峦纠纷，干霄秀出，有石岩容数百人，上起甘泉观。"《甘泉赋》云："封峦石阙，弈施乎延属。"

陈直按："'石阙'，今本《汉书·扬雄传》所载《甘泉赋》作'石关'。《铙歌·上之回》亦作'石关'。又《甘泉赋》云：'度三峦兮偈棠梨。'李善注以为'三峦'即'封峦关'。"[1]

汉甘泉宫附近确有"石关"，即今陕西旬邑石门乡的石门山。石门山，当地人称"石门关"，至今东西横亘数里，临北石壁陡立，中开一阙，如天设石门。石门关以南不远，就是位于陕西淳化安子哇乡的汉甘泉宫遗址，向北则正当秦始皇时代所开通的由甘泉直抵九原的纵贯南北的"直道"。直道是蒙恬主持修筑的军事交通工程[2]，至今地面保存的道路遗迹往往宽达五十米至六十米。而"封峦"，应当是直道左近具有标识意义的可能上有人为建筑设施的高地。

司马相如去世时，"遗札言封禅事"，其中再一次说到"封峦"："厥之有章，不必谆谆。依类托寓，谕以封峦。"[3]这里所说的"封峦"，很可能也与《上林赋》中所谓"封峦"有关。扬雄《甘泉赋》："封峦石关，施靡乎延属"，刘歆《甘泉宫赋》："封峦为之东序，缘石阙之天梯"，也都说到"封峦"和"石关""石阙"的关系。[4]

---

1 陈直：《三辅黄图校证》，陕西人民出版社1980年5月版，第128页。
2 《史记》卷六《秦始皇本纪》："三十五年，除道，道九原抵云阳，堑山堙谷，直通之。"《史记》卷一五《六国年表》："为直道，道九原，通甘泉。"《史记》卷八八《蒙恬列传》："始皇欲游天下，道九原，直抵甘泉，乃使蒙恬通道，自九原抵甘泉，堑山堙谷，千八百里。"司马迁曾经感叹道："吾适北边，自直道归，行观蒙恬所为秦筑长城亭障，堑山堙谷，通直道，固轻百姓力矣。"第256页、第758页、第2566页、第2570页。
3 《史记》卷一一七《司马相如列传》，第3072页。
4 王子今、张在明：《秦始皇直道沿线的扶苏传说》，《民间文学论坛》1992年2期；王子今、焦南峰：《秦直道石门琐议》，《秦俑秦文化研究——秦俑学第五届学术讨论会论文集》，陕西人民出版社2000年8月版。

4. "封"与"鄂博""敖包"

考虑到"封"曾经作为交通道路里程标志的事实,自然会注意到秦穆公置"封"的毅地,正在秦人东向进取必经的大道旁。

藏族往往在路边堆积石块,称之为"玛尼堆"。[1] 蒙古族则称之为"鄂博""敖包"。[2] 土族则称作"俄博""雷台"。[3] 其性质,可能在于设置道路标识。也有人以为有界标的意义:"各游牧交界之处,无山河为志者,或平原,或沙碛,皆垒石为志,曰'鄂博'。"[4] 门巴族把垒这种石堆称作"玛尼朵个"。[5] 在山口、村头和许多重要路段,往往都可以看到人工有意堆筑的石堆。人们行旅途经此地,大都手拾石块置放在石堆上,也有人在这里专心系挂上事先准备好的经幡和彩条等。清人祁韵士《西陲竹枝词一百首》中,有说到"鄂博"的:

鄂　博

告虔祝庇雪和风,垒石施金庙祀同。

塞远天空望不极,行人膜拜过残丛。

1　有人把"藏族常于过往要道把刻有佛教六字真言的石块垒砌成堆,以供行人巡礼,谓之'嘛呢堆'",列为"藏族佛教宗教建筑、圣地和场所"的内容之一(参看《中国各民族宗教与神话大词典》,学苑出版社1990年10月版,第727页),似乎没有察见其原始的文化涵义。但"过往要道"的位置特征值得注意。

2　《绥蒙辑要》[民国二十五年铅印版,《中国地方志民俗资料汇编》(华北卷),北京图书馆出版社,1989年5月版,第737页]一书写道:"所谓'鄂博'者,即垒碎石,或杂柴、牛马骨为堆,位于山岭或大道,蒙人即以为神祇所凭,敬之甚虔。故遇有疾病、求福等事,辄惟'鄂博'是求。寻常旅行,偶过其侧,亦必跪祷,且必垒石其上而后去。"

3　据调查,"凡在土民居住地方的三岔路口或是山墼口处都有这种'俄博'。因为土民相信'俄博'能抵挡恶风与邪气。他们认为在这些容易有邪怪侵入的地方,立了'俄博'便可挡住。""在土民居住的村口或私人住宅的门口常可见到一个小土台称为'雷台'。认为这是镇压邪魔鬼怪,保佑家宅或全村平安的。"立台的方法和"俄博"相仿。陈永龄等:《青海土族民间信仰》,《青海土族社会历史调查》,青海人民出版社1985年11月版,第42页。

4　《大清会典》卷七九,《景印文渊阁四库全书》,第619册第735页。

5　据调查,"墨脱地区交通不便,路途艰险,门巴人外出时有'玛尼朵个'的习俗,与藏族相同。'玛尼朵个',意为'垒石堆'。在危险的山口或路段旁,可以看到悬挂着布条、经幡和彩条的大石堆。这是门巴人每路过此地时,人手拾一石块或准备好的布条、经幡等堆挂而成的,民间认为这样做是以求鬼神赐福消灾,沿途平安,交换顺利"。李坚尚等:《关于墨脱县门巴族社会历史若干问题的补充调查》,《门巴族社会历史调查(二)》,西藏人民出版社1988年6月版,第55—56页。

遇者必祭，或插箭，或置财物而去。[1]

方观承《从军杂记》写道："峰岭高处，积乱石成冢，名'鄂博'，谓神所栖，经过必投以物，物无择，马鬃亦可。"阮葵生《蒙古吉林风土记》也说："垒石象山冢，悬帛以致祷，报赛则植木表，谓之'鄂博'。过者无敢犯。"又纪昀《乌鲁木齐杂记》说："'鄂博'者，累碎石为蕞以祀神，番人见之多下马。"[2]

"鄂博""敖包"一般位于大道重要路段，而"垒石""积乱石""垒碎石"的形式，以及"行人""过者"诚心尊事的态度，也都使人很自然地联想到古时的"封"。

有的研究者指出，"敖包所祭，最初自然是祖先的魂灵，逐渐人们又把它看成本地诸神灵的汇聚之所，因之演变成了包罗万象的祭祀场所"。[3]

这种道路标识具有宗教意义，可能是时代相对晚近的事。不过，这一事实也可以说明为重要道路建置路标，可能很早就是十分郑重严肃，被赋予某种神秘意义的行为。

古代所谓"封"，性质可能与此类似。

《史记》卷一二三《大宛列传》说到乌孙、康居、大月氏等国都是草原"随畜移徙"的所谓"不土著"的"行国"。[4]我们可以看到，"封"以及类似的文化存在，大都出现在以大漠荒原旷野作为主要活动地域的部族中，大都出现在以交通形式作为生产生活主要形式的部族中。

秦人对"封"是予以相当程度的重视的。有的学者甚至认为，"秦俑坑的性质乃是为表彰统一全国的军功所树的纪念碑式的'封'"。[5]秦人对"封"

1　山西省文献委员会编：《山右丛书初编·西陲要略附》，1934 年。

2　白·特木尔巴根辑注：《汉籍蒙古族民俗文献辑注》，民族出版社 2011 年 8 月版，第 166 页、第 178 页。

3　刘小萌、定宜庄：《萨满教与东北民族》，吉林教育出版社 1990 年 3 月版，第 51 页。

4　《史记》卷一二三《大宛列传》："乌孙在大宛东北可二千里，行国，随畜，与匈奴同俗。""康居在大宛西北可二千里，行国，与月氏大同俗。""大月氏在大宛西可二三千里，居妫水北，其南则大夏，西阿安息，北则康居。行国也，随畜移徙，与匈奴同俗。""行国"，裴骃《集解》："徐广曰：'不土著。'"第 3161 页。

5　林剑鸣：《秦俑之谜》，《文博》1985 年 1 期。

的突出重视，有可能是以曾经长期从事畜牧业经济为背景的。这一特殊的文化信号，同时也体现出秦人与西北草原游牧民族相互间曾经有较密切的文化交往，彼此又具有一定的文化共同性。[1]

分析秦史文化信息中有关"封"的内容，可以从新的角度理解文明史的初步发展和交通史的初步发展之间的联系，也有助于我们更真切地认识秦文化的独特面貌。

5. 秦军史和罗马军史的对读

记述公元 14 年至公元 15 年间史事的塔西佗《编年史》第一卷中，可以看到日耳曼尼库斯·凯撒率领的罗马军队进军到埃姆斯河和里普河之间的情形：

> 现在他们离开提乌托布尔格森林已经不远了，据说伐鲁斯和他的军团士兵的尸体还留在那里没有掩埋。
>
> 这时日耳曼尼库斯极想对这些阵亡的士兵和他们的统帅表示最后的敬意；他所率领的士兵则想到他们的亲属和友人，想到战争和人类命运的变幻无常，不由得有了感伤怜悯之情。凯奇纳奉令先去探查人迹罕到的林中小道，并在遍处是水的沼泽地和不坚实的地面上架桥铺路。在这之后，大军就到这块看起来和回想起来都非常阴森可怕的地方来了。他们看到伐鲁斯的第一个营地，营地广阔，每隔一段距离都有安置军官和军旗的地方，这一情况表明这乃是三个军团的劳动成果；此外还可以看到一些已经一半颓圮的土墙和一道浅沟，那是残兵败将们在被击溃之前用作掩护的所在。在这附近的平原上是分散的或是成堆的白骨，因为有的人是分头逃命，有的人则没有跑动。在那里

1　参看王子今：《应当重视秦人与西方北方部族文化交往的研究》，《秦陵秦俑研究动态》1991 年 3 期。

还有残破的投枪和战马的肢体，还有钉在树干上的骷髅，十分显眼。在附近的森林里有一些蛮族的祭坛，罗马军队的军团将领和主力的百人团长就是在这里被日耳曼人处死的。当时逃出战场或挣脱他们的锁链的那些幸免于祸的人则叙述副帅们在什么地方阵亡，军旗在什么地方被夺走，伐鲁斯在什么地方第一次负伤，在什么地方他用自己那不幸的手结束了性命。……

就这样，罗马军队在六年之后，来到这个灾难场所掩埋了这三个军团的士兵的遗骨；谁也不知道自己掩埋的是一个生人还是一个亲人的尸骨，但是他们却把这些尸骨作为朋友和亲人的尸骨埋葬起来，他们在内心满怀对敌人的愤怒，他们感到悲哀和憎恨。

在修建坟山的时候，凯撒放置第一份草土，用以表示对死者的衷心尊敬并与大家一同致以哀悼之忱。[1]

罗马军队统帅日耳曼尼库斯·凯撒的做法，和秦穆公所谓"封殽尸"何其相像！罗马军人们所"修建"的"坟山"，是不是和秦穆公为"封识之"而修建的"封"属于性质相类的建筑形式呢？[2]

---

1 塔西佗：《编年史》，王以铸等译，商务印书馆 1981 年 4 月版，第 1 卷，第 51—52 页。
2 王子今：《秦"封"试探》，《秦陵秦俑研究动态》1997 年 2 期。

复壁

1. 广州陶屋"密闭的小室"

通过一些汉代的建筑遗迹和建筑模型，可以看到当时基本社会物质生活内容"衣食住行"中的"住"的形式，也就是住宅建筑中存在一种特殊的结构——"复壁"。

通过对这种特殊的居住遗存的分析，可以更全面更具体地了解当时社会生活的若干细节。

汉代文物资料中可以看到这种建筑形式的存在。

广州东汉前期墓葬出土的一件陶屋模型（编号4007∶2），据发掘报告描述，屋一侧构筑一"密闭的小室"结构。"小室"狭长，长可七厘米，宽不足一厘米。[1]

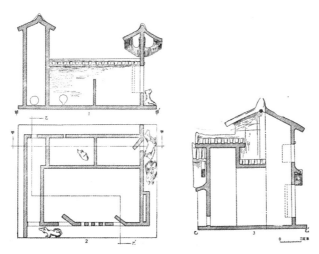

38-1　广州汉墓出土陶屋模型结构图

1　广州市文物管理委员会、广州市博物馆：《广州汉墓》，文物出版社 1981 年 12 月版，上册第336—337 页。

2. 陕县刘家渠汉墓和武威雷台汉墓建筑模型

河南陕县刘家渠八号汉墓中出土一件陶制房屋模型也有与广州陶屋（4007∶2）类似的结构。不同之处是在密闭部分的高处开一扇小窗。发掘报告称："后屋内竖'隔山'，分屋为两部分，右山墙上开小窗一个。"[1] 这座墓葬的年代为东汉后期。

甘肃武威雷台汉墓年代也属于东汉晚期，墓中出土的陶制楼院模型，"院墙内左中右三面又设复墙，每面复墙各开小门。后面复墙中隔为二"。[2] 考察陈列于甘肃省博物馆的实物，可以看到"中隔为二"的"后面复墙"仅开一门，另一段"复墙"内则成为与外界并无门径相通的密闭结构。这不会是出于模型制作者的疏忽，而应是对当时某种建筑形式的真实反映。

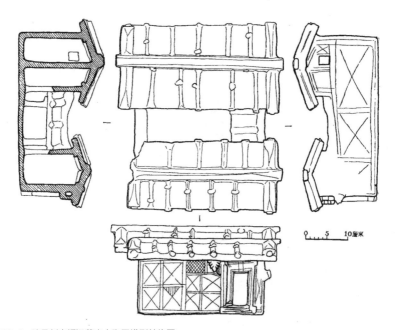

38-2　陕县刘家渠汉墓出土陶屋模型结构图

1　黄河水库考古工作队：《河南陕县刘家渠汉墓》，《考古学报》1965 年 1 期。

2　甘肃省博物馆：《武威雷台汉墓》，《考古学报》1974 年 2 期。

3. 汉代建筑遗址所见"隔道"

在一些汉代建筑遗址中，也可以看到这种建筑结构的遗存。

例如疏勒河汉代边塞遗址中多有被称为"隔道"的结构，如 T.4.b、T.5，T.6.c、T.12.a、T.19、T.22.d 等遗址均有发现。埋藏 8 张粟特文书信的灰层，就堆积在 T.12.a 烽燧中"一条窄长的隔道"内，同一地点还出土有 3 支汉简和 1 件佉卢文帛书。T.19 烽燧遗址的"隔道"中也出土汉简。这种"隔道"，宽度往往只有 1 米左右，有的被误认为"可能是火墙或炕之类的遗存"。[1]

楼兰汉魏遗址中也可以看到这类现象，如 LA.Ⅱ.ii 号房址是"宽不足 2 米的窄长房屋"，1901 年斯文赫定在此清理出 120 支木简，157 件汉文纸书。相邻的 LA.Ⅱ.iv 号房址，长 8.5、宽仅 1.22 米。[2]

居延汉代边塞遗址中也多见这种建筑形式。例如被推定为珍北候官所在的 A1 遗址中，"障内西部有一长方形房子，西壁、北壁和障墙之间空出 1 米左右的夹道。墙涂白灰，落下的一片上有'羊头石五百'等字。在北夹道内的第二地点掘获汉简约 50 枚"，同出封检、绢帛等多种文物。[3]

初师宾曾经注意到居延边塞遗址建筑遗存中的这一特征。他说："居延发掘中，曾逢到一些形状、结构较特殊而用途又不明的房屋，有的类似夹道，有的四面有壁而缺少门户。这些建筑，给人以'暗室''夹壁'的感觉。"他认为这种建筑结构可能与 E.P.T57：108 简文"毋非常屋"中的"非常屋"有关。这种"非常屋"可能与《汉书》卷二七下之上《五行志下之上》所载长安宫禁中的"非常室"功用相类，同属安全设施。"可能是'备非常'的密室，或设暗门复道，倘发生意外不测，瞬即可藏避，隐去。"[4]

1 林梅村、李均明编：《疏勒河流域汉代边塞遗址概述》，《疏勒河流域出土汉简》，文物出版社 1984 年 3 月版，第 21 页。

2 林梅村编：《楼兰尼雅遗址概述》，《楼兰尼雅出土文书》，文物出版社 1985 年 2 月版，第 14 页。

3 中国社会科学院考古研究所：《额济纳河流域障燧述要》，《居延汉简甲乙编》，中华书局 1980 年 12 月版，下册第 299 页。

4 初师宾：《汉边塞守御器备考略》，《汉简研究文集》，甘肃人民出版社 1984 年 9 月版，第 199 页。

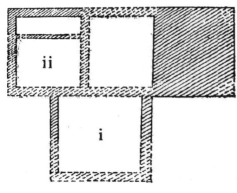

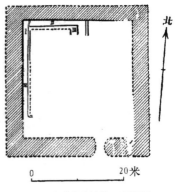

38-3 疏勒河汉代边塞遗址 T.22.d 烽燧平面图　　38-4 居延汉代边塞遗址 A1 平面图

4. 汉宫"非常室"

《汉书》卷二七下之上《五行志下之上》记载郑通里男子王褒闯入宫中的非常事件，又以他进入了"非常室"，又有特别"非常"的言行，而导致了极其"非常"的影响：

> 成帝绥和二年八月庚申，郑通里男子王褒衣绛衣小冠，带剑入北司马门殿东门，上前殿，入非常室中，解帷组结佩之，招前殿署长业等曰："天帝令我居此。"业等收缚考问，褒故公车大谁卒，病狂易，不自知入宫状，下狱死。是时王莽为大司马，哀帝即位，莽乞骸骨就第，天知其必不退，故因是而见象也。姓名章服甚明，径上前殿路寝，入室取组而佩之，称天帝命，然时人莫察。后莽就国，天下冤之，哀帝征莽还京师。明年帝崩，莽复为大司马，因是而篡国。[1]

王褒的行为，被看作与后来王莽"篡国"有关的事件。

通过《汉书》卷二七下之上《五行志下之上》的记载我们可以知道，长安宫中"前殿"有"非常室"。室中有"帷"，"帷"有"组"[2]，其中装设

---

1 《汉书》，第 1475 页。
2 颜师古注："组，绶类，所以系帷，又垂以为饰也。佩带之。"《汉书》，第 1476 页。

齐全。

边塞军事建筑遗存中所见"隔道""暗室""夹壁"一类结构，其实也多出现于一般住宅建筑中。大致在东汉以后，史籍多称此为"复壁"。

5. 伯玉藏身处

《后汉书》卷三四《梁冀传》记载了梁冀与汉顺帝遣归美人友通期私通生子，担心其妻孙寿相害，不得不深藏的故事：

> 初，父商献美人友通期于顺帝，通期有微过，帝以归商，商不敢留而出嫁之，冀即遣客盗还通期。会商薨，冀行服，于城西私与之居。寿伺冀出，多从仓头，篡取通期归，截发刮面，笞掠之，欲上书告其事。冀大恐，顿首请于寿母，寿亦不得已而止。冀犹复与私通，生子伯玉，匿不敢出。寿寻知之，使子胤诛灭友氏。冀虑寿害伯玉，常置复壁中。[1]

"复壁"可以"常置"，应有起码的生存空间，然而出于保密要求，又不能不尽量限制其结构，以求隐蔽。

6. 赵岐故事

赵岐避仇逃亡，被孙嵩迎至家中，倾心款待。藏身之处，也是复壁。《后汉书》卷六四《赵岐传》记载：

> 先是中常侍唐衡兄玹为京兆虎牙都尉，郡人以玹进不由德，皆轻侮之。岐及从兄袭又数为贬议，玹深毒恨。延熹元年，玹为京兆尹，

---

1 《后汉书》，第1180页。

岐惧祸及，乃与从子戬逃避之。玹果收岐家属宗亲，陷以重法，尽杀之。岐遂逃难四方，江、淮、海、岱，靡所不历。自匿姓名，卖饼北海市中。时安丘孙嵩年二十余，游市见岐，察非常人，停车呼与共载。岐惧失色，嵩乃下帷，令骑屏行人。密问岐曰："视子非卖饼者，又相问而色动，不有重怨，即亡命乎？我北海孙宾石，阖门百口，势能相济。"岐素闻嵩名，即以实告之，遂以俱归。嵩先入白母曰："出行，乃得死友。"迎入上堂，飨之极欢。藏岐复壁中数年，岐作《厄屯歌》二十三章。[1]

赵岐不仅在复壁中藏身多年，似乎还在这样的条件下进行了文学创作。

7. 三国"复壁"史迹

不仅一般官第和民居，宫殿建筑中也有"复壁"。《三国志》卷一《魏书·武帝纪》裴松之注引《曹瞒传》：

> （曹操）遣华歆勒兵入宫收后，后闭户匿壁中。歆坏户发壁，牵后出。[2]

事又见《后汉书》卷一〇下《皇后纪下·献帝伏皇后》。

《三国志》卷六《魏书·袁绍传》裴松之注引《英雄记》记述袁绍与公孙瓒界桥会战情形："瓒部迸骑二千余匹卒至，便围绍数重，弓矢雨下。别驾从事田丰扶绍欲却入空垣，绍以兜鍪扑地曰：'大丈夫当前斗死，而入墙间，岂可得活乎？'"[3]这里所谓"空垣""墙间"，很可能也是指"复壁"，即供避祸藏身匿财的双层夹墙。

---

1 《后汉书》，第 2123 页。

2 《三国志》，第 44 页。

3 《三国志》，第 193—194 页。

8. "复壁"出现的社会背景与技术条件

"复壁"这种特殊建筑形式的出现和广泛分布，有相应的时代背景和社会原因。西汉中晚期，政治地位和经济实力不断上升的富家豪族已经十分注重住宅建筑的经营，往往"并兼列宅，隔绝闾巷，阁道错连，足以游观，凿池曲道，足以骋骛"。[1]《西京杂记》卷三说，茂陵富豪袁广汉宅院，"屋皆徘徊连属，重阁修廊，行之移晷，不能遍也"。[2]汉代墓葬复杂的结构，随葬建筑明器精致的制作，以及画象资料所反映的宅院形式，都体现了崇尚曲复精妙的风格。崇楼深宅的审美倾向和住居追求以及相应的技术实践，为"复壁"的出现提供了条件。

"复壁"风行最盛时，正当西汉末至于东汉。这时阶级矛盾十分尖锐，社会上下危机四伏。这正是"复壁"产生的政治前提。从同期的出土文物资料可以看到，以前多见的重檐广宇、凤阙云楼，已被森严峭拔的坞堡碉台所替代。第宅建筑中，也出现了专门用以匿财藏身的秘密结构。汉光武皇后的弟弟郭况据说"累金数亿"，"庭中起高阁长庑"，"阁下有藏金窟，列武士以卫之"，"里语曰：'洛阳多钱郭氏室……'"，"故东京谓郭氏家为琼厨金穴"。[3]梁冀大起第舍，"堂寝皆有阴阳奥室，连房洞户"。[4]"复壁"在社会生活中的应用，就是在这种时代条件下发生的。

"复壁"的出现与普及，又与当时的建筑技术有直接关系。

"复壁"出现的早期形式，是在夯土墙中留置或凿出空腔。《史记》卷一二一《儒林列传》记载伏生壁藏图书事[5]，《汉书》卷五三《景十三王传·鲁恭王刘余》记载"坏孔子旧宅以广其宫"，"于此壁中得古文经传"事，[6]《论衡·正说》记载"河内女子发老屋，得逸《易》《礼》《尚书》各一

---

1 《盐铁论·刺权》。王利器校注：《盐铁论校注》（定本），第 121 页。

2 〔汉〕刘歆撰，〔晋〕葛洪辑，向新阳、刘克任校注：《西京杂记校注》，第 130 页。

3 〔晋〕王嘉撰，〔梁〕萧绮录，齐治平校注：《拾遗记》卷六，第 150 页。

4 《后汉书》卷三四《梁冀传》，第 1181 页。

5 《史记》卷一二一《儒林列传》："秦时焚书，伏生壁藏之。"第 3124 页。《汉书》卷三〇《艺文志》："秦燔书禁学，济南伏生独壁藏之。"第 1706 页。

6 《汉书》，第 2414 页。

篇"事，[1] 都在文化史上留下鲜明印迹。《后汉书》卷四六《陈宠传》记载，陈咸"成、哀间以律令为尚书"，王莽执政，陈咸以持不同政见辞官避世，"收敛其家律令书文，皆壁藏之"。[2]《后汉书》卷五七《杜根传》又说到杜安"壁藏"信札的故事[3]，《三国志》卷二三《魏书·杜袭传》裴松之注引《先贤行状》记作"常凿壁藏书"[4]。注意到这些史事，或可有助于理解汉代西北边塞中"隔道""夹道"内往往多出土简牍文书的原因。

《史记》卷八九《张耳陈余列传》说，汉高祖八年（前199），刘邦过赵，谋刺刘邦的赵相贯高等"乃壁人柏人，要之置厕"。注家多以为即在"复壁"中埋伏刺客。司马贞《索隐》："谓于柏人县馆舍壁中著人，欲为变也。"又引张晏云："凿壁空之，令人止中也。""云'置厕'者，置人于复壁中，谓之置厕，厕者隐侧之处，因以为言也。"[5] 然而在夯土建筑中要开凿"复壁"，并保持夯土墙的强度，只有在"厚其基而后求其高"[6] 的大型建筑中方能实现。汉长安城武库第七遗址内的夯土隔墙最宽处达9.6米。在这样宽厚的墙内开凿龛室，当不致影响墙壁对于梁架屋顶重量的承受能力。遗址中"在第一、二隔墙的西壁，第三隔墙的东壁夯土墙内有一部分柱础石"，发掘者认为"为研究西汉建筑史提供了重要资料"。[7] 这一罕见现象，很可能与类似"复壁"的结构有关。在夯土隔墙中构筑"复壁"，或许就是隔墙宽度甚至超过外墙的原因。据《汉书》卷六七《胡建传》记载，某监军御史"穿北军垒垣以为贾区"，被胡建处死。"贾区"，颜师古注："区者，

1　黄晖撰：《论衡校释》（附刘盼遂集解），第1124页。

2　《后汉书》，第1547页。

3　《后汉书》卷四三《乐恢传》李贤注引《华峤书》："安亦节士也，年十三入太学，号奇童。洛阳令周纡自往候安，安谢不见。京师贵戚慕其行，或遗之书，安不发，悉壁藏之。及后捕案贵戚宾客，安开壁出书，印封如故。"第1478页。《后汉书》卷五七《杜根传》："京师贵戚慕其名，或遗之书，安不发，悉壁藏之。及后捕案贵戚宾客，安开壁出书，印封如故，竟不离其患，时人贵之。"第1839页。

4　《三国志》，第664页。

5　《史记》，第2583—2584页。

6　《盐铁论·未通》。王利器校注：《盐铁论校注》（定本），第191页。

7　中国社会科学院考古研究所汉城工作队：《汉长安城武库遗址发掘的初步收获》，《考古》1978年4期。

小室之名，若今小庵屋之类耳。"[1] 这位监军御史能够在军垒墙上开凿窑窟，说明当时在夯土墙上经营附加建筑是普遍的现象。这样的建筑方式，可以为构筑"复壁"提供技术保证。

我国住宅建筑形式在汉代曾经历了重要的演变，其主要特征是由半地下建筑转变为地面建筑，并逐渐普遍使用砖瓦作主要建筑材料。陈明达认为："似乎半穴居式的建筑，到西汉还较普遍。而在同一地方所发掘到的东汉房址，就已有全部建筑在地面上的，而且是砖柱砖墙。"[2] 中国古代建筑史上这一普遍影响社会居住条件的重要转折的发生，大体正当两汉之际。当时，砖的质量已比较精良，铁工具的广泛使用也促进了石作技术的发展。砖石结构建筑的普遍出现，自然也可以为东汉"复壁"较为普及提供必要的物质条件。

9. 后世的"复壁"

汉代建筑的"复壁"结构对后代建筑有一定影响。《晋书》卷九八《沈充传》记载，沈充被吴儒诱杀于"重壁"中。[3]"重壁"应当就是我们讨论的"复壁"。《隋书》卷五五《尔朱敞传》记述了利用"复壁"藏身的故事。尔朱敞在"复壁"中躲藏竟然长达三年。[4]《旧唐书》卷一五《宪宗纪下》："京城大索，公卿节将复壁重轑者皆搜之。"[5]《旧唐书》卷一六九《郑注传》也记载："注起第善和里，通于永巷，长廊复壁，日聚京师轻薄子弟、方镇将史，以招权利。"[6] 可知"复壁"是贵族高官宅第常见的建筑结构。《旧唐

---

1 《汉书》，第 2910 页。

2 陈明达：《建国以来所发现的古代建筑》，《文物参考资料》1959 年 10 期。

3 《晋书》，第 2567 页。

4 《隋书》卷五五《尔朱敞传》："……遂入一村，见长孙氏媪踞胡床而坐。敞再拜求哀，长孙氏愍之，藏于复壁三年。购之愈急，迹且至，长孙氏曰：'事急矣，不可久留。'资而遣之，遂诈为道士，变姓名隐嵩山。"1375 页。

5 《旧唐书》，第 453 页。

6 《旧唐书》，第 4400 页。

书》卷一〇六《李林甫传》："自以结怨于人，常忧刺客窃发，重扃复壁，络板甃石，一夕屡徙，虽家人不之知。"[1]《旧唐书》卷一六九《王涯传》记载，王涯被处死，"涯家书数万卷，侔于秘府。前代法书名画，人所保惜者，以厚货致之。不受货者即以官爵致之。厚为垣窍而藏之复壁。至是人破其垣取之，或剔取函奁金宝之饰与其玉轴而弃。"[2] "复壁"通常用来收存珍爱宝物。据《旧唐书》卷一八〇《张直方传》，左金吾大将军张直方虽然投降了黄巢军，依然多纳亡命，掩护唐旧臣。他在宅中庇匿的唐政权豪贵，竟多达数百人。《资治通鉴》卷二五四"唐僖宗广明元年"记载，张直方"匿公卿于复壁，巢杀之"。[3] 他保护"公卿"的方式，是利用了"复壁"这种特殊的建筑结构。

据《明史》卷一八七《马中锡传》说到"大盗张茂"的住宅形式："茂家高楼重屋，复壁深窖，素招亡命为逋逃主。"[4] 也体现了"复壁"用以匿藏的特殊作用。

"复壁"这种建筑形式在历史上延续很久，直至近世依然在民间使用。从现有资料看，其最初出现和普及可能是在汉代。由于"复壁"是一种主要用于应急避难的特殊的建筑结构，设计的出发点首先突出隐秘性，因而在出土汉代反映建筑结构的画象中尚未看到明确的有关"复壁"的画面，随葬明器中也极少发现表现"复壁"的模型。但是，如果我们在今后的考古发掘中做细致的工作，就有可能在汉代建筑遗址中进一步认识"复壁"的具体形制。[5]

---

1 《旧唐书》，第 3241 页。《新唐书》卷二二三上《李林甫传》："林甫自见结怨者众"，"所居重关复壁，络版甃石，一夕再徙，家人亦莫知也"。第 6344 页。

2 《旧唐书》，第 4405 页。

3 〔宋〕司马光编著，〔元〕胡三省音注，"标点资治通鉴小组"校点：《资治通鉴》，第 8243 页。

4 《明史》，第 4952 页。

5 王子今：《汉代建筑中所见"复壁"》，《文物》1990 年 4 期。

珰·当

1."裁金璧以饰珰"

瓦当是中国古代建筑具有特殊文化意义的构件，其美学价值长期为人们称道。瓦当研究，也是学界关注的课题。

《文选》卷一班固《西都赋》："雕玉瑱以居楹，裁金璧以饰珰。发五色之渥彩，光爥朗以景彰。"前句李善注："言雕刻玉礩以居楹柱也。"对于所谓"裁金璧以饰珰"，李善解释说："《上林赋》曰：华

39-1　中国国家博物馆藏鹿纹瓦当拓片

榱璧珰。韦昭曰：裁金为璧，以当榱头。"[1]刘良的解说，也将"珰"与"榱头"联系起来："良曰：雕，刻楹柱也。瑱，柱下石也。珰，椽头饰也。渥，润也。言刻玉为柱石，以金璧饰椽端，润以五色光焰，朗然景影彰明也。"[2]

"珰"应即通常所说的瓦当。

2. 瓦当"椽头饰"说疑议

对于瓦当在建筑结构中的功用，有学者说："瓦当的作用是用以蔽护屋

---

1 〔梁〕萧统编，〔唐〕李善注：《文选》，第25页。
2 〔梁〕萧统编，〔唐〕李善、吕延济、刘良、张铣、吕向、李周翰注：《六臣注文选》，第28页。

檐。"[1] 权威性的解说亦谓瓦当是"古代建筑檐头筒瓦前端的遮挡"。[2] 或解释为"覆盖在屋檐头的瓦的前端"。[3] 这样的意见应当说是正确的。有的学者又认为，瓦当更直接的作用是保护"屋檐椽头"："瓦当为房屋檐际之盖头瓦，俗称筒瓦头。""古代建筑施瓦，恒以板瓦栉比仰置，于两行板瓦之间，必以筒瓦复之，待复至檐际时，则施以带瓦头之筒瓦。瓦当正值众瓦之底，既可遮挡两行板瓦下部之缝隙，又收保护屋檐椽头免受雨侵日晒之效，且使建筑实体更加牢固而美观。"[4] 有学者说："瓦是覆盖建筑物屋顶的用材，瓦当是筒瓦的瓦头，可以使屋顶檐部的椽头免受风雨侵蚀而延长建筑物的寿命。"[5] 或说："瓦当，这种古代宫殿屋檐上的建筑构件，是保护檐椽不受风雨侵袭的屏障。"[6] "瓦当是古代建筑材料之一，起着保护椽头和屋檐的作用。"[7] "可以使屋顶的檐部椽头免遭风雨侵蚀。"[8] "瓦当之使用"，首先"可保护屋檐椽头免受日晒雨浸，延长建筑物之寿命"。[9]

陈直对于"瓦当释义"，也曾经这样写道：

汉瓦如兰池宫当、宗正官当之类，皆自称为当。旧说据《韩非子·外储》说："玉卮无当。"注家谓当底也，瓦复檐际者，正当众瓦之底，又栉比于檐端，瓦瓦相值，故有当之名。余谓瓦复于檐际，在众瓦之上，不在众瓦之底，以当训底，甚属牵强。班固《西都赋》云："裁金璧以饰珰。"《文选》注引韦昭说，裁金璧以为椽头。则珰谓

1　陕西省考古研究所秦汉研究室：《〈新编秦汉瓦当图录〉序》，《新编秦汉瓦当图录》，三秦出版社 1986 年 12 月版，第 1 页。

2　吴荣曾：《瓦当》，《中国大百科全书·考古学》，中国大百科全书出版社 1986 年 8 月版，第 538 页。

3　〔日〕村上和夫：《中国古代瓦当纹样研究》，丛苍、晓陆译，三秦出版社 1996 年 11 月版，第 17 页。

4　刘士莪：《秦汉瓦当概论》，《西北大学藏瓦选集》，西北大学出版社 1987 年版，第 1 页。

5　徐锡台、楼宇栋、魏效祖：《周秦汉瓦当概述》，《周秦汉瓦当》，文物出版社 1988 年 10 月版，第 1 页。

6　李发林：《齐故城瓦当》，文物出版社 1990 年 2 月版，第 1 页。今按：所谓瓦当只是"古代宫殿屋檐上的建筑构件"的说法，对于瓦当应用建筑类型的限定，显然过于狭窄了。

7　傅嘉仪：《中国瓦当艺术概论》，《中国瓦当艺术》，上海书店出版社 2002 年 8 月版，第 1 页。

8　刘怀君、王力军：《秦汉珍遗：眉县秦汉瓦当图录》，三秦出版社 2002 年 5 月版，第 5 页。

9　申云艳：《中国古代瓦当研究》，文物出版社 2006 年 7 月版，第 1 页。

> 檐口出头之木，瓦当之位置，正在椽头之上，或因此得名。一说当为
> 瓽字之假借，瓽字训瓦，现出土有长陵东瓽可证，义亦可通。[1]

或据陈直等说，取"瓦当位置正当椽头之上而得名"，"瓦当的作用是用以蔽
护檐头"之说。[2]

陈直的说法，其实是原自古训的。如前引刘良说："珰，椽头饰也。"

对于司马相如《上林赋》中"华榱璧珰"句，颜师古的理解，也以为
"珰"即"椽头之当"。《汉书》卷五七上《司马相如传上》颜师古注："榱，
椽也。华，谓雕画之也。璧珰，以玉为椽头当，即所谓璇题玉题者也。一
曰以玉饰瓦之当也。"[3]

唐代学者解说汉代文字，虽然源承久远，但是释瓦当为"椽头饰"，
"椽头当"的说法，其实并不确当。

已经有人指出，"古代的瓦当，并非为了遮护椽头防雨淋鸟琢，实际上
椽子上有铺垫之物，再上才是板瓦，在板瓦之上才覆以带瓦当的筒瓦，这
样瓦当已无法遮住椽头"。论者还以半瓦当的形制反驳"保护椽头"的解
说："如确是为了防雨淋鸟琢的话，那么为何要作成半圆形呢？圆形的不是
更能保护椽头吗？"[4]

虽然筒瓦确实覆置于板瓦之上，但是筒瓦底端瓦当的最低点，却并不
高于板瓦。然而瓦当确实在高度上与椽头有一定距离，则是确定的。

有人认为，这种距离是在东汉以后方才出现的。论者写道："东汉以
后，瓦当越变越小，瓦当艺术的光焰逐渐黯淡下去。我们怀疑这与此后建
筑技术不断提高，瓦当已不像战国秦汉时期直接扣挡于椽头而又有保护椽
子的实用功能有关。瓦当被椽子上横置的檩条架高而脱离椽子，实用功能
的丧失最终导致瓦当蜕变为无足轻重的纯粹装饰。"论者提供的以为可以说

1　陈直：《秦汉瓦当概述》，《摹庐丛著七种》，齐鲁书社 1981 年 1 月版，第 375 页。

2　华非：《瓦当艺术简述》，《中国古代瓦当》，人民美术出版社 1983 年 10 月版，第 53 页。

3　中华书局标点本作："榱，椽也。华谓雕画之也。璧珰，以玉为椽头，当即所谓璇题玉题者也。
一曰以玉饰瓦之当也。"《汉书》，第 2557 页。

4　王培良：《秦汉瓦当图论》，三秦出版社 2004 年 3 月版，第 8—9 页。今按：所谓"雨淋鸟琢"，
"琢"应是"啄"字误排。

明"东汉以后""瓦当被椽子上横置的檩条架高而脱离椽子"的实摄图版，为"建于清早期的山西祈县乔家大院屋檐"，年代显然过于晚近。[1] 而瓦当在"战国秦汉时期直接扣挡于椽头而又有保护椽子的实用功能"的说法，似乎并无实证，也仅仅只是论者内心的一种"怀疑"。

实际上，可以说明瓦当"无法遮住椽头"这一情形的，从纵向观察，不仅可以举出瓦当与"椽头"存在高度间的距离的事实，我们还注意到，如果对当时通常的建筑结构形式作横向观察，瓦当与"椽头"之间往往也存在着明显的距离。

3. 四川汉代崖墓提供的例证

四川汉代崖墓资料可以提供有关的例证。

郪江金钟山Ⅰ区二号墓墓门"作面阔一间仿木结构的单檐建筑形式"，"屋面刻画细致"，"筒、板瓦两用"，"圆形瓦当中央饰方孔纹。檐口平直，檐下刻有方形檐椽头"。然而瓦当与"方形檐椽头"的位置并不上下对应。在与 7 件瓦当对应的空间，刻画出 4 个"方形檐椽头"。[2] 柏林坡五号墓"壁画前部雕有仓廪模型"，"屋面筒瓦、板瓦两用"，"瓦当无纹饰"，与 6 件瓦当对应的位置，"分别雕出 7 根和 8 根断面为方形的檐椽头和飞檐椽头。檐椽和飞檐椽上下不对齐"。所谓"檐椽和飞檐椽"与屋面的瓦当，更是"上下不对齐"。[3] 这座墓中的仿木结构雕刻，还有中室右侧室入口、后室左侧室入口以及中室左侧室入口，也都表现出瓦当和"檐椽"的位置关系，数目分别为呈示为 10∶9，10∶7，10∶9 的不对应情形。[4] 刘家堰一号墓也有同样

1　陈根远：《瓦当留真》，辽宁画报出版社 2002 年 7 月版，第 11 页、图版 14、第 14 页。今按："祈县"应为"祁县"。

2　四川省文物考古研究院、绵阳市博物馆、三台县文物管理所：《三台郪江崖墓》，文物出版社 2007 年 9 月版，第 17 页、第 19 页、图一八。

3　《三台郪江崖墓》，第 239 页、图二四三、图版二五六。今按：线图将"断面为方形的檐椽头"表现为圆形，应是绘图者的疏误。

4　《三台郪江崖墓》，第 240—241 页、图二四四、图版二五九。

的情形，前室左壁和后室左壁的仿木结构雕刻，发掘报告均明确指出："椽头与瓦当上下不对齐。"前室右后耳室作为"庖厨用房"的象征，"其入口处雕刻有门和屋顶形象"，"6 道瓦垄为筒瓦、板瓦两用，板瓦仰铺，筒瓦俯铺；檐头结构，直接刻出由门柱承托的檐檩，檐檩之上雕刻出仰置板瓦和圆形瓦当"。"瓦当无装饰花纹；檐檩下还雕刻有 3 根横断面为长方形的椽子头。"瓦当与"椽子头"的数目对应关系为 6∶3。[1] 这些资料，均对"瓦当之位置，正在椽头之上"的说法，提供了明确的反证。

应当说，只有金钟山Ⅱ区五号墓墓门表现的建筑形式，瓦当数目与"檐椽头"可以对应。发掘报告称："檐面刻画细致，板瓦仰铺，共 3 道瓦垄。檐头结构挑檐枋之上刻画出三根方形断面的檐椽头，椽子头上承托小连檐，小连檐之上刻画出仰置的板瓦和圆形瓦当。椽头与瓦当上下基本对齐，板瓦无滴水，瓦当无装饰花纹。"报告所附线图，确实显示"椽头与瓦当上下基本对齐"，然而观察图版，可知"上下基本对齐"的说法并不确切。[2]

中江塔梁子崖墓三号墓二室门枋"门楣上方雕出檐檩、檐枋、椽、瓦垄"，"檐檩、檐枋、椽均用铁锈红颜料涂绘，并用黑色涂抹瓦垄和瓦当轮廓"。三室门枋也有细致的仿真刻绘，据发掘报告介绍，"门楣上方半圆雕凿出檐檩、檐枋、瓦垄"。"檐檩、檐枋均用铁锈红颜料涂绘，瓦当、瓦垄轮廓用墨线勾勒。"然而"檐檩、檩枋"与"瓦当、瓦垄"位置也并不对应。三室左侧室门枋、右侧室门枋以及四室门枋，也表现出同样的情形。[3] 塔梁子四号墓"前室左壁凿一龛室"，被称作"屋形壁龛"的结构中，瓦当和檐枋的对应数目为瓦当 4，檐枋 5。[4]

塔梁子崖墓三号墓后室左侧室左房形石棺和右房形石棺，檐枋和瓦当

1　《三台郪江崖墓》，第 265 页、第 268 页、图二六五、图二六六、图二六七、图版二九七、图版二九九。

2　《三台郪江崖墓》，第 55—57 页、图六六、图六七、图版七六。

3　四川省文物考古研究院、德阳市文物考古研究所、中江县文物保护管理所：《中江塔梁子崖墓》，文物出版社 2008 年 1 月版，第 20 页、第 31 页、图一九、图二二、图二三、图二六、图二八、图版一四、图版一六、图版一八、图版二〇。

4　《中江塔梁子崖墓》，第 35—36 页、图三三、图版二六。

39-2　三台郪江柏 M5 仓廪

39-3　中江塔梁子崖墓 M3 三室门枋

39-4　中江塔梁子崖墓 M3 三室右侧室

也不能对应。前者瓦当 8，檐枋 7。后者瓦当 10，檐枋 7。[1] 塔梁子崖墓六号墓左侧的龛形石棺，其对应关系则为瓦当 9，檐枋 5。[2] 这座墓后室左侧的龛形石棺，则为瓦当 9，檐枋 3。[3]

　　塔梁子崖墓三号墓四室右壁有墨书"厨""苍"字样的石刻画象，可见

1《中江塔梁子崖墓》，第 32—33 页、图三〇、图三一、图版二三、图版二四。

2《中江塔梁子崖墓》，第 42 页、图四四、图版三六。

3《中江塔梁子崖墓》，第 46—47 页、图四七、图版三九。

39-5　中江塔梁子崖墓 M3 四室右壁厨苍　　　39-6　中江塔梁子崖墓 M3 四室右壁厨苍摹本

"雕凿精细"的建筑形式。画面中瓦当和檐枋的数目也不能对应，瓦当为 7，檐枋为 6。[1] 塔梁子崖墓六号墓后室右壁所见屋形壁龛，瓦当的数目为 6，檐枋则仅见 3。[2]

塔梁子崖墓三号墓的后室门枋，檐檩、檐枋与瓦垄、瓦当的数目可以对应，都是 9 个。然而位置关系与郪江金钟山 Ⅱ 区五号墓墓门的情形相同，"上下"显然未能"对齐"。[3]

四川汉代崖墓资料中，还有若干表现瓦当形式，却未见檐枋、椽头形式者。如郪江天台山一号墓彩绘画象龛形崖棺 [4]，郪江柏林坡二号墓墓室左壁石刻仓廪模型 [5]，郪江柏林坡二号墓出土陶屋模型 [6]，中江塔梁子崖墓六号墓右侧龛室石棺 [7]，七号墓后室右侧龛形石棺 [8] 等。也许设计者和制作者省略了檐枋、椽头，也许当时用彩绘形式涂绘，现今色彩已经不存。总之，已

---

1 《中江塔梁子崖墓》，第 65 页、图七五、图版六六。

2 《中江塔梁子崖墓》，第 65 页、图七六、图版六七。

3 《中江塔梁子崖墓》，第 31 页、图二九、图版二一。

4 《三台郪江崖墓》，第 62 页、图七七。

5 《三台郪江崖墓》，第 182 页、图二一四。

6 《三台郪江崖墓》，第 189 页、图二一九、图版二三九。

7 《中江塔梁子崖墓》，第 42 页、图四五、图版三七。

8 《中江塔梁子崖墓》，第 51 页、图五一、图版四四。

经不便于我们在讨论瓦当是否"橡头饰"这一话题时予以利用了。不过，我们引录的这两组新出四川汉代崖墓考古资料中，对于说明这一问题，已经提供了相当丰富的信息。

4. 其他文物实证

其实，以往文物资料中，对于瓦当未必"位置正当橼头之上"，其作用未必"是用以蔽护檐头"的意见，已经有零星实物证明。

如河南淮阳九女冢采集的东汉绿釉陶榭[1]，河南淮阳北关纱厂一号墓出土东汉石仓楼[2]，以及嵩山太室阙、少室阙、启母阙[3]等。

然而，四川汉代崖墓发掘收获中所见如此集中的实证，应当具有更充分的说服力。这些资料及其文化内涵，无疑是中国古代建筑史学者和关心瓦当艺术的朋友们应当予以特别重视的。[4]

---

1 张勇：《人形柱陶楼定名与年代问题讨论》，《中原文物》2001 年 5 期；河南博物院：《河南出土汉代建筑明器》，大象出版社 2002 年 10 月版，第 63—65 页、图版四二。
2 周口地区文物工作队、淮阳县博物馆：《河南淮阳北关一号汉墓发掘简报》，《文物》1991 年 4 期；《河南出土汉代建筑明器》，第 108 页、图版八九。
3 吕品：《中岳汉三阙》，文物出版社 1990 年 8 月版，图一〇、图版七二至七六、图版一五〇。
4 王子今：《瓦当"橡头饰"说疑议——以四川汉代崖墓资料为例》，《四川文物》2009 年 1 期。

插图目录

研究所、甘肃省博物馆、中国文物研究所、中国社会科学院历史研究所
编：《居延新简：甲渠候官》，中华书局 1994 年 12 月版，下册第 537 页）

05-2 居延"孝信到上亭饮酒"简文（EPT50: 92，甘肃省文物考古研究所、甘
肃省博物馆、中国文物研究所、中国社会科学院历史研究所编：《居延
新简：甲渠候官》，中华书局 1994 年 12 月版，下册第 135 页）

05-3 大邑安仁乡出土宴饮画象砖（《中国画像砖全集》编辑委员会编：《中国
画像砖全集·四川汉画像砖》，四川美术出版社 2006 年 1 月版，第 57
页，图八〇）

05-4 彭州太平乡出土宴饮画象砖（《中国画像砖全集》编辑委员会编：《中国
画像砖全集·四川汉画像砖》，四川美术出版社 2006 年 1 月版，第 58
页，图八一）

05-5 居延"麴四斗"简文（EPT44: 8A，甘肃省文物考古研究所、甘肃省博
物馆、中国文物研究所、中国社会科学院历史研究所编：《居延新简：
甲渠候官》，中华书局 1994 年 12 月版，下册第 101 页）

05-6 居延"麴蘖必时"简文（EPT59: 343，甘肃省文物考古研究所、甘肃
省博物馆、中国文物研究所、中国社会科学院历史研究所编：《居延新
简：甲渠候官》，中华书局 1994 年 12 月版，下册第 375 页）

05-7 彭州升平乡征集羊尊酒肆画象砖（《中国画像砖全集》编辑委员会编：
《中国画像砖全集·四川汉画像砖》，四川美术出版社 2006 年 1 月版，
第 95 页，图一二七）

06 清酒

06-1 居延"清酒"简文 1（EPF22: 830，甘肃省文物考古研究所、甘肃省博物馆、
中国文物研究所、中国社会科学院历史研究所编：《居延新简：甲渠候
官》，中华书局 1994 年 12 月版，下册第 567 页）

06-2 居延"清酒"简文 2（EPF22: 832，甘肃省文物考古研究所、甘肃省博
物馆、中国文物研究所、中国社会科学院历史研究所编：《居延新简：
甲渠候官》，中华书局 1994 年 12 月版，下册第 567 页）

06-3 彭州义和乡征集画象砖酒肆画面（《中国画像砖全集》编辑委员会编：
《中国画像砖全集·四川汉画像砖》，四川美术出版社 2006 年 1 月版，
第 96 页，图一二七）

07 醇酒·白酒

07-1 居延"醇酒"简文（EPT53: 141，甘肃省文物考古研究所、甘肃省博物

11 蜜

11-1 马王堆帛书《五十二病方》以"蜜"入药文字（马王堆汉墓帛书整理小组编：《马王堆汉墓帛书（肆）》，文物出版社 1985 年 3 月版，一七四，第 23 页，第 46 页）

11-2 曹操高陵出土石牌"黄蜜金""白蜜银"铭文（河南省文物考古研究所编著：《曹操高陵》，中国社会科学出版社 2016 年 10 月版，彩版八三 -2）

12 豆·黄豆·大豆

12-1 曹操高陵出土"黄豆二斗"石牌（河南省文物考古研究所编著：《曹操高陵》，中国社会科学出版社 2016 年 10 月版，彩版八四 -3）

12-2《汉张叔敬墓辟央瓦盆文》摹本（2009 年 9 月北京泰和嘉成拍卖有限公司拍卖图录，拍卖编号 428。原书双勾红印，并有墨色释文，题《汉张叔敬墓辟央瓦盆文》，熊长云提供）[1]

12-3 中国国家博物馆藏汉"大豆万石"陶仓（李重蓉摄）

13 枣·棘

13-1 汉镜"上有仙人不知老，渴饮玉泉饥食枣"铭文（孔祥星、刘一曼：《中国铜镜图典》，文物出版社 1992 年 1 月版，第 276 页）

13-2 荆州胡家草场西汉简"美枣"简文（荆州博物馆、武汉大学简帛研究中心编著：《荆州胡家草场西汉简牍选粹》，文物出版社 2021 年 8 月版，第 159 页）

14 巨枣·海枣

14-1《文选》张衡《南都赋》"楈枒栟榈"书影（〔梁〕萧统编，〔唐〕李善注：《文选》，清嘉庆时胡克家刻本）

15 乳·马潼·挏马酒

15-1 肩水金关简所见"主君"祭品"乳黍饭清酒"（73EJT11∶5，甘肃简牍保护研究中心、甘肃省文物考古研究所、甘肃省博物馆、中国文化遗产研究院古文献研究室、中国社会科学院简帛研究中心编：《肩水金关汉简（贰）》，中西书局 2012 年 12 月版，中册第 2 页）

15-2 横山孙家园子墓室壁组合画象局部：挏羊乳、牛乳画面（汤池主编：

1　参看吕志峰：《东汉熹平二年张叔敬朱书瓦缶考释》，《中文自学指导》2007 年 2 期。

19 香·香囊

19-1 台北故宫博物院藏汉代香薰用博山炉（台北故宫博物院官网）

19-2 曹操高陵出土"香囊卅双"石牌（河南省文物考古研究所编著：《曹操高陵》，中国社会科学出版社 2016 年 10 月版，彩版八一 -2）

20 手巾·绒手巾

20-1 曹操高陵出土"绒手巾一"石牌（河南省文物考古研究所编著：《曹操高陵》，中国社会科学出版社 2016 年 10 月版，彩版九〇 -3）

21 行囊·行橐

21-1 邛崃征集画象砖负囊登高画面（《中国画像砖全集》编辑委员会编：《中国画像砖全集·四川汉画像砖》，四川美术出版社 2006 年 1 月版，第 94 页，图一二五）

21-2 邛崃花牌坊出土制盐画象砖背负盐囊画面（《中国画像砖全集》编辑委员会编：《中国画像砖全集·四川汉画像砖》，四川美术出版社 2006 年 1 月版，第 82 页，图一一一）

21-3 新都新民乡出土"养老"画象砖所见"囊""橐"的使用（《中国画像砖全集》编辑委员会编：《中国画像砖全集·四川汉画像砖》，四川美术出版社 2006 年 1 月版，第 106 页，图一四三）

22 流马方囊

22-1 新都新农乡出土画象砖所见鹿车方形结构（《中国画像砖全集》编辑委员会编：《中国画像砖全集·四川汉画像砖》，四川美术出版社 2006 年 1 月版，第 95 页，图一二六）

22-2 彭州义和乡征集画象砖鹿车方箱画面（《中国画像砖全集》编辑委员会编：《中国画像砖全集·四川汉画像砖》，四川美术出版社 2006 年 1 月版，第 96 页，图一二八）

23 行滕

23-1 秦俑"行滕"（陕西省考古研究所、始皇陵秦俑坑考古发掘队编著：《秦始皇陵兵马俑坑一号坑发掘报告（1974—1984）》，文物出版社 1988 年 10 月版，第 101 页）

23-2 临沂吴白庄汉画象石所见持弩步卒的"行滕"（临沂市博物馆编：《临沂吴白庄汉画像石墓》，齐鲁书社 2018 年 9 月版，第 211 页，图二四六）

24 偪胫

25 马甲

27 鹿车

28 木罌·木罌瓵

28-1 邛崃花牌坊出土制盐画象砖使用"罌缶"画面（《中国画像砖全集》编辑委员会编：《中国画像砖全集·四川汉画像砖》，四川美术出版社 2006年 1 月版，第 83 页，图一一一）

28-2 新野樊集出土画象砖"庖厨"图中的"瓮"（《中国画像砖全集》编辑委员会编：《中国画像砖全集·河南画像砖》，四川美术出版社 2006 年 1 月版，第 104 页，图一〇一）

29 阁·阁道·栈阁

29-1《石门颂》"或解高格，下就平易"文字（哈佛燕京图书馆藏民国拓本）

29-2《郙阁颂》"接木相连，号□□□"文字（故宫博物院官网）

29-3《石门颂》"木石相距，利磨确硌"文字（哈佛燕京图书馆藏民国拓本）

30 石蔶·石道

30-1《石门颂》"造作石蔶，万世之基"文字（哈佛燕京图书馆藏民国拓本）

31 徧·碥

31-1 拴驴泉石刻（赵瑞民提供）

32 臽

32-1《西狭颂》"镵烧破析，刻臽磪嵬"文字（哈佛燕京图书馆藏拓片）

33 椑·笼

33-1《西狭颂》"椑致土石，坚固广大"文字（哈佛燕京图书馆藏拓片）

34 复道

34-1 武威雷台汉墓出土绿釉陶楼阁所见复道（甘肃省博物馆编，贾建威主编：《甘肃省博物馆馆藏文物集萃》，甘肃人民出版社 2019 年 7 月版，第 28 页）

34-2 马王堆帛书地图所见"复道"（《箭道风域图右三》，裘锡圭主编，湖南省博物馆、复旦大学出土文献与古文字研究中心编纂：《长沙马王堆汉墓简帛集成（贰）》，中华书局 2014 年 6 月版，第 164 页）

34-3 焦作出土七层彩绘连阁陶仓楼复道结构（孙志新主编，刘鸣、徐畅译：《秦汉文明：历史、艺术与物质文化》，社会科学文献出版社 2020 年 12

月版，第 248 页）

35 虹梁

36 浮梁·浮桥

37 封

38 复壁

县刘家渠汉墓》,《考古学报》1965 年 1 期）

38-3 疏勒河汉代边塞遗址 T.22.d 烽隧平面图（林梅村、李均明编：《疏勒河流域出土汉简》,文物出版社 1984 年 3 月版,第 21 页）

38-4 居延汉代边塞遗址 A1 平面图（中国社会科学院考古研究所：《居延汉简甲乙编》,中华书局 1980 年 12 月版,下册第 298 页）

39 珰·当

39-1 中国国家博物馆藏鹿纹瓦当拓片（中国国家博物馆编：《中国国家博物馆馆藏文物研究丛书·瓦当卷》,上海古籍出版社,2019 年 6 月版,第 103 页）

39-2 三台郪江柏 M5 仓廪（四川省文物考古研究院、绵阳市博物馆、三台县文物管理所：《三台郪江崖墓》,文物出版社 2007 年 9 月版,图二五六）

39-3 中江塔梁子崖墓 M3 三室门枋（四川省文物考古研究院、德阳市文物考古研究所、中江县文物保护管理所：《中江塔梁子崖墓》,文物出版社 2008 年 1 月版,图版一四）

39-4 中江塔梁子崖墓 M3 三室右侧室（四川省文物考古研究院、德阳市文物考古研究所、中江县文物保护管理所：《中江塔梁子崖墓》,文物出版社 2008 年 1 月版,图版一八）

39-5 中江塔梁子崖墓 M3 四室右壁厨苍（四川省文物考古研究院、德阳市文物考古研究所、中江县文物保护管理所：《中江塔梁子崖墓》,文物出版社 2008 年 1 月版,图版六六）

39-6 中江塔梁子崖墓 M3 四室右壁厨苍摹本（四川省文物考古研究院、德阳市文物考古研究所、中江县文物保护管理所：《中江塔梁子崖墓》,文物出版社 2008 年 1 月版,图七五）

吉
金
文
库

发现从前的中国

秦汉名物丛考

增订版

下

王子今 著

新 星 出 版 社　NEW STAR PRESS

动 植

附 论

器用

甬·筹·筒

1. "竹器"与竹器时代

古代器物的器形特征可以体现制作者的工艺水平和美学倾向。区分与研究古代器物的种类和型式成为考古学分期断代的主要标准之一，还因为其中蕴含着其制作时代的诸多文化信息。人们可以通过器物器形的变化发现古代文化的某些特征，以补充对当时社会生产和社会生活状况的认识。

秦汉时期"竹器"以及仿竹筒形制制作的筒形器的普遍使用，体现出当时人们因地制宜、因时制宜的智慧，以及亲近自然的情感特点。扬之水指出："旧属楚地的两汉墓葬，随葬品中常有若干细竹筒，长20至40厘米不等，直径3或4厘米至7或8厘米不等，遣策或称之为'籯'，其器也有自名为'籯'者。江陵张家山汉简《算数书》有伐竹作卢唐的算题，此卢唐，亦即籯。籯本是竹筒的一个通名，实在并没有固定的用途，《说文·竹部》'籯，大竹筩也'，所谓'大'，或是相对而言。""《史记》卷一二九《货殖列传》注引《三仓》云：'椭，盛盐豉器。'""椭，《急就篇》颜师古注：'小桶也，所以盛盐豉。'桶或即椭的俗称。""汉代形若小桶之椭，前面提到的细竹筒即是也。如湖北江陵凤凰山168号西汉墓出土的9件，其一长24、直径5.4厘米，正面用红黑两色彩绘几何纹，侧面墨书'枇籯'二字，内置竹箸十支，此自箸筒无疑。其余8件多在40厘米左右，也都是整竹锯制，竹节处做成底和口，口部的竹节凿出一个小孔，口部上面是竹子破开来特意留下的半边，高2.5厘米，其近两端处各钻一个小孔以系绳提携。竹筒正面同样施着朱墨彩绘，侧面则分别墨书'苦酒''盐''肉酱'等标明用途。苦酒，醋也。大致相同的竹筒也见于凤凰山167号汉墓，竹筒上墨书写着'醢''肉酱''盐',与同墓所出遣策上的记录适相一致。"[1]
考察秦汉时期生态环境条件,可以发现黄河流域竹类生长的普遍。当时植
被条件中"竹"的分布,正是"竹器"以及仿竹筒的筒形器普遍应用的重
要因素。也就是说,其应用之空间区域的广泛,其实并不限于"旧属楚地
的"地方。

《汉书》中曾出现明确的"竹器"之称。《汉书》卷九九下《王莽传下》
记述,大司马董忠有反王莽之谋,被捕杀,"莽欲以厌凶,使虎贲以斩马
剑挫忠,盛以竹器,传曰'反虏出'"。筐、筲、筐、籯等"竹器",亦见于
记载。[2]

《齐民要术》卷一《收种》中,以"瓦器、竹器"并列的形式,[3]告知我
们中国民间器用史中"竹器"曾经非常普及。"竹器"当时是地位与"瓦
器"即陶器并列的器具形式。

《礼记·檀弓上》:"孔子曰:'之死而致死之,不仁而不可为也。之死
而致生之,不知而不可为也。'是故竹不成用,瓦不成味,木不成斲,琴瑟
张而不平,竽笙备而不和,有钟磬而无簨虡。其曰明器,神明之也。"[4]《白

1　扬之水:《说"勺药之和"》,《中国历史文物》2004 年 2 期。

2　又《汉书》卷二四上《食货志上》:"禹平洪水,定九州,制土田,各因所生远近,赋入贡棐,
楙迁有无,万国作乂。"颜师古注:"应劭曰:'棐,竹器也,所以盛。方曰筐,隋曰棐。'"颜师古
说:"棐读与匪同,《禹贡》所谓'厥贡漆丝,厥篚织文'之类是也。隋,圆而长也。"《汉书》卷
二八上《地理志上》引《禹贡》"厥贡漆丝,厥篚织文",颜师古注:"棐与篚同。篚,竹器,筐属
也。织文,锦绮之类,盛于筐篚而献之。"《汉书》卷六六《公孙刘田王杨蔡陈郑传》赞:"斗筲之
徒,何足选也!"颜师古注:"筲,竹器也,容一斗。选,数也。《论语》云子贡问曰:'今之从政
者何如?'孔子曰:'噫,斗筲之人,何足选也!'言其材器小劣,不足数也。"又《汉书》卷八五
《谷永传》:谷永自称"斗筲之才"。颜师古注:"筲,竹器也。斗筲,喻小而不大也。解在《公孙
刘田传》。"《汉书》卷七二《贡禹传》:"故时齐三服官输物不过十笥,方今齐三服官作工各数千
人,一岁费数巨万。"颜师古注:"三服官主作天子之服,在齐地。笥,盛衣竹器。"《汉书》卷
七三《韦贤传》:"邹鲁谚曰:'遗子黄金满籯,不如一经。'"颜师古注:"如淳曰:'籯,竹器,受
三四斗。今陈留俗有此器。'蔡谟曰:'满籯者,言其多耳,非器名也。若论陈留之俗,则我陈人
也,不闻有此器。'师古曰:'许慎《说文解字》云:籯,笭也。杨雄《方言》云:陈、楚、宋、
魏之间谓筲为籯。然则筐笼之属是也。今书本籯字或作盈,又是盈满之义,盖两通也。'"《汉书》,
第 4185 页、第 1117—1118 页、第 1525—1526 页、第 2904—2905 页、第 3455 页、第 3070—3071
页、第 3107 页。

3　〔后魏〕贾思勰原著,缪启愉校释,缪桂龙参校:《齐民要术校释》,第 38 页。

4　〔清〕阮元校刻:《十三经注疏》,第 1289 页。

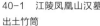
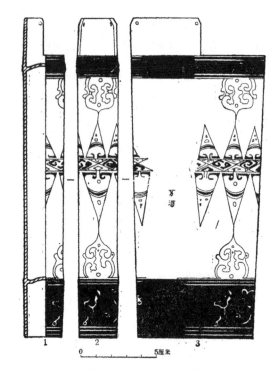

40-1　江陵凤凰山汉墓
出土竹筒

40-2　江陵凤凰山汉墓出土竹筒摹本（1.侧视图；2.正视图；
3.展开图）

虎通义·三教》大致同样的意思，写作："孔子曰：'之死而致死之，不仁
而不可为也。之死而致生之，不知而不可为也。'故有死道焉，以夺孝子之
心焉。有生道焉，使人勿倍焉。'故竹器不成用，木器不成斲，瓦器不成
沫，琴瑟张而不平，竽笙备而不和，有钟磬而无簨虡'，悬示备物而不可
用也。……"[1]《礼记》"竹不成用"与《白虎通义》"竹器不成用"，说明祭
祀用礼器中，也使用"竹器"。引文所见服务于礼乐文化的高等级器用"竽
笙""簨虡"字皆从竹，也值得注意。

　　如果说，中国器用史上曾经有一个"竹器时代"，可能也是适宜的。

1〔清〕陈立撰，吴则虞点校：《白虎通疏证》，中华书局1994年8月版，第372页。

宋人聂崇义《三礼图集注》解释“笲”[1]“匴”[2]“篚”[3]，均言“竹器”。其实，“篋”“箪”[4]“筥”“大筐”“小筐”“竹簋方”等，也都是“以竹为之”[5]的盛装器。“笾”亦“以竹为之”。[6]被解释为“畚器”的“筲”也是同样。[7]而常以铜器形式出现于金石学家面前的“簋”“簠”等，以其字从竹，可知原始形态应与竹有关。这些器物所谓“以竹为之”，均为以竹篾编织成器者，我们讨论的“筩”及筒形器，则是竹筒作器以及仿象竹筒的器物。

2. 秦汉筒形器

秦汉时期常见器物中有一种引人注目的器形，即平底直体的圆筒形，依部分器物铭文自称，可定名为筒形器。

秦汉时期的筒形器在陶器、铜器、漆器中均可看到。应当说，筒形器在秦汉时期曾经是广泛流行的实用器物。

文物考古工作者对秦汉时期各种筒形器的命名不尽一致。

发掘报告中或称之为筒形器、卣、提筒、提梁卣等等，据《急就章》的内容[8]，可知是专用盛装器。

有的尊亦为直壁圆筒形器，但体形较低浅，平底下常环托三足，多有盖，或为陶质，或为铜质，发掘报告中或称之为奁，对照汉代画象中宴饮等画面可知是温酒器。

1〔宋〕聂崇义纂辑，丁鼎点校、解说：《新定三礼图》，清华大学出版社 2006 年 11 月版，卷二“笲”，第 67 页；卷一七“含贝”，第 543 页。

2〔宋〕聂崇义纂辑，丁鼎点校、解说：《新定三礼图》卷三“匴”，第 86 页。

3〔宋〕聂崇义纂辑，丁鼎点校、解说：《新定三礼图》卷一二“篚”，第 384 页。

4〔宋〕聂崇义纂辑，丁鼎点校、解说：《新定三礼图》卷三“篋”“箪”，第 84—85 页。

5〔宋〕聂崇义纂辑，丁鼎点校、解说：《新定三礼图》卷一二“筥”“大筐”“小筐”“竹簋方”，第 386—389 页。

6〔宋〕聂崇义纂辑，丁鼎点校、解说：《新定三礼图》卷一三“笾”引郑注《笾人》及《士虞礼》云，第 429 页。

7〔宋〕聂崇义纂辑，丁鼎点校、解说：《新定三礼图》卷一八“筲”，第 581 页。

8 管振邦译注，宙浩审校：《颜注急就篇译释》，第 154—155 页。

　　亦有平底直壁的卮，形制近似于近世的杯，有用以手执的单耳，发掘报告中或称之为筒杯、把杯、奁、樽等，应是战国秦汉史籍中常见的称作卮的饮酒器。[1]

　　平底直壁的奁，虽浅腹，形制亦体现出仿筒状的风格。奁通常用以盛装小件梳妆用具或食物等，前者即《急就章》所谓"镜奁"，多有盖，似两件不同口径的竹筒扣合，汉墓中多出土作为明器的陶奁。

　　此外，筒形量器也多有发现，随葬明器中的仓和井也多制成筒形。

　　秦汉筒形量器的前身可能是先秦时期流行的圆腹的瓿形量器。筒形量器最初在战国晚期和秦汉私量中出现，这种量器形制规整，成批制作时易于实现产品规格的严格的标准化。王莽改制时，国家颁布的标准量器开始采用筒形，如新嘉量，溧仓平斛和始建国圜升等。

　　作为随葬用模型明器的仓也经历了大体类同的演变过程。秦代以至汉初的仓尚以低矮丰肥者居多，自西汉中期起则演化为以规整的筒形为主，器形多挺拔直峻。从洛阳西郊汉代居住遗址发掘的十二处圆困，可以知道，这种形制的仓确实是模仿实际建筑而制。[2]《西京杂记》卷四记载了这样一个故事："元理尝从其友人陈广汉。广汉曰：'吾有二困米，忘其石数，子为计之。'元理以食箸十余转，曰：'东困七百四十九石二升七合。'又十余转，曰：'西困六百九十七石八斗。'遂大署困门。后出米，西困六百九十七石七斗九升，中有一鼠，大堪一升；东困不差圭合。元理后岁复过广汉，广汉以米数告之。元理以手击床曰：'遂不知鼠之殊米，不如剥面皮矣！'"[3] 可见这种筒形仓也具有易于计算容积的特点。仓取筒形，应当说与日常器物中筒形器的普及存在内在的关联。

1　王振铎：《论汉代饮食器中的卮和魁》，《文物》1964年4期。

2　郭宝钧：《洛阳西郊汉代居住遗迹》，《考古通讯》1956年1期。

3　〔汉〕刘歆撰，〔晋〕葛洪辑，向新阳、刘克任校注：《西京杂记校注》，第159—160页。〔宋〕李昉等撰：《太平御览》卷七五〇引《西京杂记》："曹元理善筹术，成帝时人也。常从友人陈广汉。广汉曰：'吾有二困米，忘其石数，子为吾筹之。'元理以食箸十余转，曰：'东困七百四十九石六斗升七合，西困六百九十七石八升。'遂署困门。后出米，西困六百九十七石九升，中有一鼠，大可一升；东困无差。元理后岁复过，广汉以米数告之。元理以手击床曰：'遂不知鼠之殊米，不如剥面皮矣！'"第3328页。

自先秦至秦汉，日常实用饮食器的器形曾发生重大的演变。以酒器为例，盛酒器卣、罍、壶等演变为筒；一身兼温酒与饮酒二用的爵、斝以及饮酒器觯、觥等演变为温酒器尊与饮酒器卮。以广州汉墓为例，西汉前期墓葬出土陶卮有"器腹如圆筒，较深"的类型。铜器则有"身如圆筒"的温酒樽，"腹如圆筒"的卮，"身如圆筒"的"提筒"。西汉中期墓葬出土陶"提筩"，有的器身"如长圆筒形"，温酒樽"特点是腹如圆筒"，卮则"身圆筒形较矮"。铜温酒樽也有筒形者。西汉后期出土陶器中，"提筒""温酒樽""酒樽""卮"也多"身如筒形"者。出土"陶温酒樽"为筒形。东汉前期墓葬出土陶器除所谓"提筒""温酒樽""卮"等"器身圆直如筒形"外，又有"双耳直身罐"六十八件，"从造型看，是从提筒派生出来的"。据发掘报告，"提筒"中可见：

> IV型②式　二十二件，分出于六座墓。器身修长。4013：戊3内有膏粱，器盖内有墨书"藏酒十石令兴寿至三百岁"十一字，作隶体。说明提筒为藏酒用器。此件通高 27，底径 17 厘米。

通过所谓"通高 27，底径 17 厘米"，可知仿象竹筒的性质。东汉后期墓葬出土"提筩"和"温酒樽"依然"身如直筒"，而陶卮器形则有变化，"器身稍微收束，与东汉前期多作圆直腹的不同"。[1]

所谓茧形壶的形制，在汉代也受到筒形器兴盛的影响而出现如光化五座坟西汉墓所出"铜扁壶"那样的变体。这种"铜扁壶"在墓中出土三件，口呈直筒形，腹部近似于横置的筒[2]，突破了茧形壶传统的形制规范。

筒形器在战国时期出现，秦汉时期在社会生活中得到普及，而魏晋之后又渐次走向衰微，筒形器代表秦汉前后的常见器物，表现出鲜明的时代特征。注意到筒形器使用的这一明显为历史阶段所限定的特征，人们会很自然地提出一个问题：筒形器出现、普及以至消亡的原因和背景是什么？

1　广州市文物管理委员会、广州市博物馆：《广州汉墓》，文物出版社 1981 年 12 月版，第 120—121 页、第 134—136 页、第 216—218 页、第 230 页、第 270—273 页、第 320—325 页、第 400—404 页。

2　湖北省博物馆：《光化五座坟西汉墓》，《考古学报》1976 年 2 期。

40-3　洛阳汉墓壁画所见筒形酒器

40-4　长沙马王堆二号汉墓出土玳瑁樽

40-5　台北故宫博物院藏汉代错金云纹樽

40-6　台北故宫博物院藏西汉鸟兽纹玉卮

郑樵《通志·器服略》说："古人不徒为器也，而皆有所取象，故曰'制器尚象'。"[1] 那么，筒形器的制作，究竟何所取象呢？

3. 作为标准器的"桶""用""甬""筩"

《史记》卷六八《商君列传》记述在秦孝公支持下，商鞅推行新法："于是以鞅为大良造。将兵围魏安邑，降之。居三年，作为筑冀阙宫庭于咸阳，秦自雍徙都之。而令民父子兄弟同室内息者为禁。而集小乡邑聚为县，置令、丞，凡三十一县。为田开阡陌封疆，而赋税平。平斗桶权衡丈尺。"对于"桶"，裴骃《集解》："郑玄曰：'音勇，今之斛也。'"司马贞《索隐》："音统，量器名。"所谓"平斗桶权衡丈尺"，即度量衡的统一，是商鞅变法的重要措施。《史记》卷七九《范雎蔡泽列传》载蔡泽语："夫商君为秦孝公明法令，禁奸本，尊爵必赏，有罪必罚，平权衡，正度量，调轻重，决裂阡陌，以静生民之业而一其俗，劝民耕农利土，一室无二事，力田稸积，习战陈之事，是以兵动而地广，兵休而国富，故秦无敌于天下，立威诸侯，成秦国之业。"[2] 也强调"平权衡，正度量，调轻重"的意义。

秦统一后，法定度量衡推行全国，即《史记》卷六《秦始皇本纪》所谓"一法度衡石丈尺"，也是重要的政策。《史记》卷八七《李斯列传》记载李斯在狱中上书，自陈功绩，说道："更克画，平斗斛度量，文章布之天下，以树秦之名。"[3] 可知这是丞相主持的工作。睡虎地秦简《工律》可见校正"斗桶"等量衡标准器的要求：

> 县及工室听官为正衡石赢（累）、斗用（桶）、升，毋过岁壶〈壹〉。有工者勿为正。叚（假）试即正。 　　　工律（100）

---

1 〔宋〕郑樵撰，王树民点校：《通志二十略》，中华书局1995年11月版，第799页。

2 《史记》，第2232页、第2422页。

3 《史记》，第239页、第2561页。

整理小组译文：“县和工室由有关官府校正其衡器的权、斗桶和升，至少每年应校正一次。本身有校正工匠的，则不必代为校正。这些器物在领用时就要加以校正。”[1]

题为《内史杂》的律文也有校正“衡石赢（累）、斗甬（桶）”的规定：

> 有实官县料者，各有衡石赢（累）、斗甬（桶），期蹳。计其官，
> 毋叚（假）百姓。不用者，正之如用者。　　　　　内史杂（194）

整理小组译文：“贮藏谷物的官府需要进行称量的，都应备有衡石的权、斗桶，以足用为度。这些器具应在官府中量用，不要借给百姓。当时不使用的器具，也要和使用的一样校正准确。”[2]

《礼记·月令》：仲春之月，“则同度量，钧衡石，角斗甬，正权概”[3]。《吕氏春秋·仲春》写作“则同度量，钧衡石，角斗桶，正权概”[4]。“甬”作“桶”。

商鞅“平斗桶”的“桶”，即睡虎地《工律》写作“用”，《内史杂》写作“甬”者。宋人王观国《学林》卷五“瓠甬”条：“当以桶为斗桶，甬乃省文而已。”[5] 以为“甬”是“桶”字省文。其实，“甬”也可以理解为“筩”的省文。《方言》卷五：“箸筩，陈楚宋魏之间谓之筩，或谓之籯，自关而西谓之桶櫏。”郭璞注：“桶，或作筩。”

4. 自名为“甬”“筩”的容器

宋代学者欧阳修《集古录跋尾一》著录一件自题为“甬”的汉代铜器“谷口铜甬”：

1　睡虎地秦墓竹简整理小组：《睡虎地秦墓竹简》，释文注释第 43—44 页。
2　睡虎地秦墓竹简整理小组：《睡虎地秦墓竹简》，释文注释第 63—64 页。
3　〔清〕阮元校刻：《十三经注疏》，第 1362 页。
4　许维遹撰，梁运华整理：《吕氏春秋集释》，第 35 页。
5　〔宋〕王观国撰，田瑞娟点校：《学林》，中华书局 1988 年 1 月版，第 169 页。

前汉谷口铜甬铭岁月见本文

右汉谷口铜甬，原父在长安时得之。其前铭云：谷口铜甬容十，其下灭两字，始元四年左冯翊造。其后铭云：谷口铜甬容十斗重四十斤，甘露元年十月计掾章平左冯翊府，下灭一字。原父以今权量校之，容三斗重十五斤。始元、甘露皆宣帝年号一有也字。余所集录千卷，前汉时文字惟此与林华行灯、莲勺博山炉盘铭尔。治平元年六月九日书。[1]

有"容十□""容十斗"字样，可知非甬钟，自是容器无疑。可惜我们不知道其器形。

又有一件自名为"箭"的文物，年代稍晚。铭文用晋年号"升平"，却是前凉器物。器形"呈竹筒状"。铭文为：

升平十三年十月凉中作部造

平章墼帅臣范晃督

灵华紫阁服乘金错泥箭　臣綦毋务舍人臣史

融错臣邢苟铸臣王虏

研究者认为，这是一件"帝王宫中用为装封泥的器物"，"特别值得注意的是，在泥箭中还残留着类似出土的汉代封泥的痕迹"。据介绍，曾经出土与此器类似的汉代铜器。"查 1961 年在山西太原东太堡村出土的汉代铜器中，有一件器物原简报上称为'筒形器'，形制与此泥箭相似，同出亦有封泥一块。"[2]

汉代"筒形器"即"箭"的发现，可以帮助我们深化对相关文物史现象的认识和理解。

1　欧阳修著，邓宝剑、王怡琳注释：《集古录跋尾》，人民美术出版社 2010 年 8 月版，第 24—25 页。

2　原注："见《文物》1962 年第四、五期合刊《太原东太堡出土的汉代铜器》。"秦烈新：《前凉金错泥箭》，《文物》1972 年 6 期。

5. 从竹筒作器到"写竹状而为之"的筒形器

在湖北云梦睡虎地、云梦大坟头、江陵凤凰山以及甘肃武威磨咀子等地的秦汉墓葬中，曾出土随葬用的竹筒数十件[1]，多有盛装食品和饮料的痕迹，因而可知当时是实用器。

江陵凤凰山一六八号汉墓出土竹筒正面彩绘几何形花纹，背面分别有墨书"盐""月（肉）酱""苦酒"等文字，标明器内盛装物品类。江陵凤凰山一六七号汉墓出土的竹筒上墨书"肉酱""盐""醯""酤酒"等文字，遣策也注明为"肉酱""篮器""瓣酱""酤酒"等。可见，秦汉时期确实曾普遍使用竹筒作为饮食用器。

虽然目前所发现的秦汉竹筒数量有限，应用范围也较为狭窄，但是从文献记载中，我们还常常可以看到取形体较大的竹筒以为多用的实例。《太平御览》卷九六二引《汉书》：

> 竹大者一节受一斛，小者数斗，以为柙榼。[2]

榼为盛酒之具。《急就篇》卷三："楟榼椑梬匕箸簦。"[3]是一节受一斛的大竹筒，又可以作为他用。

《汉书》卷七六《赵广汉传》记载，赵广汉为颍川太守，为调查大姓横恣、吏俗朋党的恶行，使用了"缿筒"这种类似后世检举箱的形式：

> 先是，颍川豪桀大姓相与为婚姻，吏俗朋党。广汉患之，厉使其

---

1 孝感地区第二期亦工亦农文物考古训练班：《湖北云梦睡虎地十一号秦墓发掘简报》，《文物》1976 年 6 月；湖北孝感地区第二期亦工亦农文物考古训练班：《湖北云梦睡虎地十一座秦墓发掘简报》，《文物》1976 年 9 月；云梦县文物工作组：《湖北云梦睡虎地秦汉墓发掘简报》，《考古》1981 年 1 月；湖北省博物馆：《云梦大坟头一号汉墓》，《文物资料丛刊》第 4 辑（1981 年 3 月）；长江流域第二期文物考古工作人员训练班：《湖北江陵凤凰山西汉墓发掘简报》，《文物》1974 年 6 期；凤凰山一六七号汉墓发掘整理小组：《江陵凤凰山一六七号汉墓发掘简报》，《文物》1976 年 10 期；纪南城凤凰山一六八号汉墓发掘整理组：《湖北江陵凤凰山一六八号汉墓发掘简报》，《文物》1975 年 9 月；《甘肃武威磨咀子 6 号汉墓》，《考古》1960 年 9 期。
2 〔宋〕李昉等撰：《太平御览》，第 4269 页。
3 管振邦译注，宙浩审校：《颜注急就篇译释》，第 142 页。

中可用者受记，出有案问，既得罪名，行法罚之，广汉故漏泄其语，令相怨咎。又教吏为缿筩，及得投书，削其主名，而托以为豪桀大姓子弟所言。其后强宗大族家家结为仇雠，奸党散落，风俗大改。吏民相告讦，广汉得以为耳目，盗贼以故不发，发又辄得。壹切治理，威名流闻，及匈奴降者言匈奴中皆闻广汉。

关于"缿筩"，颜师古注："苏林曰：'缿音项，如瓶，可受投书。'孟康曰：'筩，竹筩也，如今官受密事筩也。'师古曰：'缿，若今盛钱臧瓶，为小孔，可入而不可出。或缿或筩，皆为此制，而用受书，令投于其中也。'"[1]

《说文·竹部》："籝，大竹也。"段玉裁注："按'籝'者竹名，以竹成器亦曰'籝'。笙箫皆用小竹，而云'籝'者，大之也。"《说文·竹部》："筩，断竹也。"[2]可以受投简牍，必然有较大的空腔。

《史记》卷一二〇《汲郑列传》说郑当时即郑庄事迹："庄为太史，诫门下：'客至，无贵贱无留门者。'执宾主之礼，以其贵下人。庄廉，又不治其产业，仰奉赐以给诸公。然其馈遗人，不过算器食。"所谓"算器食"，裴骃《集解》："徐广曰：'算音先管反，竹器。'"司马贞《索隐》："算音先管反。按：谓竹器，以言无铜漆也。《汉书》作'具器食'。"[3]陈直《史记新证》赞同裴骃《集解》引徐广说："徐说是也，竹器谓筐筥之属，其时尚铜器、漆器，用竹器者稀，故传文特纪之。"[4]《盐铁论·散不足》："庶人器用，即竹柳陶匏而已。"[5]竹器列为第一。陈直发现，"汉代陶器，一般平民虽可以使用，然价亦不贱。例如居延边地，水罌一具就要七十钱，折合通常每石百钱米价，要七斗左右"。[6]日常生活中的实用器，很可能确实以竹器为多。秦汉时期的竹器大量为竹篾编织器，但"筐筥之属"之外，直接以竹筒作器的现象也相当普遍。

---

1 《汉书》，第3200—3201页。

2 〔汉〕许慎撰，〔清〕段玉裁注：《说文解字注》，第189页、第482页。

3 《史记》，第3112页。

4 陈直：《史记新证》，第186页。

5 王利器校注：《盐铁论校注》（定本），第351页。

6 陈直：《两汉经济史料论丛》，陕西人民出版社1980年12月版，第171页。

《韩非子·说疑》强调"法"的重要，比较古来"圣王明君"与"乱主"，回顾赵敬侯"居处饮食""不节"，"制刑杀戮""无度"事迹，说道：

> 赵之先君敬侯，不修德行，而好纵欲，适身体之所安，耳目之所乐，冬日罝弋，夏浮淫，为长夜，数日不废御觞，不能饮者以箅灌其口，进退不肃、应对不恭者斩于前。[1]

"觞"和"箅"同样用作饮器，后者的容量应当更大。

云梦睡虎地属于秦代的 M34 和属于西汉早期的 M1 分别出土天然竹筒加工而成的"提筒"各一件，筒内外均涂黑漆，其中 M34：40 外部用细棕绳捆扎加固，并附有粗棕绳提系。[2] 这类器物在秦汉社会生活中使用较为普遍。

正是由于秦汉社会生活中竹筒作器之普及，使得陶器、铜器、漆器中都出现了仿竹筒的筒形器。这种器物除平底直壁，整体呈圆筒状而外，有的底部微内凹，有的做成圈足，有的外部饰有仿竹节的弦纹，有的腹部圆径微收，都刻意表现出模仿竹筒的特征。

河北满城一号汉墓出土的所谓"铜卮灯"是规整的筒形器，腹壁形成凸凹间错的环棱以象征竹节，口沿外侧以及环形把手上还有仿竹叶的装饰。[3] 湖南长沙金塘坡东汉墓出土被称作"圆筒形器"的铜器，直壁平底，通体表饰刻画花纹五周，直径与通高的比例也明显体现出仿象竹筒的特征。[4] 广西贵县罗泊湾一号汉墓出土的所谓"铜竹节筒"，据发掘简报，器身分为上下两部分，仿拟两节竹筒，两节之间圆径微收，通高 42、底径 14 厘米，其设计制作的出发点看来与毛竹竹筒作器有关。发掘报告则定名"提梁彩绘筒"，称"形似竹筒"，"器身分两节，仿竹节形"。[5]

---

1 〔清〕王先慎撰，钟哲点校：《韩非子集解》，中华书局 1998 年 7 月版，第 408 页。

2 云梦县文物工作组：《湖北云梦睡虎地秦汉墓发掘简报》，《考古》1981 年 1 期。

3 中国社会科学院考古研究所、河北省文物管理处编撰：《满城汉墓发掘报告》，文物出版社 1980 年 10 月版。

4 湖南省博物馆：《长沙金塘坡东汉墓发掘简报》，《考古》1979 年 5 期。

5 广西壮族自治区文物工作队：《广西贵县罗泊湾一号墓发掘简报》，《文物》1978 年 9 期；广西壮族自治区博物馆编：《广西贵县罗泊湾汉墓》，文物出版社 1988 年 8 月版，第 36—37 页。

 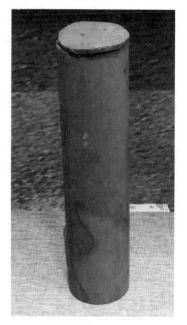

40-7　贵县罗泊湾一号汉墓出土铜箷　　　40-8　金塔博物馆藏居延遗址采集汉代竹筒

　　我们称这类器物为仿竹筒的筒形器，"仿竹筒"一语只表现这类器物的外形特征，未必能够全面说明这类器物出现的意义。因为在制作者和使用者的意识中，恐怕都不会以拙朴鄙陋的竹器作为崇尚的对象。但筒形器的出现和普及，说明手工业生产受到当时社会生活中普遍使用竹器这一文化现象的影响。《急就篇》卷三："芬薰脂粉膏泽筩。"颜师古注："筩者，本用竹筩，其后转用金玉杂物，写竹状而为之，皆所以盛膏泽者也。"[1] 所谓"本用竹筩"，而后取其他材质，"写竹状而为之"，指出了陶器、铜器、漆器中筒形器产生的渊源。

---

6. 竹质"铛鼎""釜甑"

据历史文献记录，还有以竹筒作为炊器的情形。

我国西南、中南地区一些少数民族长期用竹筒烧饭。例如，"在铁锅传入之前，佤族多用竹筒煮饭"。[1]宋人范成大《桂海虞衡志·志器》："竹釜，瑶人所用，截大竹筒以当铛鼎，食物熟而竹不燔，盖物理自尔，非异也。"[2]雍正《广西通志》卷九三《诸蛮》："荔浦县猺所居皆山谷，疾病惟事巫觋，吹牛角，丧葬用长鼓，以手击之，截竹筒而炊。""象州东界修仁、荔浦，南界武宣、桂平，西界来宾、马平，北界雒容诸邑，各有猺獞，故州之各乡多其种类。男女椎髻徒跣，截竹筒而炊。"[3]清人《峒溪纤志》有相同记载。[4]赵翼《檐曝杂记》卷三"树海"条说镇安"崇山密箐"形势："孤行者无炊具，以刀斫竹一节，实水米其中，倚树根而炊之。"[5]文果《洱海丛谈》、陈鼎《滇游记》也都说到腾越少数民族也使用这种"竹釜"。

《初学记》卷二八引《河图》："少室之山，大竹堪为甑器。"[6]《太平御览》卷九六二引《孝经河图》："少室之山，大竹堪为釜甑。"[7]可见，自很古远的时期起，黄河流域也曾经使用竹筒作为炊具。《说文·火部》："鱟，置鱼筲中炙也。"是明确的汉代以"筲"为炊器的例证。段玉裁注："筲，断竹也。置鱼筲中而干炙之，事与炃相类。"

秦汉时期的实用竹器至今多已不存，然而频繁出土的筒形器为史籍中关于秦汉时期广泛使用竹器的记载提供了佐证。秦汉时期的筒形器帮助我们认识当时民间普遍使用竹器的历史现象，同时引导我们进一步考察这一

1　国家民委民族问题五种丛书编辑委员会《中国少数民族》编写组编：《中国少数民族》，人民出版社1981年5月版。
2　〔宋〕范成大撰，严沛校注：《桂海虞衡志校注》，广西人民出版社1986年3月版，第43页。
3　〔清〕金鉷等修：《（雍正）广西通志》，《景印文渊阁四库全书》，第567册第563页、第570页。
4　〔清〕陆次云撰：《峒溪纤志》，《丛书集成初编》，第3026册第19页。
5　〔清〕赵翼撰，李解民点校：《檐曝杂记》，中华书局1982年5月版，第48页。
6　〔唐〕徐坚等著：《初学记》，第693页。
7　〔宋〕李昉等撰：《太平御览》，第4269页。

现象产生的条件。[1]

7. 秦汉时期黄河流域的竹林分布与筒形器的兴衰

秦汉时期筒形器的普及，与当时的气候条件和植被形势有关。

秦汉时期黄河流域有竹林生存。这些竹林的存在，明显影响着当时的生态形势和经济生活。然而有的研究者否认有天然生存的竹类的可能，将其性质确定为"呈散布状"的"经济栽培作物"，甚至断定黄河流域"本无天然竹子"。[2]有的研究者则否认这一植被面貌可以具有"气候变迁指示意义"。[3]

由于这是分析秦汉时期生态环境时不可忽略的问题，因此，对于这些意见，仍有必要就历史资料的理解和学术规范的坚持，对若干认识予以澄清。

《史记》卷一二九《货殖列传》据说"诸方之风俗物产人情变态悉具"[4]，"将天时、地理、人事、物情，历历如指诸掌"[5]，其中"所写的地理"，强调"各地有各地的环境"[6]，尤其值得重视。

司马迁在自称评价"天下物所鲜所多"的论说中写道：

> 夫山西饶材、竹、谷、纑、旄、玉石；……江南出枏、梓、姜、桂、金、锡、连、丹沙、犀、玳瑁、珠玑、齿革；……[7]

---

1 王子今：《试谈秦汉筒形器》，《文物季刊》1993 年 1 期。

2 陈业新：《两汉时期气候状况的历史学再考察》，《历史研究》2002 年 4 期；编入《灾害与两汉社会研究》，上海人民出版社 2004 年 4 月版，第 88 页、第 91 页。

3 牟重行：《中国五千年气候变迁的再考证》，气象出版社 1996 年 3 月版，第 6 页。

4 〔明〕归有光：《归震川评点本史记》卷一二九。杨燕起、陈可青、赖长扬汇辑：《史记集评》，商务印书馆 2015 年 6 月版，第 603 页。

5 〔清〕朱鹤龄：《愚庵小集》卷一三《读货殖传》，《景印文渊阁四库全书》第 1319 册第 151 页。

6 潘吟阁：《史记货殖传新诠·编者弁言》。参见杨燕起、陈可青、赖长扬编：《历代名家评〈史记〉》，北京师范大学出版社 1986 年 3 月版。

7 《史记》，第 3253—3254 页。

我们读这段分析"山西"和"江南"之"物产""物事"其实也涉及其"环境"的文字，直接通过司马迁的介绍，形成"'竹'居于山西物产前列却不名于江南物产中，可见当时黄河流域饶产之竹，对于社会经济的意义甚至远远超过江南"的理解[1]，从逻辑上说，是不存在什么问题的。

　　然而有的学者却提出了问题。论者指出，"两汉时期，竹子主要分布在江南地区"，在用了不少篇幅引录南方（其实并不限于"江南"）多竹的文献资料之后，于是又写道：

　　　　竹在江南地区的广饶分布，足以说明那种认为"'竹'居于山西物产前列却不名于江南物产中，可见当时黄河流域饶产之竹，对于社会经济的意义甚至远远超过江南"的认识是不成立的。[2]

人们自然会问，如果当时"江南"物产中"竹"对于社会经济的意义超过"山西"，为什么司马迁不在总结"天下物所鲜所多"时将"竹"置于"江南""物产"之先呢？至少应当列入"江南""物产"之中吧。根据否定"当时黄河流域饶产之竹"之"社会经济的意义"的学者的认识，大概应当将"竹"字从"山西"一句中删去，加在"江南"句下。可惜司马迁的文字，是不可以随意更改的。

　　"竹在江南地区的广饶分布"，应当是确实的，然而这一事实当时似乎并不为进行各地区经济形势分析的司马迁所重视。《货殖列传》是比较严肃的经济史论著，司马迁讨论的是经济史现象，在司马迁生活的年代，"江南"地区因开发程度有限，在以全国为范围的经济共同体中，地位远远没有后世重要。这本来是大略了解秦汉史者应当具有的常识。

　　正是因为如此，我们看到，司马迁在"江南"句下所列举的出产"柟、梓、姜、桂、金、锡、连、丹沙、犀、玳瑁、珠玑、齿革"，确实都是北方甚少或者绝无的。

1　王子今：《秦汉时期气候变迁的历史学考察》，《历史研究》1995 年 2 期。
2　陈业新：《两汉时期气候状况的历史学再考察》，《历史研究》2002 年 4 期；编入《灾害与两汉社会研究》，第 89 页。

还应当注意到，司马迁在列数"天下物"之"所多"时，对于四大经济区"物产"的总结，用语是有所不同的：

> 山西饶……
>
> 山东多……
>
> 江南出……
>
> 龙门、碣石北多……

司马迁自称这只是一种概略的分析，"此其大较也"[1]。然而"山西"称"饶"，"山东"及"龙门、碣石北"称"多"，而"江南"则只称"出"，语气的区别其实是明显的。

司马迁还说，这些物产"皆中国人民所喜好"，然而要真正进入社会经济生活，还有待于"商而通之"。在这里，我们不妨再重温司马迁在《史记》卷一二九《货殖列传》中对江南等地方经济地位的分析：

> 江南卑湿，丈夫早夭。多竹木。豫章出黄金，长沙出连、锡，然堇堇物之所有，取之不足以更费。

对于所谓"取之不足以更费"，裴骃《集解》引应劭曰："堇，少也。更，偿也。言金少少耳，取之不足用，顾费用也。"

司马迁还写道：

> 楚越之地，地广人希，饭稻羹鱼，或火耕而水耨，果隋蠃蛤，不待贾而足，地埶饶食，无饥馑之患，以故呰窳偷生，无积聚而多贫。是故江淮以南，无冻饿之人，亦无千金之家。[2]

地虽"饶食"，仍无"积聚"。在这样的条件下，我们说，虽然"江南""多竹"，但是"对于社会经济的意义"远远不能和"当时黄河流域饶产之竹"相比，这样的认识，为什么"不成立"呢？

---

1 司马贞《索隐》："'大较'，犹大略也。"《史记》，第3254—3255页。

2 《史记》，第3268页、第3270页。

当然，认识的基点，在于对司马迁所谓"夫山西饶材、竹……"所指出的"山西"饶产"竹"的事实愿不愿意承认。

"江南"多有之"竹"之所以未能名列于"中国人民所喜好"之"物产"之中，是因为经济往来的原则是"以所多易所鲜"[1]，"以所多易其所少"[2]，而竹，在当时的黄河流域并非"所鲜""所少"。

对于竹类的分布，有学者反复说："两汉时期，竹子主要分布在江南地区，黄河中下游地区的竹子乃经济栽培作物，且呈散布状"，"江南之竹似为自然生，而黄河流域之竹则是作为经济栽培的产物。""两汉时期自然状态下竹林的分布地区为江南地区，黄河流域竹子皆为经济栽培的产物。""由于可以用竹子与政府做交换从而获得好处，加之以两汉对书写材料——竹简——的需求量较大，从而刺激了本无天然竹子而又对竹子有较大需求的黄河流域的竹子的生产。"[3]

其实，黄河流域竹在经济生活中因作用广泛而受到重视，主要并不在于什么"可以用竹子与政府做交换从而获得好处"，而"对书写材料——竹简——的需求量较大"，也并非特别重要的因素。《汉书》卷二二《礼乐志》、《汉旧仪》以及《太平御览》卷一七三引《汉宫阙名》都说到甘泉宫"竹宫"。《水经注》卷一八《渭水》引诸葛亮《表》说到武功水"竹桥"[4]。秦咸阳宫遗址以及咸阳杨家湾汉墓墓室也都发现竹用于建筑结构。看来，竹在当时社会生活中的应用范围要宽广得多。[5]

一个重要的问题是，黄河流域的竹林果真如同有的学者所说，确实"皆为经济栽培的产物"吗？

---

1 《史记》卷一二九《货殖列传》，第 3263 页。

2 《史记》卷一二九《货殖列传》司马贞《索隐》，第 3262 页。

3 陈业新：《两汉时期气候状况的历史学再考察》，《历史研究》2002 年 4 期；编入《灾害与两汉社会研究》，第 88—89 页、第 92 页、第 91 页。对于所谓"可以用竹子与政府做交换从而获得好处"，论者的依据是："身为将军的杨仆对国家在战争中对竹子用途和需求量体会较深，因此，他曾用输竹来赎罪。据《汉书·景武昭宣元成功臣表》载，杨仆于武帝元封四年'坐为将军击朝鲜畏懦，入竹二万个，赎完为城旦'。"原注："《史记·货殖列传》'索隐'误作'杨仅入竹三万个'。"

4 〔北魏〕郦道元著，陈桥驿校证：《水经注校证》，第 439 页。

5 参看王子今：《秦汉时期的关中竹林》，《农业考古》1983 年 2 期。

回答应当是否定的。

《史记》卷一二九《货殖列传》写道："陆地牧马二百蹄，牛蹄角千，千足羊，泽中千足彘，水居千石鱼陂，山居千章之材。安邑千树枣；燕、秦千树栗；蜀、汉、江陵千树橘；淮北、常山已南，河济之间千树萩；陈、夏千亩漆；齐、鲁千亩桑麻；渭川千亩竹；及名国万家之城，带郭千亩亩钟之田，若千亩卮茜，千畦姜韭：此其人皆与千户侯等。"[1] 在司马迁笔下与竹相并列的枣栗萩漆等等，不大可能都是非"自然生"。尤其是所谓"山居千章之材"，更可能是自然山林可以"坐而待收"的物产。如果断定"渭川千亩竹"等"皆为经济栽培的产物"，似乎还应当提供必要的论证。

据《史记》卷一一七《司马相如列传》，司马相如奏赋描述宜春宫风景，有"览竹林之榛榛"辞句。[2] 推想宫苑禁区之内的"竹林"，恐怕并非"作为经济栽培的产物""经济栽培作物"。

至于马融《长笛赋》所谓"惟籦笼之奇生兮，于终南之阴崖"，则无疑野生。[3] 至于淇川之竹，更绝无"乃经济栽培作物"的可能。

东汉初年并州牧郭伋事迹所见"竹马"故事，可以给我们有意义的启示。《后汉书》卷三一《郭伋传》记载："始至行部，到西河美稷，有童儿数百，各骑竹马，道次迎拜。伋问：'儿曹何自远来？'对曰：'闻使君到，喜，故来奉迎。'伋辞谢之。及事讫，诸儿复送至郭外，问：'使君何日当还？'伋谓别驾从事，计日告之。行部既还，先期一日，伋为违信于诸儿，遂止于野亭，须期乃入。"[4] 西河美稷地在今内蒙古准格尔旗西北。《郭伋传》"竹马"故事，可以作为当时竹林生长区域广阔的证据。

有学者则认为，"仅据《后汉书·郭伋传》中数百童儿骑竹马的记载来推断美稷产竹，如同以关中有竹而推论竹'居于山西物产前列却不名于江

---

1 《史记》，第 3272 页。

2 《史记》，第 3055 页。

3 《长笛赋》又有句："近世双笛从羌起，羌人伐竹未及已。龙鸣水中不见已，截竹吹之声相似。"〔梁〕萧统编，〔唐〕李善注：《文选》，第 250 页、第 254 页。

4 《后汉书》，第 1093 页。

南物产中'一样，存在着论据不足的问题"[1]。

其实，所说"推论竹'居于山西物产前列却不名于江南物产中'"的根据，并不是什么"以关中有竹"，而是对司马迁论说的直接解说，根本不需要另外的"论据"。

持不可以据《郭伋传》关于"竹马"的记载"来推断美稷产竹"的意见的学者还说："其一，竹马为竹制品而不是竹林资源，竹马的来源，或有三种可能，一则为利用当地竹林资源而编制，二则由他地输入的竹子而制成，三则竹马由外地制品输入；其二，文献中似无美稷有竹林的明确记载，考古亦无佐证。由此两点我们说，两汉时美稷是否真的有竹子存在，尚待进一步的考证。"[2]期待"进一步的考证"，求得文献中"美稷有竹林的明确记载"以及考古的"佐证"，是值得赞赏的审慎的态度。不过，对于美稷是否可能存在"竹林"，我们看到的一种"记载"，似乎也可以从侧面提供某种"佐证"。

宋人沈括《梦溪笔谈》卷二一《异事》写道：

> 近岁延州永宁关大河岸崩，入地数十尺土下，得竹笋一林，凡数百茎，根干相连，悉化为石。适有中人过，亦取数茎去，云欲进呈。
>
> 延郡素无竹，此入在数十尺土下，不知其何代物，无乃旷古以前地卑气湿而宜竹邪？
>
> 婺州金华山有松石，又如核桃、芦根、鱼蟹之类，皆有成石者。然皆其地本有之物，不足深怪。此深地中所无，又非本土所有之物，特可异耳。[3]

古来动植物化石多有发现，然而"此深地中所无，又非本土所有之物"确实特别，尤其值得注意。沈括就竹林化石的集中发现，敏锐地联想到这一以当

1　陈业新：《两汉时期气候状况的历史学再考察》，《历史研究》2002 年 4 期；编入《灾害与两汉社会研究》，第 92 页。
2　陈业新：《两汉时期气候状况的历史学再考察》，《历史研究》2002 年 4 期；编入《灾害与两汉社会研究》，第 92 页。
3　〔宋〕沈括著：《梦溪笔谈》，上海古籍出版社 2015 年 12 月版，第 144 页。

时人的知识"素无竹"的地区"旷古以前地卑气湿而宜竹"的可能。所谓"延州""延郡"即今陕西延安地区。永宁关，应在今陕西延川东北黄河岸边。据谭其骧主编《中国历史地图集》标定，金河东南路有"永宁关"，地在今山西石楼西黄河东岸。[1] 而《陕西通志》卷九九《拾遗第二·琐碎》引录沈括所言竹林化石之"异事"，可知据清雍正年间陕西方志学专家们的历史地理知识，宋永宁关所在应在黄河西岸，这正与沈括所谓"延州""延郡"一致。

《梦溪笔谈》记录的宋代发现于"延州""延郡""不知其何代物"的竹林化石，应当不会是"经济栽培作物"吧。沈括尚且能够作出"无乃旷古以前地卑气湿而宜竹邪"的推想，我们今天的学者却只以当今"其地本有之物"束缚己见，以为其地"素无"即否定历史可能，不免令人遗憾。[2]

"竹马"作为儿童游戏用具，其实通常只是一根象征"马"的竹竿。通用辞书一般都是这样解释的。如《辞源》："【竹马】儿童游戏时当马骑的竹竿。"书证引《后汉书》三一《郭伋传》[3]。又《汉语大词典》："【竹马】①儿童游戏时当马骑的竹竿。"书证亦用郭伋故事。[4] 又《现代汉语词典》："【竹马】①儿童放在胯下当马骑的竹竿。②一种民间歌舞用的道具，用竹片、纸、布扎成马形，可系在表演者身上。"[5] 看来，说到"竹马"，多以《后汉书》卷三一《郭伋传》为第一书证，而共同的解释，是儿童"当马骑的竹竿"，而并非"竹马戏""竹马灯"等"民间歌舞用的道具"。[6] 这本来是

---

1 谭其骧主编：《中国历史地图集》，第 6 册第 56 页。

2 王子今：《黄河流域的竹林分布与秦汉气候史的认识》，《河南科技大学学报》（社会科学版）2006 年 3 期。

3 商务印书馆 1981 年修订第 1 版，第 3 册 2345 页。

4 汉语大词典出版社 1991 年 12 月版，第 8 册 1095 页。

5 商务印书馆 1996 年 7 月修订第 3 版，第 1640 页。

6 关传友《中华竹文化》在讨论"竹的民俗文化"时说到"竹马戏"。"马"为"竹篾编织"，"周围用绸布或彩纸糊裱成马的模样"。中国文联出版社 2000 年 12 月版，第 423—424 页。《汉语大词典》有"竹马灯"词条："一种民间歌舞形式。竹马一般用篾片扎成骨架，外面糊纸或布，分前后两截，系在舞者腰上如骑马状。"汉语大词典出版社 1991 年 12 月版，第 8 册 1095 页。

一般生活常识。[1] 也就是说，"竹马"根本不是什么利用"竹林资源而编制"的"竹制品"，不存在"竹马由外地成品输入"的可能。如此简易的游戏用具，也没有"由他地输入的竹子而制成"的必要。

竺可桢《中国近五千年来气候变迁的初步研究》一文中在论述秦和西汉时期的"温和"气候时，说到"竹"的分布：

> 汉武帝刘彻时（公元前140—87年）[2]，司马迁作《史记》其中《货殖列传》描写当时经济作物的地理分布："蜀汉江陵千树橘；……陈夏千亩漆；齐鲁千亩桑麻；渭川千亩竹。"按橘、漆、竹皆为亚热带植物，当时繁殖的地方如橘之在江陵，桑之在齐鲁，竹之在渭川，漆之在陈夏，均已在这类植物现时分布限度的北界或超出北界。一阅今日我国植物分布图[3]，便可知司马迁时亚热带植物的北界比现时推向北方。公元前110年，黄河在瓠子决口，为了封堵口子，斩伐了河南淇园的竹子编成容器以盛石子，来堵塞黄河的决口。[4] 可见那时河南淇园这一带竹子是很繁茂的。[5]

"竹"在黄河流域的分布，被看作当时气候"温暖"的标志。此后学者论说秦汉气候形势，多有注意"竹"的分布所提供的气象史的信息的。[6]

有学者对这一认识发表了不同意见，以为"该文凡涉及竹史料的温度推测，均没有气候变迁指示意义"。

论者对竺说提出驳议的主要方式，是提出后世在竺可桢所指出"司马迁时亚热带植物的北界"甚至更北的地方依然有竹类生存。论者写道："这

1　参看王子今：《漫说"竹马"》，《历史大观园》1992年10期；王子今：《"竹马"源流考》，《比较民俗研究》第8号，筑波大学1993年9月；王子今、周苏平：《汉代儿童的游艺生活》，《中国史研究》1999年3期。

2　今按：汉武帝在位年间，应为公元前140—前87年。

3　原注："侯学煜编，1960，中国之植被，中国植被图，第146—152页，人民教育出版社。"

4　原注："《史记·河渠书》。"

5　竺可桢：《中国近五千年来气候变迁的初步研究》，《考古学报》1972年1期；收入《竺可桢文集》，科学出版社1979年3月版，第480—481页。

6　如文焕然、文榕生：《中国历史时期冬半年气候冷暖变迁》，科学出版社1996年5月版，第20—23页。

并不意味着作者在暗示五千年来黄河流域没有出现过气候变化，而仅仅说明用竹类作为指示植物，难以得出该地区历史上气候尺度的冷暖变易结论，尽管在特殊寒冷的年份，黄河流域也有一些竹木冻害记录。"[1]

其实，与人类社会的历史演进同样，自然环境的历史变化也表现出值得重视的动态特征。怎么能够以后世黄河流域某地依然有竹类生存，就否定竹是"亚热带植物"，当时竹林之"繁茂""足证当时气候之和暖"的论点呢？

论者写道："《五千年气候》指出继西汉温暖期之后，'到东汉时代即公元之初，我国天气有趋于寒冷的趋势。'而有趣的是，也恰在公元初，有一位名叫寇恂的官员担承河内（今河南武陟）太守，派人到淇园去伐取大量竹子，做成箭矢百余万支，用来演兵备武。这表明东汉初期河南淇县依然存在茂盛竹林。此种情形即在东汉后期也似乎无明显变化，因为据崔寔《四民月令》记述的以洛阳为中心的农事活动中，提到竹子栽培和采集利用。"[2] 首先应当说明，正如《四民月令》研究专家石声汉所指出的，"崔寔是东汉中叶时人。他毕生最重要的事业，大致都在公元二世纪中叶（145—167）作出"[3]。指《四民月令》的时代为"东汉后期"，是不准确的。[4] 而"东汉初期河南淇县依然存在茂盛竹林"，并不与竺可桢"到东汉时代即公元之初，我国天气有趋于寒冷的趋势"的说法形成矛盾。竺可桢并没有说"天气有趋于寒冷的趋势"则竹林就会迅速消失。

对于竺可桢引用"《卫风》诗云：'瞻彼淇奥，绿竹猗猗'"，又引汉武帝伐淇园之竹以塞瓠子决口事，论者认为："实际上，用这两个例子来论证气候温暖亦无意义，因为就《五千年气候》一文给出的所有历史寒冷期中，均没有迹象表明淇县甚至黄河流域竹类有遭寒冷气候毁灭的史实。"[5]

---

1 牟重行：《中国五千年气候变迁的再考证》，第6—13页。
2 牟重行：《中国五千年气候变迁的再考证》，第8—9页。
3 石声汉：《试论崔寔和四民月令》，石声汉校注：《四民月令校注》，第79页。
4 有的学者讨论同一问题，引用同一史料，写作"东汉中后期"，似乎显得稳妥一些。陈业新：《两汉时期气候状况的历史学再考察》，《历史研究》2002年4期；编入《灾害与两汉社会研究》，第93页。
5 牟重行：《中国五千年气候变迁的再考证》，第8页。

但是,《水经注》卷九《清水》引郭缘生《述征记》说:"白鹿山东南二十五里有嵇公故居,以居时有遗竹焉。"[1]可知著名的"竹林七贤"曾经活动的"竹林"已经不复存在。《太平御览》卷一八〇引《述征记》:"山阳县城东北二十里魏中散大夫嵇康园宅,今悉为田墟,而父老犹谓嵇公竹林地,以时有遗竹也。"[2]除了著名的嵇康竹林终于"悉为田墟"之外,《水经注》卷九《淇水》还写道:

> 《诗》云:瞻彼淇澳,菉竹猗猗。毛云:菉,王刍也;竹,编竹也。汉武帝塞决河,斩淇园之竹木以为用。寇恂为河内,伐竹淇川,治矢百余万,以输军资。今通望淇川,无复此物。[3]

最后一句"今通望淇川,无复此物",《太平御览》卷六四引《水经注》作:"今日之淇,无复此物。"[4]郦道元所处的时代,正是竺可桢的论文《中国近五千年气候变迁的初步研究》给出的"历史寒冷期"。对于繁茂的淇园之竹,郦氏所谓"今通望淇川,无复此物","今日之淇,无复此物",难道不可以理解为"表明淇县甚至黄河流域竹类有遭寒冷气候毁灭的史实"的一种迹象吗?

有的学者对于郦道元所言淇川无竹的说法表示怀疑:

> 至于淇园之竹,《魏书·李平传》载:"车驾将幸邺,(李——引者注)平上表谏:'……将欲讲武淇阳,……驰骋骢于绿竹之区'"。可见,北魏时淇园仍为"绿竹之区"。只不过可能由于战争制箭用竹和西汉治河用竹的过度采伐,以后的淇园之竹不曾如以前那样丰茂。郦道元《水经注·淇水》说:"汉武帝塞决河,斩淇园之竹木以为用;寇恂为河内,伐竹淇川,治矢百余万以输军资",以致"今通望淇川,无复

---

1 〔北魏〕郦道元著,陈桥驿校证:《水经注校证》,第225页。

2 〔宋〕李昉等撰:《太平御览》,第877页,卷九六二引《述征记》,则写道:"仙〔山〕阳县城东北二十里有中散大夫嵇康宅,今悉为田墟,而父老犹种竹木。"第4271页。

3 〔北魏〕郦道元著,陈桥驿校证:《水经注校证》,第236页。

4 〔宋〕李昉等撰:《太平御览》,第304页。《景印文渊阁四库全书》,第653页。

此物"。郦道元所言北魏时淇川无竹是否为实我们暂且不论，但他道出了一个历史事实，即淇园竹子的衰微乃人为因素使然。[1]

论者引录《水经注》文的做法实在令人吃惊："郦道元《水经注·淇水》说：'汉武帝塞决河，斩淇园之竹木以为用；寇恂为河内，伐竹淇川，治矢百余万以输军资'，以致'今通望淇川，无复此物'。"论者巧妙地平白添加"以致"二字，就将"淇园竹子的衰微乃人为因素使然"的观点强加给了郦道元。

读郦道元所言，实在看不出他怎样"道出了一个历史事实，即淇园竹子的衰微乃人为因素使然"。他只是"道出了"这样"一个历史事实"：淇川地方过去繁茂的竹林，今天已经看不到了。

《水经注》研究专家陈桥驿对于郦道元的表述，就是这样理解的。他在《〈水经注〉记载的植物地理》一文中指出：

> 《水经注》记载植被，不仅描述了北魏当代的植被分布，同时还描述了北魏以前的植被分布，因而其内容在研究历史时期的植被变迁方面有重要价值。

他引录了"卷九《淇水》经'淇水出河内隆虑县西大号山'注"，接着写道：

> 从上述记载可见，古代淇河流域竹类生长甚盛，直到后汉初期，这里的竹产量仍足以"治矢百万"。但到了北魏，这一带已经不见竹类。说明从后汉初期到北魏的这五百多年中，这个地区的植被变迁是很大的。[2]

郦道元说"通望淇川，无复此物"，陈桥驿理解为"这一带已经不见竹类"，

1　陈业新：《两汉时期气候状况的历史学再考察》，《历史研究》2002 年 4 期；编入《灾害与两汉社会研究》，第 93 页。

2　陈桥驿还指出了另一可以说明植被变迁的实例："又卷二十二《渠》经'渠出荥阳北河，东南过中牟县之北'注云：'泽多麻黄草，故《述征记》曰：践县境便睹斯卉，穷则知逾界，今虽不能，然谅亦非谬，《诗》所谓东有圃草也。'从上述记载可见，直到《述征记》撰写的晋代，圃田泽地区还盛长麻黄草，但以后随着圃田泽的缩小和湮废，北魏时代，这一带已经没有这种植物了。这些都是历史时期植被变迁的可贵资料。"陈桥驿：《水经注研究》，第 122—123 页。

似乎并不是什么"淇园之竹"仅仅"不曾如以前那样丰茂",在这里,也没有理由提出"郦道元所言北魏时淇川无竹是否为实"这样的问题,也不必强将"淇园竹子的衰微"归结为"由于战争制箭用竹和西汉治河用竹的过度采伐"。

有学者注意到:"淇园成为国家竹园,当始于商朝。戴凯之《竹谱》云:'淇园,卫地,殷纣竹箭园也。'"[1]《史记》卷二九《河渠书》"下淇园之竹以为楗",裴骃《集解》:"晋灼曰:'卫之苑也,多竹篠。'"《汉书》卷二九《沟洫志》"下淇园之竹以为揵",颜师古注:"晋灼曰:'淇园,卫之苑也。'"《后汉书》卷三《章帝纪》及卷一六《寇恂传》李贤注引《汉书音义》也有同样的说法。[2] 所谓"殷纣竹箭园",所谓"卫之苑",理解为"国家竹园"是适宜的。也就是说,在某种意义上,可以看作是王家的自然保护区。这里自然是不允许随意采伐的。从这一角度理解,也恰好反驳了论者自己提出的"黄河中下游地区的竹子乃经济栽培作物"的说法。

在这里不妨顺便提一下,关于"绿竹猗猗"之《诗》义,有将"绿"与"竹"分解的说法,也有人曾经以为根本不是指"竹"。[3] 宋人洪迈将对"绿竹猗猗"的误解,指为"北人不见竹之语耳"。[4] 洪迈《容斋随笔》三笔卷一四写道:"熙宁初,右赞善大夫吴安度试舍人院,已入等,有司以安度所赋《绿竹》诗背王刍古说,而直以为竹,遂黜不取。"[5] 宋代学者所指出的所谓"北人不见竹"的情形,也可以在一定程度上澄清以为黄河流域历代都多有竹类生存的误解。

1　陈业新:《两汉时期气候状况的历史学再考察》,《历史研究》2002 年 4 期;编入《灾害与两汉社会研究》,第 91 页。

2　《史记》,第 1413 页。《汉书》,第 1682 页。《后汉书》,第 143 页、第 621—622 页。

3　《资暇录》曰:"菉竹漪漪,陆玑《草木疏》称,郭璞云:'菉,王刍也。'今呼为'白脚莘',或云即'鹿蓐草'。又云:'扁竹似小藜,赤茎,节高。'《韩诗》作薄,亦云菉薄扁竹。则知非笋竹矣。今辞赋引'漪漪'入竹事,误也。谢庄《竹赞》云:'瞻彼中唐,菉竹漪漪。'便袭其谬,所以昭明不预《文选》。"〔清〕吴景旭撰:《历代诗话》卷一,《景印文渊阁四库全书》,第 1483 册第 12 页。

4　〔宋〕洪迈撰,孔凡礼点校:《容斋随笔》卷六"绿竹青青"条,第 77—78 页。

5　〔宋〕洪迈撰,孔凡礼点校:《容斋随笔》三笔卷一四"绿竹王刍"条,第 592 页。宋人程大昌《演繁露》也有类同的说法。〔宋〕程大昌撰,许逸民校证:《演繁露校证》,第 44 页。

题晋人戴凯之著《竹谱》写道："植类之中，有物曰竹。不刚不柔，非草非木。小异空实，大同节目。或茂沙水，或挺岩陆。条畅纷敷，青翠森肃。质虽冬蒨，性忌殊寒。九河鲜育，五岭实繁。……"对于其中所谓"九河鲜育，五岭实繁"，有自注："'九河鲜育'，忌隆寒也。'五岭实繁'，好殊温也。"[1]这里已经分明指出了竹的生活习性对于气温的要求，我们为什么一定要否认这种植物的"气候变迁指示意义"呢？顺便还可以指出，四库全书本《竹谱》及《说郛》卷一〇五录文，均作"九河鲜育"[2]，《全芳备祖集》后集卷一六则作"九河鲜有"[3]。从字面看，"九河鲜育"，可以理解为作为"经济栽培作物"的竹，"九河鲜有"，则似乎可以理解为自然生长的竹。

正是由于黄河流域竹林生长的气候条件发生了变化，汉代社会应用普遍的"制器尚象"，"写竹状而为之"的筒形器在后世逐渐消失了。

1　题晋戴凯之撰：《竹谱》，《景印文渊阁四库全书》，第 845 册第 173 页。作者年代身份不详，《四库全书总目提要》定为"唐以前书"。

2　〔明〕陶宗仪编：《说郛》，《景印文渊阁四库全书》，第 882 册第 123 页。

3　〔宋〕陈景沂撰：《全芳备祖集》后集卷一六，《景印文渊阁四库全书》，第 935 册第 411 页。

角杯 · 犀角杯

1. 广州汉墓出土"犀角"

广州西汉前期汉墓出土陶质"象牙"和"犀角"。"犀角"出土情形，据发掘报告记述：

> 犀角 十九件，分出于二座墓。墓1153的四件与象牙同出，胎红黄色，较残，大小相若，残长10厘米。墓1134共出十五件，其中有六件系青灰色胎，质地极硬，其余九件红黄色，略软一些。形制全同，底挖空成圆锥形，与角体相应，角的尖端均切平，大小相若，长17，底径6厘米。[1]

41-1 广州汉墓出土"犀角"

"底挖空成圆锥形"，体现仿拟犀角杯的形制。所谓"角的尖端均切平"，应是出于方便使用或放置的考虑。

2. "犀杯"与"兕觥"

"犀"字本从"牛"。《说文·牛部》："犀，南徼外牛。"[2] 直接将"犀"

---

1 广州市文物管理委员会、广州市博物馆：《广州汉墓》，第128页，图版二五（XXV）。
2 〔汉〕许慎撰，〔清〕段玉裁注：《说文解字注》，第52页。

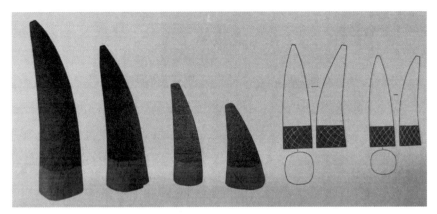

41-2　马王堆一号汉墓出土木制犀角模型及其摹本

定义为"牛"。古文献所见对"犀"的解说，往往强调这种动物与"牛"的关系。而"犀"又有"犀牛"俗称。《山海经·海内南经》："狌狌西北有犀牛，其状如牛而黑。"[1]《穆天子传》卷一郭璞注："犀，似水牛。"[2]《左传·宣公二年》："牛则有皮，犀兕尚多。"孔颖达疏引《释兽》郭璞注："（犀）形似水牛。"[3]《急就章》"豹狐距虚豺犀兕"，颜师古注："犀，黑色似水牛。"[4]《后汉书》卷四〇上《班固传》"顿犀犛"，李贤注："犀似牛。"[5]

中国古代确有"犀""牛"混说的现象，除前引《山海经·海内南经》外，《汉书》卷一二《平帝纪》："黄支国献犀牛。"广州汉墓的发现，正可与西汉南洋海路交通的开拓对照理解。[6]

不过，中国上古时代亦有犀牛生存。杜甫《石犀行》："君不见秦时蜀太守，刻石立作五犀牛。"[7]《华阳国志·蜀志》记录李冰兴水利事迹：

1　袁珂校注：《山海经校注》，上海古籍出版社 1980 年 7 月版，第 276 页。

2　王贻梁、陈建敏撰：《穆天子传汇校集释》，华东师范大学出版社 1994 年 4 月版，第 54 页。《山海经·南山经》"其下多犀兕"郭璞注："犀似水牛。"袁珂校注：《山海经校注》，第 15 页。

3　《尔雅·释兽》"犀，似豕"郭璞注。〔清〕阮元校刻：《十三经注疏》，第 1866 页、第 2651 页。

4　管振邦译注，宙浩审校：《颜注急就篇译释》，第 217 页。《汉书》卷一二《平帝纪》："黄支国献犀牛。"颜师古注："犀，状如水牛，头似猪而四足，类象，黑色，一角当额前，鼻上又有小角。"

5　《后汉书》，第 1348 页、第 1350 页。

6　王子今：《秦汉时期的东洋与南洋航运》，《海交史研究》1992 年 1 期。

7　〔清〕仇兆鳌：《杜诗详注》卷一〇，中华书局 1979 年 10 月版，第 835 页。

冰乃壅江作堋。穿郫江、捡江，别支流，双过郡下，以行舟船。岷山多梓、柏、大竹，颓随水流，坐致材木，功省用饶。又溉灌三郡，开稻田。于是蜀沃野千里，号为陆海。旱则引水浸润，雨则杜塞水门，故记曰："水旱从人，不知饥馑。""时无荒年，天下谓之天府"也。外作石犀五头以厌水精。穿石犀渠于南江，命曰犀牛里。后转〔置犀〕为耕牛二头，一在府市市桥门，今所谓"石牛门"是也。一在渊中。[1]

又说"郡治少城"：

西南石牛门曰市桥。其下，石犀所潜渊也。

任乃强以为"石犀"之"犀"当作"兕"，而"兕"不过水牛而已，断言所谓李冰"作石犀五头"是"傅会"之辞："石犀厌水之说当辨。《尔雅》《说文》皆有'犀'字，不言能厌水精。葛洪《抱朴子》引郑君言：'但习闭气至千息久，久则能居水中一日许。得真通天犀角三寸以上者，刻为鱼，衔之入水，水常为开方三寸，可得气息水中。'洪又云：'通天犀（角）赤理如縆，自本彻末，以角盛米，着地，群鸡不敢啄而辄惊，故南人名为骇鸡犀。'《埤雅》引《异物志》云：'犀之通天者，恶影，常饮浊水。佳雾厚露之夜不濡。其角白星彻端。世云：犀望星而入角，可以破水、骇鸡。'蜀地古无犀牛。胡越商人从热带地区，转售犀角（入药）犀皮（作甲）来我国。口传其形状与生态，往往夸大其事，遂有'破水、骇鸡'，'露夜不濡'之说。皆始于三国海道甫通时，汉以前无此说也。'常志'采以傅会李冰石牛。"任乃强还写道："今蜀中各县当水处，每有作石牛以厌水者，其牛皆作水牛形。旧江渎庙，亦有仿李冰遗制之铜牛一头（现亦保存于公园内），亦是水牛形。本书下文亦云：'转为耕牛二头。'然则常璩所亲见之李冰石牛，是耕牛，非犀牛也。"任乃强又分析说："李冰所作石牛，既是'耕牛'，作水牛形矣，何以昔人又传其为犀？考水牛亦我国南方原产之巨形兽类；最先种稻之我国

---

1 〔唐〕欧阳询撰，汪绍楹校：《艺文类聚》卷九五引《蜀王本纪》也写道："江水为害，蜀守李冰作石犀五枚，二枚在府中，一枚在市桥下，二在水中，以厌水精。因曰石犀里。"第1644页。

南方民族，已驯扰之成水田之耕牛。殷周之际，中原人民已见其物，称之为
兕。骇其形体之大，比于虎类。《九经》中每见其字。《诗》曰：'匪兕匪虎，
率彼旷野。'其双角巨大而空，古人雕以盛酒，称为'兕觥'，见于《南诗》。
志其形体者，始于《尔雅》，仅'兕似牛'三字。谓其形体似中国北方之黄
牛也（古牛字只谓黄牛）。兕字造形为双巨角，明是古人初见水牛时制。其
音近犀（在蜀且同音）。缘是秦汉蜀人呼之'石兕'，魏晋人转误为犀，遂并
误会李冰造作之意为厌水也。犀非牛类，而蜀人恒呼'犀牛'，正缘与兕混
也。"任乃强还说道："中原牛耕，惟用黄牛。吴楚耕作，皆用水牛。李冰
'穿二江于成都'，别支流'溉灌三郡，开稻田'，大力提倡种稻（谷物中稻
之产量最高），从而提倡引种水牛，师法吴楚稻农。故刻此石牛五头，分置
二江灌溉地区，宣传物宜，以为劝导。当时呼之为兕。后被妄传为作犀厌水
也。"[1]

任乃强以为"蜀地古无犀牛"的论点缺乏论据[2]，然而指出"犀"和
"牛"可能混淆，是有道理的。从这一思路出发，或许可以将我们讨论的这
种器物与称作"犀角杯""犀杯"的古器联系起来思考。

3. 犀杯：民间信仰与民间礼俗

清人姚炳《诗识名解》卷四写道："觥惟用兕不用犀，故旧引先师说
云：刻木为之，形似兕角，盖不以犀代也。今之角觥皆称犀杯，不知犀
文颇闇，仅入药饵。兕觥则文理莹然，故凡带钩之饰皆用之。惟唐敬宗
时，南昌国进夜明犀，上令解为腰带，其余通天、辟寒、辟暑、却尘诸
类，仅供几座，未闻琢为服玩，其不以为酒器，更可知。《左成十四年》：

1　任乃强校注：《华阳国志校补图注》，第 136 页。
2　参看王子今：《战国秦汉时期中国西南地区犀的分布》，《面向新世纪的中国历史地理学——2000 年国际中国历史地理学术讨论会论文集》，齐鲁书社 2001 年 10 月版。

卫侯飨苦成叔，宁武子歌兕觥。[1]《昭元年》：郑人燕赵孟，穆叔、子皮及曹大夫兴，拜，举兕爵。[2]以知觥未有不用兕者。陆农师云：《老子》：'兕无所投其角。'[3]兕善抵触，故先王之制，罚爵以兕角为之。酒，阳物也，而善发人之刚，其过则在抵触。先王制此以为酒戒，其用兕之微意也与？"[4]其实，在古人动物分类观念中，犀、兕在许多情况下可能并没有严格的区别。《诗·小雅·吉日》："发彼小豝，殪此大兕。"《左传·宣公二年》："牛则有皮，犀兕尚多，弃甲则那。"孔颖达疏："《释兽》云：'兕似牛。'郭璞云：'一角青色，重千斤。'《说文》云：'兕如野牛，青毛，其皮坚厚，可制铠。'"[5]然而又有兕即雌犀的说法。[6]有学者指出："古籍记载野犀，在不同的时期和产地用字往往不同。大约自本草著作问世以前，人们对北方野犀常用'兕'称之。而自东汉的《神农本草经》以后多用犀角字样代表南方的野犀。在本草著作中最杰出的要算《本草纲目》，作者李时珍在犀角项下的《集解》中，所区分的犀种，以现代数据对照起来，基本上是正确的。他说：'（犀）有山犀、水犀、兕犀三种……山犀居山林，人多得之。水犀出入水中，最为难得。并有二角，鼻角长而额角短。水犀皮有珠甲，而山犀无之。兕犀即犀之牸者，亦曰沙犀，止有一角在顶……'然而，李时珍将长双角的犀牛误作'水犀'，实际上水犀为大独

1　《左传·成公十四年》："卫侯飨苦成叔，宁惠子相。苦成叔傲。宁子曰：'苦成家其亡乎？古之为享食也，以观威仪，省祸福也。故《诗》曰：兕觥其觩，旨酒思柔。彼交匪傲，万福来求。今夫子傲，取祸之道也。'"杜预《集解》："《诗·小雅》。言君子好礼，饮酒皆思柔德，虽设兕觥，觩然不用。以兕角为觵，所以罚不敬。觩，陈设之貌。"〔清〕阮元校刻：《十三经注疏》，第1913页。

2　《左传·昭公元年》："穆叔、子皮及曹大夫兴，拜，举兕爵曰：'小国赖子，知免于戾矣。'饮酒乐。"

3　《老子》第五十章："盖闻善摄生者，路行不遇兕虎，入军不被甲兵；兕无所投其角，虎无所用其爪，兵无所容其刃。夫何故？以其无死地。"所谓"兕无所投其角"，《淮南子·诠言》引《老子》作"兕无所措其角"，《盐铁论·世务》引《老子》作"兕无用其角"。

4　〔清〕姚炳《诗识名解》，《景印文渊阁四库全书》，第86册373页。

5　〔清〕阮元校刻：《十三经注疏》，第430页、第1866页。

6　〔宋〕丁度等编：《集韵·旨韵》："兕，一说雌犀也。"上海古籍出版社1985年5月版，第318页。《资治通鉴》卷二二九"唐德宗建中四年"："裹以兕革。"胡三省注引史炤曰："兕，色如野牛而青，一说雌犀也。"第7373—7374页。〔明〕李时珍《本草纲目》卷五一《兽部》即取此说："兕犀即犀之牸者，亦曰沙犀。"陈贵廷主编：《本草纲目通释》，第2152页。

角犀，而山犀为苏门犀，苏门犀雌雄才均具双角，只是雌性的双角短些。由此可见，兕犀不是雌性，实为小独角犀。所谓沙犀之名亦符合小独角犀的粗糙体表。"[1] 可知"兕"也是"犀"。"以兕角为之"的"兕爵""兕觥"[2]"兕觵"[3]，其实与"犀杯"意义相近。所谓"今之角觥皆称犀杯"，其实是有一定的合理性的。

"犀杯"，曾经长期作为应用颇为广泛的饮器。孙机举列早期"角杯"使用实例："我国远在新石器时代已有陶制角杯，河南禹县谷水河遗址所出者可以为例。在战国、西汉时的铜器刻纹与壁画中，也能看到持角杯的人物形象。"[4] 所说西汉壁画，即洛阳老城西北角西汉壁画墓墓室后墙壁画。发掘报告执笔者记述，画面有一人"右手持角状觥举于胸前"。[5] 有历史迹象表明，唐代社会生活中，也有使用"犀杯"的情形。《太平广记》卷六九"张云容"条记录了元和时人薛昭遇"开元中杨贵妃之侍儿"，使其再生，同归金陵的故事。其中有"及夜，风清月皎，见阶前有三美女，笑语而至，揖让升于花茵，以犀杯酌酒而进之"的情节。女伴"又持双杯而献曰：'真所

1　文焕然、何业恒、高耀亭：《中国野生犀牛的灭绝》，《中国历史时期植物与动物变迁研究》，重庆出版社 1995 年 12 月版，第 221—223 页。

2　《诗·周南·卷耳》："我姑酌彼兕觥，维以不永伤。"毛传："兕觥，角爵也。"〔清〕阮元校刻：《十三经注疏》，第 278 页。

3　《左传·成公十四年》："古之为享食也，以观威仪、省祸福也。故《诗》曰：'兕觵其觩，旨酒思柔，彼交匪傲，万福来求。'"今本《诗·小雅·桑扈》作"兕觥"。〔清〕阮元校刻：《十三经注疏》，第 1913 页、第 480 页。

4　孙机：《玛瑙兽首杯》，《中国圣火——中国古文物与东西文化交流中的若干问题》，辽宁教育出版社 1996 年 12 月版，第 178 页。

5　河南省文化局文物工作队：《洛阳西汉壁画墓发掘报告》，《考古学报》1964 年 2 期。

41-3 洛阳汉墓壁画使用角杯的画面

谓合卺矣！'"[1]

宋人张耒《人日饮酒赋》写道："乃命妇子，班坐行觞，酌兕相祝，寿考无疆，有否必泰，无穷不通。"[2]明人邓渼《星回节词》也说到"酌兕"："街衢车马夜喧阗，举国如狂自昔然。东舍椎牛闻击鼓，西邻酌兕共调弦。"[3]清人吴绮《江青园七十小引》则说到"酌犀觥"："此日为欢，愿酌

1《太平广记》卷六九"张云容"条："薛昭者，唐元和末为平陆尉，以气义自负，常慕郭代公、李北海之为人。因夜直宿，囚有为母复仇杀人者，与金而逸之。故县闻于廉使。廉使奏之，坐谪为民于海东。敕下之日，不问家产，但荷银铛而去。有客田山叟者，或云数百岁矣，素与昭洽，乃赍酒拦道而饮饯之。……又约曰：'此去但遇道北有林薮繁翳处，可且暂匿，不独逃难，当获美姝。'昭辞行，过兰昌宫，古木修竹，四合其所。昭踰垣而入，追者但东西奔走，莫能知踪矣。昭潜于古殿之西间。及夜，风清月皎，见阶前有三美女，笑语而至，揖让升于花茵，以犀杯酌酒而进之。居首女子酹之曰：'吉利吉利，好人相逢，恶人相避。'其次曰：'良宵宴会，虽有好人，岂易逢耶。'昭居窗隙间闻之，又志田生之言，遂跳出曰：'适闻夫人云好人岂易逢耶，昭虽不才，愿备好人之数。'三女愕然良久曰：'君是何人，而匿于此？'昭具以实对。乃设座于茵之南。昭询其姓字，长曰云容，张氏；次曰凤台，萧氏；次曰兰翘，刘氏。饮将酣，兰翘命骰子，谓二女曰：'今夕佳宾相会，须有匹偶，请掷骰子，遇采强者，得荐枕席。'乃遍掷。云容采胜，翘遂命薛郎近云容姊坐。又持双杯而献曰：'真所谓合卺矣！'昭拜谢之。遂问夫人何许人，何以至此。容曰：'某乃开元中杨贵妃之侍儿也，妃甚爱惜，常令独舞霓裳于绣岭宫。妃赠我诗曰：罗袖动香香不已，红蕖袅袅秋烟里。轻云岭上乍摇风，嫩柳池边初拂水。诗成，明皇吟咏久之，亦有继和，但不记耳。遂赐双金扼臂。因此宠幸，愈于群辈。此时多遇帝与申天师谈道，予独与贵妃得窃听，亦数侍天师茶药，颇获天师悯之。因闲处，叩头乞药，师云：吾不惜，但汝无分。不久处世，如何？我曰：朝闻道，夕死可矣。天师乃与绛雪丹一粒，曰：汝但服之虽死不坏，但能大其棺，广其穴，含以真玉，疎而有风，使魂不荡空，魄不沉寂，有物拘制，陶出阴阳，后百年得遇生人交精之气，或再生，便为地仙耳。我没兰昌之时，具以白贵妃。贵妃恤之，命中贵人陈玄造受其事，送终之器，皆得如约。今已百年矣，仙师之兆，莫非今宵良会乎？此乃宿分，非偶然耳。'……"（出《传记》）〔宋〕李昉等编：《太平广记》，第428—430页。

2〔宋〕张耒撰，李逸安、孙通海、傅信点校：《张耒集》，第26页。

3《滇略》卷四，《景印文渊阁四库全书》，第494册第139页。引录者称此诗句切近社会生活真实状况："盖实录也。"

犀觥而进酒。"[1] 明人谢肇淛《尘赋》又可见"酌犀盌"的文字："王乃酌犀
盌，荐鲛帷，咏将车于《周雅》，歌弹冠于《楚辞》。"[2] 这些器物名目不一，
然而都应当是犀角制品。

　　明人王世贞《弇州四部稿》续稿卷一八七《文部·书牍·张助甫》写
道："旧藏两犀杯，乃宋物，尚有神彩团栾，话无生后取紫酡酥点西京葡萄
于此杯，对进之，当不恶。"[3] 可知宋明士人收藏品玩"犀杯"的意趣。明人
赵南星《闻陈荆山方伯病免》诗："解组亦常言，斯人何其果。才见北来
鸿，俄闻南下舸。故人俱还山，酒钱谁寄我。嗟彼四海人，何限不举火。
拯物岂不怀，仕路方坎坷。同心眇天末，难鼓山阴柁。酌我犀角杯，遥思
浇磊砢。"作者自注："余曾寄荆山犀杯。"[4]

　　使用"犀杯"的民间礼俗长期沿承，很可能与古人相信犀角可以验毒、
辟毒的意识有关。《金匮要略》卷下："犀角箸搅饮食，沫出及浇地坟起者，
食之杀人。"[5] 明人方以智《物理小识》卷八"犀角器"条写道："若行蛊毒

1　《林蕙堂全集》卷一〇，《景印文渊阁四库全书》，第 1314 册第 406 页。
2　〔明〕谢肇淛撰，江中柱点校：《小草斋集》，福建人民出版社 2009 年 12 月版，第 572 页。
3　〔明〕王世贞：《弇州续稿》，《景印文渊阁四库全书》，第 1284 册第 672 页。
4　〔清〕朱彝尊选编：《明诗综》卷五七，中华书局 2007 年 3 月版，第 1129 页。
5　黄竹斋编：《金匮要略方论集注》，第 381 页。唐人杜甫《丽人行》诗有"犀箸厌饫久未下，鸾
刀缕切空纷纶"句（《九家集注杜诗》卷二），宋人李纲《次韵虢国夫人夜游图》诗有"曲江宫殿
春蒲柳，玉盘犀箸传纤手"句（《历代题画诗类》卷四四），明人许天锡《雨晴邀林清夫饮》诗有
"要路权家尚宾客，驼峰犀箸杯玻瓈"句（〔明〕曹学佺编：《石仓历代诗选》卷四四六，《景印文
渊阁四库全书》，第 1392 册第 886 页），都说明"犀箸"曾经实用于饮食生活。

乡食，以角搅之，无患。箭中欲死，以刺疮中，即沫出而愈。"[1]这应当是这种器物得以流行的文化背景。"犀角筋"与"觉觥""犀杯"，应用目的是大致相同的。

清乾隆帝有《明制百花洲图犀角杯八韵》诗，题注："内库弃置多年偶观故物见此杯特精雅因题句"。其诗曰：

> 巧斲东湖景，亭台倒影明。往来织兰枻，迤逦带江城。
>
> 泊似杨万里，[2]弃传项子京。[3]可观疑可步，宜画复宜评。
>
> 解鸩因为器，骇鸡特是精。燃殊温峤智，献表赵佗诚。
>
> 库置初经目，笔吟偶缱情。奚关贱难得[4]，谀语瑞图呈。[5]

其中"解鸩因为器"句值得注意，句下自注：

> 明制犀角杯甚伙，盖以解鸩故耳。

可知"犀角杯"可以"解鸩"的迷信，导致了这种器物一时制作和应用"甚伙"的情形。[6]

明人方以智《物理小识》卷八"犀角器"条写道："犀杯贮茶及涂胡桃油色易枯。"可知当时物用有"犀杯贮茶"情节。方以智子方中通有注文："匠作有规矩杯、乳杯。花草山水，苏作为佳。今广亦仿苏作。"[7]又说到"犀杯"种类以及雕饰"花草山水"的形式。

清乾隆帝除前引诗例外，有关"犀杯""犀角杯"的作品尚有多种。如《咏明石湖图犀角杯》诗："一派分来是具区，层岩临水梵宫孤。设非巡跸

1　〔明〕方以智：《物理小识》，《景印文渊阁四库全书》，第 867 册第 916 页。

2　自注："杨万里诗：'十年四泊百花洲。'"

3　自注："杯刻'子京秘玩'。"

4　自注："见《宋书》。"今按：《宋书·符瑞志下》："鸡骇犀，王者贱难得之物则出。"

5　乾隆《御制诗集》四集卷二七，《景印文渊阁四库全书》，第 1307 册第 711 页。

6　《广弘明集》卷一四："人由病殒，病因药除。犀角、鸩毛，等类泡沫，而饮鸩者死，服犀者活。"《景印文渊阁四库全书》，第 1048 册第 446 页。

7　〔明〕方以智：《物理小识》，《景印文渊阁四库全书》，第 867 册第 916 页。

曾经处，那识楞伽[1]与石湖。小篆犹题宣德年，尔时妙手费雕镌。琢磨仿以为清供，角脆何如玉质坚。"原注："和阗采贡之玉多莹洁大材，因择其尤佳者，命工仿此为之。"[2]作者所咏题，应是"宣德"年间作品。又如《题仿古犀角杯》诗："仿古原非远古时，宣城规制近犹遗。切磋写出溪村景，淇澳风人喻有思。"[3]又如《咏尤通雕西园雅集图犀角杯》诗："无锡尤通工切磋，刀为笔却匪钳罗。[4]诸贤风雅传真面，道古如斯物岂多。"[5]看来，这些"犀角杯"都以"雕镌"了复杂的山水人物图象而提高了艺术品级。乾隆帝又有《题云龙犀角杯》诗，再次表扬了无锡尤氏加工"犀角杯"技艺之精巧："犀角兴明代，精传无锡尤。已教刜轮辂，未免费雕镂。命匠敦淳朴，作杯斥巧浮。云龙述经义，杂说与韩侜。"[6]所谓"犀角兴明代"，反映了玩赏"犀角杯"风习盛起的历史。这类器物以做工精美使得艺术价值升腾，然而其原本的文化意义逐渐淡去。其变化，或许不仅仅在于乾隆帝所感叹的"淳朴""巧浮"的对比。

可以称为"犀杯""犀角杯"者，大体有三种主要形式：一、用犀角制作的饮器；二、形制仿拟犀角的陶质、铜质、玉质或其他质料的饮器；三、第二种形式中除总体形制仿拟犀角外，又加饰表现象征犀首的设计思路之结构的饮器。

4. 东西文化交流中的"犀杯"

太原隋虞弘墓椁座左壁浮雕有"握一角状器于口边"，"举一金色角状器放在嘴边"的人物形象。椁壁浮雕第三幅亦可见"右手正握一角形器，

1　原注："上方山寺名。"

2　乾隆《御制诗集》四集卷四六，《景印文渊阁四库全书》，第 1308 册第 144 页。

3　乾隆《御制诗集》四集卷八一，《景印文渊阁四库全书》，第 1308 册第 614 页。

4　原注："罗钳吉网皆刀笔吏，若刻木角器，虽以刀代笔，觉胜酷吏远矣。"

5　乾隆《御制诗集》五集卷三一，《景印文渊阁四库全书》，第 1310 册第 89 页。

6　乾隆《御制诗集》五集卷三九，《景印文渊阁四库全书》，第 1310 册第 220 页。

送入口中"者。[1] 其他粟特人墓葬中，也有类似的文物遗存。中古来自西亚的人们使用"角杯"的风习，也许成为黄河流域这种器物得以传布的因素之一。

这种器物的流播路径，又来自海上交通。清人王士祯《居易录》卷二二写道：

> 王肯堂《太史笔麈》云：关内刘贻哲谪海南市舶提举，云见一犀杯，注酒，昼则日、夜则月见于酒中。酒尽则隐。[2]

清人姚之骃《元明事类钞》卷三〇有"见日月"条，也说："王宇泰《笔麈》：刘贻哲为海南市舶提举，云见一犀杯，注酒，昼则日、夜则月见于酒中。酒尽则隐。"[3] 这一奇特器物见于"海南市舶提举"任上，体现"犀杯"应来自海路。

清乾隆帝有《咏尤通刻犀角乘槎杯》诗，写道：

> 照渚幸而谊温氏，刻杯仍此遇尤家。
>
> 河源自在人间世，汉使讹传星汉槎。

又有自注："按《汉书·张骞传》：天子使穷河源。案《古图书名》，河所出山曰'昆仑'。而《集林》及《荆楚岁时记》遂谓骞寻河源，乘槎经月，至一处，见织女牵牛，取支机石，后至蜀，问严君平云：某年某月客星犯牛女。又载：骞得石，示东方朔，云：此织女支机石云云。历来诗文承用，沿讹袭谬，莫有指称其非者。然其说实支离不经。河源自在人间，焉得上通天汉乎？昨岁遣侍卫阿弥达祭河源，至星宿海。归奏：星宿海西南，一河名阿勒坦郭勒者，蒙古语'黄金河'也。水色黄，实为黄河。上源至昆仑，在今回部。诸水皆东注。蒲昌海即盐泽，其水入地伏流，而大河之水独黄，非昆

1　山西省考古研究所、太原市文物考古研究所、太原市晋源区文物旅游局：《太原隋虞弘墓》，文物出版社 2005 年 8 月版，第 104 页、第 133 页。

2　〔清〕王士祯：《居易录》，《景印文渊阁四库全书》，第 869 册第 584 页。

3　〔清〕姚之骃《元明事类钞》，《景印文渊阁四库全书》，第 884 册第 494 页。

仑之水伏地至此为河渎而何？因赋河源诗，加按，明辨旧说之讹。又著《读
〈宋史·河渠志〉》文一首，详加订正，并谕令馆臣编辑《河源纪略》一书，
以昭传信。今此犀角杯，款刻'尤通作乘槎式'，雕镂精巧生动。按《无锡
县志》，称尤氏以犀角饮器名。即'尤通'也。因所刻杯上乘槎事，复为辨
识如右。"[1]

乾隆帝考论河源，与本文主题无关，而所言雕刻艺术家尤通所为款刻
言及"乘槎"即张骞"星汉槎"故事，则将这种器物与东西交通联系在一
起，因此值得我们关注。

日本第五十七回"正仓院展"陈列了一件可以明确用"犀角"制作的
"犀角坏"（さいかくのつき），又作"犀の角のさかづき"。长8.5厘米，
宽7.0厘米，高8.7厘米。在犀角的根部，刳作钵状，再加认真打磨，形成
饮杯。内侧有一棱，外侧有四棱。其断面似呈莲瓣状。据日本学者介绍：
"犀角与其他动物的角不同，由于是表皮的毛和皮肤角质化而呈角状，有异
于骨状的角，于是加工较为容易，所以屡屡被制作为饮器。这件器物就外
形而言容量甚小，与其他作为收藏品的'犀角杯'仿实用杯的形制形成对
比，保留了更为生动的犀角的形状，尤其值得注意。收藏品中亦有可见削
取底面痕迹的犀角器（如北仓50），暗示实际药用的情形。[2]这件'犀角杯'
呈黄褐色，推测是以栖息于印度的独角犀的角加工而成。据《种种药帐》
可知，犀角自古以来即因粉末可作解毒剂和解热剂受到珍视。特别是略呈
黑色的印度独角犀的角称'乌犀角'，较印度双角犀和马来双角犀的角即呈
灰白色的所谓'水犀角'品级更为优越。"研究者推测犀角是由印度或者东
南亚通过贸易、贡纳等方式输入中国，再由日本恭敬迎来的。"犀角还被制
作成刀子等佩饰及佛具如意等，以材料的贵重受到珍视。"[3]

---

[1] 乾隆《御制诗集》四集卷九八，《景印文渊阁四库全书》，第1308册第866—867页。
[2] 今按：《金匮要略》卷下"饮食中毒烦满治之方"："又方：犀角汤亦佳。"黄竹斋编：《金匮
要略方论集注》，第381页。卢仝《寄萧二十三庆中》诗："就中南瘴欺北客，凭君数磨犀角
吃。"《玉川子诗集》卷二，《四部丛刊初编》，第773册。章炳麟撰，庞俊、郭诚永疏证：《国故论
衡·辨性上》："犀角食之无益人，不得与上药数，以其辟毒，则准之上药。"中华书局2008年9
月版，第592页。
[3] 《第五十七回"正仓院展"目录》〔平成十七年〕，奈良国立博物馆平成十七年十月版，第93页。

孙机文中附图一五：3"正仓院藏金银平文琴上的持角杯者"画面，体现了类似器物在实际生活中的应用形式。

所谓正仓院"收藏品中亦有可见削取底面痕迹的犀角器（如北仓50），暗示实际药用的情形"，唐人牛僧孺《李苏州遗太湖石奇状绝伦因题二十韵奉呈梦得乐天》诗形容石形奇绝，有"丑凸隆胡准，深凹刻兕觥"句[1]，也体现削刻工艺与"兕觥"的关系。

韩国庆州地区发现的被称作"角杯"与"角杯台"的组合[2]，年代判定为5至6世纪，可以看作中原地区与日本地区以"犀角杯"实现的文化交流的中间环节。"角杯"藏韩国国立中央博物馆，"角杯台"藏韩国国立庆州博物馆。两器均为陶质。

5. 何家村出土"犀杯""犀捧"

陕西西安何家村唐代窖藏出土被称为"玛瑙兽首杯"的器物，受到研究者的广泛关注。孙机和齐东方先后有专门的论述，使我们对文化史的认识因此有所深入。关于唐代东西文化交流的畅通，也可以通过这件器物得到若干有意义的信息。考察同类器物，似应注意历代有关"犀角杯""犀杯"的诸多文化遗存。研究者大致同意何家村唐代窖藏出土的被称为"玛瑙兽首杯"的器物，也属于希腊人称之为"来通"（Rtyton）的器物。孙机以为"可列为来通的第V型"。齐东方认为，这一器物"不仅是地道的来通，更可能是外来器物，而不是仿制品"。[3]

何家村又出土两件所谓"玛瑙长杯"。齐东方提示人们"将玛瑙兽首杯和玛瑙长杯一起考虑"，他注意到在保加利亚索菲亚附近出土的一件壶形底

1 《古俪府》卷二，《景印文渊阁四库全书》，第979册第50页。

2 《黄金の国・新罗——王陵の至宝》，奈良国立博物馆平成十七年七月版，第130—131页。

3 孙机：《玛瑙兽首杯》，《中国圣火——中国古文物与东西文化交流中的若干问题》，第178—197页；齐东方：《何家村遗宝与丝绸之路》，《花舞大唐春——何家村遗宝精粹》，文物出版社2003年5月版，第38—41页。

部有流的银来通有这样的图像："有一位长发带胡须的神，左右高执一个头部做成斯芬克斯的来通，而右手拿着长杯，表现了来通与长杯配合使用的状况。"

事实上，所谓"玛瑙长杯"就器物质料和造型风格而言，确实与所谓"玛瑙兽首杯"表现出密切的关系。

《国朝宫史》卷一九关于皇族器用规格，有如下内容：

> 皇子周岁晬盘皇孙同。公主暨皇孙女并同，惟去弧矢。届期宫殿监奏请行文内务府备用。
>
> 玉器二、玉扇器二、金匙一、银盒一、犀杯一、犀捧二、弧矢各一、文房一分、中品果桌一张。[1]

考虑到宫室用器可见"犀杯一，犀捧二"的配置组合，可以推想何家村出土的所谓"长杯"或许就是"犀捧"一类器物。"捧"就是"奉"[2]，字义原本正有承接的意思。[3]

1 〔清〕鄂尔泰、张廷玉等编纂，左步青校点：《国朝宫史》，北京古籍出版社 1987 年 7 月版，第 432—433 页。
2 〔宋〕丁度等编：《集韵·肿韵》："奉，《说文》：'承也。'或作'捧'。"第 304 页。〔清〕朱骏声：《说文通训定声·丰部》："捧，当为'奉'之或体。"武汉市古籍书店据湖北省图书馆藏临啸阁版 1983 年 6 月影印版，第 53 页。《释名·释兵》毕沅《疏证》："捧，俗字，本作'奉'。"任继昉纂：《释名汇校》，第 382 页。
3 《说文·廾部》："奉，承也。"《手部》："承，奉也，受也。"〔汉〕许慎撰，〔清〕段玉裁注：《说文解字注》，第 103 页、第 600 页。参看王子今：《说犀角杯：一种东西文化交流的文物见证》，《四川文物》2008 年 1 期。

合卺杯

1."衔杯共饮"风习与"合卺"仪礼

自新石器时代起，日常饮食用器中就出现了一种由数件器物相连复合为一的特殊器形。这类器物，我们可称之为连器。连器中发现数量最多，沿用年代最久，因而也最引人注目的是双连杯。

郑州大河村属于仰韶文化晚期的房基遗址中出土的一件彩陶双连杯，两杯相接处有一椭圆形口相通，两部分彩绘纹饰不同，一为平等的横条纹间绘三纵线，似双连杯直立状，另一侧则在横条纹间绘三斜线，似表现双连杯使用时倾斜的形态。发掘者根据房屋建筑形式和室内用具的布置，推测当时已出现了一夫一妻制的婚姻关系。[1]

最早的双连杯由于时代不同以及所代表的文化类型的差异，造型与纹饰也各有特点。在青海民和征集到的一件双连杯属于马家窑文化马厂类型，腹部并不穿通。甘肃临洮冯家坪出土的属于齐家文化的双连杯，两杯之间则有小孔相通，器身表面刻画有对称的两个"人首蛇身"像，交叉形十字把手上并刻画有"X"形符号。[2]内蒙古赤峰敖汉旗石虎石羊山出土的"双口壶"[3]和翁牛特旗石棚山出土的"双口壶"[4]，腹部一体而口分为二，或可看作腹部相通的双连杯的一种变体，也很可能表现了双连杯出现之前的未完成

1　郑州市博物馆：《郑州大河村遗址发掘报告》，《考古学报》1979 年 3 期；郑州市博物馆：《郑州大河村仰韶文化的房基遗址》，《考古》1973 年 6 期。这一器物，发掘者定名为"双连瓶"，笔者根据李仰松的意见，更名为"双连杯"。

2　李仰松：《试谈我国新石器时代出土的"双连杯"和"三耳杯"及其有关问题》，《河南文博通讯》1980 年 4 期。

3　内蒙古自治区昭乌达盟文物工作站：《内蒙古昭乌达盟石虎石羊山新石器时代墓葬》，《考古》1963 年 10 期。

4　辽宁省博物馆文物工作队：《概述辽宁省考古新收获》，《文物考古工作三十年（1949—1979）》，文物出版社 1979 年 11 月版，第 87—88 页。

形态。

通过民族学材料的分析，我们知道双连杯多使用于盟誓、婚娶、解决纠纷后订立协议等场合，两人共饮，以表示平等和友爱。台湾高山族长期有使用双连杯"衔杯共饮"[1]的风俗，精致的木雕双连杯是最富有特色的高山族文物之一。高山族青年男女举行婚礼，往往使用一种涂以朱漆的双连杯饮酒。[2]从古代文献记载的材料看，历史上使用双连杯的最主要的意义，也正是作为合卺用器。

《仪礼·士昏礼》记载古时婚礼有"实四爵合卺"，"初酳""再酳""三酳用卺"的"合卺"仪式。《礼记·昏义》："妇至，婿揖妇以入，共牢而食，合卺而酳，所以合体同尊卑，以亲之也。"卺，郑玄注："破瓢为厄也。"孔颖达疏："谓半瓢，以一瓠分为两瓢，谓之卺。婿之与妇各执一片以酳，故云'合卺而酳'。"[3]《三礼图》说："合卺，破匏为之，以线连柄端，其制一同匏爵。"[4]这正是后来双连杯的原始形态。用剖开的葫芦制作最简陋的双连杯以用于结婚礼仪。这一习俗至今仍保存于一些少数民族中，云南哀牢山的"罗罗"彝就有这种风俗。[5]哈尼族婚俗，女子到男家，要带两个饭包。"其中一个饭包里还要放一个鸡蛋"，鸡蛋"要由老年男子破开，一半放在男子糯米饭碗的上面，另一半放在女子糯米饭碗的上面"。这种形式，"据说是象征男女两性结合，可以生子女"。[6]鸡蛋一破为二，新郎新娘各执其一，可能与"破匏为之"的"合卺"形式有类似的意义。

西周时期合卺风俗的实物证明有宝鸡竹园沟一号墓出土的单鋬陶制双连杯，高 8.3，口径 7.1 厘米，中间有孔相通。[7]很显然，制作者的设计意

---

1 《隋书》卷八一《东夷列传·流求国》，第 1824 页。

2 张崇根：《高山族婚姻习俗漫笔》，《化石》1979 年 4 期；刘冠英：《台湾高山族文物介绍》，《文物》1960 年 6 期。

3 〔清〕阮元校刻：《十三经注疏》，第 963 页、第 967 页、第 1680 页。

4 〔宋〕聂崇义纂辑，丁鼎点校、解说：《新定三礼图》，第 65 页。

5 刘尧汉：《中华民族的原始葫芦文化》，《彝族社会历史调查研究文集》，民族出版社 1980 年 8 月版，第 235 页。

6 宋恩常：《哈尼族婚俗》，《云南少数民族研究文集》，云南人民出版社 1986 年 10 月版，第 492 页。

7 宝鸡市博物馆、渭滨区博物馆：《宝鸡竹园沟等地西周墓》，《考古》1978 年 5 期。

42-1 宝鸡竹园沟西周墓出土双连杯

42-2 广州汉墓出土双连罐

图，正在于适应"同牢""合卺"的需要。

通过先秦时期的双连杯，方可以了解秦汉时期双连杯的渊源，并进一步探索这种器型在当时社会生活中的意义。

2. 秦汉双连杯

秦汉双连杯具有显著的时代特点。这首先表现在数量的明显增多以及分布地域的广阔。发现地点不仅限于中原地方，甚至西域、岭南、辽西等少数民族聚居的地区也有所发现。一般平民墓葬和皇族豪贵山陵都有出土，也证明其使用之普遍。其次，不仅发现石质、陶质双连杯，又有青铜制品出现，据后人著录可知当时还流行玉质双连杯。秦汉双连杯制作之精美、装饰之富丽也堪称空前绝后。

年代相当于战国到两汉之间的新疆阿勒泰克尔木齐三号石棺墓出土一件石质双连杯，由石料挖凿成器，平素无纹，圜底直口，两杯之间有狭长穿孔相通。这类墓葬所表现的文化特征，似与受到汉族文化强大影响的匈奴等民族的活动有关。[1]

内蒙古宁城南山根石椁墓中出土青铜双连杯，连长 28 厘米，通高 11.4厘米，相连的两盖和两杯腹部外侧各铸有一个马形钮。[2] 墓中出土青铜制品101 件，其中兵器就有 83 件。看来墓主应是活动于秦汉东北边境的少数民族贵族。

广州西汉前期墓葬中出土被定名为"双联罐"的器物两件。其中1180∶32 有釉，出土时通体涂朱砂，一盖顶塑梅花鹿作钮，另一钮为蜥蜴形，两"罐"的口径也不一致，看来它的用途似与大量出土的三联罐、四

1　新疆社会科学院考古研究所：《新疆克尔木齐古墓群发掘简报》，《文物》1981 年 1 期；新疆维吾尔自治区博物馆、新疆社会科学院考古研究所：《建国以来新疆考古的主要收获》，《文物考古工作三十年（1949—1979）》，文物出版社 1979 年 11 月版，第 176 页。
2　辽宁省昭乌达盟文物工作站、中国科学院考古研究所东北工作队：《宁城南山根的石椁墓》，《考古学报》1973 年 2 期。

联罐、五联罐不同。墓 1180 为有墓道竖穴分室木椁墓，竖穴和木椁都分有前后室，是广州地区两汉木椁墓中最大的一种类型。这座墓又是广州西汉前期 182 座墓葬中随葬品最多者，墓中出"李嘉"玉印，墓主被认为是南越赵氏政权统治阶层中的贵族。[1]

洛阳烧沟八号汉墓也出土一件被称为"双联罐"的器物。该墓室棺为"两次造"，即后经合葬时改建，两室均为土圹，人骨架两具。[2] 通过对墓葬形制和器物本身特征的考察，可知这种"双联罐"是与双连杯性质相同的器物。

明代古玩鉴赏家的论著中有关于传世汉代双连杯的记载。胡应麟《甲乙剩言》："都下有高邮守杨君家藏合卺玉杯一器，此杯形制奇怪，以两杯对峙，中通一道，使酒相过。两杯之间承以威凤，凤立于蹲兽之上，高不过三寸许耳。其玉温润而多古色，至碾琢之工，无毫发遗恨，盖汉器之奇绝者也。余生平所见宝玩，此杯当为第一。"[3] 陈继儒《妮古录》中还记述一件"双管汉玉杯"："下穴一酒眼过酒，有鸳鸯及熊蟠其上，乃合卺杯也，而精巧非常，血浸中半杂青绿。"[4] 所谓"威凤""蹲兽""鸳鸯及熊"者，体现了汉代双连杯常附加华丽繁缛装饰的常规。河北满城汉墓出土一件朱雀衔环双连杯，正与"两杯之间承以威凤，凤立于蹲兽之上"的形式相仿。"朱雀"喙部衔一可自由活动的玉环，两足直立于一作匍匐姿态的兽背上，昂首翘尾，展翅欲飞。全器通体错金，并镶嵌圆形或心形绿松石。"朱雀"翼展超出高足杯的连长，作为饮器似乎已不合实用。出土时杯内遗存朱红色痕迹。[5] 这件器物制作和保存的目的，可能有某种象征性的特殊意义。有人称之为合卺杯。

济南无影山汉墓出土两件形制特殊的器物。一件被称为"载人物双鼎

1　广州市文物管理委员会、广州市博物馆：《广州汉墓》，第 99—100 页。

2　洛阳区考古发掘队：《洛阳烧沟汉墓》，科学出版社 1959 年 12 月版，第 97—100 页。

3　〔明〕胡应麟撰：《甲乙剩言》，《丛书集成新编》，第 88 册第 558 页。

4　〔明〕陈继儒《妮古录》，《丛书集成新编》，第 1558 册第 53 页。

5　中国社会科学院考古研究所、河北省文物管理处编：《满城汉墓发掘报告》下册，文物出版社 1980 年 10 月版，彩版二五。

42-3 满城汉墓出土朱雀衔环双连杯

陶鸠"，陶鸠双翅分开，各载一人一鼎，两人拱手相对，鸠背立一人持伞，全器施朱彩，双鼎绘心形纹样，两鼎纹饰色彩有所不同。另一件器物为陶鸠双翅载以双壶。[1]虽然这类器物可以称作"双连鼎""双连壶"，但从其施朱彩，绘心形纹，并以鸟作主要装饰的特点看，它们与汉代常见双连杯的共同性是显而易见的。

总的来说，我们所见到的秦汉时期双连杯实物的数量依然有限。这首先是由于作为婚礼合卺用器，当时人往往一生只使用一次，没有特殊的原

<hr />

1 济文：《西汉乐舞杂技陶俑》，出土文物展览工作组编辑《文化大革命期间出土文物》，人民出版社 1972 年 9 月版，第 39—40 页。

因又未必将其随葬入墓。而且正如陈直曾经指出的："汉代陶器，一般平民虽可以使用，然价亦不贱。"他依据陶器铭文及汉简中的器物价格估测："普通的明器，还是中小资产者所用，一般平民，未必用得起。"[1] 我们可以此推论，汉代民间所流行的双连杯，更多当是我们今天已难以进行具体实物考察的竹木制品，或剖葫芦而制作的瓢杯。

3. 双连杯的民俗学意义

秦汉时期双连杯的流行，很可能是与当时家庭结构和婚姻习俗的演变相联系的。

春秋时期社会生活中还可看到若干原始群婚制的残存。当时的社会道德观念中甚至可以包容"人尽夫也"这样的意识。[2] 此外，"姪娣从嫁"及"媵"之制度也说明家长制家庭中男子方面片面地保存着群婚制的残余。根据《左传》的记载，当时贵族中子、姪、弟上淫父、伯、叔、兄的妻妾，以及长辈下淫幼辈的妻妾的现象十分普遍。自秦代开始，这种习俗已经受到法律的否定，秦始皇三十七年会稽刻石："饰省宣义，有子而嫁，倍死不贞。防隔内外，禁止淫泆，男女絜诚。夫为寄豭，杀之无罪，男秉义程。妻为逃嫁，子不得母，咸化廉清。大治濯俗，天下承风，蒙被休经。"以此"初平法式"，"宣省习俗"。[3] 从睡虎地秦墓出土的《语书》看，在军事斗争十分复杂激烈的形势下，秦政权一再申明"圣王作为法度，以矫端民心，去其邪避（僻），除其恶俗"，斥令"乡俗淫失（泆）之民"改变所谓"私好、乡俗之心"。[4] 可见新建立的专制政权，把以秦国的传统风俗为基点移风

---

1 陈直：《关于两汉的手工业》，《两汉经济史料论丛》，第171—172页。

2 《左传·桓公十五年》："祭仲专，郑伯患之，使其婿雍纠杀之。将享诸郊。雍姬知之，谓其母曰：'父与夫孰亲？'其母曰：'人尽夫也，父一而已，胡可比也？'"〔清〕阮元校刻：《十三经注疏》，第1758页。

3 《史记》卷六《秦始皇本纪》，第262页、第261页。

4 睡虎地秦墓竹简整理小组：《睡虎地秦墓竹简》，释文注释第13页。

易俗统一文化的工作作为新占领区的主要行政任务之一，并尤其注意落后婚俗的改造。《秦律》规定，婚姻结合，要经官府办理手续，男子休妻，要报告登记，妻子离家出亡，要依法治罪。顾炎武肯定秦王朝这一政策。他指出："然则秦之任刑虽过，而其坊民正俗之意，固未始异于三王矣。汉兴以来，承用秦法以至今日者多矣，世之儒者言及于秦，即以为亡国之法，亦未之深考乎？"[1] 到了汉代，皇族中"逾礼制""内行不修"者往往也受到法律制裁，民间寝染原始婚俗的平民则甚至被处以极刑。[2]

有的学者认为，春秋时期"上烝下报"的现象"似皆与家长制家庭（即'宗法'制氏族之基础）之存在有关"。[3]秦汉时期则发生伦理观念的变化[4]，明显表现出新的个体小家庭取代旧的家长制大家庭制的趋势。贾谊所谓"借父耰鉬，虑有德色，母取箕帚，立而谇语"[5]，形象描述了这一变化。《秦律》规定："父盗子，不为盗"。"可（何）谓'家罪'？父子同居，杀伤父臣妾、畜产及盗之，父已死，或告，或听，是胃（谓）'家罪'。"[6]这说明秦代家庭中父子分别拥有财产的情形已成通例。这种情形进而则发展到"生分"行为的发生。《汉书》卷四八《贾谊传》："秦人家富子壮则出分，家贫子壮则出赘。"《汉书》卷二八下《地理志下》说：河内风俗"薄恩礼，好生分"。颍川"民以贪遴争讼生分为失"，"好争讼分异"。颜师古注："生

---

1 〔清〕顾炎武著，〔清〕黄汝成集释，秦克诚点校：《日知录》卷一三"秦纪会稽山刻石"条，岳麓书社 1994 年 5 月版，第 468 页。

2 《太平御览》卷二三一引谢承《后汉书》："范延寿，宣帝时为廷尉。时燕赵之间有三男共娶一妻，生四子，长，各求离别，争财分子，至闻于县。县不能决断，谳之于廷尉。于是延寿决之，以为悖逆人伦，比之禽兽，生子属其母，以子并付母，尸三男于市。奏免郡太守、令、长等，无师化之道。天子遂可其言。"第 1096 页。王天海、王韧：《意林校释》卷五写作："昔燕赵之间有三男共娶一女，生四子，后争讼。廷尉延寿奏云：禽兽生子逐母，宜以还母，尸三男子于市。"中华书局 2014 年 1 月版，第 530 页。

3 童书业：《春秋左传研究》，上海人民出版社 1980 年 10 月版，第 212 页。

4 童书业指出："春秋时缺乏妇女守节观念，如所谓'烝''报'等制度，皆与世界各较原始之国家相同，并无妇女守节及所谓'烈女不事二夫'之观念。""妇女守节观念，至战国中期渐出现，然其时儒家所定礼经，犹规定：'夫死、妻稚、子幼，子无大功之亲，与之适人'（《仪礼·丧服传》），故有所谓'为继父'之丧礼。韩非始揭出所谓'三纲'之说。至秦始皇始有'有子而嫁，倍死不贞'等规定（见会稽刻石，参泰山刻石）。夫妇之伦之道德，至此始初步确立矣。"《春秋左传研究》，第 270—271 页。

5 《汉书》卷四八《贾谊传》，第 2244 页。

6 睡虎地秦墓竹简整理小组：《睡虎地秦墓竹简》，释文注释第 98 页、第 119 页。

分，谓父母在而昆弟不同财产。"[1]这说明秦汉时期三辅三河这样的政治经济重心地区家庭结构首先发生了变化。《史记》卷九七《郦生陆贾列传》说，吕后当政时，陆贾病免家居，"有五男，乃出所使越得橐中装卖千金，分其子，子二百金，令为生产。陆生常安车驷马，从歌舞鼓琴瑟侍者十人，宝剑直百斤，谓其子曰：'与汝约：过汝，汝给吾人马酒食，极欲，十日而更。所死家，得宝剑车骑侍从者。一岁中往来过他客，率不过再三过，数见不鲜，无久慁公为也"。[2]东汉明帝时司徒范迁"有四子而无立锥之地"，去世时"家无担石"。[3]孔奋"事母孝谨，虽为俭约，奉养极求珍膳，躬率妻子，同甘菜茹"，然而"为从人所笑"。[4]《潜夫论·考绩》以为"家人有五子十孙"同居，是"耗业破家之道也"[5]，代表了当时人普遍的观念。

　　《礼记·内则》："子妇无私货，无私畜，无私器，不敢私假，不敢私与。"[6]可是在秦汉时期，似乎这一规定已不能成立，卓文君亡奔司马相如，卓王孙"分予文君僮百人，钱百万，及其嫁时衣被财物"。[7]杨恽"受父财五百万"，后母"财亦数百万"。[8]东汉李充兄弟同居，"妻窃谓充曰：'今贫居如此，难以久安，妾有私财，愿思分异。'"[9]可见当时妻子对家庭部分财产拥有支配权。郑玄注《礼记·杂记》："《律》：弃妻畀所赍。"可见这种财产所有关系受到汉代法律的承认和保护。在这样的情形下，父子之间纵的关系疏散，而夫妻之间横的关系加强了。家庭内部的亲疏次序成为"夫妇有义而后父子有亲"[10]。

　　秦汉专制政权以控制户口作为经济剥削的主要手段，即所谓"为国之

1　《汉书》，第 2244 页、第 1647 页、第 1654 页、第 1648 页。
2　《史记》，第 2699—2670 页。
3　《后汉书》卷二七《郭丹传》，第 941 页。
4　《后汉书》卷三一《孔奋传》，第 1098 页。
5　〔汉〕王符著，〔清〕汪继培笺，彭铎校正：《潜夫论笺校正》，中华书局 1985 年 9 月版，第 63 页。
6　〔清〕阮元校刻：《十三经注疏》，第 1463 页。
7　《史记》卷一一七《司马相如列传》，第 3001 页。
8　《汉书》卷六六《杨敞传》，第 2890 页。
9　《后汉书》卷八一《独行列传·李充》，第 2684 页。
10　《礼记·昏义》。〔清〕孙希旦撰，沈啸寰、王星贤点校：《礼记集解》，中华书局 1989 年 2 月版，第 1418 页。

要，在于得民，民多则田垦而税增，役众而兵强"。[1] 于是在诱导"生分"风俗的同时，大力鼓励早婚和生育。汉惠帝六年（前 189），诏令："女子年十五以上至三十不嫁，五算。"[2] 在行政力量的干预下，据说一时"世俗嫁娶太早，未知为人父母之道而有子"[3]。民间婚姻之礼也受到最高统治者的特别关注。汉文帝遗诏："无禁取妇嫁女祠祀饮酒食肉。"[4] 五凤二年（前 56），汉宣帝下诏谴责郡国官吏"擅为苛禁，禁民嫁娶不得酒食相贺召"，令"勿行苛政"。[5] 据史籍记载，汉时民间婚礼备受重视，"聘妻送女亡节"[6]，"嫁娶尤崇侈靡"[7]，"纷华靡丽"[8]，形成风俗。作为最高统治者的封建帝王"聘皇后黄金二万斤，为钱二万万"[9]，甚至也举行"同牢""合卺"的仪式，王莽以杜陵史氏女为皇后，就曾"成同牢之礼于上西堂"。[10]

　　汉代风行通过联姻方式结成政治集团的情形，与匈奴、乌孙和亲关系的出现，说明这种风气甚至影响到民族政策的制定。《史记》卷四九《外戚世家》记载："自古受命帝王及继体守文之君，非独内德茂也，盖亦有外戚之助焉"，于是"礼之用，唯婚姻为兢兢"。[11] 汉代政治术语中有"婚姻党与"[12] 的说法，当时"诸外家为列侯，列侯多尚公主"[13]，宗室与外家经常结成多重的婚姻关系，西汉前期"宗室"就往往与"诸窦"并称。在这样的背景下，妻子的地位一般不得轻易动摇。《汉书》卷一八《外戚恩泽侯表》：

---

1 〔元〕马端临撰，上海师范大学古籍研究所、华东师范大学古籍研究所点校：《文献通考·户口考》，中华书局 2011 年 9 月版，第 310 页。
2 《汉书》卷二《惠帝纪》，第 91 页。
3 《汉书》卷七二《王吉传》，第 3064 页。
4 《汉书》卷四《文帝纪》，第 132 页。
5 《汉书》卷八《宣帝纪》，第 265 页。
6 《汉书》卷七二《王吉传》，第 3064 页。
7 《汉书》卷二八下《地理志下》，第 1643 页。
8 《后汉书》卷五《安帝纪》，第 228 页。
9 《汉书》卷九九上《王莽传上》："有司奏：故事，聘皇后黄金二万斤，为钱二万万。莽深辞让，受四千万，而以其三千三百万予十一媵家。"第 4052 页。
10《汉书》卷九九下《王莽传下》，第 4180 页。
11《史记》，第 1967 页。
12《汉书》卷九九下《王莽传下》，第 4180 页。
13《汉书》卷五二《田蚡传》，第 2379 页。

孔乡侯傅晏"坐乱妻妾位免，徙合浦"[1]。可见汉时法律明确维护这种经过正式婚礼结成的夫妻关系。中山靖王刘胜"乐酒好内"，自称"王者当日听音乐声色"，司马迁说他"有子枝属百二十余人"[2]，而他的妻子窦绾仍以象征夫妇燕婉的双连杯随葬。这件制作精美，装饰富丽的器物可以说明她作为王后的百年不夺的地位，也是刘窦婚姻集团结盟的信物。

通过以上的分析，人们可以很自然地得出这样的结论：与先秦比较，秦汉时期的婚姻行为已受到更严格的法律规定和道德规范的制约和保护，而且往往具有一定的政治和经济意义。无论是处于社会上层的贵族豪门，还是民间普通的细民百姓，都十分重视"取妻嫁女"的礼仪，形成了所谓"昏礼者，礼之本也"[3]的风尚，这正是双连杯这种器物在当时得到普及的社会原因。

4. 合卺杯・鸳鸯盏・连理盘

晋代嵇含曾作《伉俪诗》，其中有"饥食并根粒，渴饮一流泉"，"挹用合卺酯，受以连理盘"句。[4]晋人杨方《合欢诗》也说："食共同根穗，饮共连理杯。衣共双丝绢，寝共无缝裯。"[5]长沙南郊曾经出土晋代褐袖双连杯。唐代双连杯在福建泉州西南郊唐墓和广州新会官冲窑址中都有发现，可见双连杯沿用的历史相当长久。

但是，秦汉以后的双连杯形制已发生变化，宽度多缩短到 8 至 15 厘米，且中间没有间隔，看来已不大可能直接用来双人共饮。唐人韩愈《寄崔二十六立之》："我有双饮盏，其银得朱提"，"异日期对举，当如合分

1 《汉书》，第 711 页。

2 《史记》卷五九《五宗世家》，第 2099 页。

3 《礼记・昏义》。〔清〕孙希旦撰，沈啸寰、王星贤点校：《礼记集解》，第 1418 页。

4 逯钦立辑校：《先秦汉魏晋南北朝诗》之《晋诗》卷七《嵇含》，第 726 页。

5 〔宋〕郭茂倩：《乐府诗集》卷七六，中华书局 1979 年 11 月版，第 1079 页。

支。"[1]《朝野佥载》说张易之母阿臧与凤阁侍郎李迥秀私通，"同饮以鸳鸯盏一双，取其常相逐"。[2]宋人陈著《卜算子·寿族弟藻夫妇八十》："月下百年缘，天上双星样。九秩齐开自是希，清健那堪两。红叶景番新，黄菊香宜晚。笑拥眉开祝寿声，满劝鸳鸯盏。"[3]元人谢应芳《合卺致语》写道："窃以礼言'合卺'，自古有之；俗曰'交杯'，其来尚矣。于结发百年之始，合开颜一饮之欢。孔雀屏中选当年，竟成伉俪；鸳鸯盏同倾此夕，岂不欢娱。伏愿孝顺庭闱，谐和琴瑟。新妆不俗，朝朝画张敞之眉；敬对如宾，日日举孟光之案。诗曰：花烛春辉照洞房，蓝桥仙偶饮琼浆。开花结子三千岁，人与蟠桃寿总长。"[4]可见后世社会生活中仍然可以看到秦汉时期曾经盛行的双连杯及其有关风俗的遗痕，但实际使用的，可能已经常常是可以"对举""交杯"的双杯了。而被称作"鸳鸯盏"者，所具有的象征意义，和秦汉时期已经有所不同。

大致在明代以后，道学的统治确立，妇女在家庭中的地位显著下降。可能与此相关，双连杯这种表面上有平等意义，象征"合体同尊卑"的合卺器逐渐退出实用。这或许就是我们所见到的宋代以后的双连器大抵只具有观赏意义的原因。[5]

---

1 《全唐诗》，第3817—3818页。

2 〔唐〕张鷟撰，袁宪校注：《朝野佥载》卷三，三秦出版社2004年5月版，第102页。

3 〔宋〕陈著：《本堂集》卷四三，《景印文渊阁四库全书》，第1185册第206页。

4 〔元〕谢应芳：《龟巢集》卷八，《景印文渊阁四库全书》，第1218册第177—178页。

5 王子今：《秦汉时代的双连杯及其民俗学意义》，《考古与文物》1986年5期。

缣囊

1. 汉代社会生活与社会生产中"囊""橐"的使用

汉代通常使用的包装物有"囊""橐"。《说文·橐部》:"橐,囊也。""囊,橐也。"段玉裁注:"按许云:橐囊也,囊橐也。浑言之也。《大雅》毛传曰:小曰橐,大曰囊。高诱注《战国策》曰:无底曰囊,有底曰橐。皆析言之也。""《玄应书》引《苍颉篇》云:橐,囊之无底者。则与高注互异。许多用毛传。疑当云橐,小囊也。囊,橐也。则同异皆见。"[1]《史记》卷九七《郦生陆贾列传》记载:尉他"赐陆生橐中装直千金,他送亦千金"。司马贞《索隐》:"案:如淳云以为明月珠之属也。又案:《诗传》曰'大曰囊,小曰橐'。《埤苍》云'有底曰囊,无底曰橐'。谓以宝物入囊橐也。"[2]

"囊橐"的使用,是社会生活与社会生产中惯见的情形。《汉书》卷二三《刑法志》说:"豪桀擅私,为之囊橐。"颜师古注:"有底曰囊,无底曰橐。言容隐奸邪,若囊橐之盛物。"[3]因"囊橐"使用普遍,于是引为譬喻。"囊"和"橐",《汉简语汇·中国古代木简辞典》均释作"袋"。[4]沈刚《居延汉简语词汇释》释"橐"为"装东西的袋子"。[5]"囊"字则未收。其实"囊"在日常更为习用,于是对于智慧之拥有,有"智囊"的赞誉。《史记》卷七一《樗里子甘茂列传》:"樗里子滑稽多智,秦人号曰'智囊'。"[6]

1 〔汉〕许慎撰,〔清〕段玉裁注:《说文解字注》,第276页。

2 《史记》,第2698页。

3 《汉书》,第1109页。

4 京都大学人文科学研究所简牍研究班编:《漢簡語彙·中国古代木簡辞典》,岩波書店2015年3月版,第445页、第374页。

5 据《集成》十,P8",应即《中国简牍集成》第十册,敦煌文艺出版社2001年6月版,第8页。沈刚:《居延汉简语词汇释》,科学出版社2008年12月版,第284页。

6 《史记》,第2307页。

《汉书》卷四九《晁错传》："以其辩得幸太子，太子家号曰'智囊'。"颜师古注："言其一身所有皆是智算，若囊橐之盛物也。"[1]

2. "缣"与"缣囊"

《说文·糸部》："缣，并丝缯也。从糸。兼声。"段玉裁注："谓骈丝为之，双丝缯也。《吕氏春秋》：'昔吾所亡者纺缁也，今子之衣禅缁也。以禅缁当纺缁，子岂有不得哉？'任氏大椿曰：'禅缁即单缁也。余谓此纺即方也。并丝曰方，犹併船曰方。此纺非纺之本义。《后汉舆服志》及《古今注》并云：合单纺为一系者同。此方丝所谓兼丝也。'形声中有会意。古甜切。七部。"[2]所引《吕氏春秋》语，见《吕氏春秋·淫辞》对于"从辞则乱"以及"言行相离""言行相诡"的批评。其说有例："宋有澄子者，亡缁衣，求之涂，见妇人衣缁衣，援而弗舍，欲取其衣，曰：'今者我亡缁衣。'妇人曰：'公虽亡缁衣，此实吾所自为也。'澄子曰：'子不如速与我衣。昔吾所亡者，纺缁也。今子之衣，禅缁也。以禅缁当纺缁，子岂不得哉？'"高诱注："得犹便也。澄子横认路妇缁衣，计其禅与纺以为便，非其理也，言宋乱无法也。"许维遹《吕氏春秋集释》引俞樾曰："纺与禅对，纺犹复也。纺字从方，方之本意为两舟相并，其字亦或作'舫'。衣之复者谓之纺，犹舟之并者谓之舫矣，故计其禅与纺，而因以为得耳。"又引"吴先生曰"提出的反对意见："《聘礼》'贿用束纺'注：'纺，纺丝为之，今之缚也。'纺缁即缁色之纺帛耳。俞校以纺为复，与禅相对，古书无以纺为复者。弃明文而任臆说，殆不可从。"[3]陈奇猷《吕氏春秋校释》亦引录吴承仕以为俞樾"臆说"的批评，并且写道："奇猷按：吴谓纺缁为缁色之纺帛，是。但未说明禅缁为何物。若从《说文》'禅，衣不重'之训，则

---

1 《汉书》，第2278页。

2 〔汉〕许慎撰，〔清〕段玉裁注：《说文解字注》，第648页。

3 许维遹撰，梁运华整理：《吕氏春秋集释》，第489—490页、第492页。

吴说仍不可通。盖襌缁则是单层之缁色衣，单层之缁色衣自亦可用纺帛为之，然则襌缁与纺缁无别矣。考《方言》四云：'衲襢谓之襌'，郭注云：'今又呼为凉衣'，襌既是凉衣，则襌为麻葛所制，故襌缁与纺缁价值悬殊，此澄子所以谓以襌缁当纺缁为得也。又案：澄子所亡者既系纺缁，又为男装。今见妇人之襌缁，原料不同，又是女装，当非其所亡之衣。竟援而弗舍，又谓以襌缁当纺缁为得，即上文所谓'言心相离'、'从辞则乱'，故高谓乱而无法也。又案：高注'便'字，即今所谓'便宜'。"[1]陈奇猷说到制衣"原料"。然而俞樾所论，应是正确的认识。

而《说文》段注认同的"此方丝所谓兼丝"的意见，对于服饰史与纺织史之认识取"任氏大椿曰"，其理念是正确的。这一理解，也符合《吕氏春秋》高诱注体现的汉代人的社会文化常识。

《说文·衣部》："裺，棺中缣里也。"也说到"缣"的使用形式之一，是作棺的里衬。段玉裁注："《丧大记》曰：君里棺用朱绿，用杂金鐕。大夫里棺用玄绿，用牛骨鐕。士不绿。《正义》云：君用朱缯贴四面，绿缯贴四角。大夫四面玄，四角绿。士不绿，悉用玄。按如其说则当云士玄，不当云不绿也。且颜师古定本绿皆作琢。谓鐕琢缯则著于棺。则'士不琢'，尤为不辞。盖'绿'与'琢'皆字之误。古本三'绿'皆正作'裺'。以缣里棺曰'裺'。缣，并丝缯也。君朱裺，以三色金鐕椓著之。大夫玄裺，以牛骨鐕椓著之。士贱，不裺，则不用鐕。《士丧礼》纤悉毕载，而不言里棺，可证也。郑曰：鐕所以椓著里。《金部》曰'鐕，所以缀著物者'[2]，与郑合。'鐕'与'裺'皆据《丧大记》而言。"[3]所谓"里馆"所用以"鐕"钉著于棺木的织品，亦追求牢固，又有防腐考虑，取用"缣"，也就是"并丝缯"。

以"缣"为"原料"制作的"囊"，即"缣囊"，采用"并丝缯"，自然是韧度较强的耐用的包装物。

1　陈奇猷校释：《吕氏春秋校释》，第1193页。

2　《说文·金部》："鐕，可以缀箸物者。"段玉裁注："按：今谓钉者皆是。非独棺钉也。"〔汉〕许慎撰，〔清〕段玉裁注：《说文解字注》，第707页。

3　〔汉〕许慎撰，〔清〕段玉裁注：《说文解字注》，第397页。

3.“缣囊”使用例一：彭宠故事

《后汉书》卷一二《彭宠传》记述刘秀强劲敌手彭宠遭遇：

> 五年春，宠斋，独在便室。苍头子密等三人因宠卧寐，共缚着床，告外吏云：“大王斋禁，皆使吏休。”伪称宠命教，收缚奴婢，各置一处。又以宠命呼其妻。妻入，大惊。宠急呼曰：“趣为诸将军办装。”于是两奴将妻入取宝物，留一奴守宠。宠谓守奴曰：“若小儿，我素爱也，今为子密所迫劫耳。解我缚，当以女珠妻汝，家中财物皆与若。”小奴意欲解之，视户外，见子密听其语，遂不敢解。于是收金玉衣物，至宠所装之，被马六疋，使妻缝两缣囊。昏夜后，解宠手，令作记告城门将军云：“今遣子密等至子后兰卿所，速开门出，勿稽留之。”书成，即斩宠及妻头，置囊中，便持记驰出城，因以诣阙，封为不义侯。

“妻入，大惊”句后，李贤注引《东观记》：“妻入，惊曰：‘奴反！’奴乃捽其妻头，击其颊。”[1]

所谓“收金玉衣物，至宠所装之，被马六疋，使妻缝两缣囊”，则“两缣囊”不足以“马六疋”驮，大约“两缣囊”用途，或许与所谓“即斩宠及妻头，置囊中”有关。可知“缣囊”或许用以盛放“宠及妻”首级。“苍头子密”“诣阙”献功，得封“不义侯”。有“使妻缝两缣囊”情节，又言“置囊中，便持记驰出城，因以诣阙”。以“缣囊”盛装，应是出于“诣阙”的庄重要求。《太平御览》卷五〇〇引《东观汉记》，正写作“书成，即断宠及妻头，置缣囊中，西入上告”。[2]明确“宠及妻头，置缣囊中”。清王太岳《四库全书考证》卷三二作“书成，即断宠及妻头，置缣囊中，西入上告”，并有所说明：“此条姚本有之而文略，今从《永乐大典》本。”[3]

“苍头子密”的谋杀，即彭宠妻惊呼“奴反”导致的彭宠生命的终结，

---

1 《后汉书》，第504—505页。

2 〔宋〕李昉等撰：《太平御览》，第2286页。

3 〔清〕王太岳撰：《四库全书考证》，《丛书集成新编》，第3册第687页。

构成政治史一次特殊演出。而"缣囊"作为特别的道具，也值得我们注意。

所谓"使妻缝两缣囊"的细节记录，说明"缣囊"的制作，需要经过手工缝纫的工序。《后汉书》卷一二《彭宠传》所谓"呼其妻，妻入"，"使妻缝两缣囊"，《艺文类聚》卷三五引《东观汉记》作"召其妻入缝缠囊"。[1]"缠"应是误字。

4."缣囊"使用例二：杜根故事

谭嗣同《狱中题壁》诗云："望门投止思张俭，忍死须臾待杜根。"[2]杜根敢于抗击政治强权的故事，其重要情节也出现"缣囊"。

《后汉书》卷五七《杜根传》记载：

> 根性方实，好绞直。永初元年，举孝廉，为郎中。时和熹邓后临朝，权在外戚。根以安帝年长，宜亲政事，乃与同时郎上书直谏。太后大怒，收执根等，令盛以缣囊，于殿上扑杀之。执法者以根知名，私语行事人使不加力，既而载出城外，根得苏。太后使人检视，根遂诈死，三日，目中生蛆，因得逃窜，为宜城山中酒家保。积十五年，酒家知其贤，厚敬待之。及邓氏诛，左右皆言根等之忠。帝谓根已死，乃下诏布告天下，录其子孙。根方归乡里，征诣公车，拜侍御史。初，平原郡吏成翊世亦谏太后归政，坐抵罪，与根俱征，擢为尚书郎，并见纳用。或问根曰："往者遇祸，天下同义，知故不少，何至自苦如此？"根曰："周旋民间，非绝迹之处，邂逅发露，祸及知亲，故不为也。"[3]

邓太后因欲长久把持权力，"收执"杜根，"令盛以缣囊，于殿上扑杀之"，

---

1 〔唐〕欧阳询撰，汪绍楹校：《艺文类聚》，第 632 页。

2 《谭嗣同全集》，生活·读书·新知三联书店 1951 年 3 月版，第 496 页。

3 《后汉书》，第 1839 页。

"缣囊"与其他击打凶器结合,构成组合刑具。而"载出城外",杜根生死未知,应当仍然"盛以缣囊"。则"缣囊"也作为一次性尸袋使用。

杜根虽"得苏",仍"诈死"求生,在"太后使人检视"的情况下潜藏"三日",以致"目中生蛆",应当依然在"缣囊"之中。

这一史例所见"缣囊",不避血污,不讳死戮,在政治生活中的使用方式是值得注意的。以人尸身"盛以囊"情形,又有《艺文类聚》卷九引《论衡》曰:"吴王夫差杀伍子胥,煮之于镬,盛以囊,投之于江。"[1]《论衡·书虚》:"传书言:吴王夫差杀伍子胥,煮之于镬,乃以鸱夷橐投之于江。"[2]

5. "缣囊"使用例三:"缣囊盛土""盛沙"

"缣囊"使用量比较大,而且形成重要影响的史例,见于战争实践。

在刘秀与隗嚣争夺陇西天水地方的战争史记录中,曾经有水攻策略。《后汉书》卷一七《岑彭传》写道:"(建武)八年,彭引兵从车驾破天水,与吴汉围隗嚣于西城。时公孙述将李育将兵救嚣,守上邽,帝留盖延、耿弇围之,而车驾东归。敕彭书曰:'两城若下,便可将兵南击蜀虏。人苦不知足,既平陇,复望蜀。每一发兵,头须为白。'彭遂壅谷水灌西城,城未没丈余,嚣将行巡、周宗将蜀救兵到,嚣得出还冀。"关于岑彭"壅谷水灌西城,城未没丈余",李贤注:"《东观记》曰:'时以缣囊盛土为堤,灌西城,谷水从地中数丈涌出,故城不拔。'《续汉书》云:'以缣盛土为堤。'"[3]

类似"以缣囊盛土"拦阻水流的情形,又见于韩信事迹。《史记》卷九二《淮阴侯列传》记载:"遂战,与信夹潍水陈。韩信乃夜令人为万余囊,满盛沙,壅水上流,引军半渡,击龙且,详不胜,还走。龙且果喜

1　〔唐〕欧阳询撰,汪绍楹校:《艺文类聚》,第164页。

2　黄晖撰:《论衡校释》(附刘盼遂集解),第180—181页。

3　《后汉书》,第660页。

曰：'固知信怯也。'遂追信渡水。信使人决壅囊，水大至。龙且军大半不得渡，即急击，杀龙且。龙且水东军散走，齐王广亡去。信遂追北至城阳，皆虏楚卒。"[1]《水经注》卷二六《潍水》也写道："昔韩信与楚将龙且夹潍水而阵于此，信夜令为万余囊，盛沙以遏潍水，引军击且伪退，且追北，信决水，水大至，且军半不得渡，遂斩龙且于是水。"[2]

　　曹操与马超的战事记录中，又可见"缣囊""运水"的情形。《三国志》卷一《魏书·武帝纪》："（建安十六年）秋七月，公西征，与超等夹关而军。""九月，进军渡渭。"裴松之注引《曹瞒传》曰："时公军每渡渭，辄为超骑所冲突，营不得立，地又多沙，不可筑垒。娄子伯说公曰：'今天寒，可起沙为城，以水灌之，可一夜而成。'公从之，乃多作缣囊以运水，夜渡兵作城，比明，城立，由是公军尽得渡渭。或疑于时九月，水未应冻。臣松之按《魏书》：公军八月至潼关，闰月北渡河，则其年闰八月也，至此容可大寒邪！"[3]对其时其事提出的季节疑问，所谓"于时九月，水未应冻"，"闰八月""至此容可大寒邪"，或可以东汉以来气候转而寒冷解说。[4]当然这是非常极端的气候史例。

　　"地又多沙，不可筑垒"，卢弼《三国志集解》："《御览》'多'作'纯'。《水经·渭水注》'垒'作'城'。"[5]

　　"多作缣囊以运水"的说法如果属实，则"缣囊"的密封性应当非常

1　《史记》，第 2621 页。

2　〔北魏〕郦道元著，陈桥驿校证：《水经注校证》，第 632 页。

3　《三国志》，第 34 页。

4　竺可桢在 1972 年发表《中国近五千年来气候变迁的初步研究》，其中指出："在战国时期，气候比现在温暖得多。""到了秦朝和前汉（公元前 221—公元 23 年）气候继续温和。""司马迁时亚热带植物的北界比现时推向北方。""到东汉时代即公元之初，我国天气有趋于寒冷的趋势……"《竺可桢文集》，科学出版社 1979 年 3 月版，第 480—481 页。参看王子今：《秦汉时期气候变迁的历史学考察》，《历史研究》1995 年 2 期。

5　所谓"可起沙为城，以水灌之，可一夜而成"，是重要的工程史料。卢弼还指出："《官本考证》曰：'可一夜而成'五字，《御览》作'须臾冰坚如铁石，功不达曙，百堵皆立，虽金汤之固，未能过也'二十四字。沈家本曰：《御览》凡三引此事，七十四引与此同。一百九十二引作'一夜可立'。三百三十五引即《官本考证》所引，语意较畅然。《御览》只称《魏志》，不曰《曹瞒传》也。弼按：《水经·渭水注》作《曹瞒传》，'可一夜而成'作'一宿而成'。"卢弼著：《三国志集解》，中华书局据 1957 年古籍出版社排印本 1982 年 12 月影印版，第 42 页。

强。但是这里所说的"运水",从"起沙为城"的计划看,其实也很有可能是"运沙"。《渊鉴类函》卷三九《地部一七·渭三》引此事置于"囊沙作城"题下:"《曹瞒传》曰:'瞒与马超隔渭水而阵,乃作缣囊囊沙以堙水造城。'"[1] 所谓"作缣囊囊沙以堙水造城",其说有据。卢弼《三国志集解》"乃多作缣囊以运水,夜渡兵作城"句下写道:"《水经·渭水注》作'乃多作缣囊以堙水,夜汲作城'。《御览》一百九十二'以运水'三字作'以盛土偃水'。"[2] 所谓"多作缣囊",并非"运水",是用来"堙水"或说"盛土偃水"的。

据《后汉书》卷一上《光武帝纪上》记载,刘秀当"王郎新盛"时,避其强势而转移,"晨夜兼行,蒙犯霜雪,天时寒,面皆破裂。至呼沱河,无船,适遇冰合,得过,未毕数车而陷"。李贤注引《续汉书》曰:"时冰滑马僵,乃各以囊盛沙,布冰上度焉。"[3] 这是以"沙"克服"冰滑"的史例。但是并没有明确说"囊"的质料。

6. "缣囊"普及与丝绸生产能力

三国时期另一以"囊""盛沙"之说,见于《三国志》卷五二《吴书·步骘传》裴松之注引《吴录》云:"骘表言曰:'北降人王潜等说,北相部伍,图以东向,多作布囊,欲以盛沙塞江,以大向荆州。夫备不豫设,难以应卒,宜为之防。'""后有吕范、诸葛恪为说骘所言,云:'每读步骘表,辄失笑。此江与开辟俱生,宁有可以沙囊塞理也。'"[4] 虽然步骘言"北

---

1 〔清〕张英撰:《渊鉴类函》,《景印文渊阁四库全书》,第 982 册第 896 页。1887 年上海同文书局石印本《渊鉴类函》卷三九《地部一七·渭二》无"囊沙作城"题,引《曹瞒传》曰:"操与马超隔渭水而战,每渡渭,辄为超骑所冲突。地多沙,不可筑城。娄子伯说:今寒,可起沙为城。以水灌之,一宿而成。"不言"缣囊"。〔清〕张英、王士祯等纂:《渊鉴类函》,北京中国书店据 1887 年上海同文书局石印本 1985 年 8 月影印版,第二册卷三九第 1 页。

2 卢弼著:《三国志集解》,第 42 页。

3 《后汉书》,第 12—13 页。

4 《三国志》,第 1239—1240 页。

降人王潜等说"以"布囊""盛沙塞江"的计划甚为荒诞,但是也体现"沙囊塞理"是人们习知的工程方式。步骘言"北降人王潜等说"所用"沙囊"明确是"布囊",材质与"缣囊"不同。而《太平御览》卷六〇引《吴录》则作:"步骘表言:北降人说北多作㠯囊,欲以盛沙塞大江。""后见吕岱说骘言北欲以囊塞江,辄失笑曰:此江自开辟以来,宁可囊塞乎?"[1]只说"囊",不言"布囊"。

《太平御览》卷九一六引《淮南万毕术》曰:"鸿毛之囊,可以渡江。"注:"盛鸿毛于缣囊,可以渡江,不弱也。"[2]"不弱",应即"不溺"。《太平御览》卷七〇四引《淮南万毕术》曰:"鸿毛囊之,可以渡江。"注:"盛鸿毛满囊,可渡江,不溺也。"[3]这一说法提示了"溺"的正字,但是没有说到"缣囊"。清《十种古逸书》本《淮南万毕术》据《太平御览》卷九一六作:"盛鸿毛于缣囊,可以渡江,不溺也。"[4]我们看到,"缣囊"可以省称为"囊",这或许能够说明民间"缣囊"的普及。前引彭宠故事,《太平御览》卷五〇〇引《东观汉记》"即断宠及妻头,置缣囊中",《后汉书》卷一二《彭宠传》作"即斩宠及妻头,置囊中",也是同例。

《艺文类聚》卷四引《续齐谐记》曰:"汝南桓景,随费长房游学累年。长房谓之曰:'九月九日,汝家当有灾厄,急宜去,令家人各作绛囊,盛茱萸以系臂,登高饮菊酒,此祸可消。'景如言,举家登山。夕还家,见鸡狗牛羊,一时暴死。长房闻之曰:'代之矣。'今世人每至九日,登山饮菊酒,妇人带茱萸囊是也。"[5]这里出现的所谓"绛囊",言"囊"的外观。而"茱萸囊",则以"盛茱萸"为称。"囊"的定名,类同"绛囊"者,有"赤白囊"[6]"绿囊"[7]等。以所"盛"物为号者,除前说"沙囊""茱萸囊"外,又

1　〔宋〕李昉等撰:《太平御览》,第290页。

2　〔宋〕李昉等撰:《太平御览》,第4063页。

3　〔宋〕李昉等撰:《太平御览》,第3141页。

4　〔汉〕刘安撰:《淮南万毕术》,清《十种古逸书》本,第4—5页。

5　〔唐〕欧阳询撰,汪绍楹校:《艺文类聚》,第81页。

6　《汉书》卷七四《丙吉传》:"尝出,适见驿骑持赤白囊,边郡发犇命书驰来至。"第3146页。

7　《汉书》卷九七下《外戚传下·孝成赵皇后》:"后诏使严持绿囊书予许美人……""美人以苇箧一合盛所生儿,缄封,及绿囊报书予严。"第3993页。

有"药囊"[1]"香囊"[2]"金囊"[3]"米囊"[4]等。

　　另外又有以制作材料命名"囊"者，如"韦囊"[5]"紫锦之囊"[6]等。还可以看到"剥树皮为囊""以树皮作囊"例证。[7]"缣囊"得名，应当也是这种情形，即因材质所决定。

　　从常理来说，较"缣囊"更为普及的，应当是"布囊"。前引《三国志》卷五二《吴书·步骘传》裴松之注引《吴录》说"布囊""盛沙"。然而《后汉书》卷一七《岑彭传》李贤注引《东观记》"以缣囊盛土"，引《续汉书》"以缣盛土"，《渊鉴类函》卷三九《地部一七·渭三》引《曹瞒传》言"作缣囊囊沙以堨水造城"，都说以"缣囊""盛土""囊沙"。后世用以处理土功、水功问题，通常取草袋、麻袋为基本物资。而汉代曾经大量使用"缣囊"，是令人惊异的。

　　这种"堨水"工程中"囊"的用量甚大。如韩信壅潍水，"夜令人为万余囊，满盛沙，壅水上流"，"信夜令为万余囊，盛沙以遏潍水"。一夜竟然"为万余囊"，形成战争史进程中调用军备物资的奇迹。根据这样的信息，我们可以推知这种物资的价值，也可以思考民间拥有"缣"的数量及其与纺织业产量的关系。

---

1 《史记》卷八六《刺客列传》："（夏无且）以其所奉药囊提荆轲也。""已而论功，赏群臣及当坐者各有差，而赐夏无且黄金二百溢，曰：'无且爱我，乃以药囊提荆轲也。'"第 2535 页。

2 《艺文类聚》卷七〇引魏繁钦《定情诗》曰："何以致区区，耳中双明珠。何以致叩叩，香囊系肘后。"第 1225 页。

3 《太平御览》卷七〇四引《焦赣易林》"归妹之损"曰："争鸡失羊，亡其金囊，利得不长。"第 3140 页。

4 《太平御览》卷七〇四引《江表传》："超负其多力，尝置六斛米囊。"第 3142 页。

5 《史记》卷三八《宋微子世家》："盛血以韦囊，县而射之，命曰'射天'。"第 1623 页。前引《论衡》吴王夫差、伍子胥故事"鸱夷囊"，也是"韦囊"。《汉书》卷九二《游侠传·陈遵》颜师古注："鸱夷，韦囊以盛酒，即今鸱夷滕也。"第 3713 页。

6 《太平御览》卷七〇四引《汉武内传》："帝见三母，有一卷书，盛以紫锦之囊。母曰：此吾真形图也。"第 3142 页。

7 《太平御览》卷七〇四引《拾遗录》："苏秦、张仪假食于路，剥树皮为囊，以盛天下良书。"又引《郭文举别传》："以树皮作囊，得米盐以内囊中。"第 3141 页、第 3142 页。

7. 肩水金关简文"缣盛巳布囊在大橐中"

《太平御览》卷七〇四引《益部耆旧传》曰:"阎宪字孟度,为绵竹令。男子杜成行于路,得遗装囊。开视,有锦帛二十五疋。明送诣吏。"[1]可知"囊"可以盛装"锦帛"。对于"缣囊"名义,因此可能有另一种理解。也许"缣囊"与前说"药囊""香囊""金囊""米囊"等类同,是否可能是盛装"缣"的"囊"呢?

这一推想或许可以通过肩水金关汉简涉及"缣"与"囊""橐"简文的分析得以澄清。肩水金关简可见这样的内容:

> 丰等辞曰来持缣三匹缣袺一缣盛巳布囊在大橐中
>
> (73EJF3:267)[2]

简文可以读作:"丰等辞曰:来持缣三匹,缣袺一。缣盛巳布囊,在大橐中。""缣三匹"与"缣袺一"均"丰等""来持"。简文表达的内容或许与东方戍卒往河西边塞服役时携带家乡生产丝织品有关。[3]而"缣盛巳布囊",即"缣三匹""盛"于自有"布囊",又与"缣袺一"均"在大橐中"。前引"小曰橐,大曰囊","大曰橐,小曰囊"两说,从简文看,应以"大曰橐,小曰囊"的意见更为真确。

通过"丰等辞曰来持缣三匹缣袺一缣盛巳布囊在大橐中"这一简例可以推知,"盛""缣"的"囊"因其质料仍称"布囊"。大约社会通常的语言习惯,"缣囊"依然因其制作材料得名。因此才可以理解"盛土""囊沙"的"缣囊"之所以在史籍文献记述中突出显示其"缣"字的缘由。

通过多种迹象分析,有关"缣囊"的历史记忆,是大致具备作为丝绸

---

1 〔宋〕李昉等撰:《太平御览》,第3142页。

2 甘肃简牍博物馆、甘肃省文物考古研究所、甘肃省博物馆、中国文化遗产研究院古文献研究室、中国社会科学院简帛研究中心编:《肩水金关汉简(伍)》,中西书局2016年8月版,第23页。

3 参看王子今:《汉代丝路贸易的一种特殊形式:论"戍卒行道贳卖衣财物"》,《简帛研究汇刊》第1辑"第一届简帛学术讨论会论文集",中国文化大学历史系、简帛学文教基金会筹备处2003年5月版;收入《西北史研究》第3辑,天津古籍出版社2005年7月版。

43-1　居延"缣盛已布囊"简文　　　　　　　43-2　民丰出土汉代"河内缣"残片

史料的合理性的。"缣囊"在社会生产与社会生活中应用的普遍，可以从一个特殊侧面反映当时丝绸生产高度繁荣的历史真实。而丝绸之路贸易的进步有中国内地生产史、流通史以为基础的史实，也因此更为明朗。

43-3　洛阳曹魏大墓出土石牌"丹缣囊"铭文 1

43-4　洛阳曹魏大墓出土石牌"丹缣囊"铭文 2

蒋席・皮席・薂席

1. 长沙东牌楼简牍"席""于""桉"

长沙东牌楼东汉简牍标号为一一〇者，整理者题名"桨等器物帐"，有说明文字："木牍。左中下部有残缺。此为正面，存文三行。背面无字。"对于简文内容的理解，有讨论的必要。

长沙市文物考古研究所、中国文物研究所编《长沙东牌楼东汉简牍》中，王素、刘涛的释文作：

> 1. 蒋十五枚　蘒[席]一束　苣一竉
> 2. 皮席一枚　平于一枚　马汝[桉][一]双
> 3. 皮二席一枚　大酒于一枚　南山□□□[1]

整理者又有注释："'蒋'应为'桨'之通假。""'蘒'应为'菅'之通假"。"'苣'为'苤苣'省称，又作'苤苡'，即车前草，可入药。""'于'即'盂'"，"江陵凤凰山一〇号汉墓出土简牍有'小于一具'，'于'亦即'盂'。"[2] "湖北云梦大坟头汉墓出土简牍有'金小盂一'。"[3] "江陵凤凰山一六七号汉墓出土简牍有'盂四枚''盆盂一枚'。"[4]

从简文内容看，罗列器物均为室内日常服用器物，不当出现舟船推进工具"桨"。其数量多至"十五枚"，如果作为实用的"桨"，在船两侧划

1　长沙文物考古研究所、中国文物研究所编：《长沙东牌楼东汉简牍》，文物出版社 2006 年 4 月版，第 116 页。

2　见长江流域第二期文物考古工作人员训练班：《湖北江陵凤凰山西汉墓发掘简报》，《文物》1974 年第 6 期，41—61 页。

3　见湖北省博物馆、孝感地区文教局、云梦县文化馆汉墓发掘组：《湖北云梦西汉发掘简报》，《文物》1973 年第 9 期，第 23—36 页。

4　见凤凰山一六七号汉墓发掘整理小组：《江陵凤凰山一六七号汉墓发掘简报》，《文物》1976 年10 期，第 31—37 页、第 50 页。

水，数量也出现疑问。"'蒋'应为'桨'之通假"的说法未可信从。

2. "簿"与"蒋"

"蒋"或许即"簿"。《广雅·释器》："簿，席也。"王念孙《广雅疏证》："簿，通作'蒋'。"[1]《说文·竹部》："簿，剖竹未去节谓之簿。"桂馥《说文解字义证》："'剖竹未去节谓之簿'者，'未'当为'笨'，'簿'所以为席，如今织席先剖竹刮去其里。"朱骏声《说文通训定声》说："叚借为'荐'。""'簿''荐'一声之转。"[2]

《韩非子·十过》有关于"奢"与"俭"的讨论："奚谓耽于女乐？昔者戎王使由余聘于秦，穆公问之曰：'寡人尝闻道而未得目见之也，愿闻古之明主得国失国何常以？'由余对曰：'臣尝得闻之矣，常以俭得之，以奢失之。'穆公曰：'寡人不辱而问道于子，子以俭对寡人何也？'由余对曰：'臣闻昔者尧有天下，饭于土簋，饮于土铏，其地南至交趾，北至幽都，东西至日月之所出入者，莫不宾服。尧禅天下，虞舜受之，作为食器，斩山木而财之，削锯修之迹流漆墨其上，输之于宫以为食器，诸侯以为益侈，国之不服者十三。舜禅天下而传之于禹，禹作为祭器，墨染其外，而朱画其内，缦帛为茵，蒋席颇缘，觞酌有采，而樽俎有饰，此弥侈矣，而国之不服者三十三。夏后氏没，殷人受之，作为大路，而建九旒，食器雕琢，觞酌刻镂，四壁垩墀，茵席雕文，此弥侈矣，而国之不服者五十三。君子皆知文章矣，而欲服者弥少，臣故曰俭其道也。'"

由余言及禹"弥侈"作为例证之一的所谓"蒋席颇缘"，诸家注说于"蒋席"下皆写道："旧注：蒋，草名。"陈奇猷校注《韩非子集释》引顾广圻曰："《今本》'颇'作'额'，误。颇缘，谓其缘邪裂之。"[3]在"蒋席"边

---

1 〔清〕王念孙撰，张靖伟等校点：《广雅疏证》，第1326页。
2 〔清〕朱骏声：《说文通训定声》，中华书局1984年6月影印版，第453页。
3 陈奇猷：《韩非子集释》，上册第186—187页、第189页。

缘用漂亮的丝织品作细致的装饰。这种边饰自然亦有增益其强度的作用，但这种加工形式的主要作用，是追求奢华。汉代相关资料中还可以看到民间日常生活中"蒋席"的制作和使用。《四部丛刊》所收宋本王褒《僮约》列数"僮"这种身份承担的多种劳作形式，其中有："雨堕无所为，当编蒋织箔。"原注："蒋……菰蒲草也。"[1]《艺文类聚》卷三五引汉王褒《僮约》作"雨堕所无为，当编将织薄"[2]。《太平御览》卷五九八引汉王褒《僮约》作"雨堕所无为，当编蒋织薄"。[3]

《太平御览》卷七〇九引王隐《晋书》写道："陶侃字士衡，亲人过侃宿时，大雪无草，侃母湛撤床杂蒋，手剉给客牛马。"原注："《晋阳春秋》云：'蒋，荐也。'"[4] 在"大雪无草"的艰难情势下，被迫拆散床上草席，以为牛马饲料。

显然，简文所见与"皮席""菠席"并列的"蒋"，无论是草质还是竹质，都是指坐卧铺垫用具，而与"桨"无关。

3. 皮席

"皮席"应是皮质铺垫物。《周礼·春官·司几筵》写道："司几筵掌五几五席之名物，辨其用，与其位。"有关"席"使用的礼制秩序，包括"甸役，则设熊席"。[5]《吕氏春秋·分职》："卫灵公天寒凿池。宛春谏曰：'天寒起役，恐伤民。'公曰：'天寒乎？'宛春曰：'公衣狐裘，坐熊席，陬隅有灶，是以不寒。今民衣弊不补，履决不组。君则不寒矣，民则寒矣。'公曰：'善。'令罢役。"[6] 也说到"熊席"。《太平御览》卷七〇九引《西京杂

1 《四部丛刊初编》第 1936 册，《古文苑》卷十七，第 4 页。

2 〔唐〕欧阳询撰，汪绍楹校：《艺文类聚》，第 634 页。

3 〔宋〕李昉等撰：《太平御览》，第 2694 页。《太平御览》卷五〇〇引文无"薄"字，第 2289 页。

4 〔宋〕李昉等撰：《太平御览》，第 3159 页。

5 〔清〕阮元校刻：《十三经注疏》，第 774 页。

6 陈奇猷校释：《吕氏春秋校释》，第 1659—1660 页。

记》也记载："昭阳殿设绿熊席，毛皆长一尺余。眠而雍毛自蔽，望之者不能见也。坐则没膝。其中杂薰诸香，一坐此席，余香百日不歇也。"[1]《说郛》卷一一一《赵飞燕外传》："婕妤奏书于后曰：'天地交畅，贵人姊及此令吉光登正位，为先人休，不堪喜豫，谨奏上二十六物以贺：金屑组文茵一铺，沈水香莲心椀一面，五色同心大结一盘，鸳鸯万金锦一匹，琉璃屏风一张，枕前不夜珠一枚，含香绿毛狸藉一铺，通香虎皮檀象一座，龙香握鱼二首，独摇宝莲一铺，七出菱花镜一奁，精金彄环四指，若亡绛绡单衣一袭，香文罗手藉三幅，七回光雄肪发泽一盉，紫金被褥香炉三枚，文犀辟毒箸二双，碧玉膏奁一合。使侍儿郭语琼拜上。'"[2] 其中"含香绿毛狸藉一铺"也是"皮席"。《初学记》卷二五引《晋东宫旧事》写道："太子有独坐龙须席、赤皮席、花席、经席。"[3]《太平御览》卷一〇《天文要集》也说："北斗之傍有气，往往而黑，状如禽兽，大如皮席，不出三日必雨。"[4] 都明确说到"皮席"。

《说苑》卷一〇写道："虎豹为猛，人尚食其肉，席其皮。"说明猎杀野生动物往往以其皮为席。[5]《释名·释床帐》："貂席，连貂皮以为席也。"[6]《后汉书》卷五一《李恂传》："拜兖州刺史。以清约率下，常席羊皮，服布被。"[7] 可知羊皮席是价格较低、质量较次的"皮席"。

1 〔宋〕李昉等撰：《太平御览》，第 3160 页。
2 〔明〕陶宗仪编：《说郛》，《景印文渊阁四库全书》，第 882 册第 415—416 页。
3 〔唐〕徐坚等著：《初学记》，第 602—603 页。
4 〔宋〕李昉等撰：《太平御览》，第 52 页。
5 〔汉〕刘向撰，赵善诒疏证：《说苑疏证》，华东师范大学出版社 1985 年 2 月版，第 300 页。这种情形历代都相当普遍。《大金集礼》卷二二《别庙·孝成旧庙》说到使用"虎皮席"的制度，《丛书集成初编》，第 1048 册第 197 页。
6 任继昉纂：《释名汇校》，第 318 页。
7 《后汉书》，第 1683 页。

4. 关于 "二席" "重席"

简文说到"皮席一枚",同时又说到"皮二席一枚"。那么,什么是"皮二席"呢?

所谓"皮二席"者,有可能是有关古人服用形式的文献记录中可以看到的"重席"。

《左传·襄公二十三年》:"季氏饮大夫酒,臧纥为客,既献,臧孙命北面重席,新樽絜之。"日本学者竹添进一郎《左氏会笺》:"臧纥以重席待悼子,明其为卿之适,从卿礼也。"[1]杨伯峻注:"重席,二层席。古代席地坐,席之层次,依其位之高低。《仪礼·乡饮酒礼》云:'公三重,大夫再重。'则重席,大夫之座。"[2]《仪礼·乡射礼》:"大夫辞加席,主人对,不去加席。"郑玄注:"'辞'之者,谦不以己尊加贤者也;'不去'者,大夫再重席,正也。宾一重席。"又《礼记·曲礼上》:"若非饮食之客,则布席。席间函丈。主人跪正席,客跪抚席而辞,客彻重席,主人固辞,客践席乃坐。"对于所谓"客彻重席",郑玄解释说:"'彻',去也;'去重席',谦也。"《尚书·顾命》:"狄设黼扆缀衣,牖间南向,敷重篾席,黼纯,华玉仍几。西序东向,敷重底席,缀纯,文贝仍几。东序西向,敷重丰席,画纯,雕玉仍几。西夹南向,敷重笋席,玄纷纯,漆仍几。"[3]又说到"重篾席""重底席""重丰席""重笋席"。

清代学者王夫之《诗经稗疏》卷三写道:"按'重席'者,席上加席,一筵而二席也。"[4]元人敖继公《仪礼集说》卷六解释"司宫兼卷重席设于宾左东上":"谓'兼卷',谓以两席相重而并卷之也。其卷亦自末,执时兼卷,是设时亦兼布之矣。此固异于设加席之法,亦以其二席之长短同,故得由便为之尔。"[5]清人盛世佐《仪礼集编》卷一一解释"司宫兼卷重席设于

---

1 《左氏会笺》卷一七,巴蜀书社 2008 年 9 月版,第 1392 页。

2 杨伯峻:《春秋左传注》(修订本),中华书局 1990 年 5 月版,第 1079 页。

3 〔清〕阮元校刻:《十三经注疏》,第 995 页、第 1239 页、第 238 页。

4 〔清〕王夫之:《诗经稗疏》卷三,《景印文渊阁四库全书》,第 84 册第 855 页。

5 〔元〕敖继公:《仪礼集说》,《景印文渊阁四库全书》,第 105 册第 208—209 页。

宾左东上"，引张氏说："'重席'，但一种席重设之。"[1]

《韩非子·外储说左下》："孟献伯相鲁，堂下生藿藜，门外长荆棘，食不二味，坐不重席，晋无衣帛之妾，居不粟马，出不从车。"[2]《吕氏春秋·先己》也有"处不重席，食不贰味，琴瑟不张，钟鼓不修"这样的文字。[3]所谓"坐不重席""处不重席"，是自谦自俭的表现。《太平御览》卷七〇九引《益部耆旧传》曰："张充为州治中从事，刺史每自坐高床，为从事设单席于地。"[4]"单席"，是与"重席"不同的待遇。"坐不重席""处不重席"，使用的应当是"单席"。

汉代"重席"使用体现尊贵地位的实例，有《太平御览》卷七〇九引谢承《后汉书》："殷亮为博士讲学，大夫诸儒论胜者赐席，亮重八九席。帝曰：'学不当如是也！'"[5]又有《后汉书》卷七九上《儒林列传上·戴凭》记录的故事："正旦朝贺，百僚毕会，帝令群臣能说经者更相难诘，义有不通，辄夺其席以益通者，凭遂重坐五十余席。故京师为之语曰：'解经不穷戴侍中。'"[6]《太平御览》卷七〇九引《汉书仪》曰："祭天紫坛绀席登地，用六彩席六重。"[7]殷亮"重八九席"，戴凭"重坐五十余席"，更是"重席"至于极端的例子。

5."菉[席]"解

简文"菉[席]一束"，"'菉'应为'菅'之通假"的解释，应当说是可以成立的。《说文·艸部》："菉，香艸也，出吴林山。"[8]《山海经·中山

1　〔清〕盛世佐：《仪礼集编》，《景印文渊阁四库全书》，第110册第431页。

2　陈奇猷校注：《韩非子集释》，第711页。

3　陈奇猷校释：《吕氏春秋校释》，第145页。

4　〔宋〕李昉等撰：《太平御览》，第3161页。

5　〔宋〕李昉等撰：《太平御览》，第3159页。

6　《后汉书》，第2254页。

7　〔宋〕李昉等撰：《太平御览》，第3160页。

8　〔汉〕许慎撰，〔清〕段玉裁注：《说文解字注》，第25页。

经》：“吴林之山，其中多葀草。”郭璞注：“亦‘菅’字。”

又有一种解释，即“葀”通“萌”，是一种香草。唐玄应《一切经音义》卷二：“葀，《字书》：‘与萌同。’葀，萌也。《说文》：‘葀，香草也。’”或据此释“葀”为“兰草”。[1] 对于所谓“葀，萌也”，或读作“葀，兰也”，并以为《字书》引文。[2]

看来，“葀席”应是编织原料比较特殊的席。《太平御览》卷七〇九《范子计然》曰：“六尺兰席出河东，上价七十。”[3] 亦反映了这种特制“席”的名贵。

为什么与“蒋十五枚”“皮席一枚”“皮二席一枚”以“枚”计量不同，“葀席”却称“束”呢？

这一情形，很可能与这种“席”质料的轻薄精致有某种关系。《太平御览》卷七〇九引王子年《拾遗录》形容“席”的质量，使用“温柔”“细软”“香”“柔”“方冬弥温”诸语[4]。所引“方丈山有草名濡葀，叶色如绀，茎色漆，细软可萦，海人织以为荐席，卷之不盈一手，舒之列”，王嘉《拾遗记》卷一〇“方丈山”条作：“有草名濡葀，叶色如绀，茎色如漆，细软可萦，海人织以为席荐，卷之不盈一手，舒之则列坐方国之宾。”[5]“濡葀”的“葀”，其实就是“葀席”的“葀”字。

――――――――

1　汉语大字典编辑委员会：《汉语大字典》，四川辞书出版社、湖北辞书出版社1993年11月版，第1357页。

2　宗福邦等主编：《故训汇纂》，商务印书馆2003年7月版，第1955页。

3　《太平御览》卷七〇九引王子年《拾遗录》：“轩皇使百辟群臣受教者先列珪玉于兰蒲席上。”第3160页。

4　如：“蕖叶草高五尺，叶色如绀，叶形如半月之势，亦曰半月花，草无实。其质温柔，可以为席。”“方丈山有草名濡葀，叶色如绀，茎色漆，细软可萦，海人织以为荐席，卷之不盈一手，舒之列。”“昆仑山有葭，红色，可编为席，温柔如毯毳焉。”“瀛州南有金銮之馆，有青瑶几，覆以云纨之素席，用香水柔莞。”“岱舆山有草名莽煌，叶圆如荷，去之十步，炙人衣服则焦，鸟兽不敢近也。刘以为席，方冬弥温。”第3160—3161页。

5　〔晋〕王嘉撰，〔梁〕萧绮录，齐治平校注：《拾遗记校注》，中华书局1981年6月版，第225页。

6. 量词"枚""领""束"

所谓"卷之不盈一手"，说明"席"在不使用的时候，通常都是"卷"起来放置。《诗·邶风》记录了这样的诗句："我心匪席，不可卷也。"[1]《释名·释床帐》写道："席，释也，可卷可释也。"[2] 于是秦汉时人习用"席卷"之说。[3] 卷起来的"席"，据说可以持之"如桥衡"[4]，以"束"称之，是合理的。而马王堆一号汉墓边箱中出土的两条竹席"原来卷成筒状"，西边箱中部出土的两条草席"分别卷成筒状，并束以丝带"[5]，马王堆三号汉墓出土竹席标本北一八四"呈卷筒状"[6]，也可以帮助我们理解"蒉<u>席</u>一束"的大致情形。

用于"席"的量词又有"领"。《太平御览》卷七〇九引《东宫旧事》："太子有独坐龙须席赤皮花经席一领。"[7] 而出土资料所见"席"的统计，往往仅记录数量，未见量词。如马王堆一号汉墓出土"遣策"所见"涓度席一缋掾"（二八六），"滑辥席一广四丈长丈生缯掾"（二八七），"滑辥席一綪掾"（二八八），"莞席二其一青掾一锦掾"（二八九），"坐莞席三锦掾二

---

1 〔宋〕李昉等撰：《太平御览》卷七〇九引文有注："席虽平，尚可卷。"第 3158 页。

2 〔汉〕刘熙撰，〔清〕毕沅疏证，〔清〕王先谦补，祝敏徹、孙玉文点校：《释名疏证补》，中华书局 2008 年 6 月版，第 196 页。

3 如"席卷三秦"（《汉书》卷一〇〇下《叙传下》，第 4236 页），"席卷巴蜀"（《三国志》卷一三《魏书·王朗传》裴松之注引《魏略》，第 408 页），"席卷交广"（《三国志》卷四八《吴书·孙皓传》，第 1177 页），"席卷三江"（《三国志》卷一三《魏书·王朗传》，第 413 页），"席卷千里"（《史记》卷九〇《魏豹彭越列传》，第 2595 页），"席卷北庭"（《后汉书》卷四五《袁安传》，第 1520 页），"席卷漠北"（《后汉书》卷八〇《文苑列传上·杜笃》，第 2600 页），"席卷四海"（《史记》卷二〇《建元以来侯者年表》，第 1027 页），"席卷天下"（《史记》卷六《秦始皇本纪》，第 278 页；卷四八《陈涉世家》，第 1962 页；《汉书》卷三一《项籍传》，第 1821 页；《后汉书》卷二八上《冯衍传》，第 966 页），"席卷宇内"（《三国志》卷五八《吴书·陆抗传》，第 1359 页）等。

4 《礼记·曲礼上》："奉席如桥衡。"〔清〕阮元校刻：《十三经注疏》，第 1239 页。明人胡广等《礼记大全》卷一的解释是："如桥之高，如衡之平，乃奉席之仪也。"

5 湖南省博物馆、中国科学院考古研究所：《长沙马王堆一号汉墓》，上集第 121 页。

6 湖南省博物馆、湖南省文物考古研究所：《长沙马王堆二、三号汉墓》，第 236 页。

7 〔宋〕李昉等撰：《太平御览》，第 3160 页。又《说郛》卷五九上《元嘉起居注》"搜白席"条："元嘉中，刘祯为御史中丞，奏风闻广州刺史韦朗于州部作搜白席三百二十领，请以事追免朗官。"〔明〕陶宗仪编：《说郛》，《景印文渊阁四库全书》，第 879 册第 210 页。《太平御览》卷七〇九引《宋起居注》作"白搜席"，第 3159 页。

青掾"（二九〇），"■右方席七其四莞"（二九一）[1]；马王堆三号汉墓出土"遣策"所见"滑辟席一广四尺长丈生缯掾"（三〇六），"滑辟席一锦掾"（三〇七），"滑度席一缋掾"（三〇八），"莞席二其一缋掾一锦掾"（三〇九），"坐莞席二锦掾"（三一〇）[2]；广西贵县罗泊湾一号汉墓出土《从器志》（M1:161）中"箪席五十六缯缘"，"箪长席十"等。罗泊湾一号墓《从器志》记录的"坐絪一囊"也值得注意。发掘报告执笔者认为，"絪亦作茵，《说文》'车重席也。'《韩非子》有'缦帛为茵'语。坐絪应为坐垫。"[3]

从简文书写顺序看，"蒋十五枚"——"皮席一枚"——"皮二席一枚"——"莜席一束"，大致贵重者置后。

东牌楼简牍"苢一簋"，注释："'苢'为'茉苢'省称，又作'茉苡'，即车前草，可入药。"其实，可以与此对应的考古资料，可能如马王堆一号汉墓"遣策"所见"蒽一笥"（一五八），"赍一笥"（一五九），"‖右方土衡赍三笥"（一六〇）；马王堆三号汉墓"遣策"所见"无夷一笥"（一八四），"蒽一钧一笥"（一八五），"蕡一笥"（一八六），"蕡十四囊"（二〇五）。发掘报告执笔者认为："蒽乃蕙字的讹别。《广雅·释草》：'薰草，蕙草也。'""赍，即蕡。《汉晋西陲木简汇编》有《急救章》句：'赍熏脂粉膏䊪簁'，蕡作赍可证。《说文·艸部》：'赍，杂香草'。""土衡，即杜衡。《离骚》：'杂杜衡与芳芷'，王逸注：'杜衡似葵而香，叶似马蹄，故俗云马蹄香也。'《广雅·释草》：'楚衡，杜蘅也。'"又说："本组皆为香草。"[4]简文"苢一簋"的"苢"，也是有特殊功能的植物。《说文·艸部》："苢，茉苢，一名马舄。其实如李，令人宜子。"《周书》所说。"《洪武正韵》卷七："薏苡，又茉苡，亦作苢。"[5]黄侃《说文段注小笺》卷上："茉苢

1　湖南省博物馆、中国科学院考古研究所：《长沙马王堆一号汉墓》，上集第152页。
2　湖南省博物馆、湖南省文物考古研究所：《长沙马王堆二、三号汉墓》，第68页。
3　广西壮族自治区博物馆：《广西贵县罗泊湾汉墓》，第81—82页。
4　湖南省博物馆、中国科学院考古研究所：《长沙马王堆一号汉墓》，上集第142—143页。湖南省博物馆、湖南省文物考古研究所：《长沙马王堆二、三号汉墓》第一卷《田野考古发掘报告》，第60—61页。
5　〔明〕乐韶凤、宋濂等奉敕撰：《洪武正韵》，《景印文渊阁四库全书》，第239册第98页。

之苢古止作吕，已部吕，贾侍中说：'意吕实也。'作苢者当为借字。"[1]段玉裁为"蕾"字作注："薏苢。《本艸经·艸部》：上品有薏苡人。陶隐居云：生交阯者子冣大，彼土人呼为薛珠，马援大取将还，人谗以为珍珠也。按薛与蘸双声。从艸啬声。于力切。一部。一曰蕾英。未详。"[2]我们目前对"苢一竈"的理解，也许只能以"未详"总结。

《周礼·天官·玉府》："玉府……掌王之燕衣服、祍席、床笫。"[3]《晋书·石季龙载记》又说到"席库"[4]，可知"席"的放置有专门的秩序。

7."铺荐陈簋"

我们在简文中看到"席"和"于"等器物的组合。"'于'亦即'盂'"的说法是正确的。此简所见"平于""大酒于"，可与此前出土汉简数据所见"小于""盆盂"等对照理解。《太平御览》卷七〇九《晏子》："景公饮酒，移于晏子，晏子曰：夫铺荐陈簋者，人臣不敢与焉。又移于司马穰苴，曰：铺荐席陈簋簋者，人臣不敢与焉。"[5]《说苑》卷六："晋文公入国，至于河，令弃笾豆茵席。"[6]所谓"铺荐席陈簋簋"，所谓"笾豆茵席"，都体现了饮食具和"席"的特殊关系，与简文内容是一致的。

察看图版，可知"马汝桉一双"应为"马汝樏一双"。"马汝"其义未详。下文"南山□□□"语义亦未知。但是也许我们应当注意"席"与"几"的密切关系，由这一思路认识"樏"在与"席"相联系的服用器物中的作用。[7]

---

1 《黄侃文集·说文笺识》，中华书局 2006 年 5 月版，第 169 页。

2 〔汉〕许慎撰，〔清〕段玉裁注：《说文解字注》，第 27 页。

3 〔清〕阮元校刻：《十三经注疏》，第 678 页。

4 《晋书》，第 2784 页。

5 〔宋〕李昉等撰：《太平御览》，第 3160 页。

6 〔汉〕刘向撰，赵善诒疏证：《说苑疏证》，第 119 页。

7 王子今：《蒋席·皮席·蒉席——长沙东牌楼简牍研读札记》，《简帛研究 2005》，广西师范大学出版社 2008 年 9 月版。

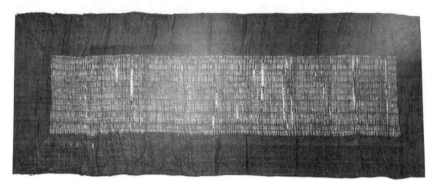

44-1　长沙马王堆一号汉墓出土莞席

44-2　阳关博物馆藏汉代婴儿棺包裹的草席

渠枕

1. 曹操高陵"渠枕"

曹操高陵出土石牌可见"渠枕一"文字。研究者对"渠枕"多有关注，发表了不同解说。通过了解与"渠国"相关的历史文化信息，并关注汉魏之际社会上层人物对于来自西域的物品往往深心爱重，以及曹操使用西来物质生活消费品等情形，可以推想此"渠枕"即来自"渠国"的玉料或次玉石料所制"枕"的可能。《水经注》载录西域"大盐方如巨枕"之说以及文献偶见"车渠枕""渠枕"文字，抑或有参考意义。从这一视角理解曹操高陵石牌文字"渠枕"，或许可以提示其丝绸之路史料的文化价值。

45-1　曹操高陵出土"渠枕"石牌

2. "渠枕"名实及其与"慰项石"的关系

曹操高陵出土标识"随葬品的名称和数量"的石牌六十六件。其中有刻铭文字"渠枕一"者（M2:298）。[1]"渠枕"的意义并不明朗。

有学者据"战国至汉代的枕"的"出土实物"分析，以为"渠枕就是

1　河南省文物考古研究院编著：《曹操高陵》，彩版八五 –4。

外部具有明显'渠形''沟状'特征的枕头"。又举河北定县北庄汉墓出土"枕面中间有明显凹槽"的玉枕[1]，判断"可以认为就是渠枕"。论者还以为满城刘胜墓、窦绾墓，以及大葆台汉墓出土玉枕，即有学者所谓"'U'形嵌玉铜枕"者[2]，"实际上也就是""渠枕"。[3]

对于"渠枕"所谓"渠"的理解，又有"渠，大"的说法。于是以为"所谓'渠枕一'，或为一只宽大舒适的日用枕头"。[4]

现在看来，对于"渠枕"名义，有必要进行认真的分析。

曹操高陵出土有"魏武王常所用慰项石"标识文字的文物，为警方追缴所得。[5]据介绍，是为"一只长24厘米、宽17厘米、高8厘米的青石枕"。"该枕原出于安阳高陵二号墓，中部有形如水渠的弧形凹道，背面刊镌'魏武王常所用慰项石'隶书九字。有论者以为，此枕即'渠枕一'所指者。对此，另有不同观点认为，'魏武王常所用慰项石'与'渠枕一'同出一墓，却在称呼上判然有别，恰好表明二者并非一物。慰项石简陋且坚硬，体积也相对窄小，绝难保证长夜好梦，应当是曹操用来治疗头痛病的专用器具。""这件慰项石的水渠状凹陷部位色泽黑亮滑腻，或经常接触后脑及脖项所致，于其背面铭刻的'常所用'字样意思吻合。"[6]李凭以为"慰项石并非渠枕"。[7]而发掘者认为："铭刻有'魏武王常所用慰项石'的石枕，应该就是该墓葬中所出的石牌（M2:296）所指的渠枕，该石枕正式名称应为'渠枕'。"[8]也有学者说："此'慰项石'应该就是石牌中的'渠枕一'。因为：此石枕两边高，中间低，看起来很像'渠'，故称'渠枕'。"[9]对

1　敖承隆：《河北定县北庄汉墓发掘报告》，《考古学报》1964 年 2 期。

2　赵赟：《试论汉代玉枕》，《文物世界》2009 年 6 期。

3　李恒光：《西高穴出土"慰项石"解》，《西南交通大学学报》（社会科学版）2020 年 1 期。

4　郑志刚：《汉魏大墓石牌文字研究》，南京大学博士论文（2019 年，导师：周晓陆），第 44 页。

5　河南省文物考古研究院编著：《曹操高陵》，第 166 页、第 168 页、彩版一二二。

6　郑志刚：《汉魏大墓石牌文字研究》，南京大学博士论文（2019 年，导师：周晓陆），第 45 页。

7　李凭：《鉴定曹操高陵的各项证据》，《史学月刊》2012 年 11 期。

8　黄建秋、潘伟斌：《"魏武王常所用慰项石"铭的渠枕研究》，河南省文物考古研究院编著：《曹操高陵》，第 317 页。

9　曹定云：《论"魏武王"铭刻在曹操墓中的地位和作用——曹操墓真伪问题讨论随想》，《中国社会科学报》2010 年 8 月 19 日 7 版；收入河南省文物考古研究所编：《曹操高陵考古发现与研究》，文物出版社 2010 年 11 月版。

45-2　曹操高陵被盗石枕正面

45-3　曹操高陵被盗石枕背面刻辞

于"慰项石"，据说"多数学者认为就是物疏中的渠枕"。也有学者认为："慰项石从性质上来讲，是用以'停息、止息'脖项的器物，它并不是真正意义上的渠枕，由于与渠枕形制相似、部分功能相同，而被作为替代品陪葬。"[1]

《释名·释形体》："项，确也，坚确受枕之处也。"[2]《说文·页部》："项，头后也。""顄，玉枕也。"段玉裁注："玉枕，各本作'项顄'。小徐作'项枕'。《广韵》作'项顄'。""一讹为'瑱顄'，再讹为'项顄'，皆非也。沈氏彤详考《内经甲乙经》，作《释骨》曰：'颠之后横起者，曰头横骨，曰枕骨。其两旁尤起者，曰玉枕骨。玉枕骨即偃卧箸枕之处。'"[3]如此则"渠枕"与"慰项石"有关，是很自然的联想。但是论证"渠枕"与"慰项石"两者确是一物，还需要认真的工作。据对"慰项石"实物进行的观察分析和 X 光衍射（XRD）检测，有学者指出："滑石和镍绿泥石是渠枕的主要矿物相，透闪石为少量矿物相，三种矿物的硬度分别为莫氏 1 度、3 度、5 度。推测此三种矿物组合为蛇纹石。""渠枕不是用取自安阳当地的石料制作。"[4]刻铭"魏武王常所用慰项石"的石质测定结果与更广阔区域地质学资料进行比照，或许是必要的。

3."渠枕""车渠枕""西国重宝"的可能

"渠枕"之"渠"，也许并非言"两边高，中间低"的"'渠形''沟状'特征"，亦并非言形制之"大"，而是其产地为"渠"的标识。

产品标识产地的情形，在汉代名物习惯中可以看到多例。如"宛珠""鲁缟""齐纨""蜀锦""襄絮""彭城系絮""穰橙邓橘""济南剑""河

1　李恒光：《西高穴出土"慰项石"解》，《西南交通大学学报》（社会科学版）2020 年 1 期。

2　任继昉纂：《释名汇校》，第 106 页。

3　〔汉〕许慎撰，〔清〕段玉裁注：《说文解字注》，第 417 页。

4　黄建秋、潘伟斌：《"魏武王常所用慰项石"铭的渠枕研究》，河南省文物考古研究院编著：《曹操高陵》，第 317 页。

内苇笥""筰马"等，往往成为地方品牌。[1]

"渠枕"或许可以理解为以"渠"定名地方所出产的名贵的"枕"。

《水经注》卷二《河水》说到"蒲昌海""盐泽"："龙城，故姜赖之虚，胡之大国也。蒲昌海溢，荡覆其国。城基尚存而至大。""洽其崖岸，余溜风吹，稍成龙形，西面向海，因名龙城。地广千里，皆为盐而刚坚也。行人所径，畜产皆布毡卧之。掘发其下，有大盐，方如巨枕，以次相累，类雾起云浮，寡见星日，少禽，多鬼怪。西接鄯善，东连三沙，为海之北隘矣。故蒲昌亦有'盐泽'之称也。"[2] 以所谓"方如巨枕"形容盐的结晶，可知当时社会生活中有使用"刚坚"之"枕"的习惯，而西北"胡之大国"或许有类似出产。

西域有以矿物材料"车渠"制作日常用物，又传入中原，介入上层社会物质生活的情形。《艺文类聚》卷七三引魏陈王《车渠椀赋》："惟斯椀之所生，于凉风之峻湄。采金光以定色，拟朝阳而发辉。丰玄素之曈晔，带朱荣之葳蕤。缊丝纶以肆采，藻繁布以相追。翩飘飘而浮景，若惊鹄之双飞。隐神璞于西野，弥百叶而莫希。于时乃有明笃神后，广彼仁声。夷慕义而重使，献兹宝于斯庭。命公输使制匠，穷而丽之殊形。华色灿烂，文若点成。郁翁云蒸，蜿蜒龙征。光如激电，影若浮星。何神怪之巨伟，信一览而九敬。虽离朱之聪目，由炫耀而失精。何明丽之可悦，超群宝而特章。俟君子之闲宴，酌甘醴于斯觞。既娱情而可贵，故求御而不忘。"其"超群宝而特章"的品质，使得"君子"喜好。所谓"夷慕义而重使，献兹宝于斯庭"，说来自于"夷"。所谓"命公输使制匠"，似言由内地工匠制器。《艺文类聚》卷七三又引魏应场《车渠椀赋》曰："惟兹椀之珍玮，诞灵岳而奇生。扇不周之芳烈，浸琼露以润形。荫碧条以纳曜，嚼朝霞而

1　王子今：《河西简文所见汉代纺织品的地方品牌》，《简帛》第17辑（上海古籍出版社2018年11月）；《宛珠・齐纨・穰橙邓橘：战国秦汉商品地方品牌的经济史考察》，《中国经济史研究》2019年3期；《试说居延简文"鲁絮""襄絮""堵絮""彭城糸絮"：汉代衣装史与纺织品消费史的考察》，〔韩国〕《东西人文》第12号，庆北大学校人文学术院2019年10月30日；《"鲁缟""蜀布"：〈史记〉所见纺织业地方品牌》，《月读》2020年10期。
2　〔北魏〕郦道元著，陈桥驿校证：《水经注校证》，第40页。

发荣。纷玄黄以彤裔，晔豹变而龙华。象蜿虹之辅体，中含曜乎云波。若其众色鳞聚，卓度诡常。絪缊杂错，乍圆乍方。蔚术繁兴，散列成章。杨丹流缥，碧玉飞黄。华气承朗，内外齐光。"形容其色泽华美。所谓"不周""灵岳""奇生"，指出来自西北。所谓"象蜿虹之辅体"，使我们联想到上文对于"慰项石""蛇纹"的形容。《艺文类聚》卷七三又引魏徐幹《车渠椀赋》曰："阛德应规，巽从易安。大小得宜，客如可观。盛彼清醴，承以琱盘。因欢接口，媚于君颜。"[1]也说制为饮器，得"媚"于"君"。《艺文类聚》卷八四引魏文帝《车渠椀赋》曰："车渠玉属也，多纤理缛文。生于西国，其俗宝之。惟二仪之普育，何万物之殊形。料珍怪之上美，无兹椀之独灵。苞华文之光丽，发符采而扬荣。理交错以连属，似将离而复并。或若朝云浮高山，忽似飞鸟厉苍天。夫其方者如矩，圆者如规。稠希不谬，洪纤有宜。"又引魏王粲《车渠椀赋》曰："侍君子之宴坐，览车渠之妙珍。挺英才于山岳，含阴阳之淑真。飞轻缥与浮白，若惊风之飘云。光清朗以内曜，泽温润而外津。体贞刚而不挠，理修达而有文。兼五德之上美，起众宝而绝伦。"末句"起"字下，汪绍楹校注："《御览》作'超'。"[3]所谓"上美""独灵""妙珍"，"超群宝而特章"，"超众宝而绝伦"，似说明"车渠椀"受到特别的爱重。

谢朓《金谷聚》诗有"渠盌送佳人，玉杯要上客"句。吴兆宜注："一作'璩椀'。"又引崔豹《古今注》："魏武帝以车璩为酒椀。"[4]陆倕《蠡杯铭》："用迈羽杯，珍逾渠椀。"[5]"渠椀"或作"渠盌"。[6]萧统《将进酒》：

1 〔唐〕欧阳询撰，汪绍楹校：《艺文类聚》，第1262页。
2 原文作"魏王《车渠椀赋》"。汪绍楹校注："《太平御览》八百零八'王'下有'粲'字。"〔唐〕欧阳询撰，汪绍楹校：《艺文类聚》，第1442页。费振刚、胡双宝、宗明华辑校《全汉赋》在"王粲"名下收入此《车渠椀赋》，校记："本篇以《艺文类聚》卷八四所录为底本，校补以《太平御览》卷八〇八及汉魏六朝百三家集《王侍中集》等。"北京大学出版社1993年4月版，第675页。《景印文渊阁四库全书》本《艺文类聚》即作"王粲《车渠椀赋》"，第888册第706页。
3 〔唐〕欧阳询撰，汪绍楹校：《艺文类聚》，第1442页。
4 〔南朝陈〕徐陵编，〔清〕吴兆宜注、程琰删补，穆克宏点校：《玉台新咏笺注》卷一〇，中华书局1985年6月版，第488页。
5 〔明〕梅鼎祚编：《梁文纪》卷一一，《景印文渊阁四库全书》，第1399册第504页。
6 《留青日札》卷二五"酒器"条："蠡杯，梁陆倕铭：'用迈羽杯，珍逾渠盌。'"〔明〕田艺蘅撰，朱碧莲点校：《留青日札》，上海古籍出版社1992年11月版，第468页。

"洛阳轻薄子，长安游侠儿。宜城溢渠椀，中山浮羽卮。"[1] 所谓 "渠椀" "璩椀" "渠盌" 应是酒器。杜甫《茅堂检校收稻二首》之二："稻米炊能白，秋葵煮复新。谁云滑易饱，老藉软俱匀。种幸房州熟，苗同伊阙新。无劳映渠盌，自有色如银。"[2] 有杜诗注家解说，"渠盌" 就是 "车渠盌" "车渠椀"。《杜诗镜铨》《杜工部草堂诗笺》《九家集注杜诗》《补注杜诗》《分门集注杜工部诗》《集千家注杜诗》《读杜心解》《杜诗详注》等注文均引 "魏文帝《车渠盌赋》"，或写作《车渠椀赋》。[3]《杜诗阐》卷二八："玉粒何如，炊能白矣。与稻同白者，又有秋葵。秋葵虽滑，谁曰易饱，亦藉玉粒软匀，宜于老人耳。此玉粒之种，自房州来者，非如伊阙为我故乡幸也。房州之种，无异伊阙，莫白于车渠盌。凡物未白者，获借映于渠盌。玉粒之色已自如银，渠盌之映，真不必也。"[4]

《三国志》卷三〇《魏书·乌丸鲜卑东夷传》裴松之注引《魏略·西戎传》说 "大秦" 物产，有 "车渠"。[5]《魏书》卷一〇二《西域传·波斯》说其地出 "车渠"。[6]《艺文类聚》卷八四可见如下引文："《广雅》曰：'车渠，石次玉也。'《广志曰》：'车渠出大秦国及西域诸国。'《玄中记》曰：'车渠出天竺国。'苏子曰：'车渠马瑙，出于荒外。今冀州之土，曾未得其奇也。'"[7] 可知 "车渠" 是西域地方次于 "玉" 的矿产，其制品之声誉已经

1 〔南朝梁〕萧统撰，俞绍初校注：《昭明太子集校注》卷一《古乐府》，中州古籍出版社 2001 年 7 月版，第 56 页。

2 〔唐〕杜甫著，〔清〕钱谦益笺注：《钱注杜诗》，第 492 页。

3 〔唐〕杜甫撰，〔清〕杨伦笺注：《杜诗镜铨》，上海古籍出版社 1981 年 3 月版，第 863 页；〔唐〕杜甫撰，〔宋〕蔡梦弼笺：《杜工部草堂诗笺》，《古逸丛书》覆宋麻沙本，《续修四库全书》，第 1307 册第 230 页；〔唐〕杜甫撰，〔宋〕郭知达注，陈广忠校点：《九家集注杜诗》，安徽大学出版社 2020 年 4 月版，第 1445 页；〔唐〕杜甫撰，〔宋〕黄鹤补注：《补注杜诗》，《景印文渊阁四库全书》，第 1069 册第 594 页；〔唐〕杜甫撰，〔宋〕王洙注：《分门集注杜工部诗》，《续修四库全书》，第 1306 册第 366 页；〔唐〕杜甫撰，〔元〕高楚芳注：《集千家注杜诗》，《景印文渊阁四库全书》，第 1069 册第 594 页；〔清〕浦起龙著：《读杜心解》，中华书局 1961 年 10 月版，第 555 页；〔唐〕杜甫撰，〔清〕仇兆鳌注：《杜诗详注》，第 1774 页。

4 〔唐〕杜甫撰，〔清〕卢元昌注：《杜诗阐》，清康熙二十一年刻本，《续修四库全书》，第 1308 册第 670 页。

5 《三国志》，第 861 页。

6 《魏书》，第 2270 页。又见《北史》卷九七《西域传·波斯》，第 3222 页。

7 〔唐〕欧阳询撰，汪绍楹校：《艺文类聚》，第 1442 页。

远达"冀州"。宋人《证类本草》卷五"青琅玕"条注："车渠、马瑙，并玉石类，是西国重宝。佛经云：上宝者谓金银、瑠璃、车渠、马瑙、玻瓈、真珠是也。"[1] 释慧琳撰《一切经音义》卷二五《大般涅槃经音义》卷上"七宝"："一金、二银、三瑠璃、四颇黎、五车渠、六赤真珠、七玛瑙也。"[2]《事类备要》外集卷六三《财用门》："车渠，西国重宝。"[3] 都强调"车渠"是产于"西国"的"重宝"。《大唐西域记》卷八《摩揭陁国上》"南门外遗迹"有"四天王奉钵处"："时四天王从四方来，各持金钵，而以奉上。世尊默然而不纳受，以为出家不宜此器。四天王舍金钵，奉银钵，乃至颇胝、琉璃、马脑、车渠、真珠等钵，世尊如是皆不为受。四天王各还宫，奉持石钵，绀青映彻，重以进献。世尊断彼此故，而总受之。"季羡林等注释："车渠：梵文 musāragalva 又作牟沙罗揭婆、牟沙洛，系玛瑙一类的宝石。"[4]所谓"车渠""钵"，或许类同"车渠椀""车渠盌"。但是"车渠，石次玉"不仅仅用以制作饮食具，还可以成为多种器用的原料。李白《金银泥画西方净土变相赞并序》："车渠瑠璃，为楼殿之饰；颇黎码碯，耀阶砌之荣。"[5]甚至说可以作为建材使用。

我们注意到，后世文献曾经出现"车渠枕""渠枕"文字。如《广群芳谱》卷三《梁简文帝三日侍宴林光殿曲水诗》描写宫苑"林光""丽景"，"美色""繁华"："芳年多美色，丽景复妍遥。握兰惟是旦，采艾亦今朝。回沙溜碧水，曲岫散桃夭。绮花非一种，风丝乱百条。云起相思观，日照飞虹桥。繁华炫姝色，燕赵艳妍妖。金鞍汗血马，宝髻珊瑚翘。兰馨起縠袖，莲锦束琼腰。相看隐绿树，见人还自娇。玉桂鸣罗荐，渠枕泛回潮。洛滨非拾羽，满握讵贻椒。"[6] 此"渠枕"，从与"宴"相关的环境背景分析，有可能是"渠椀"误写。《艺文类聚》卷四《三月三日》载录《梁简文帝三

1　〔宋〕唐慎微撰，尚志钧等校点：《重修政和经史证类备用本草》，华夏出版社 1993 年 5 月版，第 134 页。
2　〔唐〕释慧琳撰：《一切经音义》，上海古籍出版社 1986 年 10 月版，第 957 页。
3　〔宋〕谢维新编：《事类备要》，《景印文渊阁四库全书》，第 941 册第 763 页。
4　〔唐〕玄奘、辩机著，季羡林等校注：《大唐西域记校注》，中华书局 1985 年 2 月版，第 688 页。
5　〔清〕王琦注：《李太白集》卷二八，中华书局 1977 年 9 月版，第 1324 页。
6　〔清〕汪灏等编：《佩文斋广群芳谱》，《景印文渊阁四库全书》，第 845 册第 304—305 页。

日侍宴林光殿曲水诗》未见此诗句，下篇《三日率尔成诗》可见所引内容，然而"玉桂鸣罗荐，渠枕泛回潮"句作"玉桂鸣罗荐，渠椀泛回潮"，是明确写为"渠椀"的。[1] 又《佩文韵府》卷一一下《十一真·珍》"妙珍"条："王粲《车渠枕赋》：'侍君子之晏坐，览车渠之妙珍。'"[2] 将上文说到的王粲《车渠椀赋》误写作《车渠枕赋》。此"车渠枕"与我们讨论的"渠枕"名号接近，而所谓"渠枕泛回潮"的"渠枕"与曹操高陵石牌文字"渠枕"完全相同。可惜这只是文字讹误现象。

不过，这种"渠椀"写作"渠枕"，"车渠椀"写作"车渠枕"的情形并非个案。其致误原因，或许与人们意识中某种历史文化现象的模糊存留有关。也就是说，不排除涉及"渠枕""车渠枕"的历史记忆仍有片断遗存的可能。

4. "渠国" 宝物

中原人记述远国外夷名号多有出现"渠"字者。史籍可见《战国策》《后汉书》"义渠国"[3]、《隋书》"沮渠国"[4]、《隋书》《北史》"车渠国"[5] 等。又《拾遗记》卷四"秦始皇"条有"宛渠国"。[6]《通典》卷一九三《边防

1 〔唐〕欧阳询撰，汪绍楹校：《艺文类聚》，第 67 页。清文渊阁四库全书本《艺文类聚》作"碔椀"，《景印文渊阁四库全书》，第 887 册第 205 页。

2 〔清〕张玉书等编：《佩文韵府》，上海书店据商务印书馆《万有文库》本 1983 年 6 月影印版，第 454 页。

3 《战国策·秦策二》言"义渠君"及"获君之国""事君之国"，高诱注言及"义渠国"，称"义渠，西戎之国名也"。〔西汉〕刘向集录：《战国策》，第 144—145 页。《后汉书》卷八七《西羌传》，第 2874 页。《急就篇》卷二"宪义渠"，颜师古注："义渠，国名也。"管振邦译注，宙浩审校：《颜注急就篇译释》，第 82 页。

4 《隋书》卷三三《经籍志二》"史志"，第 963 页。

5 《隋书》卷八二《南蛮传》"真腊"，第 1835 页；《北史》卷九五《蛮传》"真腊"，第 3162 页。

6 《拾遗记》卷四，明《汉魏丛书》本，第 19 页。中华书局点校本《拾遗记》卷四"秦始皇"条："始皇好神仙之事，有宛渠之民，乘螺舟而至。"注：《稗海》本'渠'下有'国'字。"〔晋〕王嘉撰，〔梁〕萧绮录，齐治平校注：《拾遗记》，中华书局 1981 年 6 月版，第 101 页。

九》有"轩渠国"。¹《太平御览》卷九八三引《汉武故事》有"兜渠国"。²

《初学记》卷二五引王子年《拾遗记》："穆王时，沮渠国贡火齐镜，人语则镜中响应。"³《白孔六帖》卷四引王子年《拾遗记》："穆王时，渠国贡火齐镜，人语则镜响应。"⁴同样的史迹，前者言"沮渠国"，后者直接写作"渠国"。《太平御览》卷七一七引《拾遗录》："周穆王时，渠国贡火齐镜，广三尺六寸，闇中视物如昼。人向镜语，镜中则响应之也。"⁵也作"渠国"。

汉代有物产明确标识出产地名的情形，如"宛珠""鲁缟""齐纨""蜀锦""襄絮""彭城糸絮""穰橙邓橘""济南剑""河内莩筲""筰马"等，其中"筰马"来自边地少数民族地区。《史记》卷一一六《西南夷列传》与《史记》卷一二九《货殖列传》均"筰马"或"笮马"与"僰僮"并说。⁶《汉书》卷九五《西南夷传》作"莋马、僰僮"。⁷解释《史记》卷一一六《西南夷列传》"僰僮"时，司马贞《索隐》："服虔云：'旧京师有僰婢。'"⁸"僰婢"是来自"僰"的女性奴隶。"僰僮""僰婢"与"马""牛"同样，在当时社会意识中，是被看作商品的。《货殖列传》中"僮手指千"与"马蹄躈千，牛千足，羊彘千双"并说，可知"僮"与"马""牛""羊"及其他多种商品形成同等的关系。⁹而《史记》卷一一六《西南夷列传》"筰马、僰僮"句下，张守节《正义》："今益州南戎州北临大江，古僰国。"¹⁰《元和郡县图志》卷三一《剑南道上》"戎州"条写道："《禹贡》梁州之域。

1〔唐〕杜预撰：《通典》，中华书局据原商务印书馆万有文库十通本1984年2月影印版，第1041页。
2《太平御览》卷九八三引《汉武故事》曰："西王母当降，上烧兜末香。兜末香，兜渠国所献。如大豆，涂门，香闻百里。关中常大疾疫，死者因生。"〔宋〕李昉等撰：《太平御览》，第4353—4354页。
3〔唐〕徐坚等著：《初学记》，第608页。
4〔唐〕白居易撰：《白氏六帖事类集》，民国景宋本，第132页。上海古籍出版社"四库类书丛刊"本作"沮渠国"。〔唐〕白居易原本，〔宋〕孔传续撰：《白孔六帖》，上海古籍出版社"四库类书丛刊"1992年5月版，第218页。
5〔宋〕李昉等撰：《太平御览》，第3178页。
6《史记》，第2993页、第3261页。
7《汉书》，第3838页。
8《史记》，第2993页。
9《史记》，第3274页。
10《史记》，第2993页。

古楘国也。"[1]《舆地纪胜》卷一六三《潼川府路》"叙州"条也有同样的说法。[2]《明一统志》卷八七《丽江军民府》"通安州"条:"古笮国地名。"[3] 由"笮马"出自"笮国","楘僮""楘婢"出自"楘国"的语言遗存,可以推知"渠枕"出自"渠国"的表述方式是合理的。

5. 曹操"渠枕"的丝路史料意义

曹操使用来自"西国"的"渠枕",结合当时上层社会习用西来物品的风气以及"魏武王常所用"者包括西域珍品,可知是合理的。《古今注》卷下《杂注》:"魏武帝以玛瑙石为马勒,以车渠石为酒杯。"[4]《中华古今注》卷上"魏武帝马勒酒椀"条:"魏武帝以玛瑙为马勒,车渠石为酒椀。"[5] 体现曹操乐于以西域物产为用物,其中包括"车渠石"制品。

据晋人著作《拾遗记》保留的传说,远国"所献""珍宝"中是有"枕"的。魏元帝咸熙二年(265)时藏于"宝库"中的"玉虎头枕",引发了神异故事。[6] 这一文化信息,也可以为我们考察曹操高陵"渠枕"由来提供参考。

曹操休息时"常所用"的"渠枕",其实也可以看作有助于研究丝绸之路史的文物资料。[7]

---

1 〔唐〕李吉甫撰,贺次君点校:《元和郡县图志》,中华书局 1983 年 6 月版,第 790 页。

2 〔宋〕王象之编著,赵一生点校:《舆地纪胜》,浙江古籍出版社 2012 年 12 月版,第 3486 页。

3 〔明〕李贤撰:《明一统志》,《景印文渊阁四库全书》,第 473 册第 836 页。

4 〔晋〕崔豹撰,焦杰校点:《古今注》,辽宁教育出版社 1998 年 3 月版,第 16 页。

5 〔五代〕马缟撰,李成甲校点:《中华古今注》,辽宁教育出版社 1998 年 3 月版,第 5 页。

6 《拾遗记》卷七《魏》:"咸熙二年,宫中夜有异兽,白色光洁,绕宫而行。阍宦见之,以闻于帝。帝曰:'宫闱幽密,若有异兽,皆非祥也。'使宦者伺之,果见一白虎子,遍房而走。候者以戈投之,即中左目。比往取视,惟见血在地,不复见虎。搜检宫内及诸池井,不见有物。次检宝库中,得一玉虎头枕,眼有伤,血痕尚湿。帝该古博闻,云:'汉诛梁冀,得一玉虎头枕,云单池国所献。'"〔晋〕王嘉撰,〔梁〕萧绮录,齐治平校注:《拾遗记》,第 169 页。《格致镜原》卷三二《珍宝类一·玉》"玉器物"条引《拾遗记》:"汉诛梁冀,得一玉虎枕头,云单池国所献。"同书卷五四《居处器物类二·枕》"宝枕"条引《拾遗记》:"汉诛梁冀,得一玉虎头枕,云单池国所献。"〔清〕陈元龙:《格致镜原》,《景印文渊阁四库全书》,第 1031 册第 482 页、第 1032 册第 101 页。据《明史》卷四二《地理志三·陕西》,"鄜州"有"单池水"。中华书局 1974 年 4 月版,第 1002 页。

7 王子今:《曹操高陵"渠枕"考》,《文物》2021 年 10 期。

胶・胶鞋

1. 额济纳汉简"胶二鞁重十三两"简例

额济纳出土汉简可见内容涉及"胶"的简例。据魏坚
主编《额济纳汉简》提供的释文：

（1）第九隧胶二鞁重十三两（上端两侧有缺口）

（2000ES9SF3:23A）

少一钱少钱　　　　　　（2000ES9SF3:23B）[1]

正如整理者所特别说明的，木简上端两侧刻有缺口，似用以
系绳。此情形正如骈宇骞总结"楬之系联"时所指出的形式
之一："契口系绳，如《居延汉简甲乙编》甲 1335 所见，楬
之上端两侧刻三角形契口。绳索绕圈系于契口处，另延伸出
之绳索达 7 厘米以上。"[2]

46-1　额济纳汉简
简文所见"胶鞁"

2. 涉及"胶"的"楬"

若干种简牍学论著都曾经说到"楬"。[3]《周礼·天官冢宰》："职币掌式
法以敛官府都鄙，与凡用邦财者之币，振掌事者之余财，皆辨其物而奠其
录，以书楬之，以诏上之小用赐予。""典妇功掌妇式之法，以授嫔妇，及

1　魏坚主编：《额济纳汉简》，广西师范大学出版社 2005 年 3 月版，第 227 页。

2　骈宇骞：《简帛文献概述》，万卷楼图书股份有限公司 2005 年 4 月版，第 77 页。

3　林剑鸣编译：《简牍概述》，陕西人民出版社 1984 年 9 月版，第 45—46 页；郑有国编著：《中国简牍学综论》，华东师范大学出版社 1989 年 9 月版，第 32 页；〔日〕大庭脩编著：《木简——古代からのメッセージ》，大修館書店 1998 年 2 月版，第 40—42 页。

内人女功之事赍，凡授嫔妇功，及秋献功，辨其苦良，比其小大而贾之，物书而楬之，以共王及后之用，颁之于内府。""典丝掌丝入而辨其物，以其贾楬之，掌其藏与其出，以待兴功之时，颁丝于外内工，皆以物授之。凡上之赐予亦如之。及献功则受良功而藏之，辨其物而书其数，以待有司之政令，上之赐予。""典枲掌布缌缕纻之麻草之物，以待时颁功而授赍，及献功受苦功，以其贾楬而藏之，以待时颁，颁衣服授之。赐予亦如之。"《地官司徒》："泉府掌以市之征布，敛市之不售，货之滞于民用者，以其贾买之物楬而书之，以待不时而买者。"《秋官司寇》："职金掌凡金玉锡石丹青之戒令，受其入征者，辨其物之媺恶，与其数量，楬而玺之，入其金锡于为兵器之府，入其玉石丹青于守藏之府。""司厉掌盗贼之任器货贿，辨其物，皆有数量，贾而楬之，入于司兵。"[1]《周礼》所见"楬"的作用是明确的，即储备物品价位、质量、数目的必要标识。

我们现在讨论的这枚简正是"楬"。其文字说到"胶"的储用情形及计量单位，如所谓"胶二靬"，告诉了我们有关汉代器用的新的知识，因此值得重视。

3. 汉简资料有关"胶"的信息

汉简资料中有关"胶"的内容，可见：

（2）出钱千三百卅　买胶廿三斤

　　　　□□两大□□　其十□五□五尉史☑

　　　　□□□□　九斤八两斤六十☑　　　　　　　　　（229.8）

（3）漆一斤□胶一斤醇酒财足以消胶＝消内漆挠取沸　　（265.41）

（4）出钱六十七　　八月丁巳付尉史寿＝以买胶三斤　　（267.12）

（5）汲桐二直卅　　　　　檗弩绳卅二丈直五十　　　胶二斤十五

---

1 〔清〕阮元校刻：《十三经注疏》，第682—683页、第690页、第691页、第738页、第881页、第882页。

　　　　臬长弦四直百　　　　　　　绳廿丈廿　　　　　　　扬弩绳一直十

　　　　桐绳二囷折橐二直百五十　　服二直廿　　　　　　　楯革一直十

　　　　　　　　　　　　　　　　　　　　　　　　　　　（326.6A）

　　　上火革二直十

　　　●凡直四百廿四交钱二百册　　●凡六百六十

　　　　少八十　　　　　二石弩　　　　　　　　（326.6B）

（6）□□□　五石具弩一故伤一渊一胶

　　　　　　　四石具弩一故小伤一渊　　　　（E.P.S4.T1:7）[1]

（2）（4）都说到"买胶"。一两胶的单价，（2）57.83 钱，（4）则 22.33 钱，高低如此悬殊，或许因为时代不同以致供求关系有所变化，或许因为胶的质量有别。（3）言及以"醇酒""消胶"事。由（5）所见胶与弩、楯等兵器并说，应当也属于守备器具。

4."胶"在军事生活中的应用

　　《孙子兵法·作战》："千里馈粮，则内外之费，宾客之用，胶漆之材，车甲之奉，日费千金，然后十万之师举矣。"杜牧注："车甲器械完缉修缮，言'胶漆'者，举其微细。"王晳注："'胶漆''车甲'，举细与大也。"张预注："'胶漆'者，修饰器械之物也。"[2] 可见"胶"在军事生活中的作用。

　　睡虎地秦简有整理者定名《秦律十八种》的内容[3]，其中的《司空律》涉及"脂""胶"：

1　谢桂华、李均明、朱国炤：《居延汉简释文合校》，第 372 页、第 444 页、第 448 页、第 518 页。甘肃省文物考古研究所等编：《居延新简：甲渠候官与第四燧》，第 551 页。

2　杨丙安校理：《十一家注孙子校理》，中华书局 1999 年 3 月版，第 30 页。

3　已有学者提出《秦律十八种》中可析出《兴律》，则应改题《秦律十九种》。王伟：《〈秦律十八种·徭律〉应析出一条〈兴律〉说》，《文物》2005 年 10 期。

（7）官长及吏以公车牛禀其月食及公牛乘马之禀可殹官有金钱者自为

买脂胶毋金钱者乃月为言脂胶期 （128）

蹂为铁攻以攻公大车　　司空 （129）

（8）一脂攻閒大车一两用胶一两脂二锤攻閒其扁解以数分胶以之为车

不劳称议脂之　司空 （130）

整理小组释文：

（9）官长及吏以公车牛禀其月食及公牛乘马之禀，可殹（也）。官有金

钱者自为买脂、胶，毋（无）金钱者乃月为言脂、胶，期（128）

蹂。为铁攻（工），以攻公大车。　司空 （129）

（10）一脂、攻閒大车一两（辆），用胶一两、脂二锤。攻閒其扁解，

以数分胶以之。为车不劳称议脂之。　司空 （130）

整理小组注释："脂，指车辆润滑用的油脂。胶，黏接车辆木制部件用的胶，古时制车多用胶黏接。""铁工，当指铁工作坊。"今按，《周礼·考工记·轮人》："容毂必直，陈篆必正，施胶必厚，施筋必数，帱必负干。"[1] 所谓"施胶必厚"，正是制车用胶的证明。整理小组译文："官长和吏可以用官有牛车领取自己每月的口粮和官有驾车牛马的饲料。有钱财的官府应自为车辆购买脂、胶，没有钱财的可每月报领脂、胶，以足用为度。要设立铁工作坊，来修缮官有的大车。""每加油和修缮一辆大车，用胶一两、脂三分之二两。修理车辆开胶，按开胶的多少分胶使用。如车运行不快，可酌量加油。"[2]

居延汉简可见车辆"折伤"的记录，如"永光四年十月尽五年九月戍卒折伤牛车出入簿"（E.P.T52:394），"●甘露元年十一月所假都尉库折伤承车轴刺"（E.P.T65:459），"其七两折伤□□可缮六两完"（E.P.T56:135），"其六十五两折伤卅二两完"（582.16），"掖甲渠正月尽三月四时出折伤牛

1　〔清〕阮元校刻：《十三经注疏》，第908页。

2　睡虎地秦墓竹简整理小组：《睡虎地秦墓竹简》，释文注释第50页。

车二两吏失亡以□□□"（甲附30）等。[1]敦煌悬泉汉简《传车詹（毡）甃
簿》："……□敦煌……故完，可用。……乘，敝，可用。第四传车一乘，
敝，可用。第五传车一乘，甃完，轮辕敝尽，会楅（辐）四折伤，不可
用。……第六传车一乘，甃左轴折，轮辕敝尽不可用……詹（毡）甃一，左
轴折。詹（毡）甃一，左轴折。詹（毡）甃一，左轴折。阳朔二年闰月壬
申朔癸未，县（悬）泉置啬夫尊敢言之，谨移传车詹（毡）甃薄（簿）一
编，敢言之。"（Ⅰ0208（2）:1–10）[2]说到较具体的车辆"折伤"情形。"其
六十五两折伤卅二两完"，折伤率高达67.01%。[3]"折伤"数量如此之多，
必须"为铁攻（工），以攻公大车"即"要设立铁工作坊，来修缮官有的大
车"方可以完成维修任务。这种集中维修，不是（1）"第九隧"可以承担
的。当然，也不能完全排除"隧"需随时对所使用车辆"加油和修缮"的
可能。额济纳汉简所见关于"脂"的简文：

（11）　　第十四隧

脂二斤　　　　　　　　　　　　　　　　（2000ES14SF2:4）[4]

居延汉简可以看到"买脂"或"脂钱"的文字，如133.10，237.46，
E.P.T40:163，E.P.T43:263，E.P.T51:381，E.P.T52:21等。[5]"脂"除了作为食
品和护肤化妆品外，也作为军备物资。如127.22言"第十六隧"事，"毋脂"
与"夆一不任事，□关折"，"大积薪二上□□，小积薪一上□□，□□皆破，
□阳□□随，狗笼皆破"等并说；285.18言"第廿七燧"事，"脂少一杯"与
"锯一不任事，斧一不任事，釜不任事，转栌皆毋桅，□六石具弩一□□□"
等并说。[6]《礼记·月令》说"季春之月"事："是月也，命工师令百工审五

1 甘肃省文物考古研究所等编：《居延新简：甲渠候官与第四燧》，第254—255页、第450页、
第317页。谢桂华、李均明、朱国炤：《居延汉简释文合校》，第666页、第672页。

2 胡平生、张德芳撰：《敦煌悬泉汉简释粹》，第85—87页。

3 参看王子今：《秦汉交通史稿》（增订版），第113页。

4 魏坚主编：《额济纳汉简》，第274页。

5 谢桂华、李均明、朱国炤：《居延汉简释文合校》，第222页、第391页。甘肃省文物考古研究
所等编：《居延新简：甲渠候官与第四燧》，第96页、第116页、第204页、第228页。

6 谢桂华、李均明、朱国炤：《居延汉简释文合校》，第209页、第481页。

库之量，金铁、皮革、筋角、齿羽、箭干、脂胶、丹漆，毋或不良。"[1] 郑玄注："工师，司空之属官也。五库，藏此诸物之舍也。量，谓物善恶之旧法也。干，器之木也。凡鞣干有当用脂。良，善也。"[2] 郑玄所谓"凡鞣干有当用脂"，我们在理解"脂"的作用时可以为参考。应当注意，此所谓"五库"之"库"，应取"库"之本义，即军备物资储存处所。《说文·广部》："库，兵、车藏也。"段玉裁注："此'库'之本义也。"[3]《礼记·曲礼下》："在库言库。"郑玄注："'库'，谓车马兵甲之处也。"[4] "库"藏兵、藏车，更重要的是藏兵。《墨子·七患》："库无备兵，虽有义不能征无义。"[5]

"第九隧"所有的"胶"的用途，更可能是用以维修兵器。《周礼·考工记·弓人》说："弓人为弓，取六材必以其时。[6] 六材既聚，巧者和之。[7] 干也者，以为远也。角也者，以为疾也。筋也者，以为深也。胶也者，以为和也。丝也者，以为固也。漆也者，以为受霜露也。"郑玄解释说："六材之力相得而足。"而其中一"材"，就是"以为和也"的"胶"。怎样选用"胶"呢？《考工记》又写道："凡相胶，欲朱色而昔。昔也者，深瑕而泽，紾而抟廉。[8] 鹿胶青白，马胶赤白，牛胶火赤，鼠胶黑，鱼胶饵，犀胶黄。[9] 凡昵之类不能方。""斮挚必中，胶之必均。[10] 斮挚不中，胶之不均，则及其大修也，角代之受病。夫怀胶于内而摩其角，夫角之所由挫，恒由此作。"又说到"鬻胶欲孰而水火相得，然则居旱亦不动，居湿亦不动"的技术要求。完好的成品是"九和之弓"："九和之弓，角与干权，筋三侔，胶三锊，

1 又《吕氏春秋·孟春纪》："是月也，命工师令百工审五库之量，金铁、皮革、筋角、齿羽、箭干、脂胶、丹漆，无或不良。"许维遹撰，梁运华整理：《吕氏春秋集释》，第63页。《淮南子·时则》："命五库令百工审金铁、皮革、筋角、箭干、脂胶、丹漆，无有不良。"何宁撰：《淮南子集释》，第393页。

2 〔清〕阮元校刻：《十三经注疏》，第1364页。

3 〔汉〕许慎撰，〔清〕段玉裁注：《说文解字注》，第443页。

4 〔清〕阮元校刻：《十三经注疏》，第1270页。

5 〔清〕孙诒让著，孙以楷点校：《墨子间诂》，第29页。

6 郑玄注："取干于冬，取角以秋，丝漆以夏，筋胶未闻。"

7 郑玄注："聚犹具也。"

8 郑玄注："抟，圜也。廉瑕，严利也。"

9 郑玄注："皆谓煮用其皮，或用角。饵，色如饵。"

10 郑玄注："挚之言致也。中，犹均也。"

丝三邸，漆三斛，上工以有余，下工以不足。"郑玄解释说："权，平也。倳，犹等也。角干既平，筋三而又与角干等也。铲，镊也。邸、斛，轻重未闻。"[1]《韩诗外传》卷八说到这样一个有关制作弓的工艺的故事："齐景公使人为弓，三年乃成。景公得弓，而射不穿三札。景公怒，将杀弓人。弓人之妻往见景公曰：'蔡人之子，弓人之妻也。此弓者，太山之南，乌号之柘，骍牛之角，荆麋之筋，河鱼之胶也。四物者，天下之练材也，不宜穿札之少如此。且妾闻，奚公之车不能独走，莫邪虽利不能独断，必有以动之。夫射之道在手若附枝，掌若握卵，四指如断短杖，右手发之，左手不知。此盖射之道。'景公以为仪而射之，穿七札。蔡人之夫立出矣。《诗》曰：'好是正直。'"[2]其中所谓"河鱼之胶"，"天下之练材"，也强调了"胶"于弓弩制作的意义。"胶"于制作弓弩极为重要，对维修弓弩的作用自然也可以想见。如（6）所谓"五石具弩一故伤一渊一胶"即是实例。[3]

5. 关于"鞓"

特别值得我们注意的，是（1）简文"第九隧胶二鞓重十三两"中"鞓"的涵义。

"胶二鞓"之"鞓"，在这里应是量词，而《玉篇·革部》："鞓，皮带鞓。鞊，同鞓。"[4]《字汇·革部》："鞊，皮带。"应是指皮带除去带扣的皮革部分。形式如"皮带"的"鞓"或"鞊"，怎样成为计数"胶"单位的

1 〔清〕阮元校刻：《十三经注疏》，第934—936页。

2 屈守元笺疏：《韩诗外传笺疏》，巴蜀书社1996年3月版，第734页。

3 《太平御览》卷七六六引《中洲记》："以凤喙及麟角合煎作胶，名曰'集弦胶'，一名'连金泥'。胶青色，如碧玉。汉武时西王母使献灵胶四两，帝不知其妙，以付库。帝幸上林苑射虎，而弩弦断，使从驾因取一分胶，口濡以集弦射虎。而帝使武士引挽，终不脱，胜未集时。"第3398页。"灵胶""续弦"虽是神话，但是也曲折反映了胶用以维修弓弩的作用。

4 〔唐〕李贺《酬答二首》之一："金鱼公子夹衫长，密装腰鞊割玉方。"王琦注："鞊，曾本、二姚本作'鞓'，同一字耳。"〔清〕王琦等注：《李贺诗歌集注》卷三，上海古籍出版社1977年10月版，第168页。曾本即曾益本，二姚本即姚文燮、姚佺本。吴正子《笺注评点李长吉歌诗》卷三："'鞊'音町，与'鞓'同，皮带也。"《景印文渊阁四库全书》，第1078册第517页。

量词？前引《考工记》说"胶三锊"。《说文·金部》："锊，十一铢二十五分之十三也。""《周礼》曰：'重三锊'，北方以二十两为锊。"[1]《周礼·考工记·冶氏》说到戈"重三锊"。郑玄注："郑司农曰：'锊，量名也。'玄谓许叔重《说文解字》云：'锊，锾也。'今东莱称或以大半两为钧，十钧为环，环重六两大半两。锾、锊似同矣，则三锊为一斤四两。"《小尔雅·广衡》："二十四铢曰两，两有半曰捷，倍捷曰举，倍举曰锊。锊谓之锾。"宋咸注："举三两，锾六两。"《尚书·吕刑》："其罚百锾。"孙星衍疏引马融曰："贾逵说：'俗儒以锊重六两。'《周官》剑重九锊，俗儒近是。"又引郑康成曰："锊，六两也。"戴震《辨〈尚书〉〈考工记〉锾锊二字》："锊读如刷，六两大半两。"[2]如果以"锾六两""环重六两大半两""锊……六两大半两"计，则可以说"胶二靪重十三两"的"靪"，重量与"锾""环""锊"相当接近。《考工记》"胶三锊"和额济纳汉简"胶二靪"，很可能在数量计算单位的使用方面有某种内在的联系。

古代文献所见"胶"的使用单位，有：斤[3]、两[4]、钱[5]、分[6]、寸[7]、片[8]、条[9]、丸[10]、方[11]、块[12]等，或以重量，或以形状。片、条、丸、方、块等，都说"胶"制作成较规范的形状。《齐民要术》卷九有"煮胶"条，说到"胶"的制作过程及成品形制：

---

1 〔汉〕许慎撰，〔清〕段玉裁注：《说文解字注》，第 708 页。

2 〔清〕孙诒让撰，王文锦、陈玉霞点校：《周礼正义》，第 3249—3251 页。

3 如〔唐〕孙思邈《备急千金方》卷二八，《景印文渊阁四库全书》，第 735 册第 302 页。

4 如《太平御览》卷三四八引《十洲记》，第 1605 页。

5 如〔明〕孙一奎《赤水元珠》卷六，《景印文渊阁四库全书》，第 766 册第 215 页。

6 如〔宋〕张君房《云笈七籤》卷七八，"鹿胶三分"，《景印文渊阁四库全书》，第 1060 册第 841 页。

7 如〔明〕徐谦《仁端录》卷一六，《景印文渊阁四库全书》，第 762 册第 890 页。

8 如〔晋〕葛洪《肘后备急方》卷五，"白胶一片"，《景印文渊阁四库全书》，第 734 册第 473 页。

9 如〔唐〕王焘《外台秘要方》卷二七，"牛胶一条"，《景印文渊阁四库全书》，第 737 册第 149 页。

10 如〔宋〕罗愿《新安志》卷一〇，"胶一丸"，《景印文渊阁四库全书》，第 485 册第 515 页。

11 如〔明〕朱橚《普济方》卷二一三，"阿胶一方"，《景印文渊阁四库全书》，第 754 册第 217 页。

12 如〔明〕朱橚《普济方》卷三八八，"胶一块"，《景印文渊阁四库全书》，第 760 册第 144 页。

煮胶法：煮胶要用二月、三月、九月、十月，余月则不成。热则不凝，无作饼。寒则冻瘃，令胶不粘。

沙牛皮、水牛皮、猪皮为上，驴、马、驼、骡皮为次。其胶势力，虽复相似，但驴、马皮薄毛多，胶少，倍费樵薪。破皮履、鞋底、格椎皮、靴底、破鞍、靮，但是生皮，无问年岁久远，不腐烂者，悉皆中煮。然新皮胶色明净而胜，其陈久者固宜，不如新者。其脂肕、盐熟之皮，则不中用。譬如生铁，一经柔熟，永无镕铸之理，无烂汁故也。唯欲旧釜大而不渝者。釜新则烧令皮底，釜小费薪火，釜渝令胶色黑。

法：于井边坑中，浸皮四五日，令极液。以水净洗濯，无令有泥。片割，著釜中，不湏削毛。削毛费功，于胶无益。凡水皆得煮，然咸苦之水，胶乃更胜。长作木匕，匕头施铁刃，时时彻底搅之，勿令著底。匕头不施铁刃，虽搅不彻底，不彻底则焦，焦则胶恶，是以尤须数数搅之。水少更添，常使滂沛。经宿晬时，勿令绝火。候皮烂熟，以匕沥汁，看末后一珠，微有黏势，胶便熟矣。为过伤火，令胶焦。取净干盆置灶埵上以漉米床加盆，布蓬草于床上，以大杓抯取胶汁，泻著蓬草上，滤去滓秽。抯时勿停火。淳熟汁尽，更添水煮之；搅如初法。熟复抯取。看皮垂尽，著釜燋黑，无复黏势，乃弃去之。

胶盆向满，舁着空静处屋中，仰头令凝。盖则气变成水，令胶解离。凌旦，合盆于席上，脱取凝胶。口湿细紧线以割之。其近盆底土恶之处，不中用者，割却少许。然后十字坼破之，又中断为段，较薄割为饼。唯极薄为佳，非直易干，又色似琥珀者好。坚厚者既难燥，又见黯黑，皆为胶恶也。近盆末下，名为"笨胶"，可以建车。近盆末上，即是"胶清"，可以杂用。最上胶皮如粥膜者，胶中之上，第一黏好。

先于庭中竖槌，施三重箔楠，令免狗鼠，于最下箔上，布置胶饼。其上两重，为作荫凉，并打霜露。胶饼乍凝，水汁未尽，见日即消，霜露沾濡，复难干燥。旦起至食时，卷去上箔，令胶见日。凌旦气寒，不畏消释。霜露之润，见日即干。食后还复舒箔为荫。雨则内敞屋之下，则不须重箔。四五日浥浥时，绳穿胶饼，悬而日曝。

极干，乃内屋内，悬纸笼之。以防青蝇壁土之污。夏中虽软相著，至八月秋凉时，日中曝之，还复坚好。[1]

"笨胶"和"胶清"的区别，或可作为上文说到的"胶"价悬殊的解说。最终成品即"胶饼"，其"唯极薄为佳"的形制特征，大概也是其量词用字"鞮"或"鞓"与"皮带"有关的原因之一。

简（1）"胶二鞮"的"鞮"，很可能也是制作成统一的形状，而并非盛装在某种容器中。其字从"革"，可能是因为"胶"是以"革"煮制的缘故。

特别值得注意的，是文献所见"胶"的使用，有"挺"这一量词。晋葛洪《肘后备急方》卷二"治时气病起诸劳复方第十四"题下可见："又方：黄连四两，芍药二两，黄芩一两，胶三小挺，水六升，煮取三升，分三服，亦可内乳子黄二枚。"[2]清徐彬注《金匮要略论注》卷一六："吐血不止者柏叶汤主之。注曰：此重'不止'二字。是诸寒凉止血药皆不应矣。吐血本由阳虚，不能导血归经，然血亡而阴亏，故以柏叶之最养阴者为君，艾叶走经为臣，而以干姜温胃为佐，马通导火使下为使。愚意无马通，童便亦得。按《本草》载此方，乃是柏叶一把，干姜三片，阿胶一挺，炙合煮入马通一升。未知孰是，候参。"[3]所谓"胶三小挺""阿胶一挺"的"挺"，与（1）"胶二鞮"的"鞮"之接近，是显而易见的。这一关系又得到文物数据的说明。承刘乐贤教授见告，马王堆汉墓出土帛书《五十二病方》一六八行有如下文字：

以水一斗煮葵种一斗，浚取其汁，以其汁煮胶一廷（挺）半，为汁一参，而☒　　　　　　　　　　　　　　一六八[4]

1 〔后魏〕贾思勰原著，缪启愉校释，缪桂龙参校：《齐民要术校释》，第550—552页。
2 〔晋〕葛洪《肘后备急方》卷二，《景印文渊阁四库全书》，第734册第403页。
3 〔清〕徐忠可著，邓明仲、张家礼点校：《金匮要略论注》，人民卫生出版社1993年8月版，第255页。
4 马王堆汉墓帛书整理小组编：《五十二病方》，第68—69页。

胶的量词是"廷",与额济纳汉简数据可以互证。整理者读作"梃",与前引"胶三小挺""阿胶一挺"的"挺",亦关系密切。宋人戴侗《六书故》卷四"铤"条下说:"五金锻为条朴者。伯曰:金曰'铤',木曰'梃',竹曰'筳',皆取其长。"[1]而因"革"煮制的胶则曰"鞓",是我们得到的新知识。由"皆取其长"的说法,我们也可以大略推知胶"鞓"的形制。

元人吾衍《闲居录》写道:"造朱黄定子,每朱一两,用金定胶二定,皂角子仁十粒。亦煎成膏,与胶调匀,然后和朱。此法甚简,若雌黄只用半两,则大小与朱定相同也。"[2]这里所谓"金定胶二定"的"定",也是"胶"的量词。"定"应即通常所见的"锭"。药锭、墨锭的使用方式是常见的。我们知道块状物量词"锭"字,原本是写作"铤"的。钱大昕《十驾斋养新录》卷一九有"锭"条,其中写道:"古人称金银曰'铤',今用'锭'字。"[3]"胶"的量词使用"定"字,也是后来的变化。而早期用字,可能正是简(1)"胶二鞓"的"鞓"。或许吾衍前后的人们也可以说:"古人称胶曰'鞓',今用'定'字。"[4]

1 〔宋〕戴侗:《六书故》,上海社会科学院出版社 2006 年 12 月,第 69 页。

2 〔元〕吾衍:《闲居录》,《景印文渊阁四库全书》,第 866 册第 643 页。

3 钱大昕又说:"铤"之原义,"俱与银铤义不协。元时行钞法,以一贯为'定',后移其名于银,又加'金'旁"。《嘉定钱大昕全集》,江苏古籍出版社 1997 年 12 月版,第 7 册第 518 页。

4 王子今:《额济纳汉简胶鞓考》,《南方文物》2007 年 1 期;《额济纳汉简胶鞓及相关问题》,《额济纳汉简释文校本》,文物出版社 2007 年 10 月版。

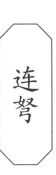

连弩

1. 秦始皇以"连弩"射巨鱼

秦兵器中有所谓"连弩"。

秦始皇本人有亲自使用这种"连弩"射海中"巨鱼"的经历。

《史记》卷六《秦始皇本纪》记载，秦始皇三十七年（前210）最后一次出巡，再次走到海上，"还过吴，从江乘渡。并海上，北至琅邪。方士徐市等入海求神药，数岁不得，费多，恐谴，乃诈曰：'蓬莱药可得，然常为大鲛鱼所苦，故不得至，愿请善射与俱，见则以连弩射之。'始皇梦与海神战，如人状。问占梦，博士曰：'水神不可见，以大鱼蛟龙为候。今上祷祠备谨，而有此恶神，当除去，而善神可致。'乃令入海者赍捕巨鱼具，而自以连弩候大鱼出射之。自琅邪北至荣成山，弗见。至之罘，见巨鱼，射杀一鱼"[1]。

徐市对秦始皇说："愿请善射与俱，见则以连弩射之。"可知这种先进兵器的威力，在当时社会已经为许多人所知晓。

李白《古风五十九首》之三评说秦始皇事迹："秦皇扫六合，虎视何雄哉。挥剑决浮云，诸侯尽西来。明断自天启，大略驾群才。收兵铸金人，函谷正东开。铭功会稽岭，骋望琅邪台。刑徒七十万，起土骊山隈。尚采不死药，茫然使心哀。连弩射海鱼，长鲸正崔嵬。额鼻象五岳，扬波喷云雷。鬐鬣蔽青天，何由睹蓬莱。徐市载秦女，楼船几时回？但见三泉下，金棺葬寒灰。"[2]其中"连弩射海鱼，长鲸正崔嵬"诗句，直接说到秦始皇以"连弩"射巨鱼故事。

1《史记》，第263页。
2〔清〕王琦注：《李太白全集》，中华书局1977年9月版，第92页。

2. 秦军"强弩在前"

秦始皇陵兵马俑坑多出弩机。发掘者和研究者指出，弩是储蓄弹力，伺机发矢的远射程复合武器，其实物在秦始皇陵兵马俑坑一号坑出土 158 件。[1] 据有的学者推算，这种"强弓劲弩"的张力至于 738 斤，射程总在831.6 米以上。[2] 这样的数据是否可靠还可以讨论，而秦弩有较强的力量和较远的射程，应当是没有疑问的。

《急就章》卷三："弓弩箭矢铠兜鍪。"颜师古注："弓之施臂而机发者曰弩。"[3] 可知"弩"之先进性主要体现于"机发"。《淮南子·原道》："其用之也若发机。"高诱注："机，弩机关。"[4]《史记》卷六《秦始皇本纪》所谓"机弩矢"和《水经注》卷一九《渭水》所谓"机弩"作为用于陵墓防盗的自动触发的弩机，是意义重大的发明。而实际上弩机在一般军事实践的运用，秦军久已有丰富的经验。以《战国策》为例，其中十处说到"弩"，特别对于韩人"弩"的制作和使用技术有甚高评价，如《韩策一·苏秦为楚合从说韩王》："天下之强弓劲弩，皆自韩出。""以韩卒之勇，被坚甲，跖劲弩，带利剑，一人当百，不足言也。"然而涉及秦军用"弩"的文字，出现密度最大。如《秦策二·径山之事》说苏代为齐献书穰侯曰："臣闻往来之者言曰：'秦且益赵甲四万人以伐齐。'……夫齐，罢国也，以天下击之，譬犹以千钧之弩溃痈也。"以"千钧之弩"比喻秦及其同盟军的攻击力。又《赵策一·赵收天下且以伐齐》载苏秦为齐上书说赵王曰："秦尽韩、魏之上党，则地与国都邦属而壤挈者七百里。秦以三军强弩坐羊唐之上，即地去邯郸二十里。且秦以三军攻王之上党而危其北，则句注之西，非王之有也。"其中说到秦国的"三军强弩"，似可理解为秦人制作的"强弩"作为基本装备可以武装全军。又《燕策二·秦召燕王》言秦对于魏的战争恫吓

---

1 陕西省考古研究所、始皇陵秦俑坑考古发掘队：《秦始皇陵兵马俑坑一号坑发掘报告（1974—1984）》，文物出版社 1988 年 10 月版，上册第 275—296 页。

2 参看王学理：《秦兵与秦卒——由秦俑谈起》，《西北大学学报》1978 年 1 期。

3 管振邦译注，宙浩审校：《颜注急就篇译释》，第 181 页。

4 何宁撰：《淮南子集释》，第 90 页。

成功奏效，所谓"强弩在前，铦戈在后"[1]，说明使用"强弩"的士兵组成了秦军野战主攻部队。

如果推测秦始皇亲自使用的"连弩"曾经应用于秦统一战争中"强弩在前"的军事实践，应当说是有一定根据的。

何者可以称作"强弩"？《资治通鉴》卷六"秦昭襄王五十二年"载孝成王、临武君语，说到"魏氏之武卒""操十二石之弩"。胡三省注："沈括曰：'钧石之石，五权之名，石重百二十斤。后人以一斛为一石，自汉时已如此，于定国饮酒一石不乱是也。挽强弓弩，古人以钧石率之。今人乃以秔米一斛之重为一石，凡石以九十二斤半为法，乃汉秤三百四十一斤也。今之武卒蹶弩有及九石者，计其力乃古二十五石，比魏之武卒，当二人有余……此皆近世教习所致。武备之盛，前古未有其比。'"[2]《七国考》卷一一《魏兵制》引用了沈括之说。接着又写道："又《淮南子》曰：'古之兵，弓剑而已矣。槽柔无击，修戟无刺。晚世之兵，隆冲以攻，渠幨以守，连弩以射，销车以斗。'许慎注：'连车弩通一弦，以牛挽之，以刃著左右，为机关发之，曰销车。'"缪文远订补："据陶方琦考订，《淮南·氾论篇》为高诱注，董氏谓许慎注，误。"[3]魏国"武卒"使用"强弩"的情形，可以帮助我们理解秦在东进并终于实现统一的战争中"强弩在前"的无敌威势。而《淮南子·氾论》所谓"晚世之兵""连弩以射"与"古之兵"的对比，可以理解为战国时期"连弩"或许已经使用。

《太平御览》卷二七一引《淮南子》曰"连弩以射"，原注解释"连弩"形制："连弓弩通一弦，以手挽之，以刃着左右，为机开发。"[4]

1　〔西汉〕刘向集录：《战国策》，第 930 页、第 164—165 页、第 608 页、第 1079 页。《史记》卷六九《苏秦列传》："秦正告魏曰：'我举安邑，塞女戟，韩氏太原卷。我下轵，道南阳，封冀，包两周。乘夏水，浮轻舟，强弩在前，铦戈在后，决荥口，魏无大梁；决白马之口，魏无外黄、济阳；决宿胥之口，魏无虚、顿丘。陆攻则击河内，水攻则灭大梁。'魏氏以为然，故事秦。"第2273 页。

2　胡三省说："案括之论详矣；然用之则误国丧师，不知合变，是赵括之谈兵也。"〔宋〕司马光编著，〔元〕胡三省音注，"标点资治通鉴小组"校点：《资治通鉴》，第 191 页。

3　〔明〕董说原著，缪文远订补：《七国考订补》，上海古籍出版社 1987 年 4 月版，第 639—640 页。

4　《景印文渊阁四库全书》，第 895 册第 524 页。中华书局用上海涵芬楼影印宋本作"车弓弩通一弦，以牛挽之"。〔宋〕李昉等撰：《太平御览》，第 1268 页。

3. 并射弩和连发弩

1986 年，江陵秦家嘴墓地四十七号楚墓出土一件有研究者称作"双矢并射连发弩"的兵器，或以为"为我国古代远射武器的研究提供了新资料"。弩与短木弓、短矢置于放在头箱的一件竹笥中，应是"配套使用"的。弩通长 27.8 厘米、通高 17.2 厘米、宽 5.4 厘米，髹黑漆，分矢匣、机体两部分。机体又包括木臂、活动木臂、铜机件。出土时矢匣内有矢十八支。经复制试验，"用复原的并射连发弩发射，一次可射出矢二支，射程一般可达 20—25 米。二十支矢装满矢匣，可以连续发射十次"。[1]

《吴越春秋》卷九《勾践阴谋外传》记述勾践向"善射者陈音"请教"善射之道何所生"，"孝子弹者奈何"，"弩之状何法焉"以及"正射之道"等。勾践又说："愿闻望敌仪表，投分飞矢之道。"陈音回答：

> 夫射之道，从分望敌，合以参连。弩有斗石，矢有轻重。石取一两，其数乃平。远近高下，求之铢分。道要在斯，无有遗言。

所谓"合以参连"，徐天祜注：

> 《周礼》：五射，二曰参连，前放一矢，后三矢连续而去也。[2]

后来陈音成为越军的弩射总教官。[3]"音，楚人也。"[4] 他教习的射法中"参连"之术，是否可能与"江陵楚墓出土的双矢并射连发弩"这种军械有某种关联呢？

---

1 陈跃钧：《江陵楚墓出土的双矢并射连发弩研究》，《文物》1990 年 5 期。

2 据周生春《吴越春秋辑校汇考》"凡例"："徐天祜注所引文字凡经查对，与原著或转引之书所载一致者，均在引文首尾加引号以示区别。凡引文与原著或转引之书所载有出入，或原著和转引之书已佚，及无从查对者，则不加引号。"《吴越春秋辑校汇考》，上海古籍出版社 1997 年 7 月版，第 7 页。

3 《吴越春秋》卷九《勾践阴谋外传》："越王曰：'善。尽子之道。愿子悉以教吾国人。'音曰：'道出于天，事在于人。人之所习，无有不神。'于是乃使陈音教士习射于北郊之外。三月，军士皆能用弓弩之巧。"第 154 页。

4 周生春：《吴越春秋辑校汇考》，第 152—154 页。

江陵出土楚弩，研究者称"并射连发
弩"。其实，同时实现"并射"和"连发"，
可能较一般"连弩"功能更为先进。而陈
音"参连"射术，徐天祜注引《周礼》所谓
"前放一矢，后三矢连续而去也"，则"前放
一矢"与"连续而去"的"后三矢"或许可
以称作"连发"，而"后三矢"则可能即同
时射出，即所谓"并射"。

山东沂南汉墓出土画象石可见"神话人
物、奇禽异兽"画面。《沂南古画像石墓发掘
报告》有"关于神话人物奇禽异兽的考证"
一节，其中写道："第14幅有一神怪，头上
顶着弩弓和箭，四肢均持兵器，和武氏祠后
石室第三石所见我们前认为是装豹戏的很相
似。"据"拓片第14幅"文字说明，这幅画

面的位置，在"前室北壁正中的一段"，"即
通中室门的当中支柱"。从画面看，"神怪"正面直立，身似被甲，前臂
后有羽。头顶张弩，三矢共一弦，中央一枚最为长厉。或许即象征古兵器
"三连弩"。左手挥戟，右手舞钺，两足各持刀剑，身下又有盾护卫。据《沂
南古画像石墓发掘报告》描述："朱雀之下为一神怪，虎首，头上顶着插三
支箭的弩弓，张口露齿，胸垂两乳，四肢长着长毛，左手持着短戟，右手
举着带缨的短刀，右足握一短剑，左足握一刀，胯下还立着一个盾牌。"[1]

收入《中国画像石全集》第一卷《山东汉画像石》的这幅图，题"沂
南汉墓前室北壁中柱画像"。《图版说明》写道："画面上边饰锯齿纹、垂
幛纹和卷云纹，左右边饰锯齿纹、卷云纹。画像上刻一朱雀展翅站立，头
上三长羽，尾披地而分左右上翘。中刻一虎首神怪，头上顶着插三箭的弩

1 曾昭燏、蒋宝庚、黎忠义：《沂南古画像石墓发掘报告》，文化部文物管理局1956年版，第
43—44页、第15页。

弓，手执短矛、短戟，足趾挟刀、剑，胯下立置一盾。下刻龟蛇相交缠的玄武。"[1]

这一"神怪"形象的原型，应是传说时代的战神蚩尤。[2]

所谓"头顶张弩，三矢共一弦，中央一枚最为长厉。或许即象征古兵器'三连弩'"，这种所谓"三连弩"者，其实只是"并射弩"。

另一体现大致类同形制之弩的汉代画象资料，即顾实《汉书艺文志讲疏》"《望远连弩射法具》十五篇"条下所说："叶德辉曰：'《汉郭氏孝堂山画像》，猎者以弓仰地，一弓三矢，以足踏之，盖古连弩射法之遗。'"[3]孝堂山汉画象石这种"一弓三矢"的形式，应当也是"并射弩"。察看图版，孝堂山石祠东壁画象可见两人足踏蹶张，持弩人位置在下者弦上有三道直线朝向发射方向，可能表现"三矢"，位置在下者就现有拓片只能看到两道直线。[4]这样的直线或许表现已经上弦的"矢"，也不能排除表现弩臂的可能。如果确是"一弓三矢"，发射方向与沂南汉画象石蚩尤头顶弩"三矢"朝向三处者不同。

4. 秦汉实战"连弩"

《史记》卷一〇九《李将军列传》："广为圜陈外向，胡急击之，矢下如雨。汉兵死者过半，汉矢且尽。广乃令士持满毋发，而广身自以大黄射其裨将，杀数人，胡虏益解。"关于所谓"大黄"，裴骃《集解》引孟康曰："太公《六韬》曰'陷坚败强敌，用大黄连弩'。"[5]《汉书》卷五四《李广传》同样的记载，颜师古注："服虔曰：'黄肩弩也。'孟康曰：'太公陷坚

1　蒋英炬主编：《中国画像石全集》第 1 卷《山东汉画像石》，山东美术出版社 2000 年 6 月版，图版第 143 页，图版说明第 63 页。

2　王子今：《汉代"蚩尤"崇拜》，《南都学坛》2006 年 4 期；《沂南汉画像石"蚩尤五兵"图》，《艺术考古》，群言出版社 2006 年 10 月版。

3　〔汉〕班固编撰，顾实讲疏：《汉书艺文志讲疏》，上海古籍出版社 1987 年 2 月版，第 204 页。

4　蒋英炬主编：《中国画像石全集》第 1 卷《山东汉画像石》，第 22 页，图四二。

5　《史记》，第 2873 页。

却敌，以大黄参连弩也。'晋灼曰：'黄肩即黄间也，大黄其大者也。'师古曰：'服、晋二说是也。'"[1]孟康的解释明确说到"连弩"，值得我们注意。

《汉书》卷五四《李陵传》记载李陵将步卒五千人至浚稽山苦战匈奴主力的故事，明确说到"连弩"在实战中的应用：

> 明日复战，斩首三千余级。引兵东南，循故龙城道行，四五日，抵大泽葭苇中，虏从上风纵火，陵亦令军中纵火以自救。南行至山下，单于在南山上，使其子将骑击陵。陵军步斗树木间，复杀数千人，因发连弩射单于，单于下走。

对于"发连弩射单于"，颜师古注："服虔曰：'三十弩共一弦也。'张晏曰：'三十絭共一臂也。'"颜师古认为"张说是也"。《李陵传》记载："是时陵军益急，匈奴骑多，战一日数十合，复伤杀虏二千余人。虏不利，欲去，会陵军候管敢为校尉所辱，亡降匈奴，具言'陵军无后救，射矢且尽，独将军麾下及成安侯校各八百人为前行，以黄与白为帜，当使精骑射之即破矣。'"所谓"射矢且尽"是真实情形。"汉军南行，未至鞮汗山，一日五十万矢皆尽，即弃车去。士尚三千余人，徒斩车辐而持之，军吏持尺刀。"面临绝境时，"陵叹曰：'复得数十矢，足以脱矣。今无兵复战，天明坐受缚矣！各鸟兽散，犹有得脱归报天子者。'令军士人持二升糒，一半冰，期至遮虏鄣者相待。夜半时，击鼓起士，鼓不鸣。陵与韩延年俱上马，壮士从者十余人。虏骑数千追之，韩延年战死。陵曰：'无面目报陛下！'遂降"。[2]李陵败降的原因之一是"射矢""尽"。所谓"一日五十万矢皆尽"，《资治通鉴》卷二一"汉武帝天汉二年"同一记载，胡三省注：《汉书》作'百五十万矢皆尽'。"[3]"百"可能为"一日"之误。宋本作"一日五十万矢"，殿本作"百五十万矢"。[4]"一日五十万矢皆尽"，已经是惊人的用矢记录。或许因"连

---

1 《汉书》，第2445页。

2 《汉书》，第2453—2455页。

3 〔宋〕司马光编著，〔元〕胡三省音注，"标点资治通鉴小组"校点：《资治通鉴》，第715页。

4 张元济：《百衲本二十四史校勘记·汉书校勘记》，商务印书馆1999年5月版，第143页。同页"备注"写道："与宋云越本合〇见考证，《资治通鉴》同。"

弩"的使用，发射速度过快，使得"射矢"消耗过多，以致李陵深切感叹"复得数十矢，足以脱矣"。司马迁为李陵辩解时也说到这一情形："陵提步卒不满五千，深輮戎马之地，抑数万之师，虏救死扶伤不暇，悉举引弓之民共攻围之。转斗千里，矢尽道穷，士张空拳，冒白刃，北首争死敌，得人之死力，虽古名将不过也。"所谓"士张空拳"，颜师古注："文颖曰：'拳，弓弩拳也。'师古曰：'拳字与弮同。'"[1]《资治通鉴》卷二一"汉武帝天汉二年"写作"士张空弮"。胡三省注引文颖曰："弮，弓弩弮也。"[2]宋人程大昌《演繁露》卷二"弮"条写道："司马迁言李陵'矢尽道穷，士张空拳'。文颖曰：'拳，弓弩拳也。'师古曰：'拳音弮，与弮同。弮弮音皆去权反。'又《陵传》：'陵连发弩射单于。'张晏曰：'三十弮共一臂。'案弮是弩弦，张之则满，臂即弩桩也。空弮言上弦使满，而无矢可射。承上'矢尽'为文也。"[3]

导致李陵之败的"矢尽"，推想或许与"连弩"的使用有关。但是匈奴的围攻"四面射，矢如雨下"，李陵部众"发连弩射"，是必然的合理的反应。

《资治通鉴》卷二一"汉武帝天汉二年"记载同一战事"因发连弩射单于"句下，胡三省注："服虔曰：'三十弩共一弦也。'张晏曰：'三十弮共一臂也。'贡父曰：'皆无此理。盖如今之合蝉，或并两弩共一弦之类。'余据《魏氏春秋》，诸葛亮损益连弩，以铁为矢，矢长八寸，一弩十矢俱发。今之划车弩、梯弩盖亦损益连弩而为之，虽不能三十臂共一弦，亦十数臂共一弦。"[4]对于李陵部队与匈奴作战中实际使用的"连弩"的形制，学界认识并不相同。

《三国志》卷八《魏书·公孙渊传》说到攻城时使用的"连弩"："起土山、修橹，为发石连弩射城中。"[5]这种"连弩"可能与李陵故事中"步卒"

1　《汉书》，第 2456 页。
2　〔宋〕司马光编著，〔元〕胡三省音注，"标点资治通鉴小组"校点：《资治通鉴》，第 716 页。
3　〔宋〕程大昌撰，许逸民校证：《演繁露校证》，第 149 页。
4　〔宋〕司马光编著，〔元〕胡三省音注，"标点资治通鉴小组"校点：《资治通鉴》，第 714—715 页。
5　《三国志》，第 254 页。

们手持的"连弩"不同。

《汉书》卷三〇《艺文志》"兵技巧"中，有："《望远连弩射法具》十五篇。"可知当时有关于"连弩射法"的军事训练学专著流传于世。宋人王应麟《汉艺文志考证》卷八在"望远连弩射法具十五篇"条下有一段话说到"弩"与"连弩"应战临敌的情形："李广以大黄射其裨将。注：孟康曰：《太公》陷坚却敌，以大黄参连弩。愚按：《周官》五射，参连其一也。李陵发连弩射单于。注：服虔曰：三十弩共一弦。张晏曰：三十絭共一臂。刘氏谓如今合蝉或并两弩共一弦之类。秦始皇自以连弩候射大鱼。《地理志》：南郡有发弩官。《武经总要》曰：弩者，中国之劲兵，四夷所畏服也。古者有黄连、百竹、八檐、双弓之号，绞车、擘张、马弩之差，今有参弓、合蝉、手射、小黄，皆其遗法。若乃射坚及远，争险守隘，怒声劲势，遏冲制突者，非弩不克。然张迟难以应卒，临敌不过三发四发，而短兵已接。故或者以为战不便于弩，然则非弩不便于战，为将者不善于用弩也。"[1]"善于用弩"的"为将者"方能克敌制胜。

5. 诸葛亮"损益连弩"

《宋书》卷八六《殷孝祖传》记载，当"朝野危极"，"兵难互起"之时，殷孝祖受命"匡主静乱"，"人情于是大安"，"御仗先有诸葛亮筩袖铠帽，二十五石弩射之不能入，上悉以赐孝祖"。[2]可知诸葛亮除战略谋划之外，在军械装备设计制作方面亦享有盛名。[3]

---

1 〔宋〕王应麟：《汉艺文志考证》，《二十五史艺文经籍志考补萃编》第 1 卷，清华大学出版社 2014 年 3 月版，第 168 页。

2 《宋书》，第 2190 页。

3 《宋书》卷八六《殷孝祖传》又写道："泰始二年三月三日，与贼合战，常以鼓盖自随，军中人相谓曰：'殷统军可谓死将矣。今与贼交锋，而以羽仪自目标显，若善射者十手攒射，欲不毙，得乎？'是日，于阵为矢所中死。"第 2190—2191 页。殷孝祖为了鼓励军卒，振奋士气，不惜冒险"以羽仪自目标显"，然而终于"于阵为矢所中死"，可知据说"二十五石弩射之不能入"的"诸葛亮筩袖铠帽"，临战实际防护能力可能也是有限的。

据说诸葛亮对"连弩"有所改良。前引《资治通鉴》胡注："余据《魏氏春秋》，诸葛亮损益连弩，以铁为矢，矢长八寸，一弩十矢俱发。"[1]《三国志》卷三五《蜀书·诸葛亮传》裴松之注引《魏氏春秋》是这样记录的：

> 又损益连弩，谓之元戎，以铁为矢，矢长八寸，一弩十矢俱发。[2]

这种兵械改良似乎得到其他方技之士的关心。《三国志》卷二九《魏书·方技传·杜夔》裴松之注引傅玄《序》写道：

> 先生见诸葛亮连弩，曰："巧则巧矣，未尽善也。"言作之可令加五倍。[3]

所谓"可令加五倍"，大概是说可以再作改善，进一步提高射击速度。

关于诸葛亮军使用"连弩"的史例，见于《华阳国志》卷一《巴志》"涪陵郡"条："人多戆勇，多獽蜑之民。县邑阿党，斗讼必死。……汉时赤甲军常取其民。蜀丞相亮亦发其劲卒三千人为连弩士，遂移家汉中。"任乃强解释说："'赤甲军'，谓戍守赤甲（胛）城之民兵。郡未分时，多取自涪陵。郡分后，涪陵去巴东远，又不相属，仍旧征其民兵戍之。谢本求分郡。刘璋以为属国都尉，仍征其民兵戍于江关，利其戆勇也。涪陵民戍赤胛，可迳由羊渠出故陵，不绕由枳。七八日至，番代不难。诸葛亮北伐驻汉中，亦征用此郡兵，则不番代，而举家徙焉。"[4]诸葛亮"发其劲卒三千人为连弩士"，可知"连弩士"是诸葛亮北伐军主力。明人曹学佺《蜀中广记》卷五七《风俗记三·上下川东道属》引《华阳国志》"蜀丞相亮亦发其劲卒三千人为连弩士"句后又言："其性质直，虽徙他所，风俗不变。"[5]

1 〔宋〕司马光编著，〔元〕胡三省音注，"标点资治通鉴小组"校点：《资治通鉴》，第714页。
2 《三国志》，第927页。
3 《三国志》，第808页。
4 任乃强：《华阳国志校补图注》，第42页。
5 〔明〕曹学佺：《蜀中广记》，《景印文渊阁四库全书》，第591册第758页。

6. 后世的"诸葛弩"

　　秦汉以后"连弩"的使用仍屡见于史籍。如《晋书》卷六〇《皇甫重传》："四郡兵筑土山攻城，重辄以连弩射之。"[1]《太平御览》卷三四九引《宋书》："《朱修之传》曰：鲁秀击襄阳，修之发连弩射秀，秀亦发连弩应之。修之使军人缘水拾箭。"[2]

　　《新唐书》卷一五六《李元谅传》："筑连弩台，远烽侦为守备。"《新唐书》卷一八〇《李德裕传》："其精兵曰南燕保义、保惠、两河慕义、左右连弩。"《新唐书》卷二二二中《南蛮列传中·南诏下》："又为大膽连弩，自是南诏惮之。"[3]《宋史》卷四《太宗纪一》："（太平兴国三年）十二月乙丑，幸讲武台，观机石连弩。"《宋史》卷七《真宗纪二》："（咸平）六年春二月戊寅，幸飞山雄武营，观发机石连弩。"《宋史》卷一二一《礼志二十四·军礼》："其按阅炮场连弩及便坐日阅召募新军时，令习战如故事。"《宋史》卷三〇八《卢斌传》："贼稍却，俄复大设机石连弩、冲车、云梯，四面鼓噪乘城，矢石乱下。"[4]宋代"连弩"有规格惊人者。明人张萱《疑耀》卷七"皮船椽矢"条说宋太祖时事："寿春城上发连弩射之，矢大如椽。不知其弩之大亦何似。"[5]

　　自诸葛亮改良"连弩"之后，后世亦称这种连发弩为"诸葛弩"。据说"诸葛弩"到明代依然用于实战。明茅元仪《武备志》卷一〇三《军资乘·器械二》有著录。有学者指出："在清代：连发弩不见于《大清会典》，在 WEAPONS 一书中说，在中日甲午战争中，中国士兵使用此弩，架于墙上，用来防御。根据该书中提供的图文资料，此弩形制与诸葛弩完全一致。"据研究者介绍："清代连发弩，弩臂上装有一木盒，木盒可盛十支箭，

1 《晋书》，第 1638 页。

2 〔宋〕李昉等撰：《太平御览》，第 1608 页。

3 《新唐书》，第 4900 页、第 5329 页、第 6285 页。

4 《宋史》，第 60 页、第 121 页、第 2831 页、第 10140 页。〔宋〕曾巩撰，王瑞来校证：《隆平集》卷一七《武臣·卢斌》："贼稍却，复集机石连弩、冲车、云梯环城，矢石如雨。"中华书局 2012 年 7 月版，第 518 页。

5 〔明〕张萱撰，栾保群点校：《疑耀》，第 235 页。

47-2　台北故宫博物院藏汉代弩机

箭均无羽毛。发射程序为：1. 向前推动手柄，弓弦被挂在槽口上；2. 拉回手柄，使弓弯曲；3. 向前推手柄，弦脱离槽口，最下面的箭就被发射出去。如此重复，发射完十支箭。"[1] 清代虽然已经进入火器大量制作和使用的时代，但是特殊条件下弩的优势依然显现。乾隆五年（1740）曾议准："弩弓以木为质，其力最劲"，适用于"潮湿之时，险仄之地"，"令弓箭手各兼习弩弓，以资利用"[2]，因此仍得作为基本军械。当时弩的制作技术自然更为精纯，甚至"某些火器制作技术也被应用于弩机的制作"[3]，但其结构特征，仍然于军械史研究有重要意义。如"清代连发弩"的特点，可以帮助我们认识秦汉时期"连弩"的形制。[4]

1　原注："WEAPONS: an international encyclopedia from 5000BC to 2000AD."
2　原注：《钦定大清会典事例·兵部》卷七一二。"
3　王子林：《清代弩略论》，《文物》1995 年 3 期。
4　王子今：《秦汉"连弩"考》，《军事历史研究》2016 年 1 期；《论墨学技术理念与秦文化的关系——以"连弩"为标本》，《史学月刊》2022 年 5 期。

机·机械

1. 秦陵"机械之变"

秦始皇陵作为秦帝国建立之后最高执政集团最重视的工程，"为葬埋之侈"至于极端[1]，设计规划和施工都应体现出当时工程管理的最高水平。关于秦始皇陵的结构以及秦始皇入葬时的情形，《史记》卷六《秦始皇本纪》有这样的历史记录：

> 始皇初即位，穿治郦山，及并天下，天下徒送诣七十余万人，穿三泉，下铜而致椁，宫观百官奇器珍怪徙臧满之。令匠作机弩矢，有所穿近者辄射之。以水银为百川江河大海，机相灌输，上具天文，下具地理。以人鱼膏为烛，度不灭者久之。二世曰："先帝后宫非有子者，出焉不宜。"皆令从死，死者甚众。葬既已下，或言工匠为机，臧皆知之，臧重即泄。大事毕，已臧，闭中羡，下外羡门，尽闭工匠臧者，无复出者。[2]

这段一百五十余字的记述中，连续三次出现"机"字，值得我们注意：

（1）令匠作**机**弩矢，有所穿近者辄射之。

（2）以水银为百川江河大海，**机**相灌输，……。

（3）或言工匠为**机**，……。

这里说到的"机"，从一个特殊的层面反映了秦始皇陵设计与施工的技术水准。

关于其中（1）所谓"机弩矢"，《水经注》卷一九《渭水》写道："令

---

1 《汉书》卷五一《贾山传》，第 2328 页。

2 《史记》，第 265 页。

匠作机弩，有所穿近，辄射之。"这里所谓"机弩矢"或"机弩"，其具体形制迄今尚未可详知。有学者推想，秦始皇陵兵马俑坑出土的弩弓，都是性能良好的"劲弩"。如果把装上矢的弩机相互连接，通过机发装置使之能够在一定条件下丛射或是连发，就可以实现自行警戒的目的，并且能够以极大的杀伤力完成防卫任务。"这种'机弩矢'，实际上就是'暗弩'。因为秦始皇陵内藏有大量珍奇宝贝，为了防盗，就在墓门内、通道口等处安置上这种触发性的武器，一旦有盗者进入墓穴，就会碰上连接弩弓扳机的绊索，遭到猛烈的射击。"[1] 这是一种采用机械方式以防止盗掘的设计。[2] 科学史家注意到，在公元前 3 世纪以后的历史时期，"在中国曾经很好地应用杠杆平衡的知识于（几乎是大量生产的规模）制造弩机上"[3]。而秦始皇陵这种能够自动触发的"机弩矢"或"机弩"，应当体现了当时机械技术的顶峰。有学者称这种"触发性的武器"为"暗弩"，论者分析说："这种机弩绝不至一两件，必定是安放在便于'穿近'的墓道、甬道等处，也即是史书上所谓的'中羡门''外羡门'。"[4]

而（2）"以水银为百川江河大海，机相灌输"，所说到的"水银"集中用于秦始皇陵地宫的情形，已经考古学者和地质学者用新的地球化学探矿方法——汞量测量技术测定地下汞含量的结论所证实。[5] 秦人重视"水银"的生产和应用，亦由经营丹砂的女性工商业者巴寡妇清地位之特殊得以透露。[6] 而我们在这里更为关注的，是"水银"为"机相灌输"的情形。限于现有数据之缺乏，我们还不能具体说明所谓"机相灌输"的原理。有学者判断为"制造'永动机'的第一次尝试"[7]，是有一定道理的。

1　王学理：《秦始皇陵研究》，上海人民出版社 1994 年 12 月版，第 77 页。

2　参看王子今：《中国盗墓史——一种社会现象的文化考察》，中国广播电视出版社 2000 年 1 月版，第 50—51 页。

3　李约瑟：《中国科学技术史》第 4 卷《物理学及相关技术》第 2 分册《机械工程》，科学出版社、上海古籍出版社 1999 年 9 月版，第 66 页。

4　王学理：《秦代的科技珍闻（二）》，《文博》1986 年 3 期。

5　常勇、李同：《秦始皇陵中埋藏汞的初步研究》，《考古》1983 年 7 期。

6　参看王子今：《秦汉时期的女工商业主》，《中国文化研究》2004 年秋季卷。

7　王学理：《秦代的科技珍闻（二）》，《文博》1986 年 3 期。

（3）"工匠为机"的"机"，有可能是（1）（2）所谓"机"的概称，也有可能是另有所指。

丧葬事务中应用机械，《礼记》书中已有涉及。如《礼记·檀弓下》："季康子之母死，公输若方小，敛，般请以机封。"孔颖达疏："其若之族人公输般性有技巧，请为以转动机关窆而下棺。"[1]秦始皇陵使用"机"的情形，当与早期"转动机关"等移动尸棺的"技巧"不同。有关秦始皇陵的历史记述中所见"机"的内容，是当时最先进的机械技术用于陵墓工程的记录。《汉书》卷三六《刘向传》说到秦始皇陵结构之华丽与精致时，也有"珍宝之藏，机械之变，棺椁之丽，宫馆之盛，不可胜原"的记述。颜师古注："孟康曰：'作机发木人之属，尽其巧变也。'晋灼曰：'《始皇本纪》令匠作机弩矢，有所穿近，辄射之。又言工匠为机，咸皆知之，已下，闭羡门，皆杀工匠也。'师古曰：'晋说是也。'"[2]所谓"机械之变"，可以理解为对于（1）"机弩矢"，（2）"以水银为百川江河大海，机相灌输"，（3）"工匠为机"的综合表述。[3]

2. 舆械：交通生活中的"机械之利"

较早的秦文化的实际遗存中已有体现"工匠为机"的文物。

甘肃礼县圆顶山秦贵族墓出土四轮青铜器件。器盖的开合，也由"机"

1　又《礼记·曾子问》："曾子问曰：'下殇土周葬于园，遂舆机而往，涂迩故也。今墓远，则其葬也如之何？'"〔清〕阮元校刻：《十三经注疏》，第1310页。郑玄注："机，舆尸之床也。以绳緪其中央，又以绳从两边钩之。礼以机举尸，舆之以就园而敛葬焉。涂近故耳。'舆机'或为'余机'。"〔清〕阮元校刻：《十三经注疏》，第1401页。这里所说的"机"，并非"机械"之"机"。所以称"机"，或许是因为"举尸"的绳络类似织机经纬的缘故。〔元〕陈澔著，万久富整理：《礼记集说》卷四："'机'者舆尸之具，木为之，状如床而无脚，以绳横直维系，抗举而往。"凤凰出版社2010年1月版，第156页。

2　《汉书》，第1954—1955页。

3　参看王子今：《秦始皇陵的"机械之变"》，《秦陵秦俑研究动态》2007年2期。

的结构控制，体现出"为机"的巧思。[1] 设计的构想，其实是仿照车辆的造型的。

传说中的秦先祖事迹，多以长于御车著名。秦人很早就重视车辆制作。《诗·秦风》中已经有炫耀"车马之好"的诗句。[2] 曾经有学者指出，《车邻》等诗体现"其悲壮之气勃乎莫御"，又说："秦之所以强者由是夫！"[3] 这是对秦部族勇武之风的感叹，如果从关注秦人"车马之好"的视角考察"秦之所以强者"，其实也是可以有所发现的。墓葬中以"木禺车马""木寓车马"即木制车马模型随葬的礼俗，也是秦人创始。[4] 车辆模型的制作，虽然不必过多考虑坚致耐用，但是因为形制多较实用器按比例缩小，技术要求的精细是显而易见的。我们看到的最早的双辕车的模型，出土于陕西凤翔战国初期秦墓。BM103 出土两件牛车模型，车辆形制相同，出土时陶车轮置于牛身后两侧，其间有木质车辕及轴、舆朽痕。[5] 这是世界上最早的标志双辕车产生的实物数据。可知秦人以陶、木材料结合制作"禺车""寓车"

---

1 甘肃省文物考古研究所、礼县博物馆：《甘肃礼县圆顶山 98LDM2、2000LDM4 春秋秦墓》，《文物》2005 年 2 期。

2 《毛诗》："《车邻》，美秦仲也。秦仲始大，有车马、礼乐、侍御之好焉。"李樗曰："其始大，故有车马、礼乐、侍御之好也。车马，即《诗》所言'有车邻邻，有马白颠'。""'邻邻'，众车之声也。'有马白颠'，《尔雅》曰：驹颡白颠。舍人曰：驹，白也。颡，额也。额有白毛，今之戴星马也。此言车马之好。"《毛诗》："《驷铁》，美襄公也，始命有田狩之事、园囿之乐焉。""此盖言襄公车马之所闲习者，以其平日游于北园，教之有素也。"李樗曰："'四牡孔阜，六辔在手'，盖言襄公乘此驷铁之马，马既肥大，又良善，六辔在手而已，更不须提控之也。"《毛诗》："《小戎》，美襄公也，备其兵甲，以讨西戎，西戎方强，而征伐不休，国人则矜其车甲，妇人能闵其君子焉。"李樗曰："据《汉书·地理志》'秦迫近戎狄，修习战备，高上气力，以射猎为先'，则好战者秦之风俗然也。秦之风俗如此，而襄公又有以使之，则安得不矜其车马之盛？""襄公之使民矜车甲，则可以知秦之传祚二世而不及其期，非一朝一夕之故，其所由来者有渐矣。"黄櫄曰："国人矜其车甲之善如此，而妇人又闵其君子于下从征役焉。以此观之，则秦之风俗习于攻战而狃于干戈非一日也。"〔宋〕李樗、黄櫄：《毛诗集解》卷一四，《景印文渊阁四库全书》，第 71 册第 278—282 页。宋人王安中《谢赐器甲表》也可见"有秦仲车马之好"语。《初寮集》卷四，《景印文渊阁四库全书》，第 1127 册第 80 页。

3 〔明〕朱谋㙔：《诗故》卷四，《景印文渊阁四库全书》，第 79 册第 572 页。

4 《史记》卷二八《封禅书》："時駒四匹，木禺龙栾车一驷，木禺车马一驷，各如其帝色。"第 1376 页。《汉书》卷二五上《郊祀志上》："時駒四匹，木寓龙一驷，木寓车马一驷，各如其帝色。"第 1209 页。

5 吴镇烽、尚志儒：《陕西凤翔八旗屯秦国墓葬发掘简报》，《文物资料丛刊》第 3 辑，文物出版社 1980 年 5 月版。

48-1　礼县圆顶山春秋秦墓出土青铜盒

的技艺，当时已应用于较低等级的墓葬中。

　　作为最早的双辕车的发明者[1]，秦人制作的秦始皇陵铜车，体现出当时制车技艺的最高水平。据研究者总结，"一、二号铜车马都是由众多零件组装连接而成。连接的方法……大量采用的是机械的活性连接"。其机械连接工艺，包括：①子母扣加销钉连接，②活铰连接，③钮环扣接，④亚腰形转轴连接，⑤锥度配合连接，⑥铆接，⑦弯钉连接，⑧套接，⑨卡接等。开合口的锁紧与开启结构，亦包括如下类型：①拐形栓式闭锁，②键式闭锁，③活销式的闭锁，④带扣式的闭锁，⑤自锁式的闭锁，⑥活铰加曲柄销的闭锁，⑦三重卡接闭锁，⑧推、拉开合式的闭锁与开启等。[2] 机械加工工艺方法包括"锉磨、抛光、钻孔、切削、錾刻、锻打、镶嵌、钳工装配"等。据研究者总结，其中特别值得注意的有：①锉磨，②小孔加工工艺，③冲凿、錾刻工艺，④钳工装配工艺。[3]《周礼·考工记》说："察车

1　参看王子今：《秦汉交通史稿》（增订版），第 17 页。

2　秦始皇兵马俑博物馆、陕西省考古研究所：《秦始皇陵铜车马发掘报告》，文物出版社 1998 年 7 月版，第 314—317 页。

3　秦始皇兵马俑博物馆、陕西省考古研究所：《秦始皇陵铜车马发掘报告》，第 322 页。

自轮始。"又说："凡察车之道，欲其朴属而微至。不朴属无以为完久也，不微至无以为戚速也。"[1] 车辆设计及制作，除了力求坚致牢固即"朴属"以外，还应追求所谓"微至"，以利于提高行驶速度。考古工作者曾着重分析过二号铜车车轮形制的特点："牙的着地面窄便于在泥途行驶；牙的中部圆鼓和骸呈圆柱体可以利用离心力作用，使车行泥地不易带泥；毂中的穿中部大，这样贯轴后，只有毂穿之两端与轴相接，可以减少摩擦力，使车行比较轻捷。"[2] 据秦始皇陵兵马俑博物馆的考古工作者见告，已经修复的秦陵铜车，车轮仍可转动自如。[3]

对毂的结构，我们还可以作这样的补充：毂中的穿贯轴后中有空隙，当是为了储注一定的润滑油。[4]《史记》卷四六《田敬仲完世家》："豨膏棘轴，所以为滑也。"[5] 云梦睡虎地秦简《司空》律中也确实可以看到关于车辆养护和使用时加润滑用"脂"的详细规定。[6]

《韩非子·难二》写道："明于权计，审于地形，舟车机械之利，用力少致功大则入多。"[7] 所谓"舟车机械之利"，可以理解为在"权计"之"明"、"地形"之"审"基点上的交通"机械"的设计和制作。"舟车机械之利"可以实现"用力少致功大则入多"的效益，应当是秦人很早就已经熟习的经验。

《史记》卷六〇《三王世家》说："匈奴西域，举国奉师，舆械之费，不赋于民，虚御府之藏以赏元戎。"[8] 所谓"舆械"，也体现出车辆与"机械"的密切关系。《后汉书》卷七八《宦者列传·张让》说到"翻车渴乌"的

---

1 〔清〕阮元校刻：《十三经注疏》，第907页。

2 袁仲一、程学华：《秦陵二号铜车马》，《考古与文物》丛刊第1号。

3 秦始皇兵马俑博物馆《秦始皇陵铜车马修复报告》记录，秦始皇陵铜车马修复工作组合装配过程中，装车轮的方式是将车体升高，"将轮固定，再将车降下，降至两轮轻微落地，以转动轮时略感沉重为限"。文物出版社1998年7月版，第91页。

4 王子今：《秦汉交通史稿》（增订版），第108页。

5 《史记》，第1890页。

6 睡虎地秦墓竹简整理小组：《睡虎地秦墓竹简》，第50页。

7 〔清〕王先慎撰，钟哲点校：《韩非子集解》，第367页。

8 《史记》，第2109页。

发明，李贤注："翻车，设机车以引水。"[1]"机车"的说法尤其引人注目。这些历史文化迹象，都说明车辆制作因"机械"的精巧，有相当高的技术含量。《考工记》写道："一器而工聚焉者，车为多。"[2]《续汉书·舆服志上》也说："一器而群工致巧者，车最多。"[3]车，显然是当时能够集中表现"工匠为机"技艺的最典型的"机械""器械"。秦人出行讲究车骑之盛[4]，这一现象，亦应与制车技术的先进有关。

3. 兵械：三军强弩

《战国策》中十处说到"弩"，强调了这种兵器在战争中的重要作用。如《韩策一·苏秦为楚合从说韩王》说韩人"劲弩"威震"天下"。然而涉及秦军用"弩"的文字，有更高的频率。如《秦策二·径山之事》：

> 苏代为齐献书穰侯曰："臣闻往来之者言曰：'秦且益赵甲四万人以伐齐。'……夫齐，罢国也，以天下击之，譬犹以千钧之弩溃痈也。"

以"千钧之弩"比喻秦及其友军攻势之强。又《赵策一·赵收天下且以伐齐》载苏秦为齐上书说赵王曰：

> 秦以三军强弩坐羊唐之上，即地去邯郸二十里。且秦以三军攻王之上党而危其北，则句注之西，非王之有也。

马王堆汉墓出土竹简《战国纵横家书》："今燕尽齐之河南，距莎（沙）丘、巨鹿之圉三百里，距廪关，北至于【榆中】者千五百里。秦尽韩、魏之上党，

---

1 《后汉书》，第 2537 页。

2 〔清〕阮元校刻：《十三经注疏》，第 907 页。

3 《后汉书》，第 3642 页。

4 《华阳国志》卷三《蜀志》说蜀地风习，"工商致结驷连骑"，"归女有百两之徒车"，"原其由来，染秦化故也"。〔晋〕常璩撰，任乃强校注：《华阳国志校补图注》，第 148 页。《续古今考》卷一六："吕东莱《大事记》曰：'秦车服之可见者，大驾属车八十一乘。周末诸侯有贰车九乘，秦灭九国，兼其车服，故属车八十一乘。'"《景印文渊阁四库全书》，第 853 册第 351 页。

则地与王布属壤芥者七百里。秦以强弩坐羊肠之道，则地去邯郸百廿里。秦以三军功（攻）王之上常（党）而包其北，则注之西，非王之有也。"[1]其中说到秦国的"三军强弩""强弩""三军"，似体现"强弩"是秦军基本装备。又《燕策二·秦召燕王》写道：

> 秦正告魏曰："我举安邑，塞女戟，韩氏、太原卷。我下枳，道南阳、封、冀，包两周，乘夏水，浮轻舟，强弩在前，铦戈在后，决荣口，魏无大梁；决白马之口，魏无济阳；决宿胥之口，魏无虚、顿丘。陆攻则击河内，水攻则灭大梁。"魏氏以为然，故事秦。[2]

由所谓"强弩在前，铦戈在后"等言辞使"魏氏"屈服，可知使用"强弩"的秦野战主攻部队威势压倒敌军。

《史记》卷七二《穰侯列传》所见苏代为齐致穰侯书，否定了秦赵联军攻齐的军事计划，其中有"夫齐，罢国也，以天下攻齐，如以千钧之弩决溃痈也，必死"语，[3]也可以作秦军因强弩优势而势不可当的解读。

《史记》卷六《秦始皇本纪》引贾谊《过秦论》："秦并兼诸侯山东三十余郡，缮津关，据险塞，修甲兵而守之。然陈涉以戍卒散乱之众数百，奋臂大呼，不用弓戟之兵，鉏櫌白梃，望屋而食，横行天下。秦人阻险不守，关梁不阖，长戟不刺，强弩不射。楚师深入，战于鸿门，曾无藩篱之艰。于是山东大扰，诸侯并起，豪俊相立。""堕名城，杀豪俊，收天下之兵聚之咸阳，销锋铸鐻，以为金人十二，以弱黔首之民。然后斩华为城，因河为津，据亿丈之城，临不测之溪以为固。良将劲弩守要害之处，信臣精卒陈利兵而谁何，天下以定。秦王之心，自以为关中之固，金城千里，子孙帝王万世之业也。"[4]所谓"强弩不射"，所谓"良将劲弩守要害之处"，也可

---

1 《战国纵横家书》二一《苏秦献书赵王章》，第91—92页。

2 《史记》卷六九《苏秦列传》："秦正告魏曰：'我举安邑，塞女戟，韩氏太原卷。我下枳，道南阳，封冀，包两周。乘夏水，浮轻舟，强弩在前，铦戈在后，决荥口，魏无大梁；决白马之口，魏无外黄、济阳；决宿胥之口，魏无虚、顿丘。陆攻则击河内，水攻则灭大梁。'魏氏以为然，故事秦。"第2273页。

3 《史记》，第2328页。

4 《史记》，第276页、第280—281页。

以帮助我们理解"强弩"作为秦军主要武器装备的作用。[1]

秦兵器中又有所谓"连弩"。秦始皇本人就有亲自使用这种"连弩"射海中"巨鱼"的经历。

战国以来，因战争形势的推促，兵器制作技术实现了历史上的跃进。其中有秦人的突出贡献。机械发明可能首先直接应用于军事。[2]《文子》卷下《上礼》引录老子的说法，以为"机械"作为军备形式，即所谓"设机械险阻以为备"，是"兵革起而忿争生"的原因，"虐杀不辜，诛罚无罪，于是兴矣"。[3]《史记》卷二五《律书》说到"兵械"。[4]《史记》卷一一八《淮南衡山列传》以"治器械攻战具"言备战。《史记》卷一一二《平津侯主父列传》则"甲兵器械"并称。[5]《盐铁论·备胡》："县官厉武以讨不义，设机械以备不仁。"[6]明确以"机械"指兵备。《三国志》卷四二《蜀书·李譔传》所谓"弓弩机械之巧，皆致思焉"[7]，则显现"弓弩"可能在整个秦汉时期，都是最重要的军中"机械"。《尚书·太甲上》："若虞机张，往省括于度，则释。"孔安国传："机，弩牙也。"[8]班固《西都赋》写道："机不虚掎，弦不再控。矢不单杀，中必迭双。"李善注也引孔安国《尚书》传："机，弩牙也。"[9]可见秦汉通行语之"机"，往往直接是指机弩或者弩机。弩机铭文大

1　王子今：《秦统一原因的技术层面考察》，《社会科学战线》2009 年 9 期。

2　马克思十分重视通过军队的历史验证马克思主义关于生产力和生产关系之间联系的理论原则。他指出，"一般说来，军队在经济的发展中起着重要的作用"，"大规模运用机器也是在军队里首先开始的"，"部门内部的分工也是在军队里首先实行的"。他还认为，军队的历史对全部历史有非常明显的概括意义。《马克思致恩格斯（1857 年 9 月 25 日）》，《马克思恩格斯全集》第 29 卷，人民出版社 1972 年 6 月版，第 183 页。

3　王利器撰：《文子疏义》，中华书局 2009 年 3 月版，第 527 页。

4　张守节《正义》："内成曰'器'，外成曰'械'，'械'谓弓、矢、殳、矛、戈、戟。"第 1239 页。

5　《史记》，第 3082 页、第 2960 页。

6　王利器校注：《盐铁论校注》（定本），第 444 页。

7　《三国志》，第 1026—1027 页。

8　〔清〕阮元校刻：《十三经注疏》，第 164 页。

9　〔梁〕萧统编，〔唐〕李善注：《文选》，第 28 页。

多自题"镶"或者"镶郭"。[1]"镶郭"应当就是"机栝"。[2]

4. 秦人盗掘天星观一号楚墓使用机械的遗存

考古工作者 1978 年发掘的江陵天星观一号楚墓，在椁室内及盗洞填土中发现锛、锄、臿、削刀等铁器，也值得注意。其中铁锛出土多达十五件，似可说明盗墓团伙有较强的人力组合。出土木质工具有"木辘"：

> 木辘　三件。均圆筒状。一件，两端较细，中间粗，有凹槽，凹槽内有 22 个长方形榫眼，内存榫头。两端有安铁箍的痕迹。长 29.6、径 11.4—22.6、内孔径 6.4—9.6 厘米。推测可能是车轴改制的。一件，两端略粗，细腰。出土时孔内存有圆轴，周长 80、径 4、轴辘长 16.3、径 13.6—11.2、径 5.4 厘米。另一件，两端和中部各饰两道凸棱，形成两道凹槽。长 20.6、径 9.8—8、孔径 2.4 厘米。

看来盗墓者使用了滑轮一类机械用以出土，并提取盗劫文物。其实两件所谓"木辘"的差别，只是 044 较 045 缺失了一轴。但也有可能 044 是并不配有长轴的动滑轮遗存。发掘者推测盗掘时间约在战国晚期至秦，又根据盗洞出土铁器及秦式陶鬲，"推测该墓为秦人所盗"。[3]战国时期，秦人机械发明方面占有技术优势。[4]但是在盗墓行为中使用定滑轮、动滑轮一类器械以提高效率，是我们通过盗墓史考察获得的新知识。

1　参看徐正考：《汉代铜器铭文选释》，作家出版社 2007 年 12 月版，第 725—727 页。
2　《庄子·齐物论》："其发若机栝，其司是非之谓也。"成玄英疏："'机'，弩牙也。'栝'，箭栝也。"郭庆藩辑，王孝鱼整理：《庄子集释》，第 51—52 页。"机栝"又写作"机括"。《风俗通义·过誉》"司空颍川韩棱"条："棱统机括，知其虚实。"〔汉〕应劭撰，王利器校注：《风俗通义校注》，第 178 页。
3　湖北省荆州地区博物馆：《江陵天星观 1 号楚墓》，《考古学报》1982 年 1 期。
4　王子今：《秦始皇陵的"机械之变"》，《秦陵秦俑研究动态》2007 年 2 期；《秦人的机械发明》，《国学学刊》2009 年 1 期（创刊号）；《秦统一原因的技术层面考察》，《社会科学战线》2009 年 9 期。

5. "机发之桥"与坑儒谷"伏机"传说

有关秦人的传说中屡见有关"机发"设计的故事，也值得我们注意。

《水经注》卷一九《渭水》引录《燕丹子》，说到秦王为谋害燕太子丹，特意"为机发之桥"事：

> 《燕丹子》曰：燕太子丹质于秦，秦王遇之无礼，乃求归。秦王为机发之桥，欲以陷丹。丹过之，桥不为发。又一说：交龙扶舆而机不发。但言[1]，今不知其故处也。

虽然说"今不知其故处也"，但是郦道元将这段文字置于"（渭水）又东过长安县北"句下。"秦王为机发之桥，欲以陷丹"故事有相当广泛的影响。[2] 对于所谓"丹过之，桥不为发"，还有一种解说，言"丹驱驰过之而桥不发"[3]，就是说燕太子丹因快速通过使得"机发之桥"的启动装置来不及反应。

"秦王为机发之桥"的传说，其实很可能是有秦人机械发明的历史实际以为真实背景的。

《墨子·备城门》说到城防体系中"为发梁而机巧之"的防卫技术：

> 去城门五步大堑之，高地三丈，下地至泉，三尺而止，施栈其中，上为发梁而机巧之，比传薪土，使可道行，旁有沟垒，毋可踰越，而出佻且北，适人遂入，引机发梁，适人可禽。适人恐惧，而有疑心，因而离。

1　陈桥驿《水经注校证》："殿本在此下《案》云：'案此下有脱文。'《注疏》本《疏》：'朱《笺》曰：谢云，疑有脱误。'"第452—453页、第470页。

2　〔唐〕欧阳询撰，汪绍楹校：《艺文类聚》卷九引《燕丹子》曰："燕太子丹质于秦，秦王遇之无礼，乃求归。秦王为机发之桥，故以陷丹。丹过之无虞。"第181页。《太平御览》卷一四七引《燕丹子》曰："太子丹质于秦，秦王遇之无礼，不得意，欲归。秦王不听，谬言令乌白头马生角乃可。丹仰天而叹，乌即白头，马生角。秦不得已而遣之。为机发之桥，欲陷丹，丹过之，桥为不发。夜到关，丹为鸡鸣，遂得逃归。故怨于秦，欲报之。"第718页。〔明〕董说原著、缪文远订补：《七国考订补》卷一四《秦琐征》"机发桥"条："《燕丹子》：'秦王为机发之桥，欲陷丹。'"第746页。

3　〔晋〕张华著，唐子恒点校：《博物志》卷八，第99页。

岑仲勉称之为"发梁诱敌之法"。他解释说："编板曰栈，小桥亦曰栈，施栈横堑，栈面傅以薪土，状若通道，栈之上预悬机械性之发梁，然后佻（同挑）战诈败（即通俗之'且战且北'），诱敌入来，发县梁以阻之。《太白阴经》：'转关桥一梁；为桥梁，端著横栝，拔去栝，桥转关，人马不得渡，皆倾水，秦用此桥以杀燕丹。'《通典》称为转关板桥。'因而离'者，言敌恐中机，不敢追入而离去也。"[1]对于这种防卫设施，有学者解释说："在壕沟上架设栈道，栈板上设'悬梁'，即吊桥，装置可以活动的机关。""派兵出城挑战，并假装战败逃回，引诱敌人走栈道板，引发悬梁之机关，吊起悬梁，敌人便可擒拿。"这种"为发梁而机巧之"的特殊桥梁，《武经总要》称作"机桥"。[2]

《墨子》书比较集中地体现了早期机械学的成就，于是《抱朴子》内篇《辩问》有"班输倕狄，机械之圣也"的说法。"班狄"，即公输班和墨翟的并称。[3]"班狄"，或写作"班墨"。[4]《吕氏春秋》研究者曾经指出《墨子》学说在秦地的影响。[5]有墨学研究者以为《墨子·号令》所见称谓"皆秦时官，其号令亦秦时法"，"此盖出于商鞅辈所为"。[6]蒙文通说："自《备城门》以下诸篇，备见秦人独有之制，何以谓其不为秦人之书？""其为秦墨之书无惑矣！"[7]岑仲勉说，《墨子》"城守""这几篇最少一部分是秦人所写，殆已毫无疑问"。[8]《城守》诸篇，陈直以为是秦代兵家著作[9]，于豪亮判定"是秦

1　岑仲勉：《墨子城守各篇简注》，第 37—38 页。

2　谭家健：《墨子研究》，贵州教育出版社 1995 年 8 月版，第 338 页。

3　王明校释：《抱朴子内篇校释》，第 225 页。《抱朴子》外篇《尚博》："盖刻削者比肩，而班狄擅绝手之称。"《抱朴子》外篇《文行》又说："斲削者比肩，而班狄擅绝手之名。"杨明照撰：《抱朴子外篇校笺》，第 111 页、第 446 页。

4　杨明照撰：《抱朴子外篇校笺·名实》："放斧斤而欲双巧于班墨……不亦难乎！"第 506—507 页。

5　李峻之：《〈吕氏春秋〉中古书辑佚》，刘汝霖：《〈吕氏春秋〉之分析》，《古史辨》第 6 辑，上海古籍出版社 1982 年 11 月版。

6　苏时学：《墨子刊误》，《国学月刊》1926 年。

7　蒙文通：《论墨学源流与儒墨汇合》，《蒙文通文集》第 1 卷《古学甄微》，巴蜀书社 1987 年 7 月版。

8　岑仲勉：《墨子城守各篇简注》，《再序》第 8 页。

9　陈直：《〈墨子·备城门〉等篇与居延汉简》，《中国史研究》1980 年 1 期。

国墨家的著作，叙述的是秦国的事"[1]，李学勤则论证是秦惠文王及其以后秦国墨者的著作[2]。类似的意见如果能够成立[3]，则《墨子·备城门》所谓"为发梁而机巧之"的设计，是可以为《燕丹子》"机发之桥"故事提供助证的。有的学者指出，"秦国的墨者是'从事'一派"，"这些墨者在秦所从何事？""这至少体现在两个方面：一是从事兵法的应用研究提供军事技术服务；二是从事官营手工业的生产管理和技术支持。"[4]《墨子·备城门》所谓"为发梁而机巧之"，是"军事技术"，也是交通技术、建筑技术，其核心内容，自然是"机巧"。

有关秦始皇"坑儒"这一在文化史和政治史上有重大影响的事件，也有涉及"机发"的传说。

《艺文类聚》卷八七引《古文奇字》曰：

> 秦始皇密令人种瓜于骊山硎谷中温处。瓜实成，使人上书曰："瓜冬有实。"有诏下博士诸生说之。人人各异，则皆使往视之。而为伏机。诸儒生皆至，方相难不决，因发机从上填之以土，皆压死。[5]

《太平御览》卷六一四引《史记》曰："始皇诸生到者拜为郎七百人。密种瓜于骊山，山温成实，令诸生就视说之。人人不同。乃为伏机，方难未定，机发从上土填之。其坑在咸阳西南三望里，今为闵儒乡也。"[6]宋人宋敏求《长

1　于豪亮、李均明：《秦简所反映的军事制度》，《云梦秦简研究》，中华书局 1981 年 7 月版。
2　李学勤：《秦简与〈墨子〉城守各篇》，《云梦秦简研究》，中华书局 1981 年 7 月版。
3　参看史党社：《〈墨子〉城守诸篇研究述评》，《秦文化论丛》第 7 辑，西北大学出版社 1999 年 5 月版。
4　臧知非：《〈墨子〉、墨家与秦国政治》，《人文杂志》2002 年 2 期。
5　〔唐〕欧阳询撰，汪绍楹校：《艺文类聚》，第 1502 页。《太平御览》卷八六引《古文奇字》曰："秦改古文以为大篆及隶字，国人多诽谤怨恨。秦苦天下不从，而召诸生到者拜为郎，凡七百人。又密令冬月种瓜于骊山硎谷之中温处，瓜实成，乃使人上书曰：'瓜冬有实。'有诏下博士诸生说之。人人各异说，则皆使往视之，而为伏机。诸生贤儒皆至焉，方相难不能决，因发机从上填之以土，皆压死。"第 408 页。《太平御览》卷九七八引《古文奇字》曰："秦改古文为大篆及隶字，周人多诽谤怨恨。秦苦天下不从，而诸生到者拜为郎，凡七百人。蜜种瓜于骊山硎谷中温处，瓜实成，使上书曰：'瓜冬有实。'有诏下博士诸生说之，人人各异说，则皆使往视之，而为伏机。诸生贤儒皆至焉，方相难不决，因发机从上填之以土，皆压终。"第 4334 页。
6　〔宋〕李昉等撰：《太平御览》，第 2762 页。

安志》卷一五《临潼县》："卫宏《诏定古文官书序》云：秦既焚书，患苦天下不从所改更法，而诸生到者拜为郎，前后七百人。乃密令冬种瓜于骊山坑谷中温处，瓜实成。诏博士诸生说之，人人不同，乃命就视之，为伏机。诸生贤儒皆至焉，方相难决，因发机从上填之以土，皆压终，乃无声。此则闵儒之地，其不谬矣。"[1] 宋人程大昌《雍录》卷七《地名》"坑儒谷"条也写道："谷在昭应县三百里。卫宏曰：秦既焚书，患苦天下不从，而诸生到者拜为郎，前后七百人。乃密令种瓜于丽山坑谷中温处，瓜实成，诏诸博士诸生说，人人不同，乃命就视之，为伏机。诸生方相难不决，因发机从上填之以土，皆压终无声。唐先名此地闵儒乡，天宝中改为旌儒庙。庙在昭应。则以卫宏之说为信也。按《史记·始皇纪》，卢生及咸阳诸生窃议其失，始皇闻之，使御史案问，而诸生中七百余人悉受坑于咸阳。其地不在昭应也。昭应，渭南也。咸阳，渭北也。地望不同。岂昭应谷中七百人者自为一戮，而咸阳四百六十人者别为一戮耶？然当以《秦纪》为正。如议瓜之说，似太诡巧，始皇刚暴，自是其有违己非今者，直自坑之，不待设诡也。"[2]

"议瓜之说"，确实如程大昌所分析，以"似太诡巧"而不可信。然而"为伏机"及"发机从上填之以土"的情节，却是符合秦人机械学知识以及机械装置设计制作的经验的。

6. 秦始皇"器械一量"

《史记》卷四三《赵世家》记录了赵武灵王决策"胡服骑射"时回答保

1 〔宋〕宋敏求撰，辛德勇、郎洁点校：《长安志》，三秦出版社 2013 年 12 月版，第 451 页。

2 〔宋〕程大昌撰，黄永年点校：《雍录》，中华书局 2002 年 6 月版，第 158 页。〔宋〕乐史撰，王文楚等点校：《太平寰宇记》卷二七《昭应》："坑儒谷在县东南五里。始皇以骊山温处令人冬月种瓜，招天下儒者议之，各说不同，因发机陷害之。元宗改为旌儒乡，立旌儒庙，贾至为碑文。"第 581 页。〔清〕毕沅撰，张沛校点：《关中胜迹图志》卷八："坑儒谷。《长安志》：在临潼县西南五里。《汉书·儒林传》注：师古曰：今新丰县温汤之处，号愍儒乡。温汤西南三里，有马谷。谷之西岸有坑，古相传以为秦坑儒处也。"三秦出版社 2004 年 12 月版，第 273 页。

守派诘难时说的一段话："及至三王随时制法，因事制礼，法度制令各顺其宜，衣服器械各便其用。故礼也不必一道，而便国不必古。"[1] 事又见《战国策·赵策二》[2]。其中说到，"器械"的发明和制作，应"各便其用"，形制规格与生产方式不必强行划一。然而秦始皇时代，则以"器械一量"作为经济管理、生产管理和工艺管理的基本政策。

《史记》卷六《秦始皇本纪》记载琅邪刻石："维二十八年，皇帝作始。端平法度，万物之纪。以明人事，合同父子。圣智仁义，显白道理。东抚东土，以省卒士。事已大毕，乃临于海。皇帝之功，勤劳本事。上农除末，黔首是富。普天之下，抟心揖志。器械一量，同书文字。日月所照，舟舆所载。皆终其命，莫不得意。"[3] 在这篇"颂秦德，明得意"的政治宣传文字中，"器械一量"与"同书文字"并列，显然是极其重要的政策。对于"器械一量"，张守节《正义》解释说："内成曰'器'，甲胄兜鍪之属。外成曰'械'，戈矛弓戟之属。'一量'者，同度量也。"

"器械一量"即所谓"同度量"，有的学者以"标准化"予以总结。

对于秦的货币制度[4]，计量规范[5]，工艺程序[6]，不同学科不同方向的研究

---

1 《史记》，第 1810 页。

2 《商君书·更法》可见公孙鞅有关改革合理性的著名论述："前世不同教，何古之法？帝王不相复，何礼之循？伏羲、神农教而不诛，黄帝、尧、舜诛而不怒，及至文、武，各当时而立法，因事而制礼。礼法以时而定，制令各顺其宜，兵甲器备各便其用。臣故曰：'治世不一道，便国不必法古。'汤武之王也，不循古而兴；殷夏之灭也，不易礼而亡。然则反古者未必非，循礼者未足多是也。君无疑矣。"高亨注译：《商君书注译》，第 13 页。赵武灵王"衣服器械各便其用"，公孙鞅作"兵甲器备各便其用"。又《文子》卷下《上义》："老子曰：治国有常，而利民为本。政教有道，而令行为古。苟利于民，不必法古。苟周于事，不必循俗。故圣人法与时变，礼与俗化，衣服器械各便其用，法度制令各因其宜。故变古未可非，而循俗未足多也。"王利器撰：《文子疏义》，第 469 页。亦作"衣服器械各便其用"。

3 《史记》，第 245 页。

4 参看韩钊：《试论中国古代货币标准化》，《中国钱币》1984 年 1 期。

5 参看丘光明：《中国古代度量衡标准》，《考古与文物》2002 年 3 期；朱兰、林公孚：《中国古代的度量衡标准化》，《福建质量信息》1999 年 2 期；罗威：《秦代度量衡标准化的过程及其作用》，《益阳师专学报》1997 年 2 期；朱筱新：《对秦统一度量衡的再认识》，《北京教育学院学报》2000 年 2 期。

6 参看刘占成：《秦俑制作标准化浅述》，《文博》1992 年 3 期；袁仲一、赵培智：《秦始皇陵铜车马标准化概述》，杨青、吴京祥：《秦陵铜车马木车马构件的标准化初考》，《西北农林科技大学学报》（自然科学版）第 23 卷增刊，1995 年 12 月。

者都有"标准化"的判断。

睡虎地秦墓竹简《工律》中，有明确的关于官营手工业管理的法律条文：

> 为器同物者，其小大、短长、广亦必等。 工律（98）
>
> 为计，不同程者毋同其出。 工律（99）
>
> 县及工室听官为正衡石赢（累）、斗用（桶）、升，毋过岁壶〈壹〉。有工者勿为正。段（假）试即正。 工律（100）

据整理小组译文："制作同一种器物，其大小、长短和宽度必须相同。""县和工室由有关官府校正其衡器的权、斗桶和升，至少每年应校正一次。本身有校正工匠的，则不必代为校正。这些器物在领用时就要加以校正。"[1]

这样的制度，严格要求生产规程的一致，也确定了产品规格的"必等"，质量的可靠也因此得到保证。

对于秦机械制作的"标准化"，有学者从"零件几何参数的标准化""加工工艺的标准化""产品规格的系列化"几个方面进行了分析。论者指出："秦始皇统一中国后，在政治、经济、生产技术各个领域大规模地推行标准化，并用法律形式以及建立监督检验机构来保证标准化在全国的推广和实施。这不仅对创造灿烂的秦汉文明起到了积极的推进作用，也为我国古代标准化的形成和发展奠定了基础。"[2]秦的"器械一量"的制度是否适宜于以所谓"标准化"予以总结，还可以讨论。但是这种规范化管理体制对于机械制作生产效率的提高，产品质量的保证以及总体产业水平的进步，无疑都体现出了积极的意义。

---

1 睡虎地秦墓竹简整理小组：《睡虎地秦墓竹简》，释文注释第 43—44 页。

2 杨青：《论秦代机械工程的标准化》，《西北农林科技大学学报》（自然科学版）第 23 卷增刊，1995 年 12 月。

7. 关于"机械之心"

《春秋繁露·五行相生》写道:"百工维时,以成器械。器械既成,以给司农。"[1]许多"器械"的发明,"机械"的发明,可能最初确实是在普通的生产实践中实现的。《说文·木部》:"机,主发谓之'机'。"又说:"滕,机持经者。""杼,机持纬者。"段玉裁注因"滕""杼"与"机"的关系,以为"则'机'谓织具也"。[2]然而许慎"主发谓之'机'"的说明,告知我们秦汉人对于"机"的最基本的特征的认识。段玉裁的解释是:"机之用主于发,故凡主发者,皆谓之'机'。"狩猎生产中使用的"机",也在早期文明进程中有重要的作用。《墨子·非儒下》:"若将有大寇乱,盗贼将作,若机辟将发也,他人不知,己独知之。"其中"机辟",孙诒让《墨子间诂》解释说:"'机辟',盖掩取鸟兽之物。"[3]《庄子·逍遥游》:"庄子曰:'子独不见狸狌乎?卑身而伏,以候敖者;东西跳梁,不避高下;中于机辟,死于罔罟。'"成玄英疏:"'辟',法也,谓机关之类也。"[4]秦汉人习用之"机网"[5]"机穽"[6]等,也是类似的装置。

在中国上古思想史中"'智能'被'道德'湮没"的时代,社会文化之"配天文德","就已经显现出智能之从属于道德","敬德孝思"者"兼理着智能的生产"。国民思想的主体倾向"有着绝大可能完成'贤'与'德'的结合,使'贤'与'圣''哲'相接种",使得本来应当成为"智者"的知识人"成为被道德性或人生智能所渗透了的'贤人'"。这种社会意识倾向,

---

1 苏舆撰,钟哲点校:《春秋繁露义证》,第366页。

2 〔汉〕许慎撰,〔清〕段玉裁注:《说文解字注》,第262页。《淮南子·氾论》:"伯余之初作衣也,緂麻索缕,手经指挂,其成犹网罗。后世为之机杼胜复以便其用,而民得以掩形御寒。"何宁撰:《淮南子集释》,第914页。

3 〔清〕孙诒让著,孙以楷点校:《墨子间诂》,第296页。

4 郭庆藩辑,王孝鱼整理:《庄子集释》,第40页。

5 《后汉书》卷一六《寇恂传》:"刺史张敬好为谄谀,张设机网,复令陛下兴雷电之怒。"第629页。

6 《后汉书》卷八〇下《文苑列传下·赵壹》:"有一穷鸟,戢翼原野。罼网加上,机穽在下。前见苍隼,后见驱者。缴弹张右,羿子彀左。飞丸激矢,交集于我。思飞不得,欲鸣不可。举头畏触,摇足恐坠。内独怖急,乍冰乍火。"李贤注:"'机',捕兽机槛也。"第2629页。

"首先便约束着'智能'的发达。"[1]

　　对于"百工""器械",与"小人""鄙夫"对立的"君子"们内心是有所蔑视的。《庄子·天地》:"子贡南游于楚,反于晋,过汉阴,见一丈人方将为圃畦,凿隧而入井,抱瓮而出灌,搰搰然用力甚多而见功寡。子贡曰:'有械于此,一日浸百畦,用力甚寡而见功多,夫子不欲乎?'为圃者卬而视之曰:'奈何?'曰:'凿木为机,后重前轻,挈水若抽,数如泆汤,其名为槔。'为圃者忿然作色而笑曰:'吾闻之吾师,有机械者必有机事,有机事者必有机心。机心存于胸中,则纯白不备;纯白不备,则神生不定,神生不定者,道之所不载也。吾非不知,羞而不为也。'[2]子贡瞒然惭,俯而不对。"这位"丈人"又说:"功利机巧,必忘夫人之心。若夫人者,非其志不之,非其心不为。"对于所谓"有机事者必有机心",成玄英疏:"有机动之务者,必有机变之心。"[3]《淮南子·原道》又重复这一观点:"机械之心,藏于胸中,则纯白不粹,神德不全。"高诱注:"机械,巧诈也。"《淮南子·精神》所谓"机械之巧弗载于心",《淮南子·本经》所谓"机械诈伪莫藏于心",也都表达了对"机心"的贬抑倾向。[4]《文子》卷上《守朴》写作:"机械智巧不载于心。"[5]《淮南子·本经》又说:"逮至衰世,人众财寡,事力劳而养不足,于是忿争生,是以贵仁。仁鄙不齐,比周朋党,设诈谞,怀机械巧故之心,而性失矣。"高诱注:"'性失',失其纯朴之性也。"[6]所谓"怀机械巧故之心"的精神现象,是与"衰世""忿争生"的社会现象共生的。《后汉书》卷七七《酷吏传》:"赞曰:大道既往,刑礼为薄。斯人散矣,机诈萌作。"[7]也是同样的意思。

1　侯外庐、赵纪彬、杜国庠:《中国思想通史》第1卷《古代思想》,人民出版社1957年3月版,第35—37页。
2　《文子》卷上《道原》:"老子曰:机械之心藏于中,即纯白之不粹,神德不全。"王利器撰:《文子疏义》,第51页。
3　郭庆藩辑,王孝鱼整理:《庄子集释》,第433—436页。《文子》卷下《微明》:"民知书则德衰,知数而仁衰,知券契而信衰,知机械而实衰。"王利器撰:《文子疏义》,第309页。
4　何宁撰:《淮南子集释》,第14页、第227页、第245页。
5　王利器撰:《文子疏义》,第168页。
6　何宁撰:《淮南子集释》,第568页。
7　《后汉书》,第2503页。

理解所谓"机诈"，可以参考《淮南子·本经》"机械诈伪"，"设诈谞，怀机械巧故之心"，《文子》卷下《下德》"怀机械巧诈之心"。《孟子·尽心上》宣传的孟子的思想，则完全将"机械"与正统道德对立起来："孟子曰：'耻之于人大矣。为机变之巧者，无所用耻焉。不耻不若人，何若人有？'"[1]

《史记》卷一一九《循吏列传》可见公仪休故事："公仪休者，鲁博士也。以高弟为鲁相。奉法循理，无所变更，百官自正。使食禄者不得与下民争利，受大者不得取小。客有遗相鱼者，相不受。客曰：'闻君嗜鱼，遗君鱼，何故不受也？'相曰：'以嗜鱼，故不受也。今为相，能自给鱼；今受鱼而免，谁复给我鱼者？吾故不受也。'食茹而美，拔其园葵而弃之。见其家织布好，而疾出其家妇，燔其机，云：'欲令农士工女安所雠其货乎？'"[2] 对"利"的绝对冷漠，形成了敌视物质生活与物质生产进步的偏执心理，致使公仪休有"燔其机"的极端行为。公仪休事迹在王莽专政时代被引入阿谀之辞[3]，不免使人联想到弃葵燔机行为或许与"折节力行，以要名誉"[4] 的表演亦有近似之处。公仪休的故事，可以作为文化寓言读。而较宽广社会层面对"机"的反感和警觉，可以通过《焦氏易林》这样的文献有所发现。《焦氏易林》卷二《无妄·晋》："乱危之国，不可涉域。机机发发，身顿僵覆。"《焦氏易林》卷四《井·坎》："炙鱼铜斗，张伺夜鼠。不忍香味，机发为祟，祟在头颈。"[5]"机"原本是智能的标志[6]，然而在这里都表现出负面的文化品质。

《汉书》卷六四上《吾丘寿王传》载录吾丘寿王就公孙弘禁民不得挟

---

1 〔清〕焦循撰，沈文倬点校：《孟子正义》，第 886 页。

2 《史记》，第 3102 页。

3 《汉书》卷九九上《王莽传上》载陈崇上奏"称莽功德"，有"鲁公仪子不茹园葵，公之谓矣"语。颜师古注："公仪子，鲁国相公仪休也，拔其园葵，不夺园夫之利。"第 4058—4059 页。

4 《汉书》卷九九下《王莽传下》，第 4194 页。

5 〔旧题汉〕焦延寿撰，徐传武、胡真校点集注：《易林汇校集注》，第 956 页、第 1781 页。

6 《列子·仲尼》："大夫不闻齐鲁之多机乎？有善治土木者，有善治金革者，有善治声乐者，有善治书数者，有善治军旅者，有善治宗庙者，群才备也。"对于所谓"齐鲁""多机"，张湛注："机，巧也。多巧能之人。"杨伯峻撰：《列子集释》，第 134—135 页。

弓弩事奏议，其中说道："臣闻古者作五兵，非以相害，以禁暴讨邪也。安居则以制猛兽而备非常，有事则以设守卫而施行阵。及至周室衰微，上无明王，诸侯力政，强侵弱，众暴寡，海内抏敝，巧诈并生。是以知者陷愚，勇者威怯，苟以得胜为务，不顾义理。故机变械饰，所以相贼害之具不可胜数。于是秦兼天下，废王道，立私议，灭《诗》《书》而首法令，去仁恩而任刑戮，堕名城，杀豪桀，销甲兵，折锋刃。其后，民以耰锄棰梃相挞击，犯法滋众，盗贼不胜，至于赭衣塞路，群盗满山，卒以乱亡。"[1] 将诸侯国为秦兼并与"机变械饰"现象联系起来，将秦的"乱亡"与"销甲兵，折锋刃"政策联系起来，是很有意思的见解。

侯外庐等在分析春秋战国时期思想史的特征时指出："自然，在反氏族遗制上，墨子比孔子急进，所以到了后期墨家的《墨经》里，较富于'智者'色彩，道德论的'贤人作风'反退于副次的地位。"[2] 而墨学在秦国得以传播，也绝不是偶然的。墨学学者多有投靠秦国者。文献可见"东方之墨者""如秦""居秦"事，也可见"秦之墨者""秦墨者"。[3]"墨家重实践，重技艺"，"墨家在秦的形而下技术实践"，很可能体现于"器械制作"。[4]《荀子·解蔽》说："墨子蔽于用而不知文。"[5] 说墨学重视实际功用而缺乏理论内容。然而秦人正是有重视实用之学的传统。秦始皇焚书，"所不去者，医药、卜筮、种树之书"[6]。技术之学，包括医学、农学、数术之学等，都得到继承和发展的基本条件。实际上，有重要实用价值的兵学，在秦代也没有禁绝。[7] 秦人对于实用之学和技术之学的看重，也许成为秦机械发明多有成就的意识史和观念史的原因。[8]

1 《汉书》，第 2795—2796 页。

2 侯外庐、赵纪彬、杜国庠：《中国思想通史》第 1 卷《古代思想》，第 37 页。

3 《吕氏春秋·去私》《去尤》《首时》《去宥》。许维遹撰，梁运华整理：《吕氏春秋集释》，第 31 页、第 291 页、第 324 页、第 424 页。

4 张文立、宋尚文：《秦学术史探赜》，陕西人民出版社 2004 年 5 月版，第 125 页、第 124 页、第 120 页。

5 〔清〕王先谦撰，沈啸寰、王星贤点校：《荀子集解》，中华书局 1988 年 9 月版，第 392 页。

6 《史记》卷六《秦始皇本纪》，第 255 页。

7 参看田旭东：《秦火未殃及兵书谈》，《西部考古》第 1 辑，三秦出版社 2006 年 10 月版。

8 王子今：《秦人的机械发明》，《国学学刊》2009 年 1 期（创刊号）。

鸠车

1. 小儿"鸠车之乐"

在距秦汉时期并不很久的年代，晋人杜夷《幽求子》写道："儿年五岁，有鸠车之乐；七岁，有竹马之欢。"[1]《锦绣万花谷》卷一六引张华《博物志》："小儿五岁曰鸠车之戏，七岁曰竹马之戏。"[2] 可知"鸠车""竹马"一类儿童游艺形式在民间曾经广泛普及。

1977 年出土的山东嘉祥核桃园齐山村北汉画象石，1978 年出土的山东嘉祥满硐宋山村北汉画象石，傅惜华《汉代画象全集》著录的山东滕县汉画象石，以及陕西绥德刘家沟汉画象石，都可以看到反映"孔子见老子"传说的画面。其中立于孔子与老子之间的童子，应当就是传说中的神童项橐。据《中国画像石全集》所收录汉画象石图版，突出显示项橐形象者，有山东平邑功曹阙北面画象，山东嘉祥武氏西阙正阁身北面画象，山东泰安大汶口墓门楣东段画象，山东嘉祥宋山汉画象，山东嘉祥洪福院汉画象，山东滕州官桥镇车站村出土汉画象，陕西绥德刘家沟出土汉画象等。[3]

值得注意的是，在反映"孔子见老子"传说的画面中，站立居中，形象表现为童子的项橐，往往手持下附小型车轮的木柄。这一器物所象征的，应当就是鸠车[4]，与此对应的老子作为身份标志的象征物，则是藜

1　〔宋〕王应麟撰：《玉海》，《景印文渊阁四库全书》，第 945 册第 211 页。

2　《锦绣万花谷》，《景印文渊阁四库全书》，第 924 册第 216 页。

3　《中国画像石全集》，山东美术出版社、河南美术出版社 2000 年 6 月版。

4　山东省博物馆、山东省文物考古研究所：《山东汉画像石选集》，齐鲁书社 1982 年 3 月版；傅惜华：《汉代画象全集》，巴黎大学北京汉学研究所 1950 年版；李林、康兰英、赵力光：《陕北汉代画像石》，陕西人民出版社 1995 年 3 月版。

杜。[1]汉画象石画面中屡见项橐以鸠车作为年龄标志[2]，也反映了当时儿童喜好"鸠车之乐""鸠车之戏"是相当普遍的情形。

2. 许阿瞿墓志画象

通过河南南阳李相公庄汉墓出土的许阿瞿墓志画象，可以真切地看到儿童手牵鸠车游戏的情形。画面可见帏幔下有一身着长襦的束发为总角的儿童端坐于榻上，右侧榜题"许阿瞿"三字。榻前置案，案上有酒餐具。画面右方描绘一儿童"牵一木鸠，鸠有两轮，后一人执鞭赶鸠"。画面体现了富家小主人令僮儿表演所谓"鸠车之戏"以取乐的情形。志文记述许阿瞿"年甫五岁，去离世荣，遂就长夜，不见日星"[3]，可见，"年五岁有鸠车之乐"，"小儿五岁曰鸠车之戏"的说法，也反映了汉代社会风习。宋张世南《游宦纪闻》卷五："鸠车，儿戏之物。"元陶宗仪《辍耕录》卷一七："鸠车，儿戏之具。"[4]这种玩具又成为儿童年龄的标志物。《绀珠集》卷一三："竹马鸠车。王元长曰：'小儿五岁曰鸠车之戏，七岁曰竹马之戏。'"[5]《类说》卷二三及卷六〇都写道："鸠车竹马。王元长曰：'小儿五岁曰鸠车之戏，七岁曰竹马之游。'"[6]唐人潘炎《童谣赋》："荧惑之星兮列

1　以藜草老茎作杖，质坚而轻，古时老者以为行具。《庄子·让王》："原宪华冠縰履，杖藜而应门。"郭庆藩辑，王孝鱼整理：《庄子集释》，第 976 页。《史记》卷五五《留侯世家》记述黄石公神话，张守节《正义》引《括地志》："孔文祥云：'黄石公状，须眉皆白，杖丹黎，履赤舃。'"第 2036 页。〔晋〕王嘉撰、〔梁〕萧绮录，齐治平校注：《拾遗记》卷六："刘向于成帝之末，校书天禄阁，专精覃思，夜有老人，着黄衣，植青藜杖，登阁而进。"第 153 页。

2　参看王子今：《"秦项橐"故事考议》，《秦文化论丛》第 14 辑，三秦出版社 2007 年 10 月版。

3　南阳市博物馆：《南阳发现东汉许阿瞿墓志画像石》，《文物》1974 年第 8 期；闪修山、王儒林、李陈广编著：《南阳汉画象石》，河南美术出版社 1989 年 6 月版，第 73 页。或说这种游戏形式为"牵木鸠奔跑玩耍"。王建中、闪修山著：《南阳两汉画像石》，文物出版社 1990 年 6 月版，图版 282—284。

4　〔明〕方以智《通雅》卷三三《器用·古器》同，《景印文渊阁四库全书》，第 857 册第 632 页。

5　〔宋〕朱胜非：《绀珠集》，《景印文渊阁四库全书》，第 872 册第 534 页。

6　《景印文渊阁四库全书》，第 873 册第 405 页、第 1044 页。《海录碎事》卷八上，《谈苑》卷四同。

49-1　许阿瞿墓志画象

天文，降为童谣兮告圣君。发自鸠车之岁，称为竹马之群。"[1] 明汪砢玉《珊瑚网》卷三三："余弄鸠车时，家甫得陆天游画上题云：'溪山清眺，陆广为文伯作。'"卷三八："余弄鸠车时，见先荆翁斋阁悬山水二幅。"[2] 清人王士禄《减字木兰花·羁所七忆》其四："桃花醸雪，掌里双珠光似月。几载身傍，次第鸠车看绕床。"[3] "鸠车之岁"，"弄鸠车时"，都是后来对于童年之"忆"的表述，"鸠车"成为"儿戏"场面的典型标志。所谓"弄鸠车""鸠车之乐""鸠车之戏"情形，通过许阿瞿画象可以得到反映。[4]

1〔宋〕李昉等编：《文苑英华》卷八五，第 386 页。

2〔明〕汪砢玉：《珊瑚网》，《景印文渊阁四库全书》，第 818 册第 631 页、第 728 页。

3〔清〕王士禄：《炊闻词上》，〔清〕孙默：《十五家词》卷一〇，《景印文渊阁四库全书》，第 1494 册第 129 页。

4　王子今：《许阿瞿墓志补释》，《湖南省博物馆馆刊》第 12 辑，岳麓书社 2016 年 8 月版。

3. "鸠车"实物

"鸠车"实物，在汉代文物资料中可以看到遗存。

1955 年发掘的洛阳涧西区小型汉墓中，墓 45 出土一件陶鸠车，据发掘报告记录，"体为鸟形，实腹，两翼成车轮状，中有一轴，可拉动，质地属夹砂红陶"。墓 41 还出土一件铜鸠车，"与墓 45 的陶鸠车形状类同，在鸟的腹部两旁，向外凸有圆轮轴，其轮未见"。铜车的车轮或为木质，已朽坏。墓 41 和墓 45 都是儿童墓，墓室长前者仅为 1.5 米，后者仅为 1.4 米。发掘者分析这一"贫苦人民的墓地"的出土器物，以为"鸠车出自儿童墓，铜镜多佩于成年者的墓中，疑亦为两汉时代的葬俗"。[1]

墓中随葬品多为死者生前珍爱之物。汉代儿童墓出土鸠车，说明这是当时民间较为流行的儿童玩具。

日本藤井有邻馆收藏有较完整的一件汉代铜鸠车，两轮，有长尾，尾端扁平。用力牵曳，则尾部翘起，若缓行，则尾端摩地，正可以仿拟鸠鸟飞翔和行走时的不同形态。分析这一铜鸠车的形制，可能鸠鸟头部上方的

49-2　洛阳出土东汉铜鸠车

1　赵青云、刘东亚：《一九五五年洛阳涧西区小型汉墓发掘报告》，《考古学报》1959 年 2 期。

49-3　偃师城关镇吓田寨村出土西晋铜鸠车

空銎也可以安插类似山东和陕北汉画象石所表现的用以儿童手持的长柄。鸠鸟耳侧似有穿孔，看来又可以穿系绳索牵引运行。[1]

洛阳中州路西汉初期房屋基址中出土一件所谓"陶鸽"，残长 11.5 厘米，腹宽 6 厘米，厚 5.5 厘米，"首尾残缺，两翼在背上交叠，腹下有一方形洞，可插入柱状物"，发掘报告执笔者推测可能是安装在房顶上的装饰。[2] 然而由其形制大小判断，房顶装饰之说显然难以成立。这件"陶鸽"其实很可能是儿童玩具鸠车的残件，腹下方形孔，正用于安装在有车轮装置的底盘上，因而应正名为"陶鸠"。

49-4　洛阳曹魏大墓出土石牌"银鸠车"铭文

1　〔日〕林巳奈夫：《漢代の文物》，京都大学人文科学研究所昭和五一年版，图 8—64。
2　中国科学院考古研究所：《洛阳中州路（西工段）》，科学出版社 1959 年 1 月版，第 48—49 页。

4. 金石学论著中的"汉鸠车"

后世"博古"学者的金石学论著中可以看到有关"鸠车"实物的记述。其中有可能确实是"汉物"者。

《重修宣和博古图》卷二七可见两幅"鸠车"图象。前者被判定为"汉鸠车",后者则称"六朝鸠车":

前一器高二寸二分,长三寸二分,阔一寸七分。轮径各二寸二分。重一十两。无铭。

后一器高一寸八分,长三寸二分,阔一寸二分。轮径各一寸三分。重三两。无铭。

右二器,状鸤鸠形,置两轮间。轮行则鸠从之。前一器,汉物也。其禽背负一子,有钮置之前,以贯绳,盖絷维之所也。后一器,六朝物也。其禽前后负二子,亦有钮以贯绳焉。尾际又有小轮以助之。盖

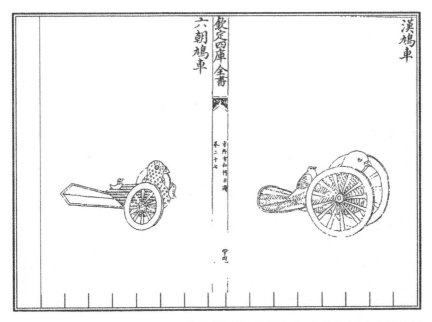

49-5《重修宣和博古图》卷二七"汉鸠车"与"六朝鸠车"

制度略相似，但增损不同耳。按《鸤鸠》之诗以况母道均一，故象其子以附之，因以为儿童戏。若杜氏《幽求子》所谓"儿年五岁，有鸠车之乐；七岁，有竹马之欢"者是也。[1]

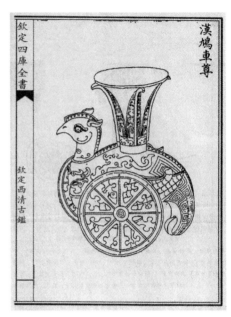

49-6 《西清古鉴》卷一一"汉鸠车尊"

《西清古鉴》卷一一有"汉鸠车尊"。图侧说明文字写道："右高五寸一分，深四寸四分，口径二寸四分，轮径各二寸六分，通长五寸五分，重二十五两。此与前二器皆弄具也，与祭器自别。""弄具"应当就是玩具。同书卷三八有"唐鸠车"。编辑者写道："右高二寸一分，长三寸五分，阔三寸六分，轮径二寸，重一十二两。《博古图》亦载此器，引杜氏'年五岁有鸠车之乐'云云。盖儿戏所用，非上世制也。"[2]此说"《博古图》亦载此器，引杜氏'年五岁有鸠车之乐'云云"，而《博古图》言"六朝鸠车"。其图亦与《博古图》略有不同。使用这种玩具的游戏方式看来在历史上沿袭甚久。[3]

1 〔宋〕王黼著，诸莉君整理校点：《宣和博古图》，上海书店出版社2017年1月版，第508页。
2 〔清〕梁诗正、蒋溥等撰：《西清古鉴》，《景印文渊阁四库全书》，第841册第327页、第842册第325页。
3 王子今：《汉代民间的玩具车》，《文物天地》1992年2期；《汉晋"鸠车"考识》，《湖南省博物馆馆刊》第15辑，岳麓书社2019年12月版。

竹马

1. 郭伋故事

　　有关竹马这种儿童跨骑竹竿仿拟跃马奔走的传统游戏方式，最早的明确记载，也见于汉代。[1]《后汉书》卷三一《郭伋传》说，汉光武帝建武年间，并州牧郭伋为官廉正，"素结恩德"，以致"民得安业"，据说"所到县邑，老幼相携，逢迎道路"。最为生动，流传最为久远的，是体现他与美稷县儿童友情的故事：

　　　　（郭伋）始至行部，到西河美稷，有童儿数百，各骑竹马，道次迎拜。伋问："儿曹何自远来？"对曰："闻使君到，喜，故来奉迎。"伋辞谢之。及事讫，诸儿复送之郭外，问："使君何日当还？"伋谓别驾从事，计日告之。行部既还，先期一日，伋为违信于诸儿，遂止于野亭，须期乃入。[2]

　　这一史事，后来反复为人称引，成为官民间关系融怡感情和睦的典型。[3]这一记录还被看作"美稷"地方（今内蒙古准格尔旗西北）当时有竹类生长的

---

1 《墨子·耕柱》："子墨子谓鲁阳文君曰：'大国之攻小国，譬犹童子之为马也。童子之为马，足用而劳。'"一说其中所谓"童子之为马"就是竹马。毕沅注："言自劳其足，谓竹马也。"然而似仍不能看作"竹马"出现的确证。孙诒让《墨子间诂》："案：此直言童子戏效为马耳，不必竹马，毕说并非。"第431—432页。

2 《后汉书》，第1093页。

3 如庾信《周车骑大将军贺娄公神道碑》："竹马来迎，已知名于郭伋。"〔北周〕庾信撰，〔清〕倪璠注，许逸民校点：《庾子山集注》，中华书局1980年10月版，第867页。梁孝元帝《赋得竹》诗："作龙还葛水，为马向并州。"逯钦立辑校：《先秦汉魏晋南北朝诗》，第2047页。罗隐《投宣武郑尚书二十韵》诗："骑儿逢郭伋，战士得文翁。"《全唐诗》，第7619页。刘商《送贾使君拜命》诗："人咏甘棠茂，童谣竹马群。"《全唐诗》，第3456页。苏轼《次前韵再送周正孺》诗："竹马迎细侯，大钱送刘宠。"〔宋〕苏轼撰，〔清〕王文诰辑注：《苏轼诗集》，中华书局1982年2月版，第1585页。

生态环境史料。[1]

2. 乘竹马而戏

《三国志》卷八《魏书·陶谦传》裴松之注引《吴书》记载了东汉晚期都市儿童"乘竹马而戏"的情形：

> （陶谦）少孤，始以不羁闻于县中。年十四，犹缀帛为幡，乘竹马而戏，邑中儿童皆随之。[2]

也是反映民间儿童竹马之戏的记载。

鸠车之戏与竹马之戏成为具有代表性的儿童游艺内容，于是有"鸠竹"之说[3]。鸠车与竹马都是以运动为形式的游戏，表现了儿童欢跃活泼的情绪特征，其中透露的"不羁"的性格倾向，或许在某种意义上代表着社会生活中积极的生机和进步的希望。特别是"童儿数百，各骑竹马，道次迎拜"，"乘竹马而戏，邑中儿童皆随之"所体现的群体精神，尤其引人注目。[4]

1　文焕然指出，"美稷在今内蒙古准格尔旗（N39.6°）西北，长城以北，当时能够产竹，今却不能生长"。又说："历史上经济栽培竹林的分布北界有所南移，汉代以前其最北地区似在 N40° 左右的西河美稷（今内蒙古准格尔旗西北），现今似在 N36.5° 的河北涉县以南。其变迁幅度之所以小于同时期一些热带、亚热带代表性动植物，主要是它含有人工栽培之因素。"文焕然：《二千多年来华北西部经济栽培竹林之北界》，《历史地理》第 11 辑，上海人民出版社 1993 年 6 月版，第 249 页、第 257 页。以为美稷制作"竹马"原料来自于"栽培竹林"，恐不确。参看王子今：《秦汉时期生态环境研究》，第 232—236 页。

2　《三国志》，第 248 页。

3　如俞樾撰、徐明、文青校点：《春在堂随笔》卷一〇："忆儿时鸠竹，随处嬉遨。"辽宁教育出版社，2001 年 2 月版，第 136 页。

4　王子今：《漫说"竹马"》，《历史大观园》1992 年 10 期；《"竹马"源流考》，《比较民俗研究》1993 年 9 期。

3. "竹马"的形式

美稷"童儿数百，各骑竹马"与陶谦"乘竹马而戏，邑中儿童皆随之"的游戏形式，应当较为简易。"竹马"作为儿童游戏用具，其实通常只是一根象征"马"的竹竿。通用辞书一般都是这样解释的。如《辞源》：

> 【竹马】儿童游戏时当马骑的竹竿。《后汉书·郭伋传》："始至行郡[1]，到西河美稷，有童儿数百，各骑竹马，道次迎拜。"《世说新语·方正》："（诸葛靓）与（晋）武帝有旧，……相见礼毕，酒酣，帝曰：'卿故复忆竹马之好不？'"后人常用儿童骑竹马迎郭伋事称颂地方官吏。唐白居易《长庆集》五五《赠楚州郭使君》诗："笑看儿童骑竹马，醉携宾客上仙舟。"《全唐诗》五四九赵嘏《淮信贺滕迈台州》："旌斾影前横竹马，咏歌声里乐樵童。"[2]

又《汉语大词典》：

> 【竹马】①儿童游戏时当马骑的竹竿。《后汉书·郭伋传》："始至行部，到西河美稷，有童儿数百，各骑竹马，道次迎拜。"后用为称颂地方官吏之典。唐许浑《送人之任邛州》诗："群童竹马交迎日，二老兰筋初见时。"宋苏轼《次前韵再送周正孺》："竹马迎细侯，大钱送刘宠。"清王端履《重论文斋笔录》卷五："先君集中有《依韵答卢石甫明府二律》，皆再任时倡和之作也，敬录如左：'迎来竹马又三年，爱景熏风话果然。'"②即薅马。南方农村耘稻时所用的一种农具。[3]

又《现代汉语词典》：

> 【竹马】①儿童放在胯下当马骑的竹竿。②一种民间歌舞用的道

1　今按："行郡"，应是"行部"误排。

2　商务印书馆 1981 年修订第 1 版，第 3 册第 2345 页。

3　汉语大词典出版社 1991 年 12 月版，第 8 册第 1095 页。

50-1 敦煌莫高窟第九窟童子骑竹马图

具，用竹片、纸、布扎成马形，可系在表演者身上。[1]

看来，说到"竹马"，多以《后汉书》卷三一《郭伋传》为第一书证，而大致共同的解释，是儿童"当马骑的竹竿"，而并非"竹马戏""竹马灯"等

1 商务印书馆 1996 年 7 月修订第 3 版，第 1640 页。

50-2　敦煌莫高窟第九窟东壁门南女供养人像临摹图

"民间歌舞用的道具"。[1]

　　"竹马"因形式简单、材质易腐坏的原因，汉代实物资料未发现。较早的图像资料，有敦煌莫高窟第九窟壁画所见儿童骑竹马画面可以参考。

1　关传友《中华竹文化》在讨论"竹的民俗文化"时说到"竹马戏"。"马"为"竹篾编织"，"周围用绸布或彩纸糊裱成马的模样"。中国文联出版社 2000 年 12 月版，第 423—424 页。《汉语大词典》有"竹马灯"词条："一种民间歌舞形式。竹马一般用篾片扎成骨架，外面糊纸或布，分前后两截，系在舞者腰上如骑马状。"汉语大词典出版社 1991 年 12 月版，第 8 册第 1095 页。王子今：《漫说"竹马"》，《历史大观园》1992 年 10 期；《"竹馬"源流考》，《比较民俗研究》第 8 号，筑波大学比较民俗研究会 1993 年 9 月版。

泥车·瓦狗

1. "诸戏弄小儿之具"

鸠车，在汉代民间已经是一种普及程度相当高的儿童玩具。鸠车仿车辆结构设计制作，作为交通文化的一种曲折反映，也是值得重视的。有学者总结文献所见汉代车辆名称，有九十种之多，尽管确实"在称谓上多有重叠"[1]，仍然可以说明当时车辆制造业的发达和车辆在社会生活中的作用。而鸠车的出现和普及，其实是可以说明有关现象的又一例证。正如研究者所说，考察古代车制应当首先分清两个体系，"一种是代表着政府的官工业，一种是民间的工业。前者标志着少数工艺的高度成就，后者代表着普遍的技术水平。观察车辆技术需要从这两个方面着手，不能有所轩轾"[2]。鸠车制作可以看作"民间的工业"及"普遍的技术水平"的一种特殊的反映，因而有不宜忽视的意义。

上文说到，汉代"鸠车"实物，早已见于宋人著述。日本藤井有邻馆收藏有较完整的一件汉代铜质鸠车。[3] 1955 年发掘的洛阳涧西区小型汉墓中出土的陶鸠车和铜鸠车，墓主都是儿童。发掘者以为"鸠车出自儿童墓"，"疑亦为两汉时代的葬俗"。[4]

据《潜夫论·浮侈》，当时儿童玩具即所谓"诸戏弄小儿之具"，还有其他形式。

1　王振铎遗著：《东汉车制复原研究》（李强整理补注），科学出版社 1997 年 3 月版，第 118 页。

2　王振铎遗著：《东汉车制复原研究》（李强整理补注），第 2 页。

3　〔日〕林巳奈夫：《漢代の文物》，京都大学人文科学研究所昭和五一年版，图 6–64。

4　赵青云、刘东亚：《一九五五年洛阳涧西区小型汉墓发掘报告》，《考古学报》1959 年第 2 期。

2.《潜夫论·浮侈》言"泥车、瓦狗、马骑、倡俳"

汉墓同类出土物设计的新巧与制作的精细，还说明社会生产对此类需求已经有足够的重视。

王符在《潜夫论·浮侈》中批评奢华世风，指出：

> 或作泥车、瓦狗、马骑、倡俳，诸戏弄小儿之具以巧诈。

彭铎《潜夫论笺校正》说："泥车、瓦狗、马骑、倡俳，汉墓中多有之。"[1]汉墓随葬品中多见此类遗物确实是事实，除了许阿瞿墓等情形以外，这一现象应当看作汉代社会一般休闲生活的内容和形式的一种体现，但是"诸戏弄小儿之具"的说法，又说明这类器物原本只是儿童玩具。而针对儿童这一特殊社会层次的市场需求能够影响生产导向，或许反映了汉代社会的某种文化风格，这也是值得我们重视的。

3. 马圈湾汉代烽燧遗址的发现

敦煌马圈湾汉代烽燧遗址出土当时军人及其家属的遗物中，有未成年人的生活用品。

出土的履，有发掘者认为"为男性成人所用"的"麻布履"一件。也有"似为妇女所用"的"涂漆麻线编织履"一件。另有值得特别关注的儿童穿用的履。发掘报告中写道：

> 麻线编织履　一件。标本 T2:020。以细麻线编织，口呈椭圆形，底长 15 厘米，宽 5.5 厘米，履前部已磨破。为 3—4 岁小孩所用。

另有所谓"玩具衣"即女孩喜爱的玩偶的服装：

---

1 〔汉〕王符著，〔清〕汪继培笺，彭铎校正：《潜夫论笺校正》，第 125 页。

51-1 偃师辛村新莽墓壁画六博图

51-2 洛阳出土骑羊俑

51-3 西安尤家庄六十七号汉墓出土蹴鞠俑

　　　　玩具衣　　三件。标本 T3:017。以素绢手工缝制，以深红色绢作领和袖，以深蓝色绢作袖缘。衣长 4 厘米，胸围 3.4 厘米，两袖长 2.6 厘米，领边宽 0.6 厘米，下摆残。依古代衣服制度，似仿襦制作。

又出土一件"蹴鞠"游戏的用物，发掘报告执笔者认为可能是"随军子女之玩具"：

　　　　蹴鞠　　一件。标本 T12:01，内填丝绵，外用细麻绳和白绢挫成的绳，捆扎成球形。直径 5.5 厘米。《汉书·东方朔传》："郡国狗马蹴鞠剑客辐凑董氏。常从游戏北宫，驰逐平乐，观鸡鞠之会，角狗马之足，上大欢乐之。"此件似为随军子女之玩具。[1]

推测"似为随军子女之玩具"，可能是因为形体较小的缘故。

　　其实，我们还不能判断，这种"玩具"是否与《潜夫论·浮侈》所说"诸戏弄小儿之具"中的"倡俳"有关。

　　看来，边塞儿童也有与一般儿童共同的生活情趣。细心制作的"蹴鞠"和"手工缝制"的"玩具衣"，都说明在特殊的军事生活背景下，他们的父母对子女可能表现出了更多的关爱。

　　就社会生活产生的社会需求以及满足这种需求的社会生产而言，儿童玩具在秦汉社会的出现，是值得历史学者关注的。

1　甘肃省文物考古研究所：《敦煌马圈湾汉代烽燧遗址发掘报告》，《敦煌汉简》，下册第 56 页、第 55 页、第 63 页。

51-4 敦煌马圈湾烽燧遗址出土蹴鞠

51-5 敦煌马圈湾烽燧遗址出土儿童玩偶衣服 1

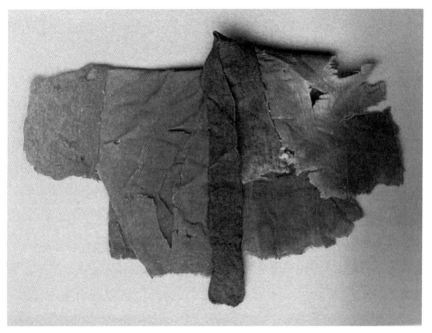

51-6　敦煌马圈湾烽燧遗址出土儿童玩偶衣服 2

51-7　洛阳曹魏大墓出土石牌
"金戏弄具"铭文

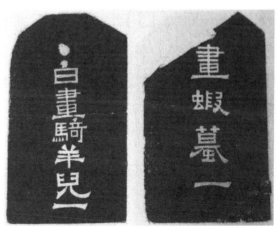

51-8　洛阳曹魏大墓出土石牌"白画骑羊儿""画蝦墓"铭文

鬈櫵车

1. 里耶简文"祠器""鬃櫺车"

里耶秦简多有涉及秦制度的简文，其中可见涉及"祠器""鬃櫺车"者，值得研究者重视。第九层简牍中简731：

环二尺一环＝去栈高尺以绀缯为盖缦裹☒
祠器∟鬃櫺车以木为栈广四尺[1]

这则简文，很可能是有关"祠器"形制的规定。

从简文内容看，所谓"鬃櫺车"者，似乎应是木质髹漆车辆，又以丝织品"绀缯"为车"盖"，而且有"缦裹"之车辆部件。从车具用"鬃"及"绀缯""缦"看，此"鬃櫺车"的装饰品位达到了相当高的等级规格。

这是比较宝贵的有关车辆制作与装饰使用材料的文字记录。对于车制史，保留了极有价值的信息。这种价值，不仅仅限于制车技术层面，很可能涉及与车辆使用相关的秦人信仰世界的秩序与神学传统、祭祀规范。

简文所见"鬃櫺车以木为栈广四尺"，尺寸与一般实用车辆明显有异，推测应是车辆的模型。

52-1　里耶简文"祠器""鬃櫺车"

---

[1] 湖南省文物考古研究所：《里耶秦简》（贰），文物出版社2017年12月版，图版第94页，释文第30页。

2. "环二尺一环"

从里耶秦简 731 的简文内容,可以试推知作为"祠器"的"鬈檽车"的大致形制。

"环二尺一环＝去栈高尺"简文中,"环"或可理解为"辕"。王辉《古文字通假字典》关于"环"字通假,举"读为原"例。又写道:"睡虎地秦简《日书》甲《盗者》'申,环也。'""影本注:'环,读为猨,即猿字。'按《玉篇》:'……猿,同猨。'""《左传·襄公十九年》:'齐侯环卒。'《公羊传》环作瑗。"关于"辕"字,王辉指出:"上博楚竹书《容成氏》简一古帝王名有'轩缓是'即文献可见之'轩辕氏'。"[1]"环与瑗""爰与猿""缓与辕"通假诸例,白于蓝亦指出。[2]

简文所谓"环二",也许可以读作"辕二"。也就是说,此"鬈檽车"应当是双辕车。

回顾秦车制史,可见最早的双辕车的模型出自陕西凤翔高庄战国秦墓。中国早期车辆均为单辕。单辕车须系驾二头或四头牲畜,双辕车则可系驾一头牲畜。陕西凤翔战国初期秦墓 BM103 出土两件牛车模型,牛一牡一牝,两车车辆形制相同,出土时陶车轮置于牛身后两侧,其间有木质车辕及轴、舆等车具朽痕,可以看到车辕为两根。[3]这是中国发现的最早的双辕车模型,也很可能是世界最早的标志双辕车产生的实物数据。[4]双辕车的出现,除改变了原先单辕车系驾牲畜头数的旧制之外,对道路宽度的要求也有所降低,使得一般民户也可以使用,体现了交通工具史上的重大进步。两件牛车模型出土于同一座小型墓葬中,且牛为一牡一牝,还可以说明秦

---

1 王辉编著:《古文字通假字典》,中华书局 2008 年 2 月版,第 715 页、第 721 页、第 722 页。
2 白于蓝编著:《简帛古书通假字大系》,福建人民出版社 2017 年 12 月版,第 1246 页、第 1247 页。
3 吴镇烽、尚志儒:《陕西凤翔八旗屯秦国墓葬发掘简报》,《文物资料丛刊》第 3 辑,文物出版社 1980 年 5 月版。
4 有友人告知,私人收藏文物有青铜双辕车模型,可能发现于三晋地方。可惜未见原物,且年代及出土地点未能明确。

国民间使用这种运输生产数据的普及程度。[1]

"环二"或即"辕二"车型用为"祠器",可以说明双辕车作为交通运输工具在秦的社会生产与社会生活中已经大致得到比较普遍的应用。

3."环去栈高尺"与"栈广四尺"

在里耶秦简 731 简文内容关于可能作为"祠器"的"鬃檽车"之形制的表述中,"环二尺一环＝去栈高尺"与"栈广四尺"简文也值得注意。

秦时 1 尺相当于 23.1 厘米,简文所谓"环二尺一环＝去栈高尺",如果"环二"即体现双辕车形制的推定合理,则"尺一环"文意,似乎说"环"即"辕"的规格。"尺一",即 25.41 厘米。这有可能是指双辕之间的距离。

《诗·小雅·何草不黄》:"有芃者狐,率彼幽草。有栈之车,行彼周道。"毛亨传:"芃,小兽貌。栈车,役车也。"郑玄笺:"狐草行草止,故以比栈车辇者。"[2] 里耶简文"环＝去栈高尺",有可能是指"辕"与"栈"的高差为一尺,即大致为 23.1 厘米。

这种小型车辆,应当并非用于交通运输实践。

甘肃礼县圆顶山春秋秦贵族墓曾经出土下附轮轴的铜盒(98LDM1:9):"盒为长方体,盖面由对开的两扇小盖组成,盒上沿部四角为四个站立的小鸟,可转动。将四鸟面向盖中,盖可锁住;四鸟面向四周,盖即可打开。""盒体下附带轴的两对圆轮,并有辖、䡅,轮可转动。每轮有八根辐条。"[3] 这件形制特殊的器物,或称之为"车型器"。[4] 或称为"微型挽车"。[5]

---

1 王子今:《秦汉交通史稿》(增订版),第 114 页。

2 〔清〕阮元校刻:《十三经注疏》,第 501 页。

3 甘肃省文物考古研究所、礼县博物馆:《礼县圆顶山春秋秦墓》,《文物》2002 年 2 期。

4 赵化成:《秦人从哪里来——寻踪早期秦文化》,《中国文化遗产》2013 年 2 期。

5 刁方伟:《秦西垂陵区圆顶山秦贵族墓地出土文物鉴赏》,《文物鉴定与鉴赏》2016 年 9 期。山西闻喜上郭村出土的类似器物,有人称之为"六轮挽车"。张崇宁:《"刖人守囿"六轮挽车》,《文物世界》1989 年 2 期。

有学者认为，这种"车型器"，"是为墓主人特制的冥器"，"可能具有护佑、引导亡灵之意"。[1]

这种被称作"微型挽车""车型器"的器物体现出车辆特征的形制，使我们很自然地联想到秦祭祀体制中实用"木禺车""木寓车"的传统。

4. "木禺车""木寓车"：秦人车辆模型创制

《史记》卷二八《封禅书》说到秦在雍地的祠祀体制，涉及以"禺"为形式的木质祭祀用品：

> 唯雍四畤上帝为尊，其光景动人民唯陈宝。故雍四畤，春以为岁祷，因泮冻，秋涸冻，冬塞祠，五月尝驹，及四仲之月月祠，若陈宝节来一祠。春夏用骍，秋冬用騝。畤驹四匹，木禺龙栾车一驷，木禺车马一驷，各如其帝色。黄犊羔各四，珪币各有数，皆生瘗埋，无俎豆之具。三年一郊。秦以冬十月为岁首，故常以十月上宿郊见，通权火，拜于咸阳之旁，而衣上白，其用如经祠云。西畤、畦畤，祠如其故，上不亲往。

裴骃《集解》："《汉书音义》曰：'禺，寄也，寄生龙形于木也。'"司马贞《索隐》："禺，一音寓，寄也。寄龙形于木，寓马亦然。一音偶，亦谓偶其形于木也。"[2]

《汉书》卷二五上《郊祀志上》"木禺龙栾车一驷，木禺车马一驷"作"木寓龙一驷，木寓车马一驷"。"木寓龙一驷"，颜师古注："李奇曰：'寓，寄也，寄生龙形于木也。'师古曰：'一驷亦四龙也。'"[3]汉代依然沿袭这一

1　余永红：《圆顶山秦墓"饰鸟虎熊车型器"含义新探》，《湖北民族学院学报》（哲学社会科学版）2019年1期。

2　《史记》，第1376—1377页。

3　《汉书》，第1209页。

制度。《汉书》卷二五下《郊祀志下》说汉武帝时代事："明年，有司言雍五畤无牢孰具，芬芳不备。乃令祠官进畤犊牢具，色食所胜，而以木寓马代驹云。及诸名山川用驹者，悉以木寓马代。独行过亲祠，乃用驹，它礼如故。"[1]

里耶秦简"祠器""鬏樐车"简文，似可说明秦时较低等级的地方祠祀方式及基层祠祀方式，也使用"木禺车马""木寓车马"，也就是木偶车马。

5. 关于"秦用驹犊羔"

有学者注意到前引《史记》卷二八《封禅书》言"畤驹四匹""黄犊羔各四"的制度，称为"秦用驹犊羔"。元代学者方回《续古今考》卷三二"秦用驹犊羔数，三年一郊自秦始"条写道："紫阳方氏曰：秦以四时祠上帝，四仲之月，驹四。又有黄犊与羔各四。生瘗埋，无俎豆。秦虽戎制，礼亦必有本。则喻乎此，用牛羊豕犊或不止一。"《续古今考》卷一四《秦四时三年一郊无俎豆考》也说："以愚考之，四时之帝一岁八祠，而三年一亲郊。一时用四驹、四黄犊、四羔，有珪币，无俎豆，有瘗埋，无燔燎。"[2]所谓"有""无"之间，表现出秦与东方礼制有别的文化个性。

"紫阳方氏"说"秦用驹犊羔"，"虽戎制，礼亦必有本"，以为这种祠祀形式体现了秦制与东方传统的不同，或许即"戎制"，亦可能受到"戎"的强烈影响。然而其本身的文化合理性是应当肯定的，即所谓"礼亦必有本"。方回还指出："则喻乎此，用牛羊豕犊或不止一。"推定使用"豕犊"的可能。

尺寸较小的车辆模型在祠祀场合的使用，起初或许亦与"用驹犊羔"的方式有关。所谓"木禺车马""木寓车马一驷"之说及汉武帝"以木寓马代驹"，都说明"驹"是作为牵引车辆的运输动力的。

1《汉书》，第 1246 页。

2〔元〕方回：《续古今考》，《景印文渊阁四库全书》，第 853 册第 540—541 页、第 313—314 页。

6. "秦用驹犊羔"与"秦人爱小儿"联想

"秦用驹犊羔""虽戎制，礼亦必有本"，指出这种礼俗自有其文化传统与文化渊源。使用"驹犊羔"，甚至"用牛羊豕犊或不止一"，或许用畜包括"豕"也往往取用未成年个体即"犊"。

《史记》卷一○五《扁鹊仓公列传》记载了东方名医扁鹊曾经适应社会需要，对"小儿医"的进步有所贡献的事迹："扁鹊名闻天下。过邯郸，闻贵妇人，即为带下医；过雒阳，闻周人爱老人，即为耳目痹医；来入咸阳，闻秦人爱小儿，即为小儿医。随俗为变。"[1] 我们在讨论秦汉"小儿医"这一医学门类的历史性进步时关注过"秦人爱小儿"这一社会文化现象。[2]

如果把"秦人爱小儿"作为重要的社会文化现象予以注意，可资比较的记载，有草原民族风俗所谓"贵少"。《三国志》卷三○《魏书·乌丸传》裴松之注引《魏书》言其"贵少贱老"。[3]《后汉书》卷九○《乌桓传》称"贵少而贱老"。[4]《史记》卷一一○《匈奴列传》说匈奴"贵壮健，贱老弱"。[5] 而《汉书》卷五五《卫青传》载汉武帝曰"匈奴逆天理，乱人伦，暴长虐老"，颜师古注："谓其俗贵少壮而贱长老也。"[6]《汉书》卷六三《武五子传·燕刺王刘旦》载燕刺王旦赐策"熏鬻氏虐老兽心"，颜师古注："虐老，谓贵少壮而食甘肥，贱耆老而与粗恶也。"[7] 也都强调了"少"。"秦人爱小儿"风习，联系"贵少"之说，也可以理解为"戎制"的表现。《史记》卷五《秦本纪》："秦僻在雍州，不与中国诸侯之会盟，夷翟遇之。"[8]《史记》

---

1 《史记》，第 2794 页。《太平御览》卷七二一引《史记》作："入咸阳，闻秦人爱小儿，即为小儿医，隋俗改变，无所滞碍。"〔宋〕李昉等撰：《太平御览》，都 3195 页。〔宋〕李壁注，李之亮补笺：《王荆公诗注补笺》卷一七《赠曾子固》注引《扁鹊传》："入咸阳，秦人爱小儿，即为小儿医，随俗改变，无所滞碍。"巴蜀书社 2002 年 1 月版，第 320 页。

2 王子今：《秦汉"小儿医"略议》，《西北大学学报》(哲学社会科学版)2007 年 4 期；《秦汉儿童的世界》，中华书局 2018 年 5 月版，第 124—134 页。

3 《三国志》，第 834 页。

4 《后汉书》，第 2979 页。

5 《史记》，第 2879 页。

6 《汉书》，第 2473 页。

7 《汉书》，第 2750 页。

8 《史记》，第 202 页。

卷一五《六国年表》："秦杂戎翟之俗"，"秦始小国僻远，诸夏宾之，比于戎翟"[1]。《史记》卷四四《魏世家》："秦与戎翟同俗。"[2]《史记》卷六八《商君列传》："秦戎翟之教。"[3] 其实都是说其礼俗与"戎制"的接近。

"畤""祠上帝"，"用驹犊羔"，当然体现了以所爱重的物品祭祀所尊崇的礼祠对象。对于"秦用驹犊羔"和"秦人爱小儿"，或许可以尝试以文化人类学思路进行考察。而徐市出海何以有"童男女"同行[4]，学者曾有多种解说，或许也可以由这一路径探求其原因。可能"小""童"及"驹犊羔"等未成年生命，能够与神异力量实现较亲密的接近。相关联想如果能够对学术真知的追求有点滴增益，我们不能忽略里耶秦简"祠器""鬃襦车"简文的有益启示。[5]

1 《史记》，第 685 页。
2 《史记》，第 1857 页。
3 《史记》，第 2234 页。
4 《史记》卷六《秦始皇本纪》："齐人徐市等上书，言海中有三神山，名曰蓬莱、方丈、瀛洲，仙人居之。请得斋戒，与童男女求之。于是遣徐市发童男女数千人，入海求仙人。"第 247 页。《史记》卷二八《封禅书》："始皇自以为至海上而恐不及矣，使人乃赍童男女入海求之。"第 1370 页。《史记》卷一一八《淮南衡山列传》："（秦皇帝）遣振男女三千人，资之五谷种种百工而行。"裴骃《集解》："薛综曰：'振子，童男女。'"第 3086 页。
5 王子今：《略说里耶秦简"祠器""鬃襦车"》，《简牍学研究》第 9 辑，甘肃人民出版社 2020 年 7 月版。

动

植

天马

1. 武威雷台汉墓出土铜马

因造型风格优美、铸作工艺精湛而体现出极高艺术价值的武威雷台汉墓出土铜马，已经被确定为中国旅游图形标志。这件特殊的文物虽然海外享誉，却未能天下知名。这是因为对于其定名，一直存在不同的意见，始终未能得到普遍确认。曾经有"马踏飞燕"说，"马超龙雀"说，"飞廉铜马"说，"马神房星"说，"天马"说等，有的则直称"铜奔马"。

后来又有学者注意到南朝沈约诗"紫燕光陆离"[1]，梁简文帝诗"紫燕跃武，赤兔越空"[2]，以及李善注谢灵运诗引《西京杂记》所谓"文帝自代还，有良马九匹，一名飞燕骝"[3]等资料，认为："武威铜马足下的飞燕无疑是用来比喻良马之神速，这种造型让人一看便知其意，所以铜马应直截了当取名为'紫燕骝'或'飞燕骝'，此名恰合古意，最为雅致贴切。"[4]

对于这种意见，似乎有澄清的必要。

2. "紫燕骝"说商榷

所说李善注文帝良马"飞燕骝"，原文出自《西京杂记》。《太平御览》卷八九七引文写作："文帝自代还，有良马九疋，皆天下骏足也。名曰：浮云、赤电、绝群、逸骠、紫燕骝、绿螭骢、龙子、驎驹、绝尘。号为'九

1　〔南朝〕沈约：《三月三日率尔成篇一首》，〔梁〕萧统编，〔唐〕李善注：《文选》卷三〇，第430页。

2　梁简文帝《九日侍皇太子乐游苑诗》，逯钦立辑校：《先秦汉魏晋南北朝诗》，第1929页。

3　〔梁〕萧统编，〔唐〕李善注：《文选》卷二八，第401页。

4　张崇宁：《铜奔马正名》，《文物季刊》1999年2期。

53-1　武威雷台汉墓出土铜马

逸'。"[1]我们现在看到的《西京杂记》，卷二有"文帝良马九乘"条："文帝自代还，有良马九匹。皆天下之骏马也。一名浮云、一名赤电、一名绝群、一名逸骠、一名紫燕骝、一名绿螭骢、一名龙子、一名麟驹、一名绝尘，号为'九逸'。"[2]

　　骏马以"紫燕"名，魏晋南北朝时代多见其例。魏刘劭《赵都赋》说到讲武狩猎形势，其良马有"飞兔、奚斯、常骊、紫燕"。[3]南朝宋颜延之作《赭白马赋》，其中写道："将使紫燕骈衡，绿虵卫毂。"李善注引《尸子》："我得而民治，则马有紫燕、兰池。"[4]《艺文类聚》卷九三引颜延之《天马

1〔宋〕李昉等撰：《太平御览》，第 3981 页。
2〔汉〕刘歆撰，〔晋〕葛洪辑，向新阳、刘克任校注：《西京杂记校注》，第 76—77 页。
3〔梁〕萧统编，〔唐〕李善、吕延济、刘良、张铣、吕向、李周翰注：《六臣注文选》卷一四，《赭白马赋》注引，第 266 页。
4〔梁〕萧统编，〔唐〕李善、吕延济、刘良、张铣、吕向、李周翰注：《六臣注文选》卷一四，第 266 页。

状》又说："降灵骥子，九方是选。""水轶惊凫，陆越飞箭。遇山为风，值云成电。"[1]其中也列有"紫燕"。北周庾信的《谢滕王赉马启》也有"翻逢紫燕"的文句，并以"流电争光，浮云连影"赞美其神速。[2]庾信的《三月三日华林园马射赋》又说到"选朱汗之马"事，包括"红阳、飞鹊、紫燕、晨风，唐成公之骗骊，海西侯之千里"等。[3]晋张协《七命》也有"驾红阳之飞燕，骖唐公之骗骊"句。李善注认为"红阳飞燕"的意义未能明确，但是他又引录了另一种说法：《骏马图》有"含阳侯骠"，"含阳侯"可能就是"红阳侯"。张铣的解释则明确说"红阳"是"有良马名'飞燕'"的主人。[4]这里所说的"红阳"，应当就是西汉末年的外戚贵族红阳侯王立。《汉书》卷九八《元后传》关于王立有"五侯群弟""狗马驰逐"的记载，又说他"臧匿奸猾亡命，宾客为群盗"，可见此人附庸侠风，而又性好"驰逐"，收养骏马是很自然的。[5]这样，我们可以就成书年代未能十分确定的《西京杂记》一书中汉文帝良马"紫燕骝"的传说，提出在武威雷台铜马铸作之前的西汉时期确有"紫燕"名马的推证。

那么，是不是应当赞同"铜马应直截了当取名为'紫燕骝'或'飞燕骝'"的意见呢？现在看来，还应当有所讨论。

提出武威雷台铜马"紫燕骝"说的学者在否定其他定名时，对于"飞廉铜马"之说的分析最为详尽。论者指出，"飞廉"所指，是人是神，是禽是兽，尚无定论。"两汉之间神话颇多，汉代画像石中常有人骑神兽、驾神龙升天的景象，亦有骑马的形象，但神兽归神兽，马归马，在这些图案中各有定形。""至于《后汉书·董卓传》所说，当是飞廉归飞廉，铜马归铜马……"[6]而我们所讨论的这件铜铸作品，又何尝不可以说是马归马，燕归燕呢？人们还会问，设计者和铸作者何以要将骏马定名的象征以另一物象

1　〔唐〕欧阳询撰，汪绍楹校：《艺文类聚》，第 1623 页。
2　〔北周〕庾信撰，〔清〕倪璠注，许逸民校点：《庾子山集注》卷九，第 584 页。
3　〔北周〕庾信撰，〔清〕倪璠注，许逸民校点：《庾子山集注》卷一，第 7 页。
4　〔梁〕萧统编，〔唐〕李善、吕延济、刘良、张铣、吕向、李周翰注：《六臣注文选》卷三五，第 655 页。
5　《汉书》，第 4023 页，4025 页。
6　张崇宁：《铜奔马正名》，《文物季刊》1999 年 2 期。

置于马的后足之下呢?

如果说"这种造型让人一看便知其意",最为直接的感觉,应当是骏马对于飞禽的超越。如晋人傅玄《乘舆马赋》所见对良马的形容:"形便飞燕,势越惊鸿。"[1]因此,以往所谓"马超龙雀"说的"超"字,是有合理性的。而"铜马应直截了当取名为'紫燕骝'或'飞燕骝'"的意见,则似乎忽略了原器骏马后足踏燕的"超""越"的象征意义。

从武威雷台铜马的造型看,现在还很难以某种古代文献所见名马的名字为其定名,如"紫燕骝""飞燕骝",等等。而且实际上,制作者的原意,也未必是具体象征某一匹马。况且墓主"守张掖长张君"作为偏处西北的一位地方行政官员,以数百年前汉文帝一匹私爱良马的模型随葬,似乎也是不适宜的。

3. "天马"名号的合理性

就现有我们对于武威雷台铜马的认识来说,如果一定要确定其名称,不妨暂且称之为"天马"。《史记》卷一二三《大宛列传》记载,汉武帝起初以《易》书卜问,得到"神马当从西北来"的兆示。他接受乌孙王所献良马,命名为"天马"。后来又得到更为骠壮的大宛"汗血马",于是把乌孙马改称为"西极",将大宛马称为"天马"。[2]据说汉武帝为了追求西方的良马,使者往来西域,络绎不绝。

《汉书》卷二二《礼乐志》说,"天马"西来,"径千里,循东道"。[3]入玉门关时尚有良马千余匹之多。地处"东道"之上的张掖,民间一定保留有对于当时情形的鲜明记忆。而护送大宛马的将士曾经得到丰厚赏赐。这

1　〔梁〕萧统编,〔唐〕李善、吕延济、刘良、张铣、吕向、李周翰注:《六臣注文选》卷一四,第265页。

2　《史记》,第3170页。

3　《汉书》,第1060页。

53-2　洛阳思晗画象空心砖墓出土"天马"画面

53-3　方城城关镇出土"天马"画象石

53-4　呼伦贝尔盟鲜卑墓出土东汉天马纹鎏金铜带饰

对于河西官吏的心理震动，也应当是强烈的。汉武帝得到西域宝马之后，曾经兴致勃勃地作《天马歌》，欢呼这一盛事，其中有"骋容与兮跇万里"句。而《西极天马歌》之作又写道：

> 天马来兮从西极。经万里兮归有德。承灵威兮降外国，涉流沙兮四夷服。[1]

可以看到，汉武帝渴求"天马"，并非仅仅出于对珍奇宝物的一己私好，而同时借以寄托骋步万里，降服四夷的雄心。"天马"作为一种文化象征，体现着以英雄主义为主题的时代精神。志向高远，视界雄阔，是这种精神的特征。而燕雀，虽常常借喻轻捷，就"志"之命意而言，则大多赋予贬义。陈涉有"燕雀安知鸿鹄之志"的名言。[2] 班固在《汉书》卷五八《公孙弘卜式儿宽传》的赞语中有才志杰出之士曾经困于燕爵之说。他在《王命论》中，也曾经写道："驽蹇之乘，不骋千里之涂；燕雀之畴，不奋六翮之用。"[3] 南朝梁丘迟《与陈伯之书》又有"弃燕雀之小志"的说法。[4] 李白《天马歌》中也能够看到"回头笑紫燕，但觉尔辈愚"的文句。[5] 李白笔下与"天马"作对比的"紫燕"，可以理解为"燕雀之畴"，也可以理解为如"紫燕骝"等一般的良马。从这一思路认识武威雷台铜马制作者以马足超跨"燕雀之畴"的构想，可能也是有意义的。[6]

---

1 《史记》卷二四《乐书》，第 1178 页。《汉书》卷二二《礼乐志》："天马徕，从西极，涉流沙，九夷服。"第 1060 页。

2 《史记》卷四八《陈涉世家》，第 1949 页。

3 《汉书》卷一〇〇上《叙传上》，第 4209 页。

4 《梁书》卷二〇《陈伯之传》，第 314 页。

5 〔清〕王琦注：《李太白全集》，第 186 页。

6 王子今：《武威雷台铜马"紫燕骝"说商榷》，《光明日报》2001 年 8 月 14 日。

53-5　平山郁夫藏中亚天马纹纬锦

野马

1.《子虚赋》"跨野马"

对于丝绸之路交通线上比较主动、比较活跃的草原民族来说，马帮助他们提高交往效率，也是他们长期看重的财富。中原农耕民族基于与匈奴强势骑兵军团抗争的需求，对马也予以特别的关注。草原野生动物中属于马科的"奇畜"，也在汉代史籍中存留有记忆。这些"奇畜"，有的被赋予神性。

《史记》卷一一七《司马相如列传》载《子虚赋》说到"野马"："轶野马而辚䮝騊。"裴骃《集解》："徐广曰：'辚音锐。'骃案：郭璞曰：'野马，如马而小。騊駼，似马。辚，车轴头。'"司马贞《索隐》："辚騊駼。上音卫。辚，车轴头也。谓车轴冲杀之。騊駼，野马。""野马"，是执获和猎杀的对象。又言校猎事："生貔豹，搏豺狼，手熊罴，足野羊，蒙鹖苏，绔白虎，被斑文，跨野马。"司马贞《索隐》："跨壄马。案：壄音野。跨，乘之也。"[1]所谓"轶野马""跨野马"或写作"跨壄马"，均言驯用"野马"。

"跨"有超越的意思，也可能言跨骑。

2. 居延的"野马"

居延汉简中可以看到有关记录"野马"活动的简文。相关信息，可以帮助我们理解汉代人笔下所谓"野马"。例如：

---

[1]《史记》，第3009—3010页、第3034—3035页。

（1）⍁野马除⍁ （50.9）

（2）⍁即野马也尉亦不诣迹所候长迹不穷⍁ （E.P.T8:14）

（3）⍁野马一匹出殄北候长皆⍁ （E.P.T43:14）

（4）⍁□以为虏举火明旦踵迹野马非虏政放举火不应⍁ （E.P.F22:414）[1]

（2）（4）均言“野马”“迹”，似可说明这种原先成群频繁活动于草原戈壁的野生动物，可能已经经常避开人类开始占有的定居地。（3）“野马一匹”，则言原本群居的“野马”离群独自活动情形。（4）又言成群“野马”夜间驰行曾经被误认为匈奴“虏”入侵，烽燧值班士兵于是“举火”，“明旦踵迹”方判定只是“野马”群经过。

居延汉简有关“野马”的记录是珍贵的生态史资料。据生物学学者介绍，“产于我国甘肃西北部和新疆附近地区及准噶尔盆地，蒙古亦产”的野马，“数量稀少。为世界上唯一生存的野马，在学术上有重要意义”。[2] 现今野马已经是世界甲级濒危动物，据说 20 世纪 70 年代以后，已经没有发现野马在野外活动的记载。有学者指出：“野马在甘肃与新疆还有残留，但较确切的只是尚处于人工繁育的普氏野马后代。”[3] 居延“野马”简文也很有可能是世界上比较早的对于这一野生动物品种的文字记录之一。

54-1 居延“野马”简文

54-2 居延“野马一匹出”简文

1 谢桂华、李均明、朱国炤：《居延汉简释文合校》，第 87 页。甘肃省文物考古研究所等编：《居延新简：甲渠候官与第四燧》，第 51 页、第 100 页、第 503 页。

2 《辞海·生物分册》，上海辞书出版社 1975 年 12 月版，第 571 页。

3 文榕生：《中国珍稀野生动物分布变迁》，山东科学技术出版社，2009 年 4 月版，第 497 页。

3. 草原马科"奇畜"

《史记》卷一一〇《匈奴列传》说到草原民族的特有资源："其奇畜则橐驼、驴、骡、駃騠、騊駼、驒騱。"所谓"騊駼"，裴骃《集解》："徐广曰：'似马而青。'"司马贞《索隐》："按：郭璞注《尔雅》云'騊駼马，青色，音淘涂'。又《字林》云'野马'。《山海经》云'北海有兽，其状如马，其名騊駼'也。"所谓"驒騱"，裴骃《集解》："徐广曰：'音颠。巨虚之属。'"司马贞《索隐》："驒奚。韦昭驒音颠。《说文》'野马属'。"[1]

可以推知汉代民间称"野马"者，可能是中原人平素不常见因而未能识别的"奇畜"。

推想汉代居延士卒记录的"野马"，很可能也包括"似马""其状如马"的其他马科动物，如野驴等。

4. "渥洼水""神马"

《史记》卷二四《乐书》记载了汉武帝时代曾经在河西"渥洼水中""得神马"的故事：

> 又尝得神马渥洼水中，复次以为太一之歌。歌曲曰："太一贡兮天马下，沾赤汗兮沫流赭。骋容与兮跇万里，今安匹兮龙为友。"

"得神马渥洼水中"句下，裴骃《集解》引录了李斐的说法，交代了"收得其马，献之"的具体情节：

> 李斐曰："南阳新野有暴利长，当武帝时遭刑，屯田燉煌界。人数于此水旁见群野马中有奇异者，与凡马异，来饮此水旁。利长先为土人持勒靽于水旁，后马玩习久之，代土人持勒靽，收得其马，献之。

---

1 《史记》，第 2879—2880 页。

欲神异此马，云从水中出。"[1]

所谓"野马"在特殊情况下被看作"神马""天马"。其特征，是"与凡马异"。所谓"群野马"的表述方式，也值得注意。[2]

---

1 《史记》，第 1178 页。
2　王子今：《简牍资料所见汉代居延野生动物分布》，《鲁东大学学报》2012 年 4 期。

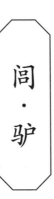

问·驴

1. 放马滩秦简《日书》"闾（驴）"

放马滩《日书》中《三十六禽占》中"三十六禽"列名，有学者指出其中"闾"应为"驴"：

> 日中至日入投中蕤宾：闾（驴）殹，长面，长颐，免耳，□□＝殹，白皙，善病□。　　　　　　　　　　　　　　　　　（225）

论者有如下解说：

> "闾"当读为"驴"，参见复旦大学出土文献与古文字研究中心网站学术讨论区《天水放马滩秦简所见"驴"字考》一帖中中聿（蔡伟先生网名）与 s21679（陈炫玮先生网名）两位网友的讨论（http://www.gwz.fudan.edu.cn/ShowPost.asp?ThreadID=2232，2009 年 11 月 3 日）。网友"子居"认为"驴"与"闾"非同一动物，似求之过深。"免耳"原释"尖耳"，从陈剑（2011）改释。[1]

"'闾'当读为'驴'"的意见，是有说服力的。

这也是秦人较早对驴有所认识的实证。

2. 秦"王驴"印

骡的繁育，必然以驴的驯养为条件。《史记》卷一一〇《匈奴列传》司

1　程少轩：《放马滩简所见式占古佚书的初步研究》，《中央研究院历史语言研究所集刊》第八十三本第二分，2012 年 6 月。

马贞《索隐》引《说文》云："駏驉，马父嬴子也。"[1] 按照段玉裁《说文解字注》的提示，应作"马父驴母嬴也"："谓马父之骡也。言'马父'者，以别于驴父之骡也。今人谓马父驴母者为马骡，谓驴父马母者为驴骡。不言'驴母'者，疑夺。盖当作'马父驴母嬴也'六字。"[2] 段玉裁注意到，"駏驉"与"骡"有"驴母""驴父之骡"的不同。

《盐铁论》有关张骞"凿空"之后"驴"得以大规模引入的说法，可以与汉宣帝平陵从葬坑发现驴的骨骼的情形相互说明。[3] 前引《史记》卷一一七《司马相如列传》载司马相如《上林赋》已经可以看到"駏驉驴骡"字样："其北则盛夏含冻裂地，涉冰揭河；兽则麒麟角觿，騊駼橐驰，蛩蛩驒騱，駏驉驴骡。"[4]《汉书》卷五七上《司马相如传上》："其兽则麒麟角端，騊駼橐驼，蛩蛩驒騱，駏驉驴骡。"[5] 可知汉武帝时代人们对这种新奇畜种的重视。

还有迹象表明，秦人可能较早认识了这种西方"奇畜"。

许雄志编《秦代印风》收录"王驴"印，是秦人对驴有所认识的实证。[6] 张孟伦《汉魏人名考》关于"以畜为名"情形，举出汉魏史例。汉魏"以畜为名"其中以"马""骏""騊駼"作为人名的情形。[7] 秦汉时期人名用"狗""犬""彘""雉"等字，例证颇多。如陈直《汉书新证》"王子侯表第三下"关于"侯狗嗣免"有所讨论："直按：汉印文字征第十、六页，有'左狗'，'张厌狗'二印，知汉代多以狗名者，与本表正合。"[8] 这些情形，体现当时人们与畜养动物的关系，也体现了人与自然的关系。"王驴"秦印的发现，可以说明"驴"在当时社会生活中的地位。

1　《史记》，第 2879 页。

2　〔汉〕许慎撰，〔清〕段玉裁注：《说文解字注》，第 469 页。

3　袁靖：《动物考古学揭密古代人类和动物的相互关系》，《西部考古》第 2 辑，三秦出版社 2007 年 12 月版，第 94 页。王子今：《论汉昭帝平陵从葬驴的发现》，《南都学坛》2015 年 1 期。

4　《史记》，第 3025 页。

5　《汉书》，第 2556 页。

6　许雄志主编：《秦代印风》，重庆出版社 1999 年 12 月版，第 66 页。

7　张孟伦：《汉魏人名考》，兰州大学出版社 1988 年 9 月版，第 37 页。

8　陈直：《汉书新证》，天津人民出版社 1979 年 3 月版，第 63 页。

55-1　鄂尔多斯青铜器博物馆藏战国圆雕立驴竿头饰

3. 鄂尔多斯"圆雕立驴青铜竿头饰"

鄂尔多斯青铜器博物馆藏征集品"圆雕立驴青铜竿头饰"，长 8.9 厘米，高 11.5 厘米，驴的形象是明确无疑的。

另一件内蒙古博物院藏同类器物，驴的形象头部略低垂，与前例有所不同。[1]

这些可以证明畜牧史与交通史重要现象的珍贵文物的发现地点，正在

1　秦始皇帝陵博物院编，曹玮主编：《萌芽·成长·融合——东周时期北方青铜文化臻萃》，三秦出版社 2012 年 8 月版，第 142 页、第 145 页。

55-2　内蒙古博物院藏战国圆雕立驴竿头饰

秦文化与西北草原文化交接地带，应当可以看作秦人交通动力开发的历史迹象的遗存。

　　注意到"戎王"部族经"乌氏倮"等为中介对秦畜牧生产形成积极影响的情形，则可以理解汉代成为内地重要交通动力的"驴"由秦人较早利用的可能。[1]

4. 汉昭帝平陵从葬"驴"的发现

　　2001 年，陕西省考古研究所和咸阳市考古所在对西汉平陵进行考古钻探和局部发掘时，获取了三个从葬坑的资料。据报道，一号坑东西长 108 米，宽约 6 米，深 6 米，发现漆器、漆木马等。二号坑南北长 59 米，宽

---

[1]　王子今：《秦交通史》，西北大学出版社 2021 年 2 月版，第 367—369 页。

2—2.2 米，深 4 米，北端为一斜坡，坑道两侧对称开凿了 54 个洞室，每个洞室内有一具兽骨，均为大型动物，初步确认的有牛和骆驼。三号坑南北长 16 米，底宽 2.5 米，深 5 米，发现了木车痕迹。消息发布者重视骆驼骨骼的出土："陕西乃至中原地区发现最早的大量骆驼骨架的出土，对汉代中外文化交流的研究具有十分重要的意义。""平陵骆驼的出土，对汉代中外文化交流和中西交通史的研究有着十分重要的意义。"[1]

平陵二号从葬坑的 54 个洞室中，其实还有考古学者初步判定为马骨的发现。

又据动物考古专家鉴定，起初判断为马的骨骼的遗存，其实是驴的骨骼。袁靖在《动物考古学揭密古代人类和动物的相互关系》一文中写道："陕西省考古研究院于 2001 年发掘了陕西咸阳平陵的丛葬坑。""其丛葬坑中的二号坑为南北向的长方形，北端有一道斜坡方便上下，坑内东西两侧各对称地开凿了 27 个拱形顶长方形洞室，共计 54 个。每个洞室里都放置了一头大型哺乳动物。因为洞内底部被人为地修整过，呈斜坡状，推测当时是把动物杀死后放在木板上，在洞口抬高木板，将其滑入洞内。通过鉴定，全部动物可以分为骆驼、牛和驴三大类。其中骆驼 33 匹，牛 11 头，驴 10 匹。"袁靖在论文中告诉我们："我们在这里要强调的是驴与马在不少地方有相似之处。但是它们之间的区别也是很明显的，比较典型的区别在于牙齿。如驴的齿列比马的短，驴的臼齿无马刺，马的臼齿有马刺。驴的臼齿下后尖和下后附尖呈 U 字形，马的则呈 V 字形。驴可以分为亚洲野驴和非洲野驴两种，根据动物学家的研究，世界上所有家养的驴都来自非洲野驴，亚洲野驴没有被驯化为家养的驴。"[2]

看来，平陵从葬驴的发现，提供了确定的动物考古学信息。

汉代人与动物的亲近形式，有一种是宠物豢养。这种形式可以通过陵墓随葬方式有所体现。西汉薄太后南陵二十号从葬坑曾经出土犀牛骨骼和

1　杨永林：《汉昭帝平陵考古发现骆驼骨架》，《光明日报》2011 年 11 月 6 日。
2　袁靖：《动物考古学揭密古代人类和动物的相互关系》，《西部考古》第 2 辑，三秦出版社 2007 年 12 月版，第 94 页。

大熊猫头骨，犀牛头部位置放一陶罐[1]，说明是墓主珍爱的豢养动物。大葆台汉墓发掘报告记录："一号墓东侧外回廊隔板外侧的南北两端各殉一兽，南侧外回廊隔板外侧甬道两边亦各殉一兽。"据北京自然博物馆鉴定，东侧外回廊北端殉葬的是一头豹子，其余三副殉葬动物骨架"均为马"。[2] 古人宠爱马的史例历代多见。豢养豹以为宠物，则很有可能与西汉薄太后南陵陪葬坑发现殉葬犀牛的情形类似，也许反映了汉代贵族生活亲近自然同时崇尚雄健犷野的倾向。[3] 豢养虎的例证，在汉代画象资料中也有表现。

以通常以为运输动力的动物为宠物者，除了马以外，有《吕氏春秋·爱士》赵简子"白骡"故事和《史记》卷八三《鲁仲连邹阳列传》燕王"駃騠"故事。[4] 据李斯《谏逐客书》，秦王亦以"駃騠"为"快意""所重者"。[5] 按照段玉裁注修正的文字，《说文》以为"駃騠"是马父驴母所生，也就是"骡"。[6]"駃騠"的生育条件，是必须有"驴"的驯养的。讨论这一问题，秦人在畜牧"蕃息"方面的技术优长应当受到重视。[7]

我们还不能确切说明平陵从葬驴的宠物性质，但是这一发现无疑可以理解为汉昭帝时代的最高执政者对来自西方的这种"奇畜"的特别看重。[8]

1　王学理：《汉南陵从葬坑的初步清理——兼谈大熊猫头骨及犀牛骨骼出土的有关问题》，《文物》1981 年 11 期；《汉"南陵"大熊猫和犀牛探源》，《考古与文物》1983 年 1 期。

2　大葆台汉墓发掘组、中国社会科学院考古研究所：《北京大葆台汉墓》，文物出版社 1989 年 12 月版，第 12 页。

3　王子今：《北京大葆台汉墓出土猫骨及相关问题》，《考古》2010 年 2 期；北京市大葆台西汉墓博物馆编：《西汉"黄肠题凑"葬制的考古发现与研究》，北京燕山出版社 2013 年 3 月版。

4　参见本书"骡·赢·駃騠"条。

5　《史记》，第 2543—2544 页。

6　王子今：《李斯〈谏逐客书〉"駃騠"考论——秦与北方民族交通史个案研究》，《人文杂志》2013 年 2 期。

7　《史记》卷五《秦本纪》："非子居犬丘，好马及畜，善养息之。犬丘人言之周孝王，孝王召使主马于汧渭之间，马大蕃息。"第 177 页。

8　王子今：《论汉昭帝平陵从葬驴的发现》，《南都学坛》2015 年 1 期。

5. "骡驴馲駞，衔尾入塞"：丝路交通风景

顾炎武《日知录》卷二九《驴嬴》对于中原引入"驴"和"嬴"有所考察。他写道："《逸周书》：伊尹为献令，正北空同、大夏、莎车、匈奴、楼烦、月氏诸国，以橐驼、野马、騊駼、駃騠为献。"顾炎武强调"驴骡"来自"北蛮""北狄"地方："然其种大抵出于塞外。"又指出："自赵武灵王骑射之后，渐资中国之用。《盐铁论》：'嬴驴馲駞，衔尾入塞；騨骏駃马，尽为我畜。'"[1]

所谓"嬴驴馲駞，衔尾入塞"，见于《盐铁论·力耕》大夫曰。所说"驴"等物种的引入，是丝绸之路贸易的结果："夫中国一端之缦，得匈奴累金之物，而损敌国之用。是以骡驴馲驼，衔尾入塞，騨騠駃马，尽为我畜，羺貂狐貉，采旃文罽，充于内府，而璧玉珊瑚琉璃，咸为国之宝。是则外国之物内流，而利不外泄也。异物内流则国用饶，利不外泄则民用给矣。《诗》曰：'百室盈止，妇子宁止。'"[2]《盐铁论》所说，反映了汉代西北方向的商业经营以织品交换牲畜的情形。所谓"骡驴馲駞，衔尾入塞"，也是丝路贸易史值得重视的贸易方式。[3]

6. 有关"驴"的简牍史料

《史记》卷一二三《大宛列传》记载，汉武帝太初三年（前102），益发军再击大宛，"岁余而出敦煌者六万人，负私从者不与。牛十万，马三万余匹，驴骡橐它以万数。多赍粮，兵弩甚设，天下骚动"。[4]说明驴骡等西方"奇畜"在交通运输活动中已经表现出相当重要的作用。敦煌所出西汉晚期

1 〔清〕顾炎武著，黄汝成集释，秦克诚点校：《日知录集释》，岳麓书社1994年5月版，第1009页。
2 王利器校注：《盐铁论校注》（定本），第28页。
3 王子今：《骡驴馲駞，衔尾入塞——汉代动物考古和丝路史研究的一个课题》，《国学学刊》2013年4期。
4 《史记》，第3176页。

简中，也可以看到驴应用于交通的内容，如：

　　□降归义乌孙女子

　　　复帛献驴一匹骓牡

　　　两拔齿□岁封颈以

　　　敦煌王都尉章　　　　　　　　　　　　　　　（1906）

　　☑□武威郡张掖长□□驴一□　　　　　　　　　（1913）[1]

"降归义乌孙女子复帛献驴一匹骓牡两拔齿□岁"，"敦煌王都尉"以"章""封颈"，是相当特殊的表记形式。

　　从现有资料看，驴大致较早在西北地区用作运输动力。《说文·马部》："驴，兽，似马，长耳。从马，卢声。"段玉裁注："驴骡駃騠，駏驉驒騱，太史公皆谓为匈奴奇畜，本中国所不用，故字皆不见经传，盖秦人造之耳。若《乡射礼》'闾中'注云：'闾，兽名。如驴一角，或曰如驴岐蹄。'引《周书》'北堂以闾'。闾断非驴也，而或以为一物，何哉？"[2]段玉裁指出"驴"字"盖秦人造之耳"的意见是正确的。他不同意"闾"如"驴"的说法，认为"闾断非驴也"。然而如上文所说，放马滩秦简《日书》乙种中言三十六禽的内容，"闾"，有学者论证即"驴"。这样的判断，应当是可以成立的。

　　《汉书》卷七〇《常惠传》写道，汉宣帝本始二年（前72），"汉大发十五万骑，五将军分道出"击匈奴。"以惠为校尉，持节护乌孙兵。昆弥自将翕侯以下五万余骑从西方入至右谷蠡庭，获单于父行及嫂居次，名王骑将以下三万九千人，得马牛驴骡橐佗五万余匹……"[3]据《汉书》卷九六下《西域传下》："（龟兹王）后数来朝贺，乐汉衣服制度，归其国，治宫室，作徼道周卫，出入传呼，撞钟鼓，如汉家仪。外国胡人皆曰：'驴非驴，马非马，若龟兹王，所谓蠃也。'"[4]由"驴非驴，马非马，若龟兹王，所谓蠃

1　甘肃省文物考古研究所编，吴礽骧、李永良、马建华释校：《敦煌汉简释文》，第202页。

2　〔汉〕许慎撰，〔清〕段玉裁注：《说文解字注》，第469页。

3　《汉书》，第3004页。

4　《汉书》，第3916—3917页。

55-3　敦煌马圈湾出土汉
简"驴五百匹驱驴士五十
人之蜀"简文

55-5　马圈湾出土封检文字"驴一匹"

55-4　肩水金关汉简"马三匹驴一匹"简文

也"俗语，应当考虑到龟兹等西域地方作为驴骡引入原生地的情形。

西域地方出产"驴"。据《汉书》记述，鄯善国"民随畜牧逐水草，有驴马，多橐它"，乌秅国"有驴无牛"，罽宾国"驴畜负粮""又历大头痛、小头痛之山，赤土、身热之阪，令人身热无色，头痛呕吐，驴畜尽然"。"驴畜"的说法，透露"驴"是用作交通动力的主要畜种。康居国"敦煌、酒泉小郡及南道八国，给使者往来人马驴橐驼食，皆苦之"。[1]"匈奴发骑田车师，车师与匈奴为一，共侵乌孙"，汉与乌孙联军合击匈奴、车师，仅汉军就缴获"马牛羊驴橐驼七十余万头"。[2]这是有关包括"驴"的畜类战利品数量最多的记录。

汉武帝轮台诏有言："朕发酒泉驴橐驼负食，出玉门迎军。"[3]可知河西地方较早役使"驴"。司马迁以为"驴""为匈奴奇畜"语，见于《史记》卷一一○《匈奴列传》："居于北蛮，随畜牧而转移。其畜之所多，则马、牛、羊。其奇畜则橐驼、驴、骡、駃騠、騊駼、驒騱。"[4]匈奴以"驴"为"奇畜"，应与对西域的早期经营有关。[5]匈奴使用的"驴"，应当也是由这一通路走向蒙古草原。而中原文字体系中标志"驴"的符号"盖秦人造之耳"，是因为秦人与西北民族长期的密切交往。

7. 汉代文明史历程中"驴"的蹄迹

驴由西北方向"衔尾入塞"，后来才逐渐为中原人骑乘役使。

东汉时期，驴骡用于交通运输的情形更加普遍。杜笃《论都赋》中，

1　《汉书》卷九六上《西域传上》，第 3876 页、第 3882 页、第 3886 页、第 3883 页、第 3893 页。

2　《汉书》卷九六下《西域传下》，第 3905 页。

3　《汉书》卷九六下《西域传下》，第 3913 页。

4　《史记》，第 2879 页。

5　王子今：《"匈奴西边日逐王"事迹考论》，《新疆文物》2009 年 3—4 期；《论匈奴僮仆都尉"领西域""赋税诸国"》，《石家庄学院学报》2012 年 4 期；《匈奴"僮仆都尉"考》，《南都学坛》2012 年 4 期。

有"驱骡驴，驭宛马，鞭駃騠"的文辞。[1]武都"运道艰险，舟车不通"，曾使"驴马负载"。[2]《说文·木部》所谓"极，驴上负也"正可以为证。段玉裁解释说："当云'驴上所以负也'，浅人删之耳。《广韵》云'驴上负版'，盖若今驮鞍。"[3]东汉时北边"建屯田"，"发委输"供给军士，并赐边民，亦曾以"驴车转运"。[4]汉灵帝中平元年（184），北地先零羌及枹罕河关人起义，夜有流星光照营中，"驴马尽鸣"[5]，说明驴还被用作主要军运动力。河内向栩"骑驴入市"[6]，蓟子训"驾驴车"诣许下[7]，都说明中原役用驴的情形。《太平御览》卷九〇一引《风俗通义》说，当时"凡人相骂曰死驴，丑恶之称也。董卓陵虐王室，执政皆如死驴"[8]。巴蜀地区亦有用驴挽车情形，成都人张楷"家贫无以为业，常乘驴车至县卖药"[9]。诸葛瑾面长，孙权曾以驴取笑之。《三国志》卷六四《吴书·诸葛恪传》："恪父瑾面长似驴，孙权大会群臣，使人牵一驴入，长检其面，题曰'诸葛子瑜'。恪跪曰：'乞请笔益两字。'因听其笔，恪续其下曰：'之驴'。举坐欢笑，乃以驴赐恪。"裴松之注引恪《别传》又说道："（孙）权尝飨蜀使费祎，先逆敕群臣：'使至，伏食勿起。'祎至，权为辍食，而群下不起，祎嘲之曰：'凤凰来翔，骐驎吐哺，驴骡无知，伏食如故。'"[10]恪又为趣答。是为巴蜀地区和江汉地区俱已多见驴骡的例证。可见到了东汉末年，江南地区也已不再视驴为珍稀的"奇畜"了。

驴较适宜于"屈曲艰阻"的山地运输，又堪粗食，寿命长于马，抗病力也较其他马属动物强。骡则又有挽力强的特点。因而驴骡都很快在交通运输中成为普及型动力。

1《后汉书》卷八〇上《文苑列传上·杜笃》，第2600页。

2《后汉书》卷五八《虞诩传》，第1869页。

3〔汉〕许慎撰，〔清〕段玉裁注：《说文解字注》，第266页。

4《后汉书》卷二二《杜茂传》，第777页。

5《后汉书》卷七二《董卓传》，第2320页。

6《后汉书》卷八一《独行列传·向栩》，第2693页。

7《后汉书》卷八二下《方术列传下·蓟子训》，第2745页。

8〔宋〕李昉等撰：《太平御览》，第3998页。

9《后汉书》卷三六《张霸传》，第1243页。

10《三国志》，第1429—1430页。

汉明帝永平年间（58—75）曾计划从都虑至羊肠仓通漕，"太原吏人苦役，连年无成，转运所经三百八十九隘，前后没溺死者不可胜筭"。于是汉章帝建初三年（78）"遂罢其役，更用驴辇"，成功地承担起转运任务，"岁省费亿万计，全活徒士数千人"。[1] 这一史例说明"驴辇"曾经成为大规模运输的主力。王褒《僮约》以"食马牛驴"[2] "调治马驴"作为庄园中主要劳作内容，又体现出驴骡在更普遍的社会经济生活中的作用。诸葛恪败曹魏军，"获车乘牛马驴骡各数千"[3]，也说明驴骡已经普遍应用于军事运输，活跃于军事生活之中。

8. 对于"驴"的交通史与交通考古关注

山东滕州黄安岭汉画象石所见运车画面，运载的似乎是兵员。牵引车辆的牲畜品种，突出显示与马明显不同的"长耳"，很可能是驴，或者是骡。

山东邹城石墙村汉画象石所见辎车，后有人俯首行礼。乘车者当为身份尊贵者。牵引辎车的牲畜"长耳"，似是驴。考虑到画面上方龙的形象后足可能与牲畜的耳部重叠，则畜种也可能是骡。

袁靖指出："驴可以分为非洲野驴和亚洲野驴两种，根据动物学家的研究，世界上所有家养的驴都来自非洲野驴，亚洲野驴没有被驯化为家养的驴。""由于汉昭帝死于公元前74年。我们可以断定至少在公元前74年以前"，"出自非洲的驴已经作为家养动物，通过文化交流传到了陕西西安一带"。[4] 平陵发现的驴，是迄今最早的内地有关"驴"的文物资料。取得帝陵从葬的资格，可能因远方"奇畜"而受到皇族的宠爱。这些"出自非洲

---

1 《后汉书》卷一六《邓禹传》，第608页。

2 日本学者宇都宫清吉《僮约研究》中"《僮约》校勘记"说到，《初学记》"餧食马牛"四字《类聚》作"食马牛驴"四字。今按：《太平御览》卷五〇〇引文作"饮马食牛"。〔宋〕李昉等撰：《太平御览》，第2289页。

3 《三国志》卷六四《吴书·诸葛恪传》，第1435页。

4 袁靖：《动物考古学揭密古代人类和动物的相互关系》，《西部考古》第2辑，三秦出版社2007年12月版。

的驴"，应是经由西域进入中土。

　　承衰靖见告，平陵从葬的驴的骨骼左近还发现了铁链的遗存。这或许更突出地显现了这些"驴"可能作为宠物的性质。也就是说，这些"驴"很可能并未参与社会交通实践。但是应当注意到，在汉武帝时代的军事运输中，"驴"已经作为交通动力受到重视。思考"驴"在当时社会文化中的作用，应当重视这样的事实。现在看来，平陵从葬坑与骆驼和驴同时出土的牛的骨骼，似乎也有重新鉴定的必要。与西来骆驼和驴接受同样的处置，推想这些牛大概并不是本地所产，很可能也属于丝绸之路开通之后"衔尾入塞"，来自西域方向而被中原人视为"奇畜"的物种。

骡·赢·驮騠

1. 李斯《谏逐客书》"駃騠"：秦王"娱心意说耳目者"

因韩国策动秦人"作注溉渠"即经营"郑国渠"以损耗国力的阴谋败露，秦有"一切逐客"之议。来自楚上蔡的客卿李斯也在被遣退之列，于是上书劝止。此即著名的政论杰作《谏逐客书》。据《史记》卷八七《李斯列传》，其中说到秦王喜爱的外来的消费生活形式：

> 今陛下致昆山之玉，有随、和之宝，垂明月之珠，服太阿之剑，乘纤离之马，建翠凤之旗，树灵鼍之鼓。此数宝者，秦不生一焉，而陛下说之，何也？必秦国之所生然后可，则是夜光之璧不饰朝廷，犀象之器不为玩好，郑、卫之女不充后宫，而骏良駃騠不实外厩，江南金锡不为用，西蜀丹青不为采。所以饰后宫充下陈娱心意说耳目者，必出于秦然后可，则是宛珠之簪，傅玑之珥，阿缟之衣，锦绣之饰不进于前，而随俗雅化佳冶窈窕赵女不立于侧也。夫击瓮叩缶弹筝搏髀，而歌呼呜呜快耳者，真秦之声也；《郑》《卫》《桑间》《昭》《虞》《武》《象》者，异国之乐也。今弃击瓮叩缶而就《郑》《卫》，退弹筝而取《昭》《虞》，若是者何也？快意当前，适观而已矣。今取人则不然。不问可否，不论曲直，非秦者去，为客者逐。然则是所重者在乎色乐珠玉，而所轻者在乎人民也。此非所以跨海内制诸侯之术也。

李斯说："夫物不产于秦，可宝者多；士不产于秦，而愿忠者众。今逐客以资敌国，损民以益雠，内自虚而外树怨于诸侯，求国无危，不可得也。"李斯的批评意见打动了秦王。于是，"秦王乃除逐客之令，复李斯官，卒用其计谋。官至廷尉。二十余年，竟并天下，尊主为皇帝，以斯为丞相"。[1]

---

1 《史记》，第2543—2546页。

所谓"駃騠"，司马贞《索隐》："决提二音。《周书》曰：'正北以駃騠为献。'《广雅》曰：'马属也。'郭景纯注《上林赋》云：'生三日而超其母也。'"

2.《短长》乌氏倮"駃騠"传说

《史记》卷一一〇《匈奴列传》说："秦穆公得由余，西戎八国服于秦，故自陇以西有绵诸、绲戎、翟、獂之戎，岐、梁山、泾、漆之北有义渠、大荔、乌氏、朐衍之戎。"关于"乌氏"，裴骃《集解》："徐广曰：'在安定。'"张守节《正义》："氏音支。《括地志》云：'乌氏故城在泾州安定县东三十里。周之故地，后入戎，秦惠王取之，置乌氏县也。'"[1]《史记》卷一二九《货殖列传》："乌氏倮畜牧，及众，斥卖，求奇缯物，间献遗戎王。戎王什倍其偿，与之畜，畜至用谷量马牛。秦始皇帝令倮比封君，以时与列臣朝请。"《汉书》卷九一《货殖传》"乌氏倮"作"乌氏嬴"。[2]乌氏倮受到秦始皇爱重的情形，也是可以说明秦与北方民族关系的一件实例。

明代学者王世贞《弇州四部稿》卷一四二《说部》"《短长上》二十三条"，说到古墓发现简牍文书，叙战国秦至汉初事："耕于齐之野者，地坟，得大篆竹册一褒，曰《短长》。其文无足取，其事则时时与史抵牾云。按刘向叙《战国策》，一名《国事》，一名《短长》，一名《长书》，一名《修书》。所谓'短长'者，岂战国逸策欤？然多载秦及汉初事，意亦文景之世好奇之士假托以撰者。余怪其往往称嬴项，薄炎德，诞而不理。至谓四皓为建成侯，伪饰淮阴侯毋反状，乃庶几矣。因录之以佐稗官。一种凡四十则。"[3]论者言"其文无足取"，"其事""与史抵牾"，政治史理念"诞而不理"等，其实不应妨碍我们以其中若干内容作为读史的参考。

1 《史记》，第2883—2884页。

2 《史记》，第3260页。《汉书》，第3685页。

3 〔明〕王世贞：《弇州四部稿》，《景印文渊阁四库全书》，第1281册第317页。

比如，其中有涉及"乌氏倮"的一段文字："乌倮以所畜駃騠百足、橐驼十双献。而始皇封之戎王之瓯脱，使比列侯以朝。"[1]这段记录虽然并非出自信史，但是与秦于西北方向主动沟通精于"畜"的北方民族，亦可能因此接近成熟的驯畜技术的历史真实是相符合的。"所畜駃騠百足"者，可以在我们讨论与"駃騠"相关的问题时引为有参考价值的信息。

3. 駃騠："北蛮""奇畜"

所谓"正北""为献"，说"駃騠"所产在北方民族地区。《史记》卷一一〇《匈奴列传》也记载：

> 匈奴，其先祖夏后氏之苗裔也，曰淳维。唐虞以上有山戎、猃狁、荤粥，居于北蛮，随畜牧而转移。其畜之所多则马、牛、羊，其奇畜则橐驼、驴、骡、駃騠、騊駼、驒騱。

裴骃《集解》："徐广曰：'北狄骏马。'"司马贞《索隐》："《说文》云：'駃騠，马父赢子也。'《广异志》：'音决蹄也。'《发蒙记》：'刳其母腹而生。'《列女传》云：'生七日超其母。'"[2]《史记》卷一一七《司马相如列传》载《上林赋》也可以看到"駃騠驴骡"字样：

> 其北则盛夏含冻裂地，涉冰揭河；兽则麒麟角䚡，騊駼橐驼，蛩蛩驒騱，駃騠驴骡。[3]

也说"駃騠"生于北方寒冷地带。《文选》卷八司马相如《上林赋》李善注引郭璞曰："驒騱驹，骢类也。駃騠，生三日而超其母。驒音颠，騱音奚，

1　〔明〕王世贞：《弇州四部稿》，《景印文渊阁四库全书》，第 1281 册第 327 页。
2　《史记》，第 2879 页。刘晓东校点：《列女传》卷六《辩通传·齐管妾婧》："駃騠生七日而超其母。"辽宁教育出版社 1998 年 12 月版，第 58 页。
3　《史记》，第 3025 页。

56-1 米努辛斯克博物馆藏青铜牌饰

駃騠，騠音提，騠赢同。"[1]《太平御览》卷九一三引《史记》曰："匈奴畜
则駃騠、驒騱。"[2]直接称之为"匈奴畜"。《淮南子·齐俗》高诱注也说："駃
騠，北翟之良马也。"[3]

　　《史记》卷一一〇《匈奴列传》司马贞《索隐》引《说文》云："駃
騠，马父赢子也。"按照段玉裁《说文解字注》的提示，应作"马父驴母赢
也"："谓马父之騠也。言'马父'者，以别于驴父之騠也。今人谓马父驴
母者为马騠，谓驴父马母者为驴騠。不言'驴母'者，疑夺。盖当作'马
父驴母赢也'六字。"段玉裁理解，"駃騠"是"马父驴母"生育的"赢"。[4]

4. 燕王"駃騠"与赵简子"白騠"

　　据《史记》卷八三《鲁仲连邹阳列传》引录邹阳文字，燕王也有"駃
騠"。燕王"駃騠"在史籍中的出现，却显现极异常情态：

1 〔梁〕萧统编，〔唐〕李善注：《文选》，第 125 页。

2 〔宋〕李昉等撰：《太平御览》，第 4044 页。

3 何宁撰：《淮南子集释》，第 817 页。

4 〔宋〕罗愿撰，石云孙点校：《尔雅翼》卷二二《释兽五》"駃騠"条："《说文》曰：騠，驴
父马也。駃騠，马父驴母也。故《传》称'駃騠生三日而超其母'。言其过于驴尔。"第 236—
237 页。

> 苏秦相燕，燕人恶之于王，王按剑而怒，食以驶騠；白圭显于中
> 山，中山人恶之魏文侯，文侯投之以夜光之璧。何则？两主二臣，剖
> 心坼肝相信，岂移于浮辞哉！[1]

关于"驶騠"，裴骃《集解》："《汉书音义》曰：'驶騠，骏马也，生七日而超
其母。'敬重苏秦，虽有谗谤，而更膳以珍奇之味。"司马贞《索隐》："案：
《字林》云：'决啼二音，北狄之良马也，马父赢母。'"张守节《正义》："食
音寺。驶騠音决蹄。北狄良马也。"[2] 明董说《七国考》卷六"燕飧"题下有
"驶騠食"条："《邹阳书》：苏秦相燕，燕人恶之于王。王按剑而怒，食以驶
騠。《汉书音义》云：驶騠，骏马也。生七日而超其母。王重苏秦，虽有谗
谤而更膳以珍奇之味。"[3] 又有"千里马肝"条："《燕丹子》云：太子有千里
马。轲曰：千里马肝美。太子即进肝。"[4] 通过"驶騠食"和"千里马肝"并
说，可以体会此类故事共同的特点，其实也不免王世贞言《短长》"诞而不
理"的批评。

　　由所谓"燕飧""驶騠食"传说，可知"驶騠"不独在秦，也曾为燕王
视为"珍奇"。

　　《吕氏春秋·爱士》记录了秦穆公乘车服马俟而为野人取食故事。秦
穆公不治罪而"遍饮"野人。[5] 事又见《史记》卷五《秦本纪》。[6]《吕氏春

1 《白孔六帖》卷三八《君臣相信》"白圭以驶騠"条："人潜乐毅于燕王，燕王按剑怒潜者，而
食乐毅以驶騠。驶騠，良马肉也。"《文渊阁四库全书》，第891册第604页。故事主人公为"乐
毅"，与诸说"苏秦"不同。

2 《史记》，第2472页。

3 〔宋〕郭茂倩：《乐府诗集》卷二九薛道衡《明君词》："何用单于重，讵假阏氏名。驶騠聊强
食，挏酒未能倾。心随故乡断，愁逐塞云生。"仍用"驶騠食"古典。第433页。

4 〔明〕董说原著、缪文远订补：《七国考订补》，第455—456页。

5 《吕氏春秋·爱士》："昔者秦缪公乘马而车为败，右服失而埶人取之。缪公自往求之，见埶人
方将食之于岐山之阳。缪公叹曰：'食骏马之肉而不还饮酒，余恐其伤女也！'于是遍饮而去。处
一年，为韩原之战，晋人已环缪公之车矣，晋梁由靡已扣缪公之左骖矣，晋惠公之右路石奋投而
击缪公之甲，中之者已六札矣。埶人之尝食马肉于岐山之阳者三百有余人，毕力为缪公疾斗于车
下，遂大克晋，反获惠公以归。此《诗》之所谓曰'君子君子则正，以行其德；君贱人则宽，以
尽其力'者也。人主其胡可以无务行德爱人乎？行德爱人则民亲其上，民亲其上则皆乐为其君死
矣。"许维遹撰，梁运华整理：《吕氏春秋集释》，第189页。

6 《史记》卷五《秦本纪》："初，缪公亡善马，岐下野人共得而食之者三百余人，吏逐得，欲法
之。缪公曰：'君子不以畜产害人。吾闻食善马肉不饮酒，伤人。'乃皆赐酒而赦之。三百人者闻秦
击晋，皆求从，从而见缪公窘，亦皆推锋争死，以报食马之德。于是缪公虏晋君以归。"第189页。

秋·爱士》随后说到赵简子的"白骡":

> 赵简子有两白骡而甚爱之。阳城胥渠处广门之官，夜款门而谒曰："主君之臣胥渠有疾，医教之曰：'得白骡之肝病则止，不得则死。'"谒者入通。董安于御于侧，愠曰："嘻！胥渠也，期吾君骡，请即刑焉。"简子曰："夫杀人以活畜，不亦不仁乎？杀畜以活人，不亦仁乎？"于是召庖人杀白骡，取肝以与阳城胥渠。处无几何，赵兴兵而攻翟。广门之官，左七百人，右七百人，皆先登而获甲首。人主其胡可以不好士？[1]

宋黄震《黄氏日抄》卷五六《读诸子二·吕氏春秋》注意到事在《吕氏春秋·仲秋纪》，系列论说的主题在于"言兵"。[2] 我们更为关注的，是秦穆公"骏马"故事和赵简子"白骡"故事的相近情节，即都是君王爱畜，都杀以为食料，都因此换取了战功回报。

而燕王"駃騠"和赵简子"白骡"故事，都发生在邻近"北蛮""北狄"的国度。《谏逐客书》所见"駃騠"，言秦王"快意""所重者"，也有同样的生态地理和文化地理背景。

5. 秦人畜牧"蕃息"技术：畜产史重要的一页

顾炎武《日知录》卷二九《驴蠃》讨论了"驴"和"蠃"引入中原的历史："自秦以上，《传》《记》无言驴者，意其虽有，而非人家所常畜也。"原注："《尔雅》无驴而有騊駼，身长须而贼，秦人谓之'小驴'。""驴"的畜养，可能始自"秦人"，是值得特别注意的现象。顾炎武又写道：

1　许维遹撰，梁运华整理：《吕氏春秋集释》，第191—192页。
2　黄震写道："《仲秋纪》，次曰《论威》，谓必反于己，则三军可使一心。次曰《简选》，以汤、武、齐桓、晋文、吴阖闾为证。次曰《决胜》，以必义、必智、必勇为本。次曰《爱士》，谓秦缪公饮盗骏马者以酒，而脱韩原之急；赵简子以白骡救其臣阳城胥渠之疾，而获翟人之首。凡以秋，故言兵。"《文渊阁四库全书》，第708册第425页。

《逸周书》：伊尹为献令，正北空同、大夏、莎车、匈奴、楼烦、月氏诸国，以橐驼、野马、騊駼、駃騠为献。

原注："驴父马母曰'蠃'，马父驴母曰'駃騠'。《古今注》以牡马牝驴所生谓之'駏'。"随后顾炎武引述三则故事：

《吕氏春秋》："赵简子有两白骡，甚爱之。"李斯上秦王书言"骏良駃騠"。邹阳上梁王书亦云"燕王按剑而怒，食以駃騠"。是以为贵重难得之物也。

虽当时"以为贵重难得之物也"，然而赵、秦、燕中原北边地方已经引入"駃騠""白骡"等西方奇畜，在畜产史上留下了重要的记录。

顾炎武综述了"驴骡"随后引入畜养的历史："司马相如《上林赋》：'騊駼橐驼，蛩蛩驒騱，駃騠驴蠃。'王褒《僮约》：'调治马驴，兼落三重。'其名始见于文。而贾谊《吊屈原赋》：'腾驾罢牛兮骖蹇驴。'《日者列传》：'骐骥不能与罢驴为驷。'东方朔《七谏》：'要褭奔亡兮腾驾橐驼。'刘向《九叹》：'郄骐骥以转运兮，腾驴蠃以驰逐。'扬雄《反离骚》：'骋骅骝以曲囏兮，驴骡连蹇而齐足。'则又贱之为不堪用也。尝考驴之为物，至汉而名，至孝武而得充上林，至孝灵而贵幸。"[1]顾炎武强调"驴骡"来自"北蛮""北狄"地方：

然其种大抵出于塞外。

顾炎武写道："自赵武灵王骑射之后，渐资中国之用。《盐铁论》：'蠃驴馲駞，衔尾入塞；騨騱騵马，尽为我畜。'杜笃《论都赋》：'虏儌僬，驱骡驴，驭宛马，鞭駃騠。'《霍去病传》：'单于遂乘六骡。'《匈奴传》：'其奇畜则橐驼、驴骡、駃騠、騊駼、騨騱。'《西域传》：'鄯善国有驴马，多橐它，乌秅

1　原注："《后汉书·五行志》：'灵帝于宫中西园驾四白驴，躬自操辔，驱驰周旋，以为大乐。于是公卿贵戚转相仿效，至乘辎軿，以为骑从，互相侵夺，贾与马齐。'"黄汝成案："如《僮约》，则驴亦人家所常畜矣。"〔清〕顾炎武著，黄汝成集释，秦克诚点校：《日知录集释》，第1009页。

国有驴，无牛。'而龟兹王学汉家仪，外国人皆曰：'驴非驴，马非马，若龟兹王所谓骡也。'"分析"驴骡"原产"北蛮""北狄"而后传入中原的情形，顾炎武说：

> 可见外国之多产此种，而汉人则以为奇畜耳。今中原亦自产骡，任重致远之资，胜于驽骀百倍，且习见，而无复以为奇畜者矣。[1]

从"以为奇畜"，到"无复以为奇畜"，是因为"中原亦自产骡"，"且习见"的缘故。正是由于繁育的普遍，"以为贵重难得之物"的地位于是丧失。

"单于""乘""骒"是北族行为，而由《九叹》"腾驴骡以驰逐"，可知其奔走能力亦受到重视。《论都赋》所谓"鞭駃騠"者，则很可能体现已经用于运输，即所谓"任重致远"。"駃騠"应当已经不再只是作为宫廷宠物，而很可能用以挽、驮，成为运输动力。《淮南子·齐俗》："世多称古之人而高其行，并世有与同者而弗知贵也，非才下也，时弗宜也。故六骐骥、驷駃騠，以济江河，不若窾木便者，处世然也。是故立功之人，简于行而谨于时。""驷駃騠"，高诱注："駃騠，北翟之良马也。"[2]云"驷駃騠"者，显然是说这种野生马科畜类已经可以胜任中原系挽车辆的运输方式的要求。

于是，"駃騠"已经不仅仅为个别上层人物"快意""所重"，或曰"甚爱之"，而因为服务于运输生产，为社会普遍欢迎。

如果赞同"駃騠"就是"骡"的判断，则所谓"腾驴骡以驰逐"和"鞭駃騠"情形的出现，可以理解为这种北方民族最初驯育的"奇畜"，其耐力、挽力和奔走能力受到中原人的肯定。然而，如果"駃騠"确实是"骡"，则因一般无生殖能力，难以达到民间"习见"的数量。

"中原亦自产骡"情形的实现，应当有蕃育技术以为保证。而最大可能实现这一技术突破的，应当是秦人。

秦人有重视畜牧业的传统。与早期习于游徙生活相关，传说中秦先祖

---

1 〔清〕顾炎武：《日知录》，《景印文渊阁四库全书》，第 858 册第 1039 页。

2 何宁撰：《淮南子集释》，第 817 页。

事迹多以致力于交通活动著称于世。而"御",是他们的特长。"费昌当夏桀之时,去夏归商,为汤御。"孟戏、中衍亦才技不凡,"帝太戊闻而卜之使御,吉,遂致使御而妻之"。而"蜚廉善走","以材力事殷纣"。其后造父更是交通史上著名的人物,《史记》卷五《秦本纪》:

> 造父以善御幸于周缪王,得骥、温骊、骅駠,骕耳之驷,西巡狩,乐而忘归。徐偃王作乱,造父为缪王御,长驱归周,一日千里以救乱。缪王以赵城封造父,造父族由此为赵氏。[1]

造父又成为天际星名[2],而后来居于犬丘的非子,则以畜牧经营的成功,受到周天子信用,地位得以上升:

> 非子居犬丘,好马及畜,善养息之。犬丘人言之周孝王,孝王召使主马于汧渭之间,马大蕃息。孝王欲以为大骆適嗣。申侯之女为大骆妻,生子成为適。申侯乃言孝王曰:"昔我先郦山之女,为戎胥轩妻,生中潏,以亲故归周,保西垂,西垂以其故和睦。今我复与大骆妻,生適子成。申骆重婚,西戎皆服,所以为王。王其图之。"于是孝王曰:"昔伯翳为舜主畜,畜多息,故有土,赐姓嬴。今其后世亦为朕息马,朕其分土为附庸。"邑之秦,使复续嬴氏祀,号曰"秦嬴"。[3]

"息",是畜牧业成就的突出标志。"主畜,畜多息","好马及畜,善养息之",同样表现以繁育为特点的畜产数量的显著增殖。正如有的学者所指出的,"秦的祖先非子就是一个在周孝王时代以养马起家的,而秦的地理环境也正是最适于养马的西北地区"[4]。"好马及畜,善养息之",言其成功在于畜牧技术的成熟。

---

1 《史记》,第174—175 页。《史记》卷四三《赵世家》:"造父幸于周缪王。造父取骥之乘匹,与桃林盗骊、骅騮、绿耳,献之缪王。缪王使造父御,西巡狩,见西王母,乐之忘归。而徐偃王反,缪王日驰千里马,攻徐偃王,大破之。乃赐造父以赵城,由此为赵氏。"第 1779 页。
2 《晋书》卷一一《天文志上》:"传舍南河中五星曰造父,御官也,一曰司马,或曰伯乐。星亡,马大贵。"第 290 页。
3 《史记》,第 177 页。
4 谢成侠:《中国养马史》(修订版),第 66 页。

我们确实看到，中国古代畜牧史中有关"配种繁殖制度"的较早记载，正是存留于成书于秦地的《吕氏春秋》之中。有学者说："如从《吕氏春秋》作进一步的研究，则更知周秦时代，已初步掌握了家畜的发情配种规律。"《吕氏春秋·季春纪》："是月也，乃合累牛腾馬，游牝于牧。"[1]有研究者认为："这个制度是将越冬系养的牛、马，于开春后，共同放入草场牧地，促其发情，让其本交，以便孳生。"[2]"什么时候，牝牡再分群呢？他们也有制度，从仲夏月起'游牝别群，则縶腾驹，班马政'。因为由三月至五月，有两个多月的合群，应已受孕，此刻分群，正可防止其踢咬流产，来保护孕畜。"[3]

6. "駃騠"名义解说的其他可能性

《说文·马部》关于若干北方"奇畜"分别有所解释："駃，駃騠，马父臝子也。""騠，駃騠也。""臝，驴父马母者也。""驴，似马，长耳。""騾，驴子也。""驒，驒騱，野马属……一曰驒马，青骊白鳞，文如鼍魚也。""騱，驒騱也。""駒，駒騟，北野之良马也。""騟，駒騟也。"[4]

按照段玉裁注修正的文字，《说文》以为"駃騠"是马父驴母所生，也就是"骡"。《史记》卷八三《鲁仲连邹阳列传》司马贞《索隐》引《字林》谓駃騠"马父臝母"，也是大体相近的意思。然而《说文·马部》所列，"駃騠"之外，又有"臝"。《史记》卷一一〇《匈奴列传》说："其奇

1　许维遹撰，梁运华整理：《吕氏春秋集释》，第64页。

2　《礼记·月令》："季春之月……是月也，乃合累腾马，游牝于牧。"郑玄注："累腾皆乘匹之名。是月所合牛马，谓系在厩者，其牝欲游则就牧之牡而合之。"〔清〕阮元校刻：《十三经注疏》，第1364页。

3　朱先煌：《周秦畜牧业》，张仲葛、朱先煌主编：《中国畜牧史料集》，科学出版社1986年5月版，第47页。《礼记·月令》："仲夏之月……游牝别群，则縶滕驹。"郑玄注："孕妊之欲止也。""为其牡气有余相蹄啮也。"〔清〕阮元校刻：《十三经注疏》，第1370页。〔宋〕张虑《月令解》卷五："季春游牝于牧，至是则别群。春合累牛腾马，至是则执腾驹。皆防物之性，恐其伤生也。"《景印文渊阁四库全书》，第116册第564页。

4　〔汉〕许慎撰，〔清〕段玉裁注：《说文解字注》，第469页。

畜则橐驼、驴、骡、駃騠、駏驉、驒騱。"又《上林赋》也"駃騠驴骡"并
说。似乎可以理解为在有些秦汉文字执笔者的意识中,"駃騠"应当并不
是骡。

现在看来,对于駃騠、駏驉、驒騱的解释尚未形成定论。"駃騠"或为
马父驴母之骡,或为其他马科动物的可能性是存在的。比如上文曾经说到
的"野马"。

根据现代生物学考察收获,因生存条件恶化,"野马"现今分布情形未
可乐观。"产于我国甘肃西北部和新疆附近地区及准噶尔盆地,蒙古亦产"
的野马,"数量稀少。为世界上唯一生存的野马,在学术上有重要意义"。[1]
现今野马属于世界甲级濒危动物,有资料提示,20世纪70年代以后,已
经没有发现野马在野外活动的记载。居延"野马"简文以其年代之早,可
以看作珍贵的生态史资料。作为汉王朝基层军官和士兵近距离直接感受的
文字表述,其真实性值得看重。但是,中原人年代更早的相关记录,或许
存留在嬴政和李斯时代有关"駃騠"的文书之中。当然,这些信息的获得,
是经过秦与北方民族交通往来的渠道实现的。

7. "駃騠"驯用骑乘推想

《淮南子·齐俗》所谓"六骐骥、驷駃騠","驷"字已经体现"駃騠"
用于系驾的情形。那么,这种由北方草原地方进入中土的"奇畜",是否可
以作为另一种运输动力,即经驯养之后,服务于北方民族惯用的交通方式
骑乘呢?

《太平御览》卷三五六引《董卓传》说到西北名将董卓对"年七岁"的
孙子的特别爱重:

> 卓孙年七岁,爱以为己子。为作小铠胄,使骑駃騠马,与玉甲一

---

1 《辞海·生物分册》,第571页。

具，俱出入，以为麟驹凤鷇。至杀人之子，如蚤虱耳。[1]

这位七岁童子按照董卓设计的衣装行为，所谓"使骑駃騠马，与玉甲一具，俱出入"者，是"駃騠"用于骑乘的明确史例。

董卓出身陇西临洮，以骑术高明闻名，"有材武，膂力少比，双带两鞬，左右驰射"。[2] 曾与羌人友好，又任西域戊己校尉、并州刺史，常年与北方民族密切交往，"数讨羌、胡，前后百余战"。[3] 董卓爱孙"骑駃騠马"的"出入"形式，很可能受到北方民族的影响。我们知道，草原游牧民族儿童喜好，或者说成人社会鼓励未成年人的骑乘训练，是很早就开始的。《史记》卷一一〇《匈奴列传》记载："儿能骑羊，引弓射鸟鼠；少长则射狐兔；用为食。士力能毌弓，尽为甲骑。"[4]

除了前引《论都赋》所谓"鞭駃騠"或许有可能与骑乘"駃騠"有关而外，现在我们看到的体现"骑駃騠马"的确切史例绝少。在现代人的生物学和畜牧学知识中，骡可骑乘，野马则难以驯用。但是，我们还不能完全否定古代北方民族以至中原民族曾经驯用野马的可能。

应当注意到，隋唐制度，服务宫廷的机构有"奉乘"部门，与"奉辇"部门并列，应当是管理骑乘之事的。"奉乘局"属下有"駃騠闲"。[5] 由此可以推知，隋唐时人意识中的"駃騠"，是可以服务于"乘"的。此外，清人连斗山《周易辨画》卷七《否》所谓"駃騠之骑难絷弱木"体现了同样的

---

1 〔宋〕李昉等撰：《太平御览》，第 1635 页。清代学者杭世骏《三国志补注》卷二《魏书》注意到了这条涉及古代未成年人生活史以及古代骑乘史的重要史料，但是引用时没有注出出处。

2 《三国志》卷六《魏书·董卓传》，第 171 页。

3 《三国志》卷六《魏书·董卓传》裴松之注引《英雄记》，第 171 页。

4 《史记》，第 2879 页。《汉书》卷六四上《匈奴传上》，第 3743 页，文字略异。

5 《隋书》卷二八《百官志下》："尚乘局置左右六闲：一左右飞黄闲，二左右吉良闲，三左右龙媒闲，四左右驹騄闲，五左右駃騠闲，六左右天苑闲。有直长十四人，又有奉乘十人。"第 795 页。《新唐书》卷四七《百官志》："尚乘局，奉御二人，直长十人。掌内外闲厩之马。左右六闲：一曰飞黄，二曰吉良，三曰龙媒，四曰驹騄，五曰駃騠，六曰天苑。凡外牧岁进良马，印以三花飞凤之字。飞龙厩日以八马列宫门之外，号南衙立仗马，仗下乃退。大陈设则居乐县之北，与象相次。龙朔二年改尚乘局曰奉驾局。有……习驭五百人，掌闲五千人……习驭掌调六闲之马。掌闲掌饲六闲之马，治其乘具鞍辔。"第 1220 页。由所谓"乘具鞍辔"，可知用于骑乘。《新唐书》卷五〇《兵志》："以尚乘掌天子之御，左右六闲：一曰飞黄，二曰吉良，三曰龙媒，四曰驹騄，五曰駃騠，六曰天苑。总十有二闲。"第 1337 页。

认识，[1] 也可以为我们讨论"駃騠"是否可以"骑"的问题提供有参考价值的信息。[2]

1 〔清〕连斗山：《周易辨画》，《景印文渊阁四库全书》，第 53 册第 78 页。
2　王子今：《李斯〈谏逐客书〉"駃騠"考论——秦与北方民族交通史个案研究》，《人文杂志》2013 年 2 期。

橐佗 · 骆驼

1. 天水发现"骆驼"形象银饰

甘肃礼县秦墓出土多种型式的金箔。以鸟形为主流纹样的此类文物因盗掘活动流散到海外文物市场，有些得以返回。

甘肃张家山马家塬战国墓出土的装饰精美的车辆，引起考古学界与历史学界的重视。其中金属饰件，式样华丽，制作细致，被看作体现冶铸技术水准与设计构思及审美情趣的文物精品。

天水博物馆收藏的征集品"骆驼"形象银饰，性质很可能与邻近地区战国秦墓出土的金银箔片类似。显现的"骆驼"形象为双峰驼。这两件银饰，应当是我们看到的最早的表现这种中原人以为"奇畜"的"骆驼"形象的文物。

57-1　庄浪出土人驼纹青铜牌饰

57-2　天水博物馆藏"骆驼"银饰 1　　　　57-3　天水博物馆藏"骆驼"银饰 2

57-4　秦始皇陵 QLCM1 出土金骆驼

2. 秦始皇陵区出土金骆驼

秦始皇陵西侧陪葬墓出土金骆驼，是近年重要的考古发现。这件纯金骆驼模型造型真切、生动，作为骆驼形象在中原文明重心地带最早的发现，具有非常重要的文物价值。

秦始皇陵区金骆驼的出土，说明这一时期秦人对于骆驼已经具备了基本的动物学知识。对于骆驼的役用，可能也已经形成了早期的经验。

57-5　民勤出土镂空双驼青铜牌饰

57-6　中国国家博物馆藏双驼纹青铜牌饰

3. 居延的"野橐佗"

《逸周书·王会》记载："伊尹受命，于是为四方令曰：'……正北空
同、大夏、莎车、姑他、旦略、豹胡、代翟、匈奴、楼烦、月氏、孅犁、
其龙、东胡，请令以橐驼、白玉、野马、騊駼、駃騠、良弓为献。'汤曰：
'善。'"[1]《战国策·楚策一》：苏秦说楚威王，言："大王诚能听臣……赵、

1　黄怀信、张懋镕、田旭东撰，李学勤审定：《逸周书汇校集注》，上海古籍出版社 1995 年 12 月
版，第 970 页、第 980—983 页。

代良马橐他，必实于外厩。"[1] 可知先秦时期中原人已经初步具有关于北方"橐佗"的知识。《史记》卷一一〇《匈奴列传》："其奇畜则橐驰、驴、骡、駃騠、騊駼、騨騱。"而骆驼作为交通动力，在汉代受到空前的重视。西北地区军运民运已经普遍使用骆驼。"大量役用骆驼于军事运输"，成为交通史上的显著现象。《史记》卷一二三《大宛列传》："赦囚徒材官，益发恶少年及边骑，岁余而出敦煌者六万人，负私从者不与。牛十万，马三万余匹，驴骡橐它以万数。多赍粮，兵弩甚设，天下骚动，传相奉伐宛，凡五十余校尉。"[2]《汉书》卷九四下《匈奴传下》："康居亦遣贵人，橐它驴马数千匹，迎郅支。"《汉书》卷九六上《西域传上》："敦煌、酒泉小郡及南道八国，给使者往来人马驴橐驼食，皆苦之。"《汉书》卷九六下《西域传下》载汉武帝《轮台诏》也说："朕发酒泉驴橐驼负食，出玉门迎军。"[3]

作为生态史料，居延汉简中可以看到有关"塞外有野橐佗"的记录：

（1）☑书曰大昌里男子张宗责居延甲渠收虏隧长赵宣马钱凡四千九百二十将召宣诣官☑以☑财物故不实臧二百五十以上☑已☑☑☑☑☑☑辟

☑赵氏故为收虏隧长属士吏张禹宣与禹同治乃永始二年正月中禹病禹弟宗自将驿牝胡马一匹来视禹＝死其月不审日宗见塞外有野橐佗☑☑☑☑

☑宗马出塞逐橐佗行可卅余里得橐佗一匹还未到隧宗马萃僵死宣以死马更所得橐佗归宗＝不肯受宣谓宗曰强使宣行马幸萃死不以偿宗马也

☑☑共平宗马直七千令宣偿宗宣立以☑钱千六百付宗其三年四月中宗使肩水府功曹受子渊责宣子渊从故甲渠候杨君取直三年二月尽六　　　　　　　　　　　　　（229.1，229.2）[4]

1　〔西汉〕刘向集录：《战国策》，第 502 页。《史记》卷六九《苏秦列传》："大王诚能用臣之愚计，则……燕、代橐驼良马，必实外厩。"第 2260—2261 页。

2　《史记》，第 3176 页。

3　《汉书》，第 3802 页、第 3893 页、第 3913 页。

4　谢桂华、李均明、朱国炤：《居延汉简释文合校》，第 371 页。

57-7　居延"橐佗迹从
塞外西南来"简文

57-8　居延"追野橐
（佗）"简文

0　　　　　　　　　　10cm

57-9　尼雅出土汉晋锦所见猎杀野骆驼画面

此"见塞外有野橐佗","出塞逐橐佗","得橐佗一匹"事，如果不是因追逐"野橐佗"赵宣骑乘张宗马猝然意外死亡，导致债务纠纷，可能并不会进入档案记录。"野橐佗"的出现，可能是很常见的事情。

由"见塞外有野橐佗","出塞逐橐佗"的文书记录，可知"野橐佗"只在"塞外"活动。这一情形间接体现了人为建筑工程"塞"的出现，阻碍了"野橐佗"的活动路径，限制了"野橐佗"的生存空间。

另一简例可能也体现了同样的情形：

（2）状何如审如贤言也贤所追野橐☒　　　　　　　　　（E.P.T5:97）[1]

"追野橐☒"应当就是前例所谓"逐橐佗"。[2]

4. "欲渡""沙海""以驼代舟"说与"沙漠之舟"比喻

随着中原人对西北方向交通地理知识的扩展，有人以为古语"流沙"或指更遥远的沙漠。

清人金永森《西被考略》写道："至阿剌伯之流沙，尤前人所未睹。西书言其地有沙海，广千余里，沙乘大风如浪，凡欲渡者以罗经定方位，以驼代舟车，常乏水草，则杀驼剖腹，沥水而饮。商旅必结队而行，否则虞盗贼，且虑风沙埋没。《楚辞》云：'西方之害，流沙千里。'《禹贡》'西被于流沙'，正为此地。若以居延一隅当古流沙，则陋矣。经云流沙之滨，流沙必近海隅，阿剌伯地傍红海，流沙当在此。"[3]其中"沙海"之说值得注意。所谓"流沙必近海隅"，将两种地理条件联系起来，也自有识见。而今人多言"沙漠之舟"者，以沙漠交通和海上交通比拟，金著所谓"以驼代

1　甘肃省文物考古研究所等编：《居延新简：甲渠候官与第四燧》，第24页。

2　王子今：《简牍资料所见汉代居延野生动物分布》，《鲁东大学学报》2012年4期。

3　〔清〕金永森撰：《西被考略》卷一，清光绪二十九年武昌刻本，《四库未收书辑刊》，叁辑第656—657页。

舟车"，可知以"舟"比喻骆驼，较早已见于文献。

骆驼为沙漠交通提供主要动力。《宋史》卷四九〇《外国传六·高昌》说西北丝绸之路有的路段"沙深三尺，马不能行，行者皆乘橐驼"。[1]以为骆驼行进又如水上行"舟"者，又有魏源《海国图志》卷二四《西南洋》"阿丹国"条："其驼系国之舟，忍耐辛苦。"卷三六《小西洋》"重辑"条："其驼若舟，动止醒睡恒与人同伴。行路如患渴死，则杀其驼饮血，且胃内有存水解渴。"[2]都明确说沙漠行走，"其驼若舟"。

关于沙漠交通行为"其驼若舟"的比喻，是以"沙海"作为认识基点的。

---

1 《宋史》，第 14110 页。
2 〔清〕魏源撰，陈华等点校注释：《海国图志》，岳麓书社 1998 年 11 月版，第 774 页、第 1080 页。

1. "貘尊" 发现

古来器物设计制作，有"制器象物，示有其形"的说法。[1]青铜器器形的仿生意向，为较宽视野的历史文化研究提供了与鸟兽相关的社会意识。相关信息透露出生态环境史的某种动向。例如"貘"的形象的存留，值得我们重视。"貘"的存亡，与当时生态环境条件有直接的关系。上古时期青铜器遗存可见作器仿象"貘"的造型。野生动物分布情势，在历史时期曾经发生情节复杂的变化。而"貘"的消亡，提示了重要的生态史转换的动向。

山西绛县横水西周倗国墓地 2004 年出土青铜器"貘尊"，被认为"提供了古代生物的珍贵信息，也提供了研究西周青铜器铸造技术的重要物证"[2]。

另一件美国弗利尔美术馆藏中国西周青铜器应当也是"貘尊"。孙机称"东周貘尊，赛克勒氏藏"者[3]，可能正是这件器物。

与绛县同样属于黄河中游地方，纬度低1°左右的陕西宝鸡茹家庄西周墓出土的"貘尊"，也是同样的器物。发掘简报称作"羊尊"。[4]

弗利尔美术馆收藏的两件仿象"貘"的形象铸作的青铜器，用途和器名不详。均出土于山西。一件为东周中期，一件为东周晚期。器形与"貘"的关系是可以大致明确的。

容庚《善斋彝器图录》所著录"遽父乙尊"，以为是"象"的形象，正

---

1 《北堂书钞》卷一三四引蔡邕《警枕铭》。

2 胡春良：《绛县西周倗国墓地出土貘尊》，《山西日报》2020 年 6 月 12 日 12 版。

3 孙机：《古文物中所见之貘》，《从历史中醒来：孙机谈中国古文物》，生活·读书·新知三联书店 2016 年版，第 35 页。

4 宝鸡茹家庄西周墓发掘队：《陕西省宝鸡市茹家庄西周墓发掘简报》，《文物》1976 年 4 期。

58-1 绛县出土西周"貘尊"

58-2 宝鸡茹家庄出土"貘尊"

58-3 弗利尔美术馆藏"貘尊"

如孙机所指出的，"实际上所塑造的是一只惟妙惟肖的貘"[1]。

恭王府博物馆藏被称为"象尊"的青铜器，有研究者根据其形制，并比照其他几件貘尊，正名为西周貘尊。[2]

弗利尔美术馆藏一件可能可以称作竿顶饰的青铜器，很可能表现的也是"貘"的形象。

2. 青铜提梁卣构件所见"貘"的头部表现

山西青铜博物馆藏目云纹提梁卣，年代为西周，山西公安机关移交。出土地应当在山西。提梁两端铸作"貘"的头部象形。[3]

有的学者指出："西周时期少量提梁卣的系，其首为貘，其身为菱形花纹的龙身，即是貘首龙身者。"[4] 所说的"其首为貘"，与此一致，而"其身为菱形花纹的龙身"，与此件文物形制分明不同。

陈梦家著录美国收藏中国青铜器，其中若干件"提梁卣的系，其首为貘"。如编号为 A601、A614、A615、A617、A618、A621、A623、A626、A627、A628 者，都是如此。[5] 似乎并非"少量"。这可能是西周青铜提梁卣制作的一种通式。有些提梁的兽头"系""首"，从唇吻部看，虽然并非典型的"貘首"，其风格也是类似的。

弗利尔美术馆收藏一件称作"牛首"的青铜器附件，其实也是"貘"的头部造型。

1　孙机：《古文物中所见之貘》，《从历史中醒来：孙机谈中国古文物》，第 33 页。

2　兰轩谈古的博客：《论恭王府藏一件貘尊》，2020 年 7 月 6 日。http://blog.sina.com.cn/s/blog_4559270801030gvh.html

3　山西博物院编：《山西青铜博物馆珍品集萃》，科学出版社 2020 年 12 月版，第 64 页。

4　论者在就恭王府藏貘尊的讨论中提出了相关认识。兰轩谈古的博客：《论恭王府藏一件貘尊》，2020 年 7 月 6 日。http://blog.sina.com.cn/s/blog_4559270801030gvh.html

5　陈梦家著：《美国所藏中国铜器集录》，金城出版社 2016 年 6 月版，第 1394 页、第 1428—1429 页、第 1332—1334 页、第 1438—1439 页、第 1440—1441 页、第 1448—1449 页、第 1452—1453 页、第 1469—1461 页、第 1464—1465 页、第 1466—1468 页。

日本学者林巳奈夫较早注意到这
种动物形象是"貘"。[1]

58-4　弗利尔美术馆藏仿象"貘"头部形象
的青铜器构件

3. 简牍文字中的"貘"

曾侯乙墓简中的"貘",原字从
"鼠"。整理者指出:"简文'貘'""所
从'豸'旁","原文均写作'鼠'。
古代'豸''鼠'二形旁往往混用。"[2]
罗小华指出:"'貘',亦见于包山简和望山简。"他提示,包山简"豻貘"
(271),望山简"貍貘"(2-8)、"貍莫"(2-6),"貘""莫",有学者以
为动物"毛皮"。[3]曾侯乙墓"貍貘"(2)、"貍莫"(36),意义也是相同
的。罗小华认为:"楚简中的'虎貘''貍貘''豻貘''貂貘',分别指用
'虎''豻''貂''貍'等动物的皮毛与貘皮一起制作物品。曾侯乙墓简1、
65中的'貘聂',则是指单用貘皮制作缘饰。"[4]

4. 汉代有关"貘"的图像信息

汉代画象中有关于"貘"的图像资料。罗小华引据孙机的论著,在
"遽父乙尊、宝鸡茹家庄出土貘尊、神面提梁卣等西周铜器中的貘造型,美
国赛克勒医生所藏的东周铜器中的貘造型"之后,有"山东平阴孟庄汉代

---

1 〔日〕林巳奈夫著,陈起译,王小庆校:《从商、西周时期动物纹饰中所见的六种野生动物》,
译者注:"译自:樋口隆康等著:《亚洲考古学展望——樋口隆康教授荣休纪念论文集》,新潮社,
1983年。"

2 湖北省博物馆:《曾侯乙墓》,第503页。

3 陈伟武:《说"貘"及其相关诸字》,《古文字研究》第25辑,中华书局2004年版,第252页。

4 罗小华:《楚简中的貘》,《中国典籍与文化》2019年2期。

石柱画像石、山东滕县西户口汉画像石中的貘，以及江苏金坛出土上虞窑貘钮青瓷扁壶"。孙机认为，这些文物资料诸多生物学特征，"均与马来貘相合"。[1]罗小华以为："这些貘的形象塑造得如此逼真，可以反映出，古代中国人对于马来貘的形象具有十分深刻的印象。"[2]

值得注意的是，山东平阴孟庄汉代石柱画象石所见"貘"，左侧有人喂食，似乎是豢养的宠物。这体现出人与"貘"的关系达到相当密切的程度。

而山东滕县西户口汉画象石所见"貘"，与绛县横水西周倗国墓地出土青铜器"貘尊"身体纹饰非常相像。

白居易曾经作《貘屏赞并序》，序文说"貘""生南方山谷中"，大约唐代"貘"在南方仍然生存。白居易写道："寝其皮，辟温；图其形，辟邪。予旧病头风，每寝息，常以小屏卫其首。适遇画工，偶令写之。按《山海经》，此兽食铁与铜，不食他物。"赞文曰："邈哉其兽，生于南国。其名为貘，非铁不食。"[3]所谓"此兽食铁与铜，不食他物"以及所谓"非铁不食"，暗示人们对"貘"的动物学知识的早期积累，很可能在青铜器得到普及，铁器初步应用的年代。李时珍《本草纲目·兽部》卷五一"貘"条说："唐世多画貘作屏，白乐天有赞序之。"[4]以为"画貘作屏"是"唐世"生活史和美术史的普遍现象。

江苏金坛1970年8月出土上虞窑貘钮青瓷扁壶，是稍晚的表现"貘"的文物。年代为三国时期。"貘钮"形象鲜明。然而资料发表者以为"鼠纽"："鼠纽（鼠形、有翼、短尾，可能就是《山海经》上所说的'飞鼠'）。"[5]孙机正确地定名为"上虞窑貘钮青瓷扁壶"。[6]

内蒙古兴安盟博物馆藏元代景德镇青花貘纹碗，"是我国截至目前公开发表的资料中唯一一件以'貘'为主题纹饰的瓷器"。在这件器物的制作年

1 孙机：《古文物中所见之貘》，《从历史中醒来：孙机谈中国古文物》，第32—37页。

2 罗小华：《楚简中的貘》，《中国典籍与文化》2019年2期。

3 〔唐〕白居易著，喻岳衡点校：《白居易集》，岳麓书社1992年7月版，第365页。

4 陈贵廷主编：《本草纲目通释》，第2149页。

5 宋捷、刘兴：《介绍一件上虞窑青瓷扁壶》，《文物》1976年9期。

6 孙机：《古文物中所见之貘》，《从历史中醒来：孙机谈中国古文物》，第36页。

58-5　山东平阴孟庄出土汉代画象"貘"

58-6　山东滕州西户口出土汉代画象"貘"

58-7　曹操高陵出土陶獏

代，不仅中国北方已经没有"獏"生存，在景德镇附近地方，也已经久已看不到"獏"了。这件器物，是"獏"的图像资料发现最北的一例。其出现，被解释为"獏"是"瑞兽"，是"吉祥的奇兽"，"传说中具有避瘟驱邪的能力"，"代表了太平盛世，象征吉祥之意"。[1]这样的解说需要提供实证。而前引白居易所谓"寝其皮，辟温；图其形，辟邪"有参考意义。

我们认为，"獏"的形象的艺术性存留，体现了古代社会意识中有关生态史现象的遥远记忆。

5. "獏"的动物学原型

《史记》卷一一七《司马相如列传》载录司马相如赋作，言"兽则㺍旄獏犛，沈牛麈麋"。裴骃《集解》引郭璞曰："獏似熊，庳脚锐头。"司马贞《索隐》引张揖云："獏，白豹也，似熊，庳脚锐头，骨无髓，食铜铁。

1　徐跃：《元代景德镇窑青花獏纹碗：瑞兽与青花的完美邂逅》，《内蒙古日报》2021年7月5日第004版。

音陌。"[1]扬雄《蜀都赋》："北则有岷山，外羌白马，兽则麢羊野麋，罢犎貘貒……"[2]也说到"貘"。

《说文·豸部》："貘，似熊而黄黑色，出蜀中。从豸。莫声。"段玉裁注："即诸书所谓食铁之兽也。见《尔雅》、《上林赋》《蜀都赋》注、《后汉书》。《尔雅》谓之白豹。《山海经》谓之猛豹。今四川川东有此兽。薪采携铁饭甑入山。每为所啮。其齿则奸民用为伪佛齿。""字亦作貊。亦作狛。"[3]关于"佛齿"的说法可能来自《本草图经》："今黔、蜀中时有，貘象鼻、犀目、牛尾、虎足，土人鼎釜多为所食，其齿以刀斧锥锻，铁皆碎，落火亦不能烧。人得之诈为佛牙、佛骨，以诳里俗。"[4]李时珍《本草纲目·兽部》卷五一"貘"条："今黔、蜀及峨眉山中时有。貘，象鼻犀目，牛尾虎足。土人鼎釜，多为所食，颇为山居之患，亦捕以为药。其齿骨极坚，以刀斧椎煅，铁皆碎，落火亦不能烧。人得之诈充佛牙、佛骨，以诳俚俗。〔时珍曰〕世传羚羊角能碎金刚石者即此，物相畏耳。按《说文》云：貘似熊，黄白色，出蜀中。《南中志》云：貘大如驴，状似熊，苍白色，多力，舐铁消千斤，其皮温暖。《埤雅》云：貘似熊，狮首犴发，锐鬐卑脚，粪可为兵切玉，尿能消铁为水。"[5]

有学者指出，根据郭璞的意见，"人云亦云，附和响应"，形成"大熊猫在古代叫貘"的认识。[6]其实，前引《说文·豸部》已经说"貘，似熊而黄黑色，出蜀中"。

《王力古汉语字典》"貘"字条引《说文》《尔雅·释兽》及郭璞注，言："所述有似大熊猫。"[7]有人说，郭郛《尔雅注证》第十八章引郭璞说，

---

1 《史记》，第 3025 页。

2 郑文著：《扬雄文集笺注》，巴蜀书社 2000 年 6 月版，第 306 页。

3 〔汉〕许慎撰，〔清〕段玉裁注：《说文解字注》，第 457 页。

4 〔明〕冯复京撰：《六家诗名物疏》卷二〇引《本草图经》，清文渊阁四库全书本，第 163 页。明毛晋撰：《毛诗陆疏广要》卷下之下引《本草图经》"以诳里俗"作"以诳俚俗"。明《津逮秘书》本，第 90 页。

5 陈贵廷主编：《本草纲目通释》，第 2149 页。

6 周岩壁：《"貘"与"大熊猫"的这段公案》，《博览群书》2020 年 3 期。

7 王力主编：《王力古汉语字典》，中华书局 2000 年 6 月版，第 1319 页。

也以为"大熊猫古称貘"。[1] 这应当是误解。郭郛《尔雅注证》第十八章《释兽》写道："白豹（panda）、大熊猫（Ailuropoda melanoleucus），古称为貊（狛）（bō），曾以貘、貊、貉混用。"同时又指出："貘是貊、貊、水（滨）貘；白豹是大熊猫，即貊、狛。"[2]

甚至《中国动物志·兽纲》"四、大熊猫科（AILUROPODIDAE）"也写道："我国人民自古以来对大熊猫颇多了解。据考证大熊猫古名为貘。《尔雅》有'貘、白豹'的记叙，是为目前所知最早的记载。许慎著《说文》（公元100—121年）中，也有'貘似熊，黄白色，出蜀中'的记载。晋朝郭璞的《尔雅疏》（公元276—324年）中载有'似熊而头小脚庳，黑白驳文，毛浅有光泽。熊舐食铜铁及竹骨蛇虺，其骨节强直，中实少髓'。他指出貘体色黑白而能食竹的两大突出特点，截然有别于其他熊类，从而使貘的描叙达到正确无误的科学水平。在我国古籍中，郭璞为准确的记叙大熊猫的第一人。（高耀亭，1973年）"[3]

《汉语大字典》释"貘"字取两说，一为"兽名"，书证为《尔雅》及郭璞注、宋罗颐《尔雅翼》等说。二为"一种形似犀，但鼻端无角，较矮小的兽"。又写道："属哺乳类貘科动物。高约1.05—1.15米，长七八尺，重250公斤上下，尾短，几乎不见，鼻端向前突出很长，能自由伸缩。皮厚，毛少，身体中部灰白色，其余各部黑色。前肢四趾，后肢三趾，栖于密林多水处。善游泳，遇敌则逃入水中。食物以嫩芽、果实、树叶为主。可以养驯，肉可食，据云味美。产于马来、爪哇、南美等地。"[4]

郭郛《尔雅注证》第十八章《释兽》写道，郭璞注所谓"貘"，"可能是貘属（Tapirus）一种，原产中国，现见于东南亚、中南美洲。奇蹄目，貘科。形似犀，较矮小，鼻与上唇延长，能伸缩，四肢短，前足四趾，后

1　周岩壁：《"貘"与"大熊猫"的这段公案》，《博览群书》2020年3期。

2　郭郛注证：《尔雅注证——中国科学技术文化的历史纪录》，商务印书馆2013年1月版，第693页。

3　中国科学院中国动物志编辑委员会主编，高耀亭等编著：《中国动物志·兽纲》第8卷《食肉目》，科学出版社1987年10月版，第111页。"高耀亭，1973年"，提示信息出处为：高耀亭1973　我国古籍中对大熊猫的记载。动物利用与防治4:31—33. 第369页。

4　汉语大字典编委会：《汉语大字典》缩印本，四川辞书出版社、湖北辞书出版社1993年11月版，第1629页。

足三趾，栖于水泽地带，善游泳，主食嫩枝叶。郭注'皮辟湿'类似此兽特性。现在中国已无此兽踪迹……"[1]

那么，"'貘'到底是何种动物"，有"熊猫"说，亦有否定的意见。[2]孙机的判断我们是赞同的："我国古代所说的貘，就是现代仍然生存在亚洲的马来貘；而不是像有的学者所主张的：古代说的貘是指熊猫而言。"[3]

6."貘"作为生态史见证的意义

对于中国古代气候变迁研究做出突出贡献的竺可桢，提示我们重视殷墟遗址出土马来貘化石的意义："这个遗址在十九世纪末被发现，1918 年以后开始系统发掘。这里有丰富的亚化石动物。杨钟健和德日进曾加以研究，其结果发表于前北京地质调查所报告之中。这里除了如同半坡遗址发现多量的水麕和竹鼠外，还有貘（Tapirus indicus Cuvier）、水牛和野猪。"[4]同号文、徐繁的论文也明确说到"发现于河内安阳殷墟遗址的马来貘遗骸"。[5]罗小华据此以为"楚简中的'貘'""指的就是马来貘"。他指出："时间上，不仅在殷墟遗址中有马来貘的化石出土，而且在西周至汉代文物中又保留有马来貘的形象。空间上，马来貘能在中国古代的河南、山东一带生存。"[6]这一说法，根据新绛和宝鸡出土的物证，可以推知"貘"的生存空间除了"河南、山东"之外，应当也包括陕西、山西。

从《中国动物志·兽纲》"四、大熊猫科（AILUROPODIDAE）"所谓"据考证大熊猫古名为貘"到郭郛《尔雅注证》第十八章《释兽》郭璞注所

1　郭郛注证：《尔雅注证——中国科学技术文化的历史纪录》，第 591 页。

2　罗小华：《楚简中的貘》，《中国典籍与文化》2019 年 2 期。

3　原注："黄金贵主编：《解物释名》页 125，上海辞书出版社，2008 年。"孙机：《古文物中所见之貘》，《从历史中醒来：孙机谈中国古文物》，第 37 页。

4　竺可桢：《中国近五千年来气候变迁的初步研究》，《考古学报》1972 年 1 期。

5　同号文、徐繁：《中国第四纪貘类的来源与系统演化问题》，《第八届中国古脊椎动物学学术年会论文集》，海洋出版社 2001 年 11 月版，第 138 页。

6　罗小华：《楚简中的貘》，《中国典籍与文化》2019 年 2 期。

谓"貘"，"可能是貘属（Tapirus）一种，原产中国，现见于东南亚、中南美洲"，显然体现了动物学史的科学进步。关于"貘"的认识的提升，是以考古文物工作的收获为重要条件的。

　　动物考古学理论有这样的支点：虽然"多数生物群落都没有明确的生存空间界限"，然而，"一旦压力加大，特别是气候变化，动物个体或其种群和群落就会调整分布格局，从本质上讲，通过它们的分布格局择优选择栖息地。""外在的环境因素（如气候），内在因素（如生长和繁殖）影响着栖息地选择的改变。""动物种群的栖息地或生境选择分布是生态学的基本概念。理解栖息地选择对解释人类的经济模式也至关重要。"[1]

　　"貘尊"等青铜器的发现，说明这些器物制作的年代，黄河中游气候温暖湿润，野生动物的分布有与现今明显不同的形势。

　　当时与"貘"共同生存，同"貘"保持亲近的人们的生存环境，我们通过"貘尊"等文物提供的信息，可以有所理解。

---

1 〔美〕瑞兹（Reitz, E. J.）、维恩（Wing, E. S.）著，中国社会科学院考古研究所译：《动物考古学》（第二版），科学出版社 2013 年 4 月版，第 260 页、第 72 页。

孔爵・孔雀

1. 南国"捕羽"劳作与西汉孔雀文物形象

里耶秦简有关于"捕鸟""捕羽""捕鸟及羽"的内容。相关简文信息，反映了秦洞庭郡地方的生态条件以及以猎取禽鸟贡献为特殊表现的经济生活方式。里耶秦简"买羽""买白翰羽""卖白翰羽"简文，可以说明"鸟""羽"消费需求的普遍及其进入市场的情形。对于"鸟""羽"之"捕""求""献""赋"的消费方向，除了制作"鏃"即"镞"以供应军国之用外，以鸟羽作装饰材料体现楚地传统风习，亦曾影响中原社会生活的情形更应当受到关注。在秦实现统一的条件下，也许"羽赋"的征收，最重要的消费主题是用以满足追求富丽秀华的装饰需求。

杨小亮提出"捕羽主要为制作鏃矢，也可用羽毛作衣服装饰"的意见[1]，应当引起我们重视。

以鸟羽为饰，是有悠久传统的风习。就服饰而言，《墨子·非乐上》说到"蜚鸟"的功用，包括"因其羽毛以为衣裘"。[2]《史记》卷二八《封禅书》记载，汉武帝信用栾大，"刻玉印曰'天道将军'，使使衣羽衣，夜立白茅上，五利将军亦衣羽衣，夜立白茅上受印，以示不臣也"。[3]《汉书》卷二五上《郊祀志上》有同样的记载，颜师古注："羽衣，以鸟羽为衣，取其神僊飞翔之意也。"[4]曹植《平陵东》："闾阖开，天衢通，被我羽衣乘飞龙。

1　杨小亮：《里耶简中有关"捕羽成鏃"的记录》，《出土文献研究》第 11 辑，中西书局 2012 年 12 月版，第 152 页。

2　〔清〕孙诒让撰，孙以楷点校：《墨子间诂》，中华书局 1986 年 2 月版，第 232 页。

3　《史记》，第 1391 页。

4　《汉书》，第 1224—1225 页。

乘飞龙，与仙期，东上蓬莱采灵芝。灵芝采之可服食，年若王父无终极。"[1]
他的《驱车篇》有"餐霞漱沆瀣，毛羽被身形"，"同寿东父年，旷代永长
生"句[2]，都同样"取其神僊飞翔之意"。稍后服饰有"羽佩"，《艺文类聚》
卷一八引梁沈约《丽人赋》曰："芳踰散麝，色茂开莲。陆离羽佩，杂错花
钿。"[3]后世《集仙录》记述"仙女杜兰香"故事，说到"上仙之所服"，有
"黄麟羽帔，绛履玄冠，鹤氅之服，丹玉佩挥剑"等。"羽帔"和"鹤氅"，
当然都是以鸟羽制作。杜兰香故事发生的空间背景在"湘江洞庭之岸""洞
庭包山"[4]，正与里耶邻近，也是发人深思的。

以鸟羽为首饰，见于司马相如《子虚赋》："错翡翠之威蕤。"李善注：
"张揖曰：'错其羽毛以为首饰也。'"[5]《续汉书·舆服志下》说太皇太后、皇太
后的簪："簪以瑇瑁为擿，长一尺，端为华胜，上为凤皇爵，以翡翠为毛羽，
下有白珠，垂黄金镊。"皇后的首饰："诸爵兽皆以翡翠为毛羽。金题，白珠
璫绕，以翡翠为华云。"[6]都使用翡翠羽毛。王粲《神女赋》言及"戴金羽之首
饰"，吴云、唐绍忠注释："金羽：金属制作并饰以羽毛的头上装饰品。"王粲
又写道："施华的兮结羽钗。"所谓"羽钗"，注家解释说："即饰以羽毛的金
钗。"又说："羽钗，一作'羽仪'。"[7]"羽仪"也依然是以"羽毛"作装饰。

男子也有以鸟羽饰冠的情形。《汉书》卷六三《武五子传·燕剌王旦》
说刘旦"郎中侍从者著貂羽，黄金附蝉"。颜师古注："晋灼曰：'以翠羽饰
冠也。'"据说"貂羽附蝉"是"天子侍中之饰"，而刘旦"僭为之"。[8]但这
正可以说明"以翠羽饰冠"是高端服饰形式。

1 〔魏〕曹植著，赵幼文校注：《曹植集校注》，第400页。注释："羽衣谓古之仙人，身生羽翼，
故曰羽衣。"以"羽衣"混同于"羽人"之"羽翼"的误解，不能说明汉武帝时"使使衣羽衣"，
"五利将军亦衣羽衣"著名的"受印"情节。

2 〔魏〕曹植著，赵幼文校注：《曹植集校注》，第404页。

3 〔唐〕欧阳询撰，汪绍楹校：《艺文类聚》，第334页。

4 〔宋〕李昉等编：《太平广记》，第387页。

5 〔唐〕萧统编，〔唐〕李善注：《文选》，第121页。

6 《后汉书》，第3676页。

7 吴云、唐绍忠校注：《王粲集校注》，吴云主编《建安七子集校注》（修订版），天津古籍出版社
2005年1月版，第316—318页。

8 《汉书》，第2754页。

以鸟羽制成的所谓"羽扇"，明确见于记录楚地风习的文献。吴闵鸿《羽扇赋》写道："惟羽扇之攸兴，乃鸣鸿之嘉容。""赖兹翮以内飞，曜羽仪于外扬。""运轻翮以容与，激清风于自然。""妍羽详迴，清风盈室。""翩翩奕奕，飞景曜日。"晋张载《扇赋》："有翔云之素鸟，体自然之至洁。飘缟羽于清霄，拟妙姿于白雪。俯濯素于河汉，仰晞光于日月。双趾蹑而腾虚，六翮飞而风厉。于是傲世公子，俶傥蹐踬，遗物独出，乐此天爵。飞蒲氏之修蟠，荣子余之纤缴。弋翔冥之鹍鸡，连王子之白鹤。裁轻翼以为扇，发清风于劲翮。"虽文题《扇赋》，说的也是"羽扇"。晋陆机《羽扇赋》："昔楚襄王会于章台之上，山西与河右诸侯在焉。大夫宋玉、唐勒侍，皆操白鹤之羽以为扇。诸侯掩麈尾而笑。襄王不悦。宋玉趋而进曰：'敢问诸侯何笑？'"随后有"山西与河右诸侯"与宋玉关于鸟羽为扇的讨论。对于"顾奚取于鸟羽"的质问，宋玉有"未若兹羽之为丽，固体俊而用鲜"，"伊兹羽之骏敏，似南箕之启扉；垂皓曜之弈弈，含鲜风之微微"，"皆委扇于楚庭，执鸟羽而言归"的回答。"属唐勒而为之乱曰：伊鲜禽之令羽，夫何翩翩与眇眇。反寒暑于一堂之末，回八风乎六翮之杪。"从这篇赋作"楚襄王"与"大夫宋玉、唐勒"诸情节看，以"鸟羽"为扇，是楚人的发明。晋傅咸《羽扇赋》："吴人截鸟翼而摇风，既胜于方圆二扇，而中国莫有生意。灭吴之后，翕然贵之。"[1]说到这种江南用物，起先"中国莫有生意"，后来"翕然贵之"的情形。

鸟羽作为装饰材料，还有其他用途。以鸟羽装饰车辆，"重翟""厌翟""鷖緫"等方式，辇车"有翣羽盖"，以及名号为"翟车"者，见于《周礼·春官·巾车》。[2]司马相如《子虚赋》："下摩兰蕙，上拂羽盖。""张翠帷，建羽盖。"说到"羽盖"，也说到"翠帷"。[3]司马相如《上林赋》："建翠华之旗。"颜师古注："翠华之旗，以翠羽为旗上葆也。"[4]以鸟羽装饰的"羽葆"，可以形成很盛大的气象。《汉书》卷二二《礼乐志》载《安世房中歌》十七章其一："芬树羽林，云景杳冥，金支秀华，庶旄翠旌。"颜师古

---

1 〔唐〕欧阳询撰，汪绍楹校：《艺文类聚》，第 1212—1214 页。

2 阮元校刻：《十三经注疏》，第 823—824 页。

3 《史记》卷一一七《司马相如列传》，第 3011 页、第 3013 页。

4 《汉书》卷五七上《司马相如传上》，第 2569 页。

注："文颖曰：'析羽为旌，翠羽为之也。'臣瓒曰：'乐上众饰，有流邃羽葆，以黄金为支，其首敷散，若草木之秀华也。'师古曰：'金支秀华，瓒说是也。庶，众也。庶旄翠旌，谓析五采羽，注翠旄之首而为旌耳。'"[1]《汉书》卷七六《韩延寿传》："建幢棨，植羽葆。"颜师古注："植亦立也。羽葆，聚翟尾为之，亦今纛之类也。"[2]作为车辆上旗帜的装饰材料，较早可见《左传·襄公十四年》的记载："范宣子假羽毛于齐而弗归，齐人始贰。"杜预注："析羽为旌，王者游车之所建，齐私有之，因谓之羽毛。宣子闻而借观之。"[3]扬雄《河东赋》说天子"灵舆"："抚翠凤之驾，六先景之乘。"颜师古注："翠凤之驾，天子所乘车，为凤形而饰以翠羽也。"[4]尊贵者"游车"以鸟羽装饰，看来形成了交通史的常规。

建筑形式也普遍使用鸟羽装饰。《汉书》卷五一《贾山传》载贾山叙述秦始皇陵地宫格局："冶铜锢其内，桼涂其外，被以珠玉，饰以翡翠。""翡翠"，颜师古注："应劭曰：'雄曰翡，雌曰翠。'臣瓒曰：'《异物志》云翡色赤而大于翠。'师古曰：'鸟各别类，非雄雌异名也。'"[5]扬雄《长杨赋》表扬汉文帝的简朴："于是后宫贱玳瑁而疏珠玑，却翡翠之饰，除雕琢之巧。"[6]明确说到汉宫通常是有"翡翠之饰"的。班固《西都赋》说长安宫殿装饰，使用"翡翠火齐，流耀含英"语。李贤注引《异物志》曰："翠鸟形如燕，赤而雄曰翡，青而雌曰翠，其羽可以饰帏帐。"[7]赵飞燕女弟居昭阳舍，"殿上髹漆，切皆铜沓黄金涂，白玉阶，壁带往往为黄金釭，函蓝田璧，明珠、翠羽饰之。"颜师古注："于壁带之中，往往以金为釭，若车釭之形也。其釭中著玉璧、明珠、翠羽耳。"[8]《续汉书·礼仪志中》刘昭注补引蔡质《汉仪》描述德阳殿的豪华："画屋朱梁，玉阶金柱，刻镂作宫掖

1　《汉书》，第 1046 页。

2　《汉书》，第 3214 页。

3　《春秋左传集解》，上海人民出版社 1977 年 8 月版，第 920 页。

4　《汉书》卷八七上《扬雄传上》，第 3536—3537 页。

5　《汉书》，第 2328—2329 页。

6　《汉书》卷八七下《扬雄传下》，第 3560 页。

7　《后汉书》卷四〇《班固传》，第 1341 页、第 1343—1344 页。

8　《汉书》卷九七下《外戚传下·孝成赵皇后》，第 3989 页。

之好，厕以青翡翠，一柱三带，韬以赤缇。"[1]《文选》卷一一何晏《景福殿赋》："流羽毛之威蕤，垂环玭之琳琅。"李善注："言宫室以羽毛为饰。"[2]

"以羽毛为饰"，是上层社会生活环境富丽豪华气象的表现。

李斯《谏逐客书》写道："今陛下致昆山之玉，有随、和之宝，垂明月之珠，服太阿之剑，乘纤离之马，建翠凤之旗，树灵鼍之鼓。此数宝者，秦不生一焉，而陛下说之，何也？"[3]所谓"翠凤之旗"，应当是用"翠凤"羽毛装饰的旗帜，如前说"翠旌"。"建翠凤之旗"，应接近"建翠华之旗"。李斯说，"此数宝者，秦不生一焉"，所言"翠凤"，应来自距离秦地甚远的南国。《史记》卷七九《范雎蔡泽列传》："且夫翠、鹄、犀、象，其处势非不远死也，而所以死者，惑于饵也。"[4]捕杀"翠、鹄"，应是为了取其羽毛。而"翠、鹄"与"犀、象"并说，应当来自南方。

《禹贡》言天下九州资源形势、贡赋内容与运输路径，关于荆州，有"贡羽毛、齿革、惟金三品，杶、榦、栝、柏、砺、砥、砮、丹，惟箘簵、楛，三邦底贡厥名，包匦菁茅，厥篚玄纁玑组，九江纳锡大龟"语。[5]九州之中，只有扬州、荆州"贡羽毛"，而扬州言"贡齿革、羽毛……"，荆州言"贡羽毛、齿革……"，在多种贡品中，"羽毛"位列第一的只有荆州。里耶秦简提供的有关"羽赋"的信息，说明秦统一后即及时将楚地贡赋"羽毛"纳入了国家经济体系。《禹贡》的贡纳设计，在实现统一的秦帝国终于付诸实践。[6]

"鸟各别类"，我们现在并不清楚当时南国"羽"的追求，针对哪些禽鸟。但是"翠凤之旗"之说，确定这些鸟种应当非常美丽，"流耀""秀华"。孔雀不会在上层社会消费生活索求之外。这种推想可以得到文物实证。广西西林普驮铜鼓墓葬出土的铜鼓，其纹饰可见"戴长羽冠"，"执

---

1 《后汉书》，第 3131 页。

2 〔唐〕萧统编，〔唐〕李善注：《文选》，第 173 页。

3 《史记》卷八七《李斯列传》，第 2543 页。

4 《史记》，第 2422 页。

5 阮元校刻：《十三经注疏》，第 149 页。

6 王子今：《说"捕羽"》，《里耶秦简博物馆藏秦简》，中西书局 2016 年 6 月版；《里耶秦简"捕羽"的消费主题》，《湖南大学学报》（社会科学版）2016 年 4 期。

59-1　海昏侯墓出土
青铜错金银当卢

59-2　海昏侯墓出土青铜错金银衡饰件顶部纹饰

'羽仪'舞"的"羽人"形象。I 式铜鼓"胸沿及腰部贴有孔雀羽毛"。II 式铜鼓"胸部贴有孔雀羽毛"。另出土山羊纹牌饰五件，"出土时表面残存羽毛印痕"。发掘者判断，"这是属于西汉早期的墓葬"。[1] 其中"孔雀羽毛"实物，是非常重要的发现。

　　海昏侯墓出土铜当卢及铜车衡饰，都有孔雀形象的生动刻画。孔雀尾羽上扬，取开屏姿态，与一般所见朱雀和凤鸟有明显不同。[2] 日本东京艺术大学美术馆藏西汉错金银铜管纹饰，第一层和第四层都有形象鲜明的孔雀开屏图像。据美术考古学者郑岩提示，河南永城西汉墓、河北定县三盘山西汉墓都有类似文物出土。日本 Miho 博物馆藏西汉错金银铜管纹饰类同。[3] 这些孔雀形象的共同出现，形成了艺术表现大致相同的程式。就动物学知识和美学理念的反映而言，我们不应当看作偶然的文化现象。

1　广西壮族自治区文物工作队：《广西西林县普驮铜鼓墓葬》，《文物》1973 年 9 期。

2　江西省文物考古研究所、南昌市博物馆、南昌市新建区博物馆：《南昌市西汉海昏侯墓》，《考古》2016 年 7 期。

3　郑岩：《关于东京艺术大学藏西汉金错铜管的观察与思考》，《艺术探索》2018 年 1 期。

59-3　永城西汉墓出土错金银铜管及其展开图

59-4　定县三盘山西汉墓出土错金银铜管及其展开图

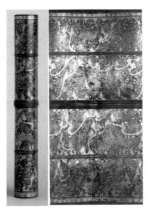

59-5　日本 Miho 博物馆藏西汉错金银铜管及其展开照片

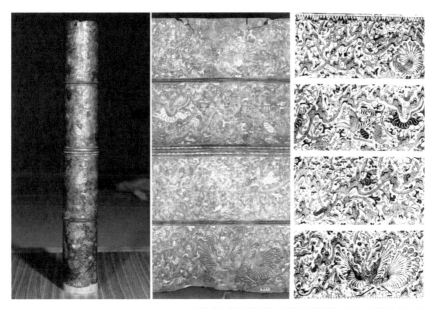

59-6　东京艺术大学美术馆藏西汉错金银铜管及其展开照片与展开图

2. 汉代西域"罽宾""孔爵"与"条支""孔雀"

其实，有关汉代西域史地的文献记录中已经可以看到有关孔雀的若干信息。《汉书》卷九六上《西域传上》有罽宾出"孔爵"的记载：

> 罽宾地平，温和，有目宿，杂草奇木，檀、槐、梓、竹、漆。种五谷、蒲陶诸果，粪治园田。地下湿，生稻，冬食生菜。其民巧，雕文刻镂，治宫室，织罽，刺文绣，好治食。有金银铜锡，以为器。市列。以金银为钱，文为骑马，幕为人面。出封牛、水牛、象、大狗、沐猴、孔爵、珠玑、珊瑚、虎魄、璧流离。它畜与诸国同。[1]

"孔爵"就是孔雀。《急就篇》："锦绣缦绲离云爵。"颜师古解释说："'锦'，织彩为文也。'绣'，刺彩为文也。'缦'，无文之帛也。'绲'，谓刺也。'离云'，言为云气离合之状也。'爵'，孔爵也。言织刺此象以成锦绣缯帛之文也。自'离云爵'以下至'凫翁濯'，其义皆同。今时锦绣绫罗及氍毹毦毲之属，摹写诸物无不毕备，其来久矣。一曰：'离'，谓长离也。'云'，谓云气也。'长离'，灵鸟名也。作长离云气孔爵之状也。"[2] 庄履丰、庄鼎铉《古音骈字续编》卷五《仄韵》："孔爵，孔雀。《西域传》。"[3]

同样关于"西域"地方的记录，《后汉书》卷八八《西域传》又说到条支国出"孔雀"：

> 条支国城在山上，周回四十余里。临西海，海水曲环其南及东北，三面路绝，唯西北隅通陆道。土地暑湿，出师子、犀牛、封牛、孔雀、大雀。大雀其卵如瓮。[4]

亦是有关西域孔雀的记载。《太平御览》卷九二四引张璠《汉记》也说："条

---

1 《汉书》，第3885页。

2 管振邦译注，宙浩审校：《颜注急就篇译释》，第99页。

3 〔清〕庄履丰、庄鼎铉：《古音骈字续编》，《景印文渊阁四库全书》，第228册第529页。

4 《后汉书》，第2918页。

支国临西海，出师子孔雀。"[1]

"条支国"远在"西海"。《史记》卷一二三《大宛列传》："初，天子发书《易》，云'神马当从西北来'。得乌孙马好，名曰'天马'。及得大宛汗血马，益壮，更名乌孙曰'西极'，名大宛马曰'天马'云。而汉始筑令居以西，初置酒泉郡以通西北国。因益发使抵安息、奄蔡、黎轩、条枝、身毒国。"《汉书》卷六一《张骞传》有大致相同的记录。颜师古注："抵，至也。自安息以下五国皆西域胡也。"此"条支国"所出"孔雀"的信息，自然与"罽宾""孔爵"的意义有所不同。[2]

汉代以前有关"孔雀"西来的历史记录，有《艺文类聚》卷九一引《周书》曰："成王时，西方人献孔雀。"[3]不过，所谓"西方"指代的空间方位并不明确。我们只能在讨论西域"孔雀"的历史存在时引为参考。

3. 魏晋西域"孔雀"之献

魏晋时西域"孔雀"进入中原的情形亦见诸史籍。如《艺文类聚》卷九一引《魏文帝诏朝臣》有如下文字：

> 前于阗王山习所上孔雀尾万枚，文彩五色，以为金根车盖，遥望曜人眼。[4]

明说"孔雀尾万枚"来自"于阗"。但是"所上孔雀尾"，如果与"罽宾"所"出""孔爵"进行信息价值的比较，还是有所不同的。"孔雀尾"之献，不能排除来自异地又转"上"中原王朝的可能。

---

1 〔宋〕李昉等撰：《太平御览》，第 4104 页。
2 《史记》，第 3170 页；《汉书》，第 2963—2964 页。《史记》卷一二三《大宛列传》：条枝"有大鸟卵如瓮"。张守节《正义》："《汉书》云：条枝出狮子、犀牛、孔雀。大雀，其卵如瓮。和帝永元十三年安息王满屈献狮子、大鸟，世谓之安息雀。《广志》云：鸟，鹑鹰身、蹄骆、色苍，举头八九尺，张翅丈余，食大麦，卵大如瓮。"第 3163—3164 页。
3 〔唐〕欧阳询撰，汪绍楹校：《艺文类聚》，第 1574 页。
4 〔唐〕欧阳询撰，汪绍楹校：《艺文类聚》，第 1574 页。

我们又看到《晋书》卷八六《张骏传》有这样的记载：

> 西域诸国献汗血马、火浣布、犎牛、孔雀、巨象及诸珍异二百
> 余品。[1]

如果此说"西域"是指"条支国"地方，则与我们讨论的主题存在距离。但
是所谓"汗血马、火浣布、犎牛"以及"巨象"与"孔雀"并说，正与前引
《汉书》卷九六上《西域传上》言罽宾"出封牛、水牛、象、大狗、沐猴、孔
爵"的说法接近。而"汗血马"，《史记》卷一二三《大宛列传》和《汉书》
卷六一《张骞传》称"大宛汗血马"或"宛汗血马"，均出自狭义的"西域"
即大致相当于今新疆地方。司马迁还写道："骞身所至者大宛、大月氏、大
夏、康居，而传闻其旁大国五六，具为天子言之。曰：'大宛在匈奴西南，在
汉正西，去汉可万里。其俗土著，耕田，田稻麦。有蒲陶酒。多善马，马汗
血，其先天马子也。'"[2]《史记》卷二四《乐书》："又尝得神马渥洼水中，复
次以为《太一之歌》。歌曲曰：'太一贡兮天马下，沾赤汗兮沫流赭。骋容与
兮跇万里，今安匹兮龙为友。'后伐大宛得千里马，马名蒲梢，次作以为歌。
歌诗曰：'天马来兮从西极，经万里兮归有德。承灵威兮降外国，涉流沙兮
四夷服。'"裴骃《集解》引应劭曰："大宛马汗血沾濡也，流沫如赭。""大
宛旧有天马种，蹋石汗血，汗从前肩膊出如血，号'一日千里'。"[3]

与《魏文帝诏朝臣》和《晋书》卷五六《张寔传》年代相近的文献记
录，又有《艺文类聚》卷九一引《晋公卿赞》曰：

> 世祖时，西域献孔雀。解人语，驯指，应节起舞。[4]

"驯指"，文渊阁四库全书本作"驯相"。《太平御览》卷九二四作"弹指应节

---

1 《晋书》，第 2235 页。

2 司马贞《索隐》："案：《外国传》云：'外国称天下有三众：中国人众，大秦宝众，月氏马
众。'"裴骃《集解》："《汉书音义》曰：'大宛国有高山，其上有马，不可得，因取五色母马置其
下，与交，生驹汗血，因号曰天马子。'"《史记》，第 3160 页。

3 《史记》，第 1178—1179 页。

4 〔唐〕欧阳询撰，汪绍楹校：《艺文类聚》，第 1574 页。

起僻"。[1] 这种可以表演的"孔雀"，驯化的程度相当高。

4.《魏书》: 龟兹国"土多孔雀"

有关西域龟兹国"多孔雀"的明确的记载，见于北朝史籍。《魏书》卷一〇二《西域传》记录龟兹地方风土民俗，说到这种值得注意的现象：

> 土多孔雀，群飞山谷间。人取养而食之，孳乳如鸡鹜。其王家恒有千余只云。[2]

《太平御览》卷九二四引《后魏书》曰："龟兹国地多孔雀，群飞山谷。人取养而食之，字乳如鸡鹜。"[3] 同样的历史事实，在《北史》卷九七《西域传》中可以看到近似的记载：

> （龟兹国）土多孔雀，群飞山谷间。人取而食之，孳乳如鸡鹜。其王家恒有千余只云。[4]

《北史》与《魏书》记述字句略异，"人取养而食之"作"人取而食之"，删略一"养"字。然而所谓"孳乳如鸡鹜"，依然体现了"养"的情形。而"其王家恒有千余只云"的说法，则提示了饲养的规模。

---

1 〔宋〕李昉等撰：《太平御览》，第 4104 页。

2 《魏书》，第 2267 页。

3 《景印文渊阁四库全书》，第 901 册第 266 页。中华书局用上海涵芬楼影印宋本复制重印本《太平御览》作："《后魏书》曰：'龟兹国地多孔雀，群飞山谷。人取养及食，字乳如鸡鹜。'"第 4104 页。

4 《北史》，第 3218 页。

5. 关于龟兹"孔雀"的历史记忆

对于自《汉书》以来有关西域"孔雀"的记载，特别是龟兹国"土多孔雀"的说法，此后形成了相当深刻的历史记忆，后世多有论著分别予以转述。

如《太平寰宇记》卷一八一《龟兹国》写道："多孔雀，群飞山谷间。人取养而食之，[1]孳乳如鸡鹜。其王家恒有千余只云。"[2] 全取《魏书》说。马端临《文献通考》卷三三六《四裔考·西域·龟兹》同。明人陈耀文《天中记》卷五八《孔雀》"家乳"条引《后魏书》："龟兹国，孔雀群飞山谷间，人取养而食之，家乳如鸡鹜。其王家恒千余只。"[3]

又乾隆《钦定皇舆西域图志》卷四三《土产·回部·羽毛鳞介之属》写道："多孔雀，群飞山谷间。人取而食之，孳乳如鸡鹜。其王家恒有千余只云。"[4] 承袭《北史》的说法。

乾隆《河源纪略》卷三三《杂录二·北山库车河境》也引《北史》卷七九《西域传》此说。

清代学者陈元龙撰《格致镜原》卷七七《鸟类一·孔雀》以及马端临《文献通考》卷三三六《四裔考十三·西域·龟兹》也都引录《北史》卷七九《西域传》。

看来，不同时代的诸多学者是大致相信北朝史籍有关龟兹"孔雀"的记载的。

6. 中国历史时期孔雀的地理分布及其变迁

文焕然、何业恒曾经发表《中国历史时期孔雀的地理分布及其变迁》，指出："目前中国孔雀的分布仅限于云南省南部，但在历史时期远远超出这

1　原注："食音嗣。"

2　〔宋〕乐史撰，王文楚等点校：《太平寰宇记》，第 3464 页。

3　〔明〕陈耀文：《天中记》，《景印文渊阁四库全书》，第 967 册第 769 页。

4　《钦定皇舆西域图志》，《景印文渊阁四库全书》，第 500 册第 823 页。

个范围。"[1]

河南淅川下王岗遗址年代大致为距今五六千年的第九文化层中，发现有孔雀属（*Pavo sp.*）的骨骼遗存。[2]文焕然、何业恒以为，可以证明当时"秦岭东南端天然森林与开阔草地灌木的接触地带有野生孔雀分布"[3]。谢成侠据此也说："孔雀早已存在，不限于在南方。"[4]人们熟知的汉乐府《孔雀东南飞》中言"汉末建安中，庐江府小吏焦仲卿妻刘氏为仲卿母所遣，自誓不嫁，其家逼之，乃没水而死，仲卿闻之，亦自缢于庭树"故事，开篇说："孔雀东南飞，五里一徘徊。"又有"两家求合葬，合葬华山傍"句[5]，也可以从一个侧面反映北方人对于孔雀的熟悉。

文焕然、何业恒《中国历史时期孔雀的地理分布及其变迁》讨论历史时期孔雀分布，分为三个区：（一）长江流域，（二）岭南[6]，（三）滇西南。论者又写道："历史时期中国的孔雀主要分布在长江流域及其以南地区。西北塔里木盆地也有孔雀的记载，但还待验证，因此只附记在这里，暂不作为一个分布区来论述。"所"附记"的"记载"，即："《太平御览》卷九二四载：'（三国）魏文帝与群臣诏曰：前于阗（今新疆和田）王所上孔雀尾万枚……'《北史》卷九七《西域传·龟兹国》：北魏时龟兹（今新疆库车）'土多孔雀，群飞山谷间，人取而食之，孳乳如鸡鹜，其王家恒有千余只云。'"[7]

《太平御览》卷九二四引《山海经》曰："南方多孔鸟。"注："郭璞

1　文焕然、何业恒：《中国历史时期孔雀的地理分布及其变迁》，《历史地理》创刊号，上海人民出版社1981年11月版；收入文焕然等著，文榕生选编整理：《中国历史时期植物与动物变迁研究》，重庆出版社2006年6月版。
2　贾兰坡、张振标：《河南淅川县下王岗遗址中的动物群》，《文物》1977年6期。
3　文焕然、何业恒：《中国历史时期孔雀的地理分布及其变迁》。
4　谢成侠：《中国养禽史》，中国农业出版社1995年2月版，第108页。
5　〔南朝陈〕徐陵编，〔清〕吴兆宜注、程琰删补，穆克宏点校：《玉台新咏》卷一，题《古诗无名人为焦仲卿妻作》，第43页、第53页。
6　又分为以下六个地区：①粤东地区；②粤中地区；③云开大山及其附近地区；④桂北地区；⑤桂西南地区；⑥桂东南地区。
7　文焕然、何业恒：《中国历史时期孔雀的地理分布及其变迁》。

曰：孔雀也。”[1] 宋罗愿《尔雅翼》卷一三《释鸟·孔雀》：“孔雀生南海。”[2] 宋祝穆《古今事文类聚》后集卷四二《羽虫部》：“孔雀生南州。”[3] 阅读有关西域“孔雀”的文献记录，可以知道以往通常以为“孔雀”生存区域在“南方”“南海”“南州”的成见[4]，或许应当有所修正。

7. 讨论龟兹“孔雀”是否曾经存在的旁证

《太平御览》卷七六五引《西域志》曰：“佛帠在月支国，长三丈许，似孔雀尾也。”[5] 以“孔雀尾”喻物，似乎也可以作为“西域”“月氏”人们熟悉孔雀的旁证之一。

贾兰坡等分析河南淅川下王岗遗址出土动物骨骼，指出：“下王岗的动物，除了孔雀（现有两种，分别产于印度、斯里兰卡、马来西亚、印尼的苏门答腊和爪哇、泰国、缅甸和印度支那等地，有绿孔雀一个亚种产于我国云南省南部和西南部）外，有如下几种哺乳动物是值得叙述的，因为它们在当地已不见或很少见到，有的甚至在我国境内已经绝了迹。”这几种哺乳动物是大熊猫、苏门犀、亚洲象、轴鹿等。苏门犀即亚洲双角犀，“现在产于孟加拉湾以东，如缅甸、马来西亚、泰国（？）、印尼的苏门答腊和加里曼丹等地，而今日已逐渐稀少”。亚洲象骨骼原来在安阳殷墟发现过，有人认为是南方引进来的[6]，也有人认为“是原生于当地的”[7]，竺可桢根据甲骨

1　〔宋〕李昉等撰：《太平御览》，第 4104 页。

2　〔宋〕罗愿撰，石云孙点校：《尔雅翼》，第 132 页。又〔明〕徐应秋《玉芝堂谈荟》卷三二《淮北多兽》：“孔雀生南海。”《景印文渊阁四库全书》，第 883 册第 762 页。

3　〔宋〕祝穆：《古今事文类聚》《景印文渊阁四库全书》，第 926 册第 653 页。

4　又〔明〕杨慎《升庵集》卷三《赠张愈光诗三首》之一：“孔雀生南涪，裴回紫蔚林。文采既彪炳，与世亦殊音。”《景印文渊阁四库全书》，第 1270 册第 142 页。

5　〔宋〕李昉等撰：《太平御览》，第 3394 页。

6　德日进、杨钟健：《安阳殷墟之哺乳动物群》，《中国古生物志》，1936 年，丙种第 12 号，第 1 册，第 44—45 页。

7　计宏祥：《从动物化石看古气候》，《化石》1974 年 2 期。

文资料判定"必定是土产的"[1]。"轴鹿现分布于孟加拉、印度支那、缅甸和泰国等地。"[2]

　　共生野生动物的种属，对于说明当时环境是有意义的。前引《汉书》卷九六上《西域传上》言罽宾"出封牛、水牛、象、大狗、沐猴、孔爵"，《晋书》卷五六《张寔传》言"西域诸国献汗血马、火浣布、犛牛、孔雀、巨象"，共有的伴出动物是"封牛""犛牛"以及"象""巨象"。

　　《魏书》卷一〇二《西域列传》说龟兹国出"犛牛"。又说"康国者康居之后也"，其地出"犛牛"。[3]《北史》卷九七《西域列传》除龟兹国和康国外，又说："漕国在葱岭之北……饶象、马、犛牛。"[4]可知"犛牛"是西域之产。而"葱岭之北"地方曾经"饶象"，是令我们惊异的信息。由此可知《汉书》卷九六上《西域传上》所谓罽宾"出封牛、水牛、象、大狗、沐猴、孔爵"并非孤立之说。

　　关于《晋书》所见与孔雀同出的"火浣布"，历史文献一说西来，一说南致。

　　来自西方说。《孔丛子》卷五："秦王得西戎利刀，以之割玉，如割木焉。以示东方诸侯。魏王问子顺曰：'古亦有之乎？'对曰：'周穆王大征西戎，西戎献锟铻之剑、火浣之布。'"[5]《太平御览》卷八二〇引《列子》曰："周穆王大征西戎，西戎献昆吾剑、火浣布。'"《太平御览》卷三四五引《博物志》："《周书》云：'西域献火浣布。'"[6]《后汉书》卷八八《西域传》："（大秦国）作黄金涂、火浣布。"[7]《晋书》卷九七《四夷列传·西戎》也说"在西海之西"的大秦国出"火浣布"。[8]《宋书》卷九五《索虏列

1　竺可桢：《中国近五千年来气候变迁的初步研究》，《考古学报》1972年1期。
2　贾兰坡、张振标：《河南淅川县下王岗遗址中的动物群》，《文物》1977年6期。
3　《魏书》，第2266页、第2281页。
4　《北史》，第3239页。
5　傅亚庶：《孔丛子校释》，中华书局2011年6月版，第329页。
6　〔宋〕李昉等撰：《太平御览》，第3651页、第1588页。
7　《后汉书》，第1919页。
8　《晋书》，第2544页。

传》：“粟特大明中遣使献生狮子、火浣布、汗血马，道中遇寇失之。”[1]《诸蕃志》卷上《志国》“勿厮离国”条说勿厮离国“产火浣布”。[2]勿厮离国据说即今伊拉克北境之摩苏尔（Mosul）。[3]《太平御览》卷八九六引《凉州记》曰：“吕光麟嘉五年，疏勒王献火浣布。”[4]

来自南方说。《水经注》卷一三《漻水》：“东方朔《神异传》云，南方有火山焉，长四十里，广四五里。其中皆生不烬之木，昼夜火燃，得雨猛风不灭。火中有鼠重百斤，毛长二尺余，细如丝，色白。时时出外，以水逐而沃之则死。取其毛，绩以为布，谓之火浣布。”[5]《艺文类聚》卷八〇引《玄中记》曰：“南方有炎山焉，在扶南国之东，加营国之北，诸薄国之西”，出“火浣布”。[6]《太平御览》卷一七八引王子年《拾遗记》曰：“燕昭二年，海人乘霞舟以雕壶盛数斗膏以献王。王坐通云堂，亦曰通霞之台，以龙膏为灯，光耀百里，烟色丹紫。国人望之，咸言瑞光也，遥拜之。灯以火浣布为缠。”此“火浣布”来自海路。《太平御览》卷七一六引《广志》曰：“炎州以火浣布为手巾。”《太平御览》卷八六八引《十洲记》曰：“炎洲在南海中”，出“火浣布”。[7]

《三国志》卷四《魏书·三少帝纪·齐王芳》：“（景初三年）二月，西域重译献火浣布。诏大将军太尉临试以示百寮。”裴松之注引《异物志》曰：“斯调国有火州，在南海中。其上有野火，春夏自生，秋冬自死。有木生于其中而不消也，枝皮更活，秋冬火死则皆枯瘁。其俗常冬采其皮以为布，色小青黑；若尘垢污之，便投火中，则更鲜明也。”[8]《三国志》言“西域重译献火浣布”，按照裴松之的理解则来自“南海”。此“重译”则有转致的意义。《晋书》卷一一三《苻坚载记上》又记载：“天竺献火浣

1　《宋书》，第2357—2358页。

2　〔宋〕赵汝适撰，杨博文校释：《诸蕃志》，中华书局2000年4月，第114页。

3　陈佳荣、谢方、陆峻岭：《古代南海地名汇释》，中华书局1986年5月版，第1001页。

4　〔宋〕李昉等撰：《太平御览》，第3980页。

5　〔北魏〕郦道元著，陈桥驿校证：《水经注校证》，第315页。

6　〔唐〕欧阳询撰，汪绍楹校：《艺文类聚》，第1364页。

7　〔宋〕李昉等撰：《太平御览》，第866页、第3176页、第3850页。

8　《三国志》，第117页。

布。"[1] "天竺"的"火浣布"则可能南来，也可能西来。

如果西域的"孔雀"是来自"天竺"等地，则龟兹在中外交通史上的
地位又有了新的证明。其实，现在尚不能完全排除当时龟兹地方原生"孔
雀"的可能。因为史书最有力的记载："土多孔雀，群飞山谷间，人取养而
食之，孳乳如鸡鹜。"尚未可轻易否定。尽管现今这一地区已经看不到"孔
雀"的踪迹，但是有可能今后的考古工作可以证明上古时代龟兹"孔雀"
的实际存在，如同淅川的发现那样。我们从更早的历史迹象中也可以发现
支持这一意见的信息。《逸周书·王会》说成周之会，四方朝于内者，"方
人以孔鸟"。晋孔晁注："亦戎别名。"[2] 是当时已有西方部族进献"孔鸟"的
情形。

8. "人取养而食之，孳乳如鸡鹜"：养禽史的重要一页

《魏书》有关龟兹"孔雀"的记述："土多孔雀，群飞山谷间。人取养
而食之，孳乳如鸡鹜。其王家恒有千余只云。"体现野生"孔雀""群飞"
的情景，也反映了以"食"用为明确目的的"孔雀"养殖经营。这一珍贵
史料，提供了增进中国古代养禽史之认识的重要信息。

宋代学者周去非《岭外代答》卷九《禽兽门》"孔雀"条说："孔雀，
世所常见者。中州人得一，则贮之金屋。南方乃腊而食之。物之贱于所产
者如此。"[3] 这是典型的食用"孔雀"的一例。有学者指出："由此可见，在
古代孔雀不限于产在滇南，而是八百年来在两广曾因捕杀供肉食以致灭
绝。"[4]

关于畜养"孔雀"的情形，《太平广记》卷四六一《禽鸟二·孔雀》

---

1 《晋书》，第 2904 页。

2 黄怀信、张懋镕、田旭东撰，李学勤审定：《逸周书汇校集注》，第 921 页。

3 〔宋〕周去非撰，屠友祥校注：《岭外代答》，上海远东出版社 1996 年 12 月版，第 230 页。

4 谢成侠：《中国养禽史》，第 108 页。

"交趾"条中可以看到这样的记载：

> 交趾郡人多养孔雀。或遗人以充口腹。或杀之以为脯腊。人又养
> 其雏为媒，旁施网罟，捕野孔雀。伺其飞下则牵网横掩之，采其金翠
> 毛，装为扇拂，或全株生截其尾，以为方物。云生取则金翠之色不减
> 耳。出《岭表录异》[1]

"多养孔雀"，一则食用，二则用以为"媒"，"捕野孔雀"。

又清代学者何焯《义门读书记》卷五七《李义山诗集》解释《和孙朴韦蟾孔雀歌》中"都护矜罗幕"句："宋黄休复《茅亭客话》云：蛇与孔雀交偶。有得其卵者。使鸡抱伏，即成。其名曰'都护'。初年生绿毛，二年生尾，小火，三年大火眼，其尾乃成。"[2]《和孙朴韦蟾孔雀歌》通作《和孙朴韦蟾孔雀咏》，载《李义山诗集》卷上。有人解释"都护"，谓"杜氏《通典》：汉置西域都护。唐永徽中始于边方置安东、安西、安南、安北四大都护府"[3]。孔雀别名"孔都护"[4]，与"汉置西域都护"情形的对应关系，也是发人深思的。或说称"孔都护"者，是因为其鸣叫声似呼"都护"。[5]

《宋稗类钞》卷三五有关于孔雀的一段文字："或生擒获者，饲馈如京洛间鹅雁，以充口腹，其味亦如之。解百毒，人食其肉，饮药无验。其首与血解大毒。蛇与孔雀偶，得其卵者，使鸡伏即成，其名曰'都护'。初年生绿毛，三年生小尾，生小火眼，五年生大火眼，大尾乃成。始春而生，三四月后复雕，与花萼相荣衰。每至晴明，轩翥其尾，自回顾视之，谓之'朝尾'。须以一间房，前开窗牖，面向明方，东西照映，向里横以木架，令栖息。其性爱向明，饲之以米谷豆麦，勿令阙水，与养鸡无异。每至秋

1　〔宋〕李昉等撰：《太平广记》，第 3774 页。

2　〔清〕何焯著，崔高维点校：《义门读书记》，中华书局 1987 年 6 月版，第 1244 页。

3　〔清〕朱鹤龄：《李义山诗集注》卷一上，《景印文渊阁四库全书》，第 1082 册第 86 页。

4　〔清〕陈元龙《格致镜原》卷七七《鸟类一·孔雀》："《潜确类书》：李昉名孔雀曰'南容'，一名'孔都护'，一名'文禽'。"《景印文渊阁四库全书》，第 1032 册第 449 页。

5　〔明〕李时珍《本草纲目》卷四九《禽部·孔雀》引《南方异物志》："晨则鸣声相和，其声曰'都护'。"陈贵廷主编：《本草纲目通释》，下册第 2082 页。〔清〕陈元龙《格致镜原》卷七七《鸟类一·孔雀》引《纪闻》："其鸣若曰'都护'。"《景印文渊阁四库全书》，第 1032 册第 449 页。

夏，于田野中拾蝱斯蟋蟀活虫喂饲之。凡欲喂饲，引于厅事上，令惯见宾客。又盛夏或患眼痛，可以鹅翎筒子灌少生油以新汲水洗之。如眼不开，则擘口唉以小鱼虾，不尔饿损。及切蒻少许唉之，贵其凉冷，如食有余，则愈。切不可与咸酸物食。食则减精神，昏暗毛色。驯养颇久，见妇女童竖彩衣绶带，必逐而啄之。或芳时媚景，闻丝竹歌吹之声，必舒张翅尾，昒眛而舞，若有意焉。"[1]据《义门读书记》，可知文出黄休复《茅亭客话》。其中细致地写述了"擒获""食其肉"以及"驯养"孔雀的经验。李时珍《本草纲目》卷四九《禽部·孔雀》引《纪闻》说："山谷夷人多食之，或以为脯腊，味如鸡、鹜，能解百毒。人食其肉者，自后服药必不效，为其解毒也。"又引《南方异物志》说到饲养的方法："山人养其雏为媒。或探其卵，鸡伏出之，饲以猪肠、生菜之属。"[2]

我们看到，对于"孔雀"来说，食味的体会渐次细腻，饲养的经验也逐步成熟。然而这种体现人和稀见禽鸟之关系的生活方式和生产方式，都可以在龟兹"人取养而食之，孳乳如鸡鹜"的现象中发现最初的渊源。

9. 乾隆《孔雀开屏》诗：18 世纪西域"孔雀"信息

新疆大学西北少数民族研究中心周轩教授的论文《乾隆帝西域诗文研究》说到乾隆帝的《孔雀开屏》诗，其中透露了 18 世纪新疆地方进贡孔雀的信息："乾隆二十三年（1758 年）六月，乾隆帝就哈密进贡的孔雀，在颐和园赋诗《孔雀开屏》：'三年小尾五年大，花下开屏金翠簁。綷羽映日焕辉辉，圆眼凌风张个个。于禽亦识土产好，菁莪棫朴风人藻。盈廷济济固未能[3]，离文觌览惭怀抱。'[4]他认为禽鸟还是当地所产的为好，就像《诗

1　〔清〕潘永因：《宋稗类钞》，书目文献出版社 1985 年 12 月版，第 773 页。
2　陈贵廷主编：《本草纲目通释》，下册第 2082 页。
3　今按："固"原文作"故"。
4　原注："《乾隆御制诗》二集卷七十九。"

经》中的吟咏。可惜美丽的西域孔雀未能充满庭院，他看着群臣的咏赞诗文不由得颇感惭愧。"论文附故宫博物院藏《孔雀开屏图》，上书"乾隆戊寅御题"诗。[1] 全文一百四十字。

乾隆诗开篇即言"西域职贡昭咸宾，畜笼常见非奇珍"，又有"招之即来拍之舞，那虑翻翱葱岭尖"句，明言孔雀来自"西域"。《孔雀开屏图》上孔雀的形象，亦排除了"西域""孔雀"是其他禽鸟的可能。

乾隆笔下记录的来自哈密的"西域""孔雀"，可以说提供了18世纪新疆地方仍然生存这种禽鸟中之"奇珍"的重要信息。诗句"鸡伏翼之领哺噱"，"三年小尾五年大"等，都与堪称"罕闻"的孵化驯养孔雀的技术有关。乾隆诗句距《魏书》时代遥远，告知我们"西域"可能长期具有适宜"孔雀"生存的环境条件。乾隆赋"孔雀"诗时距今不过二百五十余年，却提供了与现今人们对于"孔雀"分布知识形成强烈反差的信息。参考这一资料，我们应当认识到考察和理解"西域""孔雀"的生存史和驯养史，进而深化对环境史和交通史的认识，是有学术意义的，也是有学术条件的。当然，最重要的，可能是动物考古工作的进步。[2]

当然，乾隆笔下的"孔雀开屏"，所谓"綷羽映日焕辉辉，圆眼凌风张个个"情景，如上文所说，在汉代文物中已经有所表现。

1　周轩：《乾隆帝西域诗文研究》，中国人民大学国学院主编《国学的传承与创新：冯其庸先生从事教学与科研六十周年庆贺学术文集》，上海古籍出版社2013年4月版。
2　王子今：《龟兹"孔雀"考》，《南开学报》（哲学社会科学版）2013年4期。

鳹・鷸・鸛・鶴

1. 马王堆汉墓出土签牌"熬鴇笥"

马王堆一号汉墓出土系在 330 号竹笥上的
木牌，写有"熬鴇笥"字样。"鴇"即"鶮"，
就是"鹤"。《集韵·铎韵》："鹤，鸟名，或作
'鶮'。"马王堆三号汉墓出土同类木牌也有书写
"熬鴇笥"者。发掘报告写道："出土时脱落，
与实物对照，应属东 109 笥。"而《遣策》中
"熬鴇一笥"（136）当即指此。报告执笔者又指
出，"鴇"就是"鹤"。

马王堆一号汉墓出土系在 283 号竹笥上的
木牌，题写"熬鵠笥"。[1] 与 283 号竹笥木牌及
330 号竹笥木牌对应的内容，《遣策》作"熬
鵠一笥"（71）及"熬鴇一笥"（72）。"鵠"即
"鹤"，也是"鹤"的异写。《集韵·铎韵》：

"鹤，鸟名。《说文》：'鸣九皋，声闻于天。'或作'鵠'。"《庄子·天运》：
"鵠不日浴而白。"陆德明《释文》："'鵠'，本又作'鹤'，同。"李商隐
《圣女祠》："寡鵠迷苍壑，羁凤怨翠梧。"朱鹤龄注："'鵠'，《英华》作
'鹤'。'鹤''鵠'古通。"

马王堆一号汉墓 283 号竹笥及 330 号竹笥发现的动物骨骼鉴定报告，
确定其动物个体是鹤（Grus SP.）。可知"出土骨骼内，共有鹤二只"。鉴定
者指出："出土骨骼的主要特征均与鹤科鸟类一致。""鼻骨前背突起与前颌

1　湖南省博物馆、中国科学院考古研究所：《长沙马王堆一号汉墓》，上册第 115 页。

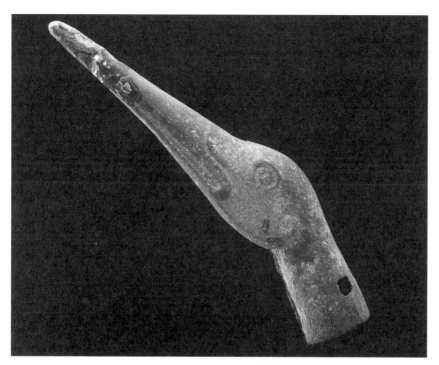

60-2　准格尔旗西沟畔出土战国圆雕鹤头青铜杖首

60-3　秦始皇陵 K0007 陪葬坑出土青铜鹤

骨额突清晰分开，与灰鹤近似，与白枕鹤不同"，"但出土头骨的颧突特别短而钝，与灰鹤和白枕鹤均不相同。究属何种，尚难确定"。[1]

2．"鶮"，古"鹤"字

《史记》卷六《秦始皇本纪》："卒屯留，蒲鶮反。"司马贞《索隐》："'鶮'，古'鹤'字。"[2]

《慧琳音义》卷三六关于《大日经》第五卷"鹅鹄"，"鹤"写作"鶮"，以为"水鸟也"，说："色白如雪，人家或养。"又说："俗谓之红鶮，亦水鸟，形似鶮，微有少红，头略有青，巢于高树，长颈高足长喙也。"[3]据《龙龛手鉴》卷二《鸟部》，"鶮"是"鹤"的俗字，"嘴长"，世以为"祥鸟"。[4]

3．"鹤羹""鹤髓"故事

古来有"煮鹤烧琴""烧琴煮鹤"，或者"劈琴煮鹤""爨琴煮鹤"的说法，以指责背离文化、破坏文化、摧残文化的现象。"煮鹤"成为反风雅、反文明的一种象征符号。[5]然而，从前说马王堆汉墓出土文物看，"煮鹤"也曾经是一种社会生活的现实。"鹤"不仅在人们的精神生活中充当过清雅的伴侣，在实际物质生活中竟然也曾经作为烹调原料出现。

《天中记》卷五八有这样的内容，涉及以"鹤"为原料的食品"鹤羹"："鹤羹。《离骚》曰：缘鹤饰玉，后帝具飨。古帝谓殷汤也。言伊尹始

---

1 中国科学院动物研究所脊椎动物分类区系研究室、北京师范大学生物系：《动物骨骼鉴定报告》，《长沙马王堆一号汉墓出土动植物标本的研究》，第67—68页。

2 《史记》，第225页。

3 徐时仪校注，毕慧玉、耿铭、郎晶晶、王华权、徐长颖、许启峰助校：《一切经音义三种校本合刊》，上海古籍出版社2008年12月版，第1140页。

4 〔辽〕行均撰：《龙龛手鉴》，四部丛刊续编景宋本，第130页。

5 王子今：《古代文人的友鹤情致》，《寻根》2006年3期。

仕，缘烹鹄鸟之羹，修饰玉鼎以事殷汤，汤贤之，遂以为相也。"[1] 一代名相伊尹，竟然是因向殷汤奉上"鹄羹"而得到信用的。

据说王莽求仙，用方士之说，取"黄帝谷仙之术"，配用"鹤髓"。《汉书》卷二五下《郊祀志下》记载："莽篡位二年，兴神仙事，以方士苏乐言，起八风台于宫中。台成万金，作乐其上，顺风作液汤。又种五粱禾于殿中，各顺色置其方面，先鬻鹤髊、毒冒、犀玉二十余物渍种，计粟斛成一金，言此黄帝谷仙之术也。以乐为黄门郎，令主之。"颜师古注："鬻，古煮字也。髊，古髓字也。谓煮取汁以渍谷子也。"[2]《太平御览》卷九一六引《汉书》直接写作："王莽常以鹤髓渍谷种学仙。"[3] 鹤由于"飞薄云汉"，"一举千里"，"鸾凤同为群"，据说"生天寿不可量"[4]，竟然成为杀身因由。

以"鹤"作为饮食消费对象的年代更为久远的传说，则有周穆王"饮白鹤之血"故事。《穆天子传》卷四："至于巨蒐氏。巨蒐之人𦙃奴乃献白鹄之血以饮天子。"下文又说："驱驰千里，遂入于宗周。官人进白鹄之血，以饮天子。"[5] 可知北方民族饮"白鹄之血"的形式随即被带到中原。《北堂书钞》卷一六"饮白鹤之血"条据《穆天子传》。孔广陶校注："严氏校云：《御览》三百七十二、九百十九皆引作'鹤'。今本作'鹄'。今按平津馆本校注云：鹤、鹄古通用。"[6]《太平御览》卷三七二引《穆天子传》："至于巨蒐氏，巨蒐之人乃献白鹤之血以饮天子。"《太平御览》卷九一六引《穆天子传》也说："至于巨蒐氏，巨蒐之人乃献白鹤之血以饮天子。"[7] 可见应以"白鹤之血"为是。[8]

1　〔明〕陈耀文撰：《天中记》，清文渊阁四库全书本，第 2289 页。

2　《汉书》，第 1270 页。

3　〔宋〕李昉等撰：《太平御览》，第 4060 页。

4　《太平御览》卷九一六引《淮南八公相鹤经》，〔宋〕李昉等撰：《太平御览》，第 4061 页。

5　顾实著：《穆天子传西征讲疏》，第 217—218 页、第 237 页。

6　〔唐〕虞世南编撰：《北堂书钞》，第 38 页。

7　〔宋〕李昉等撰：《太平御览》，第 1717 页、第 4061 页。

8　王子今：《"煮鹤"故事与汉代文物实证》，《文博》2006 年 3 期。

4. 汉武帝事迹：北边"群鹤"与泰畤"光景"

汉武帝曾经多次远程巡行，数次有行历北边的经历。在他生命的最后一年，又一次巡行北边。这是他最后一次出巡。《汉书》卷六《武帝纪》记载："后元元年春正月，行幸甘泉，郊泰畤，遂幸安定。""二月，诏曰：'朕郊见上帝，巡于北边，见群鹤留止，以不罗罔，靡所获献。荐于泰畤，光景并见。其赦天下。'"[1] 宋人林虑编《两汉诏令》卷六《西汉六·武帝》题《赦天下诏》（后元元年二月），列为汉武帝颁布诏令的倒数第二篇。[2] 既说"行幸甘泉"，又说"巡于北边"，很有可能是循行联系"甘泉"和"北边"的直道来到"北边"长城防线。他在"北边"地方看到栖息的"群鹤"，因为时在春季，当时社会的生态意识和生态礼俗，严禁猎杀野生禽鸟，于是没有捕获这些野鹤用于祭祀上帝时奉献。颜师古注引如淳曰："时春也，非用罗罔时，故无所获也。"[3]

汉武帝后元元年（前88）春二月诏所谓"荐于泰畤，光景并见"，实际上是说在与上帝对话时看到了显现为"光景"（可能即"光影"）的异常的吉兆，于是"大赦天下"。

汉武帝春二月时"巡于北边，见群鹤留止"事，可以作为我们分析当时生态环境形势时的重要参考。

鹤被称为"涉禽"，以"沼泽"为主要生活环境。[4] 或有生物学辞书言，鹤，"大型涉禽"，"常活动于平原水际或沼泽地带"。丹顶鹤"常涉于近水浅滩，取食鱼、虫、甲壳类以及蛙等，兼食水草"。[5] 汉武帝后元二年诏书所说"巡于北边，见群鹤留止"，体现北边长城防线上汉武帝巡行的路段，有天然水面或湿地。这一情形反映当时水资源形势与现今明显不同。这一

---

1 《汉书》，第211页。

2 最后一篇是四个月后颁布的《封莽通等》（后元元年六月）。〔宋〕林虑编：《两汉诏令》，清文渊阁四库全书本，第28页。

3 《汉书》，第211页。

4 《简明不列颠百科全书》写道："鹤，crane，鹤形目、鹤科14种体型高大的涉禽。""这些高雅的陆栖鸟类昂首阔步行走在沼泽和原野。"中国大百科全书出版社1985年8月版，第3册第757页。

5 《辞海·生物分册》，第532页。

信息，亦符合竺可桢等学者对于战国至西汉时代气候较今温暖湿润的判断。北边和临近北边地方当时其他湖沼的面积和水量，也远较现今宏大。[1]

蓑羽鹤"为夏候鸟"。灰鹤"繁殖在苏联西伯利亚和我国东北及新疆西部"，"秋季迁徙时，在我国境内经华北、西北南部、四川西部和西藏昌都一带，至长江流域及以南地区越冬"。丹顶鹤"主产于我国黑龙江省及苏联西伯利亚东部和朝鲜；迁长江下游一带越冬"。[2]汉武帝时代后元元年（前88）春二月北边有"群鹤留止"，如果是"至长江流域及以南地区越冬"的鹤群回归北地时停栖此地，则似乎时间稍早，或可说明当时气温较现今为高。如果所见"群鹤留止"就是在这里越冬，则可看作反映当时这一地区冬季气温高于现今的幅度相当大的重要例证。

1　参看王子今：《秦汉时期的朝那湫》，《固原师专学报》2002 年 2 期；《"居延盐"的发现——兼说内蒙古盐湖的演化与气候环境史考察》，《盐业史研究》2006 年 2 期，收入《额济纳汉简释文校本》，文物出版社 2007 年 10 月版。
2　《辞海·生物分册》，第 532 页。

人鱼膏

1. 秦始皇陵 "人鱼膏" 之谜

《史记》卷六《秦始皇本纪》关于秦始皇陵地宫的记述中，说到 "以人鱼膏为烛，度不灭者久之"。所谓 "人鱼膏"，刘向言 "人膏"。对于 "人鱼" 的理解，尚未形成共同认可的确切定论。以为此 "人鱼" 来自 "东海" 的认识，是有一定的合理性的。或以为与 "鲸鱼" 有关。讨论这一问题，还应当关注有关 "鲸鱼灯" 的记载。《艺文类聚》卷八〇引魏殷臣《鲸鱼灯赋》有 "大秦美焉，乃观乃详" 句，[1] 自然也会使我们联想到秦始皇陵地宫的照明设施。《三秦记》"始皇墓中，燃鲸鱼膏为灯" 的说法，[2] 值得我们重视。

相关讨论，可以增益我们对于秦时社会海洋学知识的了解，也有益于认识当时海洋探索和海洋开发的进步。

2. 秦陵地宫设计构想透露的海洋意识

我们今天获得的有关秦始皇陵的知识，从文献渠道来说，主要来自司马迁在《史记》卷六《秦始皇本纪》中的记载。关于秦始皇陵营造规模及地宫的结构，司马迁写道：

> 始皇初即位，穿治郦山，及并天下，天下徒送诣七十余万人，穿

1　〔唐〕欧阳询撰，汪绍楹校：《艺文类聚》，第 1369 页。
2　〔宋〕李昉等撰：《太平御览》，第 3855 页。

三泉[1]，下铜[2]而致椁，宫观百官奇器珍怪徙臧满之。[3] 令匠作机弩矢，有所穿近者辄射之。以水银为百川江河大海，机相灌输，上具天文，下具地理。以人鱼膏为烛，度不灭者久之。[4]

按照有关地下陵墓设计和制作"大海"模型的这一说法，似乎陵墓主人对"海"的向往，至死仍不消减。[5]

陵墓地宫设计使用水银的方式，较早见于齐国丧葬史料。《韩非子·内储说上七术》曾经写道："齐国好厚葬，布帛尽于衣衾，材木尽于棺椁。桓公患之，以告管仲曰：'布帛尽则无以为蔽，材木尽则无以为守备，而人厚葬之不休，禁之奈何？'管仲对曰：'凡人之有为也，非名之，则利之也。'于是乃下令曰：'棺椁过度者戮其尸，罪夫当丧者。'夫戮死，无名；罪当丧者，无利。人何故为之也。"[6] 这段文字有关齐桓公和管仲对话的内容，当然未必真正属实，但是仍然可以作为"齐国好厚葬"，"人厚葬之不休"的社会风习的一种反映。齐桓公虽然有反对厚葬、禁止厚葬的言论，但是有关齐桓公墓的历史遗存，却证明他本人实际上也可以称得上是厚葬的典型。齐桓公墓在西晋永嘉末年被盗掘，据《史记》卷三二《齐太公世家》张守节《正义》引《括地志》的记载："齐桓公墓在临菑县南"，"晋永嘉末，人发之，初得版，次得水银池，有气不得入，经数日，乃牵犬入中，得金蚕数十薄，珠襦、玉匣、缯彩、军器不可胜数。又以人殉葬，骸骨狼藉也"。[7] 我们现在还不清楚齐桓公墓"水银池"和秦始皇陵"以水银为百川江河大海"是否存在某种形制设计的继承关系。但不能排除齐桓公接受管仲"海

1　张守节《正义》："颜师古云：'三重之泉，言至水也。'"

2　裴骃《集解》引徐广曰："一作'锢'。锢，铸塞。"

3　张守节《正义》："言冢内作宫观及百官位次，奇器珍怪徙满冢中。"

4　《史记》，第 265 页。

5　参看王子今：《略论秦始皇的海洋意识》，《光明日报》2012 年 12 月 13 日；《论秦始皇陵"水银为海"》，《北京师范大学学报》（社会科学版）2021 年 5 期。

6　陈奇猷校注：《韩非子集释》，第 548 页。

7　《史记》，第 1495 页。《说郛》卷二七下杨奂《山陵杂记》："齐桓公墓在临淄县南二十一里牛山上，亦名鼎足山，一名牛首堈，一所三坟。晋永嘉末，人发之。初得版，次得水银池，有气不得入，经数日乃牵犬入中，金蚕数十簿，珠襦玉匣缯彩军器，不可胜数。又以人殉葬，骨肉狼籍。"〔明〕陶宗仪编：《说郛》，《景印文渊阁四库全书》，第 877 册第 529 页。

王之国"规划[1]，更早对海洋予以特殊关注的可能。

《太平御览》卷八一二引《皇览》写道："关东贼发始皇墓，中有水银。"[2]白居易《草茫茫——惩厚葬也》诗讽刺秦始皇厚葬亦言及"水银"："草茫茫，土苍苍。苍苍茫茫在何处，骊山脚下秦皇墓。墓中下涧二重泉，当时自以为深固。下流水银象江海，上缀珠光作乌兔。别为天地于其间，拟将富贵随身去。一朝盗掘坟陵破，龙椁神堂三月火。可怜宝玉归人间，暂借泉中买身祸。"[3]看来，秦始皇陵使用水银的记载后人多予采信。[4]丧葬使用水银，据说有防腐的作用。[5]水银又有防盗功能，如前引《史记》卷三二《齐太公世家》张守节《正义》引《括地志》言"齐桓公墓"有"水银池"，

1　《史记》卷三二《齐太公世家》记述，齐桓公时代齐国的崛起，与海洋资源的开发有关："桓公既得管仲，与鲍叔、隰朋、高傒修齐国政，连五家之兵，设轻重鱼盐之利，以赡贫穷，禄贤能，齐人皆说。"第1487页。《管子·海王》提出了"海王之国"的概念。文中"管子"与"桓公"的对话，讨论立国强国之路，"海王之国，谨正盐筴"的政策得以明确提出："桓公曰：'然则吾何以为国？'管子对曰：'唯官山海为可耳。'桓公曰：'何谓官山海？'管子对曰：'海王之国，谨正盐筴。'"什么是"海王"？有注家说："'海王'，言以负海之利而王其业。"〔明〕刘绩补注，姜涛点校：《管子补注》卷二二，凤凰出版社2016年6月版，第432页。
2　〔宋〕李昉等撰：《太平御览》，第3609页。
3　〔唐〕白居易著，喻岳衡点校：《白居易集》，第62—63页。
4　"水银为池"故事又见于《南史》卷四三《齐高帝诸子列传下·始兴简王鉴》记载，萧鉴在益州时，"于州园地得古冢，无复棺，但有石椁。铜器十余种，并古形，玉璧三枚，珍宝甚多，不可皆识，金银为蚕、蛇形者数斗。又以朱沙为阜，水银为池。左右咸劝取之。（萧）鉴曰：'皇太子昔在雍，有发古冢者，得玉镜、玉屏风、玉匣之属，皆将还都，吾意常不同。'乃遣功曹何仍为之起坟，诸宝物一不得犯"。第1087页。又如《大金国志》卷三一《齐国刘豫录》："西京兵士卖玉注椀与三路都统，（刘）豫疑非民间物，勘鞫之，知得于山陵中，遂以刘从善为河南淘沙官，发山陵及金人发不尽棺中水银等物。"〔清〕宇文懋昭撰，崔文印校证：《大金国志校证》，中华书局1986年7月版，第436页。宋元间人周密《癸辛杂识》续集卷上"杨髡发陵"条引录杨琏真加"其徒白告状"，有关于盗发宋陵的较具体的资料，言"断理宗头，沥取水银、含珠"。〔宋〕周密撰，吴企明点校：《癸辛杂识》，中华书局1988年1月版，第152页。
5　清人褚人获《坚瓠集》续集卷二有"漳河曹操墓"条，其中写道："国朝鼎革时，漳河水涸，有捕鱼者，见河中有大石板，傍有一隙，窥之黝然。疑其中多鱼棨，乃由隙入，数十步得一石门，心怪之，出招诸捕鱼者入。初启门，见其中尽美女，或坐或卧或倚，分列两行。有顷，俱化为灰，委地上。有石床，床上卧一人，冠服俨如王者。中立一碑，渔人中有识字者，就之，则曹操也。众人因跪而斩之，磔裂其尸。诸美人盖生而殉葬者。地气凝结，故如生人。既而门启，漏泄其气，故俱成灰。独（曹）操以水银敛，其肌肤尚不朽腐。"〔清〕褚人获辑撰，李梦生校点：《坚瓠集》，上海古籍出版社2012年12月版，第844—845页。

于是"晋永嘉末，人发之"，"有气不得入，经数日，乃牵犬入中"。[1] 秦始皇陵地宫中储注水银以为河海，或许也有以剧毒汞蒸气杀死盗掘者的动机。以当时人对于水银化学特性的认识而言，不会不注意到汞中毒的现象，而利用水银的这一特性于防盗设计，是很自然的。秦始皇陵"以水银为百川江河大海，机相灌输"的记载，1981 年已经考古学者和地质学者用新的地球化学探矿方法——汞量测量技术测定地下汞含量的结论所证实。[2] 2003年秦始皇陵地宫地球物理探测成果"再次验证了地宫中存放着大量水银"，"再次验证了历史文献上关于地宫存在高汞的记载"。[3] 我们讨论秦始皇陵地宫设计时更为关注的，不是水银的防腐和防盗作用，而是"以水银为百川江河大海，机相灌输"的构想所反映的海洋意识。

3. "人膏"？"鱼膏"？

《史记》卷六《秦始皇本纪》关于秦始皇陵地宫照明方式所谓"以人鱼膏为烛，度不灭者久之"的"人鱼膏"，后来或写作"人膏"。

如《汉书》卷三六《刘向传》载刘向对厚葬的批评，说到秦始皇陵成为厚葬史上的极端案例：

> 秦始皇帝葬于骊山之阿，下锢三泉，上崇山坟，其高五十余丈，周回五里有余。石椁为游馆，人膏为灯烛，水银为江海，黄金为凫雁。珍宝之臧，机械之变，棺椁之丽，宫馆之盛，不可胜原。

特别说到"人膏为灯烛"。[4]《通志》卷七八上《宗室传第一上·前汉》"刘

1　墓中置"水银池"，用水银挥发的气体毒杀盗墓者，是一种充分利用各种手段反盗墓的典型史例。而盗墓者"经数日"以散发毒气，又"牵犬入中"，发明以狗带路的方式，正是所谓"道高一尺，魔高一丈"。

2　常勇、李同：《秦始皇陵中埋藏汞的初步研究》，《考古》1983 年 7 期。

3　刘士毅主编：《秦始皇陵地宫地球物理探测成果与技术》，地质出版社 2005 年 4 月版，第 26页、第 58 页。

4　《汉书》，第 1954 页。文渊阁四库全书本《汉书》有注文："宋祁曰：《史记》作'人鱼膏'。"

向"条引"人膏为灯烛"说。[1]宋人宋敏求《长安志》卷一五《县五》引《刘向传》也作"人膏为灯烛"。[2]罗璧《识遗》卷二《历代帝陵》引作"人膏为灯油"。[3]《太平御览》卷八七〇引《史记》曰："始皇冢中以人膏为烛。"[4]刘向"人膏"之说，不少学者多所取信。王益之《西汉年纪》卷二六、徐天麟《西汉会要》卷一九《礼十四》、杨侃《两汉博闻》卷四[5]，明人李光璎《两汉萃宝评林》卷上[6]、梅鼎祚《西汉文纪》卷一七[7]、吴国伦《秦汉书疏·西汉书疏》卷五《汉成帝》[8]、严衍《资治通鉴补》卷三一《汉纪二三》[9]，清人沈青崖《雍正陕西通志》卷七〇《陵墓一·临潼县》及卷八六《艺文二·奏疏》[10]、严长明《乾隆西安府志》卷七〇《艺文志下》[11]均言"人膏"。所谓"人膏"，容易理解为人体脂肪。[12]值得注意的史料有《金史》卷五《海陵亮纪》："煮死

1　〔宋〕郑樵撰：《通志》，中华书局1987年1月版，第917页。

2　〔宋〕宋敏求撰，辛德勇、郎洁点校：《长安志》，第462页。

3　〔宋〕罗璧：《识遗》，岳麓书社2010年9月版，第27页。

4　〔宋〕李昉等撰：《太平御览》，第3856页。

5　〔宋〕王益之撰，王根林点校：《西汉年纪》，中华书局2018年6月版，第557页。〔宋〕杨侃撰，车承瑞点校：《两汉博闻》，黑龙江人民出版社1990年3月版，第244页。

6　〔明〕李光璎：《两汉萃宝评林》，《四库未收书辑刊》，壹辑第21册508页。

7　〔明〕梅鼎祚：《两汉文纪》，《景印文渊阁四库全书》，第1396册第529页。

8　〔明〕吴国伦：《秦汉书疏·西汉书疏》，《续修四库全书》，第462册第120页。

9　〔明〕严衍：《资治通鉴补》，上海古籍出版社2007年5月版，第2册第257页。

10　〔清〕沈青崖等纂：《雍正陕西通志》，《景印文渊阁四库全书》，第555册第229页、第556册第135页。

11　〔清〕舒其绅等修，严长明等纂，何炳武总校点，董健桥审校，高叶青、党斌校点：《西安府志》，三秦出版社2011年10月版，第1533页。

12　《通典》卷一七一《州郡》："秦汉之后，以重敛为国富，卒众为兵强，拓境为业大，远贡为德盛，争城杀人盈城，争地杀人满野。用生人膏血，易不殖土田。小则天下怨咨，群盗蜂起；大则殒命奸族，遗恶万代，不亦谬哉！"中华书局1984年2月版，第907页。金元好问《长城》诗有关秦史的感叹也说到"生人膏血"："秦人一铄连鸡翼，六国萧条九州一。祖龙跋扈佚心开，牛豕生民付碌碱。诗书简册一炬空，欲与三五争相雄。阿房未了蜀山上，石梁拟驾沧溟东。生人膏血俱枯竭，更筑长城限裘褐。卧龙隐隐半天下，首出天山尾辽碣。岂知亡秦非外兵，宫中指鹿皆庸奴。骊原宿草犹未变，咸阳三月为丘墟。黄沙白草弥秋塞，惟有坡陁故基在。短衣匹马独归时，千古兴亡成一慨。"〔金〕元好问撰，萧和陶点校：《中州集》，华东师范大学出版社2014年6月版，第329页。

人膏以为油。"《金史》卷一二九《佞幸传·李通》:"煮死人膏为油用之。"[1]以人体脂肪作为照明燃料的情形,又见于《后汉书》卷七二《董卓传》的记载:吕布杀董卓,"士卒皆称万岁,百姓歌舞于道。长安中士女卖其珠玉衣装市酒肉相庆者,填满街肆"。"乃尸卓于市。天时始热,卓素充肥,脂流于地。守尸吏然火置卓脐中,光明达曙,如是积日。"[2]

然而,又有学者对"人膏"之说予以澄清。有宋代学者写道:"人膏为灯烛。宋祁曰:《史记》作'人鱼膏'。"[3]明人张懋修说:"《汉书·刘向传》谏厚葬有引始皇'人膏以为灯烛'语,明明落一'鱼'字,是后人校刊者削去耳。按始皇营骊山,令匠作机巧,作弩矢,有所穿近,矢辄射之,水银为江海,上具天文,珠玑为之,以人鱼膏为灯烛。按《山海经》:'人鱼膏燃,见风愈炽。'是始皇之防地风之息耳。始皇虽役徒七十万,匠人机巧,死者辄埋其下,然未闻锻人膏以为烛者。"[4]清王先谦《汉书补注》在《楚元王传》的内容中也写道:"人膏为灯烛。宋祁曰:《史记》作'人鱼膏'。"[5]沈家本《诸史琐言》卷七"人膏为灯烛"条:"《史记》作'人鱼膏',按此当从《史记》,秦虽虐,未必用人膏。"[6]

也有学者指出,所谓"人膏"者,其实就是"鱼膏",如明李时珍《本草纲目》卷四四《鳞之三》"鯑鱼"条《集解》引弘景曰:"人鱼,荆州临

1 《金史》,第117页、第2787页。对于所谓"人膏",又有其他理解。如宋唐慎微《证类本草》卷四:"仰天皮,无毒,主卒心痛中恶,取人膏和作丸服之一七丸。人膏者,人垢汗也。揩取仰天皮者,是中庭内停污水后干地皮也。取卷起者,一名掬天皮,亦主人马反花疮,和油涂之佳。"〔宋〕唐慎微撰,尚志钧等校点:《证类本草》,华夏出版社1993年5月版,第118页。以"人垢汗"解"人膏",与可以"煮""为油"的"人膏"明显不同,但也是取自人身。

2 《后汉书》,第2331页。南朝陈徐陵《劝进梁元帝表》以此与姜维故事并说:"既挂胆于西州,方燃脐于东市。"《文苑英华》卷六〇〇,第3114页。杜甫《郑驸马池台喜遇郑广文同饮》诗也写道:"燃脐郿坞败,握节汉臣回。"〔宋〕黄希、黄鹤补注:《补注杜诗》卷一九,《景印文渊阁四库全书》,第1069册第374页。

3 〔宋〕佚名:《汉书考正》,《续修四库全书》,第265册第46页。

4 《墨卿谈乘》卷三《史集》"人膏灯烛"条,《四库未收书辑刊》,叁辑第28册第54页。

5 〔清〕王先谦:《汉书补注》,中华书局据清光绪二十六年虚受堂刊本1983年9月影印版,第962页。

6 沈家本:《诸史琐言》,《续修四库全书》,第451册第697页。

沮青溪多有之……其膏然之不消耗，秦始皇骊山冢中所用人膏是也。"[1] 又清袁枚《随园诗话》卷一五引赵云松《从李相国征台湾》云："人膏作炬燃宵黑，鱼眼如星射水红。"[2] 其中所谓"人膏"，可能就是"鱼膏"。

值得我们注意的，是对于"人膏"或"人鱼膏"的解释，或涉及"鲸鱼"。如清方旭《虫荟》卷四《鳞虫》"鲵鱼"条："鲵鱼膏燃之不灭，秦始皇骊山冢中所用'人膏'即此。或曰即鲸之雌者，误。"[3]

4. "人鱼""出东海中"说

秦始皇陵地宫所谓"以人鱼膏为烛，度不灭者久之"，《水经注》卷一九《渭水》作"以人鱼膏为灯烛，取其不灭者久之"，《太平御览》卷五六〇引《皇览·冢墓记》作"以人鱼膏为灯，度久不灭"。对于所谓"人鱼"，认识有所不同。

裴骃《集解》："徐广曰：'人鱼似鲇，四脚。'"张守节《正义》引录了对"人鱼"的不同解说："《广志》云：'鲵鱼声如小儿啼，有四足，形如鳢，可以治牛，出伊水。'《异物志》云：'人鱼似人形，长尺余。不堪食。皮利于鲛鱼，锯材木入。项上有小穿，气从中出。秦始皇冢中以人鱼膏为烛，即此鱼也。出东海中，今台州有之。'按：今帝王用漆灯冢中，则火不灭。"[4] 提供秦始皇陵用以照明的"人鱼膏"的"人鱼""出东海中"，应当看作重要的早期海洋学的信息。

《三国志》卷一五《魏书·刘馥传》记载，刘馥为扬州刺史，于合肥建立州治，"高为城垒，多积木石，编作草苫数千万枚，益贮鱼膏数千斛，为战守备。建安十三年卒。孙权率十万众攻围合肥城百余日，时天连雨，城

1　陈贵廷主编：《本草纲目通释》，第 1971 页。清胡世安《异鱼图赞补》卷中《倮虫鱼》引陶弘景云："人鱼膏燃之不消，秦皇骊冢所用人膏是也。"《景印文渊阁四库全书》，第 847 册第 745 页。

2　〔清〕袁枚著，顾学颉校点：《随园诗话》，人民文学出版社 1982 年 9 月版，第 530 页。

3　〔清〕方旭：《虫荟》，《续修四库全书》，第 1120 册第 218 页。

4　《史记》，第 266 页。

欲崩，于是以苦蓑覆之，夜然脂照城外，视贼所作而为备，贼以破走"。[1]
以"鱼膏""为战守备"，实战中"夜然脂照城外，视贼所作而为备"，即用
以照明。[2]以鱼类脂肪作照明燃料的情形，又见于《说郛》卷五二上王仁裕
《开元天宝遗事》"馋鱼灯"条："南中有鱼，肉少而脂多。彼中人取鱼脂
炼为油，或将照纺织机杼，则暗而不明；或使照筵宴，造饮食，则分外光
明。时人号为'馋鱼灯'。"[3]又如元人汪大渊《岛夷志略》"彭湖"条说当
地"风俗"，可见"鱼膏为油"之说。[4]元人杨载《废檠》诗有"鱼膏虽有
焰，蠹简独无缘"句，也说"鱼膏"作灯具燃料照明的情形。[5]清人陈元龙
《格致镜原》卷五〇《日用器物类二·灯》"灯台"条引《稗史类编》：
"正德八年，琉球进玉脂灯台。油一两可照十夜，光焰鉴人毛发，风雨尘
埃皆所不能侵。"[6]这里所说的"脂""油"，既出"琉球"，很可能是海鱼的
脂肪。

　　明人胡世安《异鱼图赞补》卷中引陶弘景云："人鱼膏燃之不消，秦
皇骊冢所用人膏是也。"又引《杂俎》："梵僧普提胜说异鱼，东海渔人言，
近获一鱼，长五六尺，肠胃成胡鹿刀塑之状，号'秦皇鱼'。"[7]出"东海"之
"秦皇鱼"与"秦皇骊冢所用人膏""人鱼膏"并说，值得我们注意。

　　以为"以人鱼膏为烛"的"人鱼""出东海中"，为"东海渔人"所识
的说法，是值得重视的。

1 《三国志》，第 463 页。

2 〔明〕罗贯中《三国志通俗演义》卷一〇作："作草苫数千枚，贮鱼膏数百斛，为守战之具。"上
海古籍出版社 1980 年 4 月版，第 468 页。数量较《三国志》记载大幅度减少，应是作者未能理解
这些"战守备"具体使用的情形。

3 〔明〕陶宗仪编：《说郛》，《景印文渊阁四库全书》，第 878 册第 744 页。

4 〔元〕汪大渊原著，苏继庼校释：《岛夷志略校释》，中华书局 1981 年 5 月版，第 13 页。

5 〔元〕杨载《杨仲弘集》诗集卷二《五言律诗》，福建人民出版社 2007 年 5 月版，第 15 页。

6 〔清〕陈元龙：《格致镜原》，《景印文渊阁四库全书》，第 1032 册第 39 页。

7 〔清〕胡世安：《异鱼图赞补》，《景印文渊阁四库全书》，第 847 册第 745 页。

5."鱼灯"和"鲸灯"

清人吴雯《此身歌柬韩元少先生》咏叹古来厚葬风习，有诗句似乎涉及秦陵葬制："总使千秋尚余虑，金蚕玉盌埋丘垄。水银池沼杂凫雁，可怜长夜鱼灯红。"除"水银池沼"外，又说到"鱼灯"。[1]

《艺文类聚》卷八〇引梁简文帝《咏烟》诗曰："浮空覆杂影，含露密花藤。乍如洛霞发，颇似巫云登。映光飞百仞，从风散九层。欲持翡翠色，时吐鲸鱼灯。"[2]说到"鲸鱼灯"光飞烟吐的情形。南朝陈江总《杂曲三首》之三又可见"鲸灯"："鲸灯落花殊未尽，虬水银箭莫相催。"[3]所谓"鲸灯"或"鲸鱼灯"，我们不清楚定名的原因，是因为形制仿拟鲸鱼，还是以鲸鱼的"膏"作为燃料。

中原居民对鲸鱼早有认识。宋正海、郭永芳、陈瑞平《中国古代海洋学史》写道："关于鲸类，不晚于殷商，人们对它已有认识。安阳殷墟出土的鲸鱼骨即可为证。"[4]据德日进、杨钟健《安阳殷墟之哺乳动物群》记载，殷墟哺乳动物骨骼发现有："鲸鱼类　若干大脊椎骨及四肢骨。但均保存破碎，不能详为鉴定。但鲸类遗存之见于殷墟中，乃确切证明安阳动物群之复杂性。有一部，系人工搬运而来也。"[5]秦都咸阳兰池宫据说有仿拟海洋

---

1 〔清〕吴雯：《莲洋诗钞》卷二《七古》，《景印文渊阁四库全书》，第 1322 册第 311 页。

2 〔唐〕欧阳询撰，汪绍楹校：《艺文类聚》，第 1378 页。

3 〔宋〕郭茂倩：《乐府诗集》卷七七，第 1091 页。

4 宋正海、郭永芳、陈瑞平：《中国古代海洋学史》，海洋出版社 1989 年 12 月版，第 348 页。

5 《中国古生物志》丙种第十二号第一册，实业部地质研究所、国立北平研究院地质学研究所中华民国二十五年六月印行，第 2 页。此信息之获得承袁靖教授赐示，谨此致谢。

的湖泊，其中放置鲸鱼模型。[1]《史记》卷一二《孝武本纪》言建章宫"大池""渐台"，司马贞《索隐》引《三辅故事》："殿北海池北岸有石鱼，长二丈，宽五尺。"秦封泥有"晦池之印"。[2]"晦"可以读作"海"。"晦池"就是"海池"。[3]《史记》卷六《秦始皇本纪》记载："始皇梦与海神战，如人状。问占梦，博士曰：'水神不可见，以大鱼蛟龙为候。今上祷祠备谨，而有此恶神，当除去[4]，而善神可致。'乃令入海者赍捕巨鱼具，而自以连弩候大鱼出射之。自琅邪北至荣成山，弗见。至之罘，见巨鱼，射杀一鱼。遂

---

1 《史记》卷六《秦始皇本纪》记载："三十一年十二月……始皇为微行咸阳，与武士四人俱，夜出逢盗兰池。"张守节《正义》引《括地志》："兰池陂即古之兰池，在咸阳县界。"又写道："《秦记》云：'始皇都长安，引渭水为池，筑为蓬、瀛，刻石为鲸，长二百丈。'逢盗之处也。"第251页。如果张守节《史记正义》引录的"始皇都长安，引渭水为池，筑为蓬、瀛，刻石为鲸，长二百丈"这段文字确实出自《秦记》，其可靠性是值得特别重视的。不过，我们又发现了疑点。《续汉书·郡国志一》"京兆尹长安"条写道："有兰池。"刘昭注补："《史记》曰：'秦始皇微行夜出，逢盗兰池。'《三秦记》曰：'始皇引渭水为长池，东西二百里，南北三十里，刻石为鲸鱼二丈立。'"《后汉书》，第3401页。唐代学者张守节以为《秦记》的记载，南朝梁学者刘昭却早已明确指出由自《三秦记》。我们又看到《说郛》卷六一上《辛氏三秦记》"兰池"条确实有这样的内容："秦始皇作兰池，引渭水，东西二百里，南北二十里，筑土为蓬莱山。刻石为鲸鱼，长二百丈。"〔明〕陶宗仪编：《说郛》，《景印文渊阁四库全书》，第879册第285页。张守节《秦记》说，明严衍《资治通鉴补》卷一九一《唐纪七》（第5册第71页，《秦记》作《秦纪》）、清顾炎武《历代宅京记》卷三《关中一·周秦汉》（中华书局1984年2月版，第43页）、清许鸣磐《方舆考证》卷三四（清济宁潘氏华鉴阁本，第1327页，作《秦记》，应是《秦记》之误）予以取信。清王昶《金石萃编》卷四《秦·瓦当文字》"兰池宫当"条则以为《三秦记》（中国书店1985年3月据1921年扫叶山堂本影印，卷四第5页）。清代学者张照已经判断，张守节所谓《秦记》其实就是《三秦记》，只是脱写了一个"三"字（《史记考证》，《景印文渊阁四库全书》本《史记》卷六《秦始皇本纪》附，第243册第182页）。《三秦记》或《辛氏三秦记》的成书年代要晚得多。这样说来，秦宫营造海洋及海中神山模型的记载，可信度不免要打折扣了。不过，秦咸阳宫存在仿象海洋的人工湖泊的可能性还是存在的。我们从有关秦始皇陵"以水银为百川江河大海，机相灌输"的记载，可以知道海洋在秦帝国缔造者心中的地位。秦始皇在统一战争中每征服一个国家，都要把该国宫殿的建筑图样采集回来，在咸阳以北的塬上予以复制。这就是《史记》卷六《秦始皇本纪》记载的"秦每破诸侯，写放其宫室，作之咸阳北坂上"。而翻版燕国宫殿的位置，正在咸阳宫的东北方向，与燕国和秦国的方位关系是一致的。兰池宫曾经出土"兰池宫当"文字瓦当，其位置大体明确。秦的兰池宫也在咸阳宫的东北方向，正在"出土燕国形制瓦当"的秦人复制燕国宫殿建筑以南。参看张在明主编：《中国文物地图集·陕西分册》，西安地图出版社1998年12月版，第195页、第348页。如果说这一湖泊象征渤海水面，从地理位置上考虑，也是妥当的。

2 路东之编著：《问陶之旅：古陶文明博物馆藏品撷英》，紫禁城出版社2008年3月版，第171页。

3 参看王子今：《秦汉宫苑的"海池"》，《大众考古》2014年2期。

4 《太平御览》卷八六引《史记》作"当降去"。《景印文渊阁四库全书》，第893册第819页。

61-1　秦"晦池之印"封泥

并海西。"[1] 这里所谓"大鱼""巨鱼",有人认为就是"鲸鱼"。[2] 有关鲸鱼死亡"膏流九顷"的记载[3],说明鲸鱼脂肪受到的重视。人类利用鲸鱼脂肪的

1　《史记》,第 263 页。

2　如唐李白《古风五十九首》之三:"秦皇扫六合,虎视何雄哉。挥剑决浮云,诸侯尽西来。……连弩射海鱼,长鲸正崔嵬。额鼻象五岳,扬波喷云雷。鬐鬣蔽青天,何由睹蓬莱。徐市载秦女,楼船几时回。但见三泉下,金棺葬寒灰。"〔清〕王琦注:《李太白文集》卷二,第 92 页。元吴莱《昭华琯歌》诗:"临洮举杵送役夫,碣石挟弩射鲸鱼。"《渊颖集》卷四,《景印文渊阁四库全书》,第 1209 册第 76 页。

3　《太平御览》卷九三八引《魏武四时食制》曰:"东海有大鱼如山,长五六里,谓之鲸鲵。次有如屋者。时死岸上,膏流九顷,其须长一丈,广三尺,厚六寸,瞳子如三升碗大,骨可为方臼。"《景印文渊阁四库全书》,第 901 册第 364 页。中华书局 1960 年 2 月用上海涵芬楼影印宋本复制重印版"膏流九顷"作"毫流九顷","骨可为方臼"作"骨可为矛矜"。

历史相当久远。[1]中国海洋史比较确切的取鲸鱼脂肪作照明燃料成为经济生活重要内容的记载，可能始自明代。骆国和《湛江鲸鱼史话》说："自明朝起，雷州府的捕鲸已远近闻名。鲸鱼脂肪非常丰富，厚达十几至几十厘米，渔民很早已会用鲸脂制油，作为渔业实物税，向朝廷进贡。古时没有煤油，用鲸油点灯照明，无烟无臭耐用，是宫廷最为欢迎的贡品。据记载，明洪武二十四年（1391年），雷州府进贡鲸油就有3184市斤28市两4市钱，首推遂溪进贡最多。到明弘治十五年（1502年）徐闻的鲸油上贡跃居雷州府首位，雷州府进贡鲸油为广东之冠。明末清初，捕鲸更是普遍。徐闻沿海的外罗、新寮、城内、白茅一带的海公船（捕鲸船），鼎盛时期达百艘。仅新寮六湾村就有三十吨级帆船十艘，捕鲸人数过百，由此可见当时捕鲸业相当发达。"[2]清人刘嗣绾《灯花四十韵》有诗句："到处鲸膏润，谁家蜡泪悬。罢书燕地烛，曾禁汉宫烟。"[3]明说"鲸膏"用作照明燃料。

清人汤右曾《漫成》诗其一有这样的诗句："堂堂大将执枹鼓，汾阳远孙阚虓虎。莫道潭中巨鲤鱼，横海长鲸膏磋斧。"[4]所谓"横海长鲸膏磋斧"甚至说到了取得"鲸膏"的具体方式。

中国人较早获得欧洲取"鲸油"为用的知识，见于魏源《海图国志》有关"北海隅之冰兰岛"的记载："其地近英国之北有法吕群岛，居民只十之七，余皆荒寒之地，惟业渔及水手。又有青地，广袤二万方里，居民二万四千。冰雪长年不消，无草木食物，居民捕鱼而饮其油。其鲸油所用甚广。各国之船入夏与蛟鼍并伐取之。"[5]又严复《原富》载荷兰事："凡干鱼及鲸鬐、鲸油，若他鱼膘，不由英船捕获晒制者，其进口税加倍。"[6]

1 《辞海·生物分册》"鲸目"条："皮肤下有一层厚的脂肪，借此保温和减少身体比重，有利浮游。""鲸"条写道："脂肪是工业原料。"第561页。《简明不列颠百科全书》"鲸油"条："主要从鲸鱼脂肪中提取的水白色至棕色的油。16~19世纪，鲸油一直是制造肥皂的重要原料和重要的点灯油。"第4册第439页。今按：滨海居民以鲸鱼脂肪作"重要的点灯油"的年代，其实要早得多。

2 图读湛江：http://zjphoto.yinsha.com/file/200609/2006092219081417.htm

3 〔清〕刘嗣绾：《尚䌹堂集·诗集》卷六《献赋集》，《清代诗文集汇编》，第469册第145页。

4 〔清〕汤右曾：《怀清堂集》卷六，《景印文渊阁四库全书》，第1325册第491页。

5 〔清〕魏源撰，陈华等点校注释：《海国图志》卷五八《外大西洋》，第1594页。

6 〔清〕严复著，张华荣点校：《原富》，汪征鲁、方宝川、马勇主编：《严复全集》，福建教育出版社2014年6月版，第2卷第328页。

秦始皇陵"以人鱼膏为烛，度不灭者久之"的"人鱼膏"如果确是鲸鱼脂肪，则也可以看作书写了以鲸鱼为对象的海洋资源开发史的重要一页。

有人认为，春秋齐国制作的人形铜灯，是以"鲸鱼脂肪"为燃料的照明工具。[1]如果所论确实，则可以说明齐人海洋开发的又一贡献。

6. "大秦"的"鲸鱼灯"

《艺文类聚》卷八〇引魏殷臣《鲸鱼灯赋》提供了年代更早的关于"鲸鱼灯"的信息：

> 横海之鱼，厥号惟鲸。普彼鳞族，莫与之京。大秦美焉，乃观乃详。写载其形，托于金灯。隆脊矜尾，鬐甲舒张。垂首俛视，蟠于华房。状欣欣以竦峙，若将飞而未翔。怀兰膏于胸臆，明制节之谨度。伊工巧之奇密，莫尚美于斯器。因绮丽以致用，设机变而罔匮。匪雕文之足玮，羡利事之为贵。永作式于将来，跨千载而弗坠。[2]

诗句明确说"横海之鱼，厥号惟鲸"，"写载其形，托于金灯"，似乎说"鲸鱼灯"的形式是仿拟"普彼鳞族，莫与之京"的鲸鱼。甚至"隆脊矜尾，鬐甲舒张"，又"垂首俛视，蟠于华房"，而且"状欣欣以竦峙，若将飞而未翔"，形象真实而生动。但是，我们又注意到，描写这种灯具的文字也关注到燃料的盛储和使用："怀兰膏于胸臆，明制节之谨度。伊工巧之奇密，莫尚美于斯器。因绮丽以致用，设机变而罔匮。"所谓"明制节之谨度"，言可以光焰

---

1 论者以"齐国人型铜灯和西汉鱼雁铜灯"为例，说明"从点燃篝火到被誉为'庭燎大烛'的大火把，从浇灌动物脂膏的小型火炬'脂烛'到以鲸鱼脂肪为原料的油灯"的照明史进程。"这盏铜灯主体为一个身穿短衣、圆眼阔口、腰束宽带的武士，他双手各擎一个带柄的灯盘，盘柄呈弯曲带叶的竹节形状。武士脚下为盘旋的龙形灯座，灯盘下面的子母榫口与盘柄插合。这盏灯具制作十分精巧，可根据需要随意拆装。灯旁有一把供添油用的长柄铜勺，证明这盏铜灯使用油脂点燃的性质和史实。"唐莉：《两盏铜台灯，一段照明史》，福州新闻网，http://fuzhou.fznews.com.cn/swsq/2007−10−23/20071023OJtVIvO2FE172335.shtml

2 〔唐〕欧阳询撰，汪绍楹校：《艺文类聚》，第1369页。

长久。而"伊工巧之奇密"与"设机变而罔匮"，都强调机械结构设计和制作的巧妙。至于这种"鲸鱼灯""胸臆"中所怀储的"兰膏"是否可能取自"鲸鱼"的脂肪呢？就现有资料似乎不得而知。但是我们读《艺文类聚》卷八〇引庾信《灯赋》："香添燃蜜，气杂烧兰。烬长宵久，光青夜寒。秀帐掩映，魟膏照灼。动鳞甲于鲸鱼，焰光芒于鸣鹤。"[1] 其中"魟膏照灼"，明确说是以鱼类脂肪作燃料。所谓"动鳞甲于鲸鱼，焰光芒于鸣鹤"，应是指灯具造型有仿"鸣鹤"的设计，而言"鲸鱼"者，似未可排除"鲸""膏"作为燃料来源的可能。否则为什么要在这里说到"鲸鱼"呢？明人杨慎《羊皮彩灯屏》诗："雁足悬秦殿，鲸膏朗魏宫。何似灵蜼鞚，扬辉玄夜中。百琲添绚烂，七采斗玲珑。洛洞金光彻，东岳玉华融。"[2] 列说多种宫廷灯具，所谓"鲸膏朗魏宫"，有可能与魏殷臣《鲸鱼灯赋》有关，是明确指出以"鲸膏"为燃料的。而与"魏宫"对仗工整的"秦殿"句，暗示作者对于秦始皇陵灯烛的认识可能与"鲸膏"有关。清人翟灏《小隐园灯词为杭董浦赋》之三："冰池倒影薄银纱，槭树无春也著花。颇笑月娥佳思短，鲸膏未尽影先斜。"[3] 则说非宫廷使用的一般的"灯"也以"鲸膏"作为燃料。

《鲸鱼灯赋》的作者魏殷臣去秦未远，所说"大秦美焉，乃观乃详"，使我们自然会联想到秦始皇陵地宫的照明设施。而《太平御览》卷八七〇引《三秦记》果然有这样明确的说法："始皇墓中，燃鲸鱼膏为灯。"[4]

清人洪亮吉《华清宫》诗写道："秦皇坟上野火红，万人烧瓦急筑宫。筑基须深劚山破，百世防惊祖龙卧。云暄日丽开元朝，祖龙此时庶解嘲。人间才按羽衣曲，地下未烬鲸鱼膏。前人愚，后人巧，工作开元逮天宝。离宫别馆卅里环，罗绮障眼如无山。红阑影向空中折，高处疑通广寒窟。"[5] 所谓"地下未烬鲸鱼膏"，对于"秦皇坟""地下"的照明燃料，判断为"鲸鱼"脂肪。清人董祐诚《与方彦闻书》有"读碣骊坂"语，带读者进入

1　〔唐〕欧阳询撰，汪绍楹校：《艺文类聚》，第 1370 页。

2　〔明〕杨慎：《升庵集》卷二二《五言排律》，《景印文渊阁四库全书》，第 1270 册第 177 页。

3　《无不宜斋未定稿》卷二，《续修四库全书》，第 1441 册第 278 页。

4　〔宋〕李昉等撰：《太平御览》，第 3855 页。

5　〔清〕洪亮吉：《卷施阁集·诗》卷二《凭轼西行集》，《续修四库全书》，第 1467 册第 459 页。

依
魏殷臣鯨魚燈賦曰橫海之魚厥號惟鯨普彼鱗族莫之與京大秦
羙焉乃觀乃詳寫載其形託于金燈隆脊矜尾髻甲俛視蟠于張垂首
華房狀欣欣以竦峙若將飛而未翔懷蘭膏於胷臆明制即之謹度伊工
巧之奇密莫尚羙於斯器因綺麗以致用設機變而固圓匪雕文之足瑋
羙利事之為賞永作式於將來跨千載而弗墜晉夏侯湛鈿燈賦曰珠
差利事之珍寶以華籠爇素膏於回鑾發朱耀於金銅融冶甄陶形定容爾乃隱以全
翳跰以煥炳炘于珬紃晉孫惠百枝燈賦曰曄浮炷頳光偉煒燭范堅
蟾燈賦曰爾乃旋閉房升玉楹列華榱鏤彩蟾浮炷頳其始燃秘閟於是
乃閬旁映文楹仰暉丹桷赫如爥出輝爛若翳陽復旭梁簡文帝列
燈賦曰何解凍之嘉月值萃炎之盡開草舍春而動色雲飛采而輕來九
微間吐百枝交布聚類炎洲跡同大榭競紅蕖之晨舒燄丹螢之宛爛
膏馥氣芬烓擎心寒生色淺露染光沉梁江淹燈賦曰淮南王信自葬
命姝女飾丹砂飼丹砂學鳳音紫霞没白日沉挂明燈散玄陰顧謂小山

61-2　《艺文类聚》引《鲸鱼灯赋》书影

秦陵神秘境界，又言"而玉盌夜闭，幽燐星飞，铜仙秋寒，铅泪露咽，鲸膏未烬而劫灰已平矣"[1]，也明确说"骊坂"之下，燃烧的是"鲸鱼膏"。

　　当然，秦始皇陵"人鱼膏"之谜的彻底解开，地宫照明用燃料品质的最终认定，应当有待于依据考古工作收获的确切判断。[2]

---

1 〔清〕董祐诚：《董方立文集》文乙集卷上，《续修四库全书》，第1518册第23页。

2 王子今：《秦始皇陵"人鱼膏"之谜》，《秦始皇帝陵博物院》，陕西人民出版社2014年9月版。

海鱼

1. 海上渔业的发展

渔业是秦汉时期社会经济的重要生产部门之一。水产品也是当时社会饮食生活中的主要消费品之一。秦汉渔业在生产手段和经营方式等方面，都达到相当成熟的水平。对秦汉社会的饮食结构进行分析，可以发现当时人嗜食鱼类的风习。汉代画象资料中多见鱼的形象。陈直释《盐铁论·散不足》"臑鳖脍鲤"时曾经指出："汉代陶灶上，多画鱼鳖形状，为汉人嗜食鱼鳖之一证。"[1]

《史记》卷一二九《货殖列传》所说"通鱼盐""通鱼盐之货"以及"逐渔盐商贾之利"，即以渔业收获作为商品，反映了秦汉渔业生产之发达。经营鱼类等水产品转贩者可因此成为巨富。拥有"鲐鮆千斤，鲰千石，鲍千钧"的货殖家，其实力"亦比千乘之家"。[2] 其中价格较高的"鲐"，就是海鱼。[3]

2. "海鱼"与"海租"

《盐铁论·刺权》指责诸侯王"以专巨海之富而擅鱼盐之利也"。"巨海鱼盐"被看作重要资源。[4]《史记》卷一二九《货殖列传》所谓"海盐之饶"，《盐铁论》所谓"山海之货""山海之财""山海之利""山海者，财用

1　陈直：《盐铁论解要》，《摹庐丛著七种》，第 203 页。
2　《史记》，第 3274 页。
3　《说文·鱼部》："鲐，海鱼也。"〔汉〕许慎撰，〔清〕段玉裁注：《说文解字注》，第 580 页。
4　王利器校注：《盐铁论校注》（定本），第 120 页。

之宝路也"，都反映海产收益的经济意义受到重视的情形。

《汉书》卷二八下《地理志下》介绍各地物产，说到上谷至辽东，"有鱼盐枣栗之饶"；齐地"通鱼盐之利"；楚地"民食鱼稻，以渔猎山伐为业"。[1] 看来，汉代沿海地方相当广阔的区域可能都以渔业作为主要产业之一。

《汉书》卷二四上《食货志上》记载："武帝时县官尝自渔，海鱼不出，后复予民，鱼乃出。"[2] 可知汉武帝时代国家曾经有将海上渔业统归官营的尝试。因为导致了生产萧条，不得不"复予民"，恢复自由开发的体制。"县官""自渔"的出发点，当是谋求经济效益。汉宣帝时，大司农中丞耿寿昌建议"增海租三倍"，天子从其计。御史大夫萧望之奏言："故御史属徐宫家在东莱，言往年加海租，鱼不出。"加以劝止，然而"上不听"。[3] 政府对民间渔业生产征收"海租"，且征收比率无常，对渔业生产造成了显著的影响。有的地方官甚至借此"侵虐百姓，强赋于民，黄鱼一枚收稻一斛，百姓怨叛"[4]。渔业税的过度征收，可以激起变乱。而"海租"制度的创始，有可能在汉武帝时代。

《盐铁论·刺权》说："贵人之家云行于涂，毂击于道，攘公法，申私利，跨山泽，擅官市，非特巨海鱼盐也。"[5] 可能自汉武帝时代得以普遍开发于是彰显效益的所谓"巨海鱼盐"之利，是当时社会瞩目的经济热点，也是经济史学者应当关注的研究课题。

3. 鲛·鱣·鲯·鰸·鲕·鳆

《焦氏易林》卷四《丰·坤》："曳纶江海，钓鲂与鲤。王孙列俎，以飨

1《汉书》，第 1657 页、第 1660 页、第 1666 页。
2《汉书》，第 1141 页。
3《汉书》，第 1141 页。
4《三国志》卷五三《吴书·薛综传》，第 1251 页。
5 王利器校注：《盐铁论校注》(定本)，第 121 页。

62-1 《说文解字·鱼部》书影

仲友。"[1] 所谓"曳纶江海",似反映由钓船拖曳钩饵,诱鱼追食上钩的称作"曳绳钓"的钓渔具已经在海上渔业生产中应用。海上渔场的开辟,需要熟练的海上航行和捕鱼技术,以及航行条件较好的渔船和生产效率较高的渔具。

汉代海鱼已成为全社会所熟悉的商品。

《说文·鱼部》中说到"鲛"这种海鱼。[2] 又:"鳢,海大鱼也。""鲯鱼出东莱",鳢鱼"出辽东",当然也是海鱼。又可见所谓"鲕,鱼子也,一曰鱼之美者,东海之鲕"。[3]

鲅鱼,汉代人以为美食。《汉书》卷九九下《王莽传下》:"莽忧懑不能

---

1 〔唐〕徐坚等著:《初学记》卷二二引焦赣《易林》:"曳纶江海,钓挂鳄鲤,王孙利得,以飨仲友。"第554页。〔宋〕李昉等撰:《太平御览》卷八三四引焦赣《易林》:"曳纶江海,钓挂鲂鲤。王孙利得,以飨仲友。"第3723页。

2 鲛,一说即海鲨。《西京杂记》卷三有"尉佗献高祖鲛鱼"的记载。〔汉〕刘歆撰,〔晋〕葛洪辑,向新阳、刘克任校注:《西京杂记校注》,第137页。

3 〔汉〕许慎撰,〔清〕段玉裁注:《说文解字注》,第579页、第575页。《吕氏春秋·本味》记伊尹说商汤以至味,说到"鱼之美者,洞庭之鳟,东海之鲕"。陈奇猷《吕氏春秋校释》:"疑此鱼名鲕,体小,如小鱼,《说文》误分为二义也。"第741页、第756页。

食，亶饮酒，啖鳆鱼。”[1]《后汉书》卷二六《伏隆传》：张步据有齐地，为伏隆招怀，“遣使随隆诣阙上书，献鳆鱼”。鳆鱼应是齐地沿海出产。[2]

4. 鱅·鯜·魳·鮈·魦·鱳·鰅·鮸·魵·鲜

汉代社会对于来自遥远海域的渔产，似乎也是熟悉的。

例如，《说文·鱼部》列举了多种出产于朝鲜半岛沿海的鱼种，可以进一步说明海鱼长途转输，或可至于数千里外。如：

鱅，鱅鱼也，出乐浪潘国。

鯜，鯜鱼也，出乐浪潘国。

魳，魳鱼也，出乐浪潘国。

鮈，鮈鱼也，出乐浪潘国。

魦，魦鱼也，出乐浪潘国。

鱳，鱳鱼也，出乐浪潘国。

鰅，鰅鱼也，皮有文，出乐浪东暆。神爵四年初捕收输考工。

鮸，鮸鱼也，出薉邪头国。

魵，魵鱼也，出薉邪头国。

鲜，鲜鱼也，出貉国。

“魵”字，段玉裁注：“薉邪头国，秽貊也。”[3]其地当在《汉书》卷二八下《地理志下》所谓“邪头昧”一带，[4]即日本海西岸的今朝鲜江原道高城附近。

中原人许慎著书《说文》竟然保留了如此遥远地方出产鱼类的相关知识，实在令人惊异。

---

1 《汉书》，第 4186 页。

2 《后汉书》，第 899 页。《史记》卷六《秦始皇本纪》说，秦始皇陵地宫“以人鱼膏为烛，度不灭者久之”。裴骃《集解》引《异物志》云：“（人鱼）出东海中，今台州有之。”第 265—266 页。

3 〔汉〕许慎撰，〔清〕段玉裁注：《说文解字注》，第 579 页。

4 《汉书》，第 1627 页。

"貊国"，亦即濊貊。"东暆"，《汉书》卷二八下《地理志下》作"东暆"。[1] 其地在日本海西岸的今韩国江原道江陵。据《汉书》卷六《武帝纪》记载，元封二年（前 109）发兵击朝鲜，次年夏，"朝鲜斩其王右渠降，以其地为乐浪、临屯、玄菟、真番郡"。颜师古注引臣瓒曰："《茂陵书》：'临屯郡治东暆县，去长安六千一百三十八里，十五县；真番郡治霅县，去长安七千六百四十里，十五县。'""潘国"之称不知是否与"真番"地名有关。[2] 若潘国在真番郡，其地则当在黄海东海岸，临江华湾。乐浪郡，王莽改称"乐鲜'，属县有"朝鲜"；又"浿水"县，"莽曰乐鲜亭"。[3] 应劭注谓所以称"乐鲜"者，"故朝鲜国也"。传说周武王封箕子于朝鲜。"朝鲜"地名，较早又见于《山海经·海内北经》及《海内经》。[4] 其最初得名，很可能与出于"貊国"的"鲜鱼"这种水产品有关。

---

1 《汉书》，第 1627 页。

2 《史记》，第 194 页。《史记》卷一二九《货殖列传》：燕 "东绾秽貊、朝鲜、真番之利。"张守节《正义》："番音潘。"第 3265 页。

3 《汉书》卷二八下《地理志下》，第 1627 页。

4 《山海经·海内北经》："朝鲜在列阳东，海北山南。"《海内经》："东海之内，北海之隅，有国名曰朝鲜。"袁珂校注：《山海经校注》，第 321 页、第 441 页。

鲍鱼

1. 秦始皇辒车载 "鲍鱼"

一种特殊的水产品 "鲍鱼"，战国秦汉时期作为饮食消费品出现在历史遗存之中。我们注意到，秦始皇人生悲剧最后一幕的演出，"鲍鱼" 曾经作为重要道具，形成了普及性非常强的社会熟知度。居延汉简中发现了有 "鲍鱼" 文字的简例，颇为引人注目。考察 "鲍鱼" 名义，可以推知大致是经过腌制处理的渔产收获。现在看来，河西简文所见 "鲍鱼"，仍然不能完全排除出于海产的可能。如果简文所见 "鲍鱼" 确实指代海洋渔产，难免会引起人们的疑惑。距离海洋甚远的西北边地，何以出现有关海产品的文字记录？就此进行考察，可以增进我们对于当时海洋探索与海洋开发的认识，而对北边社会生活情状的理解，也可以因此深化。

《史记》卷六《秦始皇本纪》记述秦始皇三十七年（前 210）去世于出巡途中，行返咸阳的情形：

> 七月丙寅，始皇崩于沙丘平台。丞相斯为上崩在外，恐诸公子及天下有变，乃秘之，不发丧。棺载辒凉车中，故幸宦者参乘，所至上食。百官奏事如故，宦者辄从辒凉车中可其奏事。独子胡亥、赵高及所幸宦者五六人知上死。赵高故尝教胡亥书及狱律令法事，胡亥私幸之。高乃与公子胡亥、丞相斯阴谋破去始皇所封赐书赐公子扶苏者，而更诈为丞相斯受始皇遗诏沙丘，立子胡亥为太子。更为书赐公子扶苏、蒙恬，数以罪，赐死。语具在《李斯传》中。行，遂从井陉抵九原。会暑，上辒车臭，乃诏从官令车载一石鲍鱼，以乱其臭。

关于"一石鲍鱼"，张守节《正义》："鲍，白卯反。"[1]《史记会注考证》："百二十斤曰石。"[2]

"鲍鱼"，因此成为标志秦末历史记忆的特殊的文化符号。唐人陈陶《续古二十八首》之十一："秦国饶罗网，中原绝麟凤。万乘巡海回，鲍鱼空相送。"[3]韦楚老《祖龙行》诗："黑云兵气射天裂，壮士朝眠梦冤结。祖龙一夜死沙丘，胡亥空随鲍鱼辙。"[4]宋人刘克庄《读秦纪七绝》之二："匈奴驱向长城外，当日蒙恬计未非。欲被筑城夫冷笑，辒凉车载鲍鱼归。"[5]汪元量《阿房宫故基》诗："欲为不死人，万代秦宫主。风吹鲍鱼腥，兹事竟虚语。"[6]王十朋《望天台赤城山感而有作》诗："仙山不容肉眼见，天为设险藏神灵。山中采药使未返，鲍鱼向已沙丘腥。"[7]元人胡助《始皇》诗："可怜万世帝王业，只换一坑儒士灰。环柱中车几不免，沙丘同载鲍鱼回。"[8]郭钰《读史四首》之一："六国中深机，三山使未归。辒辌车上梦，受用鲍鱼肥。"[9]明人齐之鸾《始皇墓》诗："金泉已锢鲍鱼枯，四海骊山夜送徒。牧火燎原机械尽，祖龙空作万年图。"[10]杨慎《拟过秦》写道："方架鼋鼍以为梁，巡海右以送日。俄而祖龙魂断于沙丘，鲍鱼腥闻乎四极矣。"[11]清人吴雯《祖龙行》诗也说："昨日徐郎有报书，帆樯将近羽人都。何事君王不相待，辒辌东来杂鲍鱼。"[12]又樊增祥《午公属题琅琊碑拓本敬赋长句奉呈》："由来天意当亡秦，辒辌已载鲍鱼去。篝火遂假妖狐言，泗亭白蛇肇

1 《史记》，第264—265页。

2 〔汉〕司马迁撰，〔日本〕泷川资言考证，〔日本〕水泽利忠校补：《史记会注考证附校补》，第171页。

3 〔明〕赵宧光、黄习远编定，刘卓英校点：《万首唐人绝句》，第133页。

4 〔宋〕计有功：《唐诗纪事》卷五六，上海古籍出版社2013年8月版，下册第860页。

5 〔宋〕刘克庄撰，辛更儒笺校：《刘克庄集笺校》，中华书局2011年11月版，第2100页。

6 〔宋〕汪元量撰，孔凡礼辑校：《增订湖山类稿》，中华书局1984年6月版，第91—92页。

7 〔宋〕王十朋：《梅溪集》卷四，《梅溪集》重刊委员会编：《王十朋全集》，第59页。

8 〔元〕胡助：《纯白斋类稿》卷十，《景印文渊阁四库全书》，第1214册第612页。

9 〔元〕郭钰：《静思集》卷一○，《景印文渊阁四库全书》，第1219册第242页。

10 〔清〕陈田：《明诗纪事》戊签卷六，《续修四库全书》，第1711册第158页。

11 〔明〕杨慎：《升庵集》卷七○，《景印文渊阁四库全书》，第1270册第691页。

12 〔清〕吴雯：《莲洋诗钞》卷二，《景印文渊阁四库全书》，第1322册第313页。

大业。"[1] 冯云鹏《饮马长城窟行》也写道："贻璧滈池
君，今年祖龙死。可怜辒凉车，遗臭同鲍鱼。"[2]

"鲍鱼"作为具有历史纪念意义的文化标记，为历
代学人所关注，也因此成为饮食史、日常生活史、资
源开发史研究者瞩目的历史存在。

2. 居延出土"鲍鱼"简文

居延汉简中可以看到出现"鲍鱼"字样
的简文。

汉简文字"鲍鱼"的发现，提示我们
关注水产品在河西社会饮食生活中的意义。
"鲍鱼"简文可见：

（1）鲍鱼百头　　　　　（263.3）[3]

又居延新简亦有：

（2）不能得但以鲍鱼▨　（EPF22:480）[4]

63-1　居延"鲍鱼"简文

（右侧）63-2　肩水金关「鲍鱼十斤」简文

1　〔清〕樊增祥：《樊山续集》卷七《柳下集》，《续修四库全书》，第 1574 册第 634 页。

2　〔清〕冯云鹏：《扫红亭吟稿》卷一，《续修四库全书》，第 1491 册第 179 页。

3　谢桂华、李均明、朱国炤：《居延汉简释文合校》，第 437 页。谢桂华等按："头"，《居延汉简甲乙编》作"▢"（中华书局 1980 年版），《居延汉简考释·释文之部》作"愿"（台北 1960 年重订本）。简牍整理小组编《居延汉简（叁）》亦作"鲍鱼百头"。"中央研究院"历史语言研究所专刊之一〇九，"中央研究院"历史语言研究所 2016 年 10 月版，第 153 页。

4　甘肃省文物考古研究所、甘肃省博物馆、中国文物研究室、中国社会科学院历史研究所编：《居延新简：甲渠候官》，上册第 225 页；张德芳：《居延新简集释（七）》，第 536 页。甘肃省文物考古研究所、甘肃省博物馆、文化部古文献研究室、中国社会科学院历史研究所《居延新简：甲渠候官与第四燧》释文作"不能得但以鲍鱼▢"，第 509 页。

肩水金关简也有出现"鲍鱼"字样的简例：

（3）负鲍鱼十斤　见五十头橐败　少三斤给过客　　　　（73EJT33:88）[1]

所谓"给过客"，说明"鲍鱼"是接待性饮食服务的常规菜品。

由简（1）可知，"鲍鱼"的计量单位是"头"，简（3）则"斤"与"头"并用。由简文"见五十头橐败"，似可产生"鲍鱼"的包装方式用"橐"的联想。当然也可以作别的解说。

3. "嗜鲍鱼"故事与"鲍鱼之肆"

《太平御览》卷九三五引《国语》说到周武王早年曾经有特殊的饮食嗜好："周文太子发耆鲍鱼，太公为其傅，曰：'鲍鱼不登俎豆，岂有非礼而可养太子？'"[2]贾谊《新书》卷六《礼》："昔周文王使太公望傅太子发，嗜鲍鱼[3]，而公弗与。太公曰：'礼：鲍鱼不登于俎。岂有非礼而可以养太子哉？'"[4]同样可以看作上层社会食用"鲍鱼"的例证。

马王堆一号汉墓出土记载随葬器物名称与数量的"遣策"中，也可见"鲍鱼"。如：

（4）鹿肉鲍鱼笋白羹一鼎　　　　　　　　　　　　　　　（1109）

（5）鲜鲗禺鲍白羹一鼎　　　　　　　　　　　　　　　　（1114）[5]

1　甘肃简牍博物馆、甘肃省文物考古研究所、甘肃省博物馆、中国文化遗产研究院、中国社会科学院简帛研究中心编：《肩水金关汉简（肆）》，下册第7页。

2　中华书局用上海涵芬楼影印宋本1960年2月复制重印版，第4154页。文渊阁四库全书本"耆"作"嗜"。《景印文渊阁四库全书》，第901册第345页。

3　宋人王观国《学林》卷五《好癖》将"周太子嗜鲍鱼"列为"凡人有所好癖者，鲜有不为物所役"一例。〔宋〕王观国撰，田瑞娟点校：《学林》，第179页。

4　〔汉〕贾谊撰，阎振益、钟夏校注：《新书校注》，第214页。《艺文类聚》卷四六引《贾谊书》曰："昔文王使太公望傅太子，发嗜鲍鱼而公不与。文王曰：'发嗜鲍鱼，何为不与？'太公曰：'礼：鲍鱼不登乎俎。岂有非礼而可以养太子哉？'"〔唐〕欧阳询撰，唐绍楷校：《艺文类聚》，第823页。

5　李均明、何双全编：《散见简牍合辑》，第109页。

这当然也是说明汉初上层社会喜爱"鲍鱼"之风习的文物实例。简（5）"鲍白羹"，就是"鲍鱼白羹"。《汉书》卷二八下《地理志下》："寿春、合肥受南北湖皮革、鲍、木之输，亦一都会也。"颜师古注："鲍，鲍鱼也。"[1]可知"鲍鱼"可以简称"鲍"。

《吴越春秋》卷三《王僚使公子光传》有渔父"持麦饭、鲍鱼羹、盎浆"饷伍子胥故事[2]，说到民间饮食生活中的"鲍鱼"。渔父所持"鲍鱼羹"可以与马王堆汉墓"鲍鱼笋白羹""鲍白羹"对照理解。看来以"鲍鱼"加工制作的"羹"，是上至"侯"者下至"渔父"们共同习惯享用的食品。

"鲍鱼"在礼制传统中虽"不登俎豆"，"不登于俎"，却为不同社会等级的人们所"嗜"。《论衡·四讳》言及民间"食腐鱼之肉""鲍鱼之肉"事。[3]在当时的社会生活中，"鲍鱼"作为消费面颇为广大的食品，其地位之重要，是不可以忽视的。

《孔子家语》卷四《六本》："子曰：……与不善人居，如入鲍鱼之肆，久而不闻其臭，亦与之化矣。"[4]《太平御览》卷四〇六引《大戴礼》："与小人游，如入鲍鱼之肆，久而不闻其臭，则与之化矣。"[5]所谓"鲍鱼之肆"的说法，出于鲁地儒者言。宋人王楙《野客丛书》卷一五"曾子之书"条说："与小人游，如入鲍鱼之肆，久而不闻，则与之化矣"，"见曾子之书，诸书所引，盖本于此。"[6]据《史记》卷六七《仲尼弟子列传》："曾参，南武城人。"司马贞《索隐》："按：武城属鲁，当时鲁更有北武城，故言南也。"张守节《正义》："《括地志》云：'南武城在兖州……'"[7]如果确实"诸书所引，盖本于此"，即本于"曾子之书"，因曾子出身齐鲁地方近海，有关"鲍鱼之肆"的说法由这里传布到其他地方，也是符合文化区域传播逻辑

1　《汉书》，第 1668 页。
2　周生春：《吴越春秋辑校汇考》，第 29 页。
3　黄晖撰：《论衡校释》，第 976 页。
4　杨朝明、宋立林：《孔子家语通解》，齐鲁书社 2013 年 11 月版，第 187 页。
5　〔宋〕李昉等撰：《太平御览》，第 1877 页。
6　〔宋〕王楙撰，王文锦点校：《野客丛书》，第 170 页。
7　《史记》，第 2205 页。

的。《日知录》卷三一"曾子南武城人"条就此有所讨论，其中写道："《春
秋》襄公十九年'城武城'，杜氏注云：'泰山南武城县。'然《汉书》泰山
郡无南武城，而有南成县，属东海郡。《续汉志》作'南城'，属泰山郡。
至晋始为南武城。此后人之所以疑也。"论证"武城之即为南武城也"，"曾
子所居之武城，费邑也"，"南成之即南城而在费"。[1]春秋时期的"费"，一
在今山东费县北，一在今山东东乡东南。"武城"在今山东费县西南。[2]西汉
时，这一地方属东海郡。[3]而"鲁"与"东海"有密切关系，被看作儒学文化
基地之一。[4]

《说苑·杂言》也说到"鲍鱼之肆"。[5]可知服务于"嗜鲍鱼"风习，有
满足相关需求专门从事这种食品之购销的商业经营。

河西汉简所见"鲍鱼"简文，增益了我们有关汉代"鲍鱼"加工、流
通与消费的知识。然而同时似乎也使"鲍鱼"名义的判定更增加了复杂性。

4. "鲍鱼"名义

《释名·释饮食》："鲍鱼，鲍，腐也。埋藏奄，使腐臭也。"[6]"奄"应即
"腌"。"埋藏"，应指制作程序中的密闭形式。"腐臭"，指出腌制导致产生
的特殊气味。

《说苑·指武》："颜渊曰：'回闻鲍鱼、兰芷不同箧而藏；尧、舜、桀、
纣，不同国而治……'"《说苑·杂言》载孔子曰："与善人居，如入兰芷
之室，久而不闻其香，则与之化矣；与恶人居，如入鲍鱼之肆，久而不闻

1　〔清〕顾炎武著，黄汝成集释，栾保群、吕宗力校点：《日知录集释》（全校本），第 1735—
1736 页。

2　谭其骧主编：《中国历史地图集》，第 1 册第 26—27 页。

3　谭其骧主编：《中国历史地图集》，第 2 册第 19—20 页。

4　《汉书》卷二八下《地理志下》："汉兴以来，鲁东海多至卿相。"第 1663 页。

5　〔汉〕刘向撰，赵善诒疏证：《说苑疏证》，第 514 页。

6　任继昉纂：《释名汇校》，第 223 页。

其臭，亦与之化矣。"[1]"鲍鱼"有通常人们难以习惯的特殊气味。《论衡·四讳》："凡人所恶，莫有腐臊。[2]腐臊之气，败伤人心，故鼻闻臊，口食腐，心损口恶，霍乱呕吐。夫更衣之室，可谓臊矣；鲍鱼之肉，可谓腐矣。然而有甘之更衣之室，不以为忌，肴食腐鱼之肉，不以为讳。意不存以为恶，故不计其可与不也。"[3]所谓"鲍鱼之肉"的"腐臊之气"相当强烈，所以秦始皇人生政治演出的最后一幕，才会有"会暑，上辒车臭，乃诏从官令车载一石鲍鱼，以乱其臭"的情节。

《史记》卷一二九《货殖列传》说，拥有"鲐鮆千斤，鲰千石，鲍千钧"者，其资产可"比千乘之家"。注家对"鲰""鲍"有所解说。裴骃《集解》："徐广曰：'鲰音辄，脯鱼也。'"司马贞《索隐》："鲰音辄，一音昨苟反。鲰，小鱼也。鲍音抱，步饱反，今之鲰鱼也。脯音铺博反。案：破鲍不相离谓之脯，鱼渍云鲍。声类及韵集虽为此解，而'鲰生'之字见与此同。案：鲰者，小杂鱼也。"张守节《正义》："鲰音族苟反，谓杂小鱼也。鲍，白也。然鲐鮆以斤论，鲍鲰以千钧论，乃其九倍多，故知鲐是大好者，鲰鲍是杂者也。徐云鲰，脯鱼也。脯，并各反。谓破开中头尾不相离为鲍，谓之脯关者也，此亦大鱼为之也。"[4]《汉书》卷九一《货殖传》言拥有"鲐鮆千斤，鰡鲍千钧"者，"亦比千乘之家"。颜师古注："鰡，脯鱼也，即今不著盐而干者也。鲍，今之鯷鱼也。鰡音辄。脯音普各反。鯷音于业反。而说者乃读鲍为鲍鱼之鲍，音五回反，失义远矣。郑康成以为鯷于煏室干之，亦非也。煏室干之，即鰡耳。盖今巴荆人所呼鲢鱼者是也。音居偃反。秦始皇载鲍乱臭，则是鯷鱼耳。而煏室干者，本不臭也。煏音蒲北反。"[5]《资治通鉴》卷七"秦始皇三十七年"："会暑，辒车臭，乃诏从官令车载一石鲍鱼以乱之。"胡三省注引孟康曰："百二十斤曰石。"又引

---

1 〔汉〕刘向撰，赵善诒疏证：《说苑疏证》，第413页、第514页。

2 刘盼遂说："'有'当为'若'，形近之误也。"黄晖撰：《论衡校释》，第976页。今按：文渊阁四库全书本作"莫如腐臊"。

3 黄晖撰：《论衡校释》，第976页。

4 《史记》，第3274页、第3276页。

5 《汉书》，第3687页、第3689页。

《汉书》卷九一《货殖传》颜师古注言及"鲍""鮀""鯶""鮧"之说。[1]

清代学者王士禛《香祖笔记》卷一〇写道："鰒鱼产青莱海上，珍异为海族之冠。《南史》有饷三十枚者，一枚直千钱。今京师以此物馈遗，率作鲍鱼，则讹作秦始辒辌中物，可笑。"[2] 可能"秦始辒辌中物"之"鲍鱼"与后来"京师"相互"馈遗"之所谓"珍异为海族之冠"者，名同而其实有异。后者王士禛指为"鰒鱼"。"鰒鱼"与"脯鱼"音近。

其实，对"会暑，上辒车臭，乃诏从官令车载一石鲍鱼，以乱其臭"的"鲍鱼"进行明确的海洋生物学定义，似乎还不是简单的事。《史记》卷一二九《货殖列传》司马贞《索隐》"鱼渍云鲍"的说法，《史记》卷九一《货殖传》颜师古注"鲍，今之鯶鱼也"的说法，都值得注意。

《说文·鱼部》："鲍，饐鱼也。"段玉裁注："饐，饭伤湿也。故盐鱼湿者为饐鱼。"《说文·食部》："饐，饭伤湿也。"段玉裁注："《鱼部》曰：'鲍，饐鱼也。'是引伸之凡淹渍皆曰饐也。《字林》云：'饐，饭伤热湿也。'混饐于饐。葛洪云：'饐，饭馊臭也。'本《论语》孔注而非许说。"[3] 有学者据"鲍，饐鱼也"之说分析："即是说鲍鱼就是经盐腌的湿咸鱼。"[4] 就前引简（1）"鲍鱼百头"（263.3），有学者判断，"鲍鱼是用盐腌的咸鱼。"[5] "鲍"与"鲍鱼"即"盐渍"的"鱼"，简（1）"鲍鱼百头"（263.3）的"鲍鱼"与《秦始皇本纪》"车载一石鲍鱼，以乱其臭"的"鲍鱼"都是一种物品。[6] 这样的认识可能相当接近汉代饮食史的实际，然而未能提供确切的论证。

《风俗通义》卷九《怪神》"鲍君神"条写述了一个关于"鲍鱼"的故事："谨按：汝南鮦阳有于田得麇者，其主未往取也，商车十余乘经泽中行，望见此麇著绳，因持去，念其不事[7]，持一鲍鱼置其处。有顷，其主往，

1　〔宋〕司马光编著，〔元〕胡三省音注，"标点资治通鉴小组校点"：《资治通鉴》，第250页。

2　〔清〕王士禛撰，湛之点校：《香祖笔记》，上海古籍出版社1982年12月版，第199页。

3　〔汉〕许慎撰，〔清〕段玉裁注：《说文解字注》，第580页、第222页。

4　丁邦友、魏晓明：《汉代鱼价考》，《农业考古》2008年4期。

5　魏晓明：《汉代河西地区的饮食消费初探》，《农业考古》2010年4期。简号误作"（263.4页）"。

6　京都大学人文科学研究所简牍研究班编：《漢簡語彙·中国古代木簡辞典》，第519页。

7　文渊阁四库全书本作"念其幸获"，第862册第404页。

不见所得麕，反见鲍君[1]，泽中非人道路，怪其如是，大以为神，转相告语，治病求福，多有效验。因为起祀舍，众巫数十，帷帐钟鼓，方数百里皆来祷祀，号鲍君神。其后数年，鲍鱼主来历祠下，寻问其故，曰：'此我鱼也，当有何神。'上堂取之，遂从此坏。《传》曰：'物之所聚斯有神。'言人共奖成之耳。"[2] 其中"反见鲍君"，吴树平作"反见鲍鱼"。所谓"鲍鱼"，吴树平注："'鲍鱼'，盐渍的鱼。"[3]

5.《齐民要术》"裹鲊""浥鲊"

前引《说文·鱼部》："鲍，饐鱼也。"段玉裁注："饐，饭伤湿也。故盐鱼湿者为饐鱼。"此说"盐鱼"，指出了以盐腌制的加工方式。然而段玉裁还有更具体的考论："《周礼·笾人》有'鲍'。注云：'鲍者，于煏室中煏干之。出于江淮。'师古注《汉书》曰：'鲍，今之鲴鱼也。郑以为于煏室干之，非也。秦始皇载鲍乱臭，则是鲴鱼耳。而煏室干者，本不臭也。'鲴于业反。按《玉篇》作裹鱼。皆当作浥耳。浥，湿也。《释名》曰：'鲍，腐也'。埋藏淹使腐臭也。"[4] 段玉裁似赞同颜师古"鲍，今之鲴鱼也"，"秦始皇载鲍乱臭，则是鲴鱼耳"的说法，又指出"鲴鱼"就是"裹鱼"，"鲴""裹""皆当作浥耳"。而前引《说文·鱼部》"鲍，饐鱼也"及《说文·食部》"饐，饭伤湿也"，又："饐……从食，壹声。"[5] "饐"与"鲴""裹"字音亦应相近。王利器《风俗通义校注》在"鲍鱼神"条的注文中即指出："饐即鲴之变文。"[6]

《齐民要术》卷八《作鱼鲊》开篇写道："凡作鲊，春秋为时，冬夏不

<hr>

1 王利器注："朱藏元本、仿宋本、《两京》本、胡本、郎本、程本、钟本、《辩惑编》、《广博物志》十四，'君'作'鱼'。"〔汉〕应劭撰，王利器校注：《风俗通义校注》，第404页。
2 〔汉〕应劭撰，王利器校注：《风俗通义校注》，第403页。
3 〔东汉〕应劭撰，吴树平校释：《风俗通义校释》，天津人民出版社1980年版，第341—342页。
4 〔汉〕许慎撰，〔清〕段玉裁注：《说文解字注》，第580页。
5 〔汉〕许慎撰，〔清〕段玉裁注：《说文解字注》，第222页。
6 〔汉〕应劭撰，王利器校注：《风俗通义校注》，第404页。

佳。"注："寒时难熟。热则非咸不成，咸复无味，兼生蛆；宜作裹鲊也。"
缪启愉校释："'裹'，院刻、明抄、湖湘本同，金抄不清楚，像'裏'。黄
麓森校记：'乃裏之讹。'日译本改为'裏'字。按：《要术》中并无裹鲊
法，下条就是'作裹鲊法'，此字可能是'裹'字之误。不过考虑到下篇
有：'作浥鱼法'，注明可以'作鲊'，'浥'同'裛'，则亦不排斥以浥鱼作
的鲊称为'裛鲊'，故仍院刻之旧。"可见"作裹鲊法"。所谓"裹鲊"可能
应为"裛鲊"。

　　有关"作裹鲊法"的内容也可以参考："作裹鲊法：脔鱼，洗讫，则盐
和糁。十脔为裹，以荷叶裹之，唯厚为佳，穿破则虫入。不复须水浸、镇
迮之事。只三二日便熟，名曰'暴鲊'。荷叶别有一种香，奇相发起香气，
又胜凡鲊。有茱萸、橘皮则用，无亦无嫌也。""裹鲊法"所以称"裹鲊"，
或与"十脔为裹，以荷叶裹之"的制作方式有关。然而据缪启愉校记，"十
脔为裹"的"裹"，也有作"浆""里""穰"者。[1]《齐民要术》卷八《脯腊》
有"作浥鱼法"[2]，缪启愉以为与"作裹鲊"有关，是有道理的。

　　前引颜师古注"鲍，今之鲍鱼也"，"裹鲊""浥鱼"之称，或许与"鲍
鱼"有关。

6. 海产品进入河西饮食消费生活的可能

　　虽然王士禛以为将"产青莱海上，珍异为海族之冠"的"鳆鱼"与
"鲍鱼"相混同"可笑"，但是确有较早以为"鲍鱼"属于"海族"的实例。
《太平御览》卷九四○《鳞介部》十二"鲲鲍鱼"条引《临海水土记》曰：

1　〔后魏〕贾思勰原著，缪启愉校释：《齐民要术校释》，第 573—575 页。
2　《齐民要术》卷八《脯腊》"作浥鱼法"："作浥鱼法：凡生鱼悉中用，唯除鲇、鳢耳。去直鳃，
破腹作鲏，净疏洗，不须鳞。夏月特须多著盐；春秋及冬，调适而已，亦须倚咸；两两相合。冬
直积置，以席覆之；夏须瓮盛泥封，勿令蝇蛆。瓮须钻底数孔，拔，引去腥汁，汁尽还塞。肉红
赤色便熟。食时洗去盐，煮、蒸、炮任意，美于常鱼。作鲊、酱、爝、煎悉得。"〔后魏〕贾思勰
原著，缪启愉校释：《齐民要术校释》，第 580 页。

"鲲鲍鱼，似海印鱼。"目录则作"鲲炮鱼"。又"印鱼"条引《临海异物志》："印鱼，无鳞，形似鲢形。额上四方如印，有文章。诸大鱼应死者，印鱼先封之。"[1]《临海水土记》或《临海异物志》记录的"鱼"，无疑都是"海族"。而自沿海地方经九原行咸阳的秦始皇车队所载"鲍鱼"，作为海鱼的可能性极大。前引"万乘巡海回，鲍鱼空相送"诗句，应当也体现了这样的认识。

秦汉时期西北地方饮食生活中有海产品消费，可能性是很大的。我们在汉代遗存的考古发掘收获中，看到了相关例证。

汉景帝阳陵陵园内封土东侧外藏坑 K16 和 K14 盗洞中发现的动物骨骼，有所谓"海相的螺和蛤"。研究者指出："海洋性动物螺和蛤共计四个种十二个个体，是这批动物骨骼的一大显著特征。""这些海相的蛤（文蛤）和螺（珠带拟蟹守螺、扁玉螺、白带笋螺）绝不可能产于本地，可能是当时沿海郡国供奉给皇室的海产品，也不排除作为商品进行贸易的可能。这些海相的贝和螺均为海相经济软体动物[2]，尤其文蛤的肉是非常鲜美的，享有'天下第一鲜'的盛名。有些贝壳如白带笋螺还有观赏的价值。从动物考古方面讲，这些海产品的出现是很有意义的。"[3]动物考古学者指出，"文蛤除在汉阳陵出土外，还在长安沣西马王村周代晚期灰坑 H9 中出土过"，有的研究者"认为是文化交流的结果"。[4]

位于关中平原中部汉景帝阳陵的外藏坑出土来自东海的蛤、螺遗存的考古发现，说明了西北地方饮食消费生活有海产品介入的历史事实。[5]河西地方自然较关中地区距海洋更为遥远。但是河西汉简资料中发现有关"海

1 〔宋〕李昉等撰：《太平御览》，第 4177 页、第 4175 页。
2 原注："胡松梅. 陕北靖边五庄果墚动物遗存及古环境分析〔J〕. 考古与文物, 2005（6）: 72-84."
3 胡松梅、杨武站：《汉阳陵帝陵陵园外藏坑出土的动物骨骼及其意义》，《考古与文物》2010 年 5 期。
4 胡松梅、杨武站：《汉阳陵帝陵陵园外藏坑出土的动物骨骼及其意义》，《考古与文物》2010 年 5 期。原注："袁靖. 沣西出土动物骨骼研究报告〔J〕. 考古学报, 2000（2）."
5 王子今：《汉景帝阳陵外藏坑出土海产品遗存的意义》，《汉阳陵与汉文化研究》第 3 辑，陕西科学技术出版社 2016 年 12 月版。

贼"的文字，说明这里与海洋也存在特殊的文化牵连。[1] 而来自海滨地方的服役人员与"客民"把家乡的饮食习惯带到河西，也是可能的。这种饮食习惯或许可以刺激西北地方和东海沿岸之间的商运。《说文·鱼部》载录出自距离中原十分遥远，位处朝鲜半岛的"貉国""乐浪东暆""乐浪潘国""薉邪头国"的十个鱼种。[2] 来自朝鲜半岛东部海域的渔产能够进入中原人许慎的视野，并列载于《说文》中。这一情形提示我们，对当时社会海产品的收获以及加工、储存、运输等诸多能力的估计，不宜失之于保守。[3]

1　王子今、李禹阶：《汉代的"海贼"》，《中国史研究》2010 年 1 期；王子今：《居延简文"临淮海贼"考》，《考古》2011 年 1 期。
2　〔汉〕许慎撰，〔清〕段玉裁注：《说文解字注》，第 579 页。
3　王子今：《居延汉简"鲍鱼"考》，《湖南大学学报》（社会科学版）2019 年 2 期。

大鱼・巨鱼

1. 方士言"大鲛鱼"

秦始皇三十七年（前210）最后一次出巡，曾经有"渡海渚"，"望于南海"的经历，又"并海上，北至琅邪"。

《史记》卷六《秦始皇本纪》记载，方士徐市等解释"入海求神药，数岁不得"的原因在于海上航行障碍：

> 蓬莱药可得，然常为大鲛鱼所苦，故不得至，愿请善射与俱，见则以连弩射之。

随后又有秦始皇梦中与"海神"以敌对方式直接接触的心理记录和行为记录，占梦者的解释说到"大鱼蛟龙"：

> 始皇梦与海神战，如人状。问占梦，博士曰："水神不可见，以大鱼蛟龙为候。今上祷祠备谨，而有此恶神，当除去，而善神可致。"[1]

所谓"大鲛鱼"和所谓"大鱼蛟龙"，应当都是当时人们对于未能十分熟悉的海洋生物的称谓。

"大鲛鱼"与"大鱼蛟龙"，其形体之"大"，应当是共同特征。

2. 秦始皇射"巨鱼"

在博士回答"水神不可见，以大鱼蛟龙为候。今上祷祠备谨，而有此

---

1 《史记》，第263页。

恶神，当除去，而善神可致"之后，秦始皇有对付"巨鱼"的举措，甚至有"见巨鱼，射杀一鱼"的行为：

> 乃令入海者赍捕巨鱼具，而自以连弩候大鱼出射之。自琅邪北至荣成山，弗见。至之罘，见巨鱼，射杀一鱼。遂并海西。[1]

秦始皇亲自以"连弩"射海中"巨鱼"，竟然"射杀一鱼"。对照历代帝王行迹，秦始皇的这一行为堪称中国千古之最，也很可能是世界之最。"自琅邪北至荣成山"，似可理解为航海记录。

通过司马迁笔下的这一记载，我们看到秦始皇以生动的个人表演，体现了探索海洋的热忱和挑战海洋的意志。

《论衡·纪妖》将"梦与海神战"事解释为秦始皇即将走到人生终点的凶兆："始皇且死之妖也。"王充注意到秦始皇不久即病逝的事实："始皇梦与海神战，恚怒入海，候神射大鱼。自琅邪至劳成山不见，至之罘山还见巨鱼，射杀一鱼。遂旁海西至平原津而病，到沙丘而崩。"[2]王充的分析，或可以"天性刚戾自用""意得欲从"在晚年益得骄横偏执的病态心理作为说明。通过王充不能得到证实的"且死之妖"的解说，也可以看出秦始皇"梦与海神战"确实表现了常人所难以理解的特殊的性格和异常的心态。

不过，我们对秦始皇亲自"射杀"的"巨鱼"究竟是何鱼种，依然不得而知。由其名号所见"巨"字，可知形貌巨大。然而秦始皇可以"射杀"，又可以推知并不会是很大的鱼。

3.《汉书·五行志》"北海出大鱼"记录

《汉书》卷二七中之下《五行志中之下》有关于今渤海海滨"出大鱼"的记载，可以看作早期海洋学的重要记录：

1 《史记》，第263页。
2 黄晖撰：《论衡校释》（附刘盼遂集解），第922—923页。

　　　　成帝永始元年春，北海出大鱼，长六丈，高一丈，四枚。哀帝建
　　　平三年，东莱平度出大鱼，长八丈，高丈一尺，七枚，皆死。京房《易
　　　传》曰："海数见巨鱼，邪人进，贤人疎。"[1]

永始元年（前 16）和建平三年（前 4）"出大鱼"事，从"大鱼"的体型尺
度看，应当都是鲸鱼。

　　前者所谓"北海"，应当是指北海郡所属滨海地区。北海郡郡治在今
山东安丘西北。当时"出大鱼"的"北海"海岸，大致在今山东寿光东北
二十五公里至今山东昌邑北二十公里左右的地方。

　　哀帝建平三年"出大鱼"事，所谓"东莱平度"，颜师古注："平度，
东莱之县。"其地在今山东掖县西南。

　　事实上，汉成帝和汉哀帝时期发生的这两起"出大鱼"事，地点都在
今天人们所谓渤海莱州湾的南海岸。由于入海河流携带泥沙的淤积，古今
海岸相距已经相当遥远。但是当时的海滩地貌，是可以大致推定的。

　　"成帝永始元年春，北海出大鱼，长六丈，高一丈"，以汉尺相当于现今
尺度 0.231 米计，长 13.86 米，高 2.31 米；"哀帝建平三年，东莱平度出大
鱼，长八丈，高丈一尺"，则长 18.48 米，高 2.54 米。体长与体高的尺度比
例，合于我们有关鲸鱼体态的生物学知识。当时的尺度记录，应是粗略估算
或者对"大鱼"一枚的实测，不大可能"四枚""七枚"尺寸完全一致。

　　《前汉纪》卷二六《孝成三》记"永始元年春"事，写作："春正月癸
丑，太官凌室灾。戊午，戾太后园阙灾。北海出大鱼，长六丈，高一丈，
四枚。"明确指出其事在"春正月"。这一对《汉书》的补记，或许自有实
据。卷二八《孝哀一》的记录，不言"平度"，[2] 而京房《易传》文字稍异：
"京房《易传》曰：'……海出巨鱼，邪人进，贤人疏。'"[3]《说苑·谈丛》：

---

1 《汉书》，第 1431 页。

2 〔汉〕荀悦、〔晋〕袁宏著，张烈点校：《两汉纪》，中华书局 2002 年 6 月版，第 453 页、第
497 页。

3 《后汉书》，第 3317 页。

64-1　临沂西张官庄汉画象石"大鱼"画面

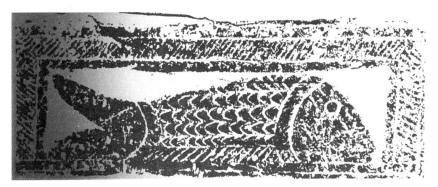

64-2　微山两城乡汉画象石"大鱼"画面

"吞舟之鱼，荡而失水，制于蝼蚁者，离其居也。"[1]体现了对相关现象的理解。明人杨慎《异鱼图赞》卷三据《说苑》语有"嗟海大鱼，荡而失水，蝼蚁制之，横岸以死"的说法，所谓"横岸以死"，描述尤为具体。杨慎又写道："东海大鱼，鲸鲵之属。大则如山，其次如屋。时死岸上，身长丈六。膏流九顷，骨充栋木。"[2]据潘岳《沧海赋》"吞舟鲸鲵"，左思《吴都赋》"长鲸吞航"，可知通常所谓"吞舟之鱼"是指鲸鱼。[3]

　　现在看来，关于西汉晚期"北海出大鱼""东莱平度出大鱼"的记载，是世界最早的关于今人所谓"鲸鱼集体搁浅""鲸鱼集体自杀"情形的比较明确的历史记录。

1 〔汉〕刘向撰，向宗鲁校证：《说苑校证》，第408页。
2 〔明〕杨慎：《异鱼图赞》，《景印文渊阁四库全书》，第847册第745页。
3 〔宋〕李昉等撰：《太平御览》，第4167页。

4.《续汉书·五行志》"东莱海出大鱼"记录

记载东汉史事的文献也可以看到涉及"出大鱼"的内容。《续汉书·五行志三》"鱼孽"题下写道:

> 灵帝熹平二年,东莱海出大鱼二枚,长八九丈,高二丈余。明年,中山王畅、任城王博并薨。

刘昭《注补》:"京房《易传》曰:'海出巨鱼,邪人进,贤人疏。'臣昭谓此占符灵帝之世,巨鱼之出,于是为征,宁独二王之妖也!"[1]

清代学者姚之骃《后汉书补逸》卷二一《司马彪〈续后汉书〉第四》"大鱼"条写道:"东莱北海海水溢时出大鱼二枚,长八九丈,高二丈余。"又有考论:"案今海滨居民有以鱼骨架屋者,又以骨节作臼舂米,不足异也。"[2]《四库全书总目提要》这样评价姚之骃书:"是编搜辑《后汉书》之不传于今者八家,凡班固等《东观汉记》八卷,谢承《后汉书》四卷,薛莹《后汉书》、张璠《汉记》、华峤《后汉书》、谢沈《后汉书》、袁崧《后汉书》各一卷,司马彪《续汉书》四卷,捃拾细琐,用力颇勤。惟不著所出之书,使读者无从考证,是其所短。"[3]关于"灵帝熹平二年,东莱海出大鱼二枚"事,姚著《后汉书补逸》所说"长八九丈,高二丈余",与《续汉书·五行志三》说同,然而所谓"东莱北海海水溢时出大鱼二枚"指出"东莱北海海水溢时",虽然"不著所出之书,使读者无从考证",然而"海水溢"的条件符合涨潮退潮情形,应当是大体符合历史真实的。

其实,人们对于海中"出大鱼"的认识,可能在汉成帝永始元年春之前,也有历史文化表现。京房活跃在元成时代。据《汉书》卷七五《京房传》,"初元四年,以孝廉为郎",当时即参与政事,此后热心行政文化咨询。京房《易传》所谓"海数见巨鱼",很有可能包括汉元帝在位十六年间

---

1 《后汉书》,第3317页。

2 〔清〕姚之骃:《后汉书补逸》,徐蜀选编:《二十四史订补》,书目文献出版社1996年8月版,第4册第274页。

3 〔清〕永瑢等撰:《四库全书总目》,中华书局1965年6月版,第452页。

的鲸鱼发现。[1]

5.《论衡》"鲸鱼死"与《西京赋》"鲸鱼失流"

东汉文献所见相关历史现象的反映，又见于《论衡·乱龙》："夫东风至酒湛溢，鲸鱼死彗星出，天道自然，非人事也。"[2]张衡《西京赋》所谓"鲸鱼失流而蹉跎"[3]，则是文学遗产中保留的相关信息。

在东汉史学家班固笔下出现"北海出大鱼"文字之前，"鲸鱼死"的历史记忆屡见于文献。

例如，"鲸鱼死彗星出"的说法频繁见于纬书，一种海洋生物的命运被赋予神秘主义色彩，并得以充分渲染，且与政治文化相联系。

《太平御览》卷七及卷九三八引《春秋考异邮》都说到"鲸鱼死而彗星出"，卷八七五引《春秋考异邮》作"鲸鱼死彗星合"。原注："鲸鱼，阴物，生于水。今出而死，是为有兵相杀之兆也。故天应之以妖彗。"[4]其中"出而死"的说法值得注意。这些有关"鲸鱼死"的观念史的映象或者自然史的解说，都反映当时人们对这一现象是熟悉的。

6.《淮南子》所见"鲸鱼死"

所谓"鲸鱼死而彗星出"的说法其实更早见于《淮南子》。

《淮南子·天文》关于天文和人文的对应，有"人主之情，上通于天，故诛暴则多飘风，枉法令则多虫螟，杀不辜则国赤地，令不收则多淫雨"

1　王子今:《鲸鱼死岸:〈汉书〉的"北海出大鱼"记录》,《光明日报》2009年7月21日。

2　黄晖撰:《论衡校释》(附刘盼遂集解),第695—696页。

3　〔梁〕萧统编,〔唐〕李善注:《文选》卷一,第42页。

4　〔宋〕李昉等撰:《太平御览》,第34页、第4167页、第3881页。

语，同时也说到其他自然现象的对应关系：

> 虎啸而谷风至，龙举而景云属，麒麟斗而日月食，鲸鱼死而彗星出，蚕珥丝而商弦绝，贲星坠而勃海决。[1]

其中"鲸鱼死而彗星出"值得海洋学史研究者注意。推想当时人们尚没有猎鲸能力，如果"鲸鱼死"在海中，也少有可能为人们观察记录，"鲸鱼死"，很可能一如成帝永始元年春、哀帝建平三年、灵帝熹平二年"出大鱼"情形。

《淮南子·览冥》也写道：

> 东风至而酒湛溢，蚕咡丝而商弦绝，或感之也；画随灰而月运阙，鲸鱼死而彗星出，或动之也。

对于所谓"鲸鱼死"，高诱的解释就是：

> 鲸鱼，大鱼，盖长数里，死于海边。[2]

大概在《淮南子》成书的时代，人们已经有了关于"鲸鱼，大鱼""死于海边"的经验性知识。

《元和郡县图志》卷一《关内道·京兆府一》记载，秦始皇引渭水为兰池，"东西二百里，南北二十里，筑为蓬莱山，刻石为鲸鱼，长二百丈"。[3]兰池的规模和石鲸的尺寸可能都是传说。《三辅黄图》卷四《池沼》引《三辅故事》说，汉武帝作昆明池，池中有"石鲸"，"刻石为鲸鱼，长三丈，每至雷雨，常鸣吼，鬐尾皆动。"[4]《初学记》卷七引《汉书》及《西京杂记》，也有"刻石为鲸鱼"的说法。[5]出土于汉昆明池遗址的石鲸实物，现存陕西历史博物馆。石鲸的雕制，应当有对于鲸鱼体态的了解以为设计的基

---

1 何宁撰：《淮南子集释》，第 117 页。

2 何宁撰：《淮南子集释》，第 451 页。

3 〔唐〕李吉甫撰，贺次君点校：《元和郡县图志》，第 13 页。

4 何清谷校注：《三辅黄图校注》，三秦出版社 1995 年 10 月版，第 240 页。

5 〔唐〕徐坚等著：《初学记》，第 148 页。

础。这种知识，很可能来自对"海出大鱼"的观察和记录。[1]

7. 早期"海出大鱼"记忆

其实，我们还可以看到更早的有关"海出大鱼"的海洋学观察经验。尽管历史文献的记录是片断的，其意义却值得重视。

例如，《太平御览》卷九三五引《星经》写道：

> 天鱼一星在尾后河中，此星明，则河海出大鱼。[2]

清人胡世安《异鱼图赞笺》卷三引《星经》则写作：

> 天鱼一星在尾后河中，此星明，则海出大鱼。

不言"河"，只言"海"。随文写道：

> 又《淮南子》：鲸鱼死而彗星出。[3]

将"海出大鱼"与《淮南子》所谓"鲸鱼死"联系起来。很可能这种海洋学知识的继承源流是存在的。

胡世安《异鱼图赞笺》卷三引《星经》随即言"又《淮南子》：鲸鱼死而彗星出"，可知理解《星经》之"海出大鱼"就是鲸鱼。这一说法如果可信，则应当是更早的海中"出大鱼"的记录了。

《白孔六帖》卷九八引《庄子》曰："吞舟之鱼失水，则蝼蚁而能制之。"[4]此说与前引张衡《西京赋》所谓"鲸鱼失流而蹉跎"的文化逻辑关系，是明确的。思考"吞舟之鱼失水"的涵义，也有益于探索秦汉以前有关"鲸鱼失流""鲸鱼死"相关知识形成的可能性。

1　王子今：《秦汉宫苑的"海池"》，《大众考古》2014 年 2 期。

2　〔宋〕李昉等撰：《太平御览》，第 4153 页。

3　〔清〕胡世安：《异鱼图赞笺》，《景印文渊阁四库全书》，第 847 册第 798 页。

4　《白孔六帖》，《景印文渊阁四库全书》，第 892 册第 594 页。

蛤·蛤蜊·蛤梨·合蜊

1."海物惟错"

《禹贡》写道:"海岱惟青州","海滨广斥","厥贡盐绨,海物惟错。"《传》曰"错,杂,非一种",[1]"盐"列为贡品第一。而所谓"海物",可能是指海洋渔产。宋人傅寅《禹贡说断》卷一写道:"张氏曰:海物,奇形异状,可食者众,非一色而已,故杂然并贡。"[2]宋人夏僎《夏氏尚书详解》卷六《夏书·禹贡》也说:"海物,即水族之可食者,所谓鱨蠃蜃蛾之属是也。"[3]又如元人吴澄《书纂言》卷二《夏书》:"海物,水族排蜃罗池之类。"[4]这里所谓"海物",主要是指"可食"之各种海洋水产。

宋人林之奇《尚书全解》卷八《禹贡·夏书》解释"海物惟错",则"鱼盐"并说:"此州之土有二种:平地之土则色白而性坟;至于海滨之土,则弥望皆斥卤之地。斥者,咸也,可煮以为盐者也。东方谓之斥,西方谓之卤。齐管仲轻重鱼盐之权,以富齐,盖因此广斥之地也。""厥贡盐绨,盐即广斥之地所出也。……海物,水族之可食者,若鱨蠃蜃蛾之类是也。"[5]宋人陈经《尚书详解》卷六《禹贡·夏书》也写道:"盐即广斥之地所出。""错,杂,非一也。海物,鱼之类,濒海之地所出,故贡之。"[6]"鱼盐"表现的海洋资源,是齐国经济优势所在。其中的"鱼",按照《禹贡》的说法,即"海物",是包括各种"奇形异状"的"水族之可食者"的。宋人袁燮《絜斋家塾书钞》卷四《夏书》也说:"青州产盐,故以为贡。……海错,

---

[1]〔清〕阮元校刻:《十三经注疏》,第147—148页。
[2]〔宋〕傅寅:《禹贡说断》,《丛书集成初编》,第3028册第37页。
[3]〔宋〕夏僎:《夏氏尚书详解》,《丛书集成初编》,第3606册第150页。
[4]〔元〕吴澄:《书纂言》,《景印文渊阁四库全书》,第61册第52页。
[5]〔宋〕林之奇:《尚书全解》,《景印文渊阁四库全书》,第55册第151页。
[6]〔宋〕陈经:《尚书详解》,《景印文渊阁四库全书》,第59册第85页。

凡海之所产，杂然不一者。"[1] 又如宋人蔡沈《书经集传》卷二《夏书·禹贡》："错，杂也，海物非一种，故曰错。林氏曰：既总谓之海物，则固非一物矣。"[2] 又宋人黄伦《尚书精义》卷一〇写道："海物奇形异状，可食者广，非一色而已。故杂然并贡。错，杂也。"[3] 清人胡渭引林氏曰"海物，水族之可食者"，吴氏曰"海物，水族排蜃罗池之类"，指出："海中之物，诡类殊形，非止江河鳞介之族，故谓之错。"[4]

2. 阳陵出土"海相的螺和蛤"

阳陵陵园内封土东侧外藏坑 K13、K14 和 K16 发掘收获包括多种动物骨骼。有学者介绍了其中 K16 和 K14 盗洞中发现的动物骨骼，而所谓"海相的螺和蛤"的出土尤为引人注目。

据研究者报告，相关标本是：

无脊椎动物 Invertebrate

 瓣腮纲 Lamellibranchia

  真瓣腮目 Eulamellibranchia

  蚌科 Unionidae

   贾氏丽蚌 *lampratula chiai*

  帘蛤科 Veneridae

   文蛤 *Meretrix meretrix*

---

1 〔宋〕袁燮：《絜斋家塾书钞》，《景印文渊阁四库全书》，第 57 册第 718 页。

2 〔宋〕蔡沈，〔宋〕朱熹授旨，严文儒校点：《书经集传》，朱杰人、严佐之、刘永翔主编：《朱子全书外编》，华东师范大学出版社 2010 年 9 月版，第 51 页。

3 〔宋〕黄伦：《尚书精义》，《景印文渊阁四库全书》，第 58 册第 242 页。

4 胡渭又说："惟错有别解。林少颖云：先儒谓海物错杂非一种，此说不然。夫既谓之海物，而不指其名，则固非一种矣，何须更言为错。窃谓此与扬州齿、革、羽、毛、惟木，文势正同。错别是一物，如豫州之磬错也。吴幼清云：……错，石可磨砺者也。《诗》云：他山之石，可以为错。"胡渭指出："此错果为石，则荆何必又贡砺、砥。"〔清〕胡渭著，邹逸麟整理：《禹贡锥指》，第 104—106 页。

腹足纲 Gastropoda

中腹足目 Mesogastropoda

汇螺科 Potamididae

珠带拟蟹守螺 *Cerithidea cingulata*

黑螺科 Melaniidae

短沟蜷 *Semisulcospira* sp.

玉螺科 Potamididae

扁玉螺 *Neverita didyma*

新腹足目 Neogastropoda

笋螺科 Conidae

白带笋螺 *Duplicaria dussumierii*

研究者指出："海洋性动物螺和蛤共计四个种十二个个体，是这批动物骨骼的一大显著特征。海相动物的出现对外藏坑功能的研究提供了新的视角。"[1]

　　研究者指出："文蛤"，"分布于中国、朝鲜和日本沿海，多生活在河口附近有内湾的潮间带沙滩或浅海细沙底，属海产经济贝类。古书云：'文蛤为蛤中上品'，说明古代已食用，又是出口的主要对象，尚可入药[2]"。"珠带拟蟹守螺"，"现生种生活在潮间带的浅海，有淡水注入的泥和泥沙上。此种除在我国沿海分布外，在朝鲜、日本和印度等地也有分布，可食用"。"扁玉螺"，"化石标本见于中国台湾和日本（本洲）、爪哇、苏门答腊第三纪中新世以及第四纪晚期，现生种分布于中国沿海、朝鲜、日本和东南亚。生活在潮间带低潮区或稍深的沙质海底，肉供佐膳，贝壳供观赏或制作工艺品"。"白带笋螺"，"生活于低潮线附近至水深数十米的沙或沙质底层，我国南北沿海均有分布，为习见种类，可食用，贝壳可供观赏。从印度尼西亚到日本都有分布"。这些发现，研究者称为"来自关中以外地区"的"外来海洋动物"。研究者指出："汉阳陵位于陕西省咸阳市渭城区正阳镇

1　胡松梅、杨武站：《汉阳陵帝陵陵园外藏坑出土的动物骨骼及其意义》，《考古与文物》2010年5期。

2　原注："齐仲彦主编. 中国经济软体动物〔M〕. 北京：中国农业出版社，2005（6）：72–84."

后沟村北的咸阳原上，属于典型的内陆地区，这些海相的蛤（文蛤）和螺（珠带拟蟹守螺、扁玉螺、白带笋螺）绝不可能产于本地，可能是当时沿海郡国供奉给皇室的海产品，也不排除作为商品进行贸易的可能。这些海相的贝和螺均为海相经济软体动物[1]，尤其文蛤的肉是非常鲜美的，享有'天下第一鲜'的盛名。有些贝壳如白带笋螺还有观赏的价值。从动物考古方面讲，这些海产品的出现是很有意义的。"[2]

《说文·鱼部》有"鮚"字，说的也是一种鱼酱。其原料则接近阳陵出土的"海洋性动物螺和蛤"：

> 鮚，蚌也，从鱼，吉声。《汉律》：会稽郡献鮚酱二斗。

所谓"鮚酱"，明确是食品。段玉裁注有这样的说明："'二斗'二字依《广韵》补。《广韵》'斗'误'升'。小徐本作'三斗'。"[3]

3. 卢敖"食蛤梨"传说

前引"古书云：'文蛤为蛤中上品'，说明古代已食用"的说法，其中"文蛤为蛤中上品"未知所据"古书"，但是我们注意到，汉代人以"海洋性动物螺和蛤"作为餐食原料的方式，或许与神仙追求的意识背景有某种关系。

《淮南子·道应》讲述了一个有关海滨方士"卢敖"的故事，其中说到"食蛤梨"行为与"下无地而上无天，听焉无闻，视焉无眴"之神异能力的关系：

> 卢敖游乎北海，经乎太阴，入乎玄阙，至于蒙谷之上。见一士焉，

1　原注："胡松梅. 陕北靖边五庄果墚动物遗存及古环境分析〔J〕. 考古与文物，2005（6）：72-84."

2　胡松梅、杨武站：《汉阳陵帝陵陵园外藏坑出土的动物骨骼及其意义》，《考古与文物》2010年5期。

3　〔汉〕许慎撰，〔清〕段玉裁注：《说文解字注》，第581页。

深目而玄鬢，泪注而鸢肩，丰上而杀下，轩轩然方迎风而舞。顾见卢
敖，慢然下其臂，遯逃乎碑。卢敖就而视之，方倦龟壳而食蛤梨。卢
敖与之语曰："唯敖为背群离党，穷观于六合之外者，非敖而已乎？敖
幼而好游，至长不渝。周行四极，唯北阴之未窥。今卒睹夫子于是，
子殆可与敖为友乎？"若士者齤然而笑曰："嘻！子中州之民，宁肯而
远至此。此犹光乎日月而载列星，阴阳之所行，四时之所生。其比夫
不名之地，犹突奥也。若我南游乎冈㝃之野[1]，北息乎沉墨之乡，西穷窅
冥之党，东开鸿蒙之光。此其下无地而上无天，听焉无闻，视焉无眴。
此其外犹有汰沃之汜。其余一举而千万里，吾犹未能之在。今子游始
于此，乃语穷观，岂不亦远哉！然子处矣！吾与汗漫期于九垓之外，
吾不可以久驻。"若士举臂而竦身，遂入云中。卢敖仰而视之，弗见，
乃止驾，止杅治，悖若有丧也。曰："吾比夫子，犹黄鹄与壤虫也，终
日行不离咫尺，而自以为远，岂不悲哉！"故庄子曰："小年不及大年，
小知不及大知，朝菌不知晦朔，蟪蛄不知春秋。"此言明之有所不
见也。[2]

"卢敖"，即秦代出身燕地的著名方士"卢生"。《史记》卷六《秦始皇本
纪》："三十二年，始皇之碣石，使燕人卢生求羡门、高誓。"[3] "燕人卢生使
入海还，以鬼神事，因奏录图书，曰'亡秦者胡也'。"[4] 秦始皇三十五年（前
212），他又有与秦始皇直接的关于"求芝奇药仙者"的对话。有关"恶鬼"
与"真人"的论说得到秦始皇的赞同。[5] 同年，"卢生"和另一方士"侯生"

1　文渊阁四库全书本《太平御览》卷三七引《淮南子》作"冈㝃之野"，第893册第443页。中华
书局用上海涵芬楼影印宋本1960年2月复制重印版《太平御览》作"冈㝃之野"。
2　何宁撰：《淮南子集释》，第881—890页。
3　"羡门"，裴骃《集解》："韦昭曰：'古仙人。'""高誓"，张守节《正义》："亦古仙人。"
4　《史记》，第251—252页。
5　《史记》卷六《秦始皇本纪》："卢生说始皇曰：'臣等求芝奇药仙者常弗遇，类物有害之者。方
中，人主时为微行以辟恶鬼，恶鬼辟，真人至。人主所居而人臣知之，则害于神。真人者，入水
不濡，入火不蒸，陵云气，与天地久长。今上治天下，未能恬惔。愿上所居宫毋令人知，然后不
死之药殆可得也。'于是始皇曰：'吾慕真人，自谓"真人"，不称"朕"。'乃令咸阳之旁二百里内
宫观二百七十复道甬道相连，帷帐钟鼓美人充之，各案署不移徙。行所幸，有言其处者，罪死。"
第257页。

的潜逃，导致了"坑儒"惨案的发生。[1]高诱注："卢敖，燕人。秦始皇召以为博士，使求神仙，亡而不反也。""蛤梨"，许注："蛤梨，海蚌。"[2]何宁注："案：'蛤梨，即蛤蜊。'中立本作'蜊'。《论衡·道虚》篇作'合蜊'。《玉篇》：'蛤，古合切。蜊音梨。'"[3]《太平御览》卷三七引《淮南子》作"蛤蜊"。高诱注："蛤蜊，海蚌也。"[4]

《论衡·道虚》也说到"卢敖"这一故事，"食蛤梨"情节作"食合梨"。黄晖说："'梨'，旧校曰：一本作'蜊'。按：'合梨'读作'蛤蜊'。《淮南》作'蛤梨'。高注：'海蚌也。'盼遂案：吴承仕曰：后文作'蜊'。疑一本作'蜊'者是。"但是王充对于"食合梨"又有自己的议论：

> 且凡能轻举入云中者，饮食与人殊之故也。龙食与蛇异，故其举措与蛇不同。闻为道者，服金玉之精，食紫芝之英。食精身轻，故能神仙。若士者，食合蜊之肉，与庸民同食，无精轻之验，安能纵体而升天？闻食气者不食物，食物者不食气。若士者食物，如不食气，则不能轻举。

王充又写道："或时卢敖学道求仙，游乎北海，离众远去，无得道之效，惭于乡里，负于论议，自知以必然之事见责于世，则作夸诞之语，云见一士。其意以为有仙，求之未得，期数未至也。淮南王刘安坐反而死，天下并闻，当

---

1 《史记》卷六《秦始皇本纪》："侯生卢生相与谋曰：'始皇为人，天性刚戾自用，起诸侯，并天下，意得欲从，以为自古莫及己。专任狱吏，狱吏得亲幸。博士虽七十人，特备员弗用。丞相诸大臣皆受成事，倚辨于上。上乐以刑杀为威，天下畏罪持禄，莫敢尽忠。上不闻过而日骄，下慑伏谩欺以取容。秦法，不得兼方不验，辄死。然候星气者至三百人，皆良士，畏忌讳谀，不敢端言其过。天下之事无小大皆决于上，上至以衡石量书，日夜有呈，不中呈不得休息。贪于权势至如此，未可为求仙药。'于是乃亡去。始皇闻亡，乃大怒曰：'吾前收天下书不中用者尽去之。悉召文学方术士甚众，欲以兴太平，方士欲练以求奇药。今闻韩众去不报，徐市等费以巨万计，终不得药，徒奸利相告日闻。卢生等吾尊赐之甚厚，今乃诽谤我，以重吾不德也。诸生在咸阳者，吾使人廉问，或为訞言以乱黔首。'于是使御史悉案问诸生，诸生传相告引，乃自除犯禁者四百六十余人，皆坑之咸阳，使天下知之，以惩后。"第258页。

2 张双棣撰：《淮南子校释》，北京大学出版社1997年8月版，第1288—1289页、第1291页。

3 何宁撰：《淮南子集释》，第883页。

4 文渊阁四库全书版，第893册第443页。中华书局用上海涵芬楼影印宋本1960年2月复制重印版作"合梨"。注："合梨，海蚌。"第174页。《三国志》卷四二《蜀书·郄正传》裴松之注引《淮南子》亦作"合梨"。第1040页。

65-1　中国国家博物馆藏嵌贝铜卧鹿

时并见，儒书尚有言其得道仙去、鸡犬升天者，况卢敖一人之身，独行绝迹之地，空造幽冥之语乎？"[1] 卢敖事迹，被指为"夸诞之语""幽冥之语"，然而也许"夸诞""幽冥"的神秘故事中，可以透露出当时社会对于"仙"的意识。王充所谓"卢敖学道求仙，游乎北海"，使这一故事的文化背景得以明朗。他说："食精身轻，故能神仙。若士者，食合蔷之肉，与庸民同食，无精轻之验，安能纵体而升天？"大概在王充生活的时代，"食合蔷之肉"，已经是"庸民"饮食等级。但是在汉初或者至于《淮南子》成书时代的社会观念中，这可能是获得"精轻之验"，能够实现"轻举入云中""纵体而升天"境界的具有一定神秘意味的特殊食品。[2]

1　黄晖撰：《论衡校释（附刘盼遂集解）》，第 321—325 页。
2　王子今：《汉景帝阳陵外藏坑出土海产品遗存的意义》，《汉阳陵与汉文化研究》第 3 辑，陕西科学技术出版社 2016 年 12 月版。

蚕

1. "嫘祖"传说与黄帝"淳化""虫蛾"记忆

《史记》卷一《五帝本纪》记载:"(轩辕)时播百谷草木,淳化鸟兽虫蛾……有土德之瑞,故号黄帝。""嫘祖为黄帝正妃。"司马迁以"太史公曰"的形式说,"百家言黄帝,其文不雅驯,荐绅先生难言之",称"择其言尤雅者"作为《史记》开篇文字,"著为《本纪》书首"。[1]就是说,他以"雅""雅驯"为可靠性标尺进行了传说性质文献的选择,保留了接近历史真实的记忆。其中有关"嫘祖"事迹的内容值得我们重视。张守节《正义》说,嫘,"一作傫"。[2]其字又写作"累""纍""絫""缧""纝",字皆从"糸"。《说文·糸部》:"糸,细丝也。象束丝之形。凡糸之属皆从糸。"段玉裁注:"丝者,蚕所吐也。细者,微也。细丝曰糸。糸之言蔑也,蔑之言无也。"[3]分析"嫘"的字义,注意"细丝曰糸"之说,可以追溯蚕桑业的早期发明。考察与"嫘祖"相关的传说,有益于对于早期生产史中"织作"技术发明认识的深入。轩辕氏帝业,有"淳化""虫蛾"成就作为基础之一。

所谓"嫘祖好远游","因以为行神",或许暗示嫘祖的贡献包括丝绸成品的流通与丝织技术的传播。[4]

---

1 《史记》,第46页。
2 《史记》,第10页。
3 〔汉〕许慎撰,〔清〕段玉裁注:《说文解字注》,第643页。
4 王子今:《汉代"嫘祖"的历史记忆与文化影响》,《石家庄学院学报》2017年4期。

66-1《说文·蚰部》"蠹"书影

2. 西阴村出土蚕茧

考古发现的桑蚕茧和早期丝织品遗存，对于"淳化""虫蛾"的伟大发明提供了历史研究的文物实证。"仰韶文化中期约 3800 年的山西夏县西阴村遗址，出土有经人工割裂的半个蚕茧，可能是食桑叶的野蚕结茧。"研究者认为："参考中国民族志资料，在未掌握缫丝抽取茧丝长纤维之前[1]，对茧丝的简单利用方式中，就是要剪开蚕茧，或直接利用其丝絮，或经撕松捻丝打线以供绣花边、织腰带之用。西阴村出土茧壳经人割裂当非偶然所为，可能正反映了先民在早期阶段对桑蚕丝的一种原始利用的方式。"[2]

纺织史学者曾经指出考古资料所见最早的育蚕技术的发明。"一九二六年在山西夏县西阴村出土的仰韶遗存中，曾发现有半个人工割裂的茧壳[3]，

1　今按：似应言"在未掌握缫丝抽取茧丝长纤维的技术之前"，或"在未能缫丝抽取茧丝长纤维之前"。

2　中国社会科学院考古研究所编著：《中国考古学·新石器时代卷》，中国社会科学出版社 2010年 7 月版，第 789 页。

3　原注："详见李济著《西阴村史前的遗存》。"

这说明当时已懂得育蚕。一九五八年在浙江吴兴钱山漾新石器时代文化遗存中发现的丝织品，包括绢片、丝带和丝线等，经过鉴定，原料是家蚕丝。作为丝的表征是经、纬粗细相仿，纤维表面有茸毛状和微粒状结晶体，呈灰白色或白色透明状。成为线的由十多根粗细均匀的单丝紧紧绞捻在一起，保存的织品有尚未炭化而呈黄褐色绢片和虽已炭化仍保有一定韧性的丝带和线绒。绢片是平纹组织，经纬密度每厘米四十八根。[1]这些事例证明，我们的祖先约在五千年前，就已在我国黄河流域和长江流域养蚕织绸了。"[2]西阴村的发现"表明五千多年前，我们的祖先已经知道利用蚕茧"，钱山漾出土"一匹四千七百年前的丝织品"，"表明当时的丝织技术已有一定水平"。[3]

可靠的考古资料还有："至仰韶文化晚期约公元前 3500 年的河南荥阳青台遗址，发现有炭化蚕桑丝织物，是经缫丝形成的长丝束织造出平纹组织的'纱'（纨）和绞经组织的'罗'两种织品，后者还经染成绛色。这是中国目前发现年代最早的丝织品实物遗存，表现出缫、织、染三者具备的丝织工艺已达到较高的技术水平。"[4]研究者这样的判断应当说是准确的：继麻织品应用之后，"考古发现了桑蚕茧和丝织物遗存，可见先民还懂得利用昆虫的吐丝纤维以制成较高级的产品。中国丝织品的出现，是史前纺织领域的重大创新成果，也是一项具有世界意义的伟大发明"。[5]借助相关信息理解司马迁《五帝本纪》有关黄帝"淳化""虫蛾"的记载，可以获得更真切的历史认识。

1　原注："浙江省文物管理委员会：《吴兴钱山漾遗址第一、二次发掘报告》，《考古学报》1960 年 2 期。"

2　李仁溥：《中国古代纺织史稿》，岳麓书社 1983 年 7 月版，第 4—7 页。

3　吴淑生、田自秉：《中国染织史》，上海人民出版社 1986 年 9 月版，第 1 页。

4　原注："张松林、高汉玉：《荥阳青台遗址出土丝麻织品观察与研究》，《中原文物》1999 年第 3 期。"

5　中国社会科学院考古研究所编著：《中国考古学·新石器时代卷》，第 789 页。

3. "蚕食"比喻

春秋战国时期，秦崛起于西北。《史记》使用"蚕食"语，以说明秦军事扩张的形势。《史记》卷一六《秦楚之际月表》："秦起襄公，章于文、缪，献、孝之后，稍以蚕食六国，百有余载，至始皇乃能并冠带之伦。"[1] 所谓"稍以蚕食六国"，指出了秦向东进取的军事趋势。《史记》卷六《秦始皇本纪》以"太史公曰"的语式回顾秦史，也说道："自缪公以来，稍蚕食诸侯，竟成始皇。"司马贞《索隐》："言其兵蚕食天下……"[2] 也就是说，秦统一的历史进程的发生，是秦国力强盛条件下逐步东进形成的态势所导致的。《史记》卷四三《赵世家》记载，赵人商议对秦战略，平阳君赵豹说："夫秦蚕食韩氏地，中绝不令相通。"张守节《正义》："秦蚕食韩氏，国中断不通。"赵豹评价秦强势国力，又有"且夫秦以牛田之水通粮蚕食，上乘倍战者，裂上国之地，其政行，不可与为难"的说法，也使用"蚕食"一语。[3] 怎样理解所谓"蚕食"，张守节《正义》的解说是："蚕食桑叶，渐进必尽也。"以"蚕食"形容军势，体现出对"蚕"的生性的细致观察，是以对蚕桑业经营的经验为知识基础的。

我们看到，"蚕食"在"二十四史"中唯《史记》出现最为频繁。然而"蚕食"或许并非司马迁个人习用语汇。大概战国时政论家言秦国的扩张，已经多使用"蚕食"一语。《史记》卷六九《苏秦列传》载苏秦对赵王言"大王与秦"的国力对比与战略宜忌，也说到秦对"韩、魏"的"蚕食"："韩、魏，赵之南蔽也。秦之攻韩、魏也，无有名山大川之限，稍蚕食之，傅国都而止。韩、魏不能支秦，必入臣于秦。秦无韩、魏之规，则祸必中于赵矣。"[4]《史记》卷七二《穰侯列传》载"大夫须贾说穰侯"语，说到"魏之长吏谓魏王"："秦，贪戾之国也，而毋亲。蚕食魏氏，又尽晋国，战胜暴子，割八县，地未毕入，兵复出矣。夫秦何厌之有哉！"其中

---

1 《史记》，第 759 页。

2 《史记》，第 276—277 页。

3 《史记》，第 1825 页。

4 《史记》，第 2247 页。

"蚕食魏氏，又尽晋国"，司马贞《索隐》的解释是："河东、河西、河内并是魏地，即故晋国。今言秦蚕食魏氏，尽晋国之地也。"[1]又《史记》卷八七《李斯列传》载李斯《谏逐客书》："昭王得范雎，废穰侯，逐华阳，强公室，杜私门，蚕食诸侯，使秦成帝业。"关于"蚕食"，司马贞《索隐》："高诱注《淮南子》云：'蚕食，尽无余也。'"[2]所谓"蚕食"，一言其逐步而进，一言其必"尽无余"，也就是"渐进必尽"。

大约汉人政论，也常用"蚕食天下"语回顾秦的发展。如主父偃说："昔秦皇帝任战胜之威，蚕食天下，并吞战国，海内为一，功齐三代。"严安又说："及至秦王，蚕食天下，并吞战国，称号曰皇帝，主海内之政，坏诸侯之城，销其兵，铸以为钟虡，示不复用。"[3]

秦军"蚕食"魏国的说法，又见于《史记》卷七七《魏公子列传》："（秦）使蒙骜攻魏，拔二十城，初置东郡。其后秦稍蚕食魏，十八岁而虏魏王，屠大梁。"[4]《史记》卷八六《刺客列传》说燕太子丹指使荆轲刺秦王的动机，在于秦扩张军势之猛烈："……秦日出兵山东以伐齐、楚、三晋，稍蚕食诸侯，且至于燕，燕君臣皆恐祸之至。"[5]关于秦与北方"戎翟"的关系，《史记》卷一一〇《匈奴列传》说："赵有代、句注之北，魏有河西、上郡，以与戎界边。其后义渠之戎筑城郭以自守，而秦稍蚕食，至于惠王，遂拔义渠二十五城。"[6]前引《秦楚之际月表》《秦始皇本纪》及此《魏公子列传》《刺客列传》《匈奴列传》等所见"蚕食"，都显现太史公笔意。

《匈奴列传》又可见言汉王朝势力向北推进的历史记述，同样使用"蚕食"语："是后匈奴远遁，而幕南无王庭。汉度河自朔方以西至令居，往往通渠置田，官吏卒五六万人，稍蚕食，地接匈奴以北。"张守节《正义》："匈奴旧以幕为王庭。今远徙幕北，更蚕食之，汉境连接匈奴旧地以北

1　《史记》，第2326—2327页。

2　《史记》，第2542—2543页。

3　《史记》卷一一二《平津侯主父列传》，第2954页、第2958页。

4　《史记》，第2384页。

5　《史记》，第2528页。

6　《史记》，第2885页。

也。"[1] 汉军向北推进"稍蚕食"文例，也出自太史公的历史记录。

4. 有关"蚕"的昆虫学知识与蚕桑生产经验

所谓"蚕食，尽无余也"，或者"蚕食桑叶，渐进必尽也"，应是汉代以来人们积累的有关"蚕"的昆虫习性的知识。

对于"蚕"的昆虫学观察，来自蚕桑业的生产实践。《史记》卷二《夏本纪》引《禹贡》关于"沇州"形势，说到早期蚕桑生产的繁荣："桑土既蚕，于是民得下丘居土。""其贡漆丝，其篚织文。"裴骃《集解》引孔安国曰："大水去，民下丘居平土，就桑蚕。"又引孔安国的说法："地宜漆林，又宜桑蚕。织文，锦绮之属，盛之筐篚而贡焉。"关于"青州"形势，说："厥贡盐絺，海物维错，岱畎丝、枲、铅、松、怪石，莱夷为牧，其篚檿丝。"裴骃《集解》引孔安国说："絺，细葛。""檿桑蚕丝中琴瑟弦。"司马贞《索隐》："《尔雅》云'檿，山桑'，是蚕食檿之丝也。"[2] 也涉及蚕丝生产的经验。

《史记》卷二七《天官书》写道："正月上甲，风从东方，宜蚕。"[3] 这当然可以看作《史记》直接的蚕桑业史料记录。

《史记》卷三二《齐太公世家》有关于齐桓公丧葬事的记述。张守节《正义》引《括地志》说到齐桓公墓在晋永嘉年间被盗掘的情形："齐桓公墓在临菑县南二十一里牛山上，亦名鼎足山，一名牛首岗，一所二坟。晋永嘉末，人发之，初得版，次得水银池，有气不得入，经数日，乃牵犬入中，得金蚕数十薄，珠襦、玉匣、缯采、军器不可胜数。又以人殉葬，骸骨狼藉也。"[4] 所说"金蚕数十薄"，指出王公厚葬，除"珠襦""缯采"等豪

---

1 《史记》，第 2911 页。

2 《史记》，第 54—56 页。

3 《史记》，第 1342 页。

4 《史记》，第 1495 页。

66-2　西北大学博物馆藏汉代鎏金铜蚕

66-3　陕西历史博物馆藏石泉出土汉代鎏金铜蚕

贵衣饰及精美织料随葬而外，还以数十张承载金蚕的竹席或苇席入葬，以示丝绸生产能力随入地下，使得墓主享用华衣的欲望可以永远得到满足。陕西石泉征集的汉代鎏金铜蚕，西北大学博物馆收藏的鎏金铜蚕，可能都是这种所谓"金蚕"。刘邦发起反秦起义的主要战友大多出身贫寒，赵翼《廿二史札记》卷二"汉初布衣将相之局"有所分析。[1]《史记》卷五七《绛侯周勃世家》说，名将周勃原本"以织薄曲为生"。司马贞《索隐》："谓勃本以织蚕薄为生业也。韦昭云'北方谓薄为曲'。许慎注《淮南》云'曲，苇薄也'。"[2] 周勃和他的同行可以"以织蚕薄为生业"，说明他生活的地区蚕桑业的发达。

司马迁在《史记》卷一三〇《太史公自序》中关于《历书》的写作，有这样的说明："律居阴而治阳，历居阳而治阴，律历更相治，间不容翲忽。"关于"翲忽"，司马贞《索隐》："案：忽者，总文之微也。翲者，轻也。言律历穷阴阳之妙，其间不容丝忽也。言'翲'，恐衍字耳。"张守节《正义》："翲……字当作'秒'。秒，禾芒表也。忽，一蚕口出丝也。言律历相治之间，不容比微细之物也。"[3] 有关"蚕口出丝"的知识，应用于"律历"学说的论述中。"蚕""丝"出现于史家自然的思想路径和自然的文字言说，也可以反映蚕桑业生产知识是当时社会广泛普及的常识。

1 〔清〕赵翼著，王树民校证：《廿二史札记校证》，中华书局 1984 年 1 月版，第 36—37 页。

2 《史记》，第 2065 页。

3 《史记》，第 3305 页。

5.《史记》记载的"蚕"与"事蚕"

《史记》卷六六《伍子胥列传》写道："楚平王以其边邑钟离与吴边邑卑梁氏俱蚕，两女子争桑相攻，乃大怒，至于两国举兵相伐。"[1]吴国和楚国经济生活中都有"蚕"业经营，"边邑""女子"因为"争桑"导致边境争端，最终竟然爆发战争，以致"两国举兵相伐"。这是经济史与外交史、战争史相交结的实例，而吴、楚地方"俱蚕"，就是说都以"蚕"业作为主体经济形式，并且均重视"桑"的资源的争夺，是我们特别注意的历史记录。由"俱蚕""争桑"引致国家"举兵相伐"，体现"蚕""桑"经营在吴、楚社会经济生活中的地位。

《史记》卷一二九《货殖列传》记述了当时各地经济状况，其中涉及蚕丝生产区域的分布。全国大势，分为"山西""山东""江南""龙门、碣石北"四个基本经济区，其中"山东多鱼、盐、漆、丝、声色"，"丝"列入其中。所谓"齐冠带衣履天下"，也是对纺织业提升齐地经济地位的肯定性评断。又计然为越王勾践分析经济策略，有"财币欲其行如流水"语。这里的"币"就是"帛"。关于成功的经营者，有"子贡结驷连骑，束帛之币以聘享诸侯。""束帛之币"是财力的典型体现。而白圭"夫岁孰取谷，予之丝漆；茧出取帛絮，予之食"。又有："乌氏倮畜牧，及众，斥卖，求奇缯物，间献遗戎王。戎王什倍其偿，与之畜，畜至用谷量马牛。"以"奇缯物"与"戎王"交换"畜"。关于区域经济，又说道："（齐地）人民多文彩布帛鱼盐。""邹、鲁……颇有桑麻之业。""沂、泗水以北，宜五谷桑麻六畜。""燕、代田畜而事蚕。"还说拥有"齐、鲁千亩桑麻"者，"此其人皆与千户侯等"。而富有者"其帛絮细布千钧，文采千匹，榻布皮革千石"，"此亦比千乘之家"。所谓"桑麻""帛絮"经营者凭借其成功，能够得到社会的承认，进入较高的阶层。

《史记》有关"蚕"与"事蚕"以及涉及"桑麻""帛絮"生产的记载，

1《史记》，第2714页。

是宝贵的经济史料。

　　虽然在《史记》的记述中，我们没有直接看到秦地"事蚕"的信息，但是"陌上桑"罗敷故事及"秦氏有好女，自名为罗敷；罗敷喜蚕桑，采桑城南隅"诗句深入人心。[1]"罗敷"故事或与《关中胜迹图志》卷一〇"罗敷谷"有关。雍正《陕西通志》又有"罗敷山""罗敷水""罗敷桥"及"罗敷真人蜕化"处。[2]《太平御览》卷一二引《氾胜之书》说："取雪汁渍原蚕屎，五六日，待释，手挼之，和谷种之。能御旱。故谓雪为五谷精也。"[3]"原蚕屎"用于浸种，也是体现汉代关中"事蚕"的资料。而发现汉代鎏金铜蚕的陕西石泉，距离张骞的家乡南郑不远，又西北大学博物馆藏鎏金铜蚕，传出土于关中。这些迹象，都是值得我们在思考相关问题时应当予以注意的。[4]

　　刘钊《说金蚕》指出，"墓葬中随葬金蚕""是幻想让金蚕吐丝不断，织成各种衣物和织品，让墓主人在另一个世界里保持奢华侈靡的生活"，也是"炫富"方式。这体现了某些历史时期的礼俗。不过，"金蚕数十簿"的"簿""应为'箔'字的音讹字"的意见，以为可能是指"金蚕""用金箔制作"的推想，或许还可以商榷。文中指出"'箔'本指养蚕用的竹筛子或竹席"的说法[5]，似乎更有合理性。其字正作"簿"。"（周）勃以织薄曲为生"，则作"薄"。司马贞《索隐》："谓勃本以织蚕薄为生业也。"[6]"薄""簿"，是"随葬金蚕"的计量单位。

1　《宋书》卷二一《乐志三》题《艳歌罗敷行》，第 617 页。
2　〔清〕沈青崖等纂：《雍正陕西通志》，《景印文渊阁四库全书》，第 554 册第 786 页、第 556 册第 663 页、第 551 册第 888 页、第 552 册第 564 页。
3　〔宋〕李昉等撰：《太平御览》，第 59 页。
4　王子今：《太史公笔下的"蚕"》，《月读》2020 年 2 期。
5　刘钊：《说金蚕》，《中国典籍与文化》2015 年 3 期。
6　《史记》卷五七《绛侯周勃世家》，第 2065 页。

6. 从乌氏倮"奇缯物"交易到西域"丝絮"输出

上文说"乌氏倮"以"奇缯物"与"戎王"交换"马牛"，其实是前张骞时代早期丝绸之路贸易的形式。而张骞"凿空"，正式开通了中原与西域乃至中亚和西亚的交往路径。《史记》关于丝绸之路史，保留了直接的蚕桑业产品向西北输送的记录。《史记》卷一一〇《匈奴列传》说："汉与匈奴邻国之敌，匈奴处北地，寒，杀气早降，故诏吏遗单于秫糵金帛丝絮佗物岁有数。"[1] 这是丝绸输出西北的形式之一。

回顾汉王朝与西域的交往史，也可以看到往往输送丝绸以结好各国的史例。《史记》卷一二三《大宛列传》记载张骞第二次出使西域的情形。其动机，即利用"蛮夷俗贪汉财物"，计划"厚币赂乌孙，招以益东，居故浑邪之地，与汉结昆弟"，以求"断匈奴右臂"。于是，"（天子）拜骞为中郎将，将三百人，马各二匹，牛羊以万数，赍金币帛直数千巨万，多持节副使，道可使，使遗之他旁国"。[2] 所谓"厚币"，应即以数量可观的"帛"为主的资财。外交活动中，汉家使团"赍金币帛"远行，是当时通常的做法。霍去病以军事强势控制河西之后，"汉始筑令居以西，初置酒泉郡以通西北国。因益发使抵安息、奄蔡、黎轩、条枝、身毒国。而天子好宛马，使者相望于道。诸使外国一辈大者数百，少者百余人，人所赍操大放博望侯时。其后益习而衰少焉。汉率一岁中使多者十余，少者五六辈，远者八九岁，近者数岁而反"。[3] 频繁派出的使团"人所赍操大放博望侯时"，即按照张骞出使时的规格，携带相当数量的"金币帛"，很可能也"直数千巨万"。以"金币帛"交换优良马种及其他物资，是丝绸之路物质文化交往的重要方式。

汉王朝派遣到匈奴的使节也携带大量的丝绸。苏武出使也有这样的情形："汉遣中郎将苏武厚币赂遗单于。"[4] 匈奴得到超过其部族消费需求的丝

---

1 《史记》，第 2903 页。

2 《史记》，第 3168 页。

3 《史记》，第 3170 页。

4 《史记》卷一一〇《匈奴列传》，第 2917 页。

绸，很可能利用草原交通便利及自身行进机动性方面的优势，转输至于更遥远的地方。而西域"胡商""胡贾"的努力，也是丝绸贸易繁荣的重要因素。

中原人辛勤"事蚕"的经营收获，于是传送到西北方向的远国，影响了西亚乃至欧洲上层社会的消费生活。

蜂

1. 秦始皇"蜂准"

大梁人尉缭来到秦国，向秦王建议以财物贿赂六国"豪臣"，以击灭诸侯。《史记》卷六《秦始皇本纪》写道："大梁人尉缭来，说秦王曰：'以秦之强，诸侯譬如郡县之君，臣但恐诸侯合从，翕而出不意，此乃智伯、夫差、湣王之所以亡也。愿大王毋爱财物，赂其豪臣，以乱其谋，不过亡三十万金，则诸侯可尽。'"秦王赞同这样的策略，对尉缭给予了充分的尊重，其衣食待遇享受与自己同样的等级："秦王从其计，见尉缭亢礼，衣服食饮与缭同。"不过，尉缭以为秦王难以长期融洽相处，亲密合作，于是离去："缭曰：'秦王为人，蜂准，长目，挚鸟膺，豺声，少恩而虎狼心，居约易出人下，得志亦轻食人。我布衣，然见我常身自下我。诚使秦王得志于天下，天下皆为虏矣。不可与久游。'乃亡去。"秦王强行挽留尉缭，任为最高军事长官，并且采纳他的"计策"："秦王觉，固止，以为秦国尉，卒用其计策。"[1]

尉缭形容秦王形貌音声之所谓"蜂准，长目，挚鸟膺，豺声"，依照当时的相术，判断其品性"少恩而虎狼心"。其中所谓"蜂准"，值得我们注意。

裴骃《集解》说："蜂"也写作"隆"。张守节《正义》说："蜂，虿也。高鼻也。"[2]认为"蜂准"是形容"高鼻"。《史记》"蜂准"的说法，后世文献有的写作"隆准"，如《论衡·骨相》，唐赵蕤《长短经》卷一，《太平御览》卷三八八引《秦始皇世家》，明陈耀文《天中记》卷四一引《论

---

1 《史记》，第230页。

2 《史记》，第230页。

衡》等。[1] 虽然《太平御览》卷三八八引《秦始皇世家》作"隆准",《太平御览》卷八六引《史记》、《太平御览》卷七二九引《史记》均作"蜂准"。[2]

有学者研究"秦始皇形貌",指出"今人多以'蜂准'为正字"。[3]

2. "商臣蠭目"

关于秦始皇鼻子的形状特点,《史记》卷六《秦始皇本纪》说"蜂准",但是也有"蜂目"的说法。《史记》卷八《高祖本纪》记载,刘邦相貌有"隆准"的特征。司马贞《索隐》引录李斐的解释:"准,鼻也。始皇蜂目长准,盖鼻高起。"[4] 前引《史记》卷六《秦始皇本纪》秦始皇"蜂准",这里写作"蜂目长准"。《汉书》卷一上《高帝纪上》:"高祖为人,隆准而龙颜……"颜师古注引晋灼曰:"《史记》:秦始皇蜂目长准。"也说"蜂目"。[5] 沈家本《诸史琐言》卷四讨论"《高纪》隆准"时,也说到"《史记》:始皇蜂目长准"。[6] 晋灼"《史记》:秦始皇蜂目长准"的说法,王念孙《广雅疏证》、王先谦《汉书补注》都曾引用,[7] 并没有以《史记》卷六《秦始皇本纪》"蜂准"说予以澄清。

采纳晋灼"《史记》:始皇蜂目长准"说的,还有宋人王洙《分门集注杜工部诗》卷九《哀王孙》"高帝子孙尽高准,龙种自与常人殊"注。[8] 又如清人黄师宪诗句:"忆昔秦皇混四海,蜂目豺声犹有为。赵鹿李鼠未猖狂,

---

1 黄晖撰:《论衡校释》(附刘盼遂集解),第 121 页。〔唐〕赵蕤撰,梁运华校注:《长短经》,中华书局 2017 年 11 月版,第 48 页。〔宋〕李昉等撰:《太平御览》,第 1792 页。〔明〕陈耀文:《天中记》,《景印文渊阁四库全书》,第 966 册第 891 页。

2 〔宋〕李昉等撰:《太平御览》,第 408 页、第 3232 页。

3 王泽:《秦始皇形貌考——相人术视角下的考察》,《秦汉研究》2020 年第 14 辑。

4 《史记》,第 342 页。

5 《汉书》,第 2 页。

6 沈家本:《诸史琐言》,《续修四库全书》,第 451 册第 663 页。

7 〔清〕王念孙撰,张靖伟等校点:《广雅疏证》,第 1042 页。〔清〕王先谦:《汉书补注》,第 27 页。

8 〔宋〕王洙注:《分门集注杜工部诗》,《续修四库全书》,第 1306 册第 380 页。

可与为善返盛时。"[1] 又清人黄钊诗句："秦皇蜂目毒天下，气折琅琊卖药者。阜乡亭畔玉舄飞，玩弄愚儿已鹿马。"[2] 也承袭了"秦皇蜂目"的说法。前者"赵鹿李鼠"说赵高指鹿为马和李斯仓中鼠厕中鼠故事。后者也说到"鹿马"，言秦帝国面临崩溃时的故事。而"琅琊卖药人"即《史记》卷一二《孝武本纪》司马贞《索隐》引《列仙传》所谓"琅邪人，卖药东海边，时人皆言千岁也"的仙人安期生。[3] 明人高出诗句："追及徐市驾，男女皆相邀。安期麾白云，翩翩来见招。遂乘赤玉舄，飞渡始皇桥。"[4] 说他"麾白云""翩翩"飞升登仙，远离了尘世乱局。

其实《史记》中明确的"蜂目"，所说另有其人。《史记》卷四〇《楚世家》说商臣相貌与心性的特点："商臣蠭目而豺声，忍人也。"[5] 所谓"豺声"，和尉缭对秦始皇音声的形容是一样的。《汉书》卷九九中《王莽传中》："是时有用方技待诏黄门者，或问以莽形貌，待诏曰：'莽所谓鸱目虎吻豺狼之声者也，故能食人，亦当为人所食。'"[6]《南史》卷八〇《贼臣传·侯景》写道："景长不满七尺，长上短下，眉目疏秀，广颡高颧，色赤少髭，低眠屡顾，声散，识者曰：'此谓豺狼之声，故能食人，亦当为人所食。'"[7] 都说到"豺声"。《世说新语·识鉴》："潘阳仲见王敦小时，谓曰：'君蜂目已露，但豺声未振耳。必能食人，亦当为人所食。'"注家引《春秋传》曰："楚令尹子上谓世子商臣蜂目而豺声。"[8] 可知《史记》所说商臣的故事是有长久影响的。

《史记》中"蜂目"的相貌形容和"蜂准"同样，借"蜂"这种昆虫比喻人的面容特点，体现出当时人们对"蜂"的形貌的熟悉。而"蜂准""蜂目"被看作"少恩而虎狼心"之"忍人"容貌，应当是与对"蜂"怀有戒

---

1 《怀潘章辰先生》，《梦泽堂诗文集》卷一，《四库未收书辑刊》，柒集 19 册，第 622 页。

2 《登浴云楼观安期生像作》，《读白华草堂诗二集》卷一，《续修四库全书》，第 1516 册第 104 页。

3 《史记》，第 455 页。

4 《镜山庵集》卷二〇，《四库禁毁书丛刊》，集部第 31 册第 202 页。

5 《史记》，第 1698 页。

6 《汉书》，第 4124 页。

7 《南史》，第 2015 页。

8 余嘉锡撰，周祖谟、余淑宜整理：《世说新语笺疏》，第 463—464 页。

备之心的情感背景有一定关系的。

3. "蠭起""蠭午""蠭出"："蜂"的习性观察

在司马迁生活的时代，人们对于"蜂"往往群聚群飞的特点，也是了解的。《史记》卷七《项羽本纪》说秦末形势："夫秦失其政，陈涉首难，豪杰蠭起，相与并争，不可胜数。"[1]《汉书》卷三一《项籍传》的说法是："夫秦失其政，陈涉首难，豪桀蜂起，相与并争，不可胜数。"[2] "豪杰蠭起"和"豪桀蜂起"，意思是一样的。《后汉书》卷五《安帝纪》载汉安帝诏，检讨自己执政有失，"朕以不德，奉郊庙，承大业，不能兴和降善，为人祈福"，以致"灾异蜂起"。[3] 这里"蜂起"也是说密集发生。《后汉书》卷一一《刘盆子传》说："时青、徐大饥，寇贼蜂起，众盗以崇勇猛，皆附之，一岁间至万余人。"[4]《后汉书》卷一七《岑彭传》："今赤眉入关，更始危殆，权臣放纵，矫称诏制，道路阻塞，四方蜂起，群雄竞逐，百姓无所归命。"[5]《后汉书》卷二八上《冯衍传》："众强之党，横击于外，百僚之臣，贪残于内，元元无聊，饥寒并臻，父子流亡，夫妇离散，庐落丘墟，田畴芜秽，疾疫大兴，灾异蜂起。"[6]《后汉书》卷五七《谢弼传》："方今边境日蹙，兵革蜂起，自非孝道，何以济之。"[7]《后汉书》卷七二《董卓传》李贤注引《典略》载卓表所谓"变气上蒸，妖贼蜂起"[8]，《后汉书》卷七四上《袁绍传》所谓"是时豪杰既多附绍，且感其家祸，人思为报，州郡蜂起"[9]，《后

---

1 《史记》，第 338 页。

2 《汉书》，第 1826 页。

3 《后汉书》，第 217 页。

4 《后汉书》，第 478 页。

5 《后汉书》，第 654 页。

6 《后汉书》，第 966 页。

7 《后汉书》，第 1859 页。

8 《后汉书》，第 2323 页。

9 《后汉书》，第 2376 页。

汉书》卷八七《西羌传》所谓"永初之间，群种蜂起"[1]，都可以说明汉代社会语言习惯，已经通行"蜂起"之说。

同样是说秦末民众暴动的发生，各地纷纷起兵，范增为项梁分析形势，有这样的说法："今陈胜首事，不立楚后而自立，其势不长。今君起江东，楚蜂午之将皆争附君者，以君世世楚将，为能复立楚之后也。"范增所谓"楚蜂午之将皆争附君"，裴骃《集解》："如淳曰：'蜂午犹言蜂起也。众蜂飞起，交横若午，言其多也。'"司马贞《索隐》："凡物交横为午，言蜂之起交横屯聚也。故《刘向传》注云'蜂午，杂沓也'。又郑玄曰'一纵一横为午'。"[2]《汉书》卷三六《刘向传》："水、旱、饥，蝝、螽、螟蜂午并起。"颜师古注："如淳曰：'螽午犹杂沓也。'"[3]《汉书》卷六八《霍光传》说刘贺行为："受玺以来二十七日，使者旁午，持节诏诸官署征发，凡千一百二十七事。"所谓"旁午"，颜师古注也解释："如淳曰：'旁午，分布也。'师古曰：'一从一横为旁午，犹言交横也。'"[4]大约所谓"蜂午"语意，也说如蜂群飞舞一般密集纷乱。

《史记》卷一五《六国年表》指出战国时期政治军事竞争激烈，"信"的政治"约束"受到破坏，而"谋诈"时兴。太史公这样写道："矫称蜂出，誓盟不信，虽置质剖符犹不能约束也。"[5]这里所说的"蜂出"，也以"蜂"的群飞态势，形容"矫称"这种欺诈行为频繁发生其密度之大。

范增所谓"皆争附君者"的"争"，或许是人们观察"蜂"群飞时情形的真实感觉。

"蜂起""蜂午""蜂出"的说法，见于史论和政论用语。如范增这样的智士，如汉安帝这样的帝王，也都曾经使用，可知当时社会对于"蜂"的活动方式与飞行习惯，是相当熟识的。用以形容人类社会的活动形态，"蜂起""蜂午""蜂出"等言辞，大概已经是民间习用的熟语。《三国志》卷

1　《后汉书》，第 2899 页。

2　《史记》卷七《项羽本纪》，第 300—301 页。

3　《汉书》，第 1937 页、第 1941 页。

4　《汉书》，第 2944 页。

5　《史记》，第 685 页。

四八《吴书·三嗣主传·孙皓》裴松之注引陆机著《辨亡论》有"群雄蜂骇,义兵四合"的说法。[1] 所谓"蜂骇",是后世语言的变化,但是借"蜂"为喻,却继承了原来的传统。

人们对"蜂"的习性既然熟悉,不大可能不知道蜂巢中"蜂蜜"的存在。通常很可能是因发现并取用"蜂蜜"而惊动了"蜂"群,才导致"众蜂飞起",形成"蜂起""蜂午""蜂出"情形。

4. "蜂虿"比喻和"蜂与锋同"

"蜂"的自卫方式,即以尾部的毒针以螫刺方式报复敌害,《史记》卷二三《礼书》称之为"蜂虿"。[2]

蒯通劝说韩信面对政治危急形势果敢决断,有所行动。《史记》卷九二《淮阴侯列传》载录了蒯通的话语:"夫听者事之候也,计者事之机也,听过计失而能久安者,鲜矣。听不失一二者,不可乱以言;计不失本末者,不可纷以辞。夫随厮养之役者,失万乘之权;守儋石之禄者,阙卿相之位。故知者决之断也,疑者事之害也,审豪牦之小计,遗天下之大数,智诚知之,决弗敢行者,百事之祸也。故曰'猛虎之犹豫,不若蜂虿之致螫;骐骥之跼躅,不如驽马之安步;孟贲之狐疑,不如庸夫之必至也;虽有舜禹之智,吟而不言,不如瘖聋之指麾也'。此言贵能行之。夫功者难成而易败,时者难得而易失也。时乎时,不再来。愿足下详察之。"[3] 蒯通所谓"故曰'猛虎之犹豫,不若蜂虿之致螫;骐骥之跼躅,不如驽马之安步;孟贲之狐疑,不如庸夫之必至也;虽有舜禹之智,吟而不言,不如瘖聋之指麾也'",应是引用当时人们普遍认可的语言。"猛虎"的攻击力度,远远超过"蜂虿",然而"猛虎之犹豫,不若蜂虿之致螫"。立即行动,则可以切实有

---

1 《三国志》,第 1183 页。

2 《史记》,第 1123 页。

3 《史记》,第 2625 页。

效地进击敌害。《史记》卷九二《淮阴侯列传》"猛虎之犹豫，不若蜂虿之致螫"，《汉书》卷四五《蒯通传》写作"猛虎之犹与，不如蜂虿之致蠚"。[1]

《史记》卷二三《礼书》有这样一段话，形容"楚人"军势强劲："楚人鲛革犀兕，所以为甲，坚如金石；宛之钜铁施，鑽如蜂虿，轻利剽遬，卒如熛风。"司马贞《索隐》解释"鑽"："鑽谓矛刃及矢镞也。"[2]其兵器制作能力之优胜，可以"鑽如蜂虿"。也说到"蜂虿"。《说文·虫部》："虿，毒虫也。象形。"段玉裁注："《左传》曰：蜂虿有毒。《诗》曰：卷发如虿。《通俗文》曰：虿长尾谓之蝎。蝎毒伤人曰虿。虿张列反。或作蜇。旦声。非旦声也。"按不曰从虫象形而但曰象形者，虫篆有尾，象其尾也。蝎之毒在尾。《诗笺》云：虿，螫虫也。尾末揵然。似妇人发末上曲卷然。其字上本不从万，以苗象其身首之形。俗作虿，非。且与牡蛎字混。"[3]"虿"指以"毒伤人"的"蝎"。"蜂虿"，蜂蝎连称。但是"蜂"也是"螫虫"。形容兵器"鑽如蜂虿"，言其锋利富有杀伤力。前引蒯通语"蜂虿之致螫"，也强调其尾针"螫"的刺伤毒害能力。

《史记》卷一二八《龟策列传》说："羿名善射，不如雄渠、蠭门。"裴骃《集解》："《淮南子》曰：'射者重以逢门子之巧。'刘歆《七略》有《蠭门射法》也。"[4]今本《汉书》卷三〇《艺文志》可见"《逢门射法》二篇"[5]，而裴骃看到的本子，写作"《蠭门射法》"。《逢门射法》，应当由自"射者重以逢门子之巧"的说法。"逢门子"见于《汉书》卷二〇《古今人表》。[6]《汉书》卷六四下《王褒传》："逢门子弯乌号。"颜师古注："逢门，善射者，即逢蒙也。乌号，弓名也。并解在前也。"[7]但是"逢门""逢门子"名号，也不能说和"蜂"完全没有关系。《荀子·王霸》《荀子·正论》《吕氏

---

1 《汉书》，第 2165 页。

2 《史记》，第 1164 页。

3 〔汉〕许慎撰，〔清〕段玉裁注：《说文解字注》，第 665 页。

4 《史记》，第 3237 页。

5 《汉书》，第 1761 页。

6 《汉书》，第 881 页。

7 《汉书》，第 2826 页。

春秋·听言》都写作"蠭门"。[1]《史记》应当沿袭了较早的说法。

以"蜂"形容兵锋,是汉代语言习惯。《释名·释兵》写道:"刀,到也,以斩伐,到其所,乃击之也。其末曰'锋',言若锋刺之毒利也。"[2]"锋刺"之"锋",许多研究者校正为"蜂"。《释名疏证》写作"蠭",说:"'蠭刺',今本讹作'锋刺',盖俗'蠭'作'蜂',故又转相误也。"[3]

王莽执政末年,连续发生蝗灾,《后汉书》卷一上《光武帝纪上》说当时形势:"寇盗锋起。"李贤注:"言贼锋锐竞起。字或作'蜂',喻多也。"[4]说"蜂起"如上文讨论有"喻多"的文意外,还可以直接理解为"锋锐竞起"。这样的解释,又见于《汉书》卷三一《项籍传》颜师古注:"蠭,古蜂字也。蠭起,如蠭之起,言其众也。一说蠭与锋同,言锋锐而起者。"[5]《汉书》卷三三《魏豹传》:"士卒皆山东人,竦而望归,及其蠭东乡,可以争天下。"颜师古注:"蠭与锋同。"[6]《汉书》卷三〇《艺文志》颜师古注:"蜂与锋同。"[7]《汉书》卷五三《景十三王传·中山靖王刘胜》:"谗言之徒蠭生。"颜师古注:"蠭生,言众多也。一曰蠭与锋同。"[8]颜师古所谓"蜂与锋同",又见于《汉书》卷七六《赵广汉传》与《汉书》卷八七下《扬雄传下》颜师古的解说。《汉书》卷七六《赵广汉传》:"专厉强壮蠭气。"颜师古注:"蠭与锋同,言锋锐之气。"[9]《汉书》卷八七下《扬雄传下》:"猋腾波流,机骇蠭轶。"颜师古注:"猋,疾风也。腾,举也。蠭与锋同。"[10]所谓"蠭与锋同",说兵锋犀利,以"蜂"尾刺的"毒利"作比喻。

1 〔清〕王先谦撰,沈啸寰、王星贤点校:《荀子集解》,第215页、第337页。许维遹撰,梁运华整理:《吕氏春秋集释》,第293页。

2 任继昉纂:《释名汇校》,第381页。

3 〔汉〕刘熙撰,〔清〕毕沅疏证,〔清〕王先谦补,祝敏彻、孙玉文点校:《释名疏证补》,第235页。

4 《后汉书》,第2页。

5 《汉书》,第1800页。

6 《汉书》,第1852页。

7 《汉书》,第1746页。

8 《汉书》,第2424页。

9 《汉书》,第3204页。

10《汉书》,第3561页。

67-1　《说文·蚰部》"蠠"书影

5. 汉代昆虫学知识中的"蜂"与"蜜"

有学者讨论"汉代《说文解字》中的动物学"，注意到"虫类部首"中"与昆虫类有关的字"。论者指出："蜜，mi honey 蜜蜂所酿造的汁液。"关于"蜂""蠭"，则写道："蜂、蠭 feng bee 蜜蜂（honeybee *A pis*），胡蜂（horent *Ves pa*）。"[1]

其实，"蜜"字，在《说文·蚰部》中，是写作"蠠"的。其字排列在"蠭"字之后。许慎写道："蠠，蠭甘饴也。"段玉裁注："饴者，米糵煎也。蠭作食甘如之。凡蠭皆有蠠。《方言》蠭大而蜜者，谓之壶蠭。郭云：今黑蠭穿竹木作孔，亦有有蜜者。是则蠭饴名蠠，不主谓今之蜜蠭也。"[2]指出非"蜜蜂"之野蜂产蜜，也为人们所利用的情形。[3]

1　郭郛、〔英〕李约瑟、成庆泰著：《中国古代动物学史》，科学出版社 1999 年 2 月版，第127 页。

2　〔汉〕许慎撰，〔清〕段玉裁注：《说文解字注》，第 675 页。

3　王子今：《〈史记〉说"蜂"与秦汉社会的甜蜜追求》，《月读》2020 年 12 期。

蝗・蠱

1.《秦始皇本纪》：“蝗虫从东方来，蔽天”

《史记》卷六《秦始皇本纪》在关于秦统一历程的记载中，于战争史之外，又有涉及社会生产和社会生活的内容：“（秦王政）三年，蒙骜攻韩，取十三城。王齮死。十月，将军蒙骜攻魏氏畼、有诡。岁大饥。”记述秦对韩、魏的军事攻势，同时言及“岁大饥”的灾情。裴骃《集解》引述徐广音读：“畼音场。”司马贞《索隐》写道：“音畅，魏之邑名。”《史记》卷六《秦始皇本纪》关于秦王政四年（前243）的历史记录篇幅有限，但是既涉及军事史、外交史，同时涉及灾异史，有关推行“内粟”“拜爵”措施的记述，则可以看作行政史的信息：

> 四年，拔畼、有诡。三月，军罢。秦质子归自赵，赵太子出归国。
> 十月庚寅，蝗虫从东方来，蔽天。天下疫。百姓内粟千石，拜爵一级。[1]

所谓“三年”“十月，将军蒙骜攻魏氏畼、有诡”，“四年，拔畼、有诡”，其地未能确知，《中国历史地图集》《中国历史地名大辞典》没有相关信息。[2]

特别值得重视的，是有关蝗灾的记录：“十月庚寅，蝗虫从东方来，蔽天。”

清人梁玉绳《史记志疑》一书，史家赞誉“默而湛思”，“专精毕力”，“洵足为龙门之功臣，袭《集解》《索隐》《正义》而四之者矣”。[3]在这部

---

1 《史记》，中华书局1959年9月版，第224页。中华书局“点校本二十四史修订本”《史记》点校没有变化。中华书局2014年8月版，第290页。
2 谭其骧主编：《中国历史地图集》，中国地图出版社1982年10月版；史为乐主编：《中国历史地名大辞典》，中国社会科学出版社2005年3月版。
3 〔清〕钱大昕：《〈史记志疑〉跋》，〔清〕梁玉绳撰：《史记志疑》，中华书局1981年4月版，第1页。

《史记》研究经典论著中，以为"十月"当作"七月"：

> 附案：表作"七月"是也。《史诠》曰"今本'七'作'十'，误"。

"表"即《史记》卷一五《六国年表》。"《史诠》"，即明代史学家程一枝研究《史记》的专门论著《史诠》。中华书局标点本"蝗虫从东方来，蔽天"，与下文"天下疫"分断，值得我们注意。[1]

泷川资言《史记会注考证》："表'十月'作'七月'。程一枝曰：今本'七'作'十'，误。黄式三曰：'十月无蝗。'"[2]

百衲本《史记》作"十月"。[3]张元济校勘没有说明。[4]

"七""十"汉代书写字形相近[5]，经常出现错误，在汉代文字资料中多有发现。《史记》卷六《秦始皇本纪》此处书写的"十月"，原本很可能是"七月"。即作："七月庚寅，蝗虫从东方来，蔽天。"这样则与《史记》卷一五《六国年表》的记录一致。清佚名《史记疏证》卷一二"始皇四年七月蝗蔽天下"条写道："愚按：此疑有脱字。《本纪》云：七月庚寅，蝗虫从东方来，蔽天。天下疫。"[6]所据本《秦始皇本纪》即作"七月"。

"蝗虫从东方来"，指示了造成灾害的蝗群的迁飞方向。类似记载《汉书》中也曾出现。如《汉书》卷六《武帝纪》："（太初元年秋八月）蝗从东方飞至敦煌。"《汉书》卷二七中之下《五行志中之下》："太初元年夏，蝗从东方蜚至敦煌。"与《武帝纪》有时间差异。又《汉书》卷九九下《王莽传下》："（地皇三年）夏，蝗从东方来，蜚蔽天，至长安，入未央宫，缘殿

1　〔清〕梁玉绳撰：《史记志疑》，第168页。

2　〔汉〕司马迁撰，〔日本〕泷川资言考证，〔日本〕水泽利忠校补：《史记会注考证附校补》，第155页。今按："十月无蝗"的说法，符合对蝗虫生存史的科学认识。

3　〔汉〕司马迁撰，〔南朝宋〕裴骃集解，〔唐〕司马贞索隐，〔唐〕张守节正义：《百衲本史记》，国家图书馆出版社2014年9月版，第104页。

4　张元济著，王绍曾、杜泽逊、赵统等整理，顾廷龙审定：《百衲本二十四史校勘记·史记校勘记》，商务印书馆1997年12月版，第33页。

5　陈建贡、徐敏编：《简牍帛书字典》，上海书画出版社1991年12月版，第2—3页、第109—111页。

6　〔清〕佚名：《史记疏证》，清钞本，第127页。

阁。莽发吏民设购赏捕击。"[1]《王莽传下》语例除"从东方来"与《秦始皇本纪》一致而外，"蝗蔽天"也与《秦始皇本纪》所谓"蔽天"接近。

2.《六国年表》："蝗蔽天下"

有的研究者只注意到《史记》卷六《秦始皇本纪》的蝗灾记录。[2] 其实，《史记》卷一五《六国年表》亦有很可能为同一灾情的记载，见于"秦"栏下"始皇帝"四年，中华书局标点本注示公元纪年为"前243"年：

> 七月，蝗蔽天下。百姓纳粟千石，拜爵一级。[3]

有关"纳粟""拜爵"政策，这里明确记录了具体的奖励形式，这就是所谓"纳粟千石，拜爵一级"。"拜爵一级"的对应条件也就是实际价位是以语意明朗的文字所载录的。这与《史记》卷六《秦始皇本纪》所说一致，只是"内粟"写作"纳粟"。梁玉绳《史记志疑》以为"'百姓'上缺'令'字。"又写道：

> 案：蝗蔽天下，当有脱字，《本纪》云"蝗虫从东方来蔽天，天下疫"。或解此《表》曰"蝗虫蔽天而下也"。[4]

泷川资言《史记会注考证》也说："《本纪》云：蝗虫从东方来，蔽天，天下疫。此当有脱字。"[5]

---

1 《汉书》，第200页、第1436页、第4176页。
2 如路美玲对"生物灾害"进行考察时指出："秦时蝗灾1起，秦王政'四年，十月庚寅，蝗虫从东方来，蔽天。'"原注："〔西汉〕司马迁《史记》，中华书局1959年版，第224页。"路美玲：《汉代自然灾异文学书写研究》，陕西理工大学硕士学位论文，2020年6月，导师：史继东研究员，第15页。今按：引文应作：秦王政四年，"十月庚寅，蝗虫从东方来，蔽天"。或"〔秦王政四年〕十月庚寅，蝗虫从东方来，蔽天"。
3 《史记》，第751页。
4 〔清〕梁玉绳撰：《史记志疑》，第447—448页。
5 〔汉〕司马迁撰，〔日本〕泷川资言考证，〔日本〕水泽利忠校补：《史记会注考证附校补》，第434页。

《史记》卷六《秦始皇本纪》记载："十〔七〕月庚寅，蝗虫从东方来，蔽天。天下疫。"而《史记》卷一五《六国年表》写道："七月，蝗蔽天下。"对照理解这两条史料，可以大致知晓这次蝗灾的严重程度。

《史记》卷一五《六国年表》"蝗蔽天下"，梁玉绳提出了另一种解说："或解此《表》曰'蝗虫蔽天而下也'。"所谓"蝗蔽天下"或"蝗虫蔽天而下"，与《史记》卷六《秦始皇本纪》所谓"蝗虫从东方来，蔽天"究竟是怎样的关系，也是值得我们认真思考的。《资治通鉴》对于这次蝗灾的记录，似乎有意避开了"蔽天""蔽天下"文字表现的歧异。

对于《史记》卷六《秦始皇本纪》与《史记》卷一五《六国年表》记述文字的异同，《资治通鉴》卷八"始皇帝四年"采用的处理方式，只取用"蝗"灾记载，不录"从东方来，蔽天"及"蔽天下"诸语。然而却将"蝗"与"疫"联系了起来，与中华书局《史记》点校者的理解不同[1]：

> 七月，蝗，疫。令百姓纳粟千石，拜爵一级。

胡三省注介绍了"蝗"与"蝗子"即"蝗"的幼虫"蝝"的昆虫学知识："蝗子始生曰蝝，翅成而飞曰蝗，以食苗为灾。疫，札瘥瘟也。"[2]

3. "蝗子"即"蝗"的幼虫"蝝"

其实，关于"蝗"和"蝗子""蝝"的生物定义，《说文·虫部》已经在当时昆虫学知识的基础上进行了文字学的初步说明：

> 蝝，复陶也。刘歆说：蝝，蟺蠹子也。董仲舒说：蝝，蝗子也。从

---

1 《史记》中华书局 1959 年 9 月版作："十月庚寅，蝗虫从东方来，蔽天。天下疫。"第 224 页。"蝗虫从东方来，蔽天"与"天下疫"分断。中华书局点校本二十四史修订本 2013 年 9 月版同，第 286 页。《史记会注考证附校补》上海古籍出版社 1986 年 4 月版亦同，第 155 页。陈直《史记新证》将"天下疫"与下文"百姓内粟千石，拜爵一级"连读。第 19 页。
2 〔宋〕司马光编著，〔元〕胡三省音注，"标点资治通鉴小组"校点：《资治通鉴》，第 210 页。

虫，象声。

许慎引董仲舒所谓"蟓，蝗子也"，已经很明确地提示"蟓"是"蝗"的幼虫。胡三省注的解说："蝗子始生曰蟓，翅成而飞曰蝗。"即采纳董仲舒的说法。董仲舒说，可以理解为表达了这位与司马迁同时代的学者的昆虫学认知。就此，段玉裁《说文》注还有更认真的说明：

> 《释虫》曰：蟓，蝮蜪。俗字从虫。《国语》曰：蟲舍蚳蟓。韦注：蟓，蝮蜪也，可以食。按此说盖与下文二说画然为三。郭注《尔雅》则牵合董说耳。复陶未知于今何物。[1]

今按：蟔蠹，今或写作"蚍蜉"。《中文大字典》："蟓，《说文》：'蟓，复陶也。刘歆说：蟓，蚍蜉子也。董仲舒说：蟓，蝗子也。从虫，象声。'"[2] 现在看来，段玉裁仍说"复陶未知于今何物"，则汉代学者有关"蟓，蝗子"的解说显然是并不具体，并不确定的。

对于《史记》的"蝗"史记录，司马光和胡三省的态度都是重视的。就《史记》卷六《秦始皇本纪》和《史记》卷一五《六国年表》相关表述文字的处理，体现了史家对早期"蝗"灾史的考察、理解和说明，是非常认真的。

4. "螽""蝝""蟓"虫害

《春秋》中可见关于"螽"这种昆虫比较活跃的文字记录，"螽"，或解说为"蝗"。而《左传》《公羊传》《谷梁传》有关"螽"的文字，不仅在经学史中曾经成为讨论的对象，尤其为昆虫学史研究者所重视。

《左传·宣公十五年》可见关于"螽"和"蝝"的灾害史记录。时在公

---

1 〔汉〕许慎撰，〔清〕段玉裁注：《说文解字注》，第 666 页。
2 汉语大字典编辑委员会：《汉语大字典》缩印本，四川辞书出版社、湖北辞书出版社 1993 年 11 月版，第 1199 页。

元前594年：

> 秋，螽。……初税亩。冬，蝝生，饥。

史事涉及“螽”“蝝”，应当理解为关于农耕经营面临虫灾的早期史料。所谓“蝝生”，杜预解释说：“螽子以冬生，遇寒而死，故不成螽。刘歆云：蚍蜉子也。董仲舒云：蝗子。”关于“饥”，杜预注：“风雨不和，五稼不丰。”[1]杜预注说似并不将“冬，蝝生”与“饥”相联系，否定其间存在因果关系，而认为农耕歉收即“五稼不丰”的直接原因在于气候，即“风雨不合”。孔颖达疏：“《正义》曰：《释虫》云：草螽负蠜蚣螽蜙蝑。李巡云：皆分别蝗子异方之语也。《释虫》又云：蝝，蝮蜪。李巡云：蝮蜪，一名蝝。蝝，蝗子也。郭璞云：蝗子未有翅者。刘歆以为蚍蜉有翅者，非也。如李、郭之说，是蝝为螽子也。上云‘秋，螽’，秋而生子于地，至冬，其子复生，遇寒而死，故不成灾。《传》称凡物不为灾不书。此不为灾而书之者，《传》云幸之也。此年既饥，若使蝝早生，更为民害，则其困甚矣。喜其冬生，以为国家之幸，故喜而书之。《公羊传》亦云：蝝生不书，此何以书？幸之也。”

不过，对于“饥”，孔颖达疏：“注：风雨至不丰。《正义》曰：此年秋螽，知不为螽而饥者，《春秋》书螽多矣，有螽之年皆不书饥，而此独书饥，知年饥不专为螽。故云‘风雨不和，五谷不丰’也。”[2]

所谓“《公羊传》亦云：蝝生不书，此何以书？幸之也”，见于《公羊传·宣公十五年》：“冬，蝝生。未有言蝝生者，此其言蝝生何？蝝生不书，此何以书？幸之也。幸之者何？犹曰受之云尔。受之云尔者何？上变古易常，应是而有天灾。其诸则宜与此焉变矣。”何休的解释中又出现了另一种昆虫名号“螟”：“蝝即螟也，始生曰蝝，大曰螟。”对于“幸之也”的“幸”，何休解诂为“侥幸”。唐人徐彦疏：“蝝生不书，解云谓例不书之。”就是说，按照常例，“蝝生”，是不记录在史书上的。对于“上变古易常”，何休说：“上谓宣公，变易公田古常旧制而税亩。”对于“应是而有

1　《春秋左传集解》，第614—615页。

2　〔清〕阮元校刻：《十三经注疏》，第1887页。

68-1 《说文·虫部》"螽"书影

天灾",何休说:"应是变古易常而有天灾螽,民用饥。"对于"其诸则宜与此焉变矣",何休解诂:"言宣公于此天灾饥后,能受过变寙,明年复古行中,'冬,大有年。'其功美过于无灾。故君子深为喜。而侥倖之变,螽言蝝,以不为灾书起其事。"[1]儒家灾异说的理解,作为当时政治文化的宣传,与灾荒史的科学认识似乎没有直接的关系。但是"天灾螽,民用饥"的理解,是涉及"蝗"灾的早期认识的。《公羊传·哀公十二年》:"冬,十有二月,螽。何以书?记异也。何异尔?不时也。"即显示反季节的特异现象。何休解诂:"螽者与阴杀俱藏。周十二月,夏之十月,不当见,故为异。比年再螽者,天不能杀,地不能理。自是之后,天下大乱,莫能相禁。"徐彦疏:"注:比年再螽。解云:即下《十三年》'冬,十二月螽'是也。"《公羊传·哀公十二年》确实记载:"冬……十有二月,螽。"何休解诂又将自然现象与政治行为相联系:"黄池之会费重烦之所致。"[2]冬季"螽"即"蝗"的异常活跃,与昆虫学研究的相关结论是一致的,即:"8月中旬至9月上

---

1 〔清〕阮元校刻:《十三经注疏》,第2286—2287页。
2 〔清〕阮元校刻:《十三经注疏》,第2351—2352页。

旬"羽化"的"秋蝗","在该区南部的秋旱温高年份,该代部分卵于9月中旬前后又孵化为第二代秋蛹,10月中、下旬羽化,但因冬季低温降临,成虫也不能产卵而冻死。因此增加了当年的为害,却减少了来年夏蝗的虫源基数"。[1]当然,鲁哀公十三年(前482)再一次发生"秋旱温高"气象,于是又有"第二代秋蛹"于"10月中、下旬羽化"。

《谷梁传·宣公十五年》:"冬,蝝生。蝝非灾也。其曰蝝,非税亩之灾也。"与"初税亩"的制度改革相联系,但是明确说"其曰蝝,非税亩之灾也",而"蝝非灾也"的意见也值得重视。范宁《集解》:"凡《春秋》记灾,未有言'生'者。'蝝'之言'缘'也。缘宣公'税亩'故生此灾,以责之非责也。"又说:"蝝,以全反,刘歆云'此蚍蜉子',董仲舒云'蝗子'。"[2]董仲舒所谓"蝗子"之说,应当理解为体现了与《史记》成书年代时段相近的生物学知识。

严格说来,《春秋》及三传有关"螽""蝝""蜚"虫害形成的灾情记载,其实还不宜理解为明确的有关蝗灾的灾害史记录。作为熟悉《春秋》及三传的学者[3],对于其中相关文字,司马迁不可能没有看到,也不可能不予以充分重视。我们从《汉书》卷二七中之下《五行志中之下》"桓公五年'秋,螽'","釐公十五年'八月,螽'","文公三年'秋,雨螽于宋'","八年'十月,螽'","宣公六年'八月,螽'","十三年'秋,

---

1 袁锋主编:《农业昆虫学》(第三版),中国农业出版社2001年9月版,第189—190页。

2 〔清〕阮元校刻:《十三经注疏》,第2415页。

3 《史记》卷一三〇《太史公自序》说到司马谈嘱咐司马迁继承己志,"为太史,无忘吾所欲论著矣"。"……幽厉之后,王道缺,礼乐衰,孔子修旧起废,论《诗》《书》,作《春秋》,则学者至今则之。自获麟以来四百有余岁,而诸侯相兼,史记放绝。今汉兴,海内一统,明主贤君忠臣死义之士,余为太史而弗论载,废天下之史文,余甚惧焉,汝其念哉!"司马迁以"继《春秋》"作为自己的人生责任。他与上大夫壶遂有关"孔子何为而作《春秋》"的讨论,言及《春秋》凡十五次。在关于古来文化名著"大抵贤圣发愤之所为作也"的著名言谈中,他也以"孔子厄陈蔡,作《春秋》"为榜样。第3295—3300页。《史记》中以"太史公曰"句式显现的对《春秋》的熟悉,文例颇多。如《史记》卷一四《十二诸侯年表》:"太史公读《春秋历谱谍》……"第509页。《史记》卷九一《黥布列传》:"太史公曰:英布者,其先岂《春秋》所见楚灭英、六、皋陶之后哉?"第2607页。《史记》卷一一〇《匈奴列传》:"太史公曰:孔氏著《春秋》,隐桓之间则章,至定哀之际则微……"第2919页。《史记》卷一一七《司马相如列传》:"太史公曰:《春秋》推见至隐……"第3073页。

螽’”，“十五年‘秋，螽’”，“襄公七年‘八月，螽’”，“哀公十二年‘十二月，螽’”，“十三年‘九月，螽；十二月，螽’”以及“宣公十五年‘冬，蝝生’”等记录及刘向、刘歆的灾异学评论[1]，就可以知道这一情形。但《史记》并不简单沿承“螽”“蝝”“蟘”旧说，而新用“蝗”“蝗虫”称谓。就此，司马迁应当是有深沉的全面的思考的。这一名物史现象，或许可以看作昆虫学认识之历史性进步的体现之一。

《史记》卷六《秦始皇本纪》所谓“蝗虫从东方来，蔽天”以及《史记》卷一五《六国年表》所谓“蝗蔽天下”，是历史文献记载所见最早的关于蝗灾的明确信息。特别是有关灾情危害严重性的具体记述，如“蔽天”“蔽天下”等语，保留了非常珍贵的历史记忆。相关历史记载对于农耕史、灾荒史、生态环境变迁史以及昆虫学史，都有值得重视的学术价值。

5.《史记》蝗灾史料

《史记》有关蝗灾的记录，很可能沿袭了《秦记》保留的秦史信息。

《秦记》是秦国官修的以秦国为记述主体的历史著作。《史记》卷五《秦本纪》记载：“（秦文公）十三年，初有史以纪事，民多化者。”[2] 金德建《〈秦记〉考征》一文指出：“开始写作《秦记》便在这一年。秦文公十三年是公元前753年，比较《春秋》的记事开始于鲁隐公元年（前722年），还要早三十多年。”[3] 秦始皇时代焚书，因李斯的建议。“烧”与“所不去”，自有明确的政策性区分：“臣请史官非《秦记》皆烧之。非博士官所职，天下敢有藏《诗》、《书》、百家语者，悉诣守、尉杂烧之。有敢偶语《诗》《书》者弃市。以古非今者族。吏见知不举者与同罪。令下三十日不烧，黥为城

1 《汉书》，第1431—1434页。
2 《史记》，第179页。王子今：《秦史学史的第一页：〈史记〉秦文公、史敳事迹》，《渭南师范学院学报》（社会科学版）2020年7期。
3 金德建：《司马迁所见书考》，上海人民出版社1963年2月版，第419页。

旦。所不去者，医药卜筮种树之书。若欲学法令，以吏为师。"¹秦王朝"焚书"，其实是对所谓"不师今而学古，以非当世"，"道古以害今"，"以古非今"等言行的严酷否定，事实上也由"三代之事，何足法也"的认识基点，因"时变异"而创建新的政治文化格局的积极追求，走向极端绝对化的反历史主义的立场。所谓"史官非《秦记》皆烧之"，就是取缔各国历史记载，仅仅保留秦国史籍。这就是司马迁在《史记》卷一五《六国年表》中所指出的："秦既得意，烧天下《诗》《书》，诸侯史记尤甚，为其有所刺讥也。《诗》《书》所以复见者，多藏人家，而史记独藏周室，以故灭。惜哉！惜哉！独有《秦记》，又不载日月，其文略不具。然战国之权变亦有可颇采者，何必上古。秦取天下多暴，然世异变，成功大。传曰'法后王'，何也？以其近己而俗变相类，议卑而易行也。学者牵于所闻，见秦在帝位日浅，不察其终始，因举而笑之，不敢道，此与以耳食无异。悲夫！"²司马迁痛心地惋叹"诸侯史记"被烧毁，"独有《秦记》，又不载日月，其文略不具"，存在简略等缺陷。然而，司马迁同时又肯定《秦记》作为历史文献的真实性。他不赞同因"见秦在帝位日浅"而鄙视秦的史学文化。他在《史记》卷一五《六国年表》的序文和结语中两次说到《秦记》："太史公读《秦记》，至犬戎败幽王，周东徙洛邑，秦襄公始封为诸侯，作西畤用事上帝，僭端见矣。""余于是因《秦记》，踵《春秋》之后，起周元王，表六国时事，讫二世，凡二百七十年，著诸所闻兴坏之端。后有君子，以览观焉。"³对于司马迁"读《秦记》""因《秦记》"之所谓《秦记》，司马贞《索隐》解释说："即秦国之史记也。"⁴

孙德谦《太史公书义法·详近》确认司马迁读过《秦记》："《秦记》一书，子长必亲睹之，故所作列传，不详于他国，而独详于秦。今观商君鞅后，若张仪、樗里子、甘茂、甘罗、穰侯、白起、范雎、蔡泽、吕不韦、

---

1 《史记》卷六《秦始皇本纪》，第 255 页。

2 《史记》，第 686 页。

3 《史记》，第 585 页、第 687 页。

4 《史记》，第 685 页。王子今：《〈秦记〉及其历史文化价值》，《秦文化论丛》第 5 辑，西北大学出版社 1997 年 6 月版。

李斯、蒙恬诸人，惟秦为多。迁岂有私于秦哉！据《秦记》为本，此所以传秦人特详乎！"以为秦国人物"列传"记述之"详"，正因为具备这样的条件。除人物表现之外，《太史公书义法·综观》还特别注意到《史记》卷一五《六国年表》中"有本纪、世家不载，而于《年表》见之者"前后四十四年中凡五十三起历史事件，以为"此皆秦事只录于《年表》者"。金德建于是据此发表了这样的判断："《史记》的《六国年表》纯然是以《秦记》的史料做骨干写成的。秦国的事迹，只见纪于《六国年表》里而不见于别篇，也正可以说明司马迁照录了《秦记》中原有的文字。"[1]《史记》卷六《秦始皇本纪》文末附录班固评论子婴的意见："子婴度次得嗣，冠玉冠，佩华绂，车黄屋，从百司，谒七庙。""高死之后，宾婚未得尽相劳，餐未及下咽，酒未及濡唇，楚兵已屠关中。""吾读《秦纪》，至于子婴车裂赵高，未尝不健其决，怜其志。"[2]班固自称其判断得自于《秦纪》，《秦纪》就是《秦记》。可知《秦记》对子婴事迹，很可能有比较详尽的文字记述。班固所谓"子婴车裂赵高"史事，《史记》卷六《秦始皇本纪》记载："子婴遂刺杀高于斋宫，三族高家以徇咸阳。"[3]未见"车裂"的具体情节。由此可以推知，班固"读《秦纪》领略的史学记述有些似乎并没有被司马迁所采用。[4]当然，《史记》卷六《秦始皇本纪》还有其他历史记述也应多基于《秦记》的文字，只是我们现在不能明确知晓。而杨继承指出："《秦始皇本纪》"灾异纪事"有些"也不一定出自《秦记》，而是有着另外的史源。"论者引录赵生群说[5]，亦有自己可信度甚高的论证。[6]也许具体的灾异史迹的文献初源，可以分别考察。

我们曾经讨论过秦史的灾异记录，指出从自然史、经济史和社会史的角度发掘秦史灾异记录内在的文化涵义，对于我们深化对秦史的认识和对

1　金德建：《〈秦记〉考征》，《司马迁所见书考》，第415—423页。
2　《史记》，第293页。《秦纪》，又见于《史记》卷六《秦始皇本纪》司马贞《索隐》引《秦纪》，《史记》卷八七《李斯列传》司马贞《索隐》引《秦纪》，第2542页。
3　《史记》，第275页。
4　王子今：《〈秦记〉考识》，《史学史研究》1997年1期。
5　赵生群：《〈史记〉取材于诸侯史记》，《人文杂志》1984年2期。
6　杨继承：《秦的灾异与符应：历史记录与史家建构》，《文史》2016年4辑。

秦文化的理解，有积极的意义。[1]

　　前引金德建说，以为应当重视"秦国的事迹，只见纪于《六国年表》里而不见于别篇"者。我们发现，《史记》卷一五《六国年表》中有关秦灾异的记录，计二十二例。秦史二百五十九年历程中，重要灾异多达二十二例，较周王朝和其他六国的相关记录远为密集。[2] 清代学者汪中曾经在学术史论说中指出，《左传》除了直接记述政治军事人文历史而外，所有"天道、鬼神、灾祥、卜筮、梦之备书于策者"，以为也都属于"史之职也"。[3] 由此我们似乎可以这样认为，尽管东方诸国曾经对秦人"夷翟遇之"[4]，予以文化歧视，有所谓"（秦）夷狄也"[5]，"秦戎翟之教"[6]，"秦杂戎翟之俗"[7]，"秦与戎翟同俗"[8] 等说法，但《秦记》的作者，仍然基本继承着中原文化传统，其学术资质，至少应大致和东方史官相当，在纪史的原则上，也坚持着与东方各国史官相类同的文化倾向。

　　这二十二例灾异记录中，我们以为特别值得重视的，是秦献公十六年（前369）所谓"民大疫"，秦昭襄王九年（前298）所谓"河、渭绝一日"，秦昭襄王二十七年（前280）所谓"地动，坏城"，以及秦王政四年（前243）所谓"蝗蔽天下"。此四例，分别涉及疾疫、大旱、地震、蝗灾。蝗灾，被看作影响政治史的严重灾异。

　　我们还看到，《史记》卷五《秦本纪》与《史记》卷六《秦始皇本

---

1 王子今:《秦史的灾异记录》,《秦俑秦文化研究——秦俑学第五届学术讨论会论文集》,陕西人民出版社 2000 年 8 月版。

2 《六国年表》中关于周王朝和其他六国灾异的记录,合计只有韩庄侯九年（前 362）"大雨三月",魏惠王十二年（前 359）"星昼堕,有声",魏襄王十三年（前 322）"周女化为丈夫",魏哀王二十一年（前 298）"河、渭绝一日"四例。其中所谓"河、渭绝一日",列入魏国栏中,其实也是秦国灾异。

3 〔清〕汪中:《春秋左氏释疑》,〔清〕王昶辑:《湖海文传》卷八《释》,《续修四库全书》,第 1668 册第 468 页。

4 《史记》卷五《秦本纪》:"秦僻在雍州,不与中国诸侯之会盟,夷翟遇之。"第 202 页。

5 《史记》卷二七《天官书》:"秦、楚、吴、越,夷狄也,为强伯。"第 1344 页。

6 《史记》卷六八《商君列传》:"商君曰:'始秦戎翟之教,父子无别,同室而居。今我更制其教,而为其男女之别……'"第 2234 页。

7 《史记》卷一五《六国年表》:"今秦杂戎翟之俗,先暴戾,后仁义……"第 685 页。

8 《史记》卷四四《魏世家》:"秦与戎翟同俗,有虎狼之心,贪戾好利无信,不识礼义德行。"第 1857 页。

纪》，以及《史记》卷一四《十二诸侯年表》中，又有《史记》卷一五《六国年表》未予载录的灾异现象十八例。而据《史记》卷一五《六国年表》和《史记》卷六《秦始皇本纪》记载，秦始皇时代史书记录的灾异多至十四起。

这些迹象，都说明秦史的传统和秦文化的传统，均对自然条件，对自然与人的关系，表现出特别的关注。司马迁《史记》有可能在一定程度上因循《秦记》学术基因，并受到包括《吕氏春秋》等论著的民本思想影响，关心民生的史学精神得以获得良好发育的条件。《史记》坚持的这种人文理念，也应当为后世史家认真领会并努力继承。[1]

6.《吕氏春秋》："虫蝗为败"

秦国一时权倾朝野，"号称仲父"的相国吕不韦组织门客编写《吕氏春秋》，"使其客人人著所闻，集论以为八览、六论、十二纪，二十余万言"[2]。其中所谓"集论"，是说这部著作能够综合诸子，博采百家，"集"众说之"论"，于是曾经被归为"杂家"。其学术优长，正表现为"兼""合""贯综"。[3]《吕氏春秋》的这一文化特点，很可能与吕不韦曾经往来各地，千里行商的个人游历实践有关。行历四方的人生体验，或许可以有益于开阔视野，广博见闻。宋代理学家曾经称美《吕氏春秋》"云其中甚有好处"，"道里面煞有道理"[4]，指出其中多有精彩内容。《吕氏春秋》对于农学遗产的总

1　王子今：《〈史记〉最早记录了蝗灾》，《月读》2020 年 6 期。

2　《史记》卷八五《吕不韦列传》，第 2509—2510 页。

3　《汉书》卷三〇《艺文志》："《吕氏春秋》二十六篇。秦相吕不韦辑智略士作。""杂家者流，盖出于议官。兼儒、墨，合名、法，知国体之有此，见王治之无不贯，此其所长也。及荡者为之，则漫羡而无所归心。""贯"，颜师古注："王者之治，于百家之道无不贯综。"第 1741—1742 页。

4　《朱子语类》卷一三八《杂类》，卷一一九《训门人七》。〔宋〕黎靖德编，王星贤点校：《朱子语类》，中华书局 1986 年 3 月版，第 3277 页、第 2867 页。

结和继承，是众所周知的。[1] 其中有关"蝗"的文字，研究者尤其应当予以关注。

《吕氏春秋·孟夏》可见说到"虫蝗"危害农作物生长的内容："孟夏之月……行春令，则虫蝗为败，暴风来格，秀草不实。"高诱解释说："是月当继长增高，助阳长养，而行春启蛰之令，故有虫蝗之败。"[2]《吕氏春秋·不屈》所记载的政论中，以"蝗螟""害稼"比喻"无耕而食者"众多导致的社会危害："匡章谓惠子于魏王之前曰：'蝗螟，农夫得而杀之，奚故？为其害稼也。今公行，多者数百乘，步者数百人；少者数十乘，步者数十人。此无耕而食者，其害稼亦甚矣。'"高诱解释："蝗，螽也。食心曰螟，食叶曰螣。今兖州谓蝗为螣。"[3]《吕氏春秋·审时》中强调及时把握农时的重要："得时之麻，必芒以长，疏节而色阳，小本而茎坚，厚枲以均，后熟多荣，日夜分复生；如此者不蝗。"高诱注发表了这样的解说："蝗虫不食麻节也。"陈奇猷则对高诱注有所驳议。他指出："'不蝗'谓不生蝗虫。高说未允。"[4] 其实，"麻"作为经济作物的主要价值，主要在于其"节""茎"纤维的提取利用。所谓"蝗虫不食麻节"，也就大致保障了"麻"的收成。就以迁飞习性为主要特征的蝗虫来说，高诱注的理解或许较陈奇猷"'不蝗'谓不生蝗虫"说更为合理。我们关注《吕氏春秋》中有关"蝗"的内容，首先注意到"蝗螟""害稼"，可以导致"虫蝗为败"，是农人高度警惕的灾难威胁。而所谓"不蝗"，是从事耕作经营的农家的理想。

予耕作经验和农学知识的总结较为重视的《吕氏春秋》一书，较早明确了"蝗"的名义，并借相关农业实践获得的经验用以说明其他社会问题，

1　有农学史论著指出，《吕氏春秋》反映了"我国农业生产知识开始系统化和理论化"的进步。中国农业科学院、南京农学院中国农业遗产研究室编著：《中国农学史》（初稿）上册，科学出版社1959年12月版，第77页。

2　陈奇猷校释：《吕氏春秋校释》，第186页、第194页。

3　陈奇猷校释：《吕氏春秋校释》，第1198页、第1201—1202页。许维遹曰："王念孙校本改正文'蝗螟'作'螣螟'，《注》'蝗螽也'作'螣螽也'。案：王改是。下文亦以'螣螟'连文，高注《仲夏纪》可作旁证。"许维遹撰，梁运华整理：《吕氏春秋集释》，第495页。陈奇猷赞同这一意见："又案：王改是。""蝗螟喻惠子不耕而食且劳役人徒，正如蝗螟之害稼。"陈奇猷校释：《吕氏春秋校释》，第1202页。

4　陈奇猷校释：《吕氏春秋校释》，第1781页、第1800页。

或许可以看作战国时期在农业生产发展基础上农学取得进步的一种标志性表现。《吕氏春秋》于秦地著成面世，这一文献学现象，是可以与《史记》采用《秦记》蝗灾史料联系起来有所思考的。

《礼记·月令》也可见"蝗虫"字样。如："孟夏……行春令，则蝗虫为灾。"[1]"仲冬……行春令，则蝗虫为败。"[2]《月令》一书，虽然"蔡伯喈、王肃云周公所作"[3]，郑玄则明确指出《吕氏春秋》十二月纪之首章"在前，而"《礼》家好事者抄合之"在后的学术源流与次第关系："本《吕氏春秋》十二月纪之首章，《礼》家好事者抄合之，其中官名、时、事，多不合周法。"[4]陆德明《经典释文》也指出："此是《吕氏春秋》十二纪之首，后人删合为此。"[5]清人朱彬《礼记训纂》赞同郑玄的基本判断，又"申郑旨释之"，列举"四证"。[6]孙希旦《礼记集解》引孔氏曰："(《月令》)官名不合周法"，"时不合周法"，"事不合周法"。又指出："愚按是篇虽祖述先王之遗，其中多杂秦制，又博采战国杂家之说，不可尽以三代之制通之。"[7]《说文·虫部》段玉裁注更明确写道："是以《春秋》书'螽'，《月令》再言'蝗虫'。《月令》吕不韦所作。"[8]在有关"蝗"的文字学论说中特别强调"《月令》吕不韦所作"，其学术判定是非常明朗的。

毕竟在我们今天能够看到的史学文献中，很可能基于《秦记》记录的《史记》从历史考察的角度最早明确提示了"蝗"危害农作的生物现象。这一对于昆虫学知识、农学经验、灾异记载和史学史回顾都非常重要的历史文献遗存，值得多学科研究者共同注意。此后，"蝗"作为这一时期出现的文字符号，指向涵义愈益明确。《说文·虫部》写道："蝗，螽也。"段玉

1　郑玄注："寅之气乘之也。必以蝗虫为灾者，寅有启蛰之气，行于初暑，则当蛰者大出矣。"〔清〕阮元校刻：《十三经注疏》，第1366页。
2　郑玄注："当蛰者出。卯之气乘之也。"〔清〕阮元校刻：《十三经注疏》，第1383页。
3　〔唐〕陆德明撰，黄焯汇校：《经典释文汇校》，中华书局2006年7月版，第377页。
4　孙希旦撰，沈啸寰、王星贤点校：《礼记集解》，第399页。
5　〔唐〕陆德明撰，黄焯汇校：《经典释文汇校》，第377页。
6　〔清〕朱彬撰，饶钦农点校：《礼记训纂》，中华书局1996年9月版，第213页。
7　孙希旦撰，沈啸寰、王星贤点校：《礼记集解》，第399页。
8　〔汉〕许慎撰，〔清〕段玉裁注：《说文解字注》，第668页。

裁注进行了比较全面的考论："《蚰部》曰：'螽，蝗也。'是为转注。《汉书·五行传》曰：介虫之孽者，谓小虫有甲飞扬之类。阳气所生也。于《春秋》为'螽'，今谓之'蝗'。"段玉裁说："按螽、蝗古今语也。"又《说文·蚰部》写道："蚰，虫之总名也。从二虫。凡蚰之属皆从蚰。读若昆。""螽"字条下又说："螽，蝗也。"段玉裁注："'蝗'下曰：'螽也。'是为转注。按《尔雅》有皇螽、草螽、蜙螽、蟿螽、土螽，皆所谓螽丑也。蜙螽，《诗》作斯螽，亦云螽斯，毛、许皆训以蜙蝑。皆螽类，而非螽也。惟《春秋》所书者为'螽'。"[1]所谓各种"螽丑"，"皆螽类，而非螽也"，一种可能是指称不同生长阶段的"螽"。另一种可能，是体现了大一统实现之前"言语异声，文字异形"情形。[2]李约瑟曾经以《说文解字》为基点，从"蠹、蚰、虫部首"中的字考察"动物学名称"。在"与昆虫类有关的字"中，下列内容和我们讨论的主题有关：

蝝 yuan young grasshopper 蝗虫的幼虫。

蝮蜪 fu tuo hopper 蝗蝻的古称。

蝗 huang migratory locust 飞蝗（*Locusta*）。

螽 chung qrasshopper 蝗的古称，现螽斯科（Tettigonuridae）的通名。

蝬 chung migratory locusts 可能由螽转音，成群飞蝗。

蟿 chhi grasshopper 蟿螽（负蝗）（*Acrida sinensis*）。[3]

我们看到，对于各种"螽丑"的观察和说明，或体现幼虫和成虫的区别，或体现个体与群生的区别，或体现"飞"与不"飞"的区别。大致到了吕不韦时代，开始采用了"蝗"字。而《史记》关于"蝗""蝗虫"的记载，使得这一名号正式进入史学典籍，并使得此后世代通行。

---

1 〔汉〕许慎撰，〔清〕段玉裁注：《说文解字注》，第 668 页、第 674 页。

2 《说文解字叙》，〔汉〕许慎撰，〔清〕段玉裁注：《说文解字注》，第 758 页。

3 郭郛、〔英〕李约瑟、成庆泰著：《中国古代动物学史》，第 127—128 页、第 130 页。

7.“蝗螽”：灾异史的重要一页

蝗灾研究，已经多有学者通过认真的历史回顾，进行了有成效的学术说明。但是现在看来，仍有继续探索的空间。有的论著将有关“蝗”的知识的早期发生确定在较古远的历史时期，然而若干论点或许有待补充确证。例如有的论著写道：“在中国古代甲骨文中，已有蝗虫成群”，“中国最古老的典籍《山海经》中”，“山东、江苏地区有蝗螽”，“中国古老诗歌总集《诗经》”中《豳风·七月》记录“五月”“蝗虫跳跃”，“鲁国史籍《春秋》记录山东等地发生蝗虫十二次，迁飞一次”等。[1] 周尧考察上古时代有关蝗虫的历史文化信息，曾经发表了这样的意见：“蝗灾最早记录，是公元前707年，见《春秋》：‘桓公五年，螽’。”[2] 倪根金指出：“我国古代文献有确切时间记载的蝗灾是在西周时期，《春秋》记载，桓公五年（公元前707年），‘秋……螽’。”然而又注意到安阳殷墟妇好墓出土的玉雕蝗虫模型，也发现甲骨文中也有关于蝗虫是否出现的卜问告祭记录，提示学界注意。[3] 据昆虫学家陈家祥统计，自公元前707年至1935年，中国保留确切记载的蝗灾约为796次。[4] 有学者在以“世界生物学史”为学术主题的论著中发表了这样的论点：“昆虫是整个生物界中最大的类群，它们形体虽小，却极大地关联着人类的生产和生活活动。中国历代人民在益虫研究利用和害虫防治方面都取得了显著的成绩。”就“害虫防治”特别是“与蝗虫的斗争”的相关历史表现，研究者指出：“据中国历史记载统计，从公元前707年到公元1911年的两千多年中，大蝗灾发生约538次，平均每三四年就要发生一次，给人们造成很大损失。”[5] 论者又写道：“据史料记载，我国自公元前707—1949年的2656年间，发生东亚飞蝗灾害的年份达804年，平均每3

1　郭郛：《昆虫学进展史》，郭郛、钱燕文、马建章主编：《中国动物学发展史》，东北林业大学出版社2004年7月版，第118页。

2　周尧：《中国昆虫学史》，昆虫分类学报社1980年6月版，第56页。

3　倪根金：《中国历史上的蝗灾及治蝗》，《历史教学》1998年6期。

4　陈家祥：《中国历代蝗之记录》，浙江省昆虫局年刊（1935年）。

5　汪子春、田洺、易华编著：《世界生物学史》，吉林教育出版社2009年5月版，第51页、第55—56页。

年就大发生 1 次。"[1] 公元前 707 年应即鲁桓公五年。

有学者指出，对"灾""异"的关注和记载突出表现于"春秋时期"，在《春秋》一书中有集中表现。所谓"生物灾害"，即"蝗螟蚕蠹生物引发的农业灾害，春秋以后记录较多"。[2]《春秋·文公三年》记载："秋，楚人围江。雨螽于宋。"杜预注："宋人以其死为得天祐，喜而来告，故书。"《左传·文公三年》："秋，雨螽于宋。队而死也。楚师围江。"杜预注："螽飞至宋队地而死若雨。"孔颖达疏讨论了"楚人围江""楚师围江"与"雨螽于宋"的时序。其实，是否"其事但实在雨螽之后"[3] 或许并不重要，史书记述的次序，或许反映了对于两起事件重要性的认识。周尧据《春秋·文公三年》"秋，雨螽于宋"的记载，指出："螽是蝗虫，而雨螽于宋则是飞蝗坠地而死的最早记载。"鲁文公三年，即公元前 624 年。"秋，雨螽于宋。队而死也"，记述了蝗虫迁飞为害至于尾声的情形。虽然如论者所说，《春秋》可见"确定年份的虫害记录"，确实"足可以称为世界昆虫学史上独有的事"[4]，但是对于其中学者以为与"蝗"有关的记录，可能还有必要认真分析，有所甄别。

涉及蝗灾史的研究者往往把《春秋·桓公五年》有关"螽"的文字[5]，看作最早的蝗灾记载。但是也有严肃的农史论著表现出谨慎的学术态度。对于"可信"的蝗灾史料发表了这样的判断："因秦以前古籍都称蝗为螽或蝝，到《史记》的《秦始皇本纪》'蝗从东方来'，《孝文帝本纪》'天下旱，蝗'，《孝武帝本纪》'西戎大宛，蝗大起'等，才是历史上最早可信的蝗虫记载。"对于许多学者视为重要蝗灾史信息的《诗·小雅·大田》"去其

1　袁锋主编：《农业昆虫学》（第三版），第 187 页。

2　路美玲：《汉代自然灾异文学书写研究》，陕西理工大学硕士学位论文，2020 年 6 月，导师：史继东研究员，第 5—6 页、第 14—15 页。

3　〔清〕阮元校刻：《十三经注疏》，第 1839—1940 页。

4　邹树文：《中国昆虫学史》，科学出版社 1981 年 1 月版，第 19 页、第 21 页、第 16—17 页。

5　杜预注："无《传》。蚣蝑之属为灾，故书。"孔颖达疏：《传》称凡物不为灾不书。知此为灾故书。"又引扬雄《方言》、陆机《毛诗疏》等，言及"蝗类"，"或谓似蝗而小"。又说"然则'螽'之种类多，故言属以包之。"〔清〕阮元校刻：《十三经注疏》，第 1747 页。

螟螣，及其蟊贼，无害我田稚"[1]，研究者认为："螣可以包括蝗虫在内，当然不能等同于蝗虫，所以螣不是严格意义上的蝗虫专称。"[2]认定《史记》卷六《秦始皇本纪》"蝗从东方来"，"才是历史上最早可信的蝗虫记载"的意见，是值得赞赏的。然而论者对于下文"蔽天"字样似乎未予注意，对于《史记》卷一五《六国年表》"蝗蔽天下"的记录也没有予以应有的重视。有的昆虫学史论著甚至写道："蝗虫发生数量的惊人与为害的严重，古书中也有详细的记载。如《汉书》记载公元前 218 年 10 月'蝗虫从东方来，蔽天'；……"[3]这样的说法，无视《史记》的基本记录，表露出对《史记》卷六《秦始皇本纪》记载的文献与年代的双重错误理解。

有学者专门研究秦汉时期"农业生产中的虫灾害"的论著，其中写道："秦汉是我国农业生产中虫灾害的第一个高发期。"然而，论者在对"秦汉虫灾情况"进行总结，做出"秦汉时期蝗灾、螟灾统计"时，却没有注意到《史记》这两则非常明确的蝗灾记录。[4]这不免令人感到非常遗憾。《说苑・辨物》写道："逮秦皇帝即位，彗星四见，蝗虫蔽天，冬雷夏冻，石陨东郡，大人出临洮，妖孽并见，荧惑守心，星茀大角，大角以亡，终不能改。"[5]据西汉政论家的观察和理解，"蝗虫蔽天"，在秦始皇时代诸多灾变现象中是排列在先的。就社会危害之严重性而言，显然居于首位。

蝗灾严重为害"农业生产"和社会生活。由于蝗虫"有些种类有大量个体高密度聚集在一起的习性，即群聚性（Aggregation）"，或写作"群集性"，又形成"成群移居活动"的特征，往往损害农田面积广大。昆虫学研究成果告知我们，"东亚飞蝗""在成群羽化到翅变硬的时期，有成群从一

1　郑玄笺："食心曰螟，食叶曰螣，食根曰蟊，食节曰贼。笺曰：此四虫者，恒害我田中之稚。"〔清〕阮元校刻：《十三经注疏》，第 476 页。朱熹《诗集传》："食心曰螟，食叶曰螣，食根曰蟊，食节曰贼，皆害苗之虫也。稚，幼禾也。言其苗既盛矣，又必去此四虫，然后可以无害田中之禾。然非人力所及也，故愿田祖之神为我持此四虫，而付之炎火之中也。姚崇遣使捕蝗，引此为证，夜中设火，火边掘坑，且焚且瘗，盖古之遗法如此。"〔宋〕朱熹集注：《诗集传》，上海古籍出版社 1958 年 7 月版，第 157 页。所说"四虫"涉及危害作物生长的多种害虫，与蝗灾有所不同。
2　游修龄：《中国蝗灾历史和治蝗观》，《华南农业大学学报》（社会科学版）2003 年 2 期。
3　周尧：《中国昆虫学史》，第 57 页。
4　王飞：《秦汉时期农业生产中的虫灾害及治理研究》，《陇东学院学报》2019 年 1 期。
5　〔汉〕刘向撰，向宗鲁校证：《说苑校证》，第 445 页。

个发生地长距离地迁飞到另一个发生地的特征"。"这种迁飞，是昆虫的一种适应性，有助于种的延续生存。此外，某些昆虫，还有在小范围内扩散、转移为害的习性。""东亚飞蝗〔*Locusta migratoria manilensis*（Meyen）〕是蝗虫灾害中发生最严重的种类。其大发生时，遮天蔽日，所到之处，禾草一空。"

东亚飞蝗"年发生代数与时间因各地气温而异"，"黄淮海地区 2 代"。"在 2 代区，越冬代称夏蝗，第一代称秋蝗。"夏蝗"4 月底至 5 月中旬越冬卵孵化，5 月上、中旬为盛期"，"6 月中旬至 7 月上旬羽化"。"（秋蝻）于 8 月中旬至 9 月上旬羽化为秋蝗，盛期为 8 月中、下旬"。[1]《史记》中《秦始皇本纪》"十〔七〕月庚寅，蝗虫从东方来，蔽天"与《六国年表》"七月，蝗蔽天下"的记载，是符合现今农业昆虫学知识中东亚飞蝗年生活史的规律的。

我们讨论《史记》卷六《秦始皇本纪》与《史记》卷一五《六国年表》关于蝗灾的记录，注意到时间标示问题。《秦始皇本纪》写述这位"名为政，姓赵氏"的权力者即位后事迹："王年少，初即位，委国事大臣。"随后即"元年……"，"二年……"，"三年……"，"四年……"，逐年纪事。在"二十六年""秦初并天下""号曰'皇帝'"之前，纪年其实应称秦王政某年。即"蝗虫从东方来，蔽天"事，在秦王政四年。这是符合年代学常识的。然而《六国年表》则称"秦始皇帝四年""七月，蝗蔽天下。"唐《开元占经》卷一二〇《龙鱼虫蛇占》"蝗生"条引录一则《史记》佚文："《史记》：秦始皇四年十月，螟虫从东方来，蔽天如严雪，是岁天下失荒瓠。"[2] 从"四年十月……从东方来，蔽天"等文字看，应当出自《秦始皇本纪》，或原本为《秦始皇帝本纪》。[3] 其文字也使用"秦始皇四年"的说法，是值得注意的。《资治通鉴》在秦王政即位之后，二十六年（前 221）实现统一、称"始皇帝"之前，即以"秦始皇帝"纪年。蝗灾发生，即于《资治

1 袁锋主编：《农业昆虫学》（第三版），第 58—59 页、第 187—188 页、第 190 页。

2 〔唐〕瞿昙悉达编，李克和校点：《开元占经》，岳麓书社 1994 年 12 月版，第 1210 页。

3 王子今：《说〈史记〉篇名〈秦始皇帝本纪〉》，《唐都学刊》2019 年 4 期；《〈秦始皇帝本纪〉文献学琐议》，《宝鸡文理学院学报》2019 年 5 期。

通鉴》卷八"始皇帝四年"中记述。《七国考》卷二《秦食货》有"长太平仓"条："《太平御览》云：'秦始皇四年七月，立长太平仓，丰则籴，歉则粜，以利民也。'"[1]今本《太平御览》未见此文。而事在"秦始皇四年七月"，与"蝗虫从东方来，蔽天"发生在同时，也是很有意思的事。[2]又《文献通考》卷三一四《物异二〇》"蝗虫"条："秦始皇四年十月，蝗虫自东方来，蔽天。"[3]由此亦可推知《史记》有的版本《秦始皇本纪》纪此事可能明确写作"秦始皇四年"。"秦王政四年"的写述方式也是存在的。如朱熹《通鉴纲目》卷一二上、卷一二下、卷一三均可见"秦王政四年"纪事。[4]明严衍《资治通鉴补》卷六《列国纪》亦见"秦王政四年"。[5]又有清人郭梦星《午窗随笔》卷二"纳粟"条："纳粟之例，向以为起于汉之贷郎，其实不然。史言秦王政四年，岁屡饥，蝗、疫。令民纳粟千石，拜爵一级。"[6]虽然"秦王政四年"更符合年代学的原则，但是"秦始皇四年"将秦王政即位之后而统一尚未实现的历史段落置于秦始皇时代的范畴中，也是有学术合理性的。如清人褚人获《坚瓠集》余集卷四"鬻爵"条说："秦始皇时，飞蝗蔽天。"[7]就是采用这样的历史阶段划分方式。[8]

1　〔明〕董说原著、缪文远订补：《七国考订补》，第 195 页。今按：此说似仅见于《七国考》。

2　缪文远说："徐中舒师曰：'古代地旷人稀，粮食缺乏，可以采集、田猎作为补充，不需太平仓。太平仓之法后起，董氏引文不可据。'"〔明〕董说原著、缪文远订补：《七国考订补》，第 195—196 页。

3　〔元〕马端临撰：《文献通考》，第 2461 页。

4　〔宋〕朱熹：《通鉴纲目》，《景印文渊阁四库全书》，第 689 册第 720 页、第 755 页、第 780 页。

5　〔明〕严衍：《资治通鉴补》，第 623 页。

6　〔清〕郭梦星：《午窗随笔》，《续修四库全书》，第 1165 册第 650 页。

7　〔清〕褚人获：《坚瓠集》，《笔记小说大观》，江苏广陵古籍刻印社 1995 年 5 月版，第 7 册第 968 页。

8　王子今：《论秦史蝗灾记录及其学术价值》，《郑州大学学报》（哲学社会科学版）2020 年 6 期；《〈史记〉最早记录了蝗灾》，《月读》2020 年 6 期。

茭

1. 茭：汉代河西的劳作史与植被史

汉代河西简牍资料中所见"茭"，当是指饲草。"茭"，其实接近于"藁"。居延汉简所见"大司农茭"或"大农茭"，似可说明河西地区有数量可观的生长"茭草"的土地，在规划中即将辟为农田。了解居延士兵有以"除陈茭地"为任务的劳作内容，对于我们认识当时河西地区自然植被状况因人为因素改变的情形，也是有益的。

河西汉简又有关于"伐苇"和"伐蒲"的内容。"苇"和"蒲"都是水生草本植物。

居延汉简又可见"伐慈其""艾慈其"简文，也是汉代河西植被史考察应当重视的信息。

2. 伐茭·积茭·运茭·载茭·守茭·
取茭·出茭·入茭

汉代河西简牍资料中多见有关"茭"的文书遗存。

如简文所见有关"伐茭""积茭""运茭""载茭""守茭""取茭""出茭""入茭""始茭"[1]等内容，又有专门簿记《省卒伐茭簿》（55.14）、《省卒茭日作簿》（E.P.T52:51）、《省卒伐茭积作簿》（E.P.T50:138），以及《出茭簿》（E.P.T52:19）、《茭出入簿》（E.P.T56:254）、《官茭出入簿》（4.10）、《余茭出入簿》（142.8）、《茭积别簿》（E.P.T5:9）、《卒始茭名籍》

1　李天虹指出："始茭即治茭，可能指伐茭或积茭。"《居延汉简簿籍分类研究》，科学出版社 2003 年 9 月版，第 134 页。

69-1　敦煌汉简「茭长二尺，束大一韦」简文

69-2　居延汉简「官茭出入簿」简文

69-3　居延汉简「省卒伐茭簿」简文

（E.P.T43:25）、《买□茭钱直钱簿》（401.7B）等，[1] 可知"茭"在河西军事屯戍生活中有相当重要的意义。

就汉代河西文物遗存中有关"茭"的信息进行分析，对于认识当时当地的植被状况以及人与自然环境的关系，显然是有益的。

3. "茭"的实义

所谓"茭"，释者常举五义，除了可归于"菰"的蔬菜"茭白"与本文讨论内容距离甚远而外，尚有四解。

一、有学者指出"茭"即饲草。《尚书·费誓》："鲁人三郊三遂，峙乃刍茭，无敢不多，汝则有大刑。"孔安国传："郊遂多积刍茭，供军牛马。"孔颖达疏引郑玄曰："茭，干刍也。"[2]《说文·艸部》："茭，干刍。从艸，交声。一曰牛蕲草。"徐锴《系传》："刈取以用曰'刍'，故曰'生刍一束'。干之曰'茭'，故《尚书》曰'峙乃刍茭'。"[3]《史记》卷二九《河渠书》："河东守番系言：'漕从山东西，岁百余万石，更砥柱之限，败亡甚多，而亦烦费。穿渠引汾溉皮氏、汾阴下，引河溉汾阴、蒲坂下，度可得五千顷。五千顷故尽河壖弃地，民茭牧其中耳，今溉田之，度可得谷二百万石以上。谷从渭上，与关中无异，而砥柱之东可无复漕。'天子以为然，发卒数万人作渠田。"对于所谓"民茭牧其中"，司马贞《索隐》的解释是："茭，干草也。谓人收茭及牧畜于中也。"[4]

二、或释"茭"为草索。《墨子·辞过》："古之民未知为衣服时，衣

1　谢桂华、李均明、朱国炤：《居延汉简释文合校》，第 97 页、第 5 页、第 234 页、第 552 页。甘肃省文物考古研究所、甘肃省博物馆、文化部古文献研究室、中国社会科学院历史研究所编：《居延新简：甲渠候官与第四燧》，第 231 页、第 161 页、第 228 页、第 324 页、第 17 页、第 101 页。

2　〔清〕阮元校刻：《十三经注疏》，第 255 页。

3　〔南唐〕徐锴撰：《说文解字系传》，第 21 页。

4　《史记》，第 1410—1411 页。《汉书》卷二九《沟洫志》颜师古注："茭，干草也。谓收茭草及牧畜产于其中。"第 1680 页。

皮带茭。"王念孙《读书杂志》七之一《墨子第一》："毕云:'《说文》云:茭,干刍。'念孙案:干刍非可带之物,毕说非也。《说文》:'笅,竹索也。'其草索则谓之'茭'。《尚贤》篇曰:'傅说被褐带索。'谓草索也。此言'带茭'犹彼言'带索'矣。今扬州府人谓之'草约(音要)子'。"[1]亦有以为通"笅",谓用竹篾、苇片编成的缆索的解释。《史记》卷二九《河渠书》载汉武帝作歌:"搴长茭兮沈美玉,河伯许兮薪不属。"裴骃《集解》引臣瓒曰:"竹苇絙谓之茭。"[2]《风俗通义·祀典》"桃梗苇茭画虎"条写道:"谨按:《黄帝书》:'上古之时,有荼与郁垒昆弟二人,性能执鬼,度朔山上立桃树下,简阅百鬼,无道理,妄为人祸害,荼与郁垒缚以苇索,执以食虎。'于是县官常以腊除夕,饰桃人,垂苇茭,画虎于门,皆追效于前事,冀以卫凶也。""苇茭,传曰:'萑苇有蒹。'《吕氏春秋》:'汤始得伊尹,祓之于庙,薰以萑苇。'""故用苇者,欲人子孙蕃殖,不失其类,有如萑苇。茭者,交易,阴阳代兴也。"[3]

三、或说"茭"是芦苇。张俊民曾经指出:"河两岸及河道中一般又是极利水草生长的地方。沼泽、河道应该是其茭产量特别大的原因。又结合其他地方的情况,特别是汉代悬泉置遗址出土的大量遗物及现在环境分析,茭在悬泉置出的简牍文书亦曾大量发现,此地的茭就应该是芦苇。由之又可延推甲渠地区的茭也应是芦苇。"[4]

四、也有人将"茭"归于农作物之中。如讨论汉代西北边地"农业生产力有很大发展"时,谈到"农作物品种齐全","仅汉简所见即有谷、米、粟、茭、黍米、……菽、麦、糜、粱米等多达二十五种"。[5]

有关解二。有学者说,河南杞县一带近世还有一种俗名"茭草"的

---

1 〔清〕孙诒让著,孙以楷点校:《墨子间诂》,第32页。〔清〕王念孙撰:《读书杂志》,上海古籍出版社,2015年7月版,第1439页。

2 《史记》,第1413—1414页。

3 〔汉〕应劭撰,王利器校注:《风俗通义校注》,第367—368页。

4 张俊民:《汉代居延屯田小考——汉甲渠候官出土文书为中心》,《西北史地》1996年3期。张俊民还指出:"而有芦苇等草类植物生长低下的地方,从事农耕则是相当困难的。在讨论屯田时,杂入对此处出土茭简文的认识,旨在说明当时在甲渠塞有一些不利农耕的因素。"

5 沈颂金:《二十世纪简帛学研究》,学苑出版社2003年8月版,第217页。

"高粱类的农作物","枣红的表皮,可以编席子。由这种作物制成的红篾子和白篾子编织在一起,可以组成各种图案"[1]。通过这种"茭草"的用途,或许可以理解释"茭"为草索、篾索的来历。"茭"或"筊"字之"交",其字义或与编织有关。

学者提出解三的说法,似乎没有注意到在居延汉简中,与"伐茭"同样,又有"伐苇"简文。也有同一枚简中共见"茭""苇"的实例[2]。现在大致可以判定,"茭"和"苇"并非同一种植物。

解四将"茭"列于谷物之中,与粟、黍米、麦、菽等并列,其说甚误。

然而从河西汉简提供的资料看,所说"茭",当是指饲草。于豪亮较早明确指出,"茭是牲口的粗饲料","茭是牲口的重要的饲料"。对于"伐茭"的记录,于豪亮写道:"我们不妨作这样的推测:当时在边境上屯田和运输,饲养了大批牛马,牛马所需的饲料很多,常常需要抽调一些戍卒收割茭草,以作牛马饲料。"[3]永田英正以为"茭"也就是"秣",即"牛马的食粮"[4],薛英群以为"茭""就是干草,为马、牛、羊的主要饲料"[5],李均明、刘军以为《茭出入簿》的"茭"即"茭草"[6],李天虹以为"茭是喂养马牛的草料"[7],有的学者释"茭"为"牛马喜食"的"茭叶"[8],或称之为"马饲料"[9],或说"饲养牛马的饲料有精粗之分,精饲料主要是粟、麦、豆之类;粗饲料为刍茭,即干草"[10]。这些判断,无疑都是接近其正确指义的。

1 焦国标:《考证粟黍稷》,《学习时报》2000年12月11日。

2 例如居延汉简 E.P.T56:107:"第卅六隧长侯偃。卒一人省积茭,三人见。堠坞不涂,见苇三百束。"张德芳主编,马智全著:《居延新简集释》(四),第406页。

3 于豪亮:《居延汉简中的"省卒"》,《于豪亮学术文存》,中华书局1985年1月版,第215页。

4 永田英正:《居延汉简の研究》,同朋舍1989年10月版,第181页。

5 薛英群:《居延汉简通论》,甘肃教育出版社1991年5月版,第451页。

6 李均明、刘军:《简牍文书学》,广西教育出版社1999年6月版,第322页。

7 李天虹:《居延汉简簿籍分类研究》,第135页。

8 罗庆康:《〈居延新简〉所记的西汉物价研究》,《安徽史学》1994年2期。

9 姜永德、余根亚:《从新居延汉简看我国古代会计报告的光辉成就》,《北京商学院学报》1995年1期。

10 杨剑虹:《汉代居延的商品经济》,《敦煌研究》1997年4期。

4. "茭"和"藁"

"茭",其实接近于"藁"。

"茭""藁"皆宵部字,可以相通。古代文献所见与其字形接近而相通的字,有"高"与"郊"以及"蒿"与"郊"、"鄗"与"郊"等例。

"高"与"郊"。《礼记·月令》:"以太牢祠于高禖。"《诗·大雅·生民》毛亨传"高禖"作"郊禖"。[1]《吕氏春秋·仲春纪》:"以太牢祀于高禖。"高诱注:"《周礼》:'媒氏以仲春之月合男女,于时也奔则不禁,因祭其神于郊,谓之郊禖。''郊'音与'高'相近,故或言'高禖'。"[2]

"蒿"与"郊"。《周礼·地官·载师》写道:"以宅田士田贾田任近郊之地。"郑玄注:"故书'郊'或为'蒿'。"又引杜子春云:"'蒿'读为'郊'。"[3]

"鄗"与"郊"。《左传·文公三年》记载:"取王官及郊。"《史记》卷五《秦本纪》记其事,"郊"写作"鄗"。[4]《战国策·魏策三》:"若道河内,倍邺、朝歌,绝漳、滏之水,而以与赵兵决胜于邯郸之郊,是受智伯之祸也,秦又不敢。伐楚,道涉而谷行三十里,而攻危隘之塞,所行者甚远,而所攻者甚难,秦又弗为也。若道河外,背大梁,而右上蔡、召陵,以与楚兵决于陈郊,秦又不敢也。"[5]其中"邯郸之郊"和"陈郊",马王堆汉墓出土帛书《战国纵横家书·朱己谓魏王章》写作"邯郸之鄗"和"陈鄗"。[6]

"茭"和"藁",在字义上可能也以同样作为饲草而接近。

看来,"茭""藁"相通是可能的。不过,史书又可见"茭""藁"并称之例。

---

1 〔清〕阮元校刻:《十三经注疏》,第 1361 页、第 528 页。

2 许维遹撰,梁运华整理:《吕氏春秋集释》,第 34 页。

3 〔清〕阮元校刻:《十三经注疏》,第 724—725 页。

4 〔清〕阮元校刻:《十三经注疏》,第 1840 页。《史记》卷五《秦本纪》:"取王官及鄗。"裴骃《集解》引徐广曰:"《左传》作'郊'。"张守节《正义》:"'鄗'音'郊'。《左传》作'郊'。"第 194—195 页。

5 〔西汉〕刘向集录:《战国策》,第 871 页。

6 马王堆汉墓帛书整理小组:《战国纵横家书》,文物出版社 1976 年 12 月版,第 59 页。

《汉书》卷六九《赵充国传》记载赵充国上屯田奏："臣所将吏士马牛食，月用粮谷十九万九千六百三十斛，盐千六百九十三斛，茭藁二十五万二百八十六石。"这里所谓"茭藁"或许可以理解为并列结构的词组。颜师古注："茭，干刍也。藁，禾秆也。石，百二十斤。"[1]如果按照颜师古的解释，以为"茭"指野生饲草，"藁"指农作物秸秆，这种理解，可能是接近事实的。

居延汉简可见所谓"草盛伐茭"（E.P.F22:477B）语，[2]也体现"茭"原本就是"草"。

5."茭"的计量和相关问题

赵充国言"茭藁"以"石"计。居延汉简关于"茭"的计量，单位有"束"，有"石"。

"茭"的出入，有"出茭八十束以食官牛"（217.13）以及"入茭百卅束"（219.31）等例。所举两例简号接近，或许有可能同属于一册《茭出入簿》或《官茭出入簿》（4.10）。[3]

"茭"以"石"计者，有"出茭三石"（285.11），"伐茭千石积吞远置"（E.P.T48:60A），"伐□茭千石积吞远"（E.P.T48:60B），"●右陷陈亭部一积茭千石"（E.P.T50:114），"第四积茭四百一石廿五斤"（E.P.T50:162），"一积茭八百九石"（E.P.T65:354），"●右鉼庭亭部茭八积五千五百卅六石二钧"（E.P.T65:382），"□□□□茭二石三钧十五斤"（18.19）等。[4]吴昌廉正确地指出，"此处所谓'石'，系指重量单位，而非容量单位"，这是因为

1　《汉书》，第2985页。
2　甘肃省文物考古研究所、甘肃省博物馆、文化部古文献研究室、中国社会科学院历史研究所编：《居延新简：甲渠候官与第四燧》，第509页。
3　谢桂华、李均明、朱国炤：《居延汉简释文合校》，第348页、第356页、第5页。
4　谢桂华、李均明、朱国炤：《居延汉简释文合校》，第480页、第29页。甘肃省文物考古研究所、甘肃省博物馆、文化部古文献研究室、中国社会科学院历史研究所编：《居延新简：甲渠候官与第四燧》，第135页、第159页、第163页、第443页、第444页。

"在'石'单位之下，尚有'钧''斤'等，而这些皆是重量单位"。

明代学者陆深《传疑录》下说："量起于黄钟之龠。十龠为合，以十乘之而为斛。后世斛容五斗，黍谷出入，两斛当一石。凡粮税入籍为石者，皆两斛也。此或便于转输，俗因用之。《汉书》粮谷称斛，盐亦称斛，茭藁称石。注曰：'石，百二十斤也。'斛、石，权量用同。"[1]居延汉简资料可证"茭藁称石"之说。

对于为什么或称"束"或称"石"，吴昌廉说："疑在刈取茭草至适当数量，即以草捆扎成'束'；待运回障隧，为便积贮，遂加处理，或变成干刍，故改以'石'为计算单位。"不过，吴昌廉又注意到居延"●高沙茭五千九百，河南茭二万一千八百一十束"（E.P.T59:349A）以及敦煌"四韦以上－廿束为一石"（1151）简例[2]，于是以为"此种推测亦有问题"，"至于如何解释比较安妥，犹待进一步研究"。[3]

就现今乡村农作物秸秆运输储存的情形可知，从收获地运往储存地，通常捆扎成"束"，然而堆垛成"积"，则一般需拆去"束"。如此则从"积""出茭"，应当是散装形式。为了计量准确，自然应当以"石"计。陆深所谓"便于转输"，有一定道理。至于所谓"四韦以上－廿束为一石"情形，应是粗略估计数量的一种方式。而"高沙茭"和"河南茭"，或许不必理解为远道而来。

张家山汉简《二年律令》中的《田律》有征收刍藁的规定："入顷刍藁，顷入刍三石；上郡地恶，顷入二石；藁皆二石。令各入其岁所有，毋入陈，不从令者罚黄金四两。"[4]睡虎地秦简《田律》也有关于农户缴纳刍藁的内容，整理小组译文写道："每顷田地应缴的刍藁，按照所受田地的数量缴纳，不论垦种与否，每顷缴纳刍三石、藁二石。刍从干叶和乱草够一束

<hr>

1　〔明〕陆深：《传疑录》，《丛书集成初编》，第 332 册第 9 页。

2　甘肃省文物考古研究所、甘肃省博物馆、文化部古文献研究室、中国社会科学院历史研究所编：《居延新简：甲渠候官与第四燧》，第 382 页。甘肃省文物考古研究所编：《敦煌汉简》，第 263 页。

3　吴昌廉：《茭——居延汉简摭考之二》，《兴大历史学报》第 2 期。

4　张家山二四七号汉墓竹简整理小组：《张家山汉墓竹简（二四七号墓）》，文物出版社 2001 年 11 月版，图版第 27 页，释文第 165 页。

以上均收。缴纳刍稾时，可以运来称量。"[1] 可见刍稾的征收通常以"石"为单位，然而也有以"束"征收的情形。近世类似刍稾征收办法有陕甘宁边区 20 世纪 30 年代有关规定为例，征收单位是"斤"，计算"杂草折合谷草之折合率"时，甚至可能精确至于半斤。如"麦草、糜草一斤半折合谷草一斤"，"茅草、梭草（驴尾巴草）、冰草、昔杞草二斤半折合谷草一斤"。[2]这些情形，或许也可以作为我们认识汉代有关制度的参考。[3]

6. 敦煌汉简"茭长二尺，束大一韦"

敦煌汉简有简文反映了有关"茭"的更具体的信息。

我们看到有这样的简文："……为买茭，茭长二尺，束大一韦。马毋谷气，以故多物故。……"（164）又如："……谷气，以故多病物故。今茭又尽，校……。"（169）[4]

其中"茭长二尺"语，值得我们特别注意。

按照汉尺与现今尺度的比率，"二尺"相当于 46.2 厘米。[5] 我们可以根据这一信息推想"茭"究竟是何种饲草。

西北地区的天然牧草适合所谓"茭长二尺"这一尺度条件的，有诸多草种，如：芨芨草（*Achnatherum splendens* Ohwi），高 100—200 厘米，分布地域包括内蒙古自治区和甘肃西北部。性耐旱抗碱，也极耐寒，在沙壤土上易生长。冰草（*Agropyron cristatum* Gaertn），高 30—60 厘米，有时可高达 1 米，在内蒙古自治区又称为野麦子或大麦草。原产地包括甘肃。此外，又有垂穗冰草和青海冰草等。冰草，或许与《酉阳杂俎》卷一六《毛

---

1 睡虎地秦墓竹简整理小组：《睡虎地秦墓竹简》，文物出版社 1978 年 11 月版，第 27—28 页；1990 年 9 月版，图版第 15 页，释文第 21 页。
2 《陕甘宁革命根据地史料选辑》第二辑，甘肃人民出版社 1983 年 5 月版，第 287 页。
3 参看王子今：《说"上郡地恶"——张家山汉简〈二年律令〉研读札记》，《陕西历史博物馆馆刊》第 10 辑，三秦出版社 2003 年 10 月版。
4 张德芳：《敦煌马圈湾汉简集释》，第 415 页、第 417 页。
5 参看丘光明：《中国历代度量衡考》，第 55 页。

篇》"瓜州饲马以蓁草"之"蓁草"有关。[1] 沙芦草（*Agropyron mongolicum* Keng），高 20—50 厘米，原产于我国北部沙漠以南边缘地带的风沙线上，是一极耐干旱和风寒的丛生草种。匍茎剪股颖（*Agrostis stolonifera* L），高 20—80 厘米，我国北部和西北部都有分布，适合于半潮湿和潮湿地上生长。碱草（*Aneurolepidium chinense* Kitagava），高 40—80 厘米，广泛分布于我国北部。在内蒙古自治区平川草原及丘陵山坡，常见有小型的群落。野燕麦（*Avena fatua* L），高 60—100 厘米，在西北甘肃等地有野生。白羊草（*Bothriochloa ischaemum* L），高 30—100 厘米，在甘肃有分布。雀麦（*Bromus japonicus* Thunb），高 30—60 厘米，在甘肃有分布。本种抗寒性强，多密生，覆盖良好，可作早春收草和冬季干草用。大野麦（*Elymus giganteus* Vahl），高 100 厘米，适宜在沙地生长，在内蒙古自治区和甘肃等地都有分布。老芒麦（*Elymus sibiricus* L），高 30—90 厘米，也称西伯利亚蓁草。耐寒力强，又耐生于沙质土壤，在内蒙古自治区、甘肃均有分布。[2]

有研究者指出，祁连山山地草原的可以以马牛为饲用对象的牲畜饲料植物，种数颇多，主要集中于豆科（40 种）、芝菜科（3 种）、禾本科（96 种）、莎草科（48 种）等。[3] 河西地区汉代的"茭"，也应当是其中一种或数种的称谓。现在看来，"茭"指芨芨草（*Achnatherum splendens* Ohwi）一类牧草的可能性比较大。

居延汉简所谓"茭""束大一韦"，应是指捆束的规格为一围。《庄子·人间世》："见栎社树，其大蔽数千牛，絜之百围。"《释文》引李颐云："径尺为围。"[4] 一说五寸为围，一抱也叫围。《汉书》卷一〇《成帝纪》："（建始元年）十二月，作长安南北郊，罢甘泉、汾阴祠。是日大风，拔甘泉畤中大木十韦以上。"颜师古注："'韦'与'围'同。"[5] 韦束之计，

1 〔唐〕段成式撰，方南生点校：《酉阳杂俎》，第 159 页。

2 参看崔友文：《中国北部和西北部重要饲料植物和毒害植物》，高等教育出版社 1959 年 8 月版，第 24—83 页。

3 中国科学院青甘综合考察队：《青甘地区资源植物及其评价》，科学出版社 1964 年 3 月版，第 16 页。

4 郭庆藩辑，王孝鱼整理：《庄子集释》，第 170 页。

5 《汉书》，第 304—305 页。

在汉代农业社会相当普及。以致《说文》释"弟":"弟,韦束之次弟也。从古字之象,凡弟之属皆从弟。"或说"古文'弟'从古文'韦'省"。[1]

7. 关于"大司农苀"

于豪亮较早注意到"发省治大司农苀"的现象。对于"治大司农苀",他的理解是"所伐的苀是为大司农所属的农都尉或田官所用"。[2]

吴昌廉也注意到"大司农苀"的问题。所举简例,有:"却适隧卒周贤伐大司农郭东"(194.17),"卒二人省伐大司农苀"(133.11),"发省治大司农苀"(61.3,194.12),"卒治大司农苀名"(3.30),"……司农苀少"(55.7),"□司农苀"(E.P.T44:11A),"往事载大农苀千束"(E.P.F22.381)等。他认为:"汉代在西北边塞障隧中之苀草,当有不少是属大司农所辖,故简文称以'大司农苀'或'大农苀',而且,举凡由内郡运往边塞者,似皆属所谓'大司农苀';另自当地刈取者,则至少有一部分是属于'大司农苀',可能有一部分则否。"

关于河西汉简中所见之"大司农苀"或"大农苀",于说"为大司农所属的农都尉或田官所用",吴说"属大司农所辖"。认识有所不同。看来吴说近是。不过,吴说关于"由内郡运往边塞者",似乎只是推测。从河西地区戍卒"伐苀"的工作量看,对于当地"苀"的资源可以有乐观的估计。因野生饲草的丰茂,似乎不必远道从"内地"运输。

吴昌廉认为"关于苀之来源,除就地刈取之外,当有他地输往"的根据,是这样的简文:"●高沙苀五千九百,河南苀二万一千八百一十束。●凡卌三两,候长到皆告令为卒卧席荐四重令可行。"(E.P.T59:349A)[3]其

1 〔汉〕许慎撰,〔清〕段玉裁注:《说文解字注》,第236页。
2 于豪亮:《居延汉简中的"省卒"》,《于豪亮学术文存》,第214—215页。
3 吴昌廉:《苀——居延汉简撷考之二》,《兴大历史学报》第2期。末句吴昌廉引作"候长到皆告令为卒卧席荐四重者令可行",衍一"者"字。

实，所谓"高沙菱"和"河南菱"，似乎不宜理解为来自"内郡"。这枚简的另一面，即 E.P.T59:349B，书写了有关"菱泉"即很可能是"菱钱"的记录，[1] 说明这条资料的内涵还需要仔细考察。

还有一个问题值得思考，就是所谓"汉代在西北边塞障隧中之菱草，当有不少是属大司农所辖"，"菱草"是以何种形式"属大司农所辖"的呢？

似乎应当理解为"菱草"生长的土地，是"属大司农所辖"，也就是属"大司农所属的农都尉或田官"所辖。这些应当看作所有权归于国家的土地，既然"属大司农所辖"，应当有开垦的计划。而在未开垦之前，土地一切有价值的出产，自然也"属大司农所辖"。

居延汉简所见"大司农菱"或"大农菱"，向我们提示了一个重要的历史事实。这既是一个重要的军事史和经济史的事实，也是一个重要的生态史的事实。就是说，戍卒刈取饲草的这种归属关系，预告河西地区有数量可观的生长"菱草"的土地，在规划中即将辟为农田。

当然，也不能完全排除这种可能，即"大司农所属的农都尉或田官"在居延地区有经营牧草种植的情形。[2] 当然，就此问题进行论证，还需要新的资料。

8. "除陈菱地" 解说

居延汉简中有这样的内容："……七月辛巳卒□二人，一人守菱，一人除陈菱地，……。"（E.P.T49:10）[3] 这里所谓"守菱"，应当是指割草之后在

1　张德芳主编，肖从礼著：《居延新简集释》（五），第 342 页。

2　《齐民要术》卷二《大豆》说到"种菱"，《养羊》则说到种植同样的作物而"刈作青菱"的形式，又言"积菱之法"。〔后魏〕贾思勰原著，缪启愉校释，缪桂龙参校：《齐民要术校释》，第 80 页、第 313 页。

3　甘肃省文物考古研究所、甘肃省博物馆、文化部古文献研究室、中国社会科学院历史研究所编：《居延新简：甲渠候官与第四燧》，第 144 页。张德芳主编，杨眉著：《居延新简集释》（二），第 464—465 页。

现场看管，以防盗失。而所谓"除陈茭地"，很可能是清理"伐茭"之后的"茭地"。

"除陈茭地"，究竟是为了耕种，还是有其他目的，我们目前尚不能十分明了。但是可以明确的是，"陈茭地"既已清理，有很大可能是不会再作为"茭地"了。也就是说，这里的原有植被状况被完全破坏了。

了解居延士兵有以"除陈茭地"为任务的劳作内容，对于我们认识当时河西地区自然植被状况因人为因素改变的情形，显然是有益的。联系上文对"大司农茭"的分析，我们可以理解当时河西地区的开发，是以原有自然生态环境的破坏为代价的。

有关"除陈茭地"的简例，写明时在"七月"。这正是河西地方"伐茭"的季节。从现有资料看，"伐茭"及相应劳作多集中在六、七、八、九数月：

> 六月　E.P.T40:53　E.P.T50:138　E.P.T51:550　E.P.T52:51
>
> 七月　E.P.T40:6A　E.P.T51:211
>
> 八月　E.P.T43:25　E.P.T52:182　30.19A
>
> 九月　505.24[1]

河西地区年降水量主要集中在 7—8 月份，这一时期土壤温度和湿度较高，牧草能够持续生长，植物干物质的积累也较高。[2]汉代河西地方"伐茭"主要集中在这一时段，自有合理的出发点。

另有一例，治茭事在三月："甲渠官绥和二年三月省□部　卒治大司农茭名"（3.30）。[3]在这一时节割取饲草，在古代文献中有所记录。如《农蚕经·种苜蓿条》也写道："四月结种后，茭以喂马，冬积干者，亦可喂牛驴。"[4]牧草被刈割或经放牧后重新恢复绿色株丛的能力称作牧草的再生性。

1　甘肃省文物考古研究所、甘肃省博物馆、文化部古文献研究室、中国社会科学院历史研究所编：《居延新简：甲渠候官与第四燧》，第 89 页、第 161 页、第 215 页、第 231 页；第 85 页、第 190 页；第 101 页、第 241 页。谢桂华、李均明、朱国炤：《居延汉简释文合校》，第 47 页；第 605 页。

2　参看刘洒发主编：《甘肃敦煌自然保护区科学考察》，中国林业出版社 2001 年 2 月版，第 146 页。

3　谢桂华、李均明、朱国炤：《居延汉简释文合校》，第 4 页。

4　〔清〕蒲松龄著，路大荒整理：《蒲松龄集》，中华书局 1988 年 4 月版，第 771 页。

第一次早期利用，在其他条件良好的情况下能加强再生。三月"治大司农荚"，或许有可能有以刈割的刺激作用促进休眠芽的生长的用意。[1]

居延汉简所见春夏之间至于夏季集中"伐荚"的情形，则与北魏学者贾思勰《齐民要术》卷六《养羊》中的如下记载相符合："羊一千口者，三四月中，种大豆一顷杂谷，并草留之，不须锄治，八九月中，刈作青荚。"[2]清代学者杨屾《豳风广义》卷三也写道："预种大豆或小黑豆杂谷，并草留之……八九月间，带青色收取晒干，多积苜蓿亦好。或山中黄白菅，并一切路旁、河滩诸色杂草羊能食者，于春夏之间，草正嫩时收取，晒干，以备冬用。"[3]防止腐烂，对于"积荚"至关重要。《齐民要术》卷二《大豆》关于"种荚"的内容中，特别强调"九月中"伐荚有益于防止腐烂："九月中，候近地叶有黄落者，速刈之。叶少不黄必浥郁。刈不速，逢风则叶落尽，遇雨则烂不成。"[4]居延汉简所谓"荚湿"（219.30），"荚腐败"（E.P.T52:173），敦煌汉简所谓"荚积三，其一秒"（1017B），[5]都应当是指饲草积储失败，"浥郁""烂不成"的情形。

《齐民要术》卷六《养羊》又可见"积荚之法"，也可以在我们理解河西汉简"积荚"形式时以为参考。[6]

1　参看北京农业大学主编：《草地学》，农业出版社 1982 年 12 月版，第 59—60 页。

2　〔后魏〕贾思勰原著，缪启愉校释，缪桂龙参校：《齐民要术校释》，第 313 页。

3　参看杨诗兴：《我国古代常用的家畜饲料及其调制法》，《中国畜牧史料集》，第 82—83 页。

4　〔后魏〕贾思勰原著，缪启愉校释，缪桂龙参校：《齐民要术校释》，第 80 页。

5　谢桂华、李均明、朱国炤：《居延汉简释文合校》，第 356 页。甘肃省文物考古研究所、甘肃省博物馆、文化部古文献研究室、中国社会科学院历史研究所编：《居延新简：甲渠候官与第四燧》，第 240 页。张德芳：《敦煌马圈湾汉简集释》，第 631 页。

6　《齐民要术》卷六《养羊》："积荚之法：于高燥之处，树桑、棘木作两圆栅，各五六步许。积荚著栅中，高一丈亦无嫌。任羊绕栅抽食，竟日通夜，口常不住。终冬过春，无不肥充。若不作栅，假有千车荚，掷与十口羊，亦不得饱：群羊践蹑而已，不得一茎入口。"饲马牛自然不会任其"绕栅抽食"，而"积荚""于高燥之处"，其垛顶取"圆"形以防雨的方式，可能是相近的。〔后魏〕贾思勰原著，缪启愉校释，缪桂龙参校：《齐民要术校释》，第 313 页。参看王子今：《汉代河西的"荚"——汉代植被史考察札记》，《甘肃社会科学》2004 年 5 期；收入《生物史与农史新探》，万人出版社有限公司 2005 年 10 月版。

苇·蒲·慈其

1. "伐苇""伐蒲"简文

河西汉简除"伐茭"外，又有关于"伐苇"和"伐蒲"的内容。

如："十一月丁巳卒廿四人，其一人作长，三人养，一人病，二人积苇，右解除七人，定作十七人伐苇五百□，率人伐卅，与此五千五百廿束。"（133.21）[1]

又有涉及"伐蒲"的简例："廿三日戊申卒三人，伐蒲廿四束大二苇，率人伐八束，与此三百五十一束。"（161.11）[2] 还有一枚简说到"取蒲"和"作席"事："二月十二日见卒桼人，卒解梁苇器，卒沐恽作席，卒邟利作席，卒郭并取蒲，……"（E.P.T59:46）[3]

看来，"伐苇"和"伐蒲"主要是作为手工业原料。"作席"及"苇器"，应当是其主要用途。[4]

"苇"和"蒲"都是水生草本植物。[5] "伐苇"数量一例竟然多至"五千五百廿束"，可以作为反映居延地区植被和水资源状况的重要信息。

70-1 居延"伐蒲"简文

---

1 谢桂华、李均明、朱国炤：《居延汉简释文合校》，第 223 页。

2 谢桂华、李均明、朱国炤：《居延汉简释文合校》，第 265 页。

3 谢桂华、李均明、朱国炤：《居延汉简释文合校》，第 356 页。甘肃省文物考古研究所、甘肃省博物馆、文化部古文献研究室、中国社会科学院历史研究所编：《居延新简：甲渠候官与第四燧》，第 361—362 页。

4 芦苇在陕西、甘肃、宁夏、青海、新疆等省区，是一较重要的饲料植物，马、牛皆喜食其青草。参看崔友文：《中国北部和西北部重要饲料植物和毒害植物》，第 111 页。

5 《说文·艸部》："苇，大葭也。""蒲，水艸也，或以作席。"〔汉〕许慎撰，〔清〕段玉裁注：《说文解字注》，第 45 页、第 28 页。

2. 河西戍卒劳作：伐慈其·艾慈其

居延汉简又可见"伐慈其""艾慈其"事。

如："左右不射皆毋所见檄到令卒伐慈其治薄更著务令调利毋令到不办毋忽如律令"（E.P.F22:291），"凡见作七十二人得慈其九百□□"（E.P.S4.T2:75），"第十候史殷省伐慈其"（133.15），"一人□慈其七束"，"廿人艾慈其百　束率人八束"（33.24）。[1]

"艾慈其"也就是"刈慈其"。后一句原文应为"廿人艾慈其百六十束，率人八束"。

3."慈其"名义

关于"慈其"究竟何指，于豪亮注意到"第十候史殷省伐慈其"（甲编765）简例[2]，写道："慈其疑即茈萁，慈是从母字，茈既可以是从母字，又可以是精母字、崇母字，茈萁之茈，当系从母字，故慈和茈以双声通假；萁从其得声，萁和其通假是没有问题的。因此慈其就是茈萁。《广雅·释草》：'茈萁，蕨也。'茈萁又名为萁、紫萁或茈其，《尔雅·释草》：'萁，月尔'，郭注：'即紫萁也，似蕨可食。'《后汉书·马融传》'茈其芸蒩'则写作茈其。"于豪亮又说："罗愿《尔雅翼》云：'蕨生如小儿拳，紫色而肥，野人今岁焚山，则来岁蕨菜繁生，其旧生蕨之处，蕨叶老硬敷披，人志之谓之蕨萁。《广雅》云：蕨，紫萁。萁岂其之转邪？'按：现在有许多地方仍称蕨为蕨萁，正是从慈其、茈其或紫萁而来，其不当书作萁字。"[3]

1 甘肃省文物考古研究所、甘肃省博物馆、文化部古文献研究室、中国社会科学院历史研究所编：《居延新简：甲渠候官与第四燧》，第495—496页、第560页。谢桂华、李均明、朱国炤：《居延汉简释文合校》，第222页、第52页。
2 《居延汉简甲乙编》简号为133.15。中国社会科学院考古研究所编：《居延汉简甲乙编（下册）》，中华书局1980年12月版，第94页。
3 于豪亮：《居延汉简释丛·慈其》，《于豪亮学术文存》，第176页。

70-2　居延简
文所见"慈其"

70-3　居延汉简
"艾慈其"简文

　　李天虹引简例"慈其"写作"兹其"，于是说："兹其，于豪亮疑即
'茈藄'，也就是蕨菜，则兹其属于食用菜类。"[1]

　　这样的说法其实是不准确的。《酉阳杂俎》卷一六《毛篇》有"马"
条，其中说到马的饲草："瓜州饲马以薲草，沙州以茨其，凉州以勃突浑，
蜀以稗草。以萝卜根饲马，马肥。安北饲马以沙蓬根针。"[2]所说"沙州以茨
其"，"茨其"正是"慈其"无疑。可见河西汉简所见"慈其"并不"属于
食用菜类"，其实也是饲草。[3]

1　李天虹：《居延汉简簿籍分类研究》，第 135 页。

2　〔唐〕段成式撰，方南生点校：《酉阳杂俎》，第 159 页。

3　王子今：《汉代河西的"葵"——汉代植被史考察札记》，《甘肃社会科学》2004 年 5 期；收入
《生物史与农史新探》，万人出版社有限公司 2005 年 10 月版。

小溲田

1. 长沙五一广场"小溲田"简文

长沙五一广场东汉简可见"小溲田"简文。"小溲田",是指示土地的用语,其文义并不明朗,有必要讨论。

谨举列五一广场简可见"小溲田"简文的简例:

> 钱五千八百比守责伯不肯雇长　穷老为伯所侵宛书到　　　诡责伯悉毕处言凌叩头
>
> 死罪死罪奉得书辄诡责　　伯伯辄以小溲田一町与长　当钱五千八百悉毕凌稽迟
>
> （二一四五　木两行 2010CWJ1 ③ :266-477）[1]

罗小华《五一广场简牍所见名物考释》(五)一文就"小溲田"名义进行了有意义的讨论:

> 小溲田一町……当钱五千八百
>
> （二一四五　木两行 2010CWJ1 ③ :266-477）

"溲田",疑当为以溲种之法耕种的农田。"町",当为"小溲田"之量词。《左传》襄公二十五年:"町原防,牧隰皋,井衍沃。"杜预注:"堤防间地,不得方正如井田,别为小顷町。"孔颖达疏:"原防之地,九夫为町,三町而当一井也。"《周礼·地官·小司徒》"乃经土地而井牧其田野",郑玄注引《司马法》曰:"六尺为步,步百为晦,晦百为夫。夫三为屋,屋三为井。"如按"九夫为町""晦百为夫"折算,

---

[1] 长沙市文物考古研究所、清华大学出土文献研究与保护中心、中国文化遗产研究院、湖南大学岳麓书院编:《长沙五一广场东汉简牍》(伍),中西书局 2020 年 12 月版,第 58 页、第 118 页、第 187 页。

则一町为九百晦，"小溲田"一亩约值六钱四分。如按"三町而当一井""晦百为夫。夫三为屋，屋三为井"折算，则一町相当于一屋，也就是三百亩，"小溲田"一亩约值十九钱三分。温乐平指出："三町为100亩，则一町约为33.3亩。"[1]此说未见相关证据。"町"与"亩"之间的换算关系不明，导致田地价格不清。[2]

以为"溲田"可能是"以溲种之法耕种的农田"，论者言"疑当为"，是并不确定的意见。现在看来，是可以商榷的。

《五一广场东汉简牍释文选》所见一枚简，简文有"小溲"字样，值得我们在讨论中注意：

> 小溲无坏□蘽旱少　　水又各颇有神处募　卖以来廿余岁无人
> 求市者蒙崇土致三町　贾并直钱一万减本　贾四千募卖贾极唯
>
> 　　　　　　　　　　　　九一　木两行 J1 ③:325-1-10

"小溲"，从"无坏□蘽旱少水"等文字以及以"町"计量看，应当是说"小溲田"。整理者的"释文注释"发表了研究收获：

> 九一　木两行 J1 ③:325-1-10
> 【说明】
> 此件长二十三.一厘米、宽三.二厘米，保存完整，有两道明显编痕，编绳通过处留空未书字。从内容上看，其前后当有一枚或多枚木两行与之编联。
> 【释文】
> 小溲。无坏□蘽旱少水[一]，又各颇有神处[二]，募卖以来廿余岁[三]，无人
> 求市者。蒙□土致三町[四]，贾（价）并值钱一万，减本贾（价）

1　原注："温乐平：《秦汉物价研究·秦汉物价表》，江西师范大学硕士学位论文，2002年，第20页。"
2　罗小华：《五一广场简牍所见名物考释》（五），《出土文献研究》第19辑，中西书局2020年12月版，第395页。

四千^[五]，募卖贾（价）极。唯

其"注释"有关于"小溲"及相关词语的解说：

【注释】

［一］溲，《说文·水部》："浚，浸沃也。"

［二］神处，神奇之处。简文似指募卖之物，多有神奇之处，可募卖高价。

［三］募卖，公开出售。《说文·力部》："募，广求也。"

［四］崇，《广雅·释诂》："积也。"《汉书·五行志》"长民者不崇薮"，师古注："聚也。"崇土，积土，后世多有"崇土为台"之语。在此意为"填土"。町，地块量词。《长沙走马楼三国吴简竹简（壹）》简三三七〇："右区景妻田四町合廿六亩"。

［五］本价，原本之价值。《汉书·食货志》："用其本贾取之，毋令折钱"。¹

解释"又各颇有神处"，言"简文似指拟募卖之物，多有神奇之处，可募卖高价"，可能表达的意思与简文原意恰好相反。

用《说文》"浚，浸沃也"解说"溲"，似未能明畅其义。

71-1　长沙五一广场"小溲田"简文

1　长沙市文物考古研究所、清华大学出土文献研究与保护中心、中国文化遗产研究院、湖南大学岳麓书院编：《长沙五一广场东汉简牍选释》，中西书局 2015 年 12 月版，第 32 页、第 92 页、第 185—186 页。

2."溲田""瘦田"说

"溲"字在这里有可能通"瘦"。

传统农书可见"田肥""田瘦"之说。《农政全书》卷一五《水利·东南水利下》附"水利用湖不用江为第一良法":"夫湖水清,灌田田肥,其来也,无一息之停。江水浑,灌田田瘦,其来有时,其去有候。来之时,虽高于湖水,而去则泯然矣。"《农政全书》卷二八《树艺》"蔬部":"【藏菜】……玄扈先生曰:……正二月中,视田肥瘦燥湿加减,加粪壅四次。"《农政全书》卷四〇《种植》:"【灯草】玄扈先生曰:种法与席草同。最宜肥田,瘦则草细。"[1]"田瘦"者,可能和其墒情不理想即"燥"有关。极可能亦体现水资源条件较差或灌溉能力不足。这正符合第二例简文"旱少水"辞义。

"瘦"亦作"瘠"。《史记》卷九九《刘敬叔孙通列传》:"徒见羸瘠老弱。"司马贞《索隐》:"瘠,瘦也。"[2]《汉书》卷二四上《食货志上》:"国亡捐瘠者。"颜师古注:"瘠,瘦病也。言无相弃捐而瘦病者耳。"[3]又《汉书》卷四三《娄敬传》颜师古注:"瘠,瘦也。"[4]《荀子·富国》:"裕民则民富,民富则田肥以易,田肥以易则出实百倍。""不知节用裕民则民贫,民贫则田瘠以秽,田瘠以秽则出实不半。"[5]也说"田肥""田瘠"。所谓"田瘠",指"瘠薄之田"。《汉书》卷二四上《食货志上》:"若山林薮泽原陵淳卤之地,各以肥硗多少为差。有赋有税。"颜师古注:"硗,硗确也,谓瘠薄之田也。"[6]王辉《古文字通假字典》说:上博楚竹书《子羔》简一"恩(肥)、竁",复印件注说竁即脆字,读为硗。《孟子·告子上》:"虽有不同,则地

1〔明〕徐光启撰,石声汉校,西北农学院古农学研究室整理:《农政全书校注》,上海古籍出版社1979年9月版,第378页、第732页、第1125页。

2《史记》,第2718页。

3《汉书》,第1130页、第1131页。

4《汉书》,第3122页。

5〔清〕王先谦撰,沈啸寰、王星贤点校:《荀子集解》,第177页。

6《汉书》,第1120页。

有肥硗、雨露之养，人事之不齐也。"何琳仪读为瘠。[1]

南土稻作经济区关于田地的用语以"溲"言"瘦"，转义为"瘠"，体现在"江南""水耨"的生产条件下[2]，大概决定耕田之"肥""瘠"、"肥""瘦"者，水资源利用即灌溉能否较好实现，是主要的指标。

长沙五一广场东汉简牍又可见另外出现"溲"字的简文："……郁吏次署视事干伯等县民卢☐部柤溲丘相比近……"（二一五〇＋一八二七＋一八八六，木两行 2010CWJ1 ③：266–482+266–204+266–218）。[3]"溲"作为"丘"名用字，意义也不能排除"瘦""瘠"的可能。

3. "小溲田"之"小"的字义

"小溲田"之"小"，在这里取稍、略的字义，如《孟子》"小有才"[4]及贾谊赋"小知"之"小"[5]。

类似文例又有《史记》卷八一《廉颇蔺相如列传》"匈奴小入"[6]，又《史记》卷一一〇《匈奴列传》"小入盗边"[7]等。后世语例，有"小不如意"

1　王辉编著：《古文字通假字典》，中华书局 2008 年 2 月版，第 60 页。

2　《史记》卷三〇《平准书》："天子怜之，诏曰：'江南火耕水耨……'"裴骃《集解》："应劭曰：'烧草，下水种稻，草与稻并生，高七八寸，因悉芟去，复下水灌之，草死，独稻长，所谓火耕水耨也。'"第 1437 页。《史记》卷一二九《货殖列传》："楚越之地，地广人希，饭稻羹鱼，或火耕而水耨……"第 3270 页。

3　长沙市文物考古研究所、清华大学出土文献研究与保护中心、中国文化遗产研究院、湖南大学岳麓书院编：《长沙五一广场东汉简牍》（伍），第 33 页、第 93 页、第 148 页。

4　《孟子·尽心下》："其为人也小有才，未闻君子之大道也。"对于"其为人也小有才"，杨伯峻译文："他这个人也有点小聪明"。杨伯峻编著，兰州大学中文系孟子译注小组修订：《孟子译注》，中华书局 1960 年 1 月版，第 336 页。"小有才"，又见于《宋史》卷三二九《王广渊传》，卷三三七《范祖禹传》，卷四四五《文苑传七·叶梦得》，卷四七〇《佞幸传·谯载熙传》，第 10609 页、第 10796 页、第 13133 页、第 13695 页；《元史》卷一八一《虞汲传》，第 4180 页；《明史》卷二二一《耿定向传》，卷二七八《梁朝钟传》，第 5818 页、第 7139 页。

5　《史记》卷八四《屈原贾生列传》，第 2500 页。

6　《史记》，第 2450 页。

7　《史记》，第 2904 页。

则如何如何等。[1]

《太平御览》卷八五〇引《风俗通》："辅车上饭，小小不足济也。"[2]
《三国志》卷二四《魏书·高柔传》："校事刘慈等，自黄初初数年之间，举吏民奸罪以万数。柔皆请惩虚实，其余小小挂法者，不过罚金。"[3]有的辞书释"小小"为"少量，稍稍；短暂"，即以此两例为书证。[4]

战国汉魏语言习惯，稍坐称"小坐"[5]，稍止称"小停"[6]，稍停称"小住"[7]，稍待称"小迟"[8]，稍睡称"小暝"[9]，稍闲称"小阕"[10]，稍好称"小佳"[11]，稍差称"小污"[12]，稍次称"小减"[13]，稍微称"小许"[14]，稍有怠慢称"小简"[15]，稍得安定称"小定"[16]，稍有差错称"小差"[17]，稍有损坏称"小缺"[18]，病患

1　如《旧唐书》卷一三四《马燧传》："供饩小不如意，恣行杀害。"卷一七〇《裴度传》："所至官吏必厚邀供饷，小不如意，即恣其须索，百姓畏之如寇盗。"卷一八一《罗子威传》："优奖小不如意，则举族被害。"卷二〇〇下《秦宗权传》："（朱泚）身留京邑，小不如意，别怀异图。"第3690页、第4414页、第4691页、第5399页。

2　〔宋〕李昉等撰：《太平御览》，第3801页。

3　《三国志》，第685页。

4　汉语大词典编辑委员会、汉语大词典编纂处编纂：《汉语大词典》第2卷，汉语大词典出版社1988年3月版，第1587—1588页。《三国志》卷六四《吴书·诸葛恪传》："时务从横，而善人单少，国家职司，常苦不充。苟令性不邪恶，志在陈力，便可奖就，骋其所任。若于小小宜适，私行不足，皆宜阔略，不足缕责。"所云"小小"亦近义。第1432页。

5　《盐铁论·散不足》。王利器校注：《盐铁论校注》（定本），第353页。

6　《晋书》卷九〇《良吏传·邓攸》，第2340页。

7　《后汉书》卷八二下《方术列传下·蓟子训》，第2746页；《三国志》卷五〇《吴书·妃嫔传·孙休朱夫人》裴松之注引《搜神记》，第1201页。

8　《晋书》卷七七《王彪之传》，第2011页。

9　《风俗通义·怪神·石贤士神》，〔东汉〕应劭撰，吴树平校释：《风俗通义校释》，第343页。

10　《三国志》卷四九《吴书·士燮传》，第1191页。

11　《晋书》卷七七《陆纳传》，第2027页。

12　《孟子·公孙丑上》赵岐注。〔清〕焦循撰，沈文倬点校：《孟子正义》，第217页。

13　《三国志》卷一九《魏书·陈思王植》裴松之注引《冀州记》，第558页；《三国志》卷二二《魏书·陈泰传》裴松之注引《博物记》，第641页。

14　《晋书》卷一一《天文志上》，第282页。

15　《后汉书》卷七八《宦者传·单超》，第2520页。

16　《三国志》卷一四《魏书·刘晔传》，第445页。

17　《后汉书》卷三六《陈元传》，第1231页；《后汉书》卷八三《逸民传·严光》李贤注引皇甫谧《高士传》，第2763页。

18　《盐铁论·申韩》。王利器校注：《盐铁论校注》（定本），第578页。

稍缓称"小起"[1]，稍有不同称"小异"[2]，都往往使用"小"这一语词形式。《诗·大雅·民劳》："民亦劳止，汔可小康。"郑玄笺："今周民罢劳矣，王几可以小安之乎。"下文"小休""小息""小安"之"小"，也都有稍稍的意思。[3]

与农耕经济有关的，还有"小饥"之说。[4]而能够与"小溲"语形成直接对应的，则可见《焦氏易林》"恒之咸"："瘠蠡小瘦，以病之癃。"尚秉和曰："癃，创也。言小瘦之故因病癃也。"[5]所谓"瘠蠡小瘦"，可以帮助我们理解"小溲田"的"小溲"。

"小溲田"，很可能义指比较贫瘠、略为贫瘠的土地。

---

1 《三国志》卷二九《魏书·方技传·华佗》，第 803 页。

2 《后汉书》卷三六《贾逵传》，第 1236 页。

3 〔清〕阮元校刻：《十三经注疏》，第 548 页。

4 《汉书》卷二四上《食货志上》，第 1125 页。

5 〔旧题汉〕焦延寿撰，徐传武、胡真校点集注：《易林汇校集注》，第 1208 页。

块沙

1. 居延"块沙"简文

居延汉简可见有关"块沙"的简文。《居延汉简释文合校》载录出现"块沙"字样者凡三例：

　　（1）会□□言莫府敢言之　　　　　　　　　　　　　（256.2A）

　　　　　□待亭四块　沙中谒言莫府　舒教士毋状死＝罪＝　（256.2B）

　　（2）□省块沙　　　　　　　　　　　　　　　　　　（515.34）

　　（3）伏匿块沙中　　　　　　　　　　　　　　　　（534.22）[1]

《居延汉简》（叁）（肆）对于简（1）（2）释文有所更新，（3）没有变化：

　　（1）言莫府敢言之　　　　　　　　　　　　　　　　（256.2A）

　　　　得亭西块沙中谒言莫府舒教士毋〔状〕死＝罪＝　（256.2B）[2]

　　（2）〔省〕块沙　　　　　　　　　　　　　　　　　（515.34）

　　（3）伏匿块沙中　　　　　　　　　　　　　　　　（534.22）[3]

现在看来，简牍整理小组编《居延汉简》的释文更为可靠。

　　甲渠候官遗址即破城子1972年至1974年出土汉简也有出现"块沙"文字的简例。如：

1　谢桂华、李均明、朱国炤：《居延汉简释文合校》，第424页、第629页、第646页。

2　简牍整理小组编：《居延汉简》（叁），第130页。

3　简牍整理小组编：《居延汉简》（肆），第185页、第206页。

四月乙巳日迹积一日毋越塞兰渡天田出入迹

（4）收降候长赏候史充国　　迺丙午日出一干时房可廿余骑萃出块沙中略得迹卒赵盖众

丁未日迹尽甲戌积廿八日毋越塞兰渡天田出入

（EPT58:17）[1]

又有破城子十六号房屋遗址出土的一例，简文只言"块"，不称"块沙"：

（5）万岁部以南烟火不绝虏或分布在块闻虏皆　　　　（EPF16:46）[2]

这里所谓"块"，应当也是"块沙"的简写。[3]"块闻"应读作"块间"，或许也可以理解为简（1）（3）（4）所见"块沙中"。

2. "块沙""沙窝"说

有学者讨论过简文"块沙"语义。张俊民《汉简琐记》正确地指出文物出版社《居延新简》将"块"排为"块"之不妥，又就《说文》有关"块""凷""墣"的分析，对于"块"的字义发表了这样的意见：

> 按《说文解字》："块，俗凷字。""凷，墣也。"段注：墣"淮南书曰土之胜水也。""从土凵，凵屈象形。"由之可以引申为低洼之处。由低洼之处，再验之简文，文义就好理解了。因为沙丘被风吹后，会出现高低不平的沙垄与沙窝。匈奴人突然从块沙中出來，就是说匈奴人

1　甘肃省文物考古研究所、甘肃省博物馆、文化部古文献研究室、中国社会科学院历史研究所编：《居延新简：甲渠候官与第四燧》，第350页；甘肃省文物考古研究所、甘肃省博物馆、中国文物研究所、中国社会科学院历史研究所编：《居延新简：甲渠候官》，上册第152页。
2　甘肃省文物考古研究所、甘肃省博物馆、文化部古文献研究室、中国社会科学院历史研究所编：《居延新简：甲渠候官与第四燧》，第471页；甘肃省文物考古研究所、甘肃省博物馆、中国文物研究所、中国社会科学院历史研究所编：《居延新简：甲渠候官》，上册第208页。
3　张俊民对"块沙"字义的分析，认为"也适用于简F16.46"。甘肃省文物考古研究所、西北师范大学历史系编：《简牍学研究》第2辑《汉简琐记》，甘肃人民出版社1998年3月版，第129页。

72-1 居延「虏可廿余骑萃出塊沙中」简文

72-2 居延「[省]塊沙」简文

72-4 居延「伏匿塊沙中」简文

72-3 居延「待亭西塊沙中」简文

从埋伏的沙窝之中突然出来。[1]

张德芳主编《居延新简集释》引录张俊民说,应当是赞同这一看法。然而其【集解】所解释的对象为"块沙中"而非"块沙":

> 块沙中　指高低不平的沙壟。……块沙中,又见居延汉简 256·2B:"言莫府,敢言之,待亭西块沙中,谒言莫府,舒教士无状,死罪死罪。"534·22:"伏匿块沙中。"

对于简文"虏可廿余骑萃出块沙中",引张俊民说:"匈奴人突然从块沙中出来,就是说匈奴人从埋伏的沙窝之中突然出来。"[2]

沈刚著《居延汉简语词汇释》对于"块"字的解释,也引录了张俊民"块沙"即"低洼之处""沙窝"的意见:

> 块(EPT58:17)《新简》作"块"
>
> 按《说文解字》:"塊,俗凷字。""凷,墣也。"段注:"墣,《淮南子》曰土之胜水也。""从土凵,凵屈象形。"由之引申为低洼之处。(张俊民:1998)[3]

张俊民的解释,其实是针对"块沙"而非"块"。此条"块(EPT58:17)"其实可以写作"块(EPF16:46)"。

中国简牍集成编委会编《中国简牍集成》就"块沙"做出过如下两种略有不同的解释:

> 1."块沙,指沙漠中凹凸不平的丘陇地形。"
> 2."块沙,指高低不平的沙垒。"[4]

1　张俊民:《汉简琐记》。甘肃省文物考古研究所、西北师范大学历史系编:《简牍学研究》第 2 辑,第 129 页。
2　张德芳主编,马智全著:《居延新简集释》第 4 册,第 512—513 页。
3　沈刚:《居延汉简语词汇释》,第 244 页。
4　中国简牍集成编委会编:《中国简牍集成》,第 7 卷第 114 页;第 8 卷第 166 页。

这样的解说，兼说"凹凸""高低"，与张俊民言"低洼之处""沙窝"有所不同，然而没有进行论证。

3. "塊"通"魁""魏""巍"

张俊民引《说文解字》推定"塊沙"即"低洼之处"之所谓"沙窝"。今考《说文·土部》："塊，俗由字。"[1]"墣，由也。"段玉裁注："《吴语》曰：浦人畴枕王以墣。《淮南书》曰：土之胜水也，非以一墣塞江。"又《说文·土部》："圤，墣或从卜。""由，墣也。从土凵。凵屈象形。"[2] 看来，将"墣"直接简写为"圤"，显然是不妥的。《说文》："塊，俗由字。""墣，由也。""由，墣也。从土凵。凵屈象形。"这些说法应当都与"塊沙"的"塊"没有什么直接关系。而段玉裁所谓《淮南书》曰："土之胜水也"，后句为"非以一墣塞江"，根据这样的说法，也都无法"由之引申"，得出"低洼之处"的理解。

《说文·土部》还有一个字也值得注意："坴，土由坴坴也。""一曰坴梁地。"段玉裁注："坴坴，大由之貌。"关于"陆梁地"，段注："《始皇本纪》三十三年，发诸赏逋亡人、赘婿、贾人略取陆梁地，为桂林、象郡、南海，以適遣戍。[3]字作陆。按坴梁，盖其地多土由，而土性强梁也。"[4] 所谓"坴坴，大由之貌"的解说出现"大"字。而《说文·昌部》："昌，大陆也。山无石者，象形。"段玉裁注："《释地》《毛传》皆曰：大陆曰阜。李巡曰：高平曰陆。谓土地丰正名为陆。陆土地独高大名曰阜。阜冣大名为陵。引申之为凡厚、凡大、凡多之称。《秦风传》曰：阜，大也。《郑风传》

---

1 段玉裁注："依《尔雅》释文。"
2 〔汉〕许慎撰，〔清〕段玉裁注：《说文解字注》，第 684 页。
3 《史记》卷六《秦始皇本纪》："三十三年，发诸尝逋亡人、赘婿、贾人略取陆梁地，为桂林、象郡、南海，以適遣戍。"第 253 页。《史记》卷一五《六国年表》："遣诸逋亡及贾人赘婿略取陆梁，为桂林、南海、象郡，以适戍。"第 757 页。
4 〔汉〕许慎撰，〔清〕段玉裁注：《说文解字注》，第 684 页。

曰：阜，盛也。《国语注》曰：阜，厚也。皆由土山高厚演之。"对于所谓
"山无石者"，段玉裁解释说："山下曰：有石而高。象形。此言无石，以别
于有石者也。《诗》曰：如山如阜。山与昌同而异也。《释名》曰：土山曰
阜。象形者，象土山高大而上平。可层絫而上。"又《说文·昌部》："陆，
高平地。从昌，坴声。"段玉裁注："《释地》《毛传》皆曰：高平曰陆。《土
部》坴下曰：土块坴坴也。然则陆从坴者，谓其有土无石也。大徐作从昌
从坴，坴亦声。"[1]所谓"土块坴坴"与"土凷坴坴"之异，可以帮助我们理
解"块沙"的意义。"土山高大""有土无石"，以及"引申之为凡厚、凡
大、凡多之称"，语义比较确定明朗。《焦氏易林》"鼎之比"："陆居少泉，
高山无云，车行千里，涂汙尔轮，亦为吾患。"又"艮之比"："高原峻山，
陆土少泉，草木林麓，嘉禾所灾。"[2]都强调"陆"之"少泉"，前言"车行
千里"，后言"高原峻山"，都可以在理解"陆梁地"文意时参考。

朱起凤《辞通》言"魁然，伟大貌"，又指出或作"块然"："【史
记·孟尝君传】始以薛公为魁然也。""【唐韩愈上巳日燕大学听弹琴诗】
有儒一生，块然其形。"在"块然""魁然""傀然"条又指出："块、魁、
傀三字，并从鬼声。古通用。"[3]高亨《古字通假会典》也说到"块"与
"魌""魁""嵬"相通诸例：

【魌与块】《淮南子·俶真》："块阜之山无丈之材。"《艺文类聚·山
部上》引块阜作魌阜。

【魁与块】《汉书·东方朔传》："魁然无徒。"颜注："魁读曰
块。"〇《淮南子·俶真》："块阜之山无丈之材。"《太平御览》引块
阜作魁父。〇《潜夫论·五德志》："魁隗。"《隶释·帝尧碑》作"块
隗"。

【块与嵬】《淮南子·诠言》："嵬然不动。"《文子·符言》嵬作块。

---

1 〔汉〕许慎撰，〔清〕段玉裁注：《说文解字注》，第 731 页。

2 〔旧题汉〕焦延寿撰，徐传武、胡真校点集注：《易林汇校集注》，第 1841 页、第 1913 页。

3 朱起凤撰：《辞通》卷七《一先》，上海古籍出版社 1982 年 5 月版，第 23 页、第 41 页。

而"嵬"与"巍""巇"相通，也有例证。[1] 又王辉编著《古文字通假字典》"微部影纽"："塊（微溪 kuai）读为畏（wei），叠韵，见溪旁纽。"又"微部疑纽"："巍（微疑 wei）读作魏（微疑 wei），同音。"又举"魏""巍""高大之称"多例。[2]

居延简文所见"塊沙"之"塊"，可能非言"沙窝"而取"低洼"反义，恰是言其"魁""魏""巍""巇"，形容其"高大"。而由《淮南子·俶真》"塊阜之山无丈之材"可知，其"高大"自有限度，与丰生高材的大山不同。这正是沙丘地貌的特点。

其"凹凸不平""高低不平"的地势，或可统称"塊沙"。而所谓"虏可廿余骑萃出塊沙中"，匈奴所潜伏的地方，当然是"塊沙中"的低地。"塊沙中"或许也可以理解为"塊沙间"，即前引简文所谓"塊间"。这样说来，以"塊沙"指沙丘高处，也是合理的。

4. "羌中之地""沙巚"的参考意义

《资治通鉴》卷七八"魏元帝景元三年"记述邓艾灭蜀战事："冬，十月，（姜）维入寇洮阳，邓艾与战于侯和，破之，维退住沓中。"胡三省注："沓中在诸羌中，即沙漒之地。""乞伏炽盘攻漒川，师次沓中。则侯和之地在塞内，沓中之地在羌中明矣。"[3] 而此段文字引录，"沙漒"或作"沙强""沙巚"。《后汉书集解》志二三上《广汉属国都尉》"阴平道"条："《邓艾传》：'姜维保沓中。'胡三省云：沓中即沙强之地。乞伏炽磐攻漒川，师次沓中。则地在羌中明矣。《纪要》：在洮州卫南。谢云：当在西倾山之南。马与龙曰：据《河水注》，西倾山即强台山，洮水所出。"[4] 而《续汉

1　高亨纂著，董治安整理：《古字通假会典》，第 500—501 页。

2　王辉编著：《古文字通假字典》，第 496 页、第 502 页。

3　〔宋〕司马光编著，〔元〕胡三省音注，"标点资治通鉴小组"校点：《资治通鉴》，第 2461—2462 页。

4　王先谦撰：《后汉书集解》，中华书局据 1915 年虚受堂刊本 1984 年 2 月影印版，第 1280 页。

志集解·郡国志五》"阴平道"条则"沙彊"刻作"沙巍"：《邓艾传》：'姜维保沓中。'胡三省云：'沓中即沙巍之地，乞伏后磐功绝风师，次沓中。则地在羌中明矣。'"[1]胡三省注"沙巍"文字的出现，值得我们注意。

这里的"沙巍"，看来是"沙㵱""沙彊"的异写。然而古人在记述有关"羌中"地理时笔下出现"沙巍"，或许体现出对于同样属于塞外与西北边地"块沙"类似地貌曾经的感觉与印象。

后世军事史记录中也可以看到"块沙"。

明代军事文书可见涉及"块沙"的文字。例如缘海战事："三沙之贼，千二三百人，不曾掳得中国一些财帛，皆如饿虎。若防守稍不严，一登老岸，祸岂可言？吾自家亲到贼老巢边。满墙倭子，只隔一箭地。吾与兵备两只船，经月在海洋中严督水陆将士，日夜防守，仅圈得住千余倭子在一块沙上。"[2]所谓圈定"千余倭子在一块沙上"，可知"块沙"居卫与保障"海洋"环境，是有关联的。"块沙"是"老岸"上的高地。其地质构成，当然还可以再做分析。

在当时边地防御"西虏"的军事史记录中，又可见明确的"块沙"文字："辽海村屯丛集，西虏之垂涎久矣。沙岭除堡台外，一块沙土耳。使非去冬出口挑衅，何至于此。如丁字泊之役，西虏谁敢言者？西虏环辽东西而处者三卫，除朵颜一卫直广宁外，其泰宁卫炒花二十营、福余卫煖兔二十四营，皆全聚于长安、长勇一带，阳挟赏阴图掠。"[3]所谓"块沙"与"沙岭"的关系，特别值得注意。

1　王先谦撰：《续汉志集解》，民国虚受堂刻本，第556页。

2　〔明〕唐顺之撰：《与白伯伦仪部》二，《荆川集》文集卷八，四部丛刊景明本，第157页。

3　〔明〕陈仁锡撰：《纪三卫》，《山海纪闻二·锦宁道中》，《无梦园初集》海集二，明崇祯六年刻本，第112页。

5. 沙漠地貌条件下的沙阜、沙丘、沙山

万历《常山县志》卷四《城池》载王涣赋，有"魏沙执成，赵壁莫易"句。[1]这里所说的"魏沙"，或许与我们讨论的简文"塊沙"相接近。"魏沙"与"赵壁"对仗，"魏"之字义似类近于"赵"。但是这里还是应当也考虑上文说到的"塊""魏"相通的关系。作者王涣或有取义双关的考虑。

《水经注》卷三《河水》说到与通常之"山"不同的"沙阜"："余按南河、北河及安阳县以南，悉沙阜耳，无佗异山。故《广志》曰：朔方郡北移沙七所，而无山以拟之，是《义》《志》之僻也。"《水经注》卷四〇《禹贡山水泽地所在》"都野泽在武威县东北"条又说到"黄沙阜"："河水又与长泉水合，水出姑臧东揟次县，王莽之播德也，西北历黄沙阜，而东北流注马城河。"[2]此所谓"黄沙阜"，与我们讨论的河西简文"塊沙"分布地域接近。

史籍可见"沙阜"地名。如《晋书》卷一〇七《石季龙载记下》："（张）重华将杨康等与（刘）宁战于沙阜，宁败绩，乃引还金城。"[3]《十六国春秋》卷一八《后赵录八·石虎》："（建武）十二年，遣凉州刺史麻秋等伐张重华。""重华使将军牛旋、杨康等来御，与宁战于沙阜。宁等败绩，引还金城。"[4]《辽史》卷六八《游幸表》亦可见"猎于沙阜"的记录。[5]

《战国策·楚策三》："垂沙之事，死者以千数。"鲍彪注："未详。《兵略训》，'楚兵殆于垂沙'，亦不注。"[6]也有注家以为，"垂沙""垂陟"都是"重丘之讹"，"'重'与'垂'字形相类，'沙''丘'则名称之歧耳"。

1 万历《常山县志》，明万历刻清顺治十七年递修本，第149页。

2 〔北魏〕郦道元著，陈桥驿校证：《水经注校证》，第76页、第953页。

3 《晋书》，中华书局1974年11月版，第2781页。

4 〔南北朝〕崔鸿撰，〔清〕汤球辑补，王鲁一、王立华点校：《十六国春秋辑补》，齐鲁书社2000年版，第139页、第140页。《十六国春秋》卷七三《前凉录四·张重华》："别将杨康败刘宁于沙阜。宁退屯金城。"〔南北朝〕崔鸿撰：《十六国春秋》，明万历刻本，第483页。

5 《辽史》，第1058页。

6 〔西汉〕刘向集录：《战国策》，第537页、第538页。

"'沙''丘'亦得通称。"[1] 如果说"重沙""重丘"可以"通称",则是符合人们对于沙漠景观的感觉的。唐人卢仝《月蚀诗》有"沙碛如山冈"句。[2] 说到这种因"沙"形成的"山岗"。《回疆志》卷一《地理》:"回疆一带,大半皆系戈壁。[3] 山岗亦系沙土。其平原旷野亦尽沙积石滩卤咸之区。"[4]

唐人苏颋《奉和礼部尚书窦希玠宅应制》诗:"圆顶图嵩石,方流拥魏沙。"[5] 也使用"魏沙"一语。《清史稿》卷一二九《河渠志四》"直省水利"条:"京山决口三百二十余丈,钟祥溃口百七十余丈,正河经行二百余年,不应舍此别寻故道。惟有挑除胡李湾沙块,先畅下游去路,将京山口门挽筑月堤,展宽水道,钟祥口门于堵闭后,添筑石坝二,护堤攻沙。"[6] 水中的"沙块",或许所言地貌水文现象,与苏颋诗句所谓"方流拥魏沙"类同。此所谓"沙块"的形势特征,或许也可以帮助我们理解居延简文所见"块沙"。

居延简文"块沙"涉及西北边塞常见地貌特征,可以看作河西荒漠地理条件下有特殊价值的环境史料。对"块沙"的正确释读,有益于对汉代边郡士卒生活空间的准确理解,也关涉汉与匈奴军事竞争的细节。在对丝绸之路重要路段交通条件的考察中,相关信息也有重要的意义。

---

1 〔民国〕金正炜撰:《战国策补释》卷三,民国金氏十梅馆刻本,第 78 页。

2 〔唐〕卢仝撰,〔清〕孙之𫘤注:《玉川子诗集注》卷一,清刻《晴川八识》本,第 25 页。

3 原注:"无水草之处。"

4 乾隆《回疆志》,清乾隆刻本,第 14—15 页。

5 〔宋〕李昉等编:《文苑英华》卷一七五,第 854 页。

6 《清史稿》,第 3840 页。

附论

舟船属具

1. 走马楼简提供的信息

长沙走马楼简可见有关舟船属具的简文，对于我们认识三国时期吴地的水运形式，提供了较为具体的资料。据此考察当时湘江航行的技术水准，可以得到有价值的新的理解。

走马楼简可见起字“具”的简例，记录的内容是舟船设施。“具”可以理解为舟船属具。简文如下：

　　　　大樯一枚长七丈　大杝一枚
⧄[具]其　上刚一枚长六丈　钉石一枚　〓嘉禾二年二月廿八日[给]⧄
　　　　下刚一枚长六丈　大绳一枚　（1384）[1]

对照图版，原文为：

　　　　大樯一枚长七丈　大杝一枚 ‖
⧄[具]其　上㓻一枚长六丈　矴石一枚 ‖ 嘉禾二年二月廿八日[给]⧄
　　　　下㓻一枚长六丈　大绁一枚 ‖　（1384）[2]

释读简文，能够得到关于“樯”“杝”“㓻”“矴石”“绁”等舟船备具的有意义的发现。

---

1 长沙市文物考古研究所、中国文物研究所、北京大学历史学系走马楼简牍整理组：《长沙走马楼三国吴简·竹简（壹）》，下册第922页。

2 长沙市文物考古研究所、中国文物研究所、北京大学历史学系走马楼简牍整理组：《长沙走马楼三国吴简·竹简（壹）》，上册第78页。

2. 大檣

檣，船桅。在帆船时代指悬挂帆的立柱。《文选》卷一二郭璞《江赋》："舳舻相属，万里连檣。"李善注引《埤苍》："檣，帆柱也。"张铣注："檣，挂帆木也。"[1]

目前所知三国吴尺实物有三：1964 年江西南昌坛子口一号墓出土铜尺长 23.5 厘米[2]；1978 年安徽南陵麻桥乡东吴墓出土髹漆木尺长 24.1 厘米[3]；1979 年江西南昌阳明路出土银乳钉竹尺长 24.2 厘米[4]。三者平均 23.93 厘米。[5] 如此则"七丈"合 16.75 米。

"大檣一枚长七丈"，是有关中国早期帆船形制的珍贵资料。简文称"大檣一枚"，又"上對一枚"，"下對一枚"，可知应当是单桅单帆船。

3. 大柂

柂，即舵。或写作"柂""柂"。《释名·释船》："其尾曰柂。柂，拖也，在后见拖曳也。且弼正船使顺

73-1　走马楼舟船属具简

1　〔梁〕萧统编，〔唐〕李善、吕延济、刘良、张铣、吕向、李周翰注：《六臣注文选》，第 243 页。

2　江西省文物管理委员会：《江西南昌徐家坊六朝墓清理简报》，《考古》1965 年 9 期；国家计量总局主编：《中国古代度量衡图集》，文物出版社 1981 年 10 月版，图 32。

3　安徽省文物工作队：《安徽南陵县麻桥东吴墓》，《考古》1984 年 11 期。

4　国家计量总局主编：《中国古代度量衡图集》，图 31。

5　参看丘光明：《中国历代度量衡考》，第 60 页。而王国维、吴承洛、杨宽、矩斋、曾武秀、伊世同等学者所分别考订三国尺度的平均值，则为 24.0186 厘米。参看郭正忠：《三至十四世纪中国的权衡度量》，中国社会科学出版社 1993 年 8 月版，第 232 页；王国维：《中国历代之尺度》，《学衡》57 期，1926 年 9 月；吴承洛：《中国度量衡史》，商务印书馆 1937 年版，修订本商务印书馆 1957 年版；杨宽：《中国历代尺度考》，长沙商务印书馆 1938 年版，商务印书馆 1955 年版；矩斋：《古尺考》，《文物参考资料》1957 年 3 期；曾武秀：《中国历代尺度概述》，《历史研究》1964 年 3 期；伊世同：《量天尺考》，《文物》1978 年 2 期。

流不使他戾也。"[1] "其尾曰柂",《太平御览》卷七七一引作"舡尾曰柂"。[2]《汉书》卷六《武帝纪》:"舳舻千里。"颜师古注:"李斐曰:'舳,船后持柂处也。'"[3]据《北堂书钞》卷一三八引《孙放别传》,汉魏之际人孙放曾说:"不见船柂乎,在后所以正舡也。"[4]晋人郭璞《江赋》:"凌波纵柂,电往杳冥。"[5]《集韵·哿韵》:"柂,正船木。或作柂、舵。""柂""柂"相通,有《集韵·支韵》为证:"柂,木名,或作柂。"[6]更为明确的例证,有《后汉书》卷八〇下《文苑列传下·赵壹》:"安危亡于旦夕,肆嗜欲于目前。奚异涉海之失柂,积薪而待燃。"李贤注:"柂可以正船也,音徒我反。"[7]《太平御览》卷七七一则引作"柂"。[8]

广州东汉后期墓葬出土两件陶船模型(5062:2及5080:127),均有舵。[9]研究者看作"早期船舵的珍贵实物资料",以为"反映了当时已经有相当成熟的船舵装置了"。[10]

广州出土陶船与走马楼简年代相距并不遥远,可以在研究中比照分析。此说"大柂",或许和当时通常的舵有形制规格上的区别。

4. 上劅,下劅

"劅",《字汇·寸部》以为"俗刚字"。走马楼简整理组释文作"刚",是有根据的。唐《段沙弥造像》又写作"劅"。推想应即樯桅上加固布质或席质风帆的上下横杠。对于汉魏帆船,我们仅看到《释名·释船》"随风张

1 任继昉纂:《释名汇校》,第 430 页。

2 〔宋〕李昉等撰:《太平御览》,第 3418 页。

3 《汉书》,第 196 页。

4 〔唐〕虞世南编撰:《北堂书钞》,第 568 页。

5 〔梁〕萧统编,〔唐〕李善注:《文选》,第 188 页。

6 〔宋〕丁度等编:《集韵》,第 404 页、第 33 页。

7 《后汉书》,第 2631 页。

8 〔梁〕萧统编,〔唐〕李善注:《文选》,第 3418 页。

9 广州市文物管理委员会、广州市博物馆:《广州汉墓》,上册第 426—430 页。

10 金秋鹏:《中国古代的造船和航海》,中国青年出版社 1985 年 11 月版,第 48—49 页。

幔曰帆"以及马融《广成赋》"张云帆"等片断文字，以及《太平御览》卷七七一引康泰《吴时外国传》所说及"张七帆"的远洋航船。[1]

走马楼简所见"大樯"与"上斣""下斣"，当有助于我们增进对当时水上航行利用风力以为动力的具体形式的理解。由造船史资料可以知道，"最具有中国特色的船帆是棉布或席子制成，上加横竿压条，作为横向的加强材料。这种帆升降自如，可以根据风力的大小调节面积。一旦大风袭来，无须用人上桅收帆，只要放松升降绳，帆和竹条藉自重就会自动使帆降落，很快就可作好防风准备。因为我国的船帆有横向的加强材料，所以对帆幕的强度要求不高，可用廉价的材料制成。在航行中，即使帆幕有破洞，仍然有很好的受风效果。"[2]

走马楼简舟船属具简所体现的舟船如果确实有多道所谓"竹条"或"横竿压条"的话，简文所谓"上斣""下斣"，应当即相当于这种"横向的加强材料"中最重要的最上的"横竿"和最下的"横竿"。

5. 矴石

矴石，即石锚。《三国志》卷五五《吴书·董袭传》："建安十三年，（孙）权讨黄祖。祖横两蒙冲挟守沔口，以栟间大绁系石为矴，上有千人，以弩交射，飞矢雨下，军不得前。"[3]说到"以栟间大绁系石为矴"。"矴"或写作"碇"。韩愈《唐正议大夫尚书左丞孔公墓志铭》："蕃舶之至泊步，有下碇之税。"马其昶注："碇，锤舟石，与矴同。"《集韵·径韵》："矴，锤舟石也。或从定。"[4]《太平广记》卷一九引前蜀杜光庭《神仙感遇

---

1 〔宋〕李昉等撰：《太平御览》，第 3419 页。

2 彭德清主编：《中国船谱》，经济导报社经导出版有限公司、人民交通出版社 1988 年 12 月版，第 64 页。

3 《三国志》，第 1291 页。

4 〔宋〕丁度等编：《集韵》，第 607 页。

传·韩滉》："有商客李顺泊船于京口堰下，夜深矴断，漂船不知所止。"[1]是"碇""矴"均指锚。整理组释作"钉石"，似应修正。上文说到的广州东汉后期墓中出土陶制舟船模型有锚即"船碇"的装置。[2]有的研究者分析所附"船碇"的形制，认为"这实际上是一种木石结合碇"，并且重视其构造"有两个爪"的特征，指出："用爪的抓力泊船，较单靠碇石重量泊船则是泊船原理的质的飞跃。"[3]孙机使用"矴"字，指出，"此矴正视为十字形，侧视为 Y 字形，沉入水下，已能较好地扣底抓沙。"[4]

我们虽然不能从走马楼简的文字探知所说"矴石"的具体形式，但是时代相距不远的广州东汉后期船舶模型锚的构造，却可以提供推测这种"矴石"形制的必要的认识基础。

《新唐书》卷一三〇《杨场传》："在官清白，吏请立石纪德，场曰：'事益于人，书名史氏足矣。若碑颂者，徒遗后人作碇石耳。'"又卷一六三《孔戣传》："蕃舶泊步有下碇税。"[5]也都说到"碇"的使用。

6. 大绁

绁，绳索。又写作"絏"。《说文·糸部》："绁，系也。从糸，世声。《春秋传》曰：'臣负羁绁。'"[6]《释名·释车》："绁，制也，牵制之也。"[7]

三国吴地称舟船专用缆绳为"绁"。前引《三国志》卷五五《吴书·董袭传》说建安十三年孙权讨黄祖事，"（黄祖）以枋间大绁系石为矴"，以致

---

1 〔宋〕李昉等编：《太平广记》，第 132 页。

2 广州市文物管理委员会、广州市博物馆：《广州汉墓》，上册第 428—430 页。

3 席龙飞：《中国造船史》，湖北教育出版社 2000 年 1 月版，第 94—95 页。

4 孙机：《汉代物质文化资料图说》，第 122 页。

5 《新唐书》，第 4496 页、第 5006 页。

6 段玉裁《说文解字注》补一"犬"字，作："绁，犬系也。"注文称："'犬'字各本所无，今补。《少仪》：犬则执绁，牛则执纼，马则执靮。注曰：绁、纼、靮，皆所以系制之者。按许以此篆次于牛系、牛纼之后，其为用《少仪》显然也。"第 658 页。段注以"犬系"释"绁"，又强加于许慎，其说似未可从。

7 任继昉纂：《释名汇校》，第 425 页。

军不得前，"（董）袭与凌统俱为前部，各将敢死百人，人被两铠，乘大舸船，突入蒙冲里。袭身以刀断两绁，蒙冲乃横流，大兵遂进。祖便开门走，兵追斩之。明日大会，权举觞属袭曰：'今日之会，断绁之功也。'"又《三国志》卷五七《吴书·吾粲传》："黄武元年，与吕范、贺齐等俱以舟师拒魏将曹休于洞口。值天大风，诸船绲绁断绝，漂没著岸，为魏军所获，或覆没沉溺，其大船尚存者，水中生人皆攀缘号呼，他吏士恐船倾没，皆以戈矛撞击不受。粲与黄渊独令船人以承取之，左右以为船重必败，粲曰：'船败，当俱死耳！人穷，奈何弃之。'粲、渊所活者百余人。"[1]

由"绠绁断绝"的危害，体现出"绁"的重要作用。

7. 由属具推测舟船规格

简文"大樯""长七丈"，"上斲""下斲"各"长六丈"，比例与中国传统帆船结构相符合。船帆横竿长至六丈，根据三国吴尺实物资料换算，可知帆宽约 14.36 米。

中国古代帆船主桅长度约等于或小于船长，主帆宽度有的超过船宽 2 倍。[2] 如此则可推知走马楼简 1384 说到的运船规模，大致为长度超过 16.75 米，宽度则大约为 7.2 米。又知帆的总面积（以平方米计）与船的满载排水量（以吨计）有一定的经验比例关系，中国帆船一般在 2：1 和 3：1 之间。[3] 那么，从"大樯"长七丈而帆高六丈左右，即使用四角形方帆的认识基点出发，则帆的总面积约为 206.21 平方米。就是说，走马楼简提供的有关这艘运船尺度的资料，反映当时湘江水运已经使用排水量 70 吨至 100 吨的船舶。而这艘船的满载排水量，甚至有可能达到 103 吨。

广州东汉后期墓出土陶船模型看不到立帆的设置，按照船上所立船工

---

1 《三国志》，第 1291 页、第 1339 页。

2 石阶池：《帆船》，《中国大百科全书·交通》，中国大百科全书出版社 1986 年 6 月版，第 112 页。

3 石阶池：《帆船》，《中国大百科全书·交通》，第 112 页。

俑身材比例推计，所表现的实际船长也可能达到 15 米左右，与我们推定的走马楼简 1384 说到的运船长度差别并不很大。然而其宽度，则显然不如后者。后者或许更典型地体现出能够确保船舶稳性的所谓"短而广"的特点。[1] 可能正如发掘报告整理者所指出的，"此船从它的整体结构式样看来，是一艘内河运输使用的简易货船，即粤地所称的'货艇'"[2]。而走马楼简 1384 说到的运船，形制显然要优越得多。其承载量，自然也应当能够适应较大规模粮运的需要。

许多资料表明，"汉代确实已有帆船"[3]。正如孙机所说，汉代已经能够制造通航印支半岛甚至远达印度洋的大海船，"这种船上应装风帆。《释名》中已经提到'随风张幔'的帆和挂帆用的桅。[4] 但其形象资料尚未发现"。[5] 走马楼简 1384 的内容，提供了包括悬挂和加固船帆的"樯"和"尌"的规格等重要信息，可以看作具体反映中国早期帆船实际形制的最早的考古资料，因而特别值得考古学者、交通史学者和造船史学者重视。

走马楼简又可见"船十一梗所用前已列言☐"[6]（2512）简文，可以在考察当时船队规模时参考。而简文"督军粮都尉移楼船仓书掾吴邦吏☐☐☐☐☑"（2057）所见"楼船仓"名，则暗示当时造船业的最高成就，

1　《释名·释船》："三百斛曰舠。舠，貂也。貂，短也。江南所名。短而广，安不倾危者也。"〔汉〕刘熙撰，〔清〕毕沅疏证，〔清〕王先谦补，祝敏徹、孙玉文点校：《释名疏证补》，第267 页。

2　广州市文物管理委员会、广州市博物馆：《广州汉墓》，上册第 430 页。

3　张泽咸、郭松义：《中国航运史》，文津出版社 1997 年 8 月版，第 29 页。

4　《释名·释船》："其前立柱曰桅。桅，巍也。巍巍高貌也。""随风张幔曰帆。帆，泛也。使舟疾泛泛然也。"〔汉〕刘熙撰，〔清〕毕沅疏证，〔清〕王先谦补，祝敏徹、孙玉文点校：《释名疏证补》，第 264 页、第 265 页。

5　孙机：《汉代物质文化资料图说》，第 122 页。

6　整理组注："'梗'为'艘'之别体。"《长沙走马楼三国吴简·竹简（壹）》，下册第 946 页。

应有更大规模的船舶型式作为代表。[1]

　　有学者将三国时期造船技术的发展看作"中国水运事业步入繁荣期的前奏"[2]，通过对走马楼三国吴简造船史料的分析，可以使得我们的相关知识更为真切，更为具体。[3]

1　关于三国时期的"楼船"，《三国志》卷一六《魏书·杜畿传》可见："帝征吴，以（杜）畿为尚书仆射，统留事。其后帝幸许昌，畿复居守。受诏作御楼船，于陶河试船，遇风没。帝为之流涕。诏曰：'昔冥勤其官而水死，稷勤百谷而山死。故尚书仆射杜畿，于孟津试船，遂至覆没，忠之至也。朕甚愍焉。'追赠太仆，谥曰戴侯。"第497页。又《三国志》卷四〇《蜀书·刘封传》裴松之注引《魏略》："（申）仪与孟达不和，数上言达有贰心于蜀，及达反，仪绝蜀道，使救不到。达死后，仪诣宛见司马宣王，宣王劝使来朝。仪至京师，诏转拜仪楼船将军，在礼请中。"第994页。至于孙吴楼船，更有多例，如《三国志》卷五五《吴书·董袭传》："曹公出濡须，（董）袭从（孙）权赴之，使袭督五楼船住濡须口。夜卒暴风，五楼船倾覆，左右散走舸，乞使袭出。袭怒曰：'受将军任，在此备贼，何等委去也，敢复言此者斩！'于是莫敢干。其夜船败，袭死。权改服临殡，供给甚厚。"第1291页。卷五七《吴书·虞翻传》："（孙）权于楼船会群臣饮，（于）禁闻乐流涕。"第1320页。卷六〇《吴书·钟离牧传》裴松之注引《会稽典录》："（钟离）牧父绪，楼船都尉。"第1392页。

2　房仲甫、李二和：《中国水运史（古代部分）》，新华出版社2003年1月版，第106—109页。

3　王子今：《走马楼舟船属具简与中国帆船史的新认识》，《文物》2005年1期。

木镫

1. 关于马镫发明史的探讨

马镫作为最重要的骑具之一，在马匹成为主要交通动力的历史中显示出重要的作用。有关中国古代马镫的发明和普及，已有学者进行了认真的探索。应当说，现在讨论尚处于初步，进一步的文献资料的检索和考古资料的发现，都可能深化相关研究。在考察古代马镫的工作中，不应当忽视作为骑具发展进程中一种特殊过渡形态的木质马镫的存在及其历史文化意义。

对于马镫初源的探索，学者曾经有不同的思路。

《简明不列颠百科全书》"马镫"条写道："马镫 stirrup 挂在马鞍上，供骑马人上马和乘骑时蹬脚用。大约是在公元前 2 世纪时起源于亚洲大草原，它大大提高了马的军事价值。当踢马刺在公元 8 世纪传入西欧时，马镫和长矛、盔甲结合使用，产生一种新型的战法，即骑士的马上冲击搏斗，在冲撞时马镫有助于骑士坐稳马鞍。"附图为"西部马鞍上的马镫"，所见形制已经相当完备。[1] 马镫的功用被分解为"上马"和"乘骑"时方便蹬脚两种意义。而所谓"大约是在公元前 2 世纪时起源于亚洲大草原"的说法，并没有提供证据。

甘肃武威南滩赵家磨一号墓出土铁马镫，据发掘简报执笔者记述，"有铁马镫""一件"，而原件"残甚"。发掘简报并未提供图像资料和较具体的文字说明。宿白考论该墓年代可能在东汉晚期。[2] 这是非常重要的意见。年代被判定为公元 4 世纪初至 4 世纪中叶的辽宁朝阳十二台乡砖厂 88M1 出

1　《简明不列颠百科全书》，大百科全书出版社 1986 年 1 月版，第 5 册第 559 页。

2　宿白：《武威行——河西访古丛考之一（上）》，《文物天地》1992 年 1 期。

土一件铜质鎏金马镫。[1]河南安阳孝民屯一五四号墓出土铜质马镫，也是一件单镫。该墓的年代，被确定为公元 4 世纪中叶。[2]山西大同司马金龙夫妇合葬墓出土铁质单镫。该墓的年代，应在 474 至 484 年之间。[3]长沙金盆岭二十一号墓出土的一件陶质骑者俑，在马鞍的左下方悬挂三角形单镫。[4]这种在马鞍一侧设置的单镫，与我们今天讨论的可以长期较均衡承重，以保持骑乘者身体稳定的严格意义上的马镫，其实是不同的。

这种可能作为"供骑马人上马……时蹬脚用"的骑具，其前身或许是被有人称为"革镫"的皮革制作的"脚扣"。

还有一种被称作"趾镫"（toe-stirrup）的骑具，须赤足使用[5]，因着力面的限制，也无法实现今天通常形式的马镫的功用。

正如有的学者所指出的，"马脚扣、趾镫和单镫都不是真正意义上的马镫"[6]。如果考察"真正意义上的马镫"，文物实证的出现，年代要晚一些。

2. 包革木镫和包金属木镫

可以明确判定为早期马镫的文物资料，是外包金属或皮革的木芯马镫。这种形制的马镫集中出土于中国东北地区。其年代大致为 3 世纪至 4 世纪，出土地点多在鲜卑人墓葬。如辽宁北票北沟一号墓出土的马镫，木芯外包

1　辽宁省文物考古研究所、朝阳市博物馆：《朝阳十二台乡砖厂 88M1 发掘简报》，《文物》1997 年 11 期。同一器物（88M1:44），图一四标注"铜马镫"，图二七标注"铁马镫"，似是发掘简报执笔者疏误。

2　中国社会科学院考古研究所安阳工作队：《安阳孝民屯晋墓发掘报告》，《考古》1983 年 6 期；中国社会科学院考古研究所技术室：《安阳晋墓骑具复原》，《考古》1983 年 6 期。

3　山西省大同市博物馆、山西省文物工作委员会：《山西大同石家寨北魏司马金龙墓》，《文物》1972 年 3 期。

4　湖南省博物馆：《长沙两晋南朝隋唐墓发掘报告》，《考古学报》1959 年 3 期。

5　张增祺：《滇国的战马、马具及马镫》，《考古》1997 年 5 期。

6　王铁英：《马镫的起源》，《欧亚学刊》第 3 辑，中华书局 2002 年 4 月版。

74-1　武威雷台汉墓出土骑兵俑

钉铜片。[1]辽宁朝阳袁台子东晋壁画墓出土的马镫"木芯，包革，涂漆"，发掘者又说，"据出土时的形状，镫芯可能由藤条合成"。[2]吉林集安七星山九十六号墓出土的马镫"木芯，外裹鎏金铜片，以细长的铆钉加固，铆钉的长短与马镫的厚薄相宜，制作工艺精湛，很难看出铆钉的痕迹"。[3]辽宁北

1　徐基：《关于鲜卑慕容部遗迹的初步考察》，《中国考古学会第六次年会论文集》，文物出版社1990年版；董高：《公元3至6世纪慕容鲜卑、高句丽、朝鲜、日本马具之比较研究》，《文物》1995年10期。

2　辽宁省博物馆文物队、朝阳地区博物馆文物队、朝阳县文化馆：《朝阳袁台子东晋壁画墓》，《文物》1984年6期。

3　集安县文物保管所：《集安县两座高句丽积石墓的清理》，《考古》1979年1期。

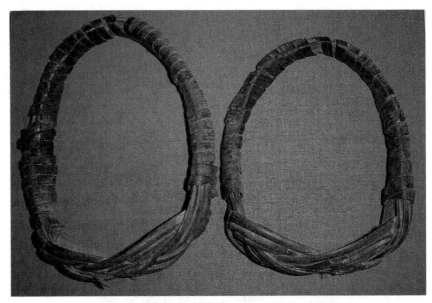

74-2　云南腾冲马站乡征集现代藤制马镫

票北燕冯素弗墓出土的马镫在木芯外包钉鎏金铜片。[1] 相类同的文物遗存又发现于吉林集安禹山下四十一号墓[2]等墓葬中。大约 5 世纪至 6 世纪，这种木芯马镫通行于朝鲜半岛和日本地区。

韩国和日本中古墓葬出土的骑具或骑具模型遗存中，多见这种外包金属的木芯马镫。韩国国立庆州博物馆藏天马塚出土三组六件木芯外贴金铜片的马镫。饰履塚、金铃塚和金冠塚也出土形制相同的木芯马镫。金铃塚出土骑马人物陶俑，体现了使用这种马镫的具体形式。[3] 日本滋贺新开一号坟出土木芯外包铁片的马镫。福冈瑞王寺古坟、大阪七观古坟、岐阜中八幡古坟、长野饭纲社古坟、长野新井原二号坟、东京龟塚古坟、福冈番塚古坟等墓葬，也曾经出土类似器物。橿原考古所对ウワナベ五号坟出土木芯马镫进行了成功的复原。[4] 奈良矶城郡三宅町石见遗址出土的陶制立马模

1　黎瑶渤：《辽宁北票县西官营子北燕冯素弗墓》，《文物》1973 年 3 期。

2　吉林省博物馆文物工作队：《吉林集安的两座高句丽墓》，《考古》1977 年 2 期。

3　《黄金の国・新羅——王陵の至寶》，奈良国立博物館平成十七年七月版，第 36 页、第 121 页。

4　《古墳時代の馬との出会い——馬と馬具の考古学》，奈良県立橿原考古学研究所附属博物館 2003 年 4 月版，第 36 页、第 32—33 页、第 69 页。

型，反映了这种马镫和鞍具配套的形式。琦玉将军山古坟出土马具的复原图，也可以说明这种马镫的实用形态。[1]

3. 木镫的使用

我们又注意到，日本奈良箸墓古坟的周濠中还曾经出土木质马镫。大阪蔀屋北遗址和滋贺神宫寺遗址也曾出土这种纯粹用木材制作的马镫。[2]

推想这种木质马镫应是较金属包皮的木芯马镫更为原始的形式。人们为了提高其强度，才在有条件的情况下加置了金属的外包装。

中国古代文献中可以看到有关"木镫"或"木鞿"的信息。如《新五代史》卷三三《死事传·张敬达》：

> 敬瑭求救于契丹。九月，契丹耶律德光自雁门入，旌旗相属五十余里。德光先遣人告敬瑭曰："吾欲今日破敌可乎？"敬瑭报曰："大兵远来，而贼势方盛，要在成功，不必速也。"使者未复命，而兵已交。敬达阵于西山，契丹以羸骑三千，革鞭木鞿，人马皆不甲胄，以趋唐军。唐军争驰之，契丹兵走，追至汾曲，伏发，断唐军为二，其在北者皆死，死者万余人。敬达收军栅晋安，契丹围之。[3]

所谓"革鞭木鞿"，或作"革鞭木镫"。[4] 写作"鞿"字，或许体现了与辽宁朝阳袁台子东晋壁画墓出土"木芯，包革，涂漆"的马镫类似的形式。又《宋史》卷一九七《兵制十一·器甲之制》：

> 以骑兵据大鞍不便野战，始制小鞍，皮鞯木鞿，长于回旋，马射

---

1 《秘められた黄金の世紀展》，"百济武宁王と倭の王たち"实行委员会平成十六年七月版，第75页、第133页。

2 《古坟时代の马との出会い——马と马具の考古学》，第28页。

3 《新五代史》，第361页。

4 如《韵府群玉》卷一六及《佩文韵府》卷八四之二、《分类字锦》卷四二、《骈字类编》卷一九九引《五代史》。

得以驰骤，且选边人习骑者分隶诸军。[1]

也说到"木镫"。所谓"长于回旋，马射得以驰骤"，是说骑具以木革，使战马的负重明显减轻，于是增强了机动作战的能力。

辽宁朝阳袁台子东晋壁画墓发现的马镫，发掘者写道，"据出土时的形状，镫芯可能由藤条合成"。承云南民族大学云南省民族研究所黄小赢提供的资料，于云南腾冲马站乡征集到的一副现代使用的马镫，正是由藤条编制。当然，这种马镫的耐用程度是十分有限的。

4. "镫如半靴"

韩国和日本还可以看到一种被称为"壶镫"的木镫。

研究者将这种"壶镫"的形式分为三角锥形和勺形两种。藤ノ木古坟和牧野古坟曾经出土三角锥形"壶镫"。芝塚二号坟和东大寺山六号坟曾经出土勺形"壶镫"。这种"壶镫"以金属结构作支撑，附以皮革，使骑者的足部得到保护。[2] 也有学者认为，这是一种木芯而以金属片交叉加固的马镫，成品呈钵状。琦玉稻荷山古坟和爱媛东鸢森二号坟出土的这种马镫经复原，可以明确其使用形式。福冈宗像郡津屋琦町宫地岳古坟曾经出土金属"壶镫"。其原初形态，被认为是"木制壶镫"。福冈八女市立山山十三号坟出土骑者模型，可以反映这种"壶镫"使用的情形。"木制壶镫"的形制，又见于福岛东村笊内三十七号横穴墓出土骑具复原图。[3]

刳木而成的所谓"壶镫"，被认为是在日本列岛以外地区极其罕见的特殊的文化遗存。[4] 有学者甚至说："壶镫是一种有鲜明地域特色的马镫，目前只见于日本和朝鲜半岛南部。"论者又分析说："壶镫制作工艺分为两种：

---

1 《宋史》，第 4914 页。

2 《古墳時代の馬との出会い——馬と馬具の考古学》，第 56 页。

3 《秘められた黄金の世紀展》，第 57 页、第 130—133 页、第 59 页。

4 《古墳時代の馬との出会い——馬と馬具の考古学》，第 56 页。

一种是先做出镫架，再把镫环前部的镫架包上皮革；另一种是用木头旋制出壶形镫。后一种马镫出现较晚，始见于7世纪。"[1]这种明确限定"壶镫"流布地域和出现时间的见解，或许并不完全符合历史真实。

中国古代文献中可以看到有关这种马镫的记录。如曾任广西经略安抚使的南宋学者范成大有《桂海虞衡志》，被看作"保留了不少南宋时期华南少数民族及邻国情况的材料"的"关于我国南方地理、特产、风土的著作"[2]，"关于广西山林川泽之事的记录"[3]，"广右地区的植物志"，"广右地区的民族志"[4]。其中《志器》篇说到了当地人使用的"木镫"：

> 蛮鞍，西南诸蕃所作，不用鞯，但空垂两木镫。镫之状，刻如小毳。藏足指其中，恐入榛棘伤足也。[5]

范成大还写道："后鞦旋木为大钱累累，贯数百，状如中国骡驴鞦。"这种状如"小毳"的木镫，其形制，当接近"壶"，亦接近"钵"，作用主要在于"藏足指其中"，以避免山林中行进时"入榛棘伤足"。[6]作战和行军时，这种防护作用当然也是有效的。

南宋学者周去非参考《桂海虞衡志》著成的"记述广右的风土物产，并及制度、经济、外贸诸域"[7]的《岭外代答》一书，其卷六《器用门》也有"蛮鞍"条。其中写道：

> 蛮人马鞍，与中国鞍不相远，但不用鞯，唯有桥镫贴腿耳。桥，朱黑相漆，如犀毗纹，镫如半靴，藏足指其中，盖徭人路险，马行荆

1　王铁英：《马镫的起源》，《欧亚学刊》第3辑，中华书局2002年4月版。

2　《桂海虞衡志辑佚校注》，胡起望、覃光广校注，四川民族出版社1986年9月版，第4页。

3　《桂海虞衡志校注》，严沛校注，广西人民出版社1986年3月版，第7页。

4　《范成大笔记六种》，孔凡礼点校，中华书局2002年9月版，第73页。

5　《桂海虞衡志辑佚校注》，胡起望、覃光广校注，第60页。

6　〔明〕陶宗仪编：《说郛》卷六二上，《景印文渊阁四库全书》，第879册第355页。范成大《桂海器志》有同样内容。

7　〔宋〕周去非撰，屠友祥校注：《岭外代答》，第1页。

棘，惧伤足也。[1]

所谓"镫如半靴，藏足指其中"，不明确说明质料，有可能革制如"靴"，也有可能就是木镫，只是"藏足指其中"的形式"如半靴"而已。

"广右""刻如小凳"的"木镫"，形制应与韩国和日本的所谓"壶镫"十分接近。然而其地域相距十分辽远。而"广西荒远"[2]，"猺人路险"，未必受到东北亚地区的影响。看来，以为"壶镫"只是"日本和朝鲜半岛"在"最早出现于中国东北"的"木芯长直柄马镫""影响下""发展出"的"一种新型马镫"的认识，是可以继续讨论的。

顾炎武《天下郡国利病书》卷四五《云南贵州交阯备录·种人》中关于"爨蛮"的生活风习写道："寡则刀耕火种，众则聚而为盗。男子椎结，摘去髭须，左右佩双刀，喜斗轻死。马贵折尾，鞍无鞯，剜木为鐙，状如鱼口，微容足趾。"[3]说的也是一种木镫。不过这种"剜木为鐙"者似乎只重在保护"足趾"，与韩国和日本可以插入前脚掌的"壶镫"以及"广右""刻如小凳"，"镫如半靴"者似乎略有不同。

5. 早期马镫的可能形式

范成大《桂海虞衡志·志器》说到的"刻如小凳"的"木镫"应用于西南少数民族的交通实践中，其实亦未可排除"旋木"技术应用之后，金属器具普及之前，古来"中国"地方的早期骑具也曾经取用类似形式的可能。

由于木质文物保存的困难，我们看到早期"木镫"实物遗存的机会受

---

1 下文写道："贴腿以皮包，下亦用毡，以傅马脊。后鞦旋木，为大钱数十枚，珠贯而系之，如驴骡然。鞍皆大宜于马脊，但前桥差低耳。"〔宋〕周去非撰，屠友祥校注：《岭外代答》，第117页。

2 周必大：《范公成大神道碑》，曾枣庄、刘琳主编：《全宋文》第232册，安徽教育出版社2006年8月版，第331页。

3 〔清〕顾炎武撰，黄坤等校点：《天下郡国利病书》，上海古籍出版社出版社2012年7月版，第3628页。

到条件的限制。然而现今有关"木镫"的知识告诉我们，其存在的可能性是很明显的。除了在考古发掘中应当细致工作，注意观察和记录相关信息而外，对于现有文物资料的考察，也应当特别关注有关现象。

王铁英说："有学者认为一些汉代青铜牌饰的纹样中发现了马镫。日本学者相马隆研究了辽宁西沟岔匈奴墓、陕西客省庄和鄂尔多斯出土的牌饰，怀疑马背下圆环状的东西可能表现了马镫。[1]黄景略先生则根据青海省互助县和共和县出土的东汉马纹牌饰，认为马腹部下两个方形镂孔可能表现了马镫。[2]我们认为，这些汉代艺术品上的镂孔显然只是一些装饰图案，不能作为汉代使用马镫的依据。"[3]齐东方也认为："（这种汉代青铜牌饰）器体不大，所说的镫在器物中所占的位置甚小，难以看清，尚不能完整地表现镫的样式。"霍去病墓前石刻卧牛身上刻有两镫。武伯纶曾经提示大家不应忽视这一现象，并援引苏联考古学者吉谢列夫参观该石刻时发表的"解决了中国在什么时候开始用镫的问题"的判断。不过，武伯纶又指出："该卧牛身上的镫形小系短，不合于实用，因而有人疑惑是后人戏作的，不能作为西汉已经用镫的实物例证。"[4]杨泓也说："认为可能是后人戏刻的说法是可信的。"也主张"不以它作为西汉有马镫的实物例证"。[5]齐东方也指出："霍去病墓前石卧牛身上刻出的镫，无任何马具如鞍、鞯等共用，孤立地施于牛腹，与牛体极不协调，况且出现在牛身上，被推测是后人戏刻不无道理。"以为青铜牌饰以及霍去病墓前石刻等，"所列举的资料无一件是实用马镫或明器马镫"，"都不能作为马镫出现的确凿证据"。[6]

以为这些资料"不能作为马镫出现的确凿证据"的意见无疑是正确的。但是这些文物在研究马镫问题时的参考价值是存在的。正如武伯纶在谈到霍去病墓前石刻卧牛时所说，"（这件石刻作品）不能作为西汉已经用镫的

1 〔日〕相马隆：《轮镫源流考》，《流沙海西古文化论考》，山川出版社1977年版，第142—143页。

2 丰州：《考古杂记（一）》，《考古与文物》1983年1期。

3 王铁英：《马镫的起源》，《欧亚学刊》第3辑，中华书局2002年4月版。

4 武伯纶：《关于马镫问题及武威汉代鸠杖诏令木简》，《考古》1961年3期。

5 杨泓：《关于铁甲、马铠和马镫问题》，《考古》1961年12期。

6 齐东方：《中国早期马镫的有关问题》，《文物》1993年4期。

实物例证，但无论真假与否，不提到这件重要文物，是不对的，纵然它已是尽人皆知的东西"。我们如果考虑到"木镫"曾经使用于古代骑乘生活的可能性，那么，对于这些虽然并非"实用马镫或明器马镫"的文物遗存所提供的信息，也许不应当轻率地否定。武伯纶的另一意见也是值得我们重视的："虽然在画像石上没有看见骑马用镫的形象，但从一些骑马人身体向后倾斜的情况推测起来，脚下若是不蹬任何东西，是很难做到那样的。"[1] 或许"木镫"的考察，可以使相关现象得到说明。

　　这里提醒研究者注意骑具发展史上的一种可能性，即在金属马镫出现之前，曾经有使用"木镫"的阶段。虽然限于资料条件不足，现今的分析论据未能充备。然而可以相信，今后的发掘和研究应当能够补益和充实我们的认识，而马镫发明和使用的历史过程，也可以逐渐得以明朗。[2]

1　武伯纶：《关于马镫问题及武威汉代鸠杖诏令木简》，《考古》1961 年 3 期。

2　作者附记：本节写作，得到云南民族大学云南省民族研究所黄小赢的帮助，谨此致谢。王子今：《木镫试论——骑具发展史中一种特殊形态的考察》，《西部考古》第 1 辑，三秦出版社 2006 年 10 月版。

42 合卺杯

42-1 宝鸡竹园沟西周墓出土双连杯（宝鸡市博物馆、渭滨区文化馆：《宝鸡竹园沟等地西周墓》，《考古》1978 年 5 期）

42-2 广州汉墓出土双连罐（广州市文物管理委员会、广州市博物馆：《广州汉墓》，文物出版社 1981 年 12 月版，图版一四 -1）

42-3 满城汉墓出土朱雀衔环双连杯（国家博物馆、河北博物院联合举办《汉世雄风——纪念满城汉墓考古发掘五十周年特展》展品，2018 年 12 月—2019 年 3 月，中国国家博物馆官网 http://www.chnmuseum.cn/Portals/0/web/zt/20181228hsxf/）

43 缣囊

43-1 居延"缣盛已布囊"简文（73EJF3:267，甘肃简牍博物馆、甘肃省文物考古研究所、甘肃省博物馆、中国文化遗产研究院古文献研究室、中国社会科学院简帛研究中心编：《肩水金关汉简（伍）》，中西书局 2016 年 8 月版，中册第 54 页）

43-2 民丰出土汉代"河内缣"残片（赵丰主编：《中国丝绸通史》，苏州大学出版社 2005 年 11 月版，第 86 页，图 2-1-1）

43-3 洛阳曹魏大墓出土石牌"丹缣囊"铭文 1（M1:265，李零：《洛阳曹魏大墓出土石牌铭文分类考释》，《博物院》2019 年 5 期）

43-4 洛阳曹魏大墓出土石牌"丹缣囊"铭文 2（M1:179，李零：《洛阳曹魏大墓出土石牌铭文分类考释》，《博物院》2019 年 5 期）

44 蒋席·皮席·菱席

44-1 长沙马王堆一号汉墓出土莞席（湖南省博物馆编：《长沙马王堆汉墓陈列》，中华书局 2017 年 9 月版，第 97 页）

44-2 阳关博物馆藏汉代婴儿棺包裹的草席（吴丰萍提供）

45 渠枕

45-1 曹操高陵出土"渠枕"石牌（河南省文物考古研究院编著：《曹操高陵》，中国社会科学出版社 2016 年 10 月版，彩版八五 -4）

45-2 曹操高陵被盗石枕正面（河南省文物考古研究院编著：《曹操高陵》，中国社会科学出版社 2016 年 10 月版，彩版一二二 -2）

45-3 曹操高陵被盗石枕背面刻辞（河南省文物考古研究院编著：《曹操高陵》，中国社会科学出版社 2016 年 10 月版，彩版一二二 -1）

46 胶·胶鞮

47 连弩

48 机·机械

49 鸠车

50 竹马

51 泥车 · 瓦狗

51-1 偃师辛村新莽墓壁画六博图（洛阳市第二文物工作队，黄明兰、郭引强编著：《洛阳汉墓壁画》，文物出版社 1996 年 10 月版，图十九，第 136 页）

51-2 洛阳出土骑羊俑（洛阳市文物管理委员会编，俞凉亘、周立主编：《洛阳陶俑》，北京图书馆出版社 2005 年 5 月版，第 18 页）

51-3 西安尤家庄六十七号汉墓出土蹴鞠俑（M67:45，西安市文物保护考古所：《西安尤家庄六十七号汉墓发掘简报》，《文物》2007 年 11 期）

51-4 敦煌马圈湾烽燧遗址出土蹴鞠（王仁波主编：《秦汉文化》，学林出版社、上海科技教育出版社 2001 年 5 月版，第 299 页 XII5）

51-5 敦煌马圈湾烽燧遗址出土儿童玩偶衣服 1（T3:017，甘肃省文物考古研究所：《敦煌马圈湾汉代烽燧遗址发掘报告》，甘肃省文物考古研究所编：《敦煌汉简》，中华书局 1991 年 6 月版，彩版二）

51-6 敦煌马圈湾烽燧遗址出土儿童玩偶衣服 2（T7:18，赵丰主编：《丝路之绸：起源、传播与交流》，浙江大学出版社 2017 年 11 月版，第 85 页）

51-7 洛阳曹魏大墓出土石牌"金戏弄具"铭文（M1:117，李零：《洛阳曹魏大墓出土石牌铭文分类考释》，《博物院》2019 年 5 期）

51-8 洛阳曹魏大墓出土石牌"白画骑羊儿""画虾蟇"铭文（M1:283，M1:213，李零：《洛阳曹魏大墓出土石牌铭文分类考释》，《博物院》2019 年 5 期）

52 轈櫯车

52-1 里耶简文"祠器""轈櫯车"〔湖南省文物考古研究所：《里耶秦简》（贰），文物出版社 2017 年 12 月版，图版第 94 页〕

53 天马

53-1 武威雷台汉墓出土铜马（甘肃省博物馆编，贾建威主编：《甘肃省博物馆馆藏文物集萃》，甘肃人民出版社 2019 年 7 月版，第 87 页）

53-2 洛阳思晗画象空心砖墓出土"天马"画面（洛阳博物馆供稿，黄明兰编著：《洛阳西汉画象空心砖》，人民美术出版社 1982 年 5 月版，第 1 页）

53-3 方城城关镇出土"天马"画象石（南阳市博物馆、方城县文化馆、张晓军、魏仁华、刘玉生编：《南阳汉代画像石砖》，陕西人民美术出版社 1989 年 10 月版，图 138）

57 橐佗·骆驼

57-1 庄浪出土人驼纹青铜牌饰（1988 年庄浪良邑乡良邑村出土，庄浪县博物馆藏。王春法主编：《丝路孔道：甘肃文物菁华展》，北京时代华文书局 2020 年 7 月版，第 442 页）

57-2 天水博物馆藏"骆驼"银饰 1（裴建陇摄）

57-3 天水博物馆藏"骆驼"银饰 2（裴建陇摄）

57-4 秦始皇陵 QLCM1 出土金骆驼（冯锴：《东周秦汉骆驼题材文物初步研究》，《第三届中国考古学大会秦汉考古专业委员会》论文，2021 年 10 月）

57-5 民勤出土镂空双驼青铜牌饰（甘肃省博物馆藏，甘肃省博物馆编，俄军主编：《甘肃省博物馆文物精品图集》，三秦出版社 2006 年 5 月版，第 120 页）

57-6 中国国家博物馆藏双驼纹青铜牌饰（中国国家博物馆主编：《中华文明——古代中国基本陈列》，北京时代华文书局 2017 年 11 月版，第 381 页）

57-7 居延"橐佗迹从塞外西南来"简文（EPT65:59，甘肃省文物考古研究所、甘肃省博物馆、中国文物研究所、中国社会科学院历史研究所编：《居延新简：甲渠候官》，中华书局 1994 年 12 月版，下册第 417 页）

57-8 居延"追野橐（佗）"简文（EPT5:97，甘肃省文物考古研究所、甘肃省博物馆、中国文物研究所、中国社会科学院历史研究所编：《居延新简：甲渠候官》，中华书局 1994 年 12 月版，下册第 21 页）

57-9 尼雅出土汉晋锦所见猎杀野骆驼画面（赵丰主编：《中国丝绸通史》，苏州大学出版社 2005 年 11 月版，第 171 页，图 3-4-11）

58 貘

58-1 绛县出土西周"貘尊"（山西博物院编：《山西青铜博物馆珍品集萃》，科学出版社 2020 年 12 月版，第 122 页）

58-2 宝鸡茹家庄出土"貘尊"（宝鸡茹家庄西周墓发掘队：《陕西省宝鸡市茹家庄西周墓发掘简报》，《文物》1976 年 4 期）

58-3 弗利尔美术馆藏"貘尊"（弗利尔美术馆官网）

58-4 弗利尔美术馆藏仿象"貘"头部形象的青铜器构件（弗利尔美术馆官网）

58-5 山东平阴孟庄出土汉代画象"貘"（孙机：《古文物中所见之貘》，《从历史中醒来：孙机谈中国古文物》，生活·读书·新知三联书店 2016 年版，第 33 页）

58-6 山东滕州西户口出土汉代画象"貘"（孙机：《古文物中所见之貘》，《从

61 人鱼膏

61-1 秦"晦池之印"封泥（路东之编著：《问陶之旅：古陶文明博物馆藏品掇英》，紫禁城出版社 2008 年 3 月版，第 171 页）

61-2《艺文类聚》引《鲸鱼灯赋》书影（〔唐〕欧阳询撰《艺文类聚》，明嘉靖时胡缵宗刊本）

62 海鱼

62-1《说文解字·鱼部》书影（〔汉〕许慎撰，〔清〕段玉裁注：《说文解字注》，经韵楼藏版）

63 鲍鱼

63-1 居延"鲍鱼"简文（EPF22:480，甘肃省文物考古研究所、甘肃省博物馆、中国文物研究所、中国社会科学院历史研究所编：《居延新简：甲渠候官》，中华书局 1994 年 12 月版，下册第 541 页）

63-2 肩水金关"鲍鱼十斤"简文（73EJT33:88，甘肃简牍博物馆、甘肃省文物考古研究所、甘肃省博物馆、中国文化遗产研究院古文献研究室、中国社会科学院简帛研究中心编：《肩水金关汉简（肆）》，中西书局 2015 年 11 月版，中册第 14 页）

64 大鱼·巨鱼

64-1 临沂西张官庄汉画象石"大鱼"画面（临沂市博物馆编：《临沂汉画像石》，山东美术出版社 2002 年 12 月版，第 35 页，图 55）

64-2 微山两城乡汉画象石"大鱼"画面（马汉国主编：《微山汉画像石选集》，文物出版社 2003 年 7 月版，第 167 页，图 69）

65 蛤·蛤蜊·蛤梨·合蜊

65-1 中国国家博物馆藏嵌贝铜卧鹿（王仁波主编：《秦汉文化》，学林出版社、上海科技教育出版社 2001 年 5 月版，第 191 页图 VIII19）

66 蚕

66-1《说文·虫部》"蠶"书影（〔汉〕许慎撰，〔清〕段玉裁注：《说文解字注》，经韵楼藏版）

66-2 西北大学博物馆藏汉代鎏金铜蚕（贾麦明提供）

66-3 陕西历史博物馆藏石泉出土汉代鎏金铜蚕（陕西历史博物馆官网 http://www.sxhm.com/index.php?ac=article&at=read&did=10497）

《居延新简：甲渠候官》，中华书局1994年12月版，下册第331页）

72-2 居延"〔省〕塊沙"简文〔515.34，简牍整理小组：《居延汉简》（肆），
"中研院"史语所2017年11月版，第185页〕

72-3 居延"待亭西塊沙中"简文〔256.2B，简牍整理小组：《居延汉简》（叁），
"中研院"史语所2016年10月版，第130页〕

72-4 居延"伏匿塊沙中"简文〔534.22，简牍整理小组：《居延汉简》（肆），
"中研院"史语所2017年11月版，第207页〕

73　舟船属具

73-1 走马楼舟船属具简（长沙市文物考古研究所、中国文物研究所、北京大
学历史学系走马楼简牍整理组：《长沙走马楼三国吴简·竹简（壹）》，文
物出版社2003年10月版，上册第78页）

74　木镫

74-1 武威雷台汉墓出土骑兵俑（甘肃省博物馆编，贾建威主编：《甘肃省博物
馆馆藏文物集萃》，甘肃人民出版社2019年7月版，第94页）

74-2 云南腾冲马站乡征集现代藤制马镫（黄小赢提供）

索引

后记

《周礼·天官·庖人》:"庖人掌共六畜、六兽、六禽,辨其名物。"贾公彦疏:"此禽兽等皆有名号物色,故云'辨其名物'。"[1]"名物"似可理解为"名号物色"。《周礼》中说到"辨其名物"的还有数例。《周礼·天官·兽人》:"兽人掌罟田兽,辨其名物。"《周礼·春官·小宗伯》:"毛六牲,辨其名物,而颁之于五官,使共奉之。"[2]《周礼·春官·典瑞》:"典瑞掌玉瑞玉器之藏,辨其名物,与其用事,设其服饰。"《周礼·春官·司服》:"司服掌王之吉凶衣服,辨其名物,与其用事。"《周礼·春官·典路》:"典路掌王及后之五路,辨其名物,与其用说。"《周礼·春官·神示》:"凡以神示者,掌三辰之灋以犹鬼神示之居,辨其名物。"《周礼·夏官·司弓矢》:"司弓矢掌六弓四弩八矢之灋,辨其名物,而掌其守藏,与其出入。"[3]看来,有关"名物"的知识,涉及制度和礼俗,是共同关系到精神文化层面和物质文化层面的社会文明构成的重要内容。

"名物"研究,是说明诸多历史文化现象的基础。笔者从事秦汉史研究已经三十余年,但是应当承认,秦汉"名物"方面仍多有未知内容。秦汉史研究者在不断的探索进程中。好在秦汉考古收获连年使学界得到惊喜,新的信息的发现和积累,使得我们对秦汉"名物"的认识可以逐渐充实。

本书向读者报告的,是笔者对相关问题探索的点滴心得。研究对象以

---

1 〔清〕阮元校刻:《十三经注疏》,第 661 页。

2 下文又写道:"辨六齍之名物与其用,使六宫之人共奉之。辨六彝之名物,以待果将。辨六尊之名物,以待祭祀宾客。"

3 〔清〕阮元校刻:《十三经注疏》,第 663 页、第 766 页、第 776 页、第 855 页。

秦汉时代为主，包括社会物质生活中所见饮品、食品、饮食器、其他日常器用、住居形式、道路形式、服饰、儿童玩具、兵器战具、交通器物等。所提出的见解或有错误，期待读者批评。其中有价值的意见，或许有益于深化对秦汉社会生产史和社会生活史的理解。

其中有关"复壁""复道""虹梁""浮梁·浮桥"的研究，或许有的朋友不以为这些研究对象为"名物"。然而由于所考察的直接对象或是陶质建筑模型，或是图象画面，按照一般理解，也是可以归入"名物"的，因此列入本书。

有关走马楼简舟船属具简的研究以及对"木镫"的考论，及于秦汉以后历史时段，作为"附论"置于其他内容之后。

感谢岳麓书院为本书提供了出版机会。

感谢张德芳教授百忙中赐序。

本书主要内容基于简牍研究的收获。而德芳教授现任甘肃简牍博物馆馆长，于简牍学进步贡献颇为显著[1]，已经是海内外学界公认的简牍研究的重要专家。他的评价，无论是肯定还是批评，对于我的自我学术判断都非常重要。与德芳教授相识在 1991 年，正是第一届简牍学国际学术研讨会期间，至今已经将近四分之一个世纪了。回想多次一同野外考察，学术切磋，短长互补，甘苦共知，深心感触良深。我今年已经六十五岁。回想过去做广播体操，第八节也就是最后一节叫作"整理运动"，要求是"调整呼吸"。这是即将退出运动状态的转换形式。进入暮年，学术生活也到了最后一节了，大概工作节奏也要进入"调整""整理"的阶段了。德芳教授要年轻得多，发明创获正当盛时，学术前景未可限量。但是回顾二十余年学术跋涉，对于时移节迈、荏苒推迁的感叹，或许我们彼此也是比较接近的。

王子今

2015 年 7 月 7 日

北京大有北里

1　参看王子今：《简牍学新裁——评张德芳著〈敦煌马圈湾汉简集释〉》，《光明日报》2014 年 4 月 15 日 16 版。

增订版后记

　　得到岳麓书院国学研究与传播中心课题出版资助的《秦汉名物丛考》一书 2016 年 1 月由东方出版社出版。此书成稿仓促，面世后，得到一些表扬。《人民日报》2016 年 6 月 16 日 24 版发表张德芳书评《构建秦汉的日常生活》。然而也听到若干批评意见。比如，初版没有插图，确实是很明显的缺失。此次增订，进行了必要的纠正。

　　增订版补充的内容，正文计"脯·羊脯·鹿脯""蒲陶酒""蜜""巨枣·海枣""襦袜""胡粉""香·香囊""手巾·绒手巾""木㮕·木㮕瓵""缣囊""渠枕""鬃檽车""野马""闾·驴""骡·骦·駃騠""橐佗·骆驼""貘""孔爵·孔雀""鳱·鹕·鹳·鹤""鲍鱼""蛤·蛤蜊·蛤梨·合蜊""蚕""蜂""蝗·螽""小溲田""塊沙"二十六题。其他部分的内容，也有一些充实和更新。

　　为节省篇幅，删除了《作者相关研究成果目录》。需要注明的，在文中页下有所标注。

　　由于原先就显芜杂，此次增补，就条目来说，不计"附论"二篇，初版四十六篇，增订版七十二篇，增加内容稍多。听从新星出版社孙立英编辑建议，大略分为四个部分：衣食；行居；器用；动植。第一部分虽称"衣食"与通常所说"温饱"一致，即服饰饮食，行文次序按照惯例，仍以"食"为先。第四部分"动植"需要略作说明。张衡《西京赋》言"上林禁苑"形势，已经有"植物斯生，动物斯止"的说法。李善注："植物，草木。动物，禽兽。"[1] 文献简言"动植"，可见《文心雕龙·原道》"傍及万品，动植皆文"，《文心雕龙·颂赞》"景纯注《雅》，动植必赞"。[2] 正史较早见于《宋书》卷二七《符瑞志上》："夫体睿穷几，含灵独秀，谓之圣人，所以能君四海而役万物，使动植之类，莫不各得其所。"[3] 直接使用"动植"二字的，又有《南齐书》卷四七《王融传》："春庚秋蝉，集候相悲，露木风荣，临年共悦。夫唯动植，且或有心。况在生灵，而能无感。"[4] "动植"语，亦见于《梁书》《北齐书》《隋书》，大致南北朝以来，已经成为习用语文形式。这里我们不妨沿用。以"动植"为分类主题的，有《酉阳杂俎》的《广动植》。需要解释，关于"小溲田"和"块沙"的内容，涉及"动植"的生存条件，后者是关于地貌的讨论，姑且也附于"动植"题下。

这里顺便说说"汉画象"与"汉画像"的问题。

起初"汉画象石""汉画象砖"与"汉画像石""汉画像砖"往往通用，而学界更多用"画象"。后来出版物多作"画像"。编辑通常会在文稿处理时将作者原稿"画象"改为"画像"。"象""像"虽然是一个字，甚至可以说是半个字的差别，却使得考古文物研究中出现误识。究其"象"字古义，切合汉代这种艺术形式的实际。"象"取"象形"之"象"的意义。前代学者如对汉代艺术予以特殊关心的鲁迅，习惯使用"汉画象"。许多考古文物研究者，也用"象"字。《现代汉语词典》中"画像"是指"人像"的解释，是正确的，应当具有规范意义。有朋友提示的全国自然科学名词审定委员会《关于科技术语中"象"与"像"用法的意见》也说："像"是"比照人物制成的形象"。而汉代"画象石""画象砖"所见画面，大都并不是以"人像"为主题，而包括天文星象、山水环境、劳作情状、生活场景，以及动植万物。

有朋友说，我以前发表的论著中，涉及相关材料，也使用"像"字。确实如此，如我的《汉代神车画像》(《陕西历史博物馆馆刊》第 3 辑，西

---

1 〔梁〕萧统编，〔唐〕李善注：《文选》，第 43 页。

2 赵仲邑译注：《文心雕龙译注》，漓江出版社 1982 年 4 月版，第 20 页、第 80 页。

3 《宋书》，第 759 页。

4 《南齐书》，第 817 页。

北大学出版社 1996 年 6 月），《汉代画像中的钱纹图案》（《陕西历史博物馆馆刊》第 6 辑，陕西人民教育出版社 1999 年 6 月），《四川汉代画像中的"担负"画面》（《四川文物》2002 年 1 期），《秦汉驿道虎灾——兼质疑几种旧题"田猎"图像的命名》（《中国历史文物》2004 年 6 期），《沂南汉画像石"蚩尤五兵"图》（《艺术考古》，群言出版社 2006 年），《中江塔梁子崖墓石刻画像榜题"襄人"考》（《中国历史文物》2008 年 3 期），《汉代劳动儿童——以汉代画像遗存为中心》（《陕西历史博物馆馆刊》第 17 辑，三秦出版社 2010 年 11 月），《"猿骑"考——借助汉代画像资料的探索》（《文物》2014 年 5 期）等。但是也有使用"画象"者，如《商南富水出土汉代"亭阙"画象砖》（与方步合署，第二作者，《考古与文物》1987 年 5 期），《汉代"舞轮"画象》（《中国国家博物馆馆刊》2014 年 8 期），《论李翕黾池五瑞画象及"修崤嵚之道"题刻》（《文博》2018 年 1 期）。使用"画像"者，是不得不迁就编辑现在的习惯。感谢北京大学出版社刘方编审的宽容，她在编发拙著《秦汉时期生态环境研究》（北京大学出版社 2007 年 9 月）时，完全尊重我的意见，容许全书使用"汉画象石""汉画象砖"。这本书是国家社会科学基金资助课题"秦汉时期生态环境研究"（2000 年立项，项目编号：00BZS009）的最终成果，结项鉴定等级为"优秀"。这本书出版后，《文摘报》《中国秦汉史研究会通讯》曾发表书讯，《中国文物报》发表孙闻博书评《领域开拓与史料发掘——读〈秦汉时期生态环境研究〉》，《科学时报》发表李迎春书评《透过生态史看秦汉》，2008 年 6 月被评为"2007 年度全国文博考古十佳图书"，2009 年 9 月获高等学校科学研究优秀成果奖（人文社会科学）三等奖。社会科学文献出版社即将出版增订版。也就是说，并没有因为"汉画象石""汉画象砖"的使用产生什么不好的影响。我希望编辑朋友合理认识"象"字本义，认可"汉画象石""汉画象砖"的表达方式。或许允许"汉画象石""汉画象砖"与"汉画像石""汉画像砖"的共同存在，也是适宜的。

在读博士生王泽，是我在中国人民大学国学院指导的最后一位学生。疫情期间，他在京闭门静心读书，准备入学。这部书稿，劳烦他进行了引文校正和补注的工作，异常繁琐艰辛。国家博物馆副研究馆员李重蓉，是好友孙家洲教授指导的历史学博士，博士论文以汉代图像为学术主题，为本书插图的制作，多有辛劳。我的学生，西北师范大学李迎春教授在简牍资料的查证方面，提供了很多帮助。首都博物馆李兰芳、中国人民大学国学院邱文杰助力亦甚多。

令我特别感动的，是责任编辑孙立英精心设计，细致编校，认真查核相关资料，纠正了拙稿许多疏失错误。原稿提供的插图达不到排版要求，她又寻查许多图籍，取得高清图版，予以替代。

谨此一并致谢。

王子今

2021 年 9 月 10 日补记

教师节师生相聚，更有湖南青年朋友周海峰、罗小华参加，其乐融融，然近日小恙，不能饮酒，甚憾。

2021 年 11 月 14 日又及：关于"竹马"的图像资料，不得不借用后世美术作品，敦煌莫高窟第九窟晚唐壁画女供养人画面中童子骑竹马形象作为参考。寻找这幅画面，惊动了敦煌学几位大家郑炳林、刘进宝、尚永琪等，最终承沙武田教授赐下。谨此深致谢忱。

图书在版编目（CIP）数据

秦汉名物丛考 / 王子今著 . —— 增订版 . —— 北京：新星出版社，2023.1
ISBN 978-7-5133-5084-6

Ⅰ . ①秦… Ⅱ . ①王… Ⅲ . ①秦汉考古－研究 Ⅳ . ① K871.414

中国版本图书馆 CIP 数据核字 (2022) 第 212076 号

吉金文库

秦汉名物丛考（增订版）

王子今　著

责任编辑：孙立英
责任校对：刘　义
责任印制：李珊珊
装帧设计：冷暖儿

出版发行：新星出版社
出 版 人：马汝军
社　　址：北京市西城区车公庄大街丙3号楼　　　100044
网　　址：www.newstarpress.com
电　　话：010-88310888
传　　真：010-65270449
法律顾问：北京市岳成律师事务所

读者服务：010-88310811　　　service@newstarpress.com
邮购地址：北京市西城区车公庄大街丙3号楼　　　100044

印　　刷：北京美图印务有限公司
开　　本：660mm×970mm　　　1/16
印　　张：55.5
字　　数：796 千字
版　　次：2023年1月第一版　　　2023年1月第一次印刷
书　　号：ISBN 978-7-5133-5084-6
定　　价：158.00 元（上下册）